Wörterbuch
der ungarischen Umgangssprache

THOMAS C. DAHN

Wörterbuch
der ungarischen Umgangssprache

Ungarisch – Deutsch

HELMUT BUSKE VERLAG
HAMBURG

Gedruckt mit Unterstützung des Förderungs- und Beihilfefonds Wissenschaft der VG WORT

Die Deutsche Bibliothek – CIP-Einheitsaufnahme

Dahn, Thomas C.:
Wörterbuch der ungarischen Umgangssprache:
Ungarisch–Deutsch / Thomas C. Dahn. –
Hamburg : Buske, 1999
ISBN 3-87548-167-4

© Helmut Buske Verlag GmbH, Hamburg 1999. Alle Rechte, auch die des auszugsweisen Nachdrucks, der fotomechanischen Wiedergabe und der Übersetzung, vorbehalten. Dies betrifft auch die Vervielfältigung und Übertragung einzelner Textabschnitte durch alle Verfahren wie Speicherung und Übertragung auf Papier, Transparente, Filme, Bänder, Platten und andere Medien, soweit es nicht §§ 53 und 54 URG ausdrücklich gestatten. – Satz: Type&Buch Kusel, Hamburg. Druck: Strauss Offsetdruck, Mörlenbach. Verarbeitung: Buchbinderei Schaumann, Darmstadt. Werkdruckpapier: alterungsbeständig nach ANSI-Norm resp. DIN-ISO 9706, hergestellt aus 100 % chlorfrei gebleichtem Zellstoff. Printed in Germany.

Inhaltsverzeichnis

Vorwort VII
Hinweise zur Benutzung IX
Abkürzungen XV
Wörterverzeichnis 1
Lehnwörter aus dem Deutschen 317
Lehnwörter aus dem Jiddischen 322
Lehnwörter aus der Zigeunersprache 323
Lehnwörter aus slawischen Sprachen 324
Lehnwörter aus sonstigen Sprachen 325
Verwendete Literatur 326

Vorwort

Dieses Wörterbuch enthält eine Sammlung von Wörtern und Begriffen der ungarischen Umgangssprache, die in Wortschatz und Verwendung oft erhebliche Unterschiede zur Schriftsprache aufweist. Ausgangspunkt war die Erfahrung, daß diese im Alltagsgespräch wie auch in der modernen Literatur ständig wiederkehrenden Elemente in den bisher vorliegenden Nachschlagewerken oft nur für den schriftsprachlichen Gebrauch ausreichend definiert sind oder dort auch völlig fehlen.

Mit seinen mehr als 8 000 Einzelstichwörtern sowie zahlreichen Redewendungen und Anwendungsbeispielen wendet sich das Buch in erster Linie an alle, die aus den verschiedensten Gründen praktisch mit der ungarischen Sprache zu tun haben. Durch die zahlreichen etymologischen Hinweise mag es aber auch für den vergleichenden Sprachwissenschaftler oder den Historiker von Interesse sein. Grundsätzlich kann es auch dem ungarischen Benutzer bei der Suche nach deutschen umgangssprachlichen Äquivalenten von Nutzen sein; einschränkend muß aber festgestellt werden, daß – wie in den Hinweisen zur Benutzung näher ausgeführt – die möglichst präzise Definition unbedingten Vorrang hat gegenüber dem Versuch, bei der Übersetzung immer den »richtigen Ton« zu treffen.

Der Begriff der »Umgangssprache« wird – vergleichbar mit dem englischen Terminus *slang*, wie ihn Partridge[1] definiert - bewußt weit gefaßt und schließt grundsätzlich alles von der Schriftsprache abweichende Material mit ein, wobei jedoch technische Fachsprachen sowie Dialekt- bzw. Regionalformen in der Regel außer Acht gelassen werden. Aufgenommen wurden dagegen Wörter und Wendungen aus Sondersprachen verschiedener gesellschaftlicher Gruppen, wie z. B. Jugend- und Schülersprache, Soldatensprache oder der Sprache der Unterwelt, da die Grenzen hier fließend sind. Jugendliche werden erwachsen, Zeitsoldaten kehren ins Zivilleben zurück, ohne deshalb mit ihrer »sprachlichen Vergangenheit« vollständig zu brechen bzw. sprachliche Gewohnheiten gänzlich aufzugeben. Auf die Zusammenhänge zwischen dem *Argot* bzw. der »Sprache der Unterwelt« und der Sprache der Jugendlichen – eine Erscheinung, die auch in anderen Sprachen festzustellen ist – haben ungarische Autoren[2] wiederholt hingewiesen.

---

[1] Grundsätzlich folge ich der Zielsetzung, die PARTRIDGE im Vorwort zur ersten Ausgabe seines Slang-Wörterbuchs gibt: »In short, the field is of all English other than standard and other than dialectal« – dies natürlich sinngemäß auf das Ungarische zu übertragen (PARTRIDGE, Eric: A Dictionary of Slang and Unconventional English. London, 1984).

[2] So beispielsweise BACHÁT in einem Artikel über die Jugendsprache (BACHÁT László: Az ifjúsági nyelv és változatai. In: KISS / SZŰTS 1988, pp. 146–52; vgl. das

Trotz aller thematisch bedingten Unzulänglichkeiten – für die Umgangssprache gilt eben in noch stärkerem Maße die Binsenweisheit, daß Sprache etwas sehr Lebendiges ist und somit nur schwer in Regeln oder Lexika erfaßt werden kann – hofft der Herausgeber mit diesem Glossar ein nützliches Hilfsmittel zum besseren Verständnis der modernen ungarischen Umgangssprache vorzulegen.

An dieser Stelle möchte ich allen Freunden und Bekannten danken, die mit Anregungen und Kritiken zur Fertigstellung des Buches beitrugen, besonders jedoch Herrn Sven Pollach (Nürnberg) und Herrn Tamás Schauermann (Pécs, Ungarn) für tatkräftige Unterstützung bei der Arbeit am PC.

Herrn Michael Hechinger vom Buske-Verlag danke ich dafür, daß er das Projekt aufmerksam und kritisch begleitet hat; dem Buske-Verlag und der VG WORT für die Möglichkeit der Publikation bzw. einen Druckkostenzuschuß.

Für die kritische Durchsicht einer Rohfassung des Manuskripts und wertvolle Hinweise danke ich Herrn Prof. Dr. István Futaky (Georg-August-Universität Göttingen) und Herrn Prof. Dr. György Szépe (JPTE – Janus Pannonius Universität Pécs), für korrigierende Hinweise zudem auch Herrn Prof. Dr. László Szűts (Sprachwissenschaftliches Institut der Ungarischen Akademie der Wissenschaften).

Ganz besonderer Dank gebührt aber meiner Frau für viel Geduld und Verständnis.

Für alle trotz ständiger Überarbeitung eventuell noch verbliebenen Fehler oder Ungenauigkeiten trägt jedoch selbstverständlich ausschließlich der Autor die Verantwortung.

Pécs, Ungarn – Frühjahr 1999　　　　　　　　　　　　Thomas C. Dahn

Literaturverzeichnis). Wenn er hier aber (pp. 149–150) eine »Verrohung« der Jugendsprache in den 70er Jahren feststellen will, da diese mehr und mehr Begriffe aus der Gaunersprache übernehme, teile ich seine Auffassung nicht unbedingt. So führt BACHÁT z. B. das Wort *szuka* in der Bedeutung »Frau, Mädchen« als Beleg für die aktuelle Zunahme der sprachlichen Dekadenz in der Jugendsprache an. Tatsächlich findet sich dieses Wort aber bereits im ersten Kapitel des 1872 (!) erschienen Romans »És mégis mozog a föld« von Mór JÓKAI, in dem der Autor Beispiele für den »Schülerslang« des 19. Jahrhunderts gibt. Tatsächlich scheinen viele Wörter der modernen Umgangssprache bereits ein erstaunliches Alter zu haben.

Hinweise zur Benutzung

Für das Wörterbuch wurde die in traditionellen Lexika übliche konsequent alphabetische Anordnung des Wortmaterials gewählt.

Eine Einteilung in inhaltliche, unter Oberbegriffen zusammengefaßte Sachgruppen, wie sie etwa ANDRÁS und KÖVECSES[1] in ihrem ungarisch-englischen Slangwörterbuch verwendeten, bietet zwar einige Vorteile, erschwert aber andererseits den praktischen Gebrauch, bei dem es eben wichtig ist, auf einen Blick verschiedene Bedeutungen und Gebrauchsmöglichkeiten eines Stichwortes prüfen zu können. Die konventionelle Anordnung schien mir letztlich »benutzerfreundlicher«.

Schwierigkeiten können bei der alphabetischen Einordnung von Phrasen und Redewendungen entstehen. Zwar wurde stets versucht, diese unter dem inhaltlich wichtigsten Begriff anzuführen; im Zweifelsfall empfiehlt es sich jedoch, sollte man auf der Suche nach einer Wendung nicht sofort fündig werden, auch unter den anderen darin vorkommenden Elementen nachzuschlagen.

Zum Aufbau des Wörterbuchs

Das ungarische Alphabet

Das Wörterbuch folgt in seiner Anordnung dem ungarischen Alphabet, entsprechend den Gepflogenheiten in modernen ungarischen Nachschlagewerken:

a á b c cs d dz dzs e é f g gy h i í j k l ly m n ny o ó ö ő p r s sz t ty u ú ü ű v z zs

Im einzelnen ist dabei jedoch folgendes zu beachten:

- Kurze und lange Vokale werden zwar in der Aussprache genau unterschieden. In der lexikographischen Einordnung spielt dies jedoch keine Rolle: hier werden beispielsweise »*e*« und »*é*« als gleichwertig behandelt. Zur Illustration eine Sequenz aus vorliegendem Werk (nur unter Angabe der Stichwörter):

    ég
    égbekiáltó
    egércsődör

[1] ANDRÁS T. László / KÖVECSES Zoltán: Magyar-angol szlengszótár; Bp., 1989; 1994.

egeres
egérkamion
égés
éget
égimeszelő
egon

- Bei ansonsten gleichlautenden Wörtern wird jedoch der kurze Vokal vor dem langen geführt. So steht beispielsweise **agy** vor **ágy, banya** vor **bánya** usw.

- Die folgenden Werte gelten jeweils als *ein* Buchstabe, haben somit im Alphabet einen eigenen Platz und dürfen in der Schreibung nicht getrennt werden:

    cs, dz, dzs, gy, ly, ny, sz, ty, zs

- Werden diese Laute verdoppelt, schreibt man nur den ersten Bestandteil zweimal, nur bei Silbentrennung muß die ganze Gruppe zweimal geschrieben werden, z. B. *hosszú* »lang«, aber getrennt: *hosz-szú*.

Zur Aussprache:

1. Vokale und Umlaute

a	[ɔ]	offener kurzer o-Laut, ähnlich wie in dt. fl*o*tt, aber ohne Lippenrundung
á	[aː]	langes geschlossenes *a* wie in dt. b*a*den
e	[ɛ]	*e* in dt. f*e*st, oder *ä* in dt. H*ä*nde
é	[eː]	langes geschlossenes *e* wie in dt. b*e*ten
i	[i]	kurzes *i* wie in dt. M*i*nute
í	[iː]	langes *i* wie in dt. v*i*er
o	[o]	kurzes geschlossenes *o* wie in dt. M*o*ment
ó	[oː]	langes geschlossenes *o* wie in dt. M*o*nd
ö	[ø]	kurzes *ö* wie in dt. Ök*o*nom
ő	[øː]	langes *ö* wie in dt. H*ö*hle
u	[u]	kurzes *u* wie in dt. St*u*dent
ú	[uː]	langes *u* wie in dt. Sp*u*r
ü	[y]	wie *ü* in dt. am*ü*sant
ű	[yː]	wie *ü* in dt. M*ü*he

Hinweise zur Benutzung

2. Konsonanten

b, d, f, g, h, j, k, l, m, n, p und **t** etwa wie im Deutschen. Das **h** am Wort- und Silbenende ist jedoch nicht hörbar.

c	[ts]	wie dt. *z*
cs	[tʃ]	wie *tsch* in dt. pa*tsch*en, oder *ch* in engl. *ch*eers
gy	[ḑ]	etwa wie dt. *dj* in A*dj*ektiv oder Ma*dj*are, doch etwas weicher; gilt als ein Laut (nicht trennbar!)
ly	[j]	standardspr. wie *j* (dial. gelegentlich auch noch wie [ḷ] = *gl* in it. fig*l*io; manchmal dial. auch wie *l*.)
ny	[ɲ]	wie *gn* in Ko*gn*ac; gilt als ein Laut (nicht trennbar!)
r	[r]	Zungenspitzen-*r*
s	[ʃ]	wie dt. *sch* in *sch*ön
sz	[s]	stimmloses *s* wie dt. *ß* in Flu*ß*
ty	[ţ]	etwa wie dt. *tj* in »*tj*a«
v	[v]	wie dt. *w* in *W*asser
z	[z]	stimmhaftes »s«, wie in norddeutscher Aussprache *s* in *S*onne; oder fr. *s* in rai*s*on
zs	[ʒ]	wie stimmhaftes [ʃ]; fr. *j* in *j*ournal

Die Anordnung innerhalb der Einträge

Einem Stichwort folgt in runden Klammern zunächst eine ungarische Umschreibung. Dies erwies sich bei der Zusammenstellung als nützlich und erleichtert Rückfragen bei ungarischen Muttersprachlern. Zu beachten ist, daß die ungarische Definition oft vager ist oder eher den Oberbegriff wiedergibt; in vielen Fällen ist sie deshalb nicht deckungsgleich mit den anschließend folgenden deutschen Erläuterungen und Übersetzungsvorschlägen. Wird ein Begriff in verschiedenen Bedeutungen gebraucht, werden diese durchnumeriert und die ungarische Umschreibung sowie die deutsche Übersetzung unter der entsprechenden Zahl angeführt. Oft folgen Redewendungen und Anwendungsbeispiele; wenn nötig wiederum mit ungarischer Erläuterung, grundsätzlich mit deutscher Übersetzung. Querverweise (*s.* »siehe« und *vgl.* »vergleiche«) sollen die Benutzung erleichtern.

Mit stilistischen Einordnungen wie »vulgär« oder »humoristisch« wurde bewußt sparsam umgegangen, da diese oft genug eher subjektiver Natur sind; was dem einen witzig oder humorvoll erscheinen mag, empfindet der andere – besonders als Betroffener – vielleicht als gar nicht so komisch, und ein Wort, das manche als ganz unverfänglich einschätzen, mag heiklere Gemüter zutiefst verletzen. Letztlich ist hier ohnehin immer die Sprachsituation ausschlaggebend, die in einem Wörterbuch nur angedeutet werden kann. Genauere Information als diese fragwürdigen Etiketten liefert oft eine wörtliche Übersetzung, die wann immer es sinnvoll erschien, in eckigen Klammern gegeben wird. Dort finden sich auch etymologische Anmerkungen, soweit diese einigermaßen gesichert sind; in wenigen Fällen wurden auch fragliche Etymologien aufgeführt – deutlich durch ein Fragezeichen gekennzeichnet.

Die Verwendung verschiedener Schrifttypen dient in erster Linie der Übersichtlichkeit; so werden Stichwörter durch Fettschrift gekenntzeichnet, Redewendungen und Zusammensetzungen sowie kommentierende Anmerkungen, bei der Etymologie auch fremdsprachliche Wörter durch Kursivschrift. Des weiteren dient der Gebrauch unterschiedlicher Schrifttypen bei den (in eckige Klammern gesetzten) etymologischen, stilistischen und semantischen Anmerkungen der Unterscheidung zwischen Begriffen der ungarischen Umgangssprache (*Slang*), die in Normalschrift erscheinen, und standardsprachlichen Wörtern und Ausdrücken, die in Kursivschrift gegeben werden.

Die deutschen Übersetzungsvorschläge

Ideal wäre selbstverständlich die Präsentation deutscher Begriffe, die sowohl den Inhalt als auch das stilistische Niveau des ungarischen Wortes exakt wiedergeben. Dies erwies sich jedoch als äußerst schwierig und birgt ferner die Gefahr in sich, ein unbekanntes Wort durch ein anderes, dem Benutzer ebenfalls nicht gelaufiges Wort erläutern zu wollen. Zudem gehen dabei unter Umständen Bedeutungsnuancen verloren. Andererseits wirkt die Wiedergabe von Begriffen der ungarischen Umgangssprache durch solche der deutschen Hochsprache oft erschreckend steril. Deshalb fiel die Entscheidung für einen – sicherlich in manchen Fällen angreifbaren – Mittelweg. Von Ausnahmen abgesehen, bei denen ein treffendes Wort oder eine passende Wendung der deutschen Umgangssprache als allgemeinverständlich vorausgesetzt werden kann, wurden zunächst standardsprachliche Erläuterungen angeführt, denen umgangssprachliche Übersetzungsvorschläge folgen. Dieses Verfahren erscheint gerechtfertigt, weil auch in der noch so saloppen Umgangssprache neben den typischen Bestandteilen immer wieder Elemente der Hochsprache verwendet werden.

Die Orthographie

Da es sich bei dem aufgezeichneten Material oft um Wörter handelt, die in der Schriftsprache nicht benutzt werden, liegt es in der Natur der Sache, daß die Schreibung manchmal Schwankungen unterworfen ist.

Vor allem handelt es sich um folgende:
- lange und kurze Vokale werden manchmal nicht genau unterschieden;
- *i / ü* und *e / ö* werden zuweilen vertauscht;
- bei Wörtern aus dem Deutschen wechseln *h* und *ch*; außerdem *ei, ej* und *áj*.

Dies sollte man beim Aufsuchen eines Wortes stets berücksichtigen; nicht immer konnten alle Varianten angegeben werden.

Fremdsprachliche Begriffe

Bei den etymologischen Erläuterungen mußten Wörter aus verschiedenen Sprachen wiedergegeben werden, was bei solchen, die das lateinische Alphabet verwenden, in der Regel keine sonderlichen Probleme mit sich bringt; die genaue Aussprache der Laute läßt sich zudem problemlos einschlägigen Grammatiken und Fachlexika entnehmen.

Etwas schwieriger gestaltet sich die Wiedergabe von Wörtern der Sprache der ungarischen Zigeuner. Im Wörterverzeichnis bezieht sich der Hinweis »*cig.*« = *cigányul* grundsätzlich nicht auf die Sprache der *Beás-Zigeuner*, die dem Rumänischen nahesteht, sondern auf das *Romani*, einer der Herkunft nach indischen Sprache. Dieses wird in Ungarn in verschiedenen Dialekten gebraucht, deren schriftliche Wiedergabe nicht einheitlich ist. Man unterscheidet zwei Hauptgruppen: *Oláh-* und *Karpaten-Zigeuner*. Aus praktischen Gründen fiel die Entscheidung für die *Lovári*-Variante des *Oláh*-Dialekts, die in Ungarn am weitesten verbreitet ist; die Schreibung folgt in der Regel dem Wörterbuch von ROSTÁS-FARKAS und KARSAI (zitiert mit dem Hinweis *cig.*). Ergänzend wird unter dem Kürzel »*cig. K.*« = *kárpáti cigány* auf Formen des sog. »Karpatendialekts« verwiesen (zitiert nach ROMANO RÁCZ 1994; dort auch als *Sinti* bezeichnet)[2].

Dabei ist folgendes zu beachten:

c wie dt. *z*
ch wie engl. *ch* in *ch*urch, dt. *tsch* in *tsch*echisch;

---

[2] Zur genaueren Bestimmung der erwähnten Dialekte der Zigeunersprache und ihrer Bedeutung vgl. ROSTÁS-FARKAS/KARSAI 1991, S. 6–7 und ROMANO RÁCZ 1994, S. 8–9. Bezüglich der sprachlichen Gliederung vgl. MÉSZÁROS György: Cigánydialektusok Magyarországon. (Nyelvföldrajz) Különnyomat a Janus Pannonius Múzeum Évkönyvéből, XIV-XV. 1969–1970), Pécs 1974. – Eine detaillierte Übersicht über die kulturellen und sprachlichen Gruppierungen der europäischen Zigeuner gibt VOSSEN, Rüdiger: Zigeuner. Roma, Sinti, Gitanos, Gypsies. Zwischen Verfolgung und Romantisierung. Katalog zur Ausstellung des Hamburgischen Museums für Völkerkunde. (Ullstein) Frankfurt/M., Berlin, Wien 1983.

dy	wie ungar. *gy*; etwa wie dt. *dj* (als ein Laut gesprochen);
dzh	wie ungar. *dzs*; etwa wie *d* + stimmhaftes *sch* (wie fr. *j*)
ny	wie ungar. *ny*; etwa wie fr. *gn* oder span. *ñ*
s	wie dt. stimmloses *s*
sh	wie dt. *sch*
ty	wie ungar. *ty*; etwa wie dt. *tj* (als ein Laut gesprochen);
v	wie ungar. *v*; dt. *w*;
x	wie dt. gutturales *ch*, z. B. in *Loch*
zh	wie ungar. *zs*; fr. *j*

Alle anderen Laute werden etwa wie im Deutschen ausgesprochen; der Akzent über dem Vokal (z. B. *á*) bezeichnet nicht die Betonung, sondern die Länge. Anstelle des *zh* steht in manchen Dialekten (z. B. *cig K.*) ein *dzh*; dies erklärt Formen im Glossar wie *dzsal* (Lovári: *zhal*) »gehen«, *dzsukel* (Lovári: *zhukel*) »Hund« oder *dzsuva* (Lovári: *zhuv*) »Laus«.

Problematisch ist auch die Wiedergabe des *Jiddischen*, für das ja normalerweise die hebräische Schrift gebraucht wird. Da das Jiddische ursprünglich dem Deutschen nahesteht, lehnt sich die Transkription möglichst nahe an die deutsche Orthographie an. Zu beachten ist, daß das »*s*« für den stimmhaften Laut, das »*ss*« jedoch (in *jeder* Position) für den stimmlosen *s*-Laut steht. Dieses Verfahren ist zwar anfechtbar, erscheint aber für den praktischen Gebrauch ausreichend; der Fachwissenschaftler wird ohnehin auch in dieser Form das ursprüngliche Wort unschwer wiedererkennen.

Quellen

Ausgehend von eigenen Sammlungen aus dem Alltagsgespräch, der systematischen Auswertung moderner Belletristik, von Zeitungen und Zeitschriften, Rundfunk- und Fernsehprogrammen sowie gezielter Befragung (zum Teil mit Fragebögen) wurde auch die Fachliteratur zu Rate gezogen (Glossare, Monographien sowie Aufsätze in sprachwissenschaftlichen Sammlungen und Zeitschriften). Unter Verzicht einer vollständigen Auflistung – insbesondere der Primärquellen – sind im Literaturverzeichnis (siehe Seite 326) nur die wichtigsten Titel der Sekundärliteratur angegeben.

Abkürzungen

Abk.	Abkürzung
adj.	Adjektiv
adv.	Adverb
ahd.	althochdeutsch
altmod.	altmodisch
arab.	arabisch
aram.	aramäisch
bair.-österr.	bairisch-österreichisch
Bed.	Bedeutung
bes.	besonders
Bez.	Bezeichnung
bulg.	bulgarisch
cig.	*cigányul* – Sprache der ungarischen *Lovár*-Zigeuner, *Oláh*-Dialekt; nach ROSTÁS-FARKAS/KARSAI 1991
cig. K.	*kárpáti cigány nyelvjárás* – Sprache der ungarischen Zigeuner, »Karpatendialekt« (Sinti); nach ROMANO 1994
dial.	dialektal, im Dialekt
dss.	dasselbe
dt.	deutsch
eigentl.	eigentlich
engl.	englisch
etw.	etwas
evtl.	eventuell
fr.	französisch
Gaunerspr.	Gaunersprache, Argot, »Sprache der Unterwelt«
gr.	griechisch
heb.	hebräisch
humor.	humoristisch
int.	Interjektion
iron.	ironisch
it.	italienisch
jdm	jemandem
jdn	jemanden
jds	jemandes
Jhdt.	Jahrhundert
jidd.	jiddisch
jmd.	jemand
kül.	*különösen* – besonders
lat.	lateinisch

Abkürzungen

mhd.	mittelhochdeutsch
pl.	Plural; im ungar. Text: *például* – zum Beispiel
poln.	polnisch
port.	portugiesisch
rit.	*ritkán* – selten
Rotw.	Rotwelsch
rum.	rumänisch
russ.	russisch
s.	siehe
sbkr.	serbokroatisch
slaw.	slawisch
slowak.	slowakisch
slowen.	slowenisch
span.	spanisch
Spr., -spr.	Sprache, -sprache
standardspr.	standardsprachlich
stb.	s a többi = und so weiter
stbt.	s a többit = und so weiter (»Akkusativ«)
subst.	Substantiv
tschech.	tschechisch
türk.	türkisch
ungar.	ungarisch
ursprüngl.	ursprünglich
vb.	Verb
vgl.	vergleiche
vki	valaki (jemand)
vkibe/-ben/-re/-vel usw.	valakibe/-ben/-re/-vel usw.
vkit	valakit (jemanden)
vmi	valami (etwas)
vmit	valamit (etwas)
vulg.	vulgär
wörtl.	wörtlich
<	stammt von

A, Á

ábécézés (jelbeszéd) – Zeichensprache; *vgl.* ábécézik.

ábécézik (börtönben jelekkel beszél, kopogtat) – (*im Gefängnis*) sich mit Klopfzeichen verständigen, Zeichen geben.

abfindol (összebeszél *vmire*, megbeszél *vmit*) – *etw.* aushecken, ausmachen, absprechen (*bes. Diebstahl, Einbruch usw.*) [*Gaunerspr.*; *vgl.* dt. Rotw. *abfinkeln* »abkochen, besprechen«; vermischt mit dt. *finden*].

abkaufer, abkaufer (hamiskártyás cinkosa) – (*Kartenspiel*) Partner des Falschspielers, der ihm zuspielt [*Gaunerspr.*; < dt.].

ablak – 1. (szem) Auge; 2. (szemüveg) Brille [wörtl.: »Fenster«].

abordál (nagyon tetszik, örül *vminek*) – begeistert sein von, sich riesig freuen über *etwas*.

ábra – 1. (tényállás, helyzet) Situation, Lage; *mi az ábra?* (mi újság? mi a helyzet) = Was gibt's Neues? Wie schaut's aus?; 2. (arc) Gesicht [*ábra* eigentl.: »Abbildung, Illustration«; in Bed. 2 < ábrázat].

ábrádzat (arc) – Gesicht; *vgl.* ábrázat.

abrak – 1. (rossz étel) schlechtes Essen, Fraß; 2. (kotyvalék, moslék) Gebräu, Gesöff; 3. (méreg) Gift.

abrakol (eszik) – essen, »fressen« [*iron.*; *vgl.* abrak].

ábrámer (selyemfiú, kitartott, strici) – Zuhälter [< dt. *Abräumer*].

ábrázat (arc) – Gesicht; *auch:* ábrádzat.

ábrázatka (személy igazolvány) – Personalausweis.

abriktol (ver, megver, összever) – zusammenschlagen, verprügeln; *auch:* megabriktol [< dt. *abrichten*].

ábsleker (hamiskártyás, aki az alsó vagy felső lapot keveréskor marokba fogva visszatartja, és észrevétlenül visszateszi a csomóra) – Falschspieler (, *der beim Mischen die oberste oder unterste Karte zurückhält und dann wieder ins Spiel schiebt*) [*Gaunerspr.*; < dt. *abschlekken*].

acélkecske (bicikli) – Fahrrad; *s.* kecske [wörtl.: »Stahlziege«].

acélos – 1. (jó, remek, csodás) gut, prächtig, ausgezeichnet; 2. (jóképű) gutaussehend, attraktiv; *acélos férfi* (vonzó, szexis kinézetű férfi) = (körperlich) attraktiver Mann; 3. *vki* (egészséges, jól érzi magát) gesund, wohlauf (sein).

achrem *s.* áhrem.

ácsa (áll; ajak) – Kinn; Lippe.

ácsel (áll, megáll) – stehen, stehenbleiben [< cig. *achhel* »stehenbleiben, bleiben«].

ácsingózik *vmi/vki* után (vágyik *vkire/vmire*) – sich nach *etw./jdm* sehnen.

ad: *ad neki* = 1. (megtorol) vergelten, sich rächen; 2. (nekilát, beleerősít) sich ans Werk machen; *etw.* in Angriff nehmen, anpakken; *ad neki (egy kis kakaót)* = 1. (felhangosít) lautdrehen, lautstellen; aufdrehen; 2. (gyorsít, felgyorsít) beschleunigen, Gas geben; *adj neki egy kis kakaót (a munkához!)* = (mach dich) an die Arbeit!; *ad vkinek* (ver, megver, összever) = verprügeln, zusammenschlagen; *ad vkinek egyet (, hogy a fal adja a másikat)* (megüt) = *jdn* schlagen, *jdm* einen Hieb versetzen.

ádámkosztümben (meztelen, -ül) – »im Adamskostüm«, nackt.

adi (500 forintos bankjegy; *utalás az azon lévő Ady Endre arcképére*) – 500-Forintschein [nach dem Bild von Ady Endre darauf].

adja a bankot *s*. adja a csekonicsot.

adja a csekonicsot (előkelősködik, nagyzol; *célzás a Csekonics grófi családra*) – aufschneiden, sich aufspielen, großtun, protzen [Anspielung auf die Familie der Grafen Csekonics].

adjusztál (ver, megver, összever) – zusammenschlagen, verprügeln [< dt. *adjustieren*].

Adolf – 1. (*kártyában:* adu, atout) Trumpf (*beim Kartenspiel*); 2. (csontváz) Skelett (*bes. zur Demonstration im Unterricht*).

adu – 1. (döntő érv) entscheidendes, schlagendes Argument; *vgl*. ász; 2. (fontos, befolyásos ember) wichtige, einflußreiche Person.

ady *s*. adi

áff (börtönőr, fogdafelügyelő) – Gefängniswärter [< dt. Rotw. *aff* »Inspektor (in der Strafanstalt)« < jidd. *aw, ow* »Vorfahr, Vater, Erzvater«].

affekta (kényeskedő, finomkodó) – affektiert; *affekta majom!* = affektierter Affe!

affektált (kényeskedő, finomkodó) – affektiert; *affektáltan beszél* = affektiert sprechen.

áfium (ópium, mákony) – Opium [altmod.; < türk. *afyon* < griech.]

afrik – 1. (kirakatbetörés) Schaufenstereinbruch; 2. (a női nemi szerv szőrzete) Schamhaar an der weiblichen Scheide.

afstusszol *s*. aufstószol.

áfti, afti (ablak, kirakat) – Fenster, Schaufenster.

áftimelós (kirakatnyitó tolvaj) – Dieb, der Schaufenster ausplündert [vielleicht zu dt. Rotw. *auftippeln* »aufbrechen«, beeinflußt von (*s*.) melós].

ág (egyes osztályzat az iskolában) – »ungenügend« – *schlechteste Zensur in der Schule*; *vgl*. fa [*Schülerspr*.].

aggódik *vmin* (gondolkodik) – nachdenken, über etwas brüten.

ágit ad (nő kacér viselkedésével bátorít, biztat, jelt ad, hogy elfogadja az udvarlást, és felkínálkozik) – (*von einer Frau*) einen Mann kokett und eindeutig ermutigen [< fr. *acquit* = »Quittung, Bestätigung«]

aggszűz (vénlány) – alte Jungfer.

agler (kocsis) – Kutscher [< jidd. *agler* »dss.«; vielleicht über dt. Rotw. *agler* »dss.«].

agrár (ostoba, esztelen) – dumm, töricht [wörtl.: »Agrar-, agrarisch«; Anspielung auf den sprichwörtlichen »dummen Bauern«].

agy – 1. (fej) Kopf; 2. (okos ember) Schlaumeier; 3. *agyára megy* (dühösít, bosszant, idegesít) = »auf den Geist gehen«, wütend machen, verärgern; *agyára ment a slejm* (nagyképű, beképzelt) = eingebildet, hochnäsig; *használd az agyadat!* (gondolkodj!) = gebrauch dein Hirn!; 4. *fűti* vkinek *az agyát* (bátorít, biztat) = *jdn* ermuntern, animieren [*agy eigentl*. = »Hirn, Gehirn«].

ágy: *ágyba bújik* (közösül) = (miteinander) »ins Bett steigen«, Geschlechtsverkehr haben.

agyal (gondolkodik) – nachdenken, überlegen [< *agy* »Gehirn«].

agyalda (gimnázium) – Gymnasium [*Schülerspr*.; wörtl.: »da, wo man sich den Kopf zerbricht«; < agyal].

agyalágyula (buta) – beknackt, bescheuert.

agyalágyult (hülye, hibbant) – verrückt, blöd.

agyampultált (buta, hülye) – verrückt, dumm [»hirnamputiert«].

agyar – 1. (fog) Zahn; 2. (magyar irodalom) ungarische Literatur (*als Schulfach*); *auch*: agyaróra, agyar-magyar [wörtl.: »Stoßzahn, Hauer *beim Tier*«].

ágybetét (prostituált, kurva) – Prostituierte, Hure [wörtl.: »Betteinlage«]

agyhely (fej) – Kopf [*bes. Jugendspr.*; wörtl.: »der Platz fürs Hirn«].

agyhelyes (bolond, őrült) – verrückt.

agyhúgyköves (féleszű, hóbortos) – närrisch, verschroben, extravagant.

ágyikó (ágy) – Bett, Bettchen [*bes. Kindersprache*].

agyilag: *agyilag nulla/zokni/gyengén bútorozott* (buta) – dämlich, bescheuert [wörtl.: »gehirnmäßig »Null«/eine Socke/spärlich möbliert«].

ágyító (hadbíró) – Militärrichter, Kriegsrichter.

agykövet (okos ember) – Schlaumeier, Klugscheißer.

agylak (fej) – Kopf [*bes. Jugendspr.*; wörtl.: »Hirnbehausung«].

agymen (buta ember) – Volltrottel, Dämlack [*vgl.* agymenés].

agymenés (politikai ideológia kifejtése, hangoztatása) – politisches Geschwafel, Phrasendrescherei, Propagandageschwätz [wörtl.: »Hirnmarsch«; iron. Wortbildung analog zu *hasmenés* »Durchfall«].

agymunka (kölcsönkérés) – Anpumpen, Ausleihen. [wörtlich: »Kopfarbeit«; Wortspiel: *agy* »Gehirn« und *adj* »gib!« – beide Wörter werden fast gleich ausgesprochen].

agyondicsér (túlzottan, mértéktelenül, agyba-főbe dicsér) = übertrieben loben, in den Himmel loben [wörtl. »ins Hirn loben«; *vgl.* agyonvág].

agyonvág (kritizál) – kritisieren [wörtl.: »ins Hirn schneiden«; *vgl.* agyondicsér].

agyrém (meghökkentő, ellenszenves, megvalósíthatatlan ötlet) – Scheißidee [wörtl.: »Hirnschreck«].

agytágítás (továbbképzés) – Weiterbildung [*bes. Schüler- und Studentenspr.*; wörtl.: »Hirnerweiterung«].

agytankolás (tanulás) – Unterricht (*in der Schule*) [wörtl.: »das Gehirn volltanken«].

agytartó (fej) – Kopf [*bes. Jugendspr.*; wörtl.: »Hirnhalter, -behälter«].

ágytorna (közösülés) – Geschlechtsverkehr [wörtl.: »Turnen im Bett«; Wortspiel mit *agytorna* »Gehirnakrobatik«].

agytröszt (okos ember) – Schlaumeier [wörtl.: »Gehirn-Trust«; man beachte die im Ungarischen noch erhaltene alte Aussprache des engl. Wortes *trust* !].

ágyú – 1. (hímvessző) Penis; 2. (pisztoly) Pistole, »Kanone«; 3. (*iskolában*: tiltott segédeszköz) (*in der Schule*) unerlaubtes Hilfsmittel, Spicker; 4. *részeg, mint az ágyú* = stockbesoffen [*ágyú* = Kanone; in der 3. Bedeutung eine Steigerung zum ebenfalls im Sinne von »Spicker« gebrauchten Wort *puska*, das ursprünglich die Bedeutung »Gewehr« hat].

agyvelő: *híg az agyveleje* (gyenge

szellemi képességű, korlátolt) = hat einen schwachen Verstand, ist beschränkt; *csavaros az agyveleje* (furfangos, eszes) = raffiniert, gerissen, listig, clever.

agyvérzés: *agyvérzést kap* (dühös lesz) = wütend werden, sich aufregen [wörtl.: »eine Hirnblutung bekommen«].

aha (árnyékszék, vécé) – Latrine, WC.

áher (utána, azután) – danach, hinterher [< jidd. *acher, achor* »hinter, hinten«].

áhrem, ahrem – 1. (hátsó) hintere(r); 2. (becstelenül, alattomos, fondorlatos) ehrlos, hinterhältig, intrigant; 3. (alattomban, titokban) heimtückisch, insgeheim [jidd.; *vgl.* áher].

áhremfickó – 1. (hátsózseb) Gesäßtasche; 2. (revolverzseb) Revolvertasche.

áhszor (lelketlen, kegyetlen) herzlos, grausam, erbarmungslos [< jidd. *achsor, achser* »grausamer Mensch«].

ajándék (nemi betegség) – Geschlechtskrankheit [wörtl.: »Geschenk«]

ajcsi (autó) – Auto.

ájer (rossz levegő, bűz) – schlechte Luft, Gestank; *micsoda ájer van itt!* = was ist das hier nur für ein Mief! [< lat. *aër* »Luft«].

ájeros (büdös) – stinkend.

ajnároz, -ik (dicsér, hízeleg) – loben, schöntun, sich einschmeicheln.

ajser – 1. (úr, gazdag, pénzes személy; gazdag) Reicher; reich; *ajser lesz* (gazdag lesz) = reich werden; *ajser hapsi* (gazdag ember) = Reicher; 2. (elegáns ember; elegáns) elegante Person; elegant; 3. (nyerő játékos) Gewinner (*beim Spiel*) [< jidd. *ojscher* »reich; reicher Mann«].

ajvé! (ajaj!) – oh weh!; *ajvéból jelentik* (rossz hír) = schlechte Nachricht [jidd.].

akárki (valaki; személy akinek a neve nem jut eszünkbe) – der (die) Dingsbums; der (die) – wie heißt er (sie) doch noch? (*jmd, dessen Name einem nicht einfallen will*).

akármicsoda (valami; dolog, aminek a pontos neve nem jut eszünkbe vagy nem ismerjük) – das Dingsbums, das Dings (*etwas, dessen Name einem gerade nicht einfällt oder unbekannt ist*).

akna: *aknát telepít* (székel) – kakken, scheißen [wörtl.: »Minen legen«].

aknatelepítés (székelés) – Stuhlgang, Kotentleerung, Scheißerei; *vgl.* akna.

akrem *s.* áhrem.

akremfickó *s.* áhremfickó.

aktakukac (tisztviselő) – Angestellter (*im Büro*)[wörtl.: »Aktenwurm«].

akku (akkumulátor) – Akkumulator, »Akku«.

aladár – 1. (hozzá nem értő, ügyetlen ember) unfähige, unqualifizierte Person; 2. (a valóságos irányító személy eltitkolására a nyilvánosság előtt szereplő személy) Strohmann [Ursprüngl. Bez. für einen aufgrund der ungarischen Judengesetze von 1939 an die Stelle von jüdischen Vorgesetzten und Geschäftssführern gesetzten, oft unfähigen und unqualifizierten nichtjüdischen Angestellten oder Beamten].

alagsori (kicsi, alacsony – *ember*) – klein, kleinwüchsig (*Mensch*).

alágyújtós (elégtelen – *osztályzat*) –

»Ungenügend« (»Eins«; *schlechteste Zensur in ungar. Schulen*).

alak (férfi) – Typ, Gestalt (= *Mann*).

alakul: *alakul, mint púpos gyerek a prés alatt* (halad) = (gut) vorankommen, (gute) Fortschritte machen [wörtl.: »sich gestalten wie das bucklige Kind unter der Presse«].

alányal (hízeleg) – schmeicheln.

alányúl (tapogat) – herumfummeln, begrapschen.

alapszerv (fenék) – Hintern, Hinterteil [wörtl.: »Grundeinheit, Basisorganisation«].

alátesz *vkinek* – 1. (közösül) Geschlechtsverkehr haben (vom Mann), mit einer Frau schlafen; 2. (szándékosan árt) *jdm* absichtlich schaden; *alátesz i a görgőt* (kitúr az állásából, pozíciójából) = *jdn* aus seiner Stelle, seiner Position verdrängen, hinausekeln.

alávág *vkinek* – 1. (közösül) Geschlechtsverkehr haben; 2. (teherbe ejt) schwängern; 3. (szándékosan árt) *jdm* absichtlich schaden.

albérleti (halandzsa, mellébeszélés) – Herumreden (ohne zum Punkt zu kommen), Geschwätz; *auch*: *albérleti duma/szöveg*; *vgl.* sóderol.

albinó (világosszőke) – hellblond, weißblond.

album – 1. (rendőrségen a bűnözőket nyilvántartó könyv) Verbrecheralbum; 2. (szellentés) Darmwind, Furz [Bed. 2. : *bes. Jugendsprache*; Wortspiel: *al-* (»unten«) + bumm!].

alezánc (egy és ugyanaz, mindegy) – einerlei, (es ist) völlig gleich, ganz egal [< dt. »*alles eins*« in bairisch.-österreichischer Aussprache]

alfarhang (szellentés, a végbélen távozó bélgáz) – Furz.

alfél (fenék) – Hintern, Hinterteil [wörtl.: »Unterteil«].

alfonz (selyemfiú, strici) – Zuhälter [vom Namen *Alfons*].

algérias *vmire/vkire* (ideges *vmitől/vkitől*) – nervös, gereizt wegen *etw./jdm* [*vgl.* dt. umgangsspr. Wortspiel *algerisch* für »*allergisch*«; *s.* allergiás].

alha (iszákos) – versoffen; Zechbruder, Pichler, Säufer.

alig: *alig áll a lábán / alig él* (kimerült) = kaum auf den Beinen stehen können, halbtot sein (vor Erschöpfung).

alkalmi (kedvezményes áron kis hibás árut forgalmazó bolt) – Geschäft, in dem man günstig Artikel mit kleinen Schäden kaufen kann, »Schnäppchenladen«.

államok: *az államok* (USA) – »die Staaten«, USA.

állas (pofon) – Ohrfeige, Watschen.

állat – 1. (ellenszenves ember) unsympathischer Mensch; 2. (biológia, *kül.* állattan) Biologie (*als Schulfach*; *bes. Tierkunde*) [wörtl.: »Tier«].

állati – 1. (nagyon) sehr, überaus; *állati jó!* (nagyon jó) = »tierisch gut!« (= sehr gut); *állati szar!* = total beschissen; 2. *állatira begurul* (gerjed haragra) = wütend werden, sich fürchterlich aufregen.

állatian *s.* állati 1.

állatkert (ellenszenves ember) – unsympathischer Mensch [wörtl.: »Tiergarten«].

állatkodik (bolondozik) – herumalbern, herumblödeln.

állatság – 1. (badarság) Albernheit, Dummheit, Quatsch; 2. (hiba, baklövés) Fehler, Schnitzer.

állatszelídítő (tanár) – Lehrer [*Schülerspr.*; wörtl.: »Tierbändiger«].

allergiás *vmire/vkire* (ideges *vmitől/vkitől*) – nervös, gereizt wegen *etw./jdm*; *vgl.* algériás.

állva hagy (előnyt szerez *pl. sportban*; *hirtelen*) – einen Vorteil gewinnen, *jdn* hinter sich lassen, »stehen lassen« (*bes. beim Sport*).

alma – 1. (nincs, nem) nicht, kein; 2. (nem sikerül) *etw.* gelingt/klappt/funktioniert nicht; *alma a dolog* (nem lesz belőle semmi) = es wird nichts daraus, es klappt nicht; *auch:* almás; [< dt. Rotw. *äppel, eppel* »Nichtiges« (< jidd. *hewl* »Nichtigkeit, Belanglosigkeit«?); irrtümlich mit dt. *Apfel* zusammengebracht und dann mit dem ungarischen Wort *alma* »Apfel« übersetzt]; 3. (női mell) (*weibliche*) Brust, Busen [wörtl.: »Apfel«, wegen der Form].

almaálzógrand (nincs egy vasam sem) – ich bin pleite, habe keinen Pfennig [*vgl.* alma + álzó + grand »nicht ein Filler«]

almás – 1. (nemleges, vesztett ügy, rosszul sikerült) negativ verlaufene, verlorene Sache; (*etwas ist*) mißlungen; 2. (nem sikerül) *etw.* gelingt/klappt/funktioniert nicht; 3. (jelentéktelen, érdektelen) *most már almás a dolog* (már tárgytalan az egész) = jetzt ist das Ganze schon hinfällig/gegenstandslos; *ez a vita teljesen almás* (ez a vita teljesen jelentéktelen) = dieser Streit ist völlig uninteressant/belanglos; 4. *almás pitéért* (olcsón, kevésért) = für einen Appel und ein Ei, fast geschenkt, sehr billig; *s.* alma.

alminger (nem sikerül) – *etw.* gelingt/klappt/funktioniert nicht [*vgl.* alma].

álmón (özvegyember, özvegyasszony) – Witwer, Witwe [< jidd. *almon, almen* »Witwer«].

álmonoh (özvegyember) – Witwer, Witwe; *s.* álmón [< jidd. *almone, almunu* »Witwe«].

áló! *s.* álómars!

álómars! – 1. (gyerünk, menjünk, induljunk!) gehen wir!, auf geht's!; 2. (eredj innen, lódulj, takarodj!) verschwinde! hau ab! [< dt. < fr. *allons - marche!*].

álomlé (altató) – Schlafmittel [wörtl.: »Traumsaft«].

alsós (az alsó tagozatba járó tanuló) – Schüler der Grundstufe.

ált – 1. (alkalmas, jó – *személy*) tauglich, gut (von einem Menschen); 2. (értékes – *tárgy*) wertvoll (von Dingen) [< dt. Rotw. *alt* »gut, schön, sicher«; *vgl.* öreg].

altáj (fenék) – Hintern, Hinterteil [wörtl.: »untere Region«].

általános (általános iskola) – Grundschule.

altedá (a hamisjátékhoz előre összerakott kártyacsomag) – zum Falschspiel präpariertes Kartenspiel [*Gaunerspr.*].

álti (általános iskola) – Grundschule [*Schülerspr.*].

alulexponált – 1. (néger) Neger; 2. (cigány) Zigeuner [wörtl.: »unterbelichtet«; wohl in iron. Anspielung auf die dunklere Hautfarbe]

alulmúl: *minden képzeletet alulmúl* (nagyon rossz) = sehr schlecht, ganz übel, unter aller Kanone, unter aller Sau [wörtl.: »befindet sich unterhalb jeglicher Vorstellung«].

alulról: *alulról szagolja az ibolyát* (meghalt, halott) – tot, gestorben sein [wörtl.: »die Veilchen von unten riechen«; *vgl.* ähnliche dt. Wendungen, wie z. B. »*Die Radieschen von unten wachsen sehen*«].

aluszkál (alszik) – schlafen [*bes. Kinderspr.*].

alváz – 1. (láb, lábszár) Bein; 2. (fenék) Hinterteil, Hintern.

álzó – 1. (egy) eins (Zahlwort) [der erste Buchstabe des heb. Alphabets *alef* als Zahlwort für »eins« gebraucht; vermengt mit dt. »*also*« – oft das erste Wort in einer Äußerung]; 2. (pénz) Geld.

amatőr – 1. (dilettáns, fuser) Dilettant, Pfuscher; 2. (rossz tanuló) schlechter Schüler [< dt. < fr.].

amcsi – 1. (amerikai ember) »Ami«, (US-)Amerikaner; 2. (amerikai) amerikanisch; *s.* ami.

amerikázás (munkalassító sztrájk) – Bummelstreik; Dienst nach Vorschrift.

amerikázik – 1. (munkahelyén tétlenkedik, lopja a napot) sich vor der Arbeit drücken, bummeln, faulenzen; 2. (munkalassító sztrájkot folytat) Bummelstreik durchführen.

amerikázó (munkakerülő, naplopó) – Tagdieb, arbeitsscheue Person.

amfóra (homoszexuális) – Homosexueller, »Homo«, Schwuler.

ámhórec (tudatlan, ostoba) – ungebildet, dumm [< jidd. *amhorez* »Mann vom Land, Bauer; unwissender Mensch, Ignorant«].

ami – 1. (amerikai ember) »Ami«, (US-)Amerikaner; 2. (amerikai) amerikanisch.

ami csak belefér (minden, az egész) – alles.

amigó (barát) – Freund [< span.].

ámítástechnika (számítástechnika) – Informatik (*als Schulfach*) [iron. Wortspiel; *ámítás* »Täuschung, Irreführung« anstelle von *számítás* »Rechnung, Berechnung«; *Schülerspr.*].

amó (amnesztia) Amnestie [Wortspiel mit *Amo*, einer bekannten ungarischen Seifenmarke].

ámthál (lopásból járó rész) – Anteil (*an der Beute*) [< dt. *Anteil*].

amortizált: *amortizált csaj/spinkó* (idős nő) – alte Frau.

anat (anatómia) – Anatomie (*als Unterrichtsfach*).

anci (anya) – Mutti, Mama.

ánclizik (huszonegyezik) – »Siebzehn und vier« spielen [verunstaltetes Deutsch? ánc = eins].

ancug (ruha) – Kleidung, Anzug [dt.].

ancsurka (1945 után hivatali beosztásba került tanulatlan nő – *gyakori szlovák női becenév, régen a háztartási alkalmazottakra általánosítva*) – gebraucht für eine nach 1945 mit einer offiziellen Funktion betraute ungebildete Frau [gängiger slowak. weiblicher Kosename; im übertragenen Sinne früher oft für weibliche Haushaltshilfen gebraucht].

ándé (add ide!) – gib her!

andrás (rendőr) – Polizist; *auch:* andris [stammt von der Figur des Polizisten *Mihaszna András* im Witzblatt *Borsszem Jankó*].

andris *s.* andrás.

ándung (előérzet) – Vorahnung, Gefühl; *ándungja sincs róla* (fogalma sincs) = keinen Dunst, keinen blassen Schimmer haben [< dt. *Ahndung*, mundartl. bzw. altmod. Nebenform von *Ahnung*].

angéhol – 1. (lopásra, betörésre indul) zu Diebstahl o. Einbruch aufbrechen; 2. (zsebtolvaj zsebbe

nyúl) *vom Taschendieb:* in die Tasche greifen [< dt. *angehen*].
angol – 1. (kirakat) Schaufenster [*vgl.* angolkék, mit dem man einbricht!]; *vgl.* englis; 2. (halott); »*hidegvérű« mint egy angol*) tot; Toter [»*kaltblütig« wie ein Engländer*]; angolra tesz (megöl) = *jdn* umbringen, »kaltmachen«.
angolkék (jó minőségű, kék angol acélból készült betörőszerszám) – Einbruchswerkzeug aus gutem, blauem englischen Stahl [*angol* »englisch« + *kék* »blau«].
angolosan: *angolosan meglép/ távozik* (bejelentés nélkül távozik, fizetés elől meglép) = verschwinden, sich aus dem Staub machen (*bes. vor dem Zahlen*) [wörtl.: »sich auf die englische Art davonmachen«; *vgl.* fr. *partir/ filer à l'anglaise*; aber: dt. umgangsspr. »*sich auf die französische Art verabschieden*«; engl. »*take French leave*«].
angoltáncos (mellfúró – *páncélszekrény megfúrásához*) – Bohrmaschine (*zum Aufbohren von Panzerschränken geeignet*) [wörtl.: »englischer Tänzer«; *angol* steht hier für »(englischen) Stahl« – *vgl.* angolkék; gemeint ist also ein »stählerner Tänzer« – bildliche Beschreibung des Bohrers].
angyal (jó ember) – guter Mensch, »Engel«; *te vagy egy angyal!*
angyalbőr (katonai egyenruha) – Soldatenuniform [wörtl.: »Engelshaut«].
angyalföldi (rabló, útonálló) – Räuber, Wegelagerer, Straßenräuber.
angyali kapu (száj) – Mund.
animírdáma (mulatóhelyen fogyasztásra serkentő női alkalmazott) Animierdame [dt.].
anker-közi paraszt (zsidó) – Jude.

annó dacu, annó dacumál (annak idején, régen) – damals, »Anno dazumal« [< dt.; lat. *anno* »im Jahre«].
ansöllerol (felöltözik) – sich anziehen; *vgl. sölni, salni* [*vgl.* dt. Rotw. *ausschälen* »ausziehen; plündern«].
antenna (hímvessző) – Penis; *az antennám vevőképes* (szeretnék szexuális kapcsolatot) = ich bin »scharf« (*auf Sex*) [wörtl.: »meine Antenne ist empfangsbereit«].
antimelós (rendőr) – Polizist [< *anti-* + (*s.*) melós]
anzágol – 1. (dicsekszik, kérkedik, nagyzol, henceg) angeben, prahlen; 2. (lódít, füllent, hazudik) schwindeln, lügen; 3. (könnyelműen ígéret) leichtfertig versprechen [< dt. *ansagen*].
anzágolás (dicsekvés) – Angeberei, Prahlerei.
anzágoló – 1. (dicsekvő) angeberisch, prahlerisch; 2. (dicsekvő ember) Angeber, Prahlhans.
anyag – 1. (kábítószer) Rauschgift, Droge [wörtl.: »Stoff, Substanz«; *vgl.* dt. *Stoff*]; 2. (lopott holmi) Diebesgut; 3. (nő – *mint szexuális vágy tárgya*) Frau (*als sexuelles Objekt*).
anyagos (narkomániás) – Drogenabhängiger; *s.* anyag 1.
anyagozik (kábítószerezik) – Drogen nehmen; *s.* anyag 1.
anyámasszony katonája (gyáva ember) – Muttersöhnchen, Feigling [wörtl.: »Soldat der Frau Mama«].
anyányi (nagy) – groß (*von jungen Mädchen*) [wörtl.: »groß wie Mutter«].
anyapucéran (meztelenül) – splitternackt.

anyátlan (gyámoltalan, ügyetlen) – ängstlich, unbeholfen, hilflos [wörtl.: »mutterlos«].
anyázik (káromkodik) – fluchen [eigentl.: »das Wort *Mutter* (*anya*) gebrauchen«; Flüche unter Anspielung auf die Mutter des Angesprochenen sind grob beleidigend].
anyi (nő) – Frau.
annyi *vkinek/vminek* (vége van, befellegzett *vkinek/vminek*) – aus und vorbei, erledigt, es ist Essig damit.
anyó (nő, leány) – Frau, Mädchen [*bes. Jugendspr.*].
anyóca (idős nő) – alte Frau.
anyóka – 1. (anya) Mutter; 2. (nő, lány) Frau, Mädchen.
anyu – 1. (anya) Mutter; 2. (nő, lány) Frau, Mädchen; *anyuja* (barátnője) = seine Freundin, sein Mädchen.
anyuci *s.* anyu.
anyus (nő) – Frau.
apácazárda – 1. (leányiskola) Mädchenschule; 2. (leánykollégium) Mädcheninternat [wörtl.: »Nonnenkloster«].
apa! (öregem!) – (Heh,) Alter! [*iron., auch Jugendliche untereinander*; wörtl.: »Vater«].
apacs – 1. (nagyvárosi éjszakai útonálló, rabló) nächtlicher Wegelagerer, Räuber in Großstadt; 2. (alvilági leány szeretője) Liebhaber eines Unterweltmädchens [< dt. < fr. *apache* »Messerheld, Rowdy«].
apacsol – 1. (beszél; beszélget, társalog) sprechen; sich unterhalten; 2. (fecseg) schwätzen, dummes Zeug reden.
apafej – 1. (*kül. öreg* férfi) (alter) Mann; 2. (öregem!) (Heh,) Alter! [*auch iron. Anrede Jugendlicher untereinander*].

apákboltja (italbolt) – Spirituosengeschäft.
apáknapja (fizetésnap) – Zahltag.
apatej (szeszes ital) – alkoholisches Getränk [wörtl.: »Vatermilch«].
apci (apa) – Papi, Vati [*bes. Kinderspr.*].
api (apa) – Papi, Vati [*bes. Kinderspr.*].
apó – 1. (nagyapa) Großvater, Opa; 2. *apó!* (öregem!) (*etwa*:) »Alter!« (*Anrede, bes. unter Jugendlichen*).
apóka (öregember) – alter Mann, Alter.
ápol – 1. (őriz) bewachen [*iron.*, wörtl.: »pflegen«, sich kümmern um«]; 2. (csókol) küssen [hier hat sich der alte Sprachgebrauch erhalten; in der Literatur des 18. und 19. Jahrhunderts erscheint *ápol* noch in der Bedeutung »liebkosen«].
aprít (verekszik) – sich prügeln.
aprófa (elégtelen – *osztályzat*) »Ungenügend« (*Zensur in der Schule*) [wörtl.: »Kleinholz«; *s.* fa].
apsi (apa) – Papa, Vati[*bes. Kinderspr.*].
apu – 1. (apa) Vater, Papa; 2. *apuja* (barátja, udvarlója) = Freund (eines Mädchens), Verehrer, »Lover«.
apuci (apa) – Vater.
apuka (apa) – Vater.
apus (apa) – Vater.
apuska – 1. (apa) Vater; 2. (férfi) Mann.
áramvonalas (csinos, jó alakú nő) – hübsche Frau mit guter Figur [wörtl.: »stromlinienförmig«].
aranyásó (WC-pucoló személy) – Toilettenfrau, Klofrau [wörtl.: »Goldgräber«].
aranyköpés (aranymondás) – kluger Spruch.

aranymosás (bűnösen szerzett aranyékszer, aranypénz beolvasztása) – Einschmelzen (*von unrechtmäßig erworbenem Goldschmuck oder Goldmünzen*) [wörtl.: »Goldwäsche«].

aranyos (arannyal foglalkozó orgazda) – auf Gold spezialisierter Hehler.

arat (nyer) – gutes Geschäft machen, absahnen [wörtl.: »ernten«].

aratás (jó fogás, dús pénzszerzés) – guter Gewinn, reiche Beute [wörtl.: »Ernte«].

arc (férfi, fiú) – Mann, Junge [wörtl.: »Gesicht«; *pars pro toto*].

arcsel (nevet) – lachen.

aréna (veszekedés) – Streit, Streiterei; *arénát csap/csinál* (botrányt csinál) = randalieren, Streit anfangen, stänkern.

arénázás (veszekedés) – Streit, Streiterei.

arénázik – 1. (botrányt rendez, veszekszik, cirkuszt csinál) Streit anfangen, stänkern, randalieren; 2. (sír) weinen, jammern, kreischen, eine Szene machen.

áresz, aresz (börtöncella, zárka) Gefängniszelle [< dt. *Arrest*].

ari (aranyos, édes) – goldig, süß [Abk. von *aranyos* »goldig«; *Jugendspr.*].

arisztid (hülye, szenilis alak – *utalás az arisztokratákat gúnyoló viccek egyik szereplőjére, a degenerált Arisztid grófra*) – dumme, senile Person [nach dem degenerierten Grafen Arisztid, einer Figur in Witzen, die den Adel verspotten].

árnyékoló (fül) – (*bes. großes*) Ohr [*Schülerspr.*; wörtl.: »Schattenspender«].

árok (rejtekhely) – Versteck; *árokban van* (rejtekhelyen van elásva) = in einem Versteck vergraben [wörtl.: »Graben«].

árpakóla (sör) – Bier [wörtl.: »Gersten-Cola«; *bes. Jugendspr.*].

árs armandi (homoszexuális szerelmi viszony) – homosexuelle Beziehung [Wortspiel aus lat. *ars amandi* »die Kunst der Liebe« und dt. *Arsch*].

artistanő (különleges testhelyzetekben közösülő kurva) – Hure, die in ungewöhnlichen Stellungen sexuellen Verkehr ausübt; *vgl. lepedőakrobata.*

áru – 1. (lopott holmi) Diebesgut; 2. (szerelem pénzért) käufliche Liebe; 3. (kurva, illetve magát szerelmi célra áruba bocsátó férfi) Hure; Strichjunge; 4. (*nő – kül. mint szexuális vágy tárgya*) Frau (*bes. als sexuelles Objekt*) [wörtl.: »Ware«; bei Bed. 4 (*bes. Jugendspr.*) Verallgemeinerung und Abschwächung gegenüber Bed. 3].

árulkodó júdás (árulkodó ember) – verräterischer, heimtückischer Mensch; Judas.

arzénos (becstelen, tisztességtelen) – ehrlos, unehrlich, unredlich.

ász – 1. (döntő érv) entscheidendes Argument; 2. (szakember valamiben) Fachmann; *ász vmiben* = sich bei etwas sehr gut auskennen; 3. *ász!* (figyelj!) = paß auf!; *ásza van / ász van a kezében* (a döntő érv van a kezében) = er hat einen Trumpf im Ärmel [Grundbedeutung: höchste Spielkarte; daher Bedeutung 1.: »As sticht«!; 2.: *vgl. dt.*: »*Er ist ein As!*«].

aszfaltbetyár (tolakodó, nőket utcán leszólító alak) aufdringlicher Typ, der Frauen auf der Straße belästigt; Anmacher, Macker.

aszfaltbuborék – 1. (autó) (*kleines*) Auto; 2. (Trabant) Trabant [*iron.*; wörtl.: »Asphaltblase«].

aszfaltpattanás (autó – *kül. Trabant*) – kleines Auto (*bes. Trabant*); [*iron.*; wörtl.: »Asphaltpustel«].

aszfaltvirág (utcán ismerkedő nő) – Frau, die auf der Straße Bekanntschaften macht.

asszony – 1. (feleség) Ehefrau, Frau; 2. (nő, leány) Frau, Mädchen [*oft auch in der Anrede*; wörtl.: »Dame«].

asztal: vkinek *asztala* (szeretője *vkinek*) = *jemandes Geliebte*(r); *(az) asztal alatt* (törvénytelenül) = ungesetzlich, illegal, »unter dem Ladentisch«.

átalakít: *átalakítja a fazonját* (ver, megver, összever) = verprügeln, zusammenschlagen, »die Fresse polieren«.

átbasz, -ik (becsap, rászed) – betrügen, übers Ohr hauen.

átbaszás (becsapás, csalás, szélhámosság) – Betrug, Schwindel, »Verarsche«.

átcsoportosít (ellop) – stehlen, klauen [wörtl.: »umgruppieren«].

átdob (becsap, rászed) – betrügen, übers Ohr hauen; *átdob, mint szar a palánkon* (nagyon becsap) kräftig verarschen; *auch:* átejt.

átejt – 1. (becsap, félrevezet) *jdn* betrügen, austricksen, verarschen; *átejt, mint szar a palánkon* (nagyon becsap) kräftig verarschen; *auch:* átdob, átráz, átver; 2. (leitat) *jdn* betrunken machen, »abfüllen«, unter den Tisch trinken.

átejtés (becsapás, csalás, szélhámosság) – Betrug, Schwindel.

átgájerol *rajta* (semmibe vesz, észre sem vesz) – mißachten, geringschätzen, ignorieren, *jdn* schneiden.

átgraccol (átmászik) – über etwas klettern, hinüber-, darüberklettern [zu dt. (bair.-österr.) *kraxeln* »klettern«].

áthajít (becsap, félrevezet) – betrügen, übers Ohr hauen, irreführen.

áthiliroz (kártyát kicserél, átcsempészik) – (*beim Kartenspiel*) Karten (*unerlaubterweise*) vertauschen, (*heimlich*) ins Spiel bringen [< dt. Rotw. *hiliren* »beim Geldwechsel betrügen«]

áthintáz (becsap, rászed) – betrügen, übers Ohr hauen.

átkozott (ellenszenves, utált) – verdammt, verflucht.

átkúr (becsap, rászed) – betrügen, übers Ohr hauen.

átlag (átlagban, átlagosan) – durchschnittlich, im Schnitt; *átlag 12 órát dolgozik naponta* = er arbeitet im Schnitt 12 Stunden täglich.

atléta (atlétatrikó, alsóing) – Unterhemd.

átmegy *vmibe* (lesz) – *etw.* werden; *átmegy csigába* (lassít, lassan csinál) = langsam werden [wörtl.: »eine Schnecke werden«]; *átmegy mormotába* (elalszik) = einschlafen, schlafen gehen [wörtl.: »Murmeltier werden«].

atmoszféra (ittasság) – Trunkenheit; *van benne atmoszféra* = unter Druck stehen, nicht nüchtern sein.

ató (autó) – Auto.

átok (nagyon, »átkozottul ...«) – sehr, verdammt; *átok rossz* = beschissen schlecht.

atom – 1. (szerfeletti, nagyon) enorm, sehr; 2. *részeg mint az atom*

(teljesen részeg) = stockbesoffen.
atomfej (okos diák) – guter, kluger Schüler; Primus [wörtl.: »Atomkopf«; *Jugendspr.*].
atomi – 1. (nagyon jó, csodálatos) prächtig, toll; 2. (szerfeletti) enorm.
atomóra (kémia) – Chemie (*als Schulfach*) [wörtl.: »Atomstunde« oder auch »Atomuhr«].
atomtaliga (bicikli) – Fahrrad [wörtl.: »Atomkarre«; *Jugendspr.*].
átpasszol (a zsákmányt átadja) – die Beute übergeben.
átpattan (átugrik – pl. kerítést) – überspringen, über etwas springen (*z. B. über einen Zaun*).
átráz (becsap, rászed) – betrügen, übers Ohr hauen.
átsubliz (átcsempész, átad) – hinüberschmuggeln, weitergeben [wohl zu dt. *verschieben, Schub*].
átszálló (pofon) – Ohrfeige.
átszitál – 1. (motoz, házkutatást végez) durchsuchen; Haussuchung, Leibesvisitation vornehmen; 2. (becsap, rászed) – betrügen, übers Ohr hauen [wörtl.: »durchsieben«].
átugrik (gyorsan elmegy *vhova vmiért*) – schnell irgendwohin gehen.
átüget (gyorsan elmegy *vhova vmiért*) – schnell irgendwohin gehen.
átvág (becsap, rászed) – betrügen, übers Ohr hauen; *auch: átvág mint szart a palánkon.*
átvágás (becsapás, csalás, szélhámosság) – Betrug, Schwindel.
átver (becsap, rászed) – betrügen, übers Ohr hauen; *auch: átver mint szart a palánkon.*
átverés (becsapás, csalás, szélhámosság) – Betrug, Schwindel.

átvesz: *átveszi szocialista megőrzésre* (lop, ellop) – stehlen, klauen, mopsen [wörtl.: »in sozialistische Verwahrung übernehmen«; *iron. Anspielung auf Sozialisierung bzw. Verstaatlichung*].
átvevő (zsebtolvaj segítőtársa) – Komplize des Diebes.
atyaisten! (meglepetés kifejezése) – mein Gott! um Himmels willen!
atyaúristen! *s.* atyaisten!
auffürol – 1. (nőt szerelmi célra pénzért felhajt) (*Frauen für Geld*) verkuppeln; 2. (rendőrnek megmutatja a tolvajt) einen Dieb bei der Polizei anzeigen [< dt. *aufführen*].
aufra (hitelbe) – auf Kredit [< dt. *aufschreiben*].
aufsóherol (felnyit, felfeszít) – öffnen, aufbrechen [< dt. Rotw. *schochern* »aufbrechen«; *schocher* »Brecheisen«].
aufsteig (szék) – Stuhl [dt.].
aufstószol – 1. (zsebtolvaj az áldozatát meglöki, hogy a figyelmet elterelje) anrempeln (*wie es der Taschendieb tut, um sein Opfer abzulenken*); *auch:* afstusszol [dt. *aufstoßen*]; 2. (fölrak) auflagen, aufpacken, aufstapeln [*vgl.* dt. *Stoß* »Stapel«].
aufsvendol (pénzt felvált) – Geld wechseln.
aure (nincs vesztegetni való időm) – Unwichtiges; nichts, worauf ich meine Zeit verschwenden würde.
aureff (jótálló) – Bürge [< jidd. *aurew, orew* »Bürge, Garant«].
ausz (tönkrement, elintézték, vége van) – bankrott, erledigt, am Ende; *ausz vagyok* (kész vagyok, nincs több pénzem, kimerültem) = ich bin fertig, ich bin pleite, habe mich verausgabt [dt.].

auszbrummol (kialussza magát) – sich ausschlafen [dt.].

auszdéverol (megbeszélés szerint, tettenérés esetén társával egybehangzóan vall) – im Fall der Festnahme die gleiche, vorher mit dem/den anderen abgesprochene Aussage machen; *etw.* vorher absprechen [jidd.; *s.* déverol].

auszhandel (nem tudja véghezvinni a betörést, mert megzavarták) – beim Einbruch gestört werden und flüchten.

auszkájlen (lármázik) – Krach machen, lärmen, streiten [< dt. umgangsspr. *auskeilen* »ausgelassen, ausschweifend leben«; *vgl.* auch *Keile* »Prügel«].

auszlavíren (a lopás helyét kikémleli) – vor einem Einbruch die Lage sondieren; *vgl.* lavíroz.

auszlavírer (aki a meglopandó helyet kiszemeli és kikémleli) – Spitzel, der vor einem Einbruch die Lage sondiert.

auszplankol (kártyacsomagot hamisjátékra előkészít) – ein Kartenspiel (fürs Falschspiel) präparieren; *vgl.* plankol [dt.].

ausz-sauherol (vendéglőből fizetés nélkül távozik) – die Zeche prellen.

auszsmekkel (a lopás helyének viszonyait kikémleli) – vor einem Einbruch die Lage sondieren [*vgl.* bair.-österr. *schmecken* »*etw.* riechen; *etw.* ahnen, wittern, bemerken, erraten«].

auzor (kincs, értéktárgy) – Schatz, Wertgegenstand [< jidd. *ojzor, ojzer* »Schatz; Vorrat«].

avas – 1. (ócska, régi) alt, abgenützt, schäbig; 2. (unalmas) langweilig [wörtl.: »ranzig«].

aváz, avázik (megy, gyalogol) – (zu Fuß) gehen [zu cig. *avel* »kommen«].

avázkodik *s.* aváz(ik).

ávé (vígság, jókedv) – Fröhlichkeit, gute Laune.

avel (megy, jön) – gehen, kommen [< cig. *avel* »kommen«].

ávelj! (menekülj!) – komm schon, hau'n wir ab!

avesz – 1. (gyere!) komm!; 2. (futás! indulás) auf geht's! geh'n wir!

ávétos – 1. (rossz, értéktelen) schlecht, wertlos; 2. (kellemetlen) unangenehm.

avetus *s.* ávétos.

aviatikus (bizonytalan jövedelmű, kétes hírű személy) – Person mit unsicherem Einkommen und zweifelhaftem Ruf [»lebt wie der Pilot von der Luft«].

ávle (igazságtalanság) – Ungerechtigkeit [< jidd. *awle* »Unrecht, Übeltat«].

ávós (állambiztonsági szolgálatot teljesítő politikai rendőr) – (*hist.*) Angehöriger der ÁVÓ (der dem Innenministerium unterstellten *Államvédelmi Osztály* = »Staatsschutzabteilung«).

ázesz, azesz – 1. (szemtelen) frech, unverschämt; *azesz pónem* (szemtelen alak, szemtelen pofa) = frecher Kerl, loses Mundwerk; 2. (szemtelenség) Frechheit, Unverschämtheit [< jidd. *asess* »Frechheit, Unverschämtheit«].

ázilomban van (el van ázva, részeg) – betrunken, besoffen [Wortspiel: *azilum* »Asyl« und *elázik* »sich betrinken«, *elázott* »betrunken«].

az jön! (azzal adós maradok) – soviel bleibe ich schuldig; *vgl.* szopik.

ázott (részeg) – besoffen; *auch:* elázott [wörtl.: »durchnäßt«].

Ázsia (földrajz) – Geographie (als Schulfach).

B

bá (bácsi – *megszólítás*) – Onkel [*als Anredeform, z. B.* »*Józsi bá*«; *nicht nur bei wirklichen Verwandten gebraucht; bes. Jugendspr.*].

baba – 1. (fiatal, csinos lány, nő) hübsches junges Mädchen, Frau; 2. (csinos – *nőkről*) hübsch (*von Frauen*); 3. (jó, tetszetős, nagyon megfelelő) gut, prima, ausgezeichnet; *hű, de baba!* (remek, csodás) = einfach toll!, spitze!, super!

babazsúr (összejövetel, parti) – Fete, Party.

babér (fenék) – Hintern, Hinterteil [*bes. Jugendspr.*; wörtl.: »Lorbeer«; vielleicht von der Redewendung *ül a babérjain* = »auf seinen Lorbeeren sitzen«, »sich auf seinen L. ausruhen« (auch: *pihen/nyugszik a babérjain*)].

babi (nő, lány) – Frau, Mädchen.

bablevescsárda (hajnalban nyitó kiskocsma, amelyben az éjt átmulató korhelyek bablevest ehetnek) – kleine Kneipe, die früh morgens öffnet, in der Nachtschwärmer Bohnensuppe essen können [wörtl.: »Bohnensuppen-Gasthaus«].

babos kendő (homoszexuális férfi) – Homosexueller, Schwuler.

babszem (alacsony, kicsi ember) – Zwerg, kleinwüchsiger Mensch.

baci (bacilus) – Bazillus.

baci-kutató (bakteriológus) – Bakteriologe.

bacilustemető (zsebkendő) – Taschentuch [wörtl.: »Bazillenfriedhof«].

badi (testfelépítés) – Bodybuilding [< engl. *body-building*].

badis, bádis (erős) – stark, kräftig (*Mensch*) [< badi].

bádogbugyi (Polski Fiat) – Polski Fiat [wörtl.: »Blechhöschen«: *badog* »Blech« + (*s.*) bugyi; *vgl.* bádogskatulya.

bádogskatulya (gépkocsi, autó) – Auto, »Schrottkiste« [wörtl.: »Blechschachtel«].

bádzsó (férfi) – Mann

bagaretta (cigaretta) – Zigarette, »Kippe« [*vgl.* bagó 2. + *cigaretta*].

bagázs – 1. (csapat, baráti kör, banda) Freundeskreis, Clique, Bande; 2. (söpredék, csőcselék) Abschaum, Pöbel, Mob. [< dt. *Bagage* < fr.]

bagó – 1. (dohány) Tabak; Kautabak; 2. (cigaretta) Zigarette; 3. (szivarvég) Zigarrenstummel; 4. (kis pénzösszeg) kleiner Geldbetrag, etwas Knete; *bagóért* (olcsón, kevésért) = billig, für wenig Geld.

bagóleső (száj) – Mund.

bagoly (szemüveges ember) Brillenträger [wörtl.: »Eule«].

bagolytakony (rossz szeszes ital) – Fusel; schlechter, billiger Schnaps [wörtl.: »Eulenrotz«].

bagóré (cigaretta) – Zigarette.

bagózik (cigarettázik) – Zigarette rauchen.

bagzik (cigarettázik) – Zigarette rauchen; *vgl.* bagózik.

bágy (női mell) – (*weibliche*) Brust, Busen [*bes. Jugendspr.; zu* bögy?].

baizli (villamos) – Straßenbahn; *vgl.* bárzli, bázli; *aber:* bájzli !

baj: *baj van az emeleten* (hülye, buta) = verrückt, dumm, *jmd* hat einen Dachschaden.

báj (szia) – Tschüß! ; *vgl.* bájbáj [*Schülerspr.*; < engl. *bye!*]

bájbáj (szia) – Tschüß! [*Schülerspr.*; < engl. *bye-bye!*]

bájdorong (férfi szeméremtest) – Penis [wörtl.: »Liebreizknüppel«].

bájfék (melltartó) – BH, Büstenhalter [wörtl.: »Liebreizzügel«].

bájesz, bajesz – 1. (ház, épület) Haus, Gebäude; 2. (fogház) Gefängnis [< jidd. *bajiss* »Haus«].

bajeszdin (törvényszéki épület) – Gerichtsgebäude [< jidd. *bajissdin* »jüdischer Gerichtshof« < heb.].

bájgúnár (piperkőc férfi) – Geck, Stutzer.

bájlavór (női nemi szerv) – weibliche Genitalien; *vgl.* lavor.

bajnok (jó, remek, csodás) – toll, prächtig, ausgezeichnet [wörtl.: »Meister« (*beim Sport*)].

bajuszos (macska) – Katze [wörtl. »schnurrbärtig«].

bájvájdling (női nemi szerv) – weibliche Genitalien.

bájzli (olcsó, rossz hírű kocsma) – kleine Kneipe mit schlechtem Ruf; *aber vgl.* baizli! [< dt. Rotw. *beisel, beisl, beiz(e)* »kleine Gastwirtschaft, verrufenes Lokal« < jidd. *bajiss* »Haus«].

bak (fiú) – Junge [*bes. Jugendspr.*].

baka – 1. (katona) Soldat; 2. (elégtelen – *iskolában*) »Ungenügend« (*Note in der Schule*).

bakaasszony (férfias nő) – maskuline, männliche Frau [wörtl.: »Soldatendame«].

bakafántoskodik (akadékoskodik) – nörgeln, mäkeln, stänkern, Streit anfangen.

bakesz (katona) – Soldat.

bakhatna (*szexuális értelemben* felizgult, felgerjedt) – (*sexuell*) erregt, geil.

baki – 1. (hiba, baklövés) Fehler, Schnitzer; *bakit csinál* (hibázik, baklövést csinál) = einen »Bock schießen«, einen Fehler machen; 2. (elszólás) Versprecher; 3. (bakancs) Schnürstiefel; *vgl.* baksi.

bakizik – 1. (elszólja magát) sich versprechen (= *etwas Unbeabsichtigtes sagen*); 2. (elfelejt *szöveget*) (*den Text*) vergessen.

bakni (feladat, munkaterv) – Aufgabe, Arbeitsplan, Plan für Einbruch usw.

bakos (*szexuális értelemben* felizgult, felgerjedt) – (*sexuell*) erregt, geil.

baksi (bakancs) – Schnürstiefel; *vgl.* baki 3.

baksis – 1. (borravaló) Trinkgeld; 2. (megvesztegetési pénz, kenőpénz) Schmiergeld, »Backschisch«; *baksist ad* (megveszteget) = bestechen, schmieren [< türk. < pers.].

bakter (börtönőr) – Gefängniswärter [eigentl.: Nachtwächter; Bahn-, Schrankenwärter«; zu dt. *Wächter*].

baktertojás – 1. (érem, kitüntetés) Medaille, Auszeichnung; 2. (a vonatok árnyékszékéről lehullott bélsár) Fäkalien, die aus der Zugtoilette zwischen die Schienen fallen [*bakter* = »Nachtwächter, Schrankenwärter« + *tojás* = »Ei«].

bakugrató (pótvizsga) – Nachprüfung [*Schülerspr.*].

bakusz (férfi) – Mann.

bál (szidás, feddés) – Tadel, Rüge, Gezeter, Geschimpfe [wörtl.: »(*festlicher*) Ball«].

bála – 1. (haj) Haare [*bes. Jugendspr.*]; 2. (börtön) Gefängnis.

balbósz (háziúr) – Hausherr [< jidd. *bal(e)boss* »Hausherr, Wirt, Besitzer«].

balbóz (ostoba, buta) – dumm, blöd.

Balcsi – Balaton.
baldóver – 1. (befolyásos, tekintélyes ember) einflußreiche Person; 2. (ügyes, élelmes ember) geschickter, schlauer Mensch; 3. (a lopást kitervelő tolvaj) Dieb, der einen Diebstahl plant; [< dt. Rotw. *baldower* »Auskundschafter, Anführer einer Diebesbande« < jidd. *baldowor* »der betreffende Mensch«; (*auch euphemistisch für:*) Teufel« < *bal* »Mann« und *dowor, dower* »Wort, Sache, Ding«; *vgl.* dt. Rotw. etw. *ausbaldowern* »etw. auskundschaften«].
balek – 1. (együgyűen hiszékeny, kihasználható ember) Tölpel, Trottel, Einfaltspinsel; *ne nézz engem baleknak* (ne tarts engem bolondnak) = glaub nicht, daß ich ein Trottel bin; 2. (becsapásra, kifosztásra alkalmas áldozat) jemand, der sich leicht betrügen o. ausrauben läßt [*vgl.* tschech. Rotw. *balík* »Bauer«; < türk.?]
balett – 1. (tevékenység, esemény) Ereignis, Aktivität; 2. (ügy) Sache, Angelegenheit; *más balett* (más ügy) = andere Sache, etwas anderes.
balfácán – 1. (ügyetlen, tehetetlen, alkalmatlan, élhetetlen ember) ungeschickter, unbeholfener, hilfloser Mensch; 2. (buta ember) Trottel, Dummkopf; 3. (ellenszenves ember) unsympathischer Typ; *vgl.* balfasz, balfék, balfóka.
balfasz (buta ember) – Dummkopf, Trottel, Blödmann; *vgl.* balfácán; *hogy te mekkora balfasz vagy!* = was bist du nur für ein Riesenroß!
balfaszul (ügyetlenül) *adv.* – ungeschickt.
balfék (ügyetlen, tehetetlen ember) – Tolpatsch.

balfenéken: *eltűnik/eltávozik a balfenéken* (odébbáll, eloldalog) = verschwinden, sich aus dem Staub machen.
balfiók (ügyetlen, tehetetlen ember) – Tolpatsch.
balfóka *s.* balfácán.
balhé – 1. (lárma, veszekedés, botrány) Streit, Lärm, Skandal; 2. (baj, kellemetlenség) Ärger, Schwierigkeiten; 3. (bűntett) Straftat; 4. *a balhé kedvéért / balhéból* (viccből) = so zum Spaß, nur zur Gaudi; *balhét csinál* = 1. (lopást vagy betörést elkövet) Diebstahl oder Einbruch begehen; 2. (lármát csap) lärmen, Krach machen; 3. (botrányt csinál) stänkern, die Sau rauslassen; *balhét csap / kiveri a balhét* (botrányt csinál) = Skandal verursachen, Streit anfangen, stänkern; *elviszi a balhét* (ő lesz a bűnbak, ő vállalja a felelősséget a dologért) = er übernimmt die Verantwortung, nimmt es auf seine Kappe [über das österr. Rotw. *balhe* »Lärm, Geschrei, Tumult« aus dem Jidd.; wohl eher aus jidd. < heb. *baláhâh* »Schrecken, plötzliche Furcht« als (wie beispielsweise im »Etymologischen Wörterbuch des Ungarischen«, BENKŐ 1993, angegeben) von jidd. *beholo* »Schrecken, Lärm« < heb. *behâlâh* »Schrecken«].
balhés (garázda ember, huligán) – Rowdy, Hooligan.
balhézás (veszekedés) – Streitigkeit, Krawall.
balhézik – 1. (lármát csap, kiabál, veszekszik, botrányt csinál) lärmen, schreien, Krach machen, stänkern, streiten; 2. (verekedik) sich schlagen, sich prügeln.
balimihály – (hóhér; *a hosszú ideig*

működő állami ítéletvégrehajtó neve után) Henker [*nach dem Namen eines lange Jahre im Staatsdienst arbeitenden Henkers*].

balkán (rendetlenség) – Unordnung, Durcheinander [Anspielung auf die aus Sicht des mitteleuropäischen Ungarn oft unübersichtlichen Verhältnisse auf der Balkanhalbinsel].

báló (disznó) – Schwein [< cig. *bálo* »Eber, Schwein«].

bálómasz (szalonna) – Speck [báló + cig. *mas* »Fleisch«].

balosz: *balosz fácánosz* = 1. (ügyetlen) ungeschickt, tolpatschig; 2. (ügyetlen ember) ungeschickter Mensch, Tolpatsch; *vgl.* balfácán.

balspísz – 1. (orgazda) Hehler; 2. (kocsmáros) Kneipenwirt [zu jidd. *bal* »Mann, Herr« + dt. Rotw. *spieß* »Wirt« bzw. *spieße* »Kneipe«; *vgl.* spí].

bamba (figyelmetlen, szórakozott) – unachtsam, zerstreut, geistig abwesend.

bambi – 1. (narancsízű szénsavas üdítő) Orangenlimonade; 2. (szeszes ital) alkoholisches Getränk.

bambim (templom) – Kirche; *vgl.* jaske.

bambul (figyelmetlenkedik) – zerstreut, unachtsam, geistig abwesend sein.

banda - 1. (bűnözők csoportja) Verbrecherbande; 2. (hitvány, felelőtlen társaság) schlechte Gesellschaft; 3. (baráti kör) Clique, Freundeskreis; 4. (család) Familie.

bandzsa (kancsal) – schielend.

bandzsi *s.* bandzsa.

bánik: *bánja vmilyen összege* (kerül *vmibe*) – soundsoviel kosten.

bank – 1. (pénztárca) Brieftasche; 2. (zálogház) Leihhaus, Pfandleihe; *bankban van* (zálogházban van) = *etw.* ist in der Pfandleihe.

bankpakli (hamiskártyás nyerésre összeállított kártyacsomagja) – zum Falschspielen präpariertes Kartenspiel.

bánt: *bántja a csőrét* (dühösít, boszszant, idegesít) – sich aufregen, wütend werden.

banzáj – 1. *banzáj!* (éljen) = ... lebe hoch!; 2. (mulatság, muri) Spaß, Jux, Gaudi; (*bes. nächtliche*) Spritztour; 3. (házibuli) Party [< japan.].

banzsa *s.* bandzsa.

banya – 1. (nő, lány) »Ziege«, »Kratzbürste« [*pejor. Bez. für weibliche Wesen, bes. Jugendspr.*]; 2. (öreg nő) alte Frau; »alte Schachtel«; *auch:* vén banya [die ursprüngliche Bed. ist »alte Frau«, verbunden mit Attributen wie »häßlich«, »verbittert-bösartig«; dann verallgemeinert].

bánya: *olyan, ha lemegy a bányába, feljön a bányalég/feljön a szén* (nagyon csúnya) = sehr häßlich [wörtl.: »so (häßlich), daß wenn sie ins Bergwerk hinabsteigt, das Grubengas/die Kohle heraufkommt«; *bánya* = Bergwerk, Grube].

bányarém (csúnya nő) – häßliche Frau [wörtl.: »Bergwerksschrekken«; *vgl.* bánya].

bányarigó (csúnya nő) – häßliche Frau [wörtl.: »Bergwerksdrossel«].

bányász (csúnya nő) – häßliche Frau; *auch:* bányász kislány [wörtl.: »Bergmann« bzw. »Bergmannstochter«].

bár (álkulcs) – Nachschlüssel, falscher Schlüssel.

barack (fej) – Kopf [*bes. Jugendspr.*; wörtl.: »Aprikose«].

bárány – 1. (rászedhető, hiszékeny, kihasználható) einfältig, leichtgläubig; 2. (hiszékeny, kihasználható ember) Einfaltspinsel; naiver Mensch, den man leicht übers Ohr hauen kann [wörtl.: »Lamm«].

bárca (hivatásos kéjnő hatósági igazolványa) – behördliches Gesundheitszeugnis für Prostituierte [*hist.; bis 1945*].

bárcás (prostituált, kurva) – Prostituierte, Hure; *vgl.* bárca.

baresz (jó, remek, csodás) – prächtig, ausgezeichnet, prima.

báresz (pénz) – Geld; *báresz fizetni* vmit = etw. bar bezahlen [< dt. *Bares* (= Bargeld)]

barmol (összecsap *vmit*) – *etw.* zusammenflicken, zusammenschustern, hinpfuschen [*bes. Jugendspr.*].

barmul (bolondozik) – herumalbern, herumblödeln [< *barom* »Rindvieh«].

barna (ötezerforintos) – 5000-Forintschein [wörtl.: »braun«; nach der Farbe].

baró – 1. (nagy, jó) groß, gut; *baró volt* (rendben volt) = war in Ordnung, war okay; 2. (főnök, gazdag, tekintélyes személy) Chef; reiche, einflußreiche Person; *auch:* baróraj, baróséró [< cig. *báro* »groß«]; 3. (pénz) Geld; *vgl.* báresz.

baróca (jó) – gut; *vgl.* baró 1.

barom – 1. (buta ember) Dummkopf, Trottel, Blödmann, »Rindvieh«; 2. (ellenszenves ember) unsympathischer Typ; *nagy barom* (nagyon buta ember) = Volltrottel, »Hornochse« [wörtl.: »Vieh«].

baromarcú (ellenszenves) – unsympathisch, nervend (Person); *baromarcú állat* (ellenszenves ember) = unsympathischer Typ, Nervensäge [wörtl.: »rindsgesichtig(e Gestalt)«].

baromberci (rendőr) – Polizist [*barom* »Rindvieh« + *Berci* (Koseform des Namens Bertalan)].

baromi (nagyon, felettébb) – überaus, sehr, »tierisch«; *auch:* baromira; *baromi jól* = »saugut«, sehr gut [wörtl.: »viehisch«; *bes. Jugendspr.*].

baromság – 1. (badarság) Blödsinn, Quatsch, Viecherei; 2. (hiba, baklövés) Fehler, Dummheit.

baronesz (nő, leány) – Frau, Mädchen [< fr. *baronesse*; *bes. Jugendspr.*].

baróraj (főnök, gazdag, tekintélyes személy) – Chef; reiche, einflußreiche Person; *s.* baró.

barósér (nagy koponya) – kluger, intelligenter Mensch.

baróséró (főnök, gazdag, tekintélyes személy) – Chef; reiche, einflußreiche Person; *s.* baró.

bartók (ezer forintos bankjegy) Tausend-Forintschein [nach dem Bild von *Béla Bartók* darauf].

bárzli – 1. (vasút, vonat) Eisenbahn; 2. (villamos) Straßenbahn; *s.* baizli, bázli [< jidd. *barsel* »Eisen«; *vgl.* dt. Rotw. *barsel* »Brecheisen«].

basava (zene, muzsika) – Musik; *auch:* bazsava, *vgl.* basavál.

basavál (zenél, muzsikál) – Musik machen; *auch:* bazsavál [< cig. *bashavel*].

basavázik *s.* basavál.

basz, -ik – 1. (koitál, közösül) Geschlechtsverkehr haben, koitieren, ficken, bumsen; 2. (boszszant) *jdn* ärgern, nerven; *hagyj békén, ne bassz már!* = laß mich in Ruhe, nerv mich nicht! 3. *baszom* *(a ...)* = Ich scheiß' auf ...; *baszom a mindenségit!* = ich scheiß' auf alles!; *bassza a csőrét* (bántja, boszszantja, nem tetszik *vkinek vmi*) = etwas ärgert, stört einen; *bassza meg!* = verdammte Scheiße!; *baszd meg!* (tűnj el!) = verpiß dich! [vulg.].

baszás – 1. (közösülés) Geschlechtsverkehr; 2. (férfi mint szexuális vágy tárgya vagy partner) Mann (als Sexobjekt oder Partner); 3. (nő mint szexuális vágy tárgya vagy partner) Frau (als Sexobjekt oder Partnerin); 4. (idegesítő, kellemetlen dolog) unangenehme Sache; Angelegenheit, die auf die Nerven geht.

baszhatnékja van (felizgult, felgerjedt – *szexuális értelemben*) – (*sexuell*) erregt, geil.

baszód: *baszódj meg!* (tűnj el!) = verschwinde, verpiß dich!

baszogat – 1. (zaklat) drangsalieren, belästigen, nerven; 2. (piszkál, babrál) herumfingern, herumspielen, herumhantieren; *ne baszogass már!* (hagyj már békén) = laß mich zufrieden!

baszomfitty (valami; dolog, aminek a pontos neve nem jut eszünkbe vagy nem ismerjük) – das Dingsbums, das Dings (*etwas, dessen Name einem gerade nicht einfällt oder unbekannt ist*).

baszott (ellenszenves, utált) – verdammt, beschissen.

basztat (zaklat) – drangsalieren, belästigen, nerven.

basztatás (zaklatás) – Belästigung, Schikane.

bátorkodom (makk – *szín a kártyában*) – Eichel (*beim Kartenspiel*).

battyog (cammog) – (dahin)trotten, zockeln, schlendern.

bátyám (férfi megszólítása) – Bruder!, Mann! (*vertrauliche Anrede*).

bátyó (férfi megszólítása) – Bruder!, Mann! (*vertrauliche Anrede*).

batyu – 1. (felfüggesztett börtönbüntetés) ausgesetzte Gefängnisstrafe; 2. *tele van a batyum (vele)* (elegem van belőle, torkig vagyok vele) = mir reicht's davon; ich hab' die Schnauze voll! [wörtl.: »Bündel«].

batyubál – 1. (kisebb táncmulatság, ahova a vendégek visznek ételt, italt) Party, Fete, zu der die Gäste Essen und Trinken mitbringen; 2. (piknik) Picknick.

bauzi *s.* bazi.

bazi (nagy, nagyon nagy) groß, sehr groß; *bazi nagy* = dss.; *auch: bauzi.*

bázi (jó, nagyon) – gut, sehr.

bázli (villamos) – Straßenbahn; *s.* bárzli, baizli.

bazsalyog (egy kissé együgyűen mosolyog) – verlegen, einfältig lächeln; *bazsalyog, mint a tót rózsa* (bután mosolyog) = dümmlich grinsen.

bazsava *s.* basava.

bazsavál *s.* basaval, bazsevál.

bazsevál (muzsikál) – Musik machen, musizieren. [< cig. *bashavel*].

bé (kettő) – zwei; *auch:* béla, bélás [nach dem heb. Buchstaben *beth* (jidd. *bejss*); als Zahlzeichen für »zwei« gebraucht].

bead: *bead vkinek vmit* = 1. (valótlanságot hitet el) *jdm* einen Bären aufbinden; 2. (tapintatosan megmond valami kellemetlent) *jdm etw.* schonend beibringen (*eine unangenehme Nachricht*); *beadja a vizet* (abbahagy *vmit*; elküld *vkit*) = *etw.* aufgeben; *jdn.* wegschicken, entlassen [*auch:* bemond(ja a vizet)]; *beadja a mesét* (hazudik) =

lügen; *beadja a kulcsot* (meghal) = sterben; *beadja a pályázatot* (udvarol *vkinek*) = *jdm.* den Hof machen [wörtl.: »Bewerbung einreichen«]; *beadja a rizsát* vkinek (szédít, ámít) = *jdn* täuschen, belügen, betrügen.

beakaszt – 1. (közösül) Geschlechtsverkehr haben; 2. (berúg) sich betrinken; *be van akasztva* (részeg) = betrunken; 3. (letartóztat, bekísér) verhaften, inhaftieren; 4. *beakszt* vkinek *egyet* (megüt) *jdm* eine Ohrfeige geben, *jdm* eine schmieren.

beállít – 1. (berúg, leissza magát) sich betrinken, besaufen [wörtl.: »einstellen, justieren«]; 2. *beállítja az alapszínt* (elpirul) = erröten, rot werden [wörtl.: »(*etw.*) einstellen«; Bed. 2 *bes. Schülerspr.*, wörtl.: »die Grundfarbe einstellen«].

beállt (részeg) – betrunken, besoffen [wörtl.: »eingestellt«; *vgl.* beállít 1.].

bebáláz (börtönbe csuk) – ins Gefängnis sperren; *vgl.* bála.

bebambizik (berúg) – sich vollaufen lassen, sich die Hucke vollsaufen [*bes. Jugendspr.*].

bebaszik – 1. vkinek (árt, kárára van) *jdm* schaden, Schaden zufügen; *auch: jól bebaszik vkinek*; 2. vkinek *egyet* (megüt) *jdn* schlagen, *jdm* eine schmieren; 3. *vmit vhova* (tesz *vmit vhova*) etwas irgendwohin tun; 4. *be van baszva* (részeg) = betrunken.

bebaszott – 1. (részeg) besoffen; 2. vkinek (vége van, befellegzett vkinek) erledigt, fertig, am Ende sein.

bébi, bebi (nő, lány) – Frau, Mädchen; *vgl.* baba [< engl. *baby*].

bebifláz, -ik (intenzíven tanul) – intensiv lernen, »büffeln«; *vgl.* biflázik.

bebikásodik (feldühödik, mérges lesz) – sich aufregen, wütend werden.

bébipörkölt (tejbedara) – Grießbrei [wörtl.: »Babygulasch«; *bes. Jugendspr.*].

bebógniz *s.* bebóvliz.

beborít (ver, megver, összever) – schlagen, verprügeln, zusammenschlagen.

bebóvliz (becsap, rászed értéktelen áruval, *kül. autóval*) – mit schlechter, minderwertiger Ware (*bes. mit Autos*) betrügen, übers Ohr hauen; *auch:* bebógniz.

bebóvlizás (áruval való becsapás) – Betrug mit schlechter, minderwertiger Ware [*vgl.* bóvli].

bebőrzik a szeme (meghal) – sterben.

bebrunyál: *bebrunyál* (*a röhögéstől*) (nevet) = sich vor Lachen in die Hosen machen; *vgl.* brunyál.

bebukik (rendőrkézre kerül) – der Polizei in die Hände fallen, »geschnappt werden«.

bebulizza magát (bennfentessé válik, kedvelt személlyé lesz) sich einschmeicheln.

beburkol (mohón és gyorsan eszik) – fressen, (*Essen*) hinunterschlingen.

becam (tojás) – Ei [< jidd. *beza, bejzu*, pl. *bejzim* »Ei« < heb.; *vgl.* dt. Rotw. *beza, betze*; pl. *betzam, betzum* »dss.«].

becsajozik (beleszeret *lányba*) sich verlieben (*in ein Mädchen*); *vgl.* bekrapekozik.

becsali csárda (rosszhírű szórakozóhely) – Vergnügungsetablissement (mit schlechtem Ruf).

becsap: *becsap, mint a klozetajtót/vécéajtót* (nagyon becsap) = *jdn* kräftig/schön verarschen; *becsap* vkinek *egyet* (megüt) = *jdn* schlagen, jdm eine schmieren.

becsavar: *becsavar* vkinek *egyet* (megüt) = *jdn* schlagen, *jdm* eine schmieren.

becsavarodik – 1. (megbolondul) durchdrehen, verrückt werden; *be van csavarodva* (bolond, megbolondult) = verrückt, durchgedreht; 2. (ideges lesz) sich aufregen, nervös werden; 3. (szerelmes lesz) sich verlieben, sich verknallen [Bed. 2 und 3 (schwächere Fälle der »Verrücktheit«) *bes. Jugendspr.*].

becsesz: *becseszi a fejét/a könyökét* (beveri a fejét) = den Schädel einschlagen.

becseszett (részeg) – betrunken, besoffen.

bécsi jószág – 1. (aranytárgy) Goldgegenstand; 2. (aranyóra lánccal) Golduhr mit Kette.

becsiccsent (egy kicsit lerészegedik) – beschwipst werden, ein bißchen zuviel trinken.

becsinál – 1. (bevizel) in die Hose (o. ins Bett) machen; 2. (megijed) erschrecken, sich vor Schreck in die Hose machen.

becsíp (egy kicsit lerészegedik) – beschwipst werden, ein bißchen zuviel trinken.

becsókol – 1. (gyorsan iszik) trinken, (*Alkohol*) in sich hineinschütten; 2. (berúg) sich besaufen, sich vollaufen lassen.

becsomagol *vkit* (bajba belekever *vkit*) – *jdn* in Schwierigkeiten bringen; *vgl.* bemárt.

becsszó (becsületszó) – Ehrenwort; *becsszavamat adom* = ich gebe mein Ehrenwort!; *becsszavamra* = Ehrenwort!, versprochen!

becsuk (elmegyógyintézetbe zár) – in die Irrenanstalt sperren.

becsületsüllyesztő (kocsma) – Kneipe.

becsűr (odaüt) – *jdm* eine schmieren, reinhauen [*bes. Jugendspr.*].

bedacizik (elégtelent kap) – (*in der Schule die Note*) »Ungenügend« bekommen; (*bei Prüfung*) durchfallen [*vgl.* daci].

bedilizik (megbolondul, megőrül) – durchdrehen, verrückt werden [*vgl.* dili].

bedob – 1. (rááldoz, rászán) *etw.* opfern, *etw.* bestimmen für; *bedobja magát* (igyekszik) = sich anstrengen, sich reinhängen; *bedobja a habtestét* (mindent belead) = alles daransetzen, sich ins Zeug legen, sich reinhängen [*bes. Jugendspr.*]; 2. (áldozatot meglopásra előkészít) Vorkehrungen treffen, jemanden zu bestehlen; *vgl.* markecol; 3. (megeszik *vmit*) *etw.* aufessen, »verputzen«; *bedobja a vitamint* (eszik) = essen, futtern [*bes. Jugendspr.*]; 4. (iszik) trinken, (*alkoholisches Getränk*) »kippen«; 5. *bedobja a hunyót/a szundit/a szunyát* (elalszik) = einschlafen; *bedobja a törülközőt* = 1. (abbahagy, felad) aufgeben; 2. (meghal) sterben; *bedobja magát* (nekilát, beleerősít) = sich ans Werk machen, sich anstrengen; *bedobja magát vkinél* (kedvében jár) = sich um *jdn* bemühen, sich bemühen, sein Gefallen zu finden.

bedolgozó (betörő, tolvaj) – Einbrecher, Dieb [wörtl.: »Heimarbeiter«].

bedöglik (elromlik, elakad) – kaputtgehen (z.B. *Gerät, Maschine, Motor*) ; *vgl.* döglik.

bedöglött (elromlott, tönkrement) – kaputt.
bedől – 1. *vmit* (becsapásnak felül, elhisz *vmit*) einem Schwindel aufsitzen, hereinfallen auf *etw.*; *bedől vkinek* = auf *jdn* hereinfallen; 2. *vkinek* (nő enged a férfi udvarlásának) (*von einer Frau*) dem Werben eines Mannes nachgeben.
bedönt *vkit* (elhitet *vkivel vmit*) – *jdm* etwas weismachen, *jdm* etwas aufbinden.
bedörgöl – 1. (iszik) trinken, (*alkoholisches Getränk*) »kippen, reinschütten«; 2. (eszik) essen, »reinstopfen«; 3. *vmit vki* orra alá (felhánytorgat) *jdm* etwas vorhalten, vorwerfen, unter die Nase reiben.
bedrótoz (besúg) – *jdn* verraten, verpfeifen; *auch:* drótoz.
bedugul (semmit sem tud) – nichts wissen, keine Ahnung haben [*bes. bei der Abfrage in der Schule*; *Schülerspr.*; *wörtl.*: »(sich) verstopfen«]
bedurran (dühös lesz) – wütend werden, sich aufregen; *auch:* *bedurran az agya/a feje* [*bes. Jugendspr.*].
bedurvul (dühös lesz) – wütend werden, sich aufregen [*bes. Jugendspr.*].
bedühödik (dühös lesz) – wütend werden, sich aufregen.
bedűl *s.* bedől.
bedűt (becsap, rászed) – betrügen, übers Ohr hauen.
bée (besúgó; a *bizalmi egyén* rövidítése) – Spitzel [Abkürzung von *bizalmi egyén* »Vertrauensperson«, Person mit offizieller Schweigepflicht].
beénekel (besúg) – *jdn* verraten, verpfeifen [von *énekel* »singen«].

beesik – 1. (megjelenik *vhol*) unerwartet auftauchen, hereinplatzen »hereinschneien«; 2. (utolsó pillanatban sietve jön meg) im letzten Moment noch angerannt kommen; *vgl.* befut.
beeszik: *beeszi a fene* (hívatlanul beállít) = sich uneingeladen einstellen, »hereinschneien«.
beetet (becsap, rászed) – betrügen, übers Ohr hauen, reinlegen.
beevez (zsebtolvaj lopási szándékkal zsebbe nyúl) (*vom Taschendieb*) *jdm* in die Tasche greifen, um ihn zu bestehlen; *vgl.* evező.
befagy (semmit sem tud) – nichts wissen, keine Ahnung haben [*bes. bei der Abfrage in der Schule*; *Schülerspr.*; wörtl.: »einfrieren, zu Eis erstarren«].
befalcol – 1. (öngyilkosságot követ el, felvágja az ereit) Selbstmord begehen, sich die Pulsadern aufschneiden; 2. (a börtönben készakarva megbetegedik) im Gefängnis absichtlich »krank werden«; *vgl.* falcol.
befarag (elégtelen kap) – (*in der Schule die Note*) »Ungenügend« bekommen; (*bei Prüfung*) durchfallen.
befásít (elégtelen kap) – (*in der Schule die Note*) »Ungenügend« bekommen; (*bei Prüfung*) durchfallen.
befázik (elégtelen kap) – (*in der Schule die Note*) »Ungenügend« bekommen; (*bei Prüfung*) durchfallen.
befeketézik (iszik) – (*Alkohol*) trinken; »einen heben, einen zischen, einen zwitschern«.
befestett (börtönviselt, büntetett előéletű; *utalás az ujjlenyomat-felvételnél használatos festékre*) vorbe-

straft [wörtl.: »(ein)gefärbt«; spielt auf die Farbe an, die beim Abnehmen der Fingerabdrücke verwendet wird.]

befickósodott (*férfiról:* szexuális értelemben felizgult, felgerjedt) – (*vom Mann*) sexuell erregt, geil.

befirkál (becsap, rászed) – betrügen, übers Ohr hauen.

befírol (becsap) – betrügen [*vgl.* dt. *jdn hinters Licht führen*].

beflúgol (megbolondul, megőrül) – verrückt werden, durchdrehen.

beflúgozik (megbolondul, megőrül) – verrückt werden, durchdrehen.

befog: *befogja a pofáját* (elhallgat) = schweigen, (*endlich*) die Klappe halten.

befosik (megijed) – erschrecken, Angst bekommen [wörtl.: »sich in die Hose scheißen«].

befuccsol (veszít – *pénzt*) – (Geld) verlieren [zu dt. *futsch*].

befúj (besúg, elárul, följelent) verraten, verpfeifen.

befut – 1. (váratlanul megjelenik *vhol*) (*überraschend*) auftauchen, hereinschneien; *vgl.* beesik; 2. (sikerül, előlép) Erfolg haben, Karriere machen.

befürdés (rossz vétel) – schlechter Kauf, schlechtes Geschäft.

befürdik (megjár, pórul jár) – den kürzeren ziehen, reinfallen, »baden gehen« [zu *fürdik* »baden«].

befürol *s.* befírol.

befüstöl *vkinek* (árt, kárára van) – *jdm* schaden, Schaden zufügen; *jdn* einmachen.

befűt *vkinek* (bajt okoz) – *jdm* Ärger, Schwierigkeiten machen, nerven, *jdm* einheizen, Feuer unterm Arsch machen.

befűz – 1. (becsap, rászed) *jdn* reinlegen, übers Ohr hauen; 2. (rávesz *vkit vmire*) *jdn* überreden, *jdm etw.* aufschwatzen.

begazol (megijed) – erschrecken, Angst bekommen; *marhára begazol* (nagyon megijed) = fürchterlich erschrecken; *be van gazolva* (nagyon fél) = vor Angst die Hosen voll haben.

begerjed – 1. (dühös lesz) wütend werden, sich aufregen; 2. (*szexuális értelemben* felizgul, felgerjed) (*sexuell*) erregt werden.

begerjedt (*szexuális értelemben* felizgult, felgerjedt) – (*sexuell*) erregt, geil.

begerjeszt – 1. (dühös lesz, idegesít) wütend werden, sich aufregen; 2. (*szexuális értelemben* felizgul, felgerjed) (*sexuell*) erregt werden.

begogyózott (bolond, ütődött) – närrisch, verrückt, plemplem.

begolyósodik (idegösszeroppanást kap) – Nervenzusammenbruch bekommen.

begolyósodott (bolond) – nicht normal, verrückt, durchgedreht.

begolyózik (megbolondul, megőrül) – verrückt werden, durchdrehen.

begolyózott (bolond, ütődött) – närrisch, verrückt, durchgedreht, plemplem.

begombolkozik (elhallgat) – verstummen, still werden.

begorombul (dühös lesz) – wütend werden, sich aufregen.

begőzöl (dühös lesz) – wütend werden, sich aufregen.

begőzölt – 1. (megijedt, megriasztott férfi) erschrockener Mann; 2. (meggondolatlanul verekedő) *jmd*, der gedanken- und grundlos mit einer Schlägerei beginnt.

begurít (dühösít, bosszant, idege-

sít) – *jdn in Wut bringen, nerven, auf die Palme bringen.*
begurul (dühbe gurul) – *wütend werden, sich aufregen.*
begzi (betegállomány) – *Krankenliste.*
begy *s.* **bögy.**
begyogyósodott (bolond) – *nicht normal, verrückt, durchgedreht.*
begyullad (megijed) – *erschrekken, Angst bekommen.*
begyulladt (ijedős, félénk) – *schreckhaft, ängstlich; vgl.* gyulladós.
begyulladás (ijedelem, rémület) – *Schrecken, panische Angst.*
begyullaszt (megijeszt) – *erschrekken, in Schrecken versetzen, jdm. Angst machen.*
begyűjt (letartóztat, bekísér) – *verhaften, festnehmen* [wörtl.: »*einsammeln*«].
begyűjtés (tömeges letartóztatás) – *Massenfestnahme.*
behajít – 1. (megeszik *vmit*) *etw. aufessen,* »*verputzen*«; 2. (iszik) *trinken,* »*hineinschütten*«; *behajít a gallérja mögé* (iszik) = *sich einen hinter die Binde kippen.*
behalandzsázik (elferdített értelmetlen beszéddel tévútra vezet) – *jdn mit wirrem, sinnlosen Gerede in die Irre führen.*
behapsizik (szerelmes lesz egy fiúba) – *sich verlieben, verknallen* (*in einen Jungen*); *vgl.* bekrapekol.
beharap (berúg, lerészegedik) – *sich betrinken, besaufen.*
behéderel (lefekszik, aludni megy) – *sich hinlegen, schlafengehen.*
behidal (elhisz *vmit*, bedől *vminek*) *auf etwas hereinfallen.*
behóved (előkelő, vagyonos, tekintélyes) – *vornehm, reich, angesehen* [< jidd. *bechuwojd* »*angesehen, ehrenhaft, geehrt*«].

behörgés (aranymondás) – *kluger Spruch.*
behugyozik – 1. (nagyon nevet) *sich vor Lachen schütteln, sich vor Lachen in die Hose machen; behugyozik a röhögéstől;* 2. *be kell hugyozni* vkin/vmin (nagyon szórakoztató) = *sehr unterhaltsam, spaßig, zum Schreien komisch.*
behúz – 1. (becsap, rászed) *betrügen, übers Ohr hauen; auch: behúz a csőbe;* 2. *behúz* vkinek *egyet* (megüt) = *jdn schlagen, jdm eine schmieren;* 3. *behúz a csőbe* (bajt okoz) = *jdm Schwierigkeiten, Ärger machen, jdm einheizen, Feuer unterm Arsch machen; behúz a rinyalé/rinyarelé* (megijed) = *Angst bekommen, erschrecken.*
beijed (megijed) – *erschrecken, Angst bekommen.*
beiktat: *beiktatja a lompost* (közösül – *férfitól*) = (*vom Mann*) *Geschlechtsverkehr haben.*
beint *vminek/vkinek* (*vmit* megtagad, határozottan elutasít) – *ab-, zurückweisen, nachdrücklich ablehnen* [zu *int* »*winken*«; *vgl.* dt. »*abwinken*«].
beiszik (berúg, lerészegedik) – *sich betrinken, besaufen.*
bejátszik: *bejátszik frankó melóra* (beajánl jó munkára) = *jdm eine gute Arbeit, einen guten Job verschaffen.*
béjegy (buszjegy) – *Busfahrkarte* [»*bé*« Abk. von »*busz*«].
bejgli (mákos, diós tekercs, kalács) – *Mohn-, Nußkuchen* [< bair.-österr. *Beugel, Bäugl* »*zur Hufeisenform gebogener Mohn- oder Nußkuchen*«; zu dt. *beugen*].
bejön (sikerül) – *gelingen, es klappt, funktioniert; bejön* vkinek *vmi* = *etwas gelingt jdm.*
béka – 1. (nő, lány) *Frau, Mäd-*

chen; 2. (gyenge, nem megfelelő) schwach, nicht besonders (toll); 3. *a béka segge/feneke alatt* (rossz, silány) = mies, beschissen; abgebrannt, pleite; *a béka segge/feneke alatt van* = es geht einem beschissen; pleite sein; *a béka segge alatt érzi magát* (beteg, rosszul van) = krank sein, sich schlecht fühlen [wörtl.: »Frosch« bzw. in Bed. 3 »unter dem Arsch des Frosches«].

bekáfol – 1. (bevásárol, ráfizet) sich etwas einhandeln, draufzahlen; 2. (lerészegedik, berúg) sich betrinken, betrunken werden; 3. (nőügyben pórul jár, nyakán marad a csúnya nő) auf eine Frau hereinfallen, zuletzt hat man eine häßliche Frau am Hals; 4. (nemi bajt kap) Geschlechtskrankheit bekommen [*be-* »ein-, hinein-« + dt. *kaufen*].

bekaj (rablógyilkos, rablógyilkosság) – Raubmörder, Raubmord.

bekajál (jóllakik) – fressen, sich vollstopfen, (*Essen*) hineinschlichten.

bekajol (jóllakik) – fressen, sich vollstopfen, (*Essen*) hineinschlichten.

békanyúzó (zsebkés, bicska) – Taschenmesser.

bekap – 1. (berúg, lerészegedik) sich betrinken, besaufen; *auch: bekapja a rongyot*; 2. (iszik) (*bes. alkohol. Getränk*) hinunterkippen; 3. (gyorsan eszik) (*Essen*) hinunterschlingen, in sich hineinstopfen; 4. *vmit* (elkap – *nemi betegséget*) sich eine Geschlechtskrankheit holen; 5. *bekapja a cumit* (megjár, ráfizet) – reinfallen, auf die Schnauze fallen; *bekapja a legyet* = 1. (ráfizet, pórul jár) draufzahlen, sich etwas einhandeln, hereinfallen; 2. (teherbe esik) schwanger werden.

bekapar (*vkit* eltemet) – (*einen Toten*) begraben, verscharren; *auch:* elkapar.

bekapott (részeg) – betrunken.

bekaszliz *s.* bekasztliz.

bekaszniz *s.* bekasztliz.

bekasszíroz (pénzt keres) – Geld verlangen, eintreiben [< dt. *kassieren*].

bekasztliz (börtönbe, fogdába zár) – *jdn* ins Gefängnis sperren, einsperren, einbuchten [< dt. *einkasteln*].

bekattan – 1. (eszébe jut, rájön *vmire*) *jdm* fällt *etw.* ein, draufkommen auf *etw.*; 2. *bekattan az agya/a feje* (dühös lesz) = wütend werden, sich aufregen.

bekávézik (lerészegedik, berúg) – sich betrinken, besaufen, sich vollaufen lassen [wörtl.: »Kaffee in sich hineintrinken«].

bekeccsöl (bevisz) – hineinschaffen.

bekefél (berúg, lerészegedik) – sich betrinken, besaufen.

bekólázik (lerészegedik, berúg) – sich betrinken, besaufen, vollaufen lassen [wörtl.: »Cola in sich hineintrinken«].

bekonferál (elmond, beszámol) – berichten, mitteilen, erzählen.

bekormol (befeketít) – *jdn* anschwärzen, madig machen.

bekormoz (rászed) – betrügen, reinlegen.

béklyó (bilincs) – Fesseln.

beköp (elárul, följelent) verraten, verpfeifen; *beköp a zsaruknak* = bei der Polizei anzeigen; *vgl.* bemószerol, elvamzol.

beköpés – 1. (árulkodás, feljelentés) Verrat, Anzeige bei der Polizei; 2. (szellemes mondás) geistreicher Ausspruch, kluger Spruch.

beköpő (árulkodó, feljelentő) – Verräter, Denunziant; *jmd*, der andere bei der Polizei anzeigt.

bekrapekol (szerelmes lesz egy fiúba) – sich verlieben, verknallen (*in einen Jungen*); *s.* bekrapekozik.

bekrapekozik (szerelmes lesz egy fiúba) – sich verlieben (*in einen* Jungen); *vgl.* becsajozik.

bekrepál – 1. (meghal) krepieren; sterben; 2. (elromlik, tönkremegy) kaputtgehen, vor die Hunde gehen [< dt. *krepieren* < it. *crepare*].

bekukkant (benéz) – hineinschauen, -gucken; reinschauen; *vgl.* kukkant.

bekupál (meghal) – sterben.

bekúrt (részeg) – betrunken, besoffen; *bekúrt, mint az albán szamár* (nagyon részeg) = stockbesoffen.

bél (has) – Bauch [wörtl.: »Darm«].

béla, Béla (átlagember) – Durchschnittsmensch [*vom häufigen Namen Béla*].

bélá *s.* bé, bélás 2.

bélában (kettesben) – zu zweit; *vgl.* béla, bé.

belapátol (mohón és gyorsan eszik) – fressen, (*Essen*) hinunterschlingen, hineinschaufeln, sich vollstopfen.

bélás – 1. (kettes, kétforintos) Zweiforintstück; 2. (kettő) zwei; *s.* bé; 3. (hímvessző) Penis [*selten*].

belead: *belead apait-anyait* (nagyon igyekszik) = sich sehr anstrengen, sich mächtig ins Zeug legen.

beleájult (szerelmes) – verliebt, verknallt.

belebeszélő (zsákmányból részt kérő bűntárs) – Komplize, der seinen Anteil an der Beute haben will.

belebolondul (szerelmes lesz *vkibe*) – sich verlieben, verknallen; *bele van bolondulva* = 1. (szerelmes *vkibe*) verliebt sein in jdn; 2. (szeret, tetszik, rajong) etw. mögen, schwärmen, vernarrt sein in *etw.*

belebukik (szerelmes lesz *vkibe*) – sich verlieben, verknallen.

beledumál (beleszól, közbeszól) – reinreden, dazwischenreden.

beleereszt – 1. (kielégül, ejakulál) Orgasmus haben, ejakulieren; 2. (lő – *egy golyót, sorozatot*) schießen, abfeuern (*eine Kugel, eine Salve*).

beleesik (szerelmes lesz, rajong *vkiért*) – sich verlieben, für *jdn* schwärmen; *auch: beleesik, mint ló a gödörbe* [wörtl.: »hineinfallen wie das Pferd in die Grube«]; *bele van esve* = 1. (szerelmes *vkibe*) in *jdn* verliebt/verknallt sein; 2. (szeret, tetszik, rajong) etw. mögen, vernarrt sein in *etw.*

belefeccol, -feccöl *vmibe* (belefektet, rááldoz) (*Geld*) investieren in, opfern für [zu dt. Rotw. *fetzen* »arbeiten, machen, tun«].

belegabalyodik: *bele van gabalyodva* (szerelmes *vkibe*) = in *jdn* verliebt sein.

belegárgyul (szerelmes lesz *vkibe*) – sich verlieben, verknallen; *bele van gárgyulva* = (szerelmes *vkibe*) in *jdn* verliebt/verknallt sein.

belegazolja *vmibe* (befektet pénzt) – (*Geld*) investieren in *etw.*

belegel (mohón, gyorsan eszik) – (*Essen*) hineinstopfen, reinfressen [zu dt. *legen?*; dann wörtl.: »hineinlegen«, *vgl.* dt. umgangsspr. *hineinschlichten*].

belegyalogol *vkibe* – 1. (rátámad) *jdn* angreifen, auf *jdn* losgehen; 2. (szavakkal rátámad) *jdn* verbal attackieren, mit Worten angreifen; 3. (megsért) beleidigen, kränken.

belehabarodik (szerelmes lesz *vkibe*) – sich verlieben, verknallen; *bele van habarodva* (szerelmes *vkibe*) = in *jdn* verknallt sein.

belejön *vmibe* (beletanul *vmibe*) – sich einarbeiten, einlernen

belekerül: *belekerül a képbe* (van szerepe) – eine Rolle spielen, von Bedeutung sein.

belemegy: *belemegy a fenekébe/a seggébe* (karambolozik) = von hinten auf ein anderes Auto auffahren, einen Auffahrunfall verursachen.

belemenős – 1. (bátor, vakmerő) mutig, verwegen; 2. (bátor, vakmerő ember) Draufgänger.

belenyal (kevés alkoholt iszik) – (*an alkoholischem Getränk*) nippen, (*ein wenig*) trinken.

belenyúl: *belenyúlt a kettőhúszba* (vadul, féktelenül táncol) = wild tanzen [*Jugendspr.*; wörtl.: »hat in die Netzspannung gelangt«]; *s.* kettőhúsz = »220 Volt-Spannung«].

beleőrül: *bele van őrülve* = 1. (szerelmes *vkibe*) in *jdn* verliebt sein; 2. (szeret, tetszik, rajong) *etw.* mögen, vernarrt sein in *etw.*

belép (begurul) – wütend werden.

belepistul (szerelmes lesz *vkibe*) – sich verlieben, verknallen; *bele van pistulva* = (szerelmes *vkibe*) in *jdn* verliebt sein.

belepofázik – 1. (beleszól, közbeszól) reinreden, dazwischenreden; 2. (beleártja magát) sich einmischen.

beleránt: *beleránt a szarba* (bajba kever) = in Schwierigkeiten geraten.

beles (falánk ember) – Vielfraß, Freßsack [zu *bél* »Darm, Eingeweide«].

béles (táska) – Tasche.

bélés (pálinka sörrel) – Schnaps zum Bier; *kisbélés* (3 cl.), *nagybélés* (5 cl) [wörtl.: »Futter (in Kleidungsstücken«].

belesül (elfelejt szöveget) – vergessen, was man sagen wollte.

beleszáll *vkibe* – 1. (rátámad) *jdn* angreifen, auf *jdn* losgehen; 2. (szavakkal rátámad) *jdn* verbal attackieren, mit Worten angreifen.

beletrafál (beletalál) – (ins Ziel) treffen [< dt. *treffen*].

beleugat (beleszól, közbeszól) – reinreden, dazwischenreden.

beleüti az orrát *vmibe* (beleártja magát) – sich einmischen, die Nase in *etw.* hineinstecken.

belevaker (beleszól, közbeszól) – reinreden, dazwischenreden.

belevaló (élelmes, ügyes) – schlau, geschickt; *te egy belevaló gyerek vagy* (te egy rendes ember vagy) = du bist ganz in Ordnung.

belezúg (szerelmes lesz *vkibe*) – sich in *jdn* verlieben; *bele van zúgva* (szerelmes *vkibe*) = in *jdn* verliebt sein.

belezúgott (szerelmes) – verliebt, verknallt; *vgl.* belezúg, bezúgott.

belezuhan (szerelmes lesz *vkibe*) – sich verlieben, verknallen; *bele van zuhanva* (szerelmes *vkibe*) = in *jdn* verliebt sein.

bélgép (falánk ember) – Vielfraß, Freßsack [wörtl.: »Darmmaschine«].

belinkel (becsap) – betrügen; *vgl.* befírol, -fürol [< link].

belóg (belépődíjas rendezvényre jegy nélkül, szabályellenesen, ingyen jut be) sich ohne Ein-

trittskarte irgendwo hineinmogeln.
belógat (becsap, rászed) – betrügen, übers Ohr hauen.
belő: *belövi magát* (kábítószerez) = Drogen spritzen, »schießen« [*bes. Jugendspr.*].
belök *vkit* (megüt) – *jdn* schlagen, *jdm* eine schmieren.
belőve – 1. (részeg) betrunken; 2. (drog hatása alatt) »high«, unter Drogeneinfluß stehend.
bélpoklos (falánk ember) – Vielfraß, Freßsack.
belső (szív) – Herz.
belügyi kolbász (gumibot) – Gummiknüppel [wörtl.: »Wurst des Inneren« mit Anspielung auf das Innenministerium (*Belügyminisztérium*)].
belügyminiszter (gyomor) – Magen; *morog a belügyminiszter* (nagyon éhes) = sehr hungrig sein, einem knurrt der Magen.
belügyminisztérium (gyomor) – Magen [wörtl.: »Innenministerium«].
bemagol (gépiesen, szó szerint tanul) – stur auswendig lernen; pauken, büffeln; *vizsgára magol* = für die Prüfung pauken; *vgl.* bifláz; *auch:* magol.
bemajrézik (megijed) – erschrekken, Angst bekommen; *be van majrézva* (nagyon fél) = vor Angst die Hosen voll haben.
bémallér – 1. (húszas, húszforintos) 20-Forintstück; 2. (húsz) zwanzig [bé »zwei« + mallér »zehn«].
bemárt *vkit* – 1. (elárulja) *jdn* verraten; 2. (befeketít) *jdn* anschwärzen, madig machen; 3. (belekever *vkit* a bajba) *jdn* in Schwierigkeiten bringen; *vgl.* becsomagol.

bemászó (tolvaj, aki ablakon, kerítésen át mászik be a meglopandó helyre) – Dieb, der durch Klettern (*durch Fenster, über Zaun*) den Tatort erreicht.
bemaszatol *vkinek egyet* (megüt) – *jdn* schlagen, *jdm* eine schmieren.
bemázol *vkinek egyet* (megüt, odaüt) – *jdn* schlagen, *jdm* eine schmieren.
bembó (mellbimbó) – Brustwarze.
bemegy: *bemegy a faluba* (keres szexuális partnert) = einen Partner für Sex suchen, »anmachen gehen«, »aufreißen gehen«; *bemegy a Keletibe* (kielégül, ejakulál) = Orgasmus haben, ejakulieren.
bemér: *beméri a fejét* (megüt) – *jdn* schlagen, *jdm* eine schmieren.
bemesél (valótlanságot elhitet) – *jdm* einen Bären aufbinden.
bemond: *bemondja az unalmast* = 1. (abbahagy, felad) *etw.* aufgeben, sein lassen; *bemondja a vizet* (abbahagy *vmit*; elküld *vkit*) = *etw.* aufgeben; *jdn* entlassen, wegschicken [*auch:* bead(ja a vizet)]; 2. (elromlik, tönkremegy) kaputt gehen; 3. (meghal) sterben; *auch bemondja az ultimót*.
bemondás (aranymondás) – kluger Spruch.
bemorzsol *vkinek egyet* (megüt, odaüt) – *jdn* schlagen, *jdm* eine schmieren.
bemos *vkinek egyet* (megüt) – *jdn* schlagen, *jdm* eine schmieren.
bemószerol – 1. (beárul *vkit*) *jdn* verraten; *vgl.* elvamzol, beköp; 2. (befeketít) *jdn* anschwärzen, madig machen.
béna – 1. (tehetetlen) unfähig; 2. (ügyetlen) ungeschickt, tolpatschig; *béna hapsi* = 1. (tehetetlen ember) unfähige, hilflose Person; 2. (ügyetlen ember) unge-

schickte Person, Tolpatsch [*béna* wörtl.:»lahm«].
bénán – *adv*. 1. (tehetetlenül) unfähig; 2. (ügyetlenül) ungeschickt [wörtl.:»lahm«].
bénáskodik (ügyetlenkedik) – ungeschickt, tolpatschig sein.
bénázik (ügyetlenkedik) – ungeschickt, tolpatschig sein.
bendő (has) – Bauch, Wanst, Ranzen [*humor*.; wörtl.:»Pansen«].
béndzsa (kancsal) – schielend [*bes. Jugendspr*.; *s*. bandzsa; *aber wohl formal beeinflußt von* (*s*.) béna].
benga – 1. (ördög) Teufel; 2. (nagy) groß; 3. (csúnya) häßlich [< cig. *beng* »Teufel«].
bengál (csúnya) – häßlich [*vgl*. benga 3.].
benn: *benn van* (börtönben van, büntetést tölt) – eine Gefängnisstrafe verbüßen, im Gefängnis sitzen.
benne: *benne vagy!* (részes vagy! – *vmi* bűntényben vagy zsákmányban) = du bist (mit) dabei! du bist mit von der Partie! (bei einer Straftat oder beim Aufteilen der Beute); *van benne egy kicsi / van egy kis nyomás benne* (egy kicsit részeg) = beschwipst, angeheitert, betrunken.
benne van – 1. (részesnek van *vmiben*) beteiligt sein an *etw*.; 2. (kapható, hajlandó *vmire*) willig, gewillt, geneigt; 3. (börtönben van, büntetést tölt) im Gefängnis sitzen, Gefängnisstrafe verbüßen; 4. *benne van a képben* (van szerepe) = eine Rolle spielen, von Bedeutung sein.
bennszülött (fejtetű) – Kopflaus [wörtl.:»Eingeborener«].
benőzik (*fiú* szerelmes lesz) sich verlieben (*in ein Mädchen*).
benzin: *kiszáradt belőle a benzin* (nagyon fásult) = völlig teilnahmslos, desinteressiert, apathisch.
benzinkecske (motorkerékpár) – Motorrad.
benzintyúk (motorkerékpár hátsó ülésén ülő nő) – Frau, die hinten auf dem Motorrad sitzt.
benzsi *s*. béndzsa.
benyakal (lenyel, iszik; leissza magát, berúg) – runterschlucken, trinken; sich betrinken.
benyal – 1. (hízeleg, hízelkedik) schmeicheln, sich einschmeicheln; *auch: benyal csontig/meleg szarig; benyalja magát*; 2. (elhisz *vmit*) *etw*. glauben; 3. (lerészegedik, berúg) sich betrinken, betrunken werden; 4. *benyal(ja a leckét)* intenzíven tanul) = lernen, einpauken; 5. *benyal egy macsalit* (elver) = *jdn* kräftig verprügeln.
benyálaz (befeketít *vkit*) – *jdn* anschwärzen, madig machen.
benyes *vkinek egyet* (megüt) – *jdn* schlagen, *jdm* eine schmieren.
benyom – 1. (mohón és gyorsan eszik) fressen, sich vollstopfen; 2. (iszik) einen heben, einen zischen, sich einen hinter die Binde gießen; *auch: benyom az inge alá*; sich besaufen, vollsaufen; *úgy be volt nyomva, mint az albán szamár* = er war stockbesoffen; 3. *benyom vkinek egyet* (megüt) *jdn* schlagen, *jdm* eine schmieren; 4. *benyom vkit vhová* (beprotezsál) *jdn* bei der Vergabe von Ämtern und Positionen begünstigen; 5. *benyom egy stokedlit / benyomja a tüskét* (csípős megjegyzést tesz) = eine sarkastische Bemerkung machen.
benyögés (aranymondás) – kluger Spruch; *s*. beköpés.
benyúl (tapogat) – betasten, herumfummeln an *jdm*.
beolvas – 1. (keményen meg-

mondja a véleményét) *jdm* kräftig die Meinung sagen; 2. (kioktat, összeszid) *jdn* zurechtweisen, *jdm* die Leviten lesen.

beolvasás (szidás) – Zurechtweisung, Rüffel, Standpauke.

beosztás (szidás) – Zurechtweisung, Rüffel.

beönt (iszik, berúg) – trinken, sich betrinken, sich einen hinter die Binde kippen, sich vollaufen lassen [wörtl.: »hineinschütten, -gießen«].

bepakol (megeszik *vmit*) – *etw.* aufessen [wörtl.: »einpacken«].

bepaliz – 1. (becsap, rászed) *jdn* betrügen, reinlegen; 2. *vmibe* (rábeszél, rávesz) zu *etw.* überreden [*vgl.* pali].

bepancsol *vkinek* (arcul üt, pofon üt) – *jdm* eine Ohrfeige geben, *jdm* eine schmieren.

bepárázik: *be van párázva* = verängstigt, Angst haben.

bepiál (berúg, leissza magát) – sich besaufen, betrinken.

bepiáltat (berúgat) – *jdn* abfüllen, betrunken machen.

bepikköl (eszik) – essen, fressen [< dt. Rotw. *picken* »essen«].

bepipásít (dühösít, bosszant, idegesít) – wütend machen, nerven.

bepipul (dühös lesz) – wütend werden, sich aufregen.

bepisál – 1. *s.* bepisil; 2. *bepisál (a röhögést)* = sich schütteln vor Lachen, sich vor Lachen in die Hose machen; *bepisál a gyönyörtől* (nagyon tetszik, örül *vminek*) = sich riesig über etwas freuen.

bepisil (bevizel) – in die Hose, ins Bett pinkeln; *be kell pisilni* vkin/vmin (nagyon szórakoztató) = (*etw. ist*) sehr unterhaltsam, spaßig, zum Schreien komisch; *bepisil a gyönyörtől s.* bepisál.

bepityókázik (berúg) – sich besaufen, sich vollaufen lassen.

bepityókázott (ittas, kissé részeg) – beschwipst, angeheitert.

bepleknizik (belefejel verekedésben) – mit dem Kopf stoßen (*bei einer Schlägerei*).

bepofátlankodik – 1. (hívatlanul beállít) sich uneingeladen einstellen, sich selbst einladen; 2. (betolakszik) sich vordrängeln, hineindrängeln.

bepofázik (mohón és gyorsan eszik) – fressen, sich vollstopfen.

bepotyázza magát (meghívatja magát vendégnek) – sich irgendwo selbst einladen.

bepöccen – 1. (dühös lesz, begerjed) wütend werden; 2. (felizgul) sich aufregen.

bepöccent (dühösít, bosszant, idegesít) – wütend machen, aufregen, nerven.

bepörget – 1. (dühösít, bosszant, idegesít) wütend machen, nerven; 2. (felizgat, begerjeszt) *jdn* aufregen, *jdn* (*sexuell*) erregen.

bepörög – 1. (megdühödik) in Wut geraten, wütend werden; 2. (megőrül) verrückt werden; 3. *vkitől* (szerelmes lesz) sich verlieben, verknallen in *jdn.*; 4. (felizgul, felgerjed) (*sexuell*) erregt werden.

bepucol – 1. (bevakol) (Wand) verputzen; 2. (menekülésszerűen besiet, beszalad) fluchtartig irgendwo hineinrennen.

bepuszil – 1. (mohón és gyorsan eszik) fressen, sich vollstopfen; 2. (iszik) (*alkoholisches Getränk*) in sich hineinschütten, hinter die Binde kippen.

berág – 1. *vkire* (feldühödik, felbőszül) wütend werden, sich aufregen über *jdn*; 2. (gyógyszeres ká-

bítószert fogyaszt) (*Medikamente als*) Drogen einnehmen.
berámol – 1. (mohón és gyorsan eszik) fressen, sich vollstopfen; 2. (megüt, odaüt) *jdn* schlagen, *jdm* eine schmieren [wörtl.: »einräumen«; *be-* »hinein« + (*s.*) rámol].
beráng (dühös lesz) – wütend werden, sich aufregen.
berci (esetlen, málészájú) – Tolpatsch, Einfaltspinsel; *vgl.* jabranc, nikhaj, sekerc, sliff.
berdó (kenyér) – Brot.
beregő (csengő) – Klingel, Glocke.
berezel (megijed) – erschrecken, Angst bekommen; *s.* berosál; *be van rezelve* (nagyon fél) = vor Angst die Hosen voll haben.
berinyál (beijed) – Angst bekommen; *ne rinyáljon be* (ne ijedjen be) = haben Sie keine Angst!
beroncsizik (dühös lesz) – wütend werden, sich aufregen.
berosál – 1. (meglepődik, megdöbben) überrascht, verblüfft sein; 2. (megijed) erschrecken, Angst bekommen; *s.* berezel; 3. (örül *vminek*) außer sich sein vor Freude.
berozsdásodott: *berozsdásodott a feje* (nehezen, lassan gondolkodik) = schwerfällig, langsam von Begriff sein [wörtl.: »sein Kopf ist eingerostet«].
berúg: *berúg, mint a csacsi / mint a szamár* (nagyon lerészegedik) = sich vollaufen lassen, besaufen.
beseggel – 1. (berúg, lerészegedik) sich betrinken, sich vollaufen lassen; 2. (bifláz, magol) (*stur*) büffeln, pauken [*Schüler-, Studentenspr.*].
beseggelt (részeg) – betrunken, besoffen.
beseggeltet (berúgat) – *jdn* betrunken machen, abfüllen.

besikerál (lerészegedik) – sich betrinken, betrunken werden [< jidd. *schikojr, schiker* »betrunken«; Trunkenbold, Säufer«; jidd. *schikern* »(*Alkohol*) trinken«; dt. Rotw. *schickern* »dss.«; *vgl.* siker, -ál].
besittel (bezár) – (ins Gefängnis) einsperren; *vgl.* sitt [zu dt. Rotw. *verschütt* »Haft«; *verschütt gehen* »verhaftet werden«]
besittol *s.* besittel; *be van sittolva* (fogságban van) = im Gefängnis sitzen.
besittyózik (berúg, lerészegedik) – sich betrinken, besaufen.
beslisszol (besurran) – hineinschleichen, hineinhuschen.
besmúzol *vkit* (árulkodik, elárul, följelent) verraten, verpfeifen, bei der Polizei anzeigen [< jidd.; *vgl.* smúz, smúzol].
besóherol – 1. (bezár, lelakatol) verschließen, abschließen; 2. (kapuzárás előtt az épületben elrejtőzik betörés céljából) sich zwecks Einbruch vor dem Schließen der Türen in einem Gebäude verstecken; *s.* bezóherol; *vgl.* sóherol.
besóherolt (bezárt, lelakatolt) – verschlossen, abgeschlossen.
besóresz (haszon, nyereség) – Vorteil, Gewinn [jidd.?].
besóz: *be van sózva* (nyugtalan, izgatott) = unruhig, aufgeregt, nervös [wörtl.: »eingesalzen«].
besöpör (*pénzt*) – gazdag lesz, meggazdagodik) – reich werden.
bespájzol (későbbi áruhiányra vagy áremelkedésre számítva árut felhalmoz) – hamstern (*bes. Lebensmittel*).
bespejzol – 1. (szabadságvesztési ítéletet kap, fegyházba kerül) ins Gefängnis kommen, eine Gefängnisstrafe bekommen; 2. (bör-

tönben élelemmel és cigarettával ellátja magát) sich im Gefängnis mit Lebensmitteln und Zigaretten versorgen, sich diese kommen lassen [*Gaunerspr.*].

besrenkol (betör) – einbrechen [< dt. Rotw. *schränken* »einbrechen«].

bestel (ül) – sitzen.

bestírol (benéz) – hineinschauen [< dt. Rotw. *stieren* »scharf aufpassen, sehen«].

besuvaszt (közösül) – Geschlechtsverkehr haben.

beszaladt a csíkom (jól kerestem, jól ment a dolgom) – ich habe viel Geld gemacht, die Sache ist gut gelaufen.

beszáll – 1. (belép *vmibe* – *átvitt értelemben*) einsteigen (z.B. bei einem Unternehmen, Geschäft); 2. (társul *vkihez*) sich *jdm* zugesellen, anschließen; 3. *vmivel* (hozzájárul *vmihez*, belead *vmit*) sich beteiligen mit (*Geldbetrag*), *etw.* beisteuern.

beszarás (félelem, gyávaság) – Angst, Feigheit [wörtl.: »sich (vor Angst) in die Hose machen«].

beszari (gyáva) – feig, ängstlich; *beszari alak* (gyáva ember) = Angsthase, Feigling.

beszarik – 1. (székel, összecsinálja magát) sich in die Hosen scheißen; 2. (elromlik, tönkremegy) kaputtgehen; 3. (kudarcot vall, megbukik) scheitern, Mißerfolg haben; 4. (nagyon megijed) sehr erschrecken, Angst haben; *be van szarva* = verängstigt sein, Angst haben; 5. (meglepődik, megdöbben) erstaunen, verblüfft sein; 6. *beszarik a röhögéstől* (nagyon nevet) = sich schütteln vor Lachen, sich vor Lachen in die Hosen machen; *be kell szarni* (nagyon szórakoztató) = (*etw.* ist) sehr unterhaltsam, spaßig, zum Schießen komisch.

beszariság (félelem, gyávaság) – Angst, Feigheit.

beszárít (iszik – *üveget*) – austrinken (*Flasche, Glas*) [wörtl.: »trokken machen«].

beszart – 1. (gyáva) feig, ängstlich; 2. (elromlott, tönkrement) kaputt.

beszédül (bemegy) – hineingehen.

beszeg: *beszegi a fülét* (terhes nővel közösül) – mit einer schwangeren Frau Geschlechtsverkehr haben.

beszél – 1. (besúg) *jdn* verraten, verpfeifen; 2. (vall) gestehen [wörtl.: »(z.B. *beim Verhör*) reden«]; 3. *beszél a fejével* (szid) = ausschimpfen, *jdm* »den Kopf waschen«.

beszemétkedik (betolakszik) – hineindrängen, sich vordrängen.

beszerez *vmit* (elkap – *kül. nemi betegséget*) – sich etwas einhandeln, holen (*bes. Geschlechtskrankheit*).

beszervál *vmit* (szerez, megszerez) – *etw.* beschaffen, besorgen.

beszipkáz, -ik (bevisz a rendőrségre, letartóztat) – zur Polizei bringen, festnehmen, verhaften.

beszittyózik (berúg, lerészegedik) – sich betrinken, besaufen.

beszív (iszik, berúg) – trinken, sich betrinken [wörtl.: »einsaugen«].

beszívat (berúgat) – *jdn* abfüllen, betrunken machen.

beszliácsol (beismer) – gestehen; *vgl.* szliácsol, szliácsra megy.

beszól – 1. (beleszól, közbeszól) reinreden, dazwischenreden; 2. (megjegyez) anmerken, Bemerkung machen.

beszop, -ik – 1. (berúg, lerészege-

dik) sich betrinken; 2. (elhisz) *jdm etw.* glauben [wörtl.: »hineinsaugen«; *vgl. dt.* »*etwas schlucken*«: 1. ein Getränk; 2. etwas akzeptieren, für bare Münze nehmen, was einem jemand erzählt].
besztorság (rendőrség) – Polizei.
besztremál (megijed) – erschrekken, Angst bekommen.
betakar (ver, megver) – schlagen, verprügeln.
betalál (sikerül *vkinek*) – es gelingt, klappt, *jmd* hat Erfolg; *betalál a lovon* (szerencséje van) = er hat Glück.
betámad (betör) – einbrechen.
betámaszt – 1. (közösül – *férfi*) (vom Mann) Geschlechtsverkehr haben, mit einer Frau schlafen; 2. *betámaszt vkinek egyet* (megüt) = *jdn* schlagen, *jdm* eine schmieren.
betangózik (lerészegedik, berúg) – sich betrinken.
betankol (lerészegedik, berúg) – sich betrinken, besaufen, vollaufen lassen [wörtl.: »volltanken«].
betart *vkinek* (szándékosan árt) = *jdm* absichtlich schaden.
beteázik (lerészegedik, berúg) – sich betrinken, besaufen [wörtl.: »Tee in sich hineintrinken«; *vgl.* bekávézik].
beteg – 1. (elfogott, bezárt, börtönben lévő) eingesperrt, im Gefängnis befindlich; 2. *betegre röhögi magát* (nagyon nevet) = sich totlachen [wörtl.: »krank«].
betermel (megeszik) – aufessen, in sich hineinstopfen; *betermeli a kaját* (megeszik) = das Essen verschlingen.
betesz: *betesz vkinek* (szándékosan árt) = *jdm* absichtlich schaden, *jdn* einmachen; *beteszi az ajtót* (elront, tönkretesz) = zugrunderichten, kaputtmachen; *beteszi az ajtót vki*nek (árt, kárára van) = *jdm* schaden, Schaden zufügen.
bethlehem (nő szeméremteste) weibl. Geschlechtsteile; *feldobja a bethlehemet* (hanyatt fekszik, felhúzza a szoknyáját) = auf dem Rücken liegend den Rock hochziehen.
betintázik (berúg, lerészegedik) – sich betrinken, besaufen.
betintázott (részeg) – betrunken.
betipliz (bemegy, betör) – hineingehen, einbrechen. [< dt. Rotw. *eintippeln* »einbrechen«; *eintippler* »Einbrecher«].
betli – 1. (kudarc) Mißerfolg, Schlappe, Fiasko; 2. *vki/vmi* (kudarcot vall, csődöt mond, megbukik) scheitern, versagen; 3. (kicsinyes) kleinlich [*vgl.* dt. umgangsspr. *Bettel* »Kram, Kleinzeug«; zu dt. Rotw. *bettel, betel* »leer, unnütz« < jidd. *batolo* »unnütz, vergeblich«].
betlizik – (kudarcot vall, csődöt mond, megbukik) scheitern, versagen; *auch:* lebetlizik; *vgl.* betli.
betoji (gyáva ember) – Angsthase, »Hosenscheißer« [*vgl.* betojik].
betojik – 1. (székel) kacken, scheißen; *auch:* tojik; 2. (megijed) erschrecken, Angst bekommen [wörtl.: »Eier legen«].
beton – 1. (nagyon, teljesen részeg) völlig betrunken, stockbesoffen; 2. *beton sérós* (kopasz) = kahlköpfig.
betondzsungel (lakótelep) – Neubausiedlung [wörtl.: »Betondschungel«].
betonfej (buta ember) – Dummkopf, Trottel, Blödmann [wörtl.: »Betonkopf«].
betonfejű – 1. (buta) dumm, dämlich; 2. (makacs, önfejű) halsstarrig, dickköpfig, stur; *vgl.* fafejű,

kőfejű, vasfejű [wörtl.: »mit einem Betonkopf«].
betönköl (elromlik, elakad) – kaputtgehen (z. B. *Maschine, Motor*).
betörölközik *s.* betörülközik.
betörülközik (berúg, lerészegedik) – sich betrinken, besaufen.
betrinkelt (részeg) – betrunken [dt.].
betrinkol (lerészegedik, berúg) – sich betrinken [dt.].
betropál – 1. (nem bírja a tagadást, elveszti kitartását) seine Beherrschung verlieren; 2. (megijed) (*selbst*) erschrecken, Angst bekommen; *vgl.* tropa; 3. (elromlik, használhatatlanná válik) kaputt gehen, unbrauchbar werden.
betropecol (megijed) – (*selbst*) erschrecken, Angst bekommen.
betütükél (berúg) – sich besaufen, sich vollaufen lassen.
betyárbútor (holmi, csomag) – Zeug, Kram, Pack.
beugrik – 1. (gyorsan bemegy *vhova vmiért*) schnell irgendwo hineingehen; 2. *vkinek/vminek* (elhisz, bedől) auf *etw./jdn* hereinfallen; 3. *vmi* (hirtelen eszébe jut) *etw.* fällt einem ein; 4. *beugrik vkinek* (*a kép*) (ért, megért) = verstehen, begreifen; [wörtl.: »hineinspringen«].
beugró – 1. (belépődíj – elsősorban *szórakozóhelyekre*) Eintrittskarte (*bes. für Vergnügungsetablissements*); 2. (vállalkozásba való belépésnél fizetendő összeg) Summe, die man bezahlen muß, wenn man bei einem Geschäft einsteigt.
beül: *beül a hintába/a malomba* (elhisz, bedől) = auf *etw./jdn* hereinfallen.
beültet (becsap, rászed) – betrügen.

beüt (sikerül) – gelingen, klappen, funktionieren, »einschlagen«.
beütéses (hülye) – verrückt.
bevág – 1. (megeszik *vmit*) *etw.* aufessen, »in sich hineinstopfen«; 2. (iszik) (*Alkohol*) in sich hineinschütten, kippen; 3. (sikerül) gelingen, klappen, funktionieren; 4. (intenzíven tanul) lernen, büffeln; 5. *bevág* vmit vhova (tesz *vmi vhova*) = *etw.* irgendwohin tun; 6. (börtönbe zár, lecsuk) *jdn* ins Gefängnis sperren, einsperren, einbuchten; 7. *bevágja a hunyót/a szunditot/a szunyát* (elalszik) – einschlafen, einnicken.
bevágódik: *bevágódik, mint a féltégla* (megjelenik *vhol*) = irgendwo (unangemeldet) erscheinen, hereinschneien; *bevágódik* vkinél (kegyeibe jut *vkinek*) = sich bei *jdm* einschmeicheln.
bevarr – 1. (fogdába csuk) einsperren, in Gewahrsam nehmen; auch: *bevarr a sittre*; 2. (becsap) betrügen, hereinlegen; 3. (besoroz katonának) (*Soldaten*) ausheben, mustern, rekrutieren.
bevásárol – 1. (becsapódik) hereinfallen, betrogen werden; 2. (nemi bajt kap) Geschlechtskrankheit bekommen [wörtl. »etw. einkaufen; sich etw. einhandeln«].
bevedel (berúg) – sich besaufen, sich vollaufen lassen.
bever – 1. (megüt, odaüt) schlagen, *jdm* eine schmieren; *bever vkinek egyet* (megüt) = *jdn* schlagen, *jdm* eine schmieren; *bever az etetőbe* (szájon vág) = *jdm* auf den Mund, »in die Fresse« schlagen; *beveri a pofáját* (ver, megver, öszszever) = *jdn* schlagen, verprügeln, zusammenschlagen; 2. *be-*

veri a rikácsot (ordít) = schreien, brüllen; *beveri a hunyót/szundit/szunyát* (elalszik) = einschlafen.

bevesz – 1. (hazugságot elhisz) eine Lüge glauben, »schlucken«; auf *etw./jdn* hereinfallen [wörtl.: »einnehmen«]; *auch: beveszi a kefét*; 2. *beveszi a fejhúst* (teherbe esik) = schwanger werden.

bevirít: *bevirít a rendőrségen* (beárul a rendőrségen) = bei der Polizei anzeigen.

bevisz (letartóztat, bekísér) – verhaften, festnehmen; *bevisz a sűrűbe* (becsap) = reinlegen, übers Ohr hauen [wörtl.: »ins Dickicht führen«].

bevitet (elmegyógyintézetbe zár) – in die Irrenanstalt einliefern, einsperren.

bevon: *bevonja a betétlapját* (megbuktat diákot) – (einen Schüler) durchfallen lassen.

bevonul (börtönbe megy) – ins Gefängnis gehen.

bezabál (telefal) – sich vollstopfen, sich vollfressen.

bezamekol (zálogba tesz) – als Pfand nehmen; *vgl.* zamekol, kizamekol.

bezápul (kudarcot vall) – danebengehen, in die Hosen gehen; *auch:* megzápul.

bezár (börtönbe csuk) – ins Gefängnis sperren; *auch: bezár dutyiba*.

bezavar: *bezavarja a macit a málnásba* (közösül – *férfi*) = (*vom Mann*) Geschlechtsverkehr haben, mit einer Frau schlafen.

bezeccel (lefoglal) – reservieren [< dt. *besetzen*].

bezenkol (betör) – einbrechen; *vgl.* felzenkol [< dt. Rotw. *sencklen* »Opferstöcke berauben«].

bezóherol (kapuzárás előtt elrejtőzik betörés céljából) – sich vor Abschließen eines Gebäudes darin verstecken, um zu stehlen; *s.* besóherol 2.

bezúg (elégtelent kap) – (*die Note*) »Ungenügend« bekommen, (*in der Schule o. bei Prüfung*) durchfallen, durchrasseln.

bezúgott (szerelmes) – verliebt, verknallt; *vgl.* belezúgott.

bezuhan (megjelenik *vhol*) – (unangemeldet) auftauchen, hereinschneien.

bezsebel pénzt (gazdag lesz, meggazdagodik) – reich werden.

bezsong – 1. (dühös lesz) wütend werden, sich aufregen; 2. (szerelmes lesz, részeg a szerelemtől) sich verknallen, unsterblich verlieben; 3. (felizgul, felgerjed) (*sexuell*) erregt werden; 4. (megbolondul, megőrül) verrückt werden, durchdrehen [*zsong* wörtl.: »summen, brummen«].

bezsongat – 1. (dühösít, bosszant, idegesít) *jdn* ärgern, wütend machen, nerven; 2. (felizgat, felgerjeszt) *jdn* (*sexuell*) erregen.

bezsongott (felizgult, felgerjedt) – (*sexuell*) erregt, geil.

bezsuppol (letartóztat, bekísér) – festnehmen, verhaften, einbuchten.

bia *s.* pia.

bibas *s.* bibasz.

bibasz (ostoba, hülye, szerencsétlen – *gyakran megszólításként*) dumm, verrückt, arm (= *unglücklich; oft in der Anrede*) [< cig. K. *bibast* »Unglück; Unglücklicher«; *vgl.* cig. *bibaxt* »Unglück«].

bibi – 1. (baj, bökkenő, akadály) Wunde, wunder Punkt; Schwierigkeit, Hindernis; *bibije van a dolognak* = die Sache hat einen Haken; *ez a dolog bibije* = da liegt

der Hund begraben, das ist der Haken bei der Sache; *na, mi a bibi?* (mi a baj, a probléma?) = wo brennt's?; 2. (női mell) (*weibliche*) Brust, Busen [*in Bed. 2 bes. Jugendspr.*; *zu* bimbó?]
bibis (sebes, fájó) – wund, schmerzend.
bibizés (közösülés) – Geschlechtsverkehr.
bibizik (közösül) – Geschlechtsverkehr haben.
biblia – 1. (kártya) Kartenspiel; 2. (büntető törvénykönyv) Strafgesetzbuch [wörtl.: »Bibel«; *vgl.* zu Bed. 1. dt. »des Teufels Gebetbuch«].
biboldó (zsidó) – Jude; *auch:* bibsi, bipsi [< cig. *biboldo* »ungetauft ; Jude«].
bibsi (zsidó) – Jude; *vgl.* biboldó.
bicaj (bicikli) – Fahrrad [*Jugendspr.*].
bicajozik (biciklizik) – Fahrrad fahren [*Jugendspr.*].
bicebóca (sánta) – Hinkender, »Hinkebein« [*bes. Kinderspr.*].
bicikli – 1. (motorkerékpár) Motorrad [wörtl.: »Fahrrad«]; 2. *told el innen a piros biciklidet!* (eredj innen!) = hau ab! verschwinde! verpiß dich!
biciklista – 1. (parancsoló, felféle alázatos, lefelé durva) Kriecher, »Radfahrer« [*jmd*, der nach oben buckelt, unterwürfig ist, aber nach unten tritt]; 2. (sánta, bicegő) Hinkender.
biciklizik (közösül) – Geschlechtsverkehr haben [wörtl.: »radfahren«].
bicó (bicikli) – Fahrrad [*Jugendspr.*].
bicós (izmos, erős) – muskulös, stark [< *bicepsz* »Bizeps«].
bicucli (bicikli) – Fahrrad [*Jugendspr.*; iron. Umbildung: *cucli* = »Schnuller«].
bicsag (bicska, zsebkés) – Taschenmesser.
bicsak *s.* bicsag.
bicskás (a zsebmetszésnél kést használó) – *jmd*, der mit einem Messer die Taschen aufschneidet und so stiehlt.
bidé (vécé) – WC, Klo [*Jugendspr.*; wohl zu fr. *bidet*, inhaltlich vermischt mit (*s.*) budi].
bifla (magolós diák, stréber) – Streber (*in der Schule*) [< dt. *Büffler*].
biflázás (magolás) – Büffelei, Paukerei, Geochse; *vgl.* biflázik.
bifláz, -ik (magol) – (stur) büffeln, pauken [< dt. *büffeln*].
biflázó (magoló diák) – Büffler, paukender Schüler ; *s.* biflázik.
bige (lány, nő) – Mädchen, Frau.
biguci (lány, nő) – Mädchen, Frau.
bigyász (biológia iskolában) – Biologie (*als Schulfach*) [*Schülerspr.*].
bigyó – 1. (pénz) Geld; 2. (kisebb tárgy, csecsebecse) kleiner Gegenstand von geringem Wert, Krimskrams; 3. (valami) irgendwas, Dings, Dingsbums; 4. (bibircsók) Warze; 5. (biológia – *iskolában*) Biologie (als Schulfach).
bigyológia (biológia – *iskolában*) – Biologie (als Schulfach) [*Schülerspr.*].
bigyórész (apró, jelentéktelen tárgy) – kleines, unbedeutendes Ding, Krimskrams, Krempel.
bigyusz – 1. (kisebb tárgy, csecsebecse) kleiner Gegenstand von geringem Wert, Krimskrams; 2. (valami) irgendwas.
bika – 1. (izmos, erős) muskulös, stark; 2. (férfi, fiú – *mint szexuális vágy tárgya vagy partner*) Mann, Junge (*bes. als Sexobjekt oder -part-*

ner) [wörtl.: »Stier«]; 3. (jó, remek, csodás) toll, prächtig, prima.
bikakötél (nyakkendő) – Krawatte [wörtl.: »Stierstrick«].
bikavadító (kihívó – *szexuális értelemben*) – auffordernd, (*sexuell*) aufreizend.
bikfic (fickó) – Kerl, Bursche.
bikhatna (felizgult, felgerjedt) – (*sexuell*) erregt.
bili (éjjeliedény) – Nachttopf; »Töpfchen« (*für Kinder*); *s*. bimbili; *letört, mint a bili füle* (elment a kedve) = lustlos, *jdm* ist die Lust vergangen [< dt. Rotw. *piri, pili* »Topf« oder cig. *piri, pili* »Topf, Kochtopf«?].
bilis (bölcsődés) – Kindergartenkind [< bili; *bes. Jugendspr.*].
bilizés (székelés) – Stuhlgang, Kotentleerung [*bes. Kinderspr.*].
bilizik (székel) – kacken, scheißen [*bes. Kinderspr.*].
biller (kutya) – Hund; *s.* böller; *vgl.* blöki, morgó.
billeg (táncol) – tanzen [wörtl.: »wackeln«; *bes. Jugendspr.*].
billi (férfi) – Mann, Kerl [< *Billy*, Kurzform des engl. Namens *William*; *bes. Jugendspr.*].
biltréger (terhességet mímelő koldusasszony) – Bettlerin, die vortäuscht, schwanger zu sein [< dt. Rotw. *biltregerin, pillenträgerin* »Frau, die vorgibt, schwanger zu sein« – zu dt. *Beule* »Geschwulst«, das früher auch das Anschwellen des Leibes in der Schwangerschaft ausdrückte].
bilusz (szem) – Auge [< bilux].
bilux (szem) – Auge [< *bilux(lámpa)* »Autoscheinwerfer« < lat. »zweifaches Licht« (bezieht sich auf Abblendlicht und Fernlicht); die Scheinwerfer dann als »Augen« des Autos gedeutet].
biluxol – 1. (néz) schauen, (an)sehen; 2. (bámul) starren, gaffen, staunen; 3. (biztat szexuális közeledésre – *főleg nézéssel*) (*vor allem durch Blicke zu intimem Kontakt*) auffordern, einladen, *jdn* »anmachen« [< bilux].
bimbi (vécé börtönben) – Toilette, Abort (*im Gefängnis*).
bimbili (éjjeliedény) – Nachttopf; *s.* bili.
bimbó (női mell) – (*weibliche*) Brust, Busen [*bes. Jugendspr.*; *pars pro toto* zu standardspr. (*mell*) *bimbó* = Brustwarze].
bindzsi (tiltott rádiókészülék a börtönben) – verbotenes Radiogerät im Gefängnis.
binyikli (bicikli) – Fahrrad [*bes. Jugendspr.*].
bio, bió (biológia iskolában) – Biologie (*als Schulfach*) [*Schülerspr.*].
biosz (biológia iskolában) – Biologie (*als Schulfach*) [*Schülerspr.*]
bipsi (zsidó) – Jude; *s.* biboldó.
bír – 1. (örömét leli *vmiben*, élvez *vmit*) Freude haben an *etw., etw.* genießen; 2. *vmit/vkit* (szeret, tetszik, rajong) mögen, lieben, schwärmen für *jdn*.
birbli (pánik, tülekedés, tömeg) – Panik, Gedränge; *vgl.* geruder [zu dt. *Wirbel*?].
birizgál (piszkál, bosszant) – *jdn.* reizen, ärgern, stícheln.
birkanyírás (hajvágás) – Haarschneiden, Haarschnitt [wörtl.: »Schafschur«; *bes. Jugendspr.*].
birkavári (buta, faragatlan ember) – Trottel, Holzkopf [*bes. Jugendspr.*].
birodalom (irodalom – *iskolában*) – (ung.) Literatur [wörtl.: »Reich«;

Wortspiel: *irodalom* = Literatur; *als Schulfach, Schülerspr.*].

biszbasz – 1. (csekélység, semmiség, haszontalanság) Kleinzeug, Nichtigkeit, nutzloses Zeug; 2. (valami) irgendetwas.

biszex (biszexuális) – bisexuell.

bitang (nagyon) – sehr, enorm; *bitang jó* (remek, csodás) = sehr gut, prächtig, toll.

bivalybasznád (vidék) – Land (im Gegensatz zur Stadt), »Provinz«, »Pampa«.

bivalyerős (nagyon erős, izmos) – sehr stark, muskulös [wörtl.: »büffelstark«].

bizgentyű (dolog) – Vorrichtung, Gerät, Sache, Dings.

bizi (bizonyítvány) – Zeugnis [*bes Schülerspr.*].

bizony hitvány (bizonyítvány) – Zeugnis [*Schülerspr.*; Wortspiel; wörtl.: »wahrhaft niederträchtig«; für Schulzeugnis (= *bizonyítvány*) gebraucht].

bizis (bizonyítvány) – Zeugnis; *s.* bizi.

bizus (bizonyítvány) – Zeugnis; *s.* bizi.

bizsu (here, herék) – Hode(n) [iron.; wörtl.: »Modeschmuck« < fr. *bijou* »Schmuck«].

blabla (badarság) – Blödsinn, Quatsch, Blabla [< dt. < fr.].

blablázik (mellébeszél) – plappern, schwafeln, *vgl.* blabla; sóderol.

blama *s.* blamázs

blamál – 1. *vkit* (szégyent hoz *vkire*, zavarba hoz) *jdn* blamieren; 2. *blamálja magát* (szegyént hoz magára, zavarba hozza magát) = sich blamieren [< dt. *blamieren* < fr.].

blamázs (felsülés, szégyenvallás) – Blamage. [< dt. < fr.]

blank – 1. (vmelyik színből egymagában lévő kártyalap) (*beim Kartenspiel:*) Blatt, das nur aus einer einzigen Farbe besteht; 2. (felesleges, nélkülözhető) überflüssig, entbehrlich; 3. (kitöltetlen, tiszta üres) nicht ausgefüllt, völlig leer [< dt. *blank*].

blasszel (hamiskártyás foltjele a kártyán) – kleine Markierungen an den »gezinkten« Spielkarten [dt.?].

blatt – 1. (kártyalap) Spielkarten, Blatt; *veri a blattot* (kártyázik) = Karten spielen; 2. (arc, pofa) Gesicht, Visage; 3. (pénztelen alak) jemand ohne Geld [< dt. *Blatt*].

blattista (a hamiskártyás cinkosa, aki szintén leül játszani) – Komplize des Falschspielers, der ihm zuspielt.

blaumontág (mulatozás utáni másnaposság, »kék-hétfő«) – »blauer Montag« [dt.]

bláz – 1. (cigaretta) Zigarette [*selten*]; 2. (droggal kevert cigaretta) Marihuana-, Haschischzigarette, Joint; *vgl.* blázik.

blázi (hideg) – kalt [zu dt. Rotw. *blase, bläse* »Wind«].

blázik (dohányzik) – rauchen [zu dt. Rotw. *blasen* »trinken«].

blechel (fizet) – zahlen [< dt. *blechen*].

blechol, blehol *s.* blechel.

bleib *s.* blejb.

blejb (gyufa) – Streichholz.

bliccableiter (csendőr) – Gendarm [dt. Rotw. *blitzableiter* »Gendarm, Schutzmann, Polizist«; wohl Anspielung auf die historische Pickelhaube].

bliccel – 1. (a fizetés elől megszökik, fizetés nélkül vesz igénybe szolgáltatást) die Zeche prellen, für etwas nicht zahlen; 2. (ingyen utazik) schwarzfahren; 3. (bemegy jegy nélkül) sich ohne Eintrittskarte Zutritt verschaffen; 4. (kivonja magát kötelezettség teljesítése alól) sich einer Verpflichtung entziehen, sich drücken; *vgl.* elbliccel; 5. (iskolát kerül) (*Schule*) schwänzen [dt.]

blikk (pillantás, szempillantás, ránézés) – Blick; *első blikkre* = auf den ersten Blick. [dt.]

blindre (vakon, találomra, hirtelenül) blindlings, aufs Geratewohl, auf Verdacht [dt. *blind* + -re]

blőd (ostoba, hülye) dumm, verrückt, blöd. [dt.]

blődlizik (hülyéskedik, idétlenül vagy rájátszva szellemeskedik) herumalbern, herumblödeln, dumme Witze machen. [< dt. *blödeln*]

blődség (badarság) – Dummheit, Blödsinn, Quatsch; *vgl.* blőd.

blöff – 1. (nagyzolás, dicsekvés) Prahlerei, Angeberei; 2. (alaptalan dolog elhitetése) *etw.* glauben machen wollen, das jeglicher Grundlage entbehrt, Bluff [< engl. *bluff*].

blöfföl – 1. (nagyzol, dicsekszik) prahlen, angeben, aufschneiden; 2. (blöffjeivel *vkit* meg akar téveszteni) *jdn* reinlegen, bluffen.

blöki (kutya) – Hund [zu dt. *blöken*, dt. Rotw. *blöcker* »Kalb«?].

BMV-leves (rossz minőségű menzai leves) – Mensasuppe [*Schüleru. Studentenspr.*; Abk. für: *bele minden vacakot* = nur hinein mit jedem Dreck!; iron. Anspielung auf die bayerische Nobelautomarke].

boa (hányás, hányadék) – Erbrochenes, Kotze.

boázás (hányás, hányadék) – Erbrochenes, Kotze.

boázik (hány) – sich übergeben, kotzen.

bóbita (haj) – Haar [*bes. Jugendspr*; wörtl.: »Schopf«].

bobó (haj) – Haare [*bes. Jugendspr.*; *zu* bóbita].

boci – 1. (borjú) Kälbchen [*Kinderspr.*]; 2. (fej) Kopf [*Jugendspr.*].

bocifröccs (tej) – Milch [*bes. Jugendspr.*; wörtl.: »*Fröccs* (= Weinschorle) für Kälbchen«].

bocikötő (nyakkendő) – Krawatte [wörtl.: »Kälberstrick«].

bocs! (bocsánat!) – 'Tschuldigung! sorry!

bocskor (cipő) – Schuh [wörtl.: »Bundschuh, Riemenschuh, Bauernschuh«].

bocskoros (román) – Rumäne [*pejor.*; *vgl.* bocskor].

bodega – 1. (rossz hírű kocsma; harmadrangú bolt) üble Kneipe, Spelunke; drittklassiger Laden; 2. (vécé) Klo, Scheißhaus [< span. *bodega* »Weinkeller, Vorratskeller; Weinstube«, *vgl.* span. *bodegón* »Kneipe, Kaschemme«].

bodicsek (elégtelen – *osztályzat*) – »Ungenügend« (*Note in der Schule*) [*Schülerspr.*; < engl. *body-check* beim Eishockey].

bogáncs (haj) – Haare [wörtl.: »Distel«; *bes. Jugendspr.*].

bogár (mánia, hóbort, rögeszme) Schrulle, Marotte, fixe Idee, Rappel; *bogara vkinek vmi* (mániája *vkinek vmi*) = *jmd* hat einen Rappel [wörtl.: »Käfer«].

boglya (haj) – Haare [wörtl.: »Strohhaufen, Schober«; *bes. Jugendspr.*].

bogyó – 1. (szem) Auge; 2. (fej) Kopf [*Jugendspr.*]; 3. (labda) Ball; 4. (gyógyszer) Pille (*Medikament*); 5. (széklet) Stuhlgang; *auch*: kecskebogyó; 6. (hímvessző) Penis [wörtl.: »Beere«; in Bed. 1 – 5 wegen der Analogie »runde, kugelförmige Objekte« gebraucht; in Bed. 6 wohl ursprüngl. im Sinne von »Hoden«, dann – *pars pro toto* – übertragen; *vgl.* tök].

bogyótermetű (alacsony, kicsi) – kleingewachsen, klein (*Mensch*) [wörtl.: »beschaffen wie eine Beere«].

bóher – 1. (tolvajnyelvet ismerő rendőrhivatalnok) Polizeibeamter, der die Gaunersprache versteht; *auch:* bohur; 2. (paraszt) Bauer [< dt. Rotw. *bocher* »Beamter, der die Gaunersprache versteht«, dazu jidd. *bocher* »Junggeselle, Bursche, Rabbinerschüler«; in Bed. 2. Einfluß von dt. *Bauer*?]

bohó (vidám, jókedvű) – unbeschwert, vergnügt.

bohóc (ellenszenves ember) – unsympathischer Typ [wörtl.: »Clown«].

bohóckodik – 1. (produkálja magát) herumalbern, Possen treiben, sich produzieren, »eine Show abziehen«; 2. (színlel) *etw.* vortäuschen, simulieren.

bohur (rendőrhivatalok, aki nyelvüket érti a tolvajoknak, de el is tud bánni velük, s tudja a titkaikat is) – Polizeibeamter, der die Gaunersprache kennt, aber auch Gewohnheiten, Tricks u. Schliche der Diebe. [*Gaunerspr.*; < jidd. *bocher*; *s.* bóher]

boj (férfi) – Mann, Junge [< engl. *boy*].

boja (széklet) – Stuhlgang.

bojázik (székel) – Stuhlgang haben, scheißen.

bojt (haj) – Haare [*bes. Jugendspr.*].

bokhálós (éhes) – hungrig [< cig. *bokhálo* = »hungrig«].

bokor (kábítószer) – Droge [wörtl.: »Busch, Strauch«].

bokorugrás (illegális határátlépés) illegaler Grenzübertritt.

bokorugró (katona, közlegény – *kül. gyalogos*) – (einfacher) Soldat (*bes. bei der Infanterie*) [wörtl.: »Buschspringer«].

bolhabusz – 1. (kutya) Hund; 2. (macska) Katze [wörtl.: »Flohbus«].

bolhafészek (haj) – Haar [*bes. Jugendspr.*; wörtl.: »Flohnest«].

bolhás (mozi) – Kino; *auch:* kisbolhás [wörtl.: »voller Flöhe«].

bólogató (ülnök) – Beisitzer, Schöffe (*bei Gericht*).

bolond (hülye) – verrückt; *bolondot csinál magából* (nevetségessé tesz magát) = sich selbst zum Narren, lächerlich machen; *bolondot csinál vkiből* (nevetségessé tesz) = *jdn* zum Narren, lächerlich machen.

bolond bútor (hátizsák, katonai felszerelés) – Rucksack, Ausrüstung des Soldaten.

bolondokháza (hely, ahol nagy felfordulás van) – Ort, wo es großes Durcheinander gibt; *ez már egy igazi bolondokháza!* = hier geht's ja zu wie im Irrenhaus!

boltra megy (lopásra megy) – zum Diebstahl losgehen [wörtl.: »ins Geschäft gehen«].

bomba – 1. (nagyon) sehr; *bomba jó!* (nagyon jó!) = verdammt gut!; 2. (nagyon jó) sehr gut, »bombig«.

bombasiker (nagy siker) = großer Erfolg, »Bombenerfolg«; *bombasikere van vkinek/vminek* (sikerül) = Riesenerfolg, »Bombenerfolg« haben.

bombázó (csinos nő, lány) – schöne Frau, schönes Mädchen, »Sexbombe« [wörtl.: »Kampfbomber«; *vgl.* vadászbombázó].

bóni (pénz, haszon, nincs benne üzlet) – Geld oder anderer Vorteil ohne Gegenleistung.

bonzsúr cseppek (gonorrea) – Gonorrhöe, Tripper.

boríték: *borítékban szabadul* (meghal) = sterben.

borsó (csikló) – Kitzler, Klitoris [wörtl.: »Erbse«].

boszorkány (ellenszenves nő) – unsympathische Frau, »Hexe«.

boszhart (hús) – Fleisch [< dt. Rotw. *bossor, bosser, boshart* »Fleisch« < jidd. *bossor* »dss.«].

boszi (idős nő) – alte Frau, »alte Hexe« [*bes. Jugendspr.*; *Abk. von* (*s.*) boszorkány].

bot – 1. (láb) Bein, Fuß; 2. (hímvessző) Penis; 3. (elégtelen – *osztályzat*) »Ungenügend« (*Note in der Schule*) [wörtl.: »Stock«].

botbál (verés) – Schlägerei, Prügel, Haue, Keile [*Jugendspr.*; *bot* »Stock« + *bál* »(festlicher) Ball«].

botos (polgári rendőr, detektív) – Polizist (in Zivil), Ermittler, Detektiv; *botos kégli* (őrszoba, kapitányság) = Wachstube, Polizeipräsidium [wörtl.: »mit (Schlag-)Stock«].

botoslujza (rendőrnő) – Polizistin; *vgl.* botos, lujza.

bóvli (rossz, silány áru, ócskaság) – Ausschußware, Schundware, Krempel, »Bafel«, »Bofel« [< jidd. < talmud. *babel, bafel* »minderwertige Ware«].

boxos – 1. (néger) Neger; *auch:* boxos bence; 2. (cigány) Zigeuner (*bes. mit dunkler Hautfarbe*).

bózer (hús) – Fleisch [< dt. Rotw. *bosser, boser* »Fleisch«; *vgl.* boszhart].

bozont (haj) – Haar [*zu* bozót; *vgl. bozontos* »struppig«].

bozót (haj) – Haar [wörtl.: »Gestrüpp, Dickicht«].

bödönözik (edényből, ragasztó gőzével mintegy inhalálva kábítószerezik) Dämpfe von Leim oder Chemikalien einatmen, um Rauschzustände zu erreichen, »schnüffeln«; *vgl.*: ragasztózik, szipuzik.

böfögő (büfé) – Büffet [wörtl.: »rülpsend«; Wortspiel mit der Ähnlichkeit der Wörter *böfög* »rülpsen« und *büfé*].

bőg (sír) – weinen, flennen, greinen, heulen.

bőget (felhangosít) – laut machen, stellen (*z. B. Radio*).

bőgőmasina (sírós ember – *kül. gyerek*) – Schreihals (*bes. Kind*) [wörtl.: »Heulmaschine«].

bőgőtok (*kül. nagy* cipő) – (*bes. großer*) Schuh.

bögre – 1. (vagina) weibliche Scheide; 2. (nő, lány) Frau, Mädchen [wörtl.: »Napf, Töpfchen, Haferl«; in Bed. 2. *pars pro toto*].

bögrecsárda (engedély nélküli italmérés) – illegaler Getränkeausschank; Kneipe ohne Konzession [wörtl.: »Haferlwirtshaus«].

bögy – 1. (női mell) weibliche Brust, Busen; 2. *bögyében van vki* (haragszik *vkire*) = auf *jdn* böse sein, sich ärgern über *jdn*; *auch:* begy.

bögyház (női mell) – (*weibliche*) Brust, Busen [*bes. Jugendspr.*; < bögy].

bögyörészik (tapogat) – betasten, befühlen.

bögyörő (hímvessző) – Pimmel, Penis [*bes. Kindersprache*].

böhöm: *böhöm nagy* (nagyon nagy) = sehr groß; *böhöm nagy ember* (nagy ember) = großer Mensch, Riese [< heb. *behemót* »Tier oder

Mensch von großer, ungeschlachter Gestalt«; *vgl.* Hiob 40, 15; *vgl.* jidd. *behejme* »Rind, Kuh, Vieh, Dummkopf«].

bök (megkésel) – (mit dem Messer) zustechen; *vgl.* bökő.

bökő – 1. (kés) Messer; *vgl.* bök; 2. (női mell) weibliche Brust, Busen [*vgl.* bögy]; 3. (körző) Zirkel [in Bed. 3. *Schülerspr.*].

bölcs: *bölcs bagoly* (okos diák) = guter Schüler [*Schülerspr*.; wörtl.: »weise Eule«].

böli *s.* böller.

böller (kutya) – Hund [< dt. Rotw. *beller* »dss.«].

bőr – 1. (lány, nő) Mädchen, Frau; *bőrt keccsöl* (nőt sétáltat, szórakoztat) = eine Frau ausführen; *jó bőr* (a férfiakra ható, izgató külsejű, kívánatos, szép nő) = eine schöne, verführerische Frau; 2. (futball-labda) Ball (*beim Fußball*) [wörtl.: »Leder«; so auch im Dt.: »und schoß das *Leder* ins Tor«]; 3. *a bőre alatt is pénz van* = stinkreich [wörtl.: »sogar unter der Haut hat er Geld«]; *van bőr* vki *a képen / van bőr* vki *pofáján (auch: nincs bőr...)* (arcátlan, szemtelen) = hat die Dreistigkeit, zu ...; *nincs bőr/vastag bőr a képén* (nagyképű) = eingebildet, arrogant; 4. *bőrön át néz* (alszik) = schlafen; *bőrt húz a fogára* = 1. (elhallgat) verstummen, schweigen [*Gaunerspr.*; bes. beim Verhör]; 2. (alszik) schlafen.

bőrbajos (gyáva, félti a bőrét) – feige, um seine Haut besorgt.

bőrbogyó (futball-labda) – Fußball [wörtl.: »Lederbeere«].

bőregér – 1. (sovány ember) dünner, schmächtiger Mensch, »Haut und Knochen«; 2. (háromkerekű autó) dreirädriges Auto [wörtl.: »Haut-Maus«; Bed. 1. bes. *Schülerspr.*; in Bed. 2. *altmod.*].

bőrfejű – 1. (kopasz) glatzköpfig, kahl; 2. (tűzoltó) Feuerwehrmann [wörtl.: »lederköpfig«].

bőrgolyó (futball-labda) – Fußball [wörtl.: »Lederkugel«].

börgő (konflis, egyfogatú) – Mietkutsche, Fiaker, Einspänner.

bőrhajú – 1. (kopasz) kahlköpfig; 2. (kopasz ember) Kahlkopf.

bőrke (nő, lány) – Frau, Mädchen: *vgl.* bőr, bürke.

bőrkulacs (hímvessző) – Penis.

bőrlyukasztó (hímvessző) – Penis.

bőrönd (fenék) – Hintern, Hinterteil [wörtl.: »Koffer«; *vgl.* koffer, kuffer!].

bőrös virsli (hímvessző) – Penis.

bőrstanecli (hímvessző) – Penis.

bőrszivar (hímvessző) – Penis.

börtön (iskola) – Schule [*Schülerspr.*; wörtl.: »Gefängnis«].

börtönőr (ügyeletes tanár) – der aufsichthabende Lehrer, Aufsicht (*in der Schule*) [*Schülerspr.*; wörtl.: »Gefängniswärter«].

börtöntöltelék (fogoly, elítélt) – Sträfling, Gefangener [wörtl.: »Gefängnisfüllung«].

böszme (nagy) – groß, plump.

bötös (»ötös« – jeles jegy *iskolában*) – »Fünf«, »Sehr gut« (*beste Note in ungar. Schulen*) [*Schülerspr.*].

brachis – 1. *s.* brahis; 2. (találomra) auf gut Glück, aufs Geratewohl.

brahi – 1. (szükségtelen kockáztatás) verwegenes Draufgängertum; 2. (találomra) auf gut Glück, aufs Geratewohl; 3. *brahiból* (tréfából, viccképpen) = im Scherz, als Witz; *brahira* (vakon, találomra, meggondolatlanul) = blindlings, aufs Geratewohl, gedankenlos; [jidd.? oder zu dt. *brachial?*].

brahis – 1. (bátor, vakmerő) mutig, verwegen; 2. (bátor, vakmerő ember) Draufgänger; 3. (erőszakos, verekedő, bicskás) gewalttätig; Raufbold, Messerstecher [*vgl*. dt. *brachial*?]; *vgl*. brusztos, leffes.
brahista (bátor, vakmerő ember) – Draufgänger.
brahizik (vakmerösködik) – sich erdreisten, die Frechheit haben.
brajgesz (dühös, haragos) – wütend, verärgert [jidd.].
brájzli (olcsó, rossz hírű kocsma) – verrufene Kneipe, Spelunke.
brancs – 1. (gyülevész népség; banda) Pöbel, Mob; Bande; 2. (érdekcsoport) Interessengemeinschaft; 3. (együvé tartozók csoportja) Gruppe, Freundeskreis, Clique; 4. (szakma, foglalkozási ág) (Geschäfts-)Branche [< dt. < fr.].
brandbríf (fenyegető, zsaroló levél) – Drohbrief, Erpressungsbrief. [< dt. Rotw. *brandbrief* »Drohbrief«; *vgl*. brandol]
brandol (fenyeget) – drohen [zu dt. Rotw. *brennen* »erpressen« und *brander* »Drohbrief«; *vgl*. brandbríf]
bráner (férfi szeméremteste; a browning pisztoly neve után) – Penis; *vgl*. broki [nach der Browning-Pistole].
bratyesz (bátyja *vkinek*) – *jds* älterer Bruder; *vgl*. bratyó.
bratyi (cimbora, pajtás) – Kumpan, Kumpel [< slowak. *brat* »Bruder«].
bratyiz (*vkivel* fölöslegesen bizalmaskodva pajtáskodik; *pejor*.) – sich rasch mit jemandem verbrüdern, anbiedern [< bratyi]; *vgl*. komázik.
bratyizás – 1. (barátkozás, bizalmaskodás) Verbrüderung, zu große Vertraulichkeit; 2. (összebeszélés) Verschwörung, Komplott.
bratyizik (barátkozik, bizalmaskodik, cinkoskodik) – sich verbrüdern, anbiedern, vertraulich tun; *s*. bratyiz.
bratyó, brátyó (bátya, fivér) – (älterer) Bruder [< slowak. *brat*].
bratyus (bátya, fivér) – (älterer) Bruder; *vgl*. bratyó.
bratyusz (bátya, fivér) – (älterer) Bruder; *vgl*. bratyó.
brazil (cigány) Zigeuner.
bré – 1. (kalap, sapka) Hut, Mütze; 2. (hímvessző – *ritkán*) Penis (*selten*) [< dt. Rotw. *bre* »Hut«].
bregol (koldul) – betteln [< dt. Rotw. *bregen* »betteln« < lat. *precari* »bitten«; von letzterem auch jidd. *preien*].
brejzli (műszaki áru) – technischer Artikel [< dt.?].
brekeg (fecseg, üresen beszél) – schwätzen, quatschen, quasseln.
brekegés (fecsegés) – Geschwätz, Gequatsche.
brekeke (motorkerékpár) – Motorrad [*lautmalend*].
brékel (ügyetlenül botladozik) – torkeln, herumstolpern.
brekkancs (béka) – Frosch [*lautmalend*].
brekusz (béka) – Frosch [*lautmalend*].
bremzer (feszítővas) – Brecheisen [*Gaunerspr*.].
brencsalinger (főpincér) – Chefkellner [*vgl*. brennol + csálinger].
brenkó – 1. (dühös, bosszús) wütend, verärgert; 2. (gyanús) verdächtig, suspekt.
brenkós – 1. (gyanakvó) argwöhnisch, mißtrauisch; 2. (mérges) zornig, ärgerlich.

brennelve van (ki van fizetve) – es ist bezahlt; *vgl.* brennöl, brennol.
brenner – 1. (aki tud a bűntettről és hallgatása fejében részesül a prédából) Mitwisser (bei Straftat), der für sein Schweigen einen Teil der Beute erhält; 2. (kezdő hamiskártyás) Anfänger beim Falschspiel (*mit Karten*) [< dt. Rotw. *brenner* »einer, der von der Beute einen Anteil verlangt oder erpreßt« zu Rotw. *brennen* »erpressen«].
brenner Pali (akit nehéz meglopni) – *jmd* den man nur schwer bestehlen kann.
brennol (fizet) – zahlen; *auch:* brennöl, lebrennol [< österr.-dt. *brennen* »(die Zeche) zahlen < jidd. *peroón* »Bezahlung«?].
brennöl *s.* brennol.
brenyó (nagy) – groß; Erwachsener.
bretyus (férfi) – Mann, Kerl [*bes. Jugendspr.*].
brézli (hímvessző – *ritkán*) – Penis (*selten*).
brezna (lábszár) – Bein [*vgl.* dt. Rotw. *bresem* »Hose« ?].
brícó (zsebkés) – Taschenmesser.
brifkó *s.* bríftasni.
bríftasni (levéltárca, pénztárca) – Brieftasche; *auch:* brifkó [dt.].
briganti (gazember) – Schurke, Schuft, Halunke.
brili (gyémánt) Diamant; *s.* brill, brüller; *vgl.* csill.
brill (briliáns) – Brillant; *s.* brili, brüller; *vgl.* csill.
bringa – 1. (bicikli) Fahrrad; 2. (motorkerékpár) Motorrad; 3. (autó) Auto.
bringázik (biciklizik) – Fahrrad fahren [*Jugendspr.*].
bringó (bicikli) – Fahrrad.
brinza (ondó) – Sperma.

brinyó (bicikli) – Fahrrad.
brokefeller (hímvessző) – Penis [*iron. Wortbildung: vgl.* brokesz/broki + *Rockefeller*].
brokesz (hímvessző) – Penis; *vgl.* broki.
broki, bróki (férfi szeméremteste; a browning pisztoly neve után) – Penis [*selten;* nach der Browning-Pistole; *vgl.* bráner].
brotziccer (kibic, aki maga nem játszik, de a játékosok kártyáira téteket rak) – Kiebitz, Zuschauer beim Kartenspiel, der seinem Partner Zeichen gibt [< dt. Rotw. *brotsitzer, brodsitzer, bordsitzer* »Kiebitz«].
brugó (kenyér) – Brot.
bruhaha (jókedvű személy) – Spaßvogel, Witzbold.
brúnó apó (férfi szeméremteste) – männliches Geschlechtsorgan.
brúnó apó kunyhója (nő szeméremteste) – weibl. Genitalien.
brunzol (vizel) – pinkeln, pissen [*vulg.* < dt. *brunzen*].
brunya – 1. (vizelet) Harn, Urin, Pisse; 2. (rossz vagy állott sör) schlechtes oder abgestandenes Bier.
brunyál (vizel) – pinkeln, pissen.
brunyálda (vécé) – Klo, Abort.
bruszt – 1. (verekedés) Schlägerei, Prügelei; 2. (kötözködés) Stichelei, Stänkerei, Provokation; 3. (női mell) Busen, weibliche Brust [zu dt. *Brust; vgl.* brusztol].
brusztol – 1. (verekszik, civakodik) streiten, sich prügeln; 2. (hivatali, politikai harcba, tülekedésbe bedobja magát) sich in einen politischen Kampf stürzen; 3. (keményen dolgozik) hart arbeiten [< dt. Rotw. *brusten* »Streit, Schlägerei anfangen«; zu dt. *sich brüsten*].

brusztolás (verekedés, harc) – Schlägerei, Kampf.
brusztos (kötekedő, verekedő) – Raufbold, Schläger; *vgl.* brachis.
brutál (kilences – *sláger a bakkaratjátékban*) – »Neun« *beim Bakkaratspiel.*
brügol, brűgöl (vizel) – pinkeln, Wasser lassen [zu dt. Rotw. *brügeln* »arbeiten« oder zu dt. *prügeln* (*vgl.* dt. *Wasser abschlagen*) ?].
brűgölde (vécé) – Klo, Abort [*vgl.* brügol, brűgöl].
brüjge (haragos) – zornig, böse, ärgerlich.
brüli *s.* brüller
brüller (gyémánt, brilliáns) – Diamant, Brillant; *auch:* brili, brill; *vgl.* csill [dt. Rotw. *brüller* »Brillant, Diamant«].
bubi (fiú, fiúcska) – Junge [dt.].
bubó – 1. (orvos) Arzt; 2. (okos diák) guter Schüler [*Schülerspr.*].
búbol – 1. (fejére üt) auf den Kopf schlagen; 2. (nemileg közösül) Geschlechtsverkehr haben.
buci – 1. (fej) Kopf [wörtl.: »kleiner Brotlaib« < dt. dial. *Butze*; *bes. Jugendspr.*]; *bucira ver* = 1. (legyőz, jobb mint *vki*) besiegen, schlagen, besser sein als *jmd*; 2. (ver, megver, összever) schlagen, verprügeln, zusammenschlagen [wörtl.: »auf den Kopf schlagen«]; 2. (kövér) dick [*bes. Jugendspr.*].
buckó (fej) – Kopf [*bes. Jugendspr.*; *vgl.* buci 1.].
bucó (fej) – Kopf [< buci].
buda (vécé) – WC, Klo; *vgl.* budi.
budi (vécé) – WC, Klo [< dt. *Bude*].
buga – 1. (lopás) Diebstahl; 2. (csomag) Paket, Pack, Gepäck; 3. (pénz) Geld, Kies.
bugás – 1. (tolvaj) Dieb; 2. (lopós) diebisch.

bugázás (alkalmi lopás) – Gelegenheitsdiebstahl.
bugáz, -ik (lop, ellop) – stehlen, »mitgehen lassen«; *auch:* megbugáz.
bugris (faragatlan ember) – Flegel, Bauernlümmel.
bugyella (pénztárca) – Brieftasche.
bugyelláris – 1. (pénztárca) Brieftasche; 2. (női nemi szerv) weibl. Geschlechtsteil.
bugyesz (pénz) – Geld.
buggyant (bolond) – spinnert, verrückt; *vgl.* meg-, kibuggyan.
bugyi (női alsónemű) – (Damen-) Unterhose, Schlüpfer, Slip.
bugyi-bilder (izmos, erős) – muskulös, kräftig [iron. Umbildung von engl. *body-builder*; *vgl.* bugyi!].
bugyog (beszél) sprechen.
bugyogó (női alsónemű) – (Damen-)Unterhose, Schlüpfer, Slip; *s.* bugyi
bugyuta (buta ember) – Dummkopf, Trottel, Blödmann [< buta?].
buherál – 1. (ügyeskedik) herumprobieren, -tricksen; 2. (kontárkodik) pfuschen, schludern, stümpern, herumwerkeln; *vgl.* megbuherál.
bukkanó (női mell) – (*weibliche*) Brust, Busen [*bes. Jugendspr.*; < *bukkan* »auf *etw.* stoßen, treffen«].
bukdosik (többször megbukik) – (*in der Schule*) wiederholt durchfallen.
buké: *bukéja van* (bűzlik) – stinken [iron.; eigentl.: »*Bouquet*«; < dt. < fr.].
bukfenc – 1. (kudarc) Mißerfolg, Schlappe, Pleite; 2. (lebukás, letartóztatás) Festnahme, Gefan-

gennahme; 3. (bukás – *iskolában*) Durchfallen (*in der Schule*); 4. (testnevelés – *iskolában*) Turnunterricht (*in der Schule*) [wörtl.: »Purzelbaum«; in Bed. 1. auch: bukovári].

buki (bukás – *iskolában*) – Durchfallen (*in der Schule*).

bukik – 1. (*vmire:* nagyon vágyik rá; *vkire:* szerelmes bele) in *etw.* vernarrt sein; in *jdn* verknallt, verliebt, vernarrt sein; auf *etw./jdn* stehen/abfahren; 2. *vmennyit* (veszít – *pénzt*) verlieren (Geld).

bukó - 1. (fej) Kopf; *s.* buksi; 2. (kalap) Hut; 3. (sapka) Kappe, Mütze; 4. (buta, ostoba) dumm, blöd; *s.* buksi.

bukovári – 1. (kudarc) Mißerfolg, Schlappe, Pleite; *s.* bukfenc 1.; 2. (bukott diák) durchgefallener Schüler [in Bed. 2. *Schülerspr.*].

buksi – 1. (fej) Kopf; 2. (buta) dumm, blöd; *vgl.* bukó.

buksizik (iszik, szeszes italt fogyaszt) – (*alkoholisches Getränk*) trinken.

buksó (férfi) – Mann.

buksza – 1. (nő szeméremteste) weibliche Genitalien; 2. (lány, nő) Mädchen, Frau; 3. (prostituált) Hure; 4. (pénztárca) Brieftasche [< dt. *Büchse*]

bukta (kudarc) – Mißerfolg, Schlappe, Pleite; *bukta van* (megbukik – *diák*) = durchfallen (*in der Schule, bei Prüfung*).

buktató (detektív) – Detektiv.

buktázik – 1. (megjár, pórul jár) reinfallen, den kürzeren ziehen, auf die Schnauze fallen; 2. (megbukik) durchfallen [*Schülerspr.*].

bula – 1. (női nemi szerv) weibliche Genitalien; 2. (nő) Frau; 3. (ülep) Hintern, Hinterteil [< cig. *bul*, pl. *bulya* »Hinterteil«].

bulaj (összejövetel, parti) – Party, Fete; *vgl.* buli 1.

bulandzser (pék) – Bäcker [< fr. *boulanger*].

bulázik (csúfol) - verspotten, verhohnepiepeln, verarschen [< bula »Hintern, Arsch«].

bulcsázik (dolgozik) – arbeiten.

buldog (boldog) – glücklich, froh.

buli - 1. (összejövetel, szórakozás) Party, Fete; 2. (jó szorakozás) Spaß, Gaudi, Fez; 3. *adj.* (remek, csodás) toll, prima, »heiß«, »spitze«, »cool«; *nagyon buli ez a póló* = das T-Shirt ist spitze [*bes. Schülerspr.*]; 4. (érdekközösség, cimboraság) Interessengemeinschaft, Clique, Bande, Kumpanei; *beveszi a buliba* (beveszi a csapatba, a vállalkozásba) = *jdn* in die Clique, in eine Unternehmung einführen; 5. (ügy, vállalkozás) Unternehmen, Geschäft; *benne van a buliban* = mit im Geschäft sein; *kimarad a buliból* = nicht mit im Geschäft sein; 6. (szerencsés helyzet, alkalom) günstige Situation, Gelegenheit; 7. (bűncselekmény) Straftat; 8. (egyes kártyajátékokban egy kör, egy játszma) eine Runde (*beim Kartenspiel*); 9. (a kártyajátékosok tétjének elhelyezésére szolgáló tányér) Teller, der den Kartenspielern zum Einlegen ihrer Einsätze dient; *vgl.* pinka; [< dt.? < fr.?].

bulis (jó, remek) – gut, toll, prima [*bes. Jugendspr.*].

bulitárs (bűntárs) – Komplize.

bulizás – 1. (szórakozás) Vergnügung, Unterhaltung; 2. (ügyeskedés) Geschicklichkeit, Geschäftigkeit, Kniff.

bulizik (szórakozik) – (*bei einer Party, Fete*) sich vergnügen, sich amüsieren.

buló – 1. (fej) Kopf; 2. (hímvessző) Penis.
bulus (fej) – Kopf.
bumáska (igazolvány) – Ausweis [< russ. *bumažka* »Papierchen; Schriftstück«].
bumbaj (féleszű) – närrisch, verrückt.
bumbucál (közösül) – Geschlechtsverkehr haben [*vgl.* dt. *bumsen* ?].
bumburnyák (faragatlan ember) – ungehobelter Mensch, Lümmel, Flegel.
bumli (lassú, mindig megálló vonat) – Bummelzug [dt.].
bumlizik – 1. (iskolát kerül) Schule schwänzen; 2. (lazsál, lóg) bummeln, trödeln, faulenzen, herumhängen; 3. (lassú vonaton utazik) mit dem Bummelzug fahren.
bummer (baj, kellemetlen helyzet) – Ärger, Schwierigkeiten.
bunda – 1. (becsapás, csalás, szélhámosság) Betrug; 2. (nő szeméremteste) weibliche Genitalien.
bundás (szakállas) – bärtig.
bundázás (összebeszélés) – Absprache, Verschwörung, Komplott.
bundázik – 1. (összebeszél) sich absprechen, verschwören; 2. (*sport:* a másik csapattal titokban előre megegyezik az eredményben) *beim Sport:* vor dem Spiel mit der anderen Mannschaft das Ergebnis absprechen; *vgl.* megbundázik.
bunker (hely, ahová eldugják a pénzt) – Ort, wo man das Geld versteckt.
bunkó 1. (együgyű, faragatlan ember) Trottel, Blödmann, Dummkopf; 2. (buta) dumm, doof; 3. (ügyetlen) ungeschickt, täppisch; 4. (ellenszenves ember) unsympathischer Typ; 5. (rendőr) Polizist; 6. (fej) Kopf [*Jugendspr.*]; 7. (férfi szeméremteste) Penis.
bunkócska (fej) Kopf [< bunkó; wörtl.: »Dummerchen«; *Jugendspr.*].
bunkófon (mobiltelefon) – Mobiltelefon [wörtl.: »Trottelfon«, da einige taktlose Personen den Apparat auch im Restaurant, im Konzert oder bei anderen unpassenden Gelegenheiten benutzen; *vgl.* bunkó].
bunkófred (buta, faragatlan, otromba ember) – Trottel, Grobian, Holzkopf.
bunyesz (buta, faragatlan, otromba ember) – Trottel, Grobian, Holzkopf.
bunyi (piperkőc) – Lackaffe, Geck, Modegeck, Stutzer.
bunyó (verekedés, öklözés) – Schlägerei, Keile, Haue, Prügel.
bunyós (verekedő) – Raufbold, Schläger.
bunyózás (verekedés, harc) – Prügelei, Kampf.
bunyózik (verekedik) – sich prügeln.
búra, bura (fej) – Kopf.
burgonya (karóra) – Armbanduhr [wörtl.: »Kartoffel«; *bes. Jugendspr.*].
burkol (*gyorsan, mohón eszik*) – fressen, sich vollstopfen. – *Gyorsan burkolj valamit, aztán indulás!* (Gyorsan egyél valamit, azután menjünk!) = Stopf dir noch schnell was zwischen die Kiemen (*Iß noch schnell etwas ...*), dann gehen wir!
burkolás (evés, étkezés) – Essen, Mahlzeit, Fresserei.
burok (evés, étel) – Essen.

burzsuj (gazdag) – reich [wohl zu dt. *bourgeois* < fr.].

buska (pénz) – Geld.

búsuló juhász (csaló hamiskártyás, aki felkönyököl az asztalra, és nyerés esetén a nyerő számára utólag a könyökével tétet tol be) – *(beim Kartenspiel:)* Falschspieler, der mit den Ellbogen auf dem Tisch aufliegt, und wenn er gewinnt, nachträglich den Einsatz noch mit den Ellbogen hineinschiebt [*Gaunerspr.*; Anspielung auf die charakteristische Haltung der in Ungarn sehr bekannten Skulptur *Búsuló Juhász* (»Trauernder Schäfer«; 1862) des Bildhauers *Miklós Izsó* (1831–1875))].

buszbankó (buszjegy) – Busfahrkarte.

buszti (autóbusz) – Bus [*bes. Jugendspr.*].

buta: *buta, mint a segg* (nagyon buta) = stinkdumm [wörtl.: »dumm wie der Arsch«]; *buta, mint a sötét éjszaka* (nagyon buta) = stinkdumm [wörtl.: »dumm wie die finstere Nacht«].

butkó (buta, mafla) – dumm, dämlich, etwas bescheuert [*bes. Jugendspr.*].

butus (buta) – dumm, blöd.

butyuga (buta ember) – Dummkopf, Trottel, Blödmann.

búvalbaszott (szomorú) – todtraurig, niedergeschlagen.

búvár – 1. (vízi rendőr) Wasserpolizist; 2. (strandtolvaj, aki veszély esetén vízbe rejti a lopott tárgyat) Dieb im Schwimmbad, der, wenn es gefährlich wird, die Beute im Wasser versteckt; 3. (undorító) widerlich, ekelhaft; 4. *búvár volt* (süket, nagyothall) = taub, schwerhörig [wörtl.: »Taucher«].

búza (gyufa) – Streichholz.

búzakereskedő (homoszexuális) – homosexuell, schwul.

buzerál – 1. (piszkál, bosszant) *jdn.* reizen, ärgern; 2. (zaklat) belästigen, molestieren, auf die Nerven gehen [< dt.< ital.].

buzerálás (zaklatás) – Belästigung.

buzeráns (homoszexuális) – Schwuler, Homosexueller; *auch:* buzi [< dt.-österr. *Buserant* < it. *buzzerone* »Buhlknabe«].

buzgómócsing (túlzottan szorgalmas) – übereifrige Person, Streber [*buzgó* »eifrig« + (*s.*) mócsing].

buzi – 1. (homoszexuális) Schwuler, Homosexueller; *s.* buzeráns; 2. (homoszexuális nő) Lesbe, lesbische Frau; 3. (ellenszenves ember) unsympathischer Typ [< buzeráns].

buzis (nőies – *férfiről*) – weibisch (Mann); *vgl.* buzi.

buziság (homoszexualitás) – Homosexualität.

buznyák – 1. (pénz) Geld (*bes. Kleingeld*); *nincs egy árva buznyákja sem* (nincs egy fillére sem) = er hat keinen Pfennig, ist pleite; 2. (forint) Forint; 3. (homoszexuális személy) Homosexueller, Schwuler [*cig.?*; zu Bed. 2. *vgl.* buzi usw.].

buzogány (hímvessző) – Penis.

büdi (büdös) – stinkend [*bes. Jugendspr.*; < *büdös*].

büdös (rossz, förtelmes) – schlimm, gräßlich, beschissen [wörtl.: »stinkend«]; *nem kaptam egy büdös vasat sem* = ich habe keine müde Mark bekommen; *büdös kölyök* (gyerek) = Racker (*Kind*); *a büdös életbe!* = hol's der Teufel! – *büdös, mint a szar* (nagyon bűzlik,

büdös) = scheußlich stinken; *büdös* vkinek *a munka* (munkát kerül) = herumgammeln, der Arbeit aus dem Weg gehen.

büdösburg (Wartburg – *autó*) – Wartburg (*Automarke*).

büdöshúsárus (kurva) – Hure.

büdöske – 1. (Wartburg – *autó*) Wartburg (*Automarke*); 2. (Trabant) Trabant (*seltener*).

büdösül (nagyon) – sehr; *büdösül jó* (nagyon jó) = sehr gut, »saugut«.

büfé *vmiben* (ért *vmiben*) – sich bei *etwas* auskennen.

büffentés (közösülés) – Geschlechtsverkehr.

büfi (gyomorütés) – Schlag in den Magen.

büfögő (büfé) – Büffet; *s*. böfögő.

bűn (rossz, rosszul) – schlecht, mies.

bűnbánó kabóca – 1. (első bűntényes) Ersttäter (*bei Straftat*); 2. (bűntárs) Komplize.

bűnrossz (nagyon rossz) – miserabel, beschissen.

bür (nő, lány) – Frau, Mädchen; *vgl*. bőr.

bürke (nő, lány) – Frau, Mädchen; *vgl*. bőrke, bőr.

bütyköl (szerel, megjavít) – reparieren, montieren; *auch:* megbütyköl.

bütyök (alacsony, kicsi ember) – Zwerg, kleinwüchsiger Mensch.

bűzbarlang (vécé) – Klo [*bes*. *Jugendspr*.; wörtl.: »Gestankshöhle«].

bűzdaráló (Wartburg – *autó*) – Wartburg (*Automarke*).

bűzlik – 1. *vki* (nem megbízható) nicht zuverlässig, suspekt sein, jmd, dem man nicht trauen kann; 2. *vmi* (gyanús *vmi*) verdächtig, suspekt sein [*vgl*. dt. »*eine Sache stinkt*«].

bűzropi (cigaretta) – Zigarette [*vgl*. bűzrúd; *vgl*. ropi 1. ; *Jugendspr*.].

bűzrúd (cigaretta – *kül. olcsó, rossz*) – Zigarette (bes. billige, von schlechter Qualität) [*Jugendspr*.; wörtl.: »Stinkstange«; *vgl*. dt. »Glimmstengel«].

bűzrúdacska *s*. bűzrúd.

bűztan (kémia) – Chemie (*Schulfach*) [*Schülerspr*.].

C

caci (nő, leány) – Frau, Mädchen [*bes. Jugendspr.*; Umkehrung von (*s.*) cica?].
cafat (prostituált, kurva) – Prostituierte, Hure.
cafka – 1. (könnyűvérű nő) leichtfertige Frau; 2. (kurva) Hure.
cafkarajzoló (zsebtolvajnő) – Taschendiebin; *s.* cafkarajzos; *vgl.* rajzol.
cafkarajzos (zsebtolvajnő) – Taschendiebin; *s.* cafkarajzoló.
cafkavágó (tolvaj, aki – főleg retikülből – nőket lop meg) – Dieb, der – hauptsächlich aus den Handtaschen – Frauen bestiehlt.
caj (bicikli) – Fahrrad; *vgl.* bicaj.
cajg (hímvessző) – Penis.
cájg *s.* cejg.
cajga (bicikli) – Fahrrad.
cajgler (bicikli) – Fahrrad.
cajgli (bicikli) – Fahrrad.
cajglizik (biciklizik) – Fahrrad fahren, radeln.
cajglintosz (bicikli) – Fahrrad.
cakli-pakli, cákli-pákli (mindenestül) – alles zusammen, zusammen; ganz [< dt. *Sack-Pack, mit Sack und Pack*].
cakompakk *s.* cakli–pakli.
cakumpakk *s.* cakli–pakli.
candra – 1. (könnyűvérű nő) leichtfertige Frau; 2. (kurva) Hure.
canga (bicikli) – Fahrrad.
cápa – 1. (másállapotos nő) schwangere Frau; 2. (csúnya nő); häßliche Frau; *vén cápa* (öreg nő) = »alte Schachtel«; 3. (öregebb kurva) ältere Hure.
cápáz (kivesz, elvisz, elkönyörög *vmit*) – *etw.* weg-, mitnehmen, *jdm etw.* abbetteln; *vgl.* csipáz 1.

capcara (csen, lop; lopott) – klauen, stehlen; (etwas ist) geklaut [vermutlich slawisch; vielleicht zu poln. *cap!* »fang!, pack es!«].
capcarázik (csen, lop) stehlen, klauen; *vgl.* capcara.
caplizik – 1. (izgul, fél, remeg) sich fürchten, Angst haben vor; 2. (tétovázik, habozik) zögern, zaudern [< dt. *(herum)zappeln*].
cárnő (anya) – Mutter [wörtl. »Zarin«].
cárt (kecses, karcsú) – zierlich, schlank [< dt. *zart*].
cé (kábítószereknél a Centedrin nevű gyógyszer) – *Bezeichnung der Drogenabhängigen für Centedrin (ein Medikament)*.
cech (számla) – Rechnung, »Zeche« [dt.].
cécó – 1. (zűrzavar, hűhó) Lärm, Trubel; 2. (zajos mulatozás) lautstarke Vergnügung, Rummel, Gaudi; *nagy cécót csinál* vmiből (hűhót csap *vmiből*) = viel Lärm um etwas machen; *nagy cécóval* = mit viel Trara, Brimborium.
céda (utcalány) – Straßenmädchen, Hure.
cefet – 1. (aljas) niederträchtig, schlecht; 2. (nagyon, borzasztó, kutyául) sehr, extrem, scheußlich, beschissen; 3. (prostituált) Prostituierte, Hure.
cefetül (nagyon, borzasztóan, kutyául) – sehr, extrem, scheußlich, beschissen; *cefetül van/érzi magát* (beteg, rossz van) = sich schlecht fühlen, krank sein; *cefetül néz ki* (betegnek látszik) = krank, schlecht ausschauen.
cefre (rossz minőségű bor) – billiger, schlechter Wein [*pejor.*].
cefrézik (iszik) – trinken.
ceh (vendéglői számla) – Zeche (Rechnung in Gaststätte) [dt.]

ceig s. cejg.

cejg – 1. (álkulcskészlet, betörőszerszámok összessége) Einbruchswerkzeug, Nachschlüssel usw.; 2. (aranyóra) Golduhr; *auch:* cájg, ceig [< dt. Rotw. *zeug* »Einbruchswerkzeug«].

celecula (cókmók) – die Siebensachen.

cella (lakás, szálláshely) – Wohnung, Unterkunft [< lat. *cella*].

célzóvíz (szeszes ital) – Drink, alkoholisches Getränk [wörtl.: »Zielwasser«].

cemende (kurva) – Hure.

cenk (hitvány ember) – Lump, Hundsfott [wohl zu dt. Rotw. *zänker, zanker, zank* »Gendarm, Polizist, Gefängniswärter«; abzuleiten von Rotw. *zänkern* »schimpfen«; vielleicht auch zu dt. Rotw. *zekenen, zenken* »verraten, gestehen« < jidd. *zekenen* »schreien, laut werden«].

cent, centi (centiméter) – Zentimeter.

ceri (ceruza) – Bleistift [*Schülerspr.*].

cerka – 1. (ceruza) Bleistift [*Schülerspr.*]; 2. (lábszár) Bein.

ceru (ceruza) – Bleistift [*Schülerspr.*].

cetli (papírszeletke, cédula) – Zettel, Wisch [dt.].

chochem s. hohem.

ci (cigaretta) – Zigarette.

ciánozás (házkutatás) – Haussuchung.

cica – 1. (fiatal macska) Katze, Kätzchen; 2. (lány) Mädchen.

cicababa (csinos, kacér fiatal nő) – hübsche, kokette junge Frau.

cicesz – 1. (baj, kellemetlen helyzet) Ärger, Schwierigkeiten; 2. (pénz) Geld.

cici (női mell) – weibliche Brust [*vgl.* dt. *Zitze* und rum. *țîță* »Busen, Euter«].

cicifiksz, -fix (melltartó) – Büstenhalter, BH.

cicile (női mell) – weibliche Brust [< rum. *țîță* »Busen, Euter« + Artikel *le*; wahrscheinlich über die Spr. der *Beas*-Zigeuner ins Ungarische].

cicis (nő, leány) – Frau, Mädchen [< cici; *bes. Jugendspr.*].

cicizik (piszmog, vacakol) – herumwursteln, herumhantieren, herumtrödeln.

cickó (női mell) – weibliche Brust; *vgl.* cici.

cicózik – 1. (gondolkodik) denken, nachdenken; 2. *vkivel* (viccel, tréfálkozik *vkivel*) *jdn* necken, foppen.

cicu (lány) – Mädchen (*bes. in der Anrede*).

cicus (nő, lány) – Frau, Mädchen.

cida (orális szex) – oraler Sex, Fellatio.

cidázás (orális szex) – oraler Sex, Fellatio.

cidázik (»szop«, nő a férfi szeméremtestét nyelvével ingerli) – Fellatio treiben.

cidri – 1. (fázás, reszketés; remegés, félelem) Zittern (vor Kälte o. Angst); 2. (hideg) kalt, Kälte; *cidri van* (hideg van) = frieren, zittern vor Kälte [< dt. *zittern*].

cidrizés (félelem, gyávaság) – Angst, Feigheit.

cidrizik (didereg, fázik; reszket, remeg, fél) zittern, bibbern (*vor Kälte o. Angst*); *vgl.* cidri, citerál [< dt. *zittern*].

cifferblatt (arc, ábrázat, pofa) – Gesicht, Visage [< dt. *Zifferblatt*].

cifra (székelés) – Stuhlgang, Darmentleerung.

cigi (cigaretta) – Zigarette.

cigizik (cigarettázik) – Zigarette rauchen.
cígel *s.* cígöl.
cígöl (cipel, dolgozik) - schleppen, schleifen [< dt. *ziehen*].
cigus (cigány) – Zigeuner.
ciha – 1. (csempészáru) Schmuggelware; 2. (ruha) Kleidung; 3. (zsákmány, lopott holmi) Beute, Diebesgut.
ciki (gyanús, kétes; gyanús, kétes dolog, szituáció) heikel, brenzlig; heikle Angelegenheit, brenzlige Situation; *cikiben van* (bajban van, kellemetlen helyzetben van) = in Schwierigkeiten stecken, sich in einer heiklen Lage befinden [< dt. *zickig, Zicke*]; *auch:* cikis.
cikis – 1. (veszélyes, kockázatos) gefährlich, riskant; 2. (kellemetlen, kínos) unangenehm, heikel; *vgl.* ciki.
cikiz – 1. (gúnyol, csúfol) verspotten; 2. (ingerel) reizen, ärgern, irritieren, provozieren; *vgl.* ki-, lecikiz.
cikizés (ugratás) – Frotzelei, Fopperei, Hänselei.
cikornya (baj, kellemetlen helyzet) – Ärger, Schwierigkeiten; *vgl.* ciki [*bes. Jugendsprache*].
cikornyás (kellemetlen) – unangenehm, schwierig.
cimbi (barát) – Freund, Kumpel; *vgl.* cimbora.
cimbora (barát) – Freund, Kumpel.
címeres ökör (buta ember) – Dummkopf, Trottel, Blödmann [eigentl.: »ungarisches Langhornrind«].
cimpa (fül) - Ohr [*bes. Jugendspr.*; wörtl.: »Läppchen, Lappen«]
cimpi *s.* cimpa.
cinca (ének, zene – *iskolában*) – Musik (*Schulfach*) [*Schülerspr.*].

cincogó (ének, zene – *iskolában*) – Musik (*Schulfach*) [*Schülerspr.*].
cinga (bicikli) – Fahrrad.
cingár (vékony, sovány, gyenge testalkatú) = schmächtig.
cinger (telefon) – Telefon [*vgl.* cvink; vielleicht auch zu dt. Rotw. *zingeln* »schwatzen, plaudern, überreden«?].
cink – 1. (hamiskártyás titkos jelzése a kártyán) Markierungen an Spielkarten (*um falsch zu spielen*); 2. (titkos jeladás) Verständigung mit Geheimzeichen; *cinket ad* (értesítést ad) = Zeichen geben, (geheime) Mitteilung machen; *cinket kap* (értesítést kap) = Mitteilung bekommen [< dt. Rotw. *zinken* »Stempel, Siegel; Zeichen, Signal; Markierung an Spielkarten«; *vgl.* cinkel].
cinkel (*kártyalapot* titokban megjelöl) – (*Spielkarten*) zinken, markieren [< dt. < Rotw. *zinken* »ein Zeichen geben; Spielkarten markieren«; *vgl.* cink].
cinkelt – 1. (jelzett – *rendszerint kártya*) gezinkt (*Spielkarten*); 2. (büntetett előéletű) vorbestraft [auch »markiert«, *vgl.* Bedeutung 1. !]; 3. (fogoly, elítélt) Sträfling, Häftling.
cinkes – 1. (titkos jellel ellátott) gezinkt (*von Spielkarten*); 2. (nem érvényes) ungültig; 3. (gyanús) verdächtig; 4. (veszélyes, kockázatos) gefährlich, riskant; 5. (rendőrileg ismert, nyilvántartott, »megjelölt« személy) der Polizei einschlägig bekannte Person; 6. (bűnös) (*eines Verbrechens*) schuldig.
cinkes hely (rendőrségileg nyilvántartott helyiség) – der Polizei einschlägig bekannte Örtlichkeit.

cipi (külföldi pénz) – ausländisches Geld.

cipó: *cipóra ver* (ver, megver, összever) = schlagen, verprügeln, zusammenschlagen.

cipófejű (kövér) – dick (*vom Menschen*).

ciripel – 1. (beszélget, beszél) sprechen, sich unterhalten; 2. (besúg) *jdn* verraten, verpfeifen.

cirka (körülbelül) – ungefähr, cirka.

cirkler (börtönőr) – Gefängniswärter; *vgl.* cirkli [< dt. *Zirkler* (*hist.*) »Wächter, der die Schlüssel zum Stadttor hat«].

cirkli – 1. (börtöncella ajtajának kör alakú figyelőlyuka) Sichtloch in der Gefängnistür (*für die Wärter*); 2. (cellaajtó) Zellentür (*im Gefängnis*); *vgl.* cirkler.

cirkusz – 1. (zűrzavar) Lärm, Durcheinander; »Zirkus«; 2. (veszekedés) Streit, Schlägerei.

cirkuszol (botrányt csinál) – »Zirkus machen«, Skandal veranstalten, randalieren.

cirmos (kicsit részeg, nem teljesen »sötét«) – beschwipst, angeheitert.

cirógat (gyengéden simogat) – sanft, zärtlich streicheln.

citerál – 1. (fázik) frieren; 2. (fél) sich fürchten, Angst haben; *vgl.* citerázik, cidrizik [< dt. *zittern*].

citerázik (fázik) – frieren; *vgl.* citerál, cidrizik [< dt. *zittern*].

citrompofozó (utcaseprő) – Straßenkehrer.

civil (hozzá nem értő ember, nem szakember) – Laie, Dilettant.

cmokkoló (nyelv) – Zunge.

coca (turcsi orrú) – stupsnäsig.

coca-orrú (turcsi orrú) – stupsnäsig.

coco (sertés, malac) – Schwein, Ferkel (*Kinderspr.*)

coki (kuss!) – Ruhe! – Hinaus!, pack dich!

cókmók (mindenféle személyes holmi) – die Siebensachen; *az egész cókmók* (minden; az egész) = der ganze Kram; *vidd a cókmókod!* = pack deinen Kram! – *vgl.* cucc, cugehőr.

col (magas) – hochgeschossen, groß und hager (*Mensch*).

coli (magas) – hochgeschossen, groß und hager (*Mensch*).

colinger (magas ember) – großer, hochgewachsener Mensch.

colos – 1. (magas) groß, hoch; 2. (magas ember) großer Mensch.

combozik (tapogat) – an *jdm* herumtasten, herumfingern, herumfummeln.

córesz (szegénység, nyomorúság, szenvedés; leégés) – Armut, Not; abgebrannt sein [< jidd. *zore, zuru*, pl. *zoress, zurojss* »Leiden, Plage, Qual« < heb. *zarah*, pl. *zaroth* »Bedrängnis, Not, Angst«].

cöff (elégtelen – osztályzat) – »Ungenügend« (*Note in der Schule*).

cövek (elégtelen – osztályzat) – »Ungenügend« (*Note in der Schule*).

cucc – 1. (mindenféle holmi; cókmók) die Siebensachen, Kram, Krempel (*auch: pl.* cuccok); *az egész cucc* (az egész, minden) = der ganze Kram; *vgl.* cókmók, cugehőr; 2. (lopott holmi) Diebesgut; 3. (ruha) Kleidung.

cuclis (bölcsődés) – Kindergartenkind [< *cucli* »Schnuller«; *bes. Jugendspr.*].

cuffol (lop) – stehlen, klauen; *auch:* cupfol, elcuffol, megcuffol [< dt. Rotw. *zupfen, zuppen* »stehlen«].

cugehőr (kellék, hozzávaló) – Zu-

behör; *az egész cugehőr* (minden, az egész) = der ganze Kram; alles, was dazugehört; *cugehőrrel* (teljesen, egészen) = ganz und gar [zu dt. *Zubehör* und *zugehören*].
cúgos (kissé hülye) – (*ein bißchen*) verrückt, nicht ganz dicht.
cuka (elégtelen – *osztályzat*) – »Ungenügend« (*Note in der Schule*).
cuki – 1. (»cukros«, aranyos, csinos) süß, goldig, hübsch; 2. (nagyszerű) toll; 3. (cukorka) Bonbon; 4. (cukrászda) Konditorei [Abk. von (*s.*) cukros (Bed. 1 und 2), *cukorka* »Bonbon« (Bed. 3) bzw. *cukrászda* »Konditorei«].
cukkol (bosszant, felingerel) quälen, plagen, nerven [*vgl.* dt. *zukken*; im Rotw. auch mit der Bedeutung »marschieren«].
cukor (kábítószer) – Droge [wörtl.: *Zucker*].
cukros – 1. (kedves, aranyos, édes) lieb, goldig, süß; 2. (nagyszerű) toll, prima; [wörtl.: »zuckrig«].
cukrosbácsi (gyermekek körül settenkedő beteges hajlamú férfi) – krankhaft veranlagter Mann, der immer um Kinder herumschleicht [»Der böse Onkel mit den Süßigkeiten«; *cukor* hier im Sinne von »Bonbons, Süßigkeiten« gebraucht].
cula – 1. (hitvány ember) mieser Typ; gemeiner Kerl; 2. (lány) Mädchen [Bed. 2 *bes. Schülerspr.*; *vgl.* bula 2.].
cumi (cucli) – Schnuller [*bes. Kinderspr.*].
cumis (bölcsődés) – Kindergartenkind [< *cumi* »Schnuller«; *bes. Jugendspr.*].
cumizás (orális szex) – oraler Sex, Fellatio.
cumizik – 1. (cuclizik) (*am Schnuller*) saugen; 2. (orális szexet végezet) oralen Sex, Fellatio treiben.
cumó – 1. (elégtelen – *osztályzat*) »Ungenügend« (*Note in der Schule*); 2. (holmi) Kram, Siebensachen; 3. (lopott holmi) Diebesgut, Beute.
cupf (lopás, *vminek* az elvitele) – Diebstahl; *vgl.* cupfol, cuffol.
cupf a jattba! (kapd fel! vedd a kezedbe!) – pack es! nimm es! nimm's in die Hand!
cupfol (lop) – stehlen; *auch:* cuffol, elcuffol; *vgl.* gecupt [< dt. Rotw. *zupfen, zuppen* »stehlen«].
cuppantgat (közösül) – Geschlechtsverkehr haben.
cura (nő) – Frau [< sbkr. *cura*].
curukk – zurück [dt.]
cvancigol – 1. (dadog) stottern, stammeln; 2. (németül – *elsősorban szászul* – beszél) Deutsch sprechen (*bes. mit sächsischem Akzent*) [vielleicht zurückzuführen auf ungar. Gastarbeiter, die in der DDR tätig waren, dort die sächsische Ausspr. von Wörtern wie »*zwanzig*« kennenlernten und dadurch auffielen; vielleicht aber auch schon älter – man denke nur an sächsische Siedler im historischen Ungarn].
cvei (női mell) – (*weibliche*) Brust, Busen [*Jugendspr.*; < dt. *zwei*].
cvekedli (kockatészta) – Zweckerl, Fleckerl (*kleines viereckiges Stück Nudelteig*) [dt. dial.]
cvikker – 1. (szemüveg) Brille [< dt. *Zwicker*]; 2. (hóhér) Henker; *vgl.* talián.
cvikli (kényelmetlenség, kellemetlenség, szorult helyzet) – unangenehme, »verzwickte« Situation. [dt.]
cvikő (szemüveg) – Brille; *s.* cvikker, napcvik.

cvink (telefon) – Telefon; *vgl.* cinger.

cvinkel (telefonál) – telefonieren; *vgl.* cvink.

Cs

csá (öt) – fünf; *auch:* csákl, csákló.
csacsa (nő, lány) – Frau, Mädchen.
csácsá (férfi) – Mann; *vgl.* csácsó.
csácse (jó, remek, csodás) – gut, prächtig, toll.
csacsener (talpnyáló) – Speichellecker [jidd.? – oder < cig. *chachárel* »ausbessern, verbessern«?].
csacsenol (érdekből dicsér, hízeleg) – schmeicheln, liebdienern, schöntun.
csacsi víz (ásványvíz) – Mineralwasser [wörtl.: »Eselswasser«].
csácsó (férfi) – Mann, Kerl [*bes. Jugendspr.*; *vgl.* csácsá].
csacsog (fecseg, üresen beszél) – quasseln, quatschen, plappern [*bes. Jugendspr.*].
csacsogó (besúgó) – Spitzel.
csaj (nő, leány) – Frau; Mädchen; *frankó csaj* (csinos lány) = hübsches Mädchen; *csaja* (barátnője) = (seine) Freundin [< cig. *shej* »(Zigeuner-)Mädchen«].
csáj (tea) – Tee [< russ.].
csája (tea) – Tee; *vgl.* csáj.
csajci (nő, leány) – Frau; Mädchen; *vgl.* csaj.
csajcika (nő, leány) – Frau; Mädchen; *vgl.* csaj.
csajka *s.* csaj [*bes. Jugendspr.*].
csajkás *s.* csaj.
csajó *s.* csaj [*bes. Jugendspr.*].
csajóca *s.* csaj [*bes. Jugendspr.*].
csajóci *s.* csaj [*bes. Jugendspr.*].
csajos (nő) – Frau (*s.* csaj)
csajozik (nőzik) – (*von einem Mann:*) sich mit Frauen herumtreiben; *s.* csaj.
csajszi (nő, leány) – Frau; Mädchen; *vgl.* csaj.
csajszli *s.* csaj [*bes. Jugendspr.*].
csajvadék (nő, leány) – Frau; Mädchen; *vgl.* csaj.
csákl *s.* csá, csákló.
csakliz – 1. (lop, csen) klauen, stehlen; 2. (csereberél) aus-, vertauschen [? < jidd. < hebr.].
csákló *s.* csá, csákl.
csákmákló (detektívfőnök, magasabb rangú detektív) – Vorgesetzter, hochrangiger Ermittlungsbeamter bei der Polizei.
csákó (tízkoronás) – 10-Kronenschein [*aber:* csá = 5 !].
csak úgy! (viccből) – nur so (zum Spaß)!
családdiri (apa) – Vater.
családfa (hímvessző) – Penis [wörtl.: »Stammbaum«].
csálé (tízfilléres – nikkel) – 10-Fillermünze [aber: csá = 5 !].
csáléra ment (nem sikerült) – hat nicht geklappt, ist nicht gelungen; *vgl.* plühre esik, lecsúszik.
csálinger, csáringer (fizetőpincér, pincér) – Kellner [< dt. *Zahlkellner*].
csámalér *s.* csámallér.
csámallér (ötven) – fünfzig [csá »fünf« + mallér »zehn«].
csámcsogda (rossz, piszkos étterem) – schlechtes, schmutziges Gasthaus.
csámcsogó (pletykás) – klatschsüchtig, geschwätzig [*bes. Jugendspr.*].
csámpázik – 1. (megy, gyalogol) zu Fuß gehen; 2. (táncol) tanzen.
csámpít (megy, gyalogol) – zu Fuß gehen.
csandázik (hány) – brechen, sich erbrechen, kotzen.
csaniga (lábszár) – Bein [zu cig. *chang* »Bein, Knie«].
csánk (lábszár) – Bein [zu cig. *chang* »Bein, Knie«].

csányi (kevés, kis, kicsi) – wenig, klein [zu cig. *csino* »klein«?].

csao!, csaó! (helló, szia!) – hallo!, tschüß! [< it. *ciao*].

csap (lop) – stehlen.

csapat (baráti kör) – Freundeskreis, Gruppe, Clique.

csapol (iszik) – trinken.

csápol (fej felett tapsol) – mit hocherhobenen Händen über dem Kopf Beifall klatschen.

csápolás (diszkótánc) – Diskotanz.

csárázás (orális szex) – oraler Sex.

csárázik (»nyal«, férfi a női nemi szervét nyelvével izgatja) – Cunnilingus; *auch:* csárel [cig. ?].

csárel *s.* csárázik.

csari (vásárcsarnok) – Markthalle [< *csarnok* »Halle«].

csáringer *s.* csálinger.

csáró (kéregető, borravalógyűjtő tányér) – Betteller, Teller für Trinkgelder [< cig. *cháro* »Schüssel«].

császár – 1. (gazdag) reich; 2. (elegáns) elegant; 3. (szakember) Fachmann, Spezialist; *császár* vmiben (ért) = sich bei etwas auskennen [wörtl.: »Kaiser«].

csaszi (szakember) – Fachmann, Spezialist; *vgl.* császár 3.

csasztizik (fizet) – zahlen, bezahlen.

csatabugyogó – 1. (harcias főnök) aggressiver Chef; 2. (harcias tanár) aggressiver Lehrer [*bes. Jugendspr.*; wörtl.: »Kampfpluderhose«].

csataló (öreg nő) – alte Frau; *auch: vén csataló*.

csavar – 1. *vb.* (vizel) pinkeln, Wasser lassen; 2. *subst.: meglazult egy csavar* (buta, hülye) = dumm, verrückt, »eine Schraube sitzt locker«.

csavarel (ölel) – umarmen.

csavaros (hülye) – verrückt, »verdreht«; *csavaros az agyveleje* (furfangos, eszes) = raffiniert, gerissen, listig, clever.

csavart: *csavart fejű* (hülye) = verrückt.

csávó (férfi, fiú) – Mann, Junge [< cig. *shávo* »(Zigeuner-)Junge«].

császé (korona) – Krone.

csecs (női mell) – weibliche Brust, Busen; *vgl.* csöcs, csőcs.

csecse bogyó (szem) – Auge.

csecsedoboz (autó) – (*bes. kleines*) Auto.

csecses (fejlett mellű) – vollbusig.

cséhás (bolond, hülye; a kereskedelemben használatos *cs. h.* = *csekély hibával*) – verrückt, idiotisch [von der Abkürzung in der Geschäftssprache *cs. h.* = *csekély hibával* »mit kleinem Fehler, mit kleinen Mängeln«].

cseherli (kiskocsma) – kleine Kneipe [< österr.-dt. *Tschecherl* »kl. Café, kl. Wirtshaus« (*seit dem späten 19. Jhdt.*) < dt. Rotw. *schlecher* »Bier« ?].

csehó – (szegényes kocsma, lebuj) Kneipe, Spelunke [< cseherli].

csék (hímvessző) – Penis; *vgl.* csők.

cselcsi (cselédnő) – Dienstmädchen.

cseles (ravasz, rafinált) – durchtrieben, verschlagen, raffiniert.

cselesen *adv.* (becstelenül, csalárdul) – betrügerisch.

cselleng (céltalanul, unottan járkál) – herumschlendern.

csemma (cipő) – Schuh.

csen (lop) – klauen, stehlen; *auch:* elcsen.

csencsel – 1. (cserével szerez *vmit*) auswechseln, austauschen; 2. (lop) stehlen, klauen [< engl. *to change*].

csendes kemping (temető) –

Friedhof [wörtl.: »ruhiger Campingplatz«].
cseppezik – (kábítószeres Hydrocodin nevű gyógyszercseppeket szed) (*von Drogenabhängigen*) *das Medikament Hydrocodin in Tropfenform einnehmen.*
csepül – 1. (megver) verdreschen, verprügeln; 2. (szid) beschimpfen.
cserebere (kis értékű tárgyak gyakori cseréje) – Tauschhandel (mit Objekten geringen Wertes).
csereberél (csereberét folytat) – mit Trödelwaren handeln.
cseresznye – 1. (here) Hode; 2. (hímvessző) Penis [wörtl.: »Kirsche«].
cserkészik – 1. (kémkedik) auskundschaften, spionieren; 2. (nőzik) (*von Mann*) sich mit Frauen herumtreiben.
cserpák (orr) – Nase.
csesz *s.* cseszik.
cseszeget (piszkál, babrál) – herumfingern, herumfummeln.
cseszheti – 1. (haszontalan, hiábavaló) nutzlos, vergebens; 2. *vki* (vége van, befellegzett *vkinek/ vminek*) erledigt, am Ende sein; es ist aus mit *etw./jdm.*
cseszik (közösül) – Geschlechtsverkehr haben.
Cseszkó (Csehszlovákia) – Tschechoslowakei [*Abk.* < tschech. *Československo* »Tschechoslowakei« – *hist.*].
csevely (csevegés, beszélgetés) – Geplauder [< *cseveg* »plaudern, schwätzen«].
cseverészik – 1. (beszélget) plaudern; 2. (fecseg, üresen beszél) quasseln, quatschen, plappern.
csibak (cigaretta) – Zigarette [*vgl. csibuk* < türk. *çubuk* »langstielige Tabakspfeife«].

csibe (lány) – Mädchen [wörtl.: »Küken«; *vgl.* csirke, tyúk].
csibész – 1. (csirkefogó, csavargó) Gauner, Vagabund; 2. (csintalan, komisz fiú) heimtückischer, bösartiger Typ.
csibi (nő, leány) – Frau, Mädchen [< csibe; *bes. Jugendspr.*].
csicsás (feltűnősködő, hivalkodó) – Angeber, Aufschneider.
csicsikál (alszik) – schlafen [*bes. Kinderspr.*].
csiga (lassú ember) – langsamer Mensch, »Lahmarsch« [wörtl.: »Schnecke«].
csigaevő (francia ember) – Franzose [wörtl.: »Schneckenesser«].
csigajárat (lovas szekér) – Pferdekarren.
csigalom-nyugavér (nyugalom-csigavér) – Ruhe und Besonnenheit, Kaltblütigkeit [Wortspiel, verdreht aus *nyugalom* »Ruhe« und (*s.*) csigavér].
csigavér – 1. (nyugalom, hidegvér) Ruhe, Kaltblütigkeit; 2. *csigavér!* (nyugalom! türelem!) = nur die Ruhe! immer mit der Ruhe!
Csikágó – (városszéli szegénynegyed, perifériára szorult sokszor bűnözésből élő lakosai miatt) *Bez. für bes. in Randbezirken gelegene Armenviertel, in denen wegen der schlechten sozialen Situation die Kriminalitätsrate besonders hoch ist* [nach der Stadt Chicago, einst als Hochburg des Verbrechens berüchtigt].
csikágózik (botrányt csinál) – Skandal veranstalten, randalieren; *s.* Csikágó.
csík: (*el*)*húzza a csíkot* (elfut, elinal) = sich aus dem Staub machen, verduften, verschwinden, abhauen; *húzd el a csíkot* = hau ab! zieh Leine!

csikk – 1. (cigaretta- vagy szivarvég) Zigaretten- oder Zigarrenstummel, Kippe; 2. (cigaretta) Zigarette [*vgl.* dt. umgangsspr. *Kippe* für »Zigarette«].

csikktaposó (tűzoltó) – Feuerwehr [*Jugendspr.*; wörtl.: »diejenigen, die die Kippen austreten«; *vgl.* csikk].

csikó (elégtelen) – »Ungenügend« (*Note in der Schule*).

csikorgat: *csikorgatja a fogaskereket* (nehézkesen gondolkodik) = langsam denken, schwer von Begriff sein [wörtl.: »die Zahnräder knirschen lassen«].

csíkos ruha (verés) – Schläge, Keile, Prügel.

csili (gyémánt) – Diamant; *auch:* csill.

csiling (villamos) – Straßenbahn; *s.* csilingelő.

csilingelő (villamos) – Straßenbahn [wörtl.: »die Bimmelnde«].

csill *s.* csili.

csillagvizsgáló (bandzsa, kancsal) – schielend [wörtl.: »die Sterne untersuchend«].

csinál: *csinálj úgy, mintha élnél!* (rajta! mozgás!) = na, vorwärts! beweg' schon deinen Hintern!

csincsin (villamos) – Straßenbahn [*lautmalend*; *vgl.* csilingelő].

csingáló (rendőr) – Polizist; *auch:* csingó [< cig. *shingalo* »dss.«].

csingó (rendőr) – Polizist; *vgl.* csingáló.

csini (csinos – *nőkről*) – hübsch (*von Frauen*).

csinibaba (csinos nő) – hübsche Frau.

csinya (csinos) – hübsch, anmutig.

csíp – 1. (*vmit* örömét leli *vmiben*, élvez *vmit*) Freude an *etwas* finden, sich über *etw.* freuen; 2. *vkit/vmit* (szeret, rajong) lieben, schwärmen für; *csípem a barátomat* (szeretem a barátomat) = ich liebe meinen Freund; 3. *csípi a szemét/a csőrét* (dühösít, bosszant, idegesít) = *jdn* wütend machen, reizen, nerven [*csíp* eigentl.: »zwicken, beißen, stechen; pakken«].

csipál (néz) – anschauen, angaffen; *vgl.* csipáz 2.

csipás (éretlen, zöldfülű) unerfahren, Anfänger, »Grünschnabel«.

csipáz – 1. (kivesz, elvisz, elkönyörög *vmit*) *etw.* weg-, mitnehmen, *jdm etw.* abbetteln; *auch:* cápáz; 2. (néz) anschauen; *vgl.* csipál.

csipeget (eszik) – essen.

csipisz (alacsony – *ember*) – klein, kleingewachsen (*Mensch*)

csipkedi magát – 1. (nagyon igyekszik) sich sehr anstrengen, bemühen; 2. (nekilát, beleerősít) sich ans Werk, an die Arbeit machen.

csipogó 1. (száj) Mund; 2. (dinamós vagy kézi hajtású lámpa) Lampe, die von Dynamo oder mit Handkurbel betrieben wird.

csípőből (felkészülés nélkül, kapásból, rögtön) – aus dem Stegreif, spontan [*csípő* »Hüfte«; *vgl.* dt. *aus der Hüfte schießen*].

csipszar (jelentéktelen) – unwichtig, bedeutungslos.

csipszi (nő, lány) – Frau, Mädchen; *vgl.* csibe.

csíra – 1. (homoszexuális férfi) Homosexueller; 2. (nőies férfi) Weibling, femininer, weibischer Mann [< slowak. *štira* »Hermaphrodit«].

csirió! (egészségére, egészségedre!) – Prost! [< engl. *Cheerio!*].

csirizes: *csirizes a tantusza* (buta) = dumm, dämlich [wörtl.: »die Telefonmünze ist klebrig«; *also:* der

Groschen kann nicht fallen]; *csirizes a keze* (lop) = klauen, mopsen [wörtl.: »die Hand ist klebrig«].

csirkász *s.* csirkefogó.

csirke (nő, lány) – Frau, Mädchen [wörtl.: »Hühnchen«; *vgl.* tyúk].

csirkebél (nyakkendő) – Krawatte [wörtl.: »Hühnerdarm«; *auch:* tyúkbél].

csirkefogó (haszontalan, semmirekellő ember) – Gauner, Spitzbube, Nichtsnutz [wörtl.: »Hühnerfänger«].

csirke korzó – 1. (olyan belvárosi utcák ahol főleg este a kurvák lefel korzóznak) *Bez. für Straßen in der Innenstadt, wo die Prostituierten auf und ab schlendern und auf* »*Kundschaft*« *warten*; 2. (a budapesti József-körút) *Bez. für die* József-körút (Ringstraße in Budapest); *vgl.* csirke.

csiszol (tanít a tolvajmesterségre) – *jdm* das Diebesgewerbe beibringen.

csiszolódik (tanul a tolvajmesterséget) – das Diebesgewerbe erlernen; *vgl.* kicsiszolódik.

csiszolt (ügyes, ravasz) – geschickt, raffiniert; *csiszolt fiú* (ügyes tolvaj) = geschickter Dieb; *csiszolt freier* (aki jól ismeri a tolvajvilágot) = *jmd* der sich in der Unterwelt gut auskennt; *vgl.* hohemipsze.

csitri (lány) – Mädchen.

csitt – 1. (csend!) Psst! Ruhe!; 2. (karambol) Karambolage, Unfall.

csivázik (lop, ellop) – stehlen.

csizma: *csizmát ad* vkinek = 1. (elbocsát – állásból, munkából) entlassen, feuern (*aus Betrieb usw.*); 2. (kidob) *jdn* hinauswerfen, hinausschmeißen.

csízió: *érti a csíziót, ismeri a csíziót* (eszes, ravasz, ügyes ember) = er kennt die Tricks.

csócsáló (száj) – Mund.

csodabogár (bolondos, különködő ember) – wunderlicher, exzentrischer Mensch, komischer Kauz.

csóka (ember, férfi) – Mensch, Mann.

csoki – 1. (csokoládé) Schokolade; 2. (széklet) Kot, Scheiße.

csokizás (székelés) – Stuhlgang, Darmentleerung.

csokizik (székel) – scheißen [*vgl.* csoki].

csokor: *csokorba szedi magát* (összeszedi magát) = sich zusammennehmen.

csókos Kristóf (tök nyolcas – *kártyában*) – Schellen Acht (*beim Kartenspiel*).

csolnakos (piros nyolcas – *kártyában*) – Herz Acht (*beim Kartenspiel*).

csomagolás (ruha) – Kleidung [wörtl.: »Verpackung«].

csomótaszító (asztalos) – Tischler, Schreiner.

csónak – 1. (cipő) Schuh [*Jugendspr.*]; 2. (gőzhajó) Dampfschiff [wörtl.: »Kahn, Boot«].

csont – 1. (kudarc) Mißerfolg, Pleite, Schlappe; *csontra harap* (megjár, pórul jár) = reinfallen, Mißerfolg erleiden; 2. *jó csontban van* (sovány) mager, dünn, dürr [*csont* = »Knochen«; *jó csontban van* (wörtl.: »steht gut in den Knochen«) ist eine ironische Umbildung von *jó húsban van* »steht gut im Fleisch« (= ist wohlgenährt, rundlich)«].

csonti – 1. (sovány) mager, dürr; 2. (sovány ember) dürrer, magerer Mensch; *vgl.* csontváz, csontkollekció.

csontig (felettébb, nagyon) – sehr, überaus.

csontkollekció – 1. (sovány ember) dünner, magerer Mensch, »Haut und Knochen«; 2. (láthatóan kényszerfogyott idősebb nő) *ältere Frau, die sich selbst ständig zum Abnehmen zwingt, und deshalb kränklich wirkt* [wörtl.: »Knochenkollektion«].

csontkovács (természetgyógyász) – Naturheilpraktiker [wörtl.: »Knochenschmied«].

csontrakéta (vékony ember) – dünner, dürrer Mensch [*Jugendspr.*].

csontrészeg (nagyon, teljesen részeg) – völlig betrunken; *csontrészeg lesz* (nagyon berúg) = sich vollaufen lassen, besaufen, abfüllen.

csontváz (vékony ember) – dünner, dürrer Mensch [wörtl.: »Knochengerüst, Skelett«].

csoportrejsz (önkielégítés, onanizálás) – Selbstbefriedigung, Onanie; *vgl.* rejsz, rejszol.

csór (lop, ellop) – stehlen; *auch:* csórel, elcsór [cig. *chór* »Dieb«; *chórel* »stehlen«].

csoravi – 1. (rövidlátó) kurzsichtig; 2. (kancsal) schielend [*bes. Jugendspr.*; < slowen. umgansspr. *čorav* »kurzsichtig; blind«].

csórel (lop, ellop) – stehlen; *s.* csór.

csórol (lop, ellop) – stehlen; *s.* csór.

csóri (ügyetlen) – ungeschickt, tolpatschig.

csórikám – 1. (szegény, sajnálatraméltó személy, ágrólszakadt) arme, bedauernswerte Person, Hungerleider; *auch:* csóringer; *vgl.* csoró; 2. (rászedhető, hiszékeny, kihasználható ember) vertrauensseliger, leichtgläubiger, leicht zu betrügender Mensch; 3. (ügyetlen ember) ungeschickter Mensch, Tolpatsch.

csóringer (szegény ember) – armer Mensch; *s.* csorikám.

csoró, csóró – 1. (szegény) arm; *csoró ipse/ipsze* (szegény ember, szerencsétlen flótás) = Pechvogel, Unglücksrabe; 2. (szegény ember) armer Mensch; 3. (ügyetlen ember) ungeschickter Mensch [< cig. *chorro* »arm«].

csotroga (öregasszony) – alte Frau.

csotrogány – 1. (ócska, öreg, használt autó) altes Auto, »Rostlaube«; 2. (öreg nő) alte Frau; *auch: vén csotrogány.*

cső: *csőbe húz/behúz* (becsap, rászed) – betrügen, reinlegen, übers Ohr hauen.

csöcs, csőcs (női mell) – Busen, weibliche Brust; *auch:* csecs.

csöcsi (női mell) – Busen, weibliche Brust; *vgl.* csöcs; *csöcsi madár* (szexis kinézetű nő) = attraktive, sexy Frau.

csöcsibaba (nő, leány) – Frau, Mädchen [< csöcs(i); *bes. Jugendspr.*].

csöcsölő (melltartó) – BH, Büstenhalter; *vgl.* csöcs, csőcs.

csöcsörészés (tapogatás) – Betasten, Fummelei, Grapschen.

csöcsörészik (tapogat) – betasten, befummeln, grapschen.

csöcsös: *csöcsös madár* (szexis kinézetű nő) = attraktive, sexy Frau; *auch: csöcsi madár.*

csőd (kudarc) – Mißerfolg, Pleite, Schlappe; *egy tiszta csőd* (egy nagy kudarc) = ein völliger Mißerfolg, eine absolute Pleite; *csőd vmiben* (gyenge *vmiben*, gyengén szerepel) = *bei etw.* schwach sein.

csődtömeg (kudarc) – Mißerfolg, Pleite, Schlappe.

csők (hímvessző – *ritkán*) – Penis (*selten*); *vgl.* csék.

csökevény (alacsony, kicsi – *ember*) – kleingewachsen, klein (*Mensch*).

csöki (alacsony, kicsi – *ember*) – kleingewachsen, klein (*Mensch*).

csökött (alacsony, kicsi – *ember*) – kleingewachsen, klein (*Mensch*).

csökönyös: *csökönyös, mint egy szamár* (makacs, önfejű) = eigensinnig, dickköpfig, »störrisch wie ein Esel«.

csőlakó (hajléktalan csavargó) – Obdachloser, Herumtreiber, Vagabund [wörtl.: »Röhrenbewohner«, da Obdachlosen auch die im Kanalisationsbau verwendeten großen Röhren vor deren Einbau als Behelfsunterkunft dienten; *auch:* csöves].

csöncsös (nő, leány) – Frau, Mädchen [*bes. Jugendspr.*; *zu* csöcs?].

csönget: *csöngettek vkinek* (vége van, befellegzett *vkinek/vminek*) = ist am Ende, aus und vorbei.

csöngetős mozi (harmadrangú mozi, ahol az egyes részek közti szünetek előtt csöngettek, hogy figyelmeztessék az összebújt szerelmes párokat) – *drittklassiges Kino, in dem vor den Pausen zwischen den einzelnen Teilen eine Klingel ertönt, um allzu beschäftigte Liebespaare vorzuwarnen* [wörtl. »Klingelkino«].

csöpi (érzelgős) – empfindsam, sentimental, gefühlsduselig; *s.* csöpögés.

csöpög *vmin* (nagyon tetszik, örül *vminek*) – sich sehr, außerordentlich freuen über *etw.*

csöpögés (érzelgős) – empfindsam, sentimental, gefühlsduselig; *auch:* csöpi.

csöpögősség (érzelgősség) – Empfindsamkeit, Gefühlsduselei, Sentimentalität.

csőpucoló (alacsony, kicsi – *ember*) – kleingewachsen, klein (*Mensch*).

csőr – 1. (orr) Nase; 2. (száj) Mund; *jártatja a csőrét* (fecseg, üresen beszél) = quasseln, quatschen, plappern [wörtl.: »Schnabel«].

csőre vagyok rántva (ki vagyok öltözve) – ich bin herausgeputzt, herausstaffiert.

csőre van töltve – 1. (gazdag) reich sein; 2. (erekciója van) eine Erektion haben.

csörgés (tánc) – Tanz.

csörög – 1. (mellébeszél) schwafeln, quatschen; 2. (táncol) tanzen.

csőröz, -ik (csókolódzik) – knutschen, sich küssen.

csőrözés (csókolódzás) – Küsserei, Knutscherei.

csőszamár (bicikli) – Fahrrad [wörtl.: »Rohresel«; *vgl. dt. Drahtesel*].

csövel (vizel) – Wasser lassen, pinkeln.

csöves – 1. (csavargó) Landstreicher, Vagabund; *vgl.* csőlakó; 2. (bűnöző, elítélt) Straftäter, Strafgefangener; 3. (szűk szárú nadrág) Hose mit engen Beinen; *auch: csöves gatya / gatyó* [zu *cső* »Röhre«; zu Bed. 1. *vgl.* csőlakó; zu Bed. 2. : da unter den obdachlosen »Röhrenbewohnern« die Kriminalitätsrate tatsächlich oder vermeintlich relativ hoch war, Übertragung des Begriffs auf Kriminelle; zu Bed. 3. : *vgl. dt. Röhrenhose*].

csövezik – 1. (csavarog) vagabundieren, als Landstreicher umherziehen; 2. *vhol/vkinél* (lakik, tartózkodik *vhol*) irgendwo, bei *jdm* wohnen, sich aufhalten; *vgl.* csöves.

csövező (lakás nélküli csavargó) – Herumtreiber ohne feste Bleibe, Obdachloser; *vgl.* csöves, csövezik.

csövi – 1. (rossz) schlecht; 2. (csavargó) Landstreicher, Vagabund; *vgl.* csöves 1.

csövidinka (rossz minőségű bor) – schlechter Wein.

csúcs – 1. (női mell) Busen, weibliche Brust; [*zu* csúcsi; *auch:* csulcsi]; 2. (nagyon, remek) sehr, enorm, toll, »Spitze«, »Spitzen-«.

csúcsgóré (vezető, vezetőség) – Leiter, Leitung [csúcs + (*s.*) góré].

csúcsi (női mell) – (*weibliche*) Brust, Busen [*bes. Jugendspr.*; < cig. *chúchi* »Euter«; *vgl.* csulcsi, csucsó, csúcs 1.].

csúcsó (női mell) – (*weibliche*) Brust, Busen [*bes. Jugendspr.*; *zu* csúcs, csúcsi].

csúcsszuper (nagyon jó, nagyszerű) – spitze, super, affengeil [*Jugendspr.*].

csucsukál (alszik) – schlafen, »Heia machen«; *vgl.* csicsikál [*bes. Kinderspr.*].

csucsul (alszik) – schlafen, »Heia machen« [*bes. Kinderspr.*].

csuda – 1. (nagyon) sehr; *csuda finom* (nagyon finom) = (*das Essen ist*) prima; 2. (sok, nagy) viel, groß; 3. *csuda egy alak / csuda egy muksó / csuda fej* (szórakoztató ember) = unterhaltsamer Mensch, toller Typ [zu *csoda*].

csuhás (pap) – Priester, Pfaffe [wörtl.: »Kuttenträger«].

csuka (cipő) – Schuh.

csuklóból (kapásból) – aus dem Stegreif, spontan, aus dem hohlen Bauch [*csukló* »Gelenk«, bes. »Handgelenk«; also wörtl.: »*aus dem Handgelenk*«; *vgl.* dt. »*aus dem Ärmel schütteln*«].

csula (köpet) – Auswurf, Speichel, Spucke; *vgl.* csurha.

csulcsi (női mell) – (*weibliche*) Brust, Busen [*bes. Jugendspr.*; *zu* csúcs, csúcsi].

csumidáz – 1. (csókol) küssen; 2. (rászed, becsap) betrügen, täuschen [< cig. *chumid* »küssen«].

csumigál (csókol, csókolódzik) – küssen, (sich gegenseitig) abküssen.

csumiz (csókolózik) – (ab)küssen; *vgl.* csumidáz.

csupafül (magolós diák, stréber) – überfleißiger Schüler, Streber [wörtl.: »ganz Ohr«].

csupaszem (szemüveges ember) – Brillenträger [iron. Gebrauch der Redewendung *csupa szem* »ganz Auge sein«].

csurblaj (tánciskola) – Tanzschule; *vgl.* surblaj.

csurbliz (táncol) – tanzen; *vgl.* surbliz, csurgliz.

csurgat (vizel) – Wasser lassen, pinkeln.

csurglizik (táncol) – tanzen; *vgl.* csurbliz.

csurha (köpet) – Auswurf, Speichel, Spucke; *vgl.* csula.

csuri (veréb) – Sperling, Spatz.

csurikál (vizel) – Wasser lassen, pinkeln.

csurizik (vizel) – Wasser lassen, pinkeln.

csuró (női mell) – Busen, weibliche Brust.

csúszda: *csúszdára tesz* = 1. (elbocsát – *állásból, munkából*) entlassen, feuern (*aus Betrieb usw.*); 2. (szakít *vkivel*) mit *jdm* brechen, Schluß machen [wörtl.: »auf die Rutschbahn setzen«].

csúszdafejű (kopasz) – kahlköpfig.

csuszi (lábfej) – Fuß.
csúszómászó – 1. (alacsony, kicsi – *ember*) kleingewachsen, klein (Mensch); 2. (behízelgő) einschmeichelnd, kriecherisch [wörtl.: »kriechend und krabbelnd«].
csúszópénz (megvesztegetési pénz) – Bestechungsgeld, Schmiergeld [von *csúszik* »gleiten, rutschen, schlittern«].
csúszott (erkölcstelen nő, lány) – unmoralische Frau, unmoralisches Mädchen [wörtl.: »ausgerutscht«].
csutka – 1. (elégtelen – *osztályzat*) »Ungenügend« (*Note in der Schule*); 2. (hímvessző) Penis [wörtl.: »Stummel, Stumpf«].
csúzli (puska) – Gewehr.
csúzlira (hitelbe) – auf Kredit.
csúzó (cipő) – Schuh.
csüccs! (csücsülj, csücsüljetek le) – setz dich!, setzt euch! [*bes. Kinderspr.*; *vgl.* csüccsen].
csüccsen (ül, üldögél) – sitzen, herumsitzen [hybride Verbbildung aus der verkürzten Imperativform *csüccs!* < *csücsülj(etek) le!* < *(le)csücsül*].
csücsül (ül, üldögél) – sitzen, herumhocken [*s.* csüccs!, csüccsen].
csülök – 1. (lábszár) Bein; 2. (kéz) Hand [wörtl.: »Klaue, Haxe«].
csüngi (zsebóra) – Taschenuhr.
csütörtököt mond (nem működik; nem sikerül) – nicht funktionieren; mißlingen, fehlschlagen; *csütörtököt mondott a tervem* = mein Plan ist nicht aufgegangen, ist fehlgeschlagen [wörtl.: »Donnerstag sagen«; vermutlich aus der Soldatensprache und gibt ursprüngl. lautmalend das Geräusch wieder, das der Hahn früher bei einem Gewehr machte, wenn er nicht auf den Feuerstein traf, das Gewehr entsprechend nicht losging; dann – verallgemeinert auf jede Art des Mißerfolgs – in die Umgangsspr. übernommen].

D

dá (négy) – vier [nach dem heb. Buchstaben *daleth* mit dem Zahlenwert »vier«].
daci (elégtelen – *osztályzat*) – »Ungenügend« (*Note in der Schule*).
dádé (öreg cigány; öreg ember; apa) – alter Zigeuner; alter Mann, Vater [cig.].
dadi (apa) – Vater; *vgl.* dadé.
dafke – 1. (csak azért is) nun erst recht!; 2. (makacs, önfejű) dickköpfig, eigensinnig [< jidd. *davko* »gewiß, sicher, durchaus"].
dagadó (okosság, ész) – Klugheit, Verstand.
dagadt (kövér) – dick (*vom Menschen*); *kis dagadt* = Dickerchen; *dagadt disznó* = Fettsack, »fette Sau«.
daganat (fej) – Kopf [wörtl.: »Beule, Geschwulst«; *vgl.* dudor].
dagi – 1. (kövér) dick; 2. (kövér gyerek) Dickerchen [< dagadt].
dáhorog (álkulcs) – Nachschlüssel.
dajdaj (kicsapongás, mulatás) – ausschweifende Vergnügung.
dajdajozás (kicsapongás, mulatás) – ausschweifende Vergnügung.
dajdajozik (énekel, mulatozik) – singen, lustig sein, sich vergnügen.
dajna – 1. (testes nő) dicke Frau, Trampel; 2. (szajha) Hure.
dajerol (fut) – laufen, rennen, davonlaufen.
dajvázik (kicsapong) – sich ausschweifend vergnügen.
dákó – 1. (hímvessző) Penis; 2. (elégtelen – *osztályzat*) – »Ungenügend« (*Note in der Schule*).
dakota (cigány) – Zigeuner.

dakti (ujjlenyomat) – Fingerabdruck [< *daktiloszkópia*].
dálesz, dalesz (szegénység, nyomorúság) – Armut, Not [< dt. *Dalles* »Geldmangel, Armut« < jidd. *dalüss* < heb. *dalluth* »Armut«].
dalol (vallomást tesz) – Geständnis ablegen, gestehen [wörtl.: »singen«].
dámalér *s.* dámallér.
dámallér (negyven) – vierzig [dá »vier« + mallér »zehn«].
danda (fog) – Zahn [< cig. *dand* »Zahn«].
dandra (könnyelmű nő, lány) – leichtfertige Frau, leichtfertiges Mädchen.
dár *s.* dártli, dárdli.
darab (nő – *mint szexuális tárgy*) – Frau (*als Objekt sexueller Wünsche*) [*vulg.*; wörtl.: »Stück«].
darabokra szed (kritizál) – kritisieren, »zerlegen«.
darál – 1. (fél, reszket) sich fürchten, Angst haben, zittern; *auch:* daráz, daraváz; 2. (gyorsan beszél) schnell sprechen, plappern, schnattern; *auch: darálja a szöveget* [< cig. *dáral* »sich fürchten«].
daráló (száj) – Mund; *vgl.* darál 2.
daraváz (fél, reszket) – sich fürchten, Angst haben, zittern; *s.* darál 1. ; *auch:* daráz
daravázás (félelem, gyávaság) – Angst, Feigheit; *vgl.* daraváz.
daráz, -ik (fél, reszket) – sich fürchten, Angst haben, zittern; *s.* darál 1. ; *auch:* daraváz.
darázs (pisztoly) – Pistole [wörtl. »Wespe«].
darázsfészek (bírósági hivatal) – Gerichtsgebäude [wörtl.: »Wespennest].
dárda (hímvessző) – Penis [wörtl.: »Speer«].

dárdás: *dárdás fiú* (vonzó, szexis fiú) = attraktiver, sexy Junge [< *dárda*].
dárdli *s.* dártli.
dargli *s.* dártli.
dáridó (nagy evés-ivással járó zajos mulatság) – lautes Trink- und Freßgelage, Sauferei.
darizás – 1. (kunyerálás, kéregetés) Betteln; 2. (kártyacsomag összeállítása hamiskártyázásra) die Reihenfolge eines Packs Spielkarten manipulieren.
darizik (kér, elkér, kunyerál) – bitten, betteln.
darizó (kéregető, koldus, aki pénzt csal ki valamilyen ürüggyel) – Bettler, der *jdm* unter irgendeinem Vorwand Geld entlockt.
dártli (tolvajkulcs, álkulcs) – Nachschlüssel, Dietrich [< dt. *Dietrich*?]; *auch:* dár, dárdli, dárgli.
dásza (férfi) – Mann.
dászó (férfi) – Mann.
davajok (oroszok) – die Russen [*hist.*, jetzt schon selten; von russ. *davaj* »vorwärts, auf geht's«, aber auch »gib her!« – bes. nach dem sowjetischen Einmarsch in Ungarn 1945 von plündernden russ. Soldaten gebraucht].
dázé (ezüst tál vagy tálca) – Silberschüssel oder -tablett.
Deák (ász, disznó) – As, »Sau« (*beim Kartenspiel*).
debella (nagy, erős nő) – große, kräftig gebaute Frau.
dedó (óvoda) – Kindergarten, Kinderkrippe [Abk. < *kis*dedóvoda »Kindergarten«].
dedós (óvodás) – Kindergartenkind [< dedó].
defi (detektív) – Detektiv.
degesz –1. (kövér) dick, fett; *degeszre tömi a hasát/tömi magát* (sokat eszik) = sich vollstopfen, sich den Wanst vollschlagen; *degeszre zabálja magát* (mohón eszik) = sich vollfressen; 2. (vastag pénztárca, amelyikben sok pénz van) prallgefüllte Brieftasche.
dekás (nyomozó, detektív) – Fahnder, Detektiv.
dekk (cigaretta) – Zigarette; *auch:* királydekk.
dekkol – 1. (bujkál, fedezékbe vonul) sich verstecken, in Deckung gehen; 2. (vár, várakozik) warten, abwarten; 3. (elesik) fallen, hinfallen, stürzen [*in Bed. 3 auch:* eldekkol; < dt. *decken*].
dekli – 1. (detektív) Detektiv; 2. (kalap) Hut [< dt. Rotw. *Deckel* = 1. »Gendarm, Landjäger«; 2. »Hut«].
dela (pénz, kereset) – Geld, Einkommen; *auch:* della [zu cig. *del* »geben«].
delák (dollár) – Dollar.
délinyitás (ajtófeltöréses betörés üzletbe, kirakatfeltörés) – Einbruch in ein Geschäft durch die Tür oder durchs Schaufenster [< jidd. *deli, deless* »Tür«].
délinyitó (kirakattolvaj) – Schaufensterdieb.
della *s.* dela.
dellázik (fizet, kifizet) – zahlen, bezahlen; *auch:* ledellázik.
delles (ajtó) – Tür; *s.* delli.
delli (ajtó) – Tür; *auch:* delles, döli [< jidd. *deli, deless* »Tür«].
delta: *klassz deltái vannak* (izmos, erős) = stark, muskulös [< *delta*izom »Deltamuskel, Schultermuskel«].
deltamatyi (izmos, erős férfi) – starker, muskulöser Mann [*s.* delta + *Matyi* = Koseform des Männernamens *Mátyás*].
deltás (izmos, erős) – stark, muskulös [< delta].

demizson (has) – Bauch.
demó s. demogra.
demogra (razzia, őrjárat) – Razzia, Patrouille; *auch:* demó.
demulál (megver) – verprügeln [zu dt. *demolieren* < fr. *démolir*].
dencingel (táncol) – tanzen [< engl. *dancing*; Jugendspr.].
derbi (mérkőzés, meccs) – Wettkampf, (*Fußball- usw.*) Spiel, Match [< engl. *derby*].
derek (út, útja valaminek, szokás) – Weg, Gebrauch, Sitte [< jidd. *derech* »Art, Weise, Weg«].
deszka – 1. (kenyérszelet) Brotscheibe; 2. (lapos – *nőről*) flachbrüstig (von Frauen); 3. (elégtelen – *osztályzat*) »Ungenügend« (*Note in der Schule; Schülerspr.*) [wörtl.: »Brett, Planke«].
desztó (rendőr) – Polizist.
detox (részeg) – betrunken, besoffen [< *detoxikál* »ausnüchtern, nüchtern werden«].
dettó (szintén) – gleichfalls, ebenso [< österr. *detto, ditto* < it. *dito*].
déverol (beszél) – sprechen [< jidd. *dewern, dibbern* »reden, sprechen«; *vgl.* auszdéverol, diberől, dibbe].
devla (ördög) – Teufel; *vigyen el a devla!* (vigyen el az ördög!) = hol dich der Teufel! [< cig. *devla* »Gott« (*sic!* – vielleicht unter dem Einfluß des dt. Wortes *Teufel / Deifel*)].
dezső – 1. (dollár) Dollar; 2. (férfi, fiú) Mann, Junge [nach dem männl. Personennamen *Dezső*].
diák-őrangyal (csengő) – Klingel [die das Ende der Schulstunde signalisiert; wörtl.: »Schutzengel der Schüler«; *Schülersprache*].
diberől (beszél) – sprechen [< dt. Rotw. *dibbern* < jidd. *dibbern, dab-*

bern, dewern »reden, sprechen«; *vgl.* dibbe, déverol].
dibbe (hát mögötti szidalmazás, rágalmazás) – Verleumdung, üble Nachrede (hinter *jds* Rücken) [< dt. Rotw. *dibbe* »Lästerung, üble Nachrede« < jidd. *dibbo* »Verleumdung«; *vgl.* diberől].
didi (női mell) - (*weibliche*) Brust, Busen; *vgl.* didike, didikó, didkó, didó, dirdró.
didike (női mell) – weibliche Brust [Verkleinerungsform von (*s.*) didi].
didikó (női mell) - (*weibliche*) Brust, Busen; *vgl.* didi, didike, didkó.
didkó (női mell) - (*weibliche*) Brust, Busen; *vgl.* didi, didike; *auch:* ditkó.
didó (női mell) - (*weibliche*) Brust, Busen; *vgl.* didi [*bes. Jugendspr.*].
didró (női mell) – weibliche Brust; *vgl.* didi.
didus (női mell) - (*weibliche*) Brust, Busen; *vgl.* didi [*bes. Jugendspr.*].
didza (női mell) - (*weibliche*) Brust, Busen; *vgl.* didi [*bes. Jugendspr.*].
digi-dagi (kövér) – dick (*vom Menschen*).
digó (olasz; *az olasz nyelvben gyakran használatos* digo *»mondom« szó után*) – Italiener; italienisch [nach dem im Italienischen häufig gebrauchten Wort *digo* »ich sage«].
digózik (nő olasz férfiakra specializálva magát pénzért ismeretséget köt) – (*von einer Frau*) Bekanntschaft mit Italienern machen, um Geld aus ihnen herauszuholen [< digó].
dikáz – 1. (néz) sehen, schauen; 2. (örömét leli *vmiben*, élvez) sich über *etw.* freuen, *etw.* genießen; 3. *vmit/vmit* (szeret, tetszik, rajong) lieben, schwärmen für *etw./jdm*; *vgl.* dikhel.

dikhal *s.* dikhel.
dikhaz (kiismer, rájön) – durchschauen, erkennen, auf *etw.* kommen.
dikhel, dikhöl (lát, néz; figyel) – sehen; beobachten [< cig. *dikhel*].
dikics – 1. (kés) Messer; 2. (hímvessző) Penis.
diktátor (tanár) – Lehrer [*Schülerspr.*].
dili – 1. (bolond, dilis) verrückt, durchgedreht; 2. (bolondság; bolondéria, szeszély) Verrücktheit, Schrulle, Spinnerei; 3. (hisztéria, idegroham) Nervenanfall, Hysterie; 4. (neurózis) Neurose [< cig. *dilo, -i* = verrückt].
dilibogyó – 1. (nyugtatótabletta) Beruhigungspille; 2. (aszpirin) Aspirin; 3. (fej) Kopf [*Jugendspr.*]; 4. (bolond, őrült ember) Irrer, Verrückter [< dili »verrückt« + *bogyó* »Beere«; bei den Bed. 1 – 3 steht die runde Form im Vordergrund, *vgl.* bogyó; Bed. 4 ist Weiterbildung zu (*s.*) dili].
diliflepni (beszámíthatatlansági igazolás) – (schriftliche) Bestätigung geistiger Unzurechnungsfähigkeit [*s.* dili + flepni].
diliház – 1. (bolondház) Irrenanstalt; *diliházba csuk/dug* (elmegyógyintézetbe zár) = in die Irrenanstalt einsperren; 2. (iskola) Schule [*Schülerspr.*].
dilihopp (bolond, őrült) – verrückt, närrisch, dumm.
dilikokárda (bolond, őrült) – verrückt, närrisch, dumm.
dilima (baj, kellemetlen helyzet) – Ärger, Schwierigkeiten [*Jugendspr.*; Verballhornung aus *dilemma* + dili ?].
dilinós (bolond, buta) – verrückt, dumm [cig.; *s.* dili].
dilinyó (bolond, őrült) – verrückt, närrisch, dumm.
dilinyós (bolond, őrült) – verrückt, närrisch, dumm.
dilis (bolond, őrült) – verrückt, närrisch, dumm; *auch:* diris; *dilis alak/fazon* (bolondos, különcködő ember) = Sonderling, komischer Kauz.
diliz, -ik – 1. (bolondnak tetteti magát) Verrücktheit vortäuschen, simulieren; 2. (hisztériázik, idegrohamot kap) Nervenanfall bekommen, durchdrehen; 3. (dühöng, bosszankodik) ungehalten, wütend, zornig sein; 4. (botrányt csinál) sich aufführen, Skandal veranstalten.
diló (bolond, őrült ember) – Verrückter, Irrer.
dincsi (dinár) – Dinar.
dinka – 1. (bolond, ostoba, hülye) spinnert, verrückt; 2. (buta) dumm; 3. (bolondos, különcködő ember) Sonderling, komischer Kauz.
dinkás (bolond, őrült) – verrückt, närrisch, dumm.
dinnye – 1. (fej) Kopf; 2. (buta, bolond) dumm, verrückt; 3. (buta ember) Dummkopf, Trottel; 4. *dinnyét nyel* (teherbe esik) = schwanger werden [wörtl.: »Melone«].
dinnyi (fej) – Kopf; *s.* dinnye 1.
dió (fej) – Kopf [wörtl.: »Walnuß«; *vgl.* dt.: »*eine auf die Nuß bekommen*«].
dióverő (hímvessző) – Penis.
dir-dúr (lárma, cirkusz) – Lärm, Spektakel, Zirkus; *nagy dirrel-dúrral* = mit großem Trara, Klimbim, Gepolter.
direkció (útirány) – Richtung (auf dem Weg).
direkt – 1. (szándékosan) absicht-

lich; 2. (éppen, pontosan) ausgerechnet, genau.
direkte – 1. (közvetlenül, egyenest) unmittelbar, direkt, schnurstracks, geradewegs; 2. (egészen, teljesen) ganz, gänzlich; 3. (szándékosan) absichtlich.
direktor (igazgató) – Direktor (*bes. in Schule*).
diri (igazgató) – Direktor (*bes. in Schule*) [< direktor].
dirigál (parancsolgat, rendelkezik) – herumkommandieren.
diró (lakás) – Wohnung [< jidd. *diru* »dss.«].
diskurál (beszélget) – sich unterhalten mit *jdm.*; *nem diskurálhatok veled egész nap* = ich kann mich nicht den ganzen Tag mit dir unterhalten [< dt. *diskurrieren* < fr. *discourir* »etw. erörtern, besprechen, sich unterhalten«].
díszgój (kereszténynek számító személy, aki az 1939-es ún. zsidótörvények után a zsidó tulajdonban levő vállatoknál névleges szerepet vállalt, s ezért pénzbeni juttatást kapott) – Nichtjude, der nach Inkrafttreten der sog. Judengesetze 1939 gegen Bezahlung als Strohmann jüdische Geschäfte weiterführte [*historisch*; wörtl.: »Ehrengoj, Ehrennichtjude«; *s.* stróman].
díszhím (piperkőc) – Modegeck, Lackaffe [wörtl.: »Schmuckmännchen«].
disznó – 1. (szerencse) Glück; *disznója van* (szerencséje van) = Glück haben [*vgl. dt. Schwein haben*]; 2. (ellenszenves ember) unsympathischer Typ, Scheißkerl, »Schwein«.
díszmagyar (munkaköpeny) – Arbeitsmantel [eigentl.: »Festanzug der ungar. Männer«].

disznófülű – *te disznófülű!* – *s.* kutyafülű.
disznóól (rendetlen, koszos szoba v. lakás) – unordentliche, schmutzige Wohnung, »Saustall«.
disznózik (folyton nyer) – ständig gewinnen, immer »Schwein haben«; *vgl.* disznó.
ditkó (női mell) - (*weibliche*) Brust, Busen; *vgl.* didi, didkó [*bes. Jugendspr.*].
ditrich (álkulcs) – Dietrich [dt.].
diszmi (csizma) – Schaftstiefel.
divat: *ad a divatnak* (kiöltözik, kiöltözködik) – sich ausstaffieren, sich herausputzen.
divatbáb (piperkőc) – Modegeck, Lackaffe (Mann); Modepuppe (Frau) [wörtl.: »Modepuppe«].
dizsi (diszkó) – Disko(thek) [*Jugendspr.*].
dob[1] – 1. (*vkit* elfordul tőle, lerázza magáról) *jdn* abschütteln, loswerden; 2. (otthagy – *nő a férfit és fordítva*) verlassen (*die Frau den Mann oder umgekehrt*); *dobja a csajt* (elhagyja a lányt) = die Frau / Freundin sitzenlassen; 3. *dobja a balhéból* (tettestársa nem keveri bele az ügybe, nem vall rá) (*den Komplizen*) nicht mit hineinziehen, nicht belasten [wörtl.: »werfen, schleudern«].
dob[2] (fenék) – Hintern, Hinterteil [wörtl.: »Trommel«; *vgl.* üstdob; *bes. Jugendspr.*].
dobás (esély – *sikerre stb.*) – Chance, Aussicht (*auf Erfolg usw.*).
dobbant - 1. (illegálisan távozik) sich unerlaubterweise, illegal entfernen; 2. (megszökik) flüchten; 3. (hazát változtat, disszidál) sein Heimatland verlassen, emigrieren; 4. *vkitől* (elhagy *vkit*) *jdn* verlassen, im Stich lassen; 5. (túl

korán ejakulál) vorzeitig ejakulieren.

dobi (szívdobogást élénkítő, kábítószerül használt erős tea) *den Herzschlag stimulierender drogenartig angewandter starker Tee.*

dobos (terhes) – schwanger.

doboz – 1. (rádió) Radio; 2. (televíziós készülék) Fernseher [wörtl.: »Schachtel«; *bes. Jugendspr.*].

dobseggű (nagy fenekű) – (*jmd*) mit großem Hintern, breitem Gesäß.

dodó (dollár) – Dollar.

doga (dolgozat) – Klassenarbeit, Klausur, schriftliche Arbeit in der Schule [< *dolgozat*].

dohány (pénz) – Geld [wörtl.: »Tabak«; möglicherweise wegen der Ähnlichkeit von Tabakblättern und Geldscheinen, oder wegen des Vergleichs von Tabaksbeuteln und Geldsäcken?].

dohányzacskó (pénztárca) – Brieftasche.

dohó (pénz) – Geld; *vgl.* dohány.

doki (orvos) – Arzt [< *doktor*].

doktor (vörös – szín a kártyában) – Rot, Herz (*beim Kartenspiel*).

dolcsi – 1. (dollár) Dollar; 2. (dolgozat) Klassenarbeit, schriftliche Arbeit in der Schule; 3. (Dologran nevű, kábító mellékhatású gyógyszer) Dologran [*Name eines Medikaments mit betäubender Nebenwirkung*].

dolgozik (árulja magát – prostituált) – (*von einer Prostituierten*) ihrem Gewerbe nachgehen [*euphemistisch*; eigentl.: »arbeiten«].

doli[1] (nő) – Frau [< engl. *Dolly* ?].

doli[2] (dolgozat) – Klassenarbeit, Klausur, schriftliche Arbeit in der Schule [< *dolgozat*].

dolman (akasztófa) – Galgen.

domb (női mell) - (*weibliche*) Brust, Busen [*bes. Jugendspr.*; wörtl.: »Hügel«; *vgl.* domborzat].

domborzat (női mell) - (*weibliche*) Brust, Busen [*bes. Jugendspr.*; wörtl.: »Landschaft, Relief«; *vgl.* domb].

domborzati: *domborzati térkép* (női mell) = (*weibliche*) Brust, Busen [*bes. Jugendspr.*; wörtl.: »Reliefkarte«; *vgl.* domborzat].

donjózsi – 1. (csinos, jóképű férfi) gutaussehender Mann; 2. (nőcsábász, nőbolond) Frauenheld, Schürzenjäger [iron. Kombination von *Don Juan* und *Józsi* = József].

dorcócipő (tornacipő) – Turnschuh [*Schülerspr.*].

dorong (hímvessző – kül. nagy) – (*großer*) Penis.

doszt: *dosztig vagyok* (elegem van, unom már) = mir reicht's, ich hab' genug; *vgl. míszem van* [< slowak. *dost'* genug, genügend«].

dózni (orr) – Nase [< dt. *Dose*].

döfi (kenyér) – Brot.

döfő (kés) – Messer.

dög – 1. (kimerült) erschöpft; *dög vagyok* (kimerültem) = ich bin kaputt, erschöpft; 2. (ellenszenves) unsympathisch, beschissen; *az a dög főnököm* = mein doofer Chef; 3. (ellenszenves ember) unsympathischer Mensch; *rohadt dög* = Scheißkerl; 4. *vulg.* (kívánatos, jó alakú nő) begehrenswerte, schöne Frau; *csinos kis dög!, jó dög!* 5. (nagyon; nagy; nagy mennyisége) sehr, extrem; *dög meleg* (nagyon meleg) = schrecklich heiß; *dög nehéz* (nagyon nehéz) = sauschwer; [wörtl.: *dög* = »Aas, Kadaver«].

dögcédula (azonossági jegy) – Erkennungsmarke (*beim Militär*)

[*Soldatenspr.*; wörtl.: »Kadaverzettel«].

dögész (természetrajz szakos) – Naturkundler; Biologe [*Schüler-, Studentenspr.*; *vgl.* dögtan].

dögfáradt (kimerült) – erschöpft, kaputt.

dögivel (sok) – viel; *dögivel van pénz* (neki van sok pénze) = er schwimmt in Geld.

dögletes (undorító, förtelmes) – widerlich, ekelerregend

döglik – 1. (lustálkodik, henyél) faulenzen, trödeln [*s.* dökköl 2.]; 2. *vkiért* (szerelmes *vkibe*) verliebt sein, verknallt sein in; *auch: döglik* vki *után*; 3. *vmiért/vkiért* (szeret, rajong) begeistert sein von, schwärmen für, »abfahren auf *jdn/etw.*« ; *vgl.* bedöglik, kidöglik, ledöglik, megdöglik.

döglődik – 1. (betegeskedik) dahinsiechen (*weg. Krankheit*); 2. (nyomorog, tengődik) dahinvegetieren, mehr schlecht als recht leben, ein ärmliches Leben führen.

döglött – 1. (nem működő, használhatatlan) unbrauchbar, nicht funktionierend, kaputt; 2. (állott – *sörről*) abgestanden (*z. B. Bier*) [eigentl.: »verendet« (von einem Tier)].

dögös – 1. (jó, kiváló) gut, ausgezeichnet; 2. (csinos, jóképű) attraktiv, gutaussehend; 3. (szexuálisan kihívó) sexuell aufreizend; *vgl.* kurvás.

dögrovás: *dögrováson van* (nagyon beteg, rosszul van) = elend krank sein, auf dem letzten Loch pfeifen, am Abkratzen sein [wörtl.: »auf der Kadaverliste (*dögrovás*) befindlich«; *dögrovás* bezeichnet eigentlich das früher von Hirten geführte Kerbholz (*rovás*), auf dem sie die Zahl der verendeten Tiere (*dög*) festhielten].

dögszállító (hullaszállító) – Leichenwagen [wörtl.: »Kadaverspediteur«].

dögszar (nagyon rossz, undorító) – widerlich, beschissen; elende Scheiße.

dögtan (biológia) – Biologie (*bes. als Schulfach*).

dögunalmas (nagyon unalmas) – stinklangweilig.

dökköl – 1. (alszik) schlafen; 2. (lustálkodik, henyél) langsam machen, trödeln.

dől: *dől* vkihez *a pénz* (gazdag) = reich sein; *dől* vkinek *a pénz* (gazdag lesz, meggazdagodik) = reich werden, sich bereichern.

döli (ajtó) – Tür; *s.* delli.

dőlt (lop, ellop) – stehlen; *vgl.* dűt.

dömper (kövér ember) – dicker Mensch [wörtl.: »Lastwagen, Kipplaster« < engl. *dumper* »Kipplastwagen«].

dönget – 1. (járművel gyorsan hajt, száguld) (*mit einem Fahrzeug*) rasen; 2. (közösül) Geschlechtsverkehr haben.

döngető (bordély) – Bordell, Puff [*s.* dönget 2.].

döngöl (táncol) – tanzen.

döngölő (buta) – dumm, bescheuert.

döntet (elhitet) – *jdm* etwas weismachen, »einen Bären aufbinden«.

döntetlen (vécé) – WC, Klo [wörtl.: »unentschieden«; von den beiden Nullen: »Null zu Null«.].

döntött (lopott – *áruról*) – gestohlen; *döntött fux* (lopott arany) = gestohlenes Gold; *vgl.* dőlt, dűt.

dörgés – 1. (tényállás, helyzet) Lage, Situation; 2. (cselekvés, teen-

dő) Handlung, Tat, Aufgabe; *ismeri a dörgést* = eingeweiht sein.

dörget (megy, gyalogol) – zu Fuß gehen.

dörgöl (ver, megver) – schlagen, verprügeln.

dörgölődzik, -lőzik (kegyeit keresi) – sich bei *jdm* einschmeicheln.

dörrent (lop) – stehlen.

dörzsöld fel *s.* feldörzsöl.

dörzsölt - 1. (minden hájjal megkent, ravasz, hétpróbás) mit allen Wassern gewaschen, gerissen, ausgekocht, ausgebufft; 2. (tapasztalt) erfahren, bewandert; *dörzsölt vagány* (ravasz ember) = raffinierter, schlauer, gerissener Mensch.

drabális (nagy) – groß; *auch:* trabális

drabó (cigaretta) – Zigarette [< cig. *drab* »Arzneimittel, Medizin«?].

drasál (fél) – Angst haben, sich fürchten; *vgl.* citerál.

drekk – 1. (rossz, silány, szar) schlecht, von schlechter Qualität, beschissen; 2. (rossz, silány dolog) Sache von schlechter Qualität, »Klump«, »Schrott« [< dt. *Dreck*].

drevi – 1. (élőfa) Baum; 2. (tüzelőfa) Brennholz [< slaw.; zu slowak. *drevo,* sbkr. *drvo* »Holz«].

driblizik – 1. (fociban cselez, labdát vezet) dribbeln, den Ball führen; 2. (ügyeskedik, ésszel küzd valamilyen ügyben) geschickt zu Werke gehen, clever vorgehen [< engl. *to dribble*].

drimó (verkli) – Drehorgel, Leierkasten.

drimós (verklis) – Leierkastenmann.

dromedár (fizikailag nagy ember) – (*körperlich*) großer Mensch.

dromi (fizikailag nagy ember) – (*körperlich*) großer Mensch; *s.* dromedár.

drót – 1. (értesítés, hír, jeladás) Mitteilung, Zeichen; *leadja a drótot* (értesít, figyelmeztet) = Zeichen geben, Mitteilung machen, warnen; *drótot kap* (értesítést kap, megtud) = Mitteilung bekommen, *etw.* erfahren; *vgl.* drótoz; 2. (randevú) Rendezvous; *drótja van* (randevúzik) = ein Rendezvous haben.

drótkecske (bicikli) – Fahrrad; *auch:* kecske; *vgl.* plehszamár [*vgl.* dt. *Drahtesel*].

drótos – 1. (hírszerző) Kundschafter; 2. (hírvivő) Bote, Kurier; 3. (aranyműves) Goldschmied.

drótoz – 1. (titkos jelet ad le) geheime Zeichen geben; 2. (besúg) *jdn* verraten, verpfeifen; *auch:* bedrótoz [eigentl.: etwas verdrahten, mit Draht verbinden oder verstärken]; *auch:* bedrótoz; *vgl.* drót.

drukk (félelem, gyávaság) – Angst, Feigheit [< dt. *Druck*].

drukkol – 1. (izgul *vmi* miatt) aufgeregt sein wegen *etw.*; 2. (izgul *vkiért/vmiért*) die Daumen drücken; *drukkolj értem* = drück mir die Daumen!; 3. (fél *vmitől/vkitől*) Angst haben; *drukkol a vizsgáktól* = vor den Prüfungen Angst haben [< dt. *drücken*].

drukkolás (félelem, gyávaság) – Angst, Feigheit.

drukkoló (szurkoló) – begeisterter Zuschauer, Fan (*bes. beim Sport*).

drum (nagy) – groß.

duci – 1. (kövérkés) dicklich, rundlich, mollig (*vom Menschen*); 2. (kövérkés ember) Dickerchen; 3. (női mell) – (*weibliche*) Brust, Busen [in Bed. 3 *vgl.* duda; *bes. Jugendspr.*].

duda (női mell) – (*weibliche*) Brust, Busen [*bes. Jugendspr.*].

dudor – 1. (fej) Kopf; 2. (női mell) (*weibliche*) Brust, Busen [wörtl.: »Beule«; *vgl.* daganat; *in Bed. 2. vgl.* duda; *bes. Jugendspr.*].

dudu (női mell) – (*weibliche*) Brust, Busen; *vgl.* duda [*bes. Jugendspr.*].

dudva (pénz) – Geld.

dudvatan (biológia) – Biologie (*als Schulfach; Schülerspr.*).

dug (közösül) – Geschlechtsverkehr haben; *auch:* megdug.

dugál (énekel) – singen.

dugás (közösülés) – Geschlechtsverkehr.

dugasz –1. (hatalmas gól) (*Fußball etc.*) Tor, Treffer; *óriási dugaszt lőtt a felső sarokba* = er traf mit einem satten Schuß in die Gambel; 2. (elégtelen) »Ungenügend" (*Note in der Schule; Schülersprache*) [wörtl.: »Stöpsel, Stecker«; hier aber: »*etw.*, was genau hineinpaßt«, daher auch »Treffer«; im zweiten Fall natürlich ironisch].

dugesz (dugva pénz) – verstecktes Geld; *vgl.* dugipénz.

dugi (dugva pénz) – verstecktes Geld; *vgl.* dugipénz.

dugi-huzi (közösülés) – Geschlechtsverkehr.

dugipénz (dugva pénz) – verstecktes Geld.

dugó – 1. (kistermetű, alacsonynövésű) Zwerg, kleingewachsener Mensch; 2. (hímvessző) Penis; 3. (elégtelen – *osztályzat*) »Ungenügend« (*Note in der Schule*); 4. (gól) Tor (*beim Sport*); 5. (torlódás járműveké) Stau (*im Straßenverkehr*) [wörtl.: »Stöpsel«].

dugulása van (szorulása van) – Verstopfung haben.

dukaj (dohány) – Tabak.

duli (iskola) – Schule; *vgl.* suli.

duma – 1. (beszéd, fecsegés) Unterhaltung, Geschwätz; 2. (hazugság) Lüge; *nagy dumája van* (jó beszédkészsége van) = ist sehr wortgewandt; hat eine große Klappe; *süket duma!* = blödes Geschwätz!; *duma bankot ad* (sokat és nagyokat hazudik) = jede Menge Lügen auftischen; *meghisz a dumát* (elhiszi a hazugságot) = eine Lüge glauben, auf eine Lüge hereinfallen [< cig. *duma* = »Unterhaltung, Gespräch«; zu bulg. *duma* »Wort, Rede«].

dumafogó (fül) – Ohr [*bes. Jugendspr.*; wörtl.: »Geschwätzauffänger«].

dumafranci (fecsegő ember) – Schwätzer; *nagy dumás* (szószátyár) = Phrasendrescher.

dumagép – 1. (fecsegő ember) Schwätzer; 2. (rádió) Radio [wörtl.: »Quasselmaschine«; Bed. 2 *bes. Jugendspr.*].

dumál – 1. (beszél) sich unterhalten, reden; 2. (fecseget) Blödsinn reden, schwafeln, quatschen; 3. (hazudik) lügen; *vgl.* duma.

dumaláda – 1. (fecsegő ember) Schwätzer; 2. (rádió) Radio [wörtl.: »Quasselkiste«; Bed. 2 *bes. Jugendspr.*; *vgl.* dumagép].

dumálgat (beszélget, társalog) – sich unterhalten, plaudern.

dumanista (bőbeszédű, fecsegő ember) – Schwätzer [iron. Kombination von »duma« + *humanista* »Humanist«; *bes. Jugendspr.*].

dumaparti (beszélgetés, főleg kettesben) – Gespräch (*bes. unter vier Augen*).

dumás (fecsegő ember) – Schwätzer; *nagy dumás* (szószátyár) = Phrasendrescher.

dumazacskó (bőbeszédű, fecsegő

ember) - Schwätzer [wörtl. »Geschwätztüte«; bes. *Jugendspr.*].

dumazsák (bőbeszédű, fecsegő ember) - Schwätzer [wörtl. »Geschwätzsack«; bes. *Jugendspr.*].

dumcsi (beszélgetés, társalgás) - Unterhaltung, Gespräch.

dumcsis (fecsegő ember) - Schwätzer.

dumcsizik (beszélget, társalog) - plaudern, sich unterhalten.

dumizik (beszélget, társalog) - plaudern, sich unterhalten [bes. *Jugendspr.*].

dundi (kissé kövér) - dicklich, rundlich, mollig.

duneg (viasz - *amivel a kulcslenyomatot csinálják*) - Wachs, mit dem man einen Schlüsselabdruck herstellt [*Gaunerspr.*].

dunszt (fogalom, sejtés, előérzet) - Ahnung, Vorahnung; *halvány/halványlila dunsztja sincs* vmiről = »keinen blaßen Dunst von etwas haben«; *dunsztom sincs!* = (ich habe) keine Ahnung! [dt.].

dunyhavalagú (nagy fenekű) - (Mensch) mit großem Hintern, breiten Gesäß.

dupla nulla (vécé) - WC [wörtl.: »doppelte Null«, »Null-Null«].

duplarollni (fiáker, kétfogatú kocsi) - Fiaker, zweispännige Kutsche.

dúrdrukker (hamiskártyás segítőtársa, aki úgy játszik, hogy a társa nyerhessen) - Spießgeselle eines Falschspielers, der so spielt, daß sein Partner gewinnt [< dt. *Durchdrücker*].

durmol (alszik) - schlafen [*vgl.* it. *dormire*, franz. *dormir*, rum. *a dormi*].

durmolás (alvás) - Schlaf; *vgl.* durmol.

durranás: *nem egy nagy durranás* (elég rossz) = nicht besonders toll [wörtl.: »nicht ein großer Knall«].

durrancs - 1. (ócska, öreg, használt autó) altes Auto, »Karre«, »Rostlaube«; 2. (rendőr) Polizist.

durrant - 1. (lop) stehlen; 2. (szellent) furzen; *durrant egyet* (szellent) = einen fahren lassen; 3. (lő) schießen, ballern.

durrog (szellent) - furzen.

durrogat - 1. (szellent) furzen; 2. (beszél, beszélget) schwafeln, quatschen [Bed. 2 bes. *Jugendspr.*].

durrogtat (szellent) - furzen.

durung (faragtalan ember) - grober, ungehobelter Mensch.

duruzs (beszélő a börtönben) - Besuchszeit im Gefängnis.

dús: *dús hús* (kövér) = dick (*vom Menschen*) [wörtl.: »üppig viel Fleisch«].

dutyi (börtön, fogda) - Gefängnis, Knast, Kittchen; *a dutyiba csuk* (a börtönbe csuk) = ins Gefängnis stecken, einlochen; *a dutyiba kerül* (a börtönbe kerül) = ins Gefängnis kommen; *a dutyiban ül* (a börtönben ül) = im Gefängnis, im Knast sitzen, brummen.

dühöngő (iskola) - Schule [< *dühöng* »wüten, wütend sein«].

dűl - 1. (elhisz) *etw.* glauben; 2. (lépre megy) in die Falle gehen.

dűt (lop, ellop) - stehlen; *vgl.* dőlt.

Dz, Dzs

dzungó (faragtalan ember) – grober, ungehobelter Mensch, Flegel.
dzsal, dszall (megy) gehen [< cig. *zhal*].
dszalózik (megy, gyalogol) – zu Fuß gehen; *vgl.* dzsal.
dzsanázik – 1. (ért, megért) verstehen, kapieren; 2. (megy, gyalogol) zu Fuß gehen.
dzsaval (megy, gyalogol) – gehen, herumlaufen; *vgl.* dzsal.
dzsesszel (megy, gyalogol) – zu Fuß gehen.
dzsesszes (nagyon, remek, csodás) – sehr, enorm, prächtig, toll.
dzsesszol (takarít) – reinigen, saubermachen (*Zimmer, Wohnung*).
dzsipentosz (dszip) – Jeep.
dzsivázik (sokat iszik) – viel (*Alkohol*) trinken, saufen.

dzsoint (körbeadott marihuánás cigaretta) – Joint, Zigarette mit Haschisch oder Marihuana [engl.].
dzsukác (kutya) – Hund; *s.* dzsukkal.
dzsukel, dzsukhel (kutya) – Hund; *s.* dzsukkal, dzsukác [< cig. *zhukel* »Hund«].
dzsukkal (kutya) – Hund; *s.* dzsukel.
dzsumbuj – 1. (városszéli telep) (*ärmliche*) Wohnsiedlung am Stadtrand; 2. (rendetlenség) Unordnung, Durcheinander, Chaos.
dzsungelnyuszi (színes bőrű) – Farbiger, Mensch mit dunkler Hautfarbe [wörtl.: »Dschungelhäschen«].
dzsuva (tetű) – Laus [< cig. *zhuv*, pl. *zhuva*].
dzsuvás (tetves) – verlaust, lausig; *vgl.* dszuva.

E, É

éca (tanács, ötlet) – Ratschlag, Einfall; *auch:* écesz [< jidd. *ejze, pl. ejzess* »Ratschlag«].

écesz *s.* éca.

éceszgéber (tanácsadó, ötletgyártó) – Ratgeber, Ideenlieferant [< jidd. *ejzegeber, ejzessgeber* »Ratgeber«; *vgl.* éca].

ecet (rossz minőségű bor) – schlechter (*bes. saurer*) Wein [wörtl.: »Essig«].

EDDÁ-s (kopasz) – kahlköpfig, glatzköpfig [nach dem kahlköpfigen Chef der Popgruppe EDDÁ; *Jugendspr.*].

édesgyökér (hímvessző) – Penis [wörtl.: »Süßwurzel«].

édi (kedves, édes – *ember, gyerek*) – lieb, süß (*von Menschen, bes. Kindern*) [Verkleinerungsform von *édes* »süß«].

ef? (jó? – *csak kérdés*) – gut? (*nur als Frage*).

ég – 1. (cigarettázik) Zigarette rauchen; 2. (szégyelli magát) sich schämen, beschämt sein; *auch: ég a pofája; ég a bőr az arcán/a képen/a pofáján; ég, mint a kalapgyár/mint a Reichstag/mint a rongy*; 3. *vmennyire* (vereséget szenved) eine Niederlage erleiden, unterliegen [wörtl.: »brennen«].

égbekiáltó (magas) – groß, großgewachsen (Mensch) [wörtl.: »himmelschreiend«].

egércsődör (sovány) – dürr, mager [wörtl.: »Mäusehengst«].

egeres (fogda) – Gefängnis.

egérkamion (kis kocsi, pl. Polski Fiat, Trabant) kleines Auto, z. B. Polski Fiat, Trabant [wörtl.: »Mäuselastwagen«].

égés (szégyen, zavar) – Scham, Beschämung.

éget – 1. (fizet) zahlen, bezahlen; *égetve van* (ki van fizetve) = es ist bezahlt; 2. (szégyent hoz *vkire*, zavarba hoz) *jdn* beschämen, Schande über *jdn* bringen, *jdm* etw. heimzahlen.

égimeszelő (magas, sovány ember) – großgewachsener, dünner Mensch; »Bohnenstange«, »langer Lulatsch«.

egon (féleszű, ütődött) – dämlich, närrisch [wohl vom Namen].

égő (kellemetlen) – unangenehm [wörtl.: »brennend«].

egyből – 1. (elsőre) beim ersten Mal, auf Anhieb; 2. (felkészülés nélkül, rögtönözve, rögtön) ohne Vorbereitung, aus dem Stegreif, spontan.

egyenes – 1. (ütés, pofon) Prügel, Ohrfeige; 2. (elégtelen – *osztályzat*) »Ungenügend« (*schlechteste Note in der Schule*).

egyéni: *egyéni szépségű* (csúnya) = häßlich [wörtl.: »von individueller Schönheit«].

egyes (magánzárka) – Einzelzelle (*im Gefängnis*).

egyesjasz (egyfogatú teherkocsi) – einspänniger Lastwagen.

egyetemi: *egyetemi jeles* (elégséges) = »Ausreichend« (»Zwei« – *zweitschlechteste Note in ungar. Schulen*).

egyiptomi: *egyiptomi fakoporsó* (kis Polski Fiat) = kl. Polski Fiat [wörtl.: »ägyptischer Holzsarg«]; *egyiptomi székely* (zsidó) = Jude [wörtl.: »ägyptischer Szekler« (*Szekler*): ungar. Volksgruppe in Siebenbürgen)].

egymásnak esik (veszekszik, összevész) – sich gegenseitig zusammenschlagen, verprügeln.

egyszálbél (sovány ember) – dünner, magerer Mensch.
egyszálbélű (sovány) – dünn, mager (von Menschen).
egyszemű (hímvessző) – Penis [wörtl.: »der Einäugige«].
egyszer: *egyszer rúgott be, azóta csak rátölt* (mindig részeg) = ständig besoffen (sein) [wörtl.: »einmal hat er sich betrunken und dann nur noch nachgefüllt«].
éhes kuksi (kisforgalmú vásár, amelyiken kevés lopni való van) – schwach besuchter Markt, auf dem es wenig gibt, was zu stehlen sich lohnte [*Gaunerspr.*; *s.* kuksi »Markt«].
éhezde (rossz, piszkos étterem) – schlechtes, schmutziges Wirtshaus.
einsteigol *s.* ejnstejgol.
einzenkol (betör) – einbrechen.
ejdim (tanú) – Zeuge [< jidd. *ejd*, pl. *ejdim* »Zeuge, Augen- und Ohrenzeuge, Entlastungszeuge; Zeugnis«].
éjjeli: *éjjeli lepke/pillangó* (estétől hajnalig »dolgozó« kurva) = Hure, die nachts arbeitet [wörtl.: »Nachtfalter«]; *éjjeli menedékhely* (vécé) = WC, Klo [wörtl.: »nächtliche Zufluchtsstätte«].
ejnstejgol (beszáll, behatol) – einsteigen [< dt.].
ejt – 1. (kegyét, rokonszenvét, támogatását megvonja *vkitől*) *jdm* die Zuneigung, Sympathie, Unterstützung entziehen; 2. (szerelmi viszonyt megszakítva elhagyja a társát) den Partner verlassen (*nachdem eine Liebesbeziehung in die Brüche gegangen ist*).
ejtőernyős (a volt pártállam funkcionáriusa, akit »*az égből pottyantottak*«, többnyire jól fizető állásba) – Funktionär, der im Sozialismus ein Amt bekleidete, und danach »weich fiel«: in eine gutbezahlte Stellung [wörtl.: »Fallschirmspringer«; ursprüngl. Bez. für einen aufgrund der ungarischen Judengesetze von 1939 an die Stelle von jüdischen Vorgesetzten und Geschäftsführern gesetzten, oft unfähigen und unqualifizierten Angestellten oder Beamten].
ejtőzik (pihen, kikapcsolódik) – ausruhen, sich entspannen, abschalten.
ekeferkó (faragatlan ember) – grober, ungehobelter Mensch, Flegel.
ekkora: *ekkora lesz a feje* (dühös lesz) = wütend werden, sich aufregen.
elad (beárul) – verraten; *elad a meccset* = (*beim Sport*) ein Spiel, Match (an den Gegner) verkaufen, verschieben [wörtl.: »verkaufen«].
elagyabugyál (nagyon elver, elpáhol) – verprügeln, verbleuen, vermöbeln.
elagyabugyálás (elpáholás) – saftige Prügel, Haue, Keile.
elanyátlanodik (elcsügged) – den Mut verlieren, den Kopf hängenlassen.
elavázik (elmegy valahonnan) – verschwinden, sich verziehen.
elázik (berúg) – sich betrinken, sich besaufen.
elázott (részeg) – besoffen; *auch:* ázott [wörtl.: »durchnäßt«].
eláztat *vkit* (befeketít) – *jdn* anschwärzen, madig machen.
elbaltáz (elront, tönkretesz) – ruinieren, kaputtmachen.
elbarmol (elhibáz, elront) – vermurksen, versieben, versauen.
elbasz, -ik – 1. (elront, tönkretesz)

ruinieren, kaputtmachen; 2. (baklövést csinál, hibázik) *etw.* in den Sand setzen, verpfuschen, versauen; *már megint elbasztam* = ich hab's schon wieder versiebt!; 3. (sokat költekezik) Geld ausgeben, verschwenden, verjubeln.

elbaszódik (elromlik, tönkremegy) – kaputtgehen, pleitegehen, vor die Hunde gehen.

elbaszódott (elromlott, tönkrement) – verdorben, kaputt, pleite.

elbliccel (kivonja magát kötelezettség alól, kibújik) sich einer Verpflichtung entziehen, sich drücken; *vgl.* bliccel 4.

elboronál (kibékítő megoldással elintéz, elsimít) – (*eine Sache*) bereinigen, erledigen; *el van boronálva az ügy* = die Angelegenheit ist bereinigt, das Ganze ist gegessen.

elborul (dühös lesz) – wütend werden, sich aufregen; *auch: elborul az agya.*

élből (elsőre) – beim ersten Mal, auf Anhieb.

elcuffol (lop, ellop) – stehlen, klauen, mopsen; *vgl.* cuffol

elcsakliz – 1. (elcsábít) verführen, verleiten; 2. (ellop) stehlen.

elcsen (lop) – klauen, mitgehen lassen, mopsen; *auch:* csen.

elcsesz – 1. (elront, tönkretesz) kaputt machen, ruinieren; 2. (baklövést csinál) *etw.* in den Sand setzen, verpfuschen, versauen.

elcsinál: *elcsinál egy gyereket* (abortuszt végez) = abtreiben, ein Kind »wegmachen« [*vulg.*].

elcsíp (elfog) – erwischen, schnappen.

elcsór (elcsen) – mitgehen lassen, (weg)klauen, (weg)stibitzen.

elcsöpög (nagyon tetszik, örül *vminek*) – in *etw./jdn* vernarrt sein.

elcsöppen (nagyon tetszik, örül *vminek*) – in *etw./jdn* vernarrt sein.

eldob: *eldobja a nyulat* = 1. (hány) (sich er)brechen, kotzen; 2. (önkielégítést végez) sich selbst befriedigen, masturbieren; *eldobja a rókabőrt* (hány) = (sich er)brechen, kotzen; *eldobja magát (a röhögéstől)* (nagyon nevet) = sich schieflachen.

eldől – 1. (megbukik) durchfallen; 2. (rendőrkézre kerül) der Polizei in die Hände fallen, ins Netz gehen.

eldönget – 1. (alaposan elver) kräftig verprügeln, verdreschen; 2. (elfut) abhauen, verduften.

eldugul: *dugulj el!* (hallgass!) = halt die Klappe! [*eldugul* eigentl. = »sich verstopfen«].

eldumál (kifecseg véletlenül) – sich verplappern, *etw.* ausplaudern.

eldumálgat (beszélget, társalog) – plaudern, sich unterhalten; *auch:* dumálgat.

eldurran: *eldurran az agya* (dühös lesz) = wütend werden, sich aufregen; *auch: eldurran az agya/a feje.*

eldzsal (elmegy valahonnan) – verschwinden, sich verziehen [*vgl.* dzsal].

eldzsalózik (elmegy valahonnan) – abhauen, verduften.

eldzsesszel (elmegy valahonnan) – verschwinden, sich verziehen.

elefánt (felesleges harmadik személy szerelmes pár mellett) – der für ein Pärchen überflüssige Dritte [*vgl.* das Taktgefühl des Elefanten im Porzellanladen – ungar. *elefánt a porcelánboltban* !]

elefes! (káromkodás, a »*lófasz a seggedbe!*« rövidítése) – *Kräftiger Fluch, Abkürzung von* »*lófasz a seg-*

gedbe!« (etwa: »einen Pferdepenis in deinen Arsch!«).
elég: *elég a szövegből!* (hallgass!) = halt die Schnauze! [»genug geschwätzt!«].
elégsegges (elégséges) = »Ausreichend« [»Zwei« – *zweitschlechteste Note in der ungar. Schule*; Wortspiel mit *elégséges* »Ausreichend« und *segg* »Arsch«].
elejt: *elejti a gépet* (karambolozik, tönkretesz autót) = (*sein Auto*) zu Schrott fahren.
elélvez (kielégül, ejakulál) – Orgasmus haben, ejakulieren; *auch:* élvez.
elem (férfi) – Mann.
elemel (lop, ellop) – stehlen, klauen.
elenged: *elengedi fülét-farkát* = 1. (pihen, kikapcsolódik) ausruhen, abschalten; 2. (szomorú lesz) traurig werden [wörtl.: »Ohren und Schwanz hängen lassen«].
elereszt – 1. (kielégül, ejakulál) (*vom Mann*) Orgasmus haben, ejakulieren, »kommen«; 2. *elereszt egy pingvint* (szellent) = furzen, einen fahren lassen; 3. *ereszti magát* (pihen, kikapcsolódik) = ausruhen, abschalten; 4. *ereszti fülétfarkát* (elcsügged) = den Mut verlieren, den Kopf hängenlassen; 5. *jól van eresztve* (gazdag) = betucht, reich [wörtl.: »loslassen, entlassen«].
életművész (ügyeskedő ember) – Lebenskünstler [*oft pejor.*].
elfogy: *elfogyott a nafta* (kimerült, nincs több energiája) = erschöpft, kraftlos [wörtl.: »das Benzin ist alle«].
elföldel: *elföldeli az antennát* (vizel – *férfi*) – pinkeln (*Mann*) [wörtl.: »die Antenne erden«; *vgl*. antenna (= Penis)].

elfuserál (elront, tönkretesz) kaputt machen, ruinieren [< dt. *pfuschen, verpfuschen*].
elfuserált (hülye) – verrückt.
elfut (megtép) – rupfen, zupfen.
elfűrészel (áskálódik *vki* ellen) – intrigieren gegen *jdn*.
elfüstöl – 1. (száguld – *kocsival*) rasen (*mit dem Auto*); *vgl*. füstöl; 2. (elfut) verschwinden, abhauen, verduften.
elgáncsol (megbuktat) – (*einen Schüler*) durchfallen lassen [*Schülerspr.*].
elgázol (legyőz) – besiegen, schlagen.
elgereblyéz (rendez, megold) erledigen, in Ordnung bringen, bereinigen [< *gereblyéz* »rechen«; zu *gereblye* »Rechen, Harke«].
elgrattol (elfut) – davonlaufen, flüchten [< dt.; *vgl*. grattol, krautol, elkrautol].
elhajlás (kicsapongás) – ausgelassene Feier, Gelage, Sauferei.
elhajol (kicsapong) – ausgelassen feiern, zechen.
elhappol *vmit/vkit* – 1. (megkaparint) ergattern, erwischen, wegschnappen; 2. (ellop) stehlen, klauen [< dt. *happen* »zubeißen, mit dem Mund nach *etw*. schnappen«; *vgl*. *Happen; happig* (ursprüngl.=) »gefräßig«].
elhasal (megbukik – *iskolában*) – durchfallen, sitzenbleiben, durchrasseln (*in der Schule*).
elhegedül: *elhegedüli a nótáját* = 1. (jól beolvas *vkinek*) es *jdm* zeigen; *jdm* zeigen, wo's langgeht; *jdn* Mores lehren; *jdm* einheizen; 2. (megver, összever) *jdn* verprügeln, verdreschen [wörtl.: »das Lied heruntergeigen«].
elhint (kifecseg) – sich verplappern, *etw*. ausplaudern.

elhirigel (megver, összever) – verprügeln, verdreschen; *vgl.* hirigel.

elhokkol (a kártyát eltüntet) – (*beim Kartenspiel*) Karte verschwinden lassen [*vgl.* dt. Rotw. *weghacken* »wegwerfen«?].

elhordja magát (eltakarodik) – sich fortscheren, verschwinden; *hordd el magad!* (takarodj el!) = verschwinde! hau ab! zieh Leine!

elhúz – 1. (elfut) davonlaufen, abhauen; *elhúzza a belét/a bélést/a csíkot* (elmegy, eloson) = verduften, Leine ziehen, sich aus dem Staub machen; 2. (siet, rohan) eilen, hasten, rennen; 3. (megbuktat) (*einen Schüler*) durchfallen lassen [*Schülerspr.*].

éli (zsebkés) – Taschenmesser [< *éles* »scharf«].

eligazít (rendreutasít) – zurechtweisen, zusammenstauchen, zusammenscheißen.

elintéz (megöl) – jdn ermorden, umbringen, abmurksen [wörtl.: »erledigen«].

eliszkol (eloson, elmegy) – sich davonstehlen, davonmachen.

eljár: *eljár a pofája/az etetője* (kifecseg véletlenül) = sich verplappern, etwas ausplaudern.

elkajmol (megszerez, elcsal, elcsábít) – *jdm etw.* abluchsen, stibitzen.

elkajmóz (megkaparint) – ergattern, erwischen, (weg)schnappen.

elkalapál – 1. (legyőz) besiegen, schlagen; 2. (elver *vkit*) jdn verdreschen, vermöbeln.

elkámpicsorodik (elcsügged) – den Mut verlieren, den Kopf hängenlassen.

elkámpicsorodott (szomorú) – traurig.

elkap – 1. (elfog) erwischen, festnehmen, fangen; 2. *elkapja egy fordulóra* (szid) = mit *jdm* ein Hühnchen rupfen.

elkapar (*vkit* eltemet) – (*einen Toten*) begraben, verscharren; *auch:* bekapar.

elkáposztázik (elfut) – davonlaufen, flüchten.

elkeccsel (elvisz) – wegtragen, wegnehmen; *auch:* elkeccsöl.

elken (*vmit* kellemetlen vagy üldözendő cselekmény káros következményeitől érdekből vagy barátságból óv, megment) – *etw.* vertuschen.

elkenődik – 1. (szomorú lesz) traurig werden; 2. (összeroppan idegileg) Nervenzusammenbruch bekommen.

elkenődött (szomorú) – traurig.

elkeskenyedik (elcsügged) – den Mut verlieren, den Kopf hängenlassen.

elkészül (kimerül) sich verausgaben; *auch: elkészül az erejével.*

elknasszol (elítél) – verurteilen [zu Rotw. *knassen* »bestrafen« < jidd. *knass* »Geldstrafe«; *vgl.* dt. *Knast*].

elklopfol (megver, összever) – verprügeln, verdreschen, vermöbeln [< dt. *(ver)klopfen*].

elkommunizál (lop, ellop) – stehlen, klauen, mopsen [wörtl.: »vergesellschaften«; *wurde iron. schon im Sozialismus so gebraucht, auch nach der Demokratisierung noch verwendet*].

elkótyavetyél – 1. (áron alul elad) *etw.* verschleudern, verhökern; 2. (elpazarol) (*Geld*) zum Fenster rausschmeißen, verjubeln [< sb-kr. dial. *kočeveče* »Versteigerung, Auktion«].

elkotyog (kifecseg) – sich verplap-

pern, *etw.* ausplaudern; *auch:* kikotyog.
elköltözik: *elköltözik az örök vadászmezőkre* (meghal) = sterben, »in die ewigen Jagdgründe eingehen«.
elköp – 1. (elárul) verraten; 2. (megvall) gestehen; 3. (kifecseg, elszólja magát) sich verplappern, *etw.* ausplaudern.
elköt: *elköti a borjút* (hány) = (sich er)brechen, kotzen [wörtl.: »das Kalb festbinden«]; *elköti a gatyáját is* (sokat költekezik, pazarol) = sein Geld verjubeln [wörtl.: »auch noch die Unterhose festbinden«].
elkrautol (elfut) – davonlaufen, flüchten; *s.* krautol.
elkúr (elront, tönkretesz) – kaputtmachen, ruinieren, versauen.
elkurvul – 1. (fegyelmezetlenné, rendetlenné, közönségessé válik) unaufmerksam, unordentlich, ordinär werden; 2. (kurva lesz) eine Hure werden.
elkussol (*kül. félelmében/szégyenében* hallgat) – (*bes.* verängstigt oder verlegen) verstummen, ruhig werden; *vgl.* kuss!, kussol [zu dt. *kuschen* < fr. *coucher*].
elküld: 1. *elküld az erdőbe* (becsap, rászed) = betrügen, übers Ohr hauen [wörtl. »in den Wald schicken«] ; *elküld túróért* (becsap, rászed) = betrügen, übers Ohr hauen [wörtl.: »wegschikken, um Quark zu holen«]; 2. *elküld az örök vadászmezőkre* (megöl) = umlegen, abmurksen, kaltmachen [wörtl.: »in die ewigen Jagdgründe schicken«].
ellazsnakol (elver, elpáhol) – verprügeln, vermöbeln; *auch:* lazsnakol.

ellép (elfut, megszökik) – sich aus dem Staub machen, verduften, sich verziehen.
elliftel (elfut) – davonlaufen, abhauen.
ellóg – 1. (elszökik, megszökik) flüchten, abhauen, sich aus dem Staub machen; 2. (munkából) munkát kerül, lazsál) sich um die Arbeit drücken, faulenzen, herumhängen, herumgammeln.
ellő – 1. (elront, tönkretesz) kaputtmachen, ruinieren, versauen; 2. *ellövi a patront* (ejakulál) = (vom Mann) Orgasmus haben, ejakulieren [wörtl.: »ab-, verschießen«].
elmakéz (eldug) – *etw.* verstecken.
elmakiz *s.* elmakéz.
elmar *vmit/vkit* (elvesz, ellop, megkaparint) wegnehmen, stehlen, klauen.
elmáráz (megver) – schlagen, verprügeln.
elmárol (megver) – schlagen, verprügeln.
elmegy – 1. (elélvez) »kommen« (beim Orgasmus); *auch: elmegy a hajó*; 2. *elmegy a Péterkéje* (elcsügged) = den Mut verlieren, den Kopf hängen lassen.
elmeroggyant (bolond, őrült) – verrückt, närrisch, dumm.
elmuftol (elköltözik) – umziehen, wegziehen.
elmuzsikál – 1. (elpazarol) (*Geld*) zum Fenster rausschmeißen, verjubeln; 2. *elmuzsikálja magát* (baklövést csinál) = *etw.* versieben, in den Sand setzen.
elnáspángol (megver, összever) – verprügeln, verdreschen, vermöbeln.
elnyal (esik, elesik) – hinfallen; *auch:* nyal.

elnyomó (tanár) – Lehrer [*Schülerspr.*; wörtl.: »Unterdrücker«].

elokádja magát (undorodik) – sich ekeln, *etw.* kotzt einen an.

eloson (eltűnik) – verschwinden, abhauen, sich davonmachen.

előfordul (van, megjelenik, él, létezik) – vorhanden sein, existieren, leben.

előás (előkeres) – *etw.* auskramen, hervorkramen.

előjön (előáll *vmivel*) – mit einer Sache kommen, herausrücken.

előkelő: *előkelő jegy* (elégséges) = »Ausreichend« (»Zwei« – *zweitschlechteste Note in der ungar. Schule*).

előkotor (előkeres) – *etw.* auskramen, hervorkramen.

elönt: *elönti a vörös köd* (dühös lesz) = wütend werden, sich aufregen.

előny (női mell) - weibliche Brust [*bes. Jugendspr.*; eigentl.: »Vorteil«; hier aber wohl spielerisch gebraucht für »etwas, was auf der Vorderseite, vorn (*elő, elől*) ist«].

előrukkol – 1. (habozás után előáll) (schließlich) mit *etw.* herausrücken (z.*B. mit der Wahrheit*); 2. (kelletlenül elővesz) (*widerwillig*) herausgeben; *rukkolj elő a pénzzel* = rück das Geld schon raus!; *auch*: kirukkol [zu dt. *herausrücken*].

elővezet: *elővezeti magát* (színlel) = *etw.* vortäuschen, heucheln, vorgeben.

elpaccol (elront) – verpatzen, versieben, versauen [< dt. *patzen*].

elpackál (elront) – verpatzen, versieben, versauen; *vgl.* elpaccol.

elpáhol – 1. (legyőz) besiegen, schlagen; 2. (ver, megver, összever) schlagen, verprügeln.

elpárolog (eltűnik) – verschwinden, verduften, türmen; *párologj el!* (tünj el!) = verschwinde, zieh Leine! [wörtl.: »verdampfen, verdunsten«].

elpasszol – 1. (elad) verkaufen; *vgl.* passzol; 2. (elszalaszt, elmulaszt) versäumen, verpassen [dt.; *vgl.* passzol].

elpaterol – 1. (elküld *vkit*, megszabadul *vkitől*) jdn wegschicken, *jdn* loswerden; 2. (megöl) töten, umbringen; 3. (továbbad *vmit*) *etw.* weitergeben; 4. (elad) verkaufen; 5. (cipel) schleppen, schwer tragen [< jidd. *patern* »erlöst werden, *etw./jdn* loswerden«].

elpatkol (meghal) – sterben, abkratzen, hopsgehen.

elpattant (elad) – verkaufen.

elpattint (elad) – verkaufen.

elpénecol (elűzi, elrontja a szerencsét) *jdn* fertigmachen, vertreiben, verjagen [zu jidd. *penez* »Knoblauch«?].

elpenget (elpazarol) – (*Geld*) zum Fenster rausschmeißen, verjubeln.

elperecel (esik, elesik) – hinfallen, auf die Schnauze fallen; *auch*: perecel.

elpiál (eliszik) – vertrinken, versaufen; *jdm etw.* wegtrinken; *s.* piál.

elpityeredik (sír) – weinen, flennen, greinen, heulen.

elpletykál (kifecseg) – sich verplappern, *etw.* ausplaudern; *auch*: kipletykál.

elpocsékol (elpazarol) – (*Geld*) zum Fenster rausschmeißen, verjubeln.

elpofázik (kifecseget) – sich verplappern, *etw.* ausplaudern; *auch*: pofázik.

elporol – 1. (elmegy) weggehen; 2. (elrohan) wegrennen; 3. (legyőz) *jdn* besiegen; 4. (megver, összever) schlagen, verprügeln.

elpörköl (elfut) – verduften, abhauen.

elprédál (elpazarol) – (*Geld*) zum Fenster rausschmeißen, verjubeln.

elpucol – 1. (elsiet, elrohan) wegrennen; 2. (elszökik) abhauen, verschwinden, verduften; *vgl.* pucol.

elpukkan (ejakulál) – (*vom Mann*) Orgasmus haben, ejakulieren.

elpuskáz – 1. (elront) verpfuschen, versieben, kaputtmachen, ruinieren; 2. (mohón eszik) aufessen, verputzen, fressen.

elpüföl (ver, megver, összever) – schlagen, verprügeln.

elrak (ver, megver, összever) – schlagen, verprügeln.

elraktároz (börtönbe zár, lecsuk) – jdn ins Gefängnis sperren, einsperren, einbuchten [wörtl.: »einlagern«].

elránt (megbuktat tanulót) – (*einen Schüler*) durchfallen lassen [*Schülerspr.*].

elrinyóz (osztozkodik) – *etw.* aufteilen.

elrollozik (eldug) – *etw.* verstecken.

elsimlizik – 1. (elfut) davonlaufen, flüchten; 2. (kibújik *vmi* alól) sich vor *etw.* drücken, sich herausreden [*vgl.* dt. Rotw. *schimmeln (gehen)* »davongehen«; *vgl.* simli].

elsír *vmit* (panaszkodik) – *etw.* bejammern, beklagen.

elslisszol (eltűnik) – verschwinden, abhauen, sich davonmachen.

elsóz – 1. (ügyeskedve elad) *jdm etw.* (*schlechte Ware usw.*) unterjubeln, aufschwatzen; 2. (áron alul elad) unter Wert verkaufen, verschleudern, verhökern.

elsöpör (elrohan) – davonrennen, schnell abhauen.

elspurizik (elfut, elmenekül) – fliehen, abhauen, türmen; *auch:* spurizik [< dt. Rotw. *spuren* »gehen, weggehen«].

elstartol – 1. (elmegy) weggehen, aufbrechen; 2. (elrohan) davonlaufen, wegrennen [< dt. *starten* < engl. *to start*].

elsül – 1. (ejakulál) (vom Mann) Orgasmus haben, ejakulieren; *auch: elsül a farka/a fasza*; 2. *elsült a keze* (ügyes) = geschickt, trickreich.

elsüt – 1. (ügyeskedve elad) (*Waren*) losschlagen, loswerden; 2. *elsüt viccet* (hatásvadászón viccet mond) = einen Witz reißen.

elszab (elhibáz, elront) – kaputtmachen, versieben, versauen [wörtl.: »(*Stoff, ein Kleid usw.*) verschneiden«].

elszajrézik (lop, ellop) – stehlen, klauen; *vgl.* szajré.

elszalad: *elszalad a ló* vkivel (elbizakodik) = übermütig werden, »der Gaul geht mit einem durch«.

elszáll (kábítószer hatása alatt van, éppen hat rá a kábítószer) – unter Drogen, »high« sein.

elszar – 1. (elront) ruinieren, vermurksen, versauen; *elszarja a kalapácsnyelet* (baklövést csinál) = *etw.* versieben, Murks bauen; 2. *elszar pénzt* (pénzt költekezik, veszít) = (sein) Geld verjubeln, loswerden, verlieren.

elszaródik (elromlik) – kaputtgehen, vor die Hunde gehen.

elszaródott (elromlott) – kaputt, »im Arsch«.

elszelel (elfut, elmenekül) – fliehen.

elszipkáz (megszerez, elcsal, elcsábít) – sich *etw.* verschaffen, *jdm etw.* abluchsen, stibitzen.

elszliácsol (elárul, elfecseg) – verraten, verplappern, verplaudern; *s.* szliácsol; *vgl.* elköp.

elszocializál *vmit* (ellop *vmit*) – *etw.* stehlen, klauen [wörtl.: »sozialisieren, vergesellschaften«].

elszól: *elszólja magát* (szellent) = einen fahren lassen, furzen [wörtl.: »sich versprechen, sich verplappern«].

elszontyolodik: *el van szontyolodva* (szomorú) = niedergeschlagen, traurig (sein).

elszövegel(get) (beszélget, társalog) – sich unterhalten, plaudern.

elszúr (elront, elhibáz *vmit*) *etw.* versieben, versauen; *elszúrta a vizsgát* = hat die Prüfung vermasselt.

eltájol: *eltájolta magát* (eltévedt) = sich getäuscht haben; *el van tájolva* = im Irrtum sein, auf dem Holzweg sein [wörtl.: »sich verirren«].

eltakarít (mohón, gyorsan eszik) – (*Essen*) in sich reinstopfen, fressen [wörtl.: »wegpacken, aufräumen«; *leicht altmod. bzw. iron. auch:* »beerdigen«].

eltaknyol (esik, elesik) – fallen, hinfallen.

eltángál (elver, összever) – verprügeln, verdreschen, vermöbeln.

eltanyázik (esik, elesik) – fallen, hinfallen.

eltanyol (esik, elesik) – fallen, hinfallen.

eltapsol – 1. (elmulat) sich vergnügen; 2. (sokat költekezik) Geld verschwenden, verjubeln.

eltép (elsiet, elrohan) – weglaufen, wegrennen.

eltesz: *eltesz láb alól* (megöl) = *jdn* umbringen, umlegen.

eltiplizik (elesik) – fallen, hinfallen; *vgl.* tiplizik.

eltol (elront, tönkretesz) – kaputtmachen, ruinieren, versauen.

eltotojáz (hibázik) – sich verrechnen, sich vertippen.

eltökít (elront, tönkretesz) – kaputtmachen, ruinieren, versauen.

eltrécsel (tereferél) – (*Zeit*) vertratschen, mit Klatsch und Tratsch verbringen; *s.* trécsel, traccsol, traccs; *nem szabad eltrécselnem az időt* = ich darf die Zeit nicht vertratschen [dt.].

eltűnik: *eltűnik, mint a szürke szamár a ködben* (nyomtalan eltűnik) = spurlos verschwinden [wörtl.: »verschwinden wie der graue Esel im Nebel«].

eltüntet (mohón eszik) – aufessen, auffressen [wörtl.: »verschwinden lassen«].

eltűz (gyorsan elmegy) – schnell davonlaufen, davonrennen.

elüt: *elüti a fűnyíró* (hajat vágat) = die Haare geschnitten bekommen [wörtl.: »vom Rasenmäher überfahren werden«].

elvág *vkit* – 1. (szándékosan árt) *jdm* absichtlich schaden, *jdn* reinlegen; 2. (megbuktat tanulót) (*einen Schüler*) durchfallen lassen.

elvágódik (megbukik) – (*in der Schule*) durchfallen.

elvaker (kifecseg – *véletlenül*) – sich versprechen, verplappern.

elvakerál (beszélget, társalog) – sich unterhalten, plaudern.

elvamzol (elárul, besúg) – verraten, verpfeifen.

elvarázsolt (bolondos, furcsa, különös) – merkwürdig, närrisch, komisch.

elvarnyúz (elcsábít) – verführen (*auch im sexuellen Sinn*).

elver (költekezik) – Geld verschwenden, verjubeln.

elvermel (mohón eszik) – gierig essen, sich vollstopfen, fressen.

elveszt: *elveszti a gatyáját* (veszíti a pénzét) = sein ganzes Geld verlieren, pleite gehen [wörtl.: »seine Unterhose verlieren«].

élvez (kielégül, ejakulál) – Orgasmus haben, ejakulieren; *auch:* elélvez.

elvisz: *elviszi a balhét* (vállalja felelősséget *vmiért*) = *etw.* auf seine Kappe nehmen; *elviszi az ördög* (elpusztul) = vor die Hunde gehen [wörtl.: »der Teufel holt einen«].

elzabrál (lopva v. rabolva szerez, fosztogat) – (*durch Diebstahl oder Raub*) organisieren, beschaffen; plündern; *auch:* zabrál.

elzavar – 1. (elküld *vmit*) *jdn* verscheuchen, wegjagen, rausekeln; 2. (elutasít) *jdn* abweisen, abwimmeln.

elzúg – 1. (esik, elesik) fallen, hinfallen; 2. (megbukik – *az iskolában*) (*in der Schule*) durchfallen, durchrasseln.

elzsongít: *elzsongítja az agyát* (szédít, ámít) = betrügen, übers Ohr hauen.

emancika (nő, aki az egyenjogúságért harcol) – Emanze [zu *emancipáció*; gleichzeitig Wortspiel: *e Mancika!* »diese Mancika!« – *Mancika* ist Koseform von *Magdolna, Margit* und *Mária*].

emancipunci (nő, aki az egyenjogúságért harcol) – Emanze [*emancipált* + *punci*].

ember – 1. (férfi) Mann, Kerl [*bes. Jugendspr.*]; 2. (száz) hundert; 3. (százas, százforintos bankjegy) Hundertforintschein.

embersintér (orvos) – Arzt [wörtl.: »Leuteschinder«].

emel (lop) – stehlen.

emelet: *baj van az emeleten* (buta, hülye) = (*jmd* ist) verrückt, bescheuert; *hiányzik vmi az emeleten* (buta) = dumm, dämlich.

emeletes: *emeletes paraszt/zsaru* (lovas rendőr) = berittener Polizist.

eménk (a miénk) – das unsrige, unseres [ursprüngl. wohl Dialektform; *vgl.* in der Mundart der Paloczen (*palócok*) in Nordungarn *emménk* (standardsprachlich *a miénk*) »das unsrige«, *ettétëk* (standardsprachlich *a tietek*) »das eure« mit *e/ez* für *a/az*; *vgl.* eték).

emesz! (úgy van!, igaz!) – so ist es!, richtig! [< jidd. *emess* »Wahrheit, wahr«].

emésztőgödör (falánk ember) – Vielfraß, Freßsack.

emésztőhely (vécé) – WC, Klo.

eminenciás (okos diák) – guter Schüler [*Schülerspr.*; von der alten Bezeichnung *eminencia* für die Note »Sehr gut«].

énekel (vall) – (*beim Verhör*) gestehen [wörtl.: »singen«].

englis (kirakat) – Schaufenster; *vgl.* angol.

enyves: *enyves a keze* (lopós) = diebisch, kleptomanisch; *auch:* enyveskezű [enyves wörtl. »leimig, klebrig«; *etw.* bleibt einem an der Hand kleben].

enyveskezű (lopós) – diebisch, kleptomanisch [*s. enyves (a keze)*].

epeömlés: *epeömlést kap vmitől* (dühös lesz) = wütend werden, sich aufregen über *etw.* [wörtl.: »einen Gallenerguß bekommen«].

epl *s.* epli; *epl dever!* (ne beszélj! hallgass!) = sprich nicht! schweig! – *vgl.* laf, nyivó.

epli – 1. (nem, ne) nicht; 2. (semmi) nichts; 3. (tűnj el!) hau ab! verschwinde! [zu Rotw. *äppel, eppel* »Nichtiges«; *vgl.* alma!].

eper: *epret szed* (kártyán nyer) – beim Kartenspiel gewinnen [wörtl.: »Erdbeeren sammeln«].

erdő: *erdőbe küld/visz* (becsap, félrevezet) = *jdn* reinlegen, täuschen, in die Irre führen; *auch:* elküld az erdőbe, (meg)erdőz.

erdőz (becsap, félrevezet) = *jdn* reinlegen, täuschen, in die Irre führen; *auch:* (el)küld az erdőbe, megerdőz.

ereget (szellent) – furzen, einen fahren lassen.

ereszt: *ereszt egyet* (szellent) = furzen, einen fahren lassen; *vgl.* elereszt 2.

érez: *érzi a vizeletéből* (van egy megérzés) = ein Gefühl, eine Ahnung haben; »etwas im Urin spüren«.

ergya – 1. (rossz) schlecht; 2. (gyenge fizikumú) körperlich schwach gebaut; *ergya hapsi* (gyenge férfi) = Schwächling [< cig. *erdyavo* »schlecht«].

érik: *érik a lecsó/a paradicsom* (menstruál) = die monatliche Regel haben, die Tage haben.

ero: *ero cicus* (vonzó, szexis nő) – attraktive, sexy Frau [ero < *erotikus* »erotisch«; *vgl.* cicus].

erpé (kábítószereknél a recept; az r.p. rövidítése) – (*bei Drogenabhängigen Bezeichnung für*) Rezept [< Abkürzung r. p. = recipe].

ért: *érti a csíziót* (ismeri a helyzetet, tájékozott) = sich auskennen, wissen, wo's langgeht; *érti a dörgést* (megérti a helyzetet) = Bescheid wissen; wissen, wo der Barthel den Most holt; *érti, hogy honnan fúj a szél* (megérti a helyzetet) = wissen, woher der Wind weht.

estike (utcalány) – Prostituierte [wörtl.: »Nachtviole«].

ész (okos ember) – Schlaumeier; *auch: az ész* [wörtl.: »Verstand«].

eszcájg (evőeszköz) – Besteck, Eßbesteck [< dt. *Eßzeug*].

észgyár (okos ember) – Schlaumeier, Klugscheißer [wörtl.: »Gripsfabrik«].

eszik (fogyaszt – üzemanyagot) – (*Benzin u. ä.*) brauchen, verbrauchen, »fressen« (vom Auto).

észkombájn (okos, okoskodó ember) – Schlaumeier, Klugscheißer [wörtl.: »geistiger Mähdrescher«]

észlény (rendkívül okos) – außergewöhnlich klug, gescheit.

eszméletlen (jó, remek) – *adj.* gut, prächtig [wörtl.: »bewußtlos«].

eszméletlenül (jól, csodásan) – *adv.* toll, prächtig, prima.

észraktár (fej) – Kopf [*Jugendspr.*; wörtl.: »Lager/Depot für den Verstand«].

észtánya (fej) – Kopf [*Jugendspr.*; wörtl.: »Schlupfwinkel/Unterkunft für den Verstand«].

észrtartály(fej) – Kopf [*Jugendspr.*; wörtl.: »Behälter für den Verstand«].

észtartó (fej) – Kopf [*Jugendspr.*; wörtl.: »Verstandhalter«].

észtemető (fej) – Kopf [*Jugendspr.*; wörtl.: »Friedhof für den Verstand«].

eték (övék) – das Ihrige, ihres [ursprüngl. wohl Dialektform; *vgl.* eménk].

etet – 1. (nem mond igazat) lügen; 2. *vkit* (becsapja) betrügen.

etető – 1. (száj) Mund; *jártatja az etetőjét* (kifecseg) = sich verplappern, *etw.* ausplaudern. 2. (rossz, piszkos étterem) schmutzige, schlechte Gaststätte.

etvasz (valami) – etwas, irgendetwas; *nem egy nagy etvasz* (elég rossz) = nicht besonders toll; [dt.].

etyeköl (közösül) – Geschlechtsverkehr haben.

etyepetye – 1. (tapogatás) Betasten, Befummeln; 2. (közösülés) Geschlechtsverkehr.

etyepetyél – 1. (szerelmeskedik) verliebt tun, turteln; 2. (közösül) Geschlechtsverkehr haben.

evakuál (ejakulál) – (vom Mann) Orgasmus haben, ejakulieren [wörtl.: »evakuieren«].

evészet (lakoma, lakmározás) – Fresserei, Freßgelage.

evez (a tömegben kezével utat nyitva [evezve] zsebtolvajlást követ el) Taschendiebstahl in einer Menge ausführen [wörtl.: »rudern«].

evező – 1. (kéz) Hand; 2. (láb) Bein, Fuß [wörtl.: »Ruder«].

evezős (zsebtolvaj) – Taschendieb [*s.* evez].

ex – 1. ex! (az egész pohár szeszes ital felhajtására buzdító felszólítás) Ex! (*Aufforderung zum Austrinken auf einen Zug*); 2. *exet iszik* (egy hajtásra kiissza a poharat) = auf »ex« austrinken, das Glas auf einen Zug austrinken.

explodál (dühében kitör) – Wutanfall bekommen, vor Wut »explodieren« [< dt. < lat.].

exportőr (nemzetközi tolvaj) international arbeitender Dieb.

extrém (bolondos, furcsa, különös) – merkwürdig, verrückt [< dt. < lat.].

ezer: *ezerrel kiabál* (nagyon hangosan kiabál) = ganz laut schreien [wörtl.: »mit tausend (*zu ergänzen:* Dezibel) schreien«].

ezredes (hazudozó, akinek csak minden ezredik szava igaz) – Lügner, bei dem nur jedes tausendste Wort wahr ist [*ezredes* eigentl.: Oberst; ursprüngl.: Führer von tausend Mann; *vgl.* százados].

F

fa (egyes osztályzat az iskolában) – »ungenügend« – *schlechteste Zensur in der Schule.*

fácán (úri nő) – *vornehme Dame* [wörtl.: »Fasan«].

facér – 1. (állástalan, munkanélküli) arbeitslos; Arbeitsloser; 2. (nőtlen fiatalember, illetve kísérő, udvarló nélküli nő) unverheirateter junger Mann; Frau ohne Begleiter oder Verehrer; 3. (igénybe nem vett, gazdátlan, heverő) nicht in Anspruch genommen, herrenlos, verfügbar; *ma este facér leszek* (... szabad leszek) = heute abend bin ich frei, habe ich nichts vor; 4. (nélkülözhető) überflüssig [< bair.-österr. *vazierend* »ohne Arbeit, arbeitslos« zu *vazieren* »arbeitslos sein; nicht in Anspruch genommen werden« < lat. *vacare* »leer sein, leerstehen«].

facéran (egyedül) – allein; *vgl.* facér.

fach – 1. (szakma) Fach-, Spezialgebiet; 2. (rekesz, fiók) Fach (*in Schrank oder Regal*); *auch*: fak, fakk [< dt. *Fach; vgl.* tschech. *fach, foch*; slowak. *fach*; poln. *fach* in gleicher Bed.].

fácó (arc) – Gesicht [< cig. *fáca* »dss.«; *vgl.* rum. *faţă* »dss.«].

fád (kedélytelen, unalmas) – gemütlos, ungemütlich, langweilig [< dt. *fad, fade* < fr. *fade; vgl.* tschech. *fádní*; slowak. *fádný*].

fafej (buta ember) – Dummkopf, Trottel [wörtl.: »Holzkopf«].

fafejű (makacs, önfejű) – dickköpfig, stur; *vgl.* kőfejű, betonfejű, vasfejű [wörtl.: »mit einem Holzkopf«].

faggyúz (megítél, megbírál) – beurteilen, kritisieren; *ezt faggyúzd meg!* (ide nézz! ehhez szólj!) = schau dir das an! Sag dazu deine Meinung! [wörtl.: »(mit Talg) ein-, beschmieren«].

fagyi (fagylalt) – Speiseeis.

fagylaltos (közlekedési rendőr) – Verkehrspolizist [wörtl.: »Eisverkäufer«].

faja (jó, remek, csodás) – gut, prächtig, toll.

fajankó (ostoba, mulya férfi) – Trottel, Dummkopf [ursprüngl. Bez. für Holzpuppe: *fa Jankó* »der hölzerne Johannes«].

fajbunkó (hímvessző) – Penis.

fajcsek (jó, remek, csodás) – gut, prächtig, toll.

fájintos (jó, remek, csodás) – gut, prächtig, toll.

fájront (a munkaidő vége, pihenő) – Feierabend [< dt. *Feierabend* in bair.-österr.Ausspr.].

fak *s.* fach.

fakabát (rendőr) – Polizist [wörtl.: »Holzmantel«; ursprüngl. Bez. für ein hölzernes Wachhäuschen, dann für den Polizisten, der darin Wachdienst tut; schließlich verallgemeinert].

fakezű (ügyetlen) – ungeschickt, tölpelhaft; *vgl.* falábú [wörtl.: »mit Holzhänden«].

fakír (nagy önuralommal rendelkező, érzéketlen alak) – *jmd,* der über eine große Selbstbeherrschung verfügt, gefühlloser Mensch [eigentl. indischer Asket, Gaukler < arab. *faqir* »arm«].

fakk *s.* fach.

fakó: *fakóban játszik* (tartalékban játszik – *sportban*) = Ersatz-, Auswechselspieler sein (*beim Sport*).

fakofferes (faragatlan ember) – ungehobelter Mensch, Grobian,

Flegel [*fa* »Holz« + (*s.*) koffer; dt. umgangsspr. *Koffer* (*auch:*) »Kopf«; *vgl.* kufferos].

fakszni (fontoskodás, szeszély, hóbort) Wichtigtuerei, Schrullen, Faxen [< dt. *Faxen*].

faksznizik – 1. (szeszélyeskedik) launisch sein, Faxen machen; *s.* fakszni; 2. (kényeskedik) zimperlich, wehleidig sein; sich zieren.

fakukac – 1. (asztalos) Tischler; 2. (a fatelep alkalmazottja, aki a szállítmányt ellenőrzi) Angestellter im Holzlager, der Lieferung und Transport überwacht [wörtl.: »Holzwurm«].

fal – 1. (álca, álcázás) Tarnung, Camouflage, Irreführung; *falat áll s.* falaz; *falból* (félrevezetésként, nem igazából, álcázásként) = irreführend, nicht der Wahrheit entsprechend, zur Tarnung; 2. (ál, nem valódi) falsch, nicht echt; *fal munka* (nem komoly munka) = keine ernste Arbeit; 3. *falhoz állít* (becsap, rászed) = betrügen, übers Ohr hauen [wörtl.: »*jdn* an die Wand stellen«]; 4. *vb.* (mohón eszik) fressen, verschlingen; 5. *fal mellett* (óvatosan) = adv. vorsichtig; *falra mászik* (dühöng, bosszankodik) = sich ärgern, aufregen, (*vor Wut*) »die Wand hochgehen«; *a falra lehet mászni tőle!* (ez tébolyító!) = es ist zum Verrücktwerden! es ist zum Die-Wände-hinaufklettern!; *falra megy* (lépre megy) = auf den Leim gehen, in die Falle gehen.

falábú (ügyetlen) – ungeschickt, tölpelhaft; *vgl.* fakezű [wörtl.: »holzbeinig«].

falaz – 1. (bűncselekmény elkövetése alatt bűntársként kint őrködik) während einer Straftat außen aufpassen, Schmiere stehen; 2. (elvonja az áldozat és a tanúk figyelmét) die Aufmerksamkeit des Opfers und der Zeugen ablenken; 3. (takar, »falat csinál«) (die Sicht) verdecken; 4. *vkinek* (álcaként szolgál *vki* számára) als Strohmann fungieren.

falazás (álca, álcázás) – Tarnung, Camouflage, Irreführung.

falazó (álcaként szolgáló; aki a valódi tevékenységről a figyelmet eltereli) – Strohmann; *jmd*, der die Aufmerksamkeit vom wirklichen Geschehen ablenkt.

falcol (szökik, elszökik) – fliehen, ausreißen; *vgl.* befalcol, lefalcol [zu dt. *falzen*?].

falduma (halandzsa, mellébeszélés) – Geschwätz, Ausflüchte, Ausreden.

falkavezér (osztályfőnök) – Klassenleiter (*Schule*) [wörtl.: »Rudelführer«; Schülerspr.].

fallmacher (a hamiskártyások társa, aki az áldozatoknak kedvet csinál a játékhoz) – Komplize des Falschspielers, der die Opfer zum Spielen ermutigt [dt.].

falmelléki (halandzsa, mellébeszélés) – Geschwätz, Ausflüchte, Ausreden.

fals (hamis, nem igazi) – falsch, unecht [< dt. *falsch*].

falurádió (pletykás, fecsegő ember) – Schwätzer [wörtl.: »Dorfradio«; *bes. Jugendspr.*].

família (család) – Familie [< lat. *familia*; *bes. Schülerspr.*].

fantázia (haszon) – Gewinn, Profit.

fapados – 1. (fogda) Gefängnis; 2. (rossz, silány) schlecht, mies.

fapicsa (frigid nő) – frigide Frau.

fapina (frigid nő) – frigide Frau.

fapofa (kifejezéstelen arc) – ausdrucksloses Gesicht, Pokerface [wörtl.: »Holzvisage«].

fáradt gőz (vizelet) – Urin [wörtl.: »müder Dampf«].

faramuci – 1. (furcsa, nem egyenes jellemű, alattomos) merkwürdig, hinterlistig, heimtückisch; *faramuci alak* = komische, suspekte Gestalt; 2. (nyakatekert, gyanúsan bonyolult) verzwickt, verdreht, verwickelt; *faramuci ügy* = heikle Angelegenheit, verzwickte Sache [< it. *fare ammusire*?].

farba – 1. (szín a kártyában) Farbe beim Kartenspiel; 2. (lényeg) das Wesentliche; *elő a farbával* = »zur Sache!, raus damit!«; *előáll a farbával* (szint vall) = Farbe bekennen [< dt. *Farbe*; zu 2. *vgl.* »Farbe bekennen«].

faricska (technika) – Werken [*Schulfach; Schülerspr.*].

farkas (detektív) – Detektiv.

farmis (farmer) – Blue jeans, Jeans [< *farmer*].

farmos (farmer) – Blue jeans, Jeans [< *farmer*].

farok (hímvessző) – Penis [wörtl.: »Schwanz, Schweif«].

farokbálint (buta ember) – Trottel, Dummkopf.

fárol (utazik, szökik) – verreisen; fliehen, ausreißen [< dt. *fahren*].

faros (farmer) – Blue jeans, Jeans [*vgl. far* »Hintern« und *farmer* »Jeans«].

fartúró (homoszexuális férfi) – Homosexueller, Homo, Schwuler [*vulg.*].

fasé: *faséban* (haragban) = wütend [*Etymologie s.* fasírt].

fasi (férfi) – Mann, Kerl [*bes. Jugendspr.*].

fasírt – 1. (darált hús) Hackfleisch; 2. *fasírt(ban) van* vkivel (neheztel vkire, haragban van *vkivel*) – auf *jdn.* böse sein [in Bed. 2: Vermengung von franz. *être fâché* »wütend sein« (*s.* fasé!) und dem aus dem Französischen eingedeutschten Wort *Faschiertes* = Hackfleisch].

fásli (kötözőpólya) – Wickelbinde (*zum Verbinden von Verletzungen*) [< bair.-österr. *Fasche, Faschl, Fatsch(e)*].

fásliz (pólyáz) – (*Wunde*) verbinden; *s.* fásli.

fasz – 1. (hímvessző) Schwanz, Penis; 2. (buta ember) Dummkopf, Trottel; 3. (ellenszenves ember) Scheißkerl [*vulg.*].

fasza (nagyszerű, megfelelő) – sehr gut, ausgezeichnet; prächtig, stramm, deftig; fasza! = toll; *egy fasza manus* (rendes ember) = er ist in Ordnung.

faszagányos (jó, remek, csodás) – gut, prächtig, toll.

faszállító (kihívó) – (*von einer Frau*) provozierend, auffordernd, einladend (zu sexuellem Kontakt) [Wortspiel; normale Bedeutung: »Holzlieferant« zu *faszállítás* »Holzlieferung«; durch entsprechende Silbentrennung *fasz-állító* umgedeutet: »den Penis zum Stehen bringend«].

faszályos (jó, remek, csodás) – gut, prächtig, toll.

faszán *adv.* (jól, csodásan) – toll, prächtig, prima; *faszán érzi magát* = 1. (egészséges, jól érzi magát) kerngesund sein, sich pudelwohl fühlen; 2. (jól szórakozik) sich prächtig amüsieren.

faszari – 1. (zsugori) geizig; 2. (zsugori ember) Geizkragen, Geizhals.

faszául (jól, csodásan) – *adv.* toll, prächtig, prima.

faszfej – 1. (buta ember) Dummkopf, Trottel; 2. (szarházi) Arschkopf, Scheißkerl [*vulg.*].

faszi (férfi) – Mann; *érdekes faszi* = interessanter Typ [< fasz].

faszinger (férfi) – Mann; *jó faszinger* (megbízható barát) = guter, verläßlicher Freund; *vgl.* faszi.

faszkalap – 1. (ellenszenves ember) unsympathischer Mensch, Scheißkerl; 2. (tehetetlen ember) hilfloser Mensch, Tolpatsch.

faszogányos (remek, csodás) – toll, prächtig, prima.

faszol – 1. (átvesz, vételez) übernehmen, in Empfang nehmen, bekommen; (*Essen*) fassen; 2. (kikap verést) sein Fett abbekommen, Prügel beziehen; 3. (szidást kap) ausgeschimpft, zusammengestaucht, zusammengeschissen werden [< dt. *fassen*].

faszoskodás (fejetlenség, zűrzavar) – Verwirrung, Durcheinander, Tohuwabohu, Chaos.

faszoskodik – 1. (bolondozik) herumalbern, herumblödeln, Quatsch machen; 2. (ügyetlenkedik) sich ungeschickt benehmen, tapsig sein, herumhampeln.

faszpörgettyű (kicsi, alacsony nő) – kleingewachsene Frau.

faszság – 1. (badarság) Dummheit, Blödsinn, Quatsch; 2. (hiba, baklövés) Fehler, Schnitzer.

faszszopó – 1. (ellenszenves, utált) unsympathisch, eklig, »beschissen«; 2. (ellenszenves ember) unsympathischer Typ, Scheißkerl; 3. (homosexuális férfi) Homosexueller, Schwuler.

fasztarisnya (könnyelmű nő) – leichtfertige Frau, Schlampe.

faszul *adv.* (ügyetlenül) – ungeschickt, tapsig.

faszverő (önkielégítő férfi) – Onanist, »Wichser«.

fater – 1. (apa) Vater; *faterom* = mein Vater; 2. (férfi) Mann, Kerl [< dt. *Vater*]

fati (apa) – Vater [< dt. *Vati*]

fatig (pénze, ereje végére jutott) mit dem Geld bzw. mit seiner Kraft am Ende sein; *fatig vagyok!* (nincs egy krajcárom sem!) = Ich habe keinen Pfennig! Ich bin völlig pleite! [< dt. *fertig* oder franz. *fatigué*?]

fatkó (apa) – Vater [< fater].

fatökű – 1. (impotens) impotent [wörtl.: »mit einem Holzpenis«]; 2. (ügyetlen) ungeschickt, tolpatschig.

fatyó (apa) – Vater [< fater].

favágás (nehéz, unalmas munka) – Schinderei, Plackerei.

favorit (ügyes betörő) – geschickter Einbrecher.

fázik – 1. (fél) sich fürchten, Angst haben; *vgl.* fázós; 2. (idegenkedik *vmitől, vkitől*) Abneigung *etw./jdm* gegenüber haben.

fázishuszár (villanyszerelő) – Elektriker [wörtl.: »Phasenhusar«].

fazon – 1. (férfi, alak) Mann, Kerl, Typ; 2. (felépítés – *testé*) Körperbau [< dt. *Fasson* < fr. *façon*; mit Bedeutungswandel].

fázós – 1. (nehéz – *helyzet, munka, feladat*) schwierig (*Situation, Arbeit, Aufgabe*); 2. (veszélyes, kockázatos) gefährlich, riskant; 3. (félénk, gyáva) ängstlich, feige; *vgl.* fázik.

fechtol *s.* fechtöl.

fechtöl (koldul) – betteln [< dt. umgangsspr. *fechten* »betteln«].

fecni – 1. (rongy) Fetzen, Lappen; 2. (papírdarab, cédula) Papierfetzen, Zettel; 3. (ezerkoronás bankjegy) 1000-Kronenschein [*hist.*]; *vgl.* ficcs 3., frim [< dt. *Fetzen*].

fecsegő (száj) – Mund [wörtl.: »Schwätzer«].
fecserészik (fecseg, üresen beszél) – quasseln, quatschen, plappern.
fecske: *a fecske!* (enyhe szitkozódásként) = zum Kuckuck! [euphemistisch für (s.) fene].
feccs-feccs (súgás) – Einsagen, Vorsagen (*in der Schule*) [lautmalend; *Schülerspr.*].
fedeles (lakás) – Wohnung.
féderes (rugós kés) – Sprungmesser [< dt. *Feder*].
federhändler (más bandához tartozó tolvaj) – Dieb, der zu einer anderen Bande gehört.
fegyház (iskola) – Schule [*Schülerspr.*; wörtl.: »Zuchthaus«].
fegyver (hímvessző) – Penis [wörtl.: »Waffe«].
fehérmájú (nemileg kielégíthetetlen, nimfomániás nő) – sexuell unersättliche Frau, Nymphomanin.
fej[1] – 1. (imponáló személy) imposante, imponierende Person; 2. (férfi, ember) Mann, Mensch; 3. (okos) gescheit, klug; 4. *fejbe basz* vkit (fejbe ver) = *jdn* auf den Kopf schlagen, *jdm* eine aufs Dach geben; 5. *fejre áll* (esik, elesik) = hinfallen, auf die Schnauze fallen.
fej[2] vkit (pénzt csikar ki *vkitől*) – *jdm* Geld abnötigen; (*immer wieder*) schnorren [wörtl.: »melken«].
fejes – 1. (vezető, tekintélyes személy) Leiter, einflußreiche Person; 2. (detektív) Detektiv; 3. (börtönőr) Gefängniswärter; 4. (tanár) Lehrer [*Schülerspr.*]; 5. *adj.* (szép, jó, gazdag) schön, gut, reich; *fejes vagyok!* (úr vagyok) = ich bin jemand! [fejes ursprüngl.: »Offizier, Komitatsbeamter«].
fejfájdítás (továbbképzés) – Weiterbildung [*Schülerspr.*].
fejlövés: *fejlövést kap* = 1. (berúg) sich betrinken; 2. (megbénul a gondolkodásban) völlig in Gedanken versunken sein, geistig weggetreten sein [wörtl.: »einen Kopfschuß abbekommen"]; *fejlövése van* (részeg) = (ist) betrunken, besoffen, blau.
fejnivaló (női mell) – (*weibliche*) Brust, Busen [*bes. Jugendspr.*; wörtl.: »etwas zum Melken«].
fejtágítás (továbbképzés) – Weiterbildung; *vgl.* agytágítás; *vgl.* tagit (a fejét) [wörtl.: »Kopferweiterung«; *Schülerspr.*].
fejtető: *fejtetőre állít* (elront, tönkretesz) = kaputtmachen, ruinieren, versauen.
fejvadász – 1. (főként motoros közlekedési rendőr – *ti. a kihágást elkövetőkre vadászik*) bes. motorisierter Verkehrspolizist; 2. (rendőr) Polizist [wörtl.: »Kopfjäger«, da er Verkehrssünder bzw. Kriminelle »jagt«].
feka (néger) – Neger, Schwarzer [< *fekete*].
fekete – 1. (kávé) Kaffee (*bes. der starke espressoartige ungar. Kaffee*); 2. *fekete kszi/szi* (a börtönbe vagy börtönből csempészett levél) = Kassiber, ins Gefängnis geschmuggelter oder von dort nach außen geschickter Brief; *fekete dosszié* = 1. (bizonyítvány) Zeugnis (*in der Schule*); 2. (napló) Klassenbuch (*in der Schule*); *fekete könyv* (napló) = Klassenbuch (*in der Schule*).
feketebőrű (néger) – Schwarzer, Neger [wörtl.: »Schwarzhäutiger«].

fekete kuksi (vásár, amelyiken sok rendőr van) – Markt, auf dem es viele Polzisten gibt [*Gaunerspr.*; s. kuksi »Markt"].

feketemária (régen rabszállító kocsi) [*früher*] Gefangenenwagen [»schwarze Maria« wegen der Farbe u. dem bei Festnahme u. Transport häufig zu hörenden Anflehens der Jungfrau Maria – *vgl.* aber auch die »*grüne Minna*«].

feketén (a szabályok kijátszásával, a törvény megkerülésével) – unter Umgehung von Vorschriften u. Gesetzen, »schwarz« [*s.* svarc]

feketén-fehéren *adv.* (őszintén) – aufrichtig, ehrlich.

feketézik – 1. (kávézik) Kaffee trinken [< fekete »schwarz«; *Bez. für den starken espressoartigen ungar. Kaffee.*]; 2. (illegálisan kereskedik) illegale Geschäfte machen [hier *fekete* im Sinn von »schwarz, illegal«].

fékomadta (enyhe szitokszóként) zum Kuckuck!; *mit csinál ez itt, fékomadta?* = was zum Kuckuck macht das hier? [vielleicht zu dt. *ficken*? + *adta* ?].

fekszik *vmi vkinek* (ért *vmihez*) – sich auf *etw.* verstehen, von einer Sache etwas verstehen, »etw. liegt einem« [Lehnübersetzung aus dem Dt.?].

fekvő nyolcas (életfogytiglani börtönbüntetés) – lebenslängliche Gefängnisstrafe, »Lebenslänglich«.

felakadt a hálón (elfogták a razzián) – bei Razzia festgenommen [»ins Netz gegangen«].

feláll: *feláll a farka/a fasza* (erekciója van) = Erektion, einen »Steifen« haben.

félangolra tesz (megver) – verprügeln [»halb-›kalt‹ machen«; *vgl.* angol].

felbasz – 1. (tesz *vmit valahova*) *etw.* irgendwohin tun; 2. (felidegesít) *jdn* aufregen, nervös machen; *felbaszta az idegeim* = ging mir auf die Nerven.

félbefűrészel: *félbefűrészelt óriás* (Trabant) = Trabant (*Automarke*) [wörtl.: »auseinandergesägter Riese«].

felborzolódik (feldühödik) – wütend werden, in Zorn geraten.

félcédulás – 1. (buta) dumm, dämlich; 2. (bolond) verrückt; *vgl.* félnótás, félnadrág.

felcukkol – 1. (felidegesít) aufregen, nerven; 2. (felizgat, felgerjeszt) erregen, aufreizen (sexuell) [zu dt. *zucken*].

felcsinál (teherbe ejt) – schwängern.

felcsíp (szerelmi célból utcán, nyilvános helyen megismerkedik *vkivel*) – *jdn* in der Öffentlichkeit ansprechen, »anmachen«, »aufreißen« (*bes. zwecks sexuellen Kontaktes*).

felcsókol (keres pénzt) – Geld verdienen.

felcsörög (telefonál) – telefonieren; *vgl.* csörög 1., odacsörög.

feldob – 1. (feljelent) anzeigen, melden; 2. (besúg) verraten, verpfeifen; *feldobja a társát* (beárulja) = (seinen Kumpanen) verraten; 3. (elad) verkaufen, verhökern; 4. (feljavít, javít) verbessern, ausbessern, reparieren; 5. (jókedvre derít, felélénkít) *jdn* aufmuntern; *auch:* feldobódik; 6. (felizgat) aufregen, erregen, aufheizen; 7. (felgerjeszt) (*sexuell*) erregen, aufreizen, aufgeilen; 8. *fel van dobva* = 1. (jó kedve van) guter Laune sein, ausgelassen/aufgedreht sein; 2.

(kábítószer hatása alatt van) unter Drogeneinfluß stehen, »high sein«; 9. *feldobja a bakancsot/a papucsot/a pacskert/a prakkert/a talpát* (meghal) = sterben [wörtl.: »(beim Umfallen) die Stiefel/Pantoffeln/Pantoffeln/ den Teppichklopfer/die Fußsohlen nach oben werfen«].

feldobódik (jókedvre derít) *jdn* aufmuntern; *fel van dobódva* (jókedvű, felvillanyozott) = gut gelaunt, aufgedreht, fidel; *vgl.* feldob 5.

feldobódott (jókedvű, felvillanyozott) – gut gelaunt, aufgedreht, fidel.

feldörzsöl – 1. *vkit, vmit* (vallatás közben elszólja magát, bűntársát elárulja, elhallgatott bűntényt feltár) sich beim Verhör verplappern, den Komplizen verraten, eine bis dahin verschwiegene Straftat enthüllen; 2. *dörzsöld fel* (tudd meg) du sollst wissen, (daß ...); schreib dir das hinter die Ohren [*feldörzsöl* wörtl.: »aufreiben, durch Reiben verletzen«].

feldrótoz (telefonál) – telefonieren; *vgl.* drót, drótoz.

feldúl: *feldúlja magát* (dühös lesz) – wütend werden, sich aufregen.

felég (pénzhez jut, gazdag lesz) – zu Geld kommen, reich werden [Gegenteil: *s.* leég].

feleség (puska) – Gewehr [wörtl.: »Ehefrau«].

felfarcol (felvág, felgombol – a *mellényt*) - (*die Weste*) aufschneiden, aufknöpfen [*mit der Absicht, die Brieftasche zu stehlen; Gaunerspr.*].

felfordul (meghal) – sterben, verrecken; *fordulj fel!* = Der Teufel/ Henker soll dich holen!

felforr: *felforr az agyvize* (dühös lesz) – wütend werden, sich aufregen.

felfúj *vmit* – 1. (hűhót csap *vmiből*) viel Aufhebens machen, Remmidemmi veranstalten; 2. (túloz, eltúloz) übertreiben; *ne fúj fel!* = mach mal halblang!

felhajt *vmit/vkit* (szerez, megszerez) – besorgen, beschaffen, organisieren; *felhajt palikat* (megkeres embereket) = Leute (*als Arbeitskräfte*) suchen.

felhajtás: *felhajtást csinál* vmiből (hűhót csap *vmiből*) = viel Aufhebens machen, Remmidemmi veranstalten.

felheccel (rábeszél) - *jdm etw.* aufschwatzen, *jdn zu etw.* überreden, »aufhetzen« [zu dt. *aufhetzen*]

felhomályosít (tájékoztat, informál) – *jdn* aufklären, informieren [Wortspiel: von *homályosít* »verdunkeln, verdüstern«; »felhomályosít« – gebildet nach *felderít* »aufhellen, aufklären« – müßte man also wörtlich wiedergeben mit »aufdunkeln, aufdüstern«].

felhoz – 1. (javít, feljavít) verbessern, ausbessern, reparieren; 2. (jókedvre derít) *jdn* aufmuntern.

felhőkarcoló (magas ember) – großgewachsener Mensch [wörtl.: »Wolkenkratzer«].

felhúz – 1. (felakaszt) aufhängen, aufknüpfen (Tod durch den Strick); 2. (ingerel) reizen, ärgern, provozieren, nerven; 3. (felizgat, felgerjeszt) *jdn* aufregen, erregen, aufreizen, aufgeilen (sexuell); *fel van húzva* (felizgul, felgerjed) = erregt, geil sein; 4. *felhúzza a nyúlcipőt* (elsiet, elfut) = davonrennen, abhauen [wörtl.: »die Hasenschuhe anziehen«; *vgl.* dt. »*das Hasenpanier ergreifen*«].

felhúzott (felizgult, felgerjedt) – erregt (*bes. sexuell*).

feljön: *feljön a fejvize* (hisztériázik, idegrohamot kap) = sich furchtbar aufregen, Nervenanfall bekommen.

felkap: *felkapja a cukrot* (ideges lesz) = nervös werden; *felkapja az iszapot/a savat/a vizet* (dühös lesz) = wütend werden, sich aufregen; *felkap a jard* (letartóztatnak, elfognak a rendőrök) = von der Polizei festgenommen werden.

felképel (megpofoz) – ohrfeigen, Ohrfeige geben.

félkézkalmár (tolvaj) – Dieb [wörtl.: »*jmd*, der einhändig seine ›Geschäfte‹ treibt«, d. h. stiehlt].

felkomál (felismer) – erkennen.

felkoppint (teherbe ejt) – schwängern.

felköhög (besúg) – *jdn* verraten, verpfeifen.

felköp (bekapcsol) – anschalten, anmachen (z. *B. Strom, Licht*); *köpd fel a pilácsot!* (gyújtsd fel a villanyt!) = mach das Licht an!

felköt – 1. (felakaszt) aufhängen, aufknüpfen (*Tod durch den Strick*); 2. *felköti a fehérneműt/a gatyát* (nekilát, beleerősít) = darangehen, sich ans Werk machen, sich ins Zeug legen, sich reinhängen, »die Ärmel hochkrempeln«.

felkúr (teherbe ejt) – schwängern.

felleghajtó (esőkabát) – Regenmantel.

fellógat (felakaszt) – aufhängen, aufknüpfen (*Tod durch den Strick*).

felmar (pénzt keres) – Geld verdienen; *auch*: felmarkol.

felmarkol – 1. (pénzt keres) Geld verdienen; 2. *felmarkol nagy összeget* (gazdag lesz) = reich werden.

felmegy: *felmegy a cukra* (dühös lesz) = wütend werden, sich aufregen; *felmegy* vkinek *a pumpája/ felmegy benne a pumpa* = 1. (elveszíti a türelmét) die Geduld verlieren; 2. (dühös lesz) wütend werden, sich aufregen.

félnadrág (bolond, őrült) – verrückt, närrisch, bescheuert; *vgl.* félcédulás [wörtl.: »halbe Hose«].

félnótás (buta) – dumm, dämlich; *vgl.* félcédulás [wörtl.: »mit einer halben, unvollständigen Melodie«].

felnyal – 1. (pénzt keres) Geld verdienen, bekommen; 2. (gazdag lesz) reich werden, zu Geld kommen.

felnyom (besúg) – *jdn* verraten, verpfeifen.

felokosít (informál, felvilágosít) – informieren, aufklären.

felöltözik (elkap – *nemi betegséget*) – sich eine Geschlechtskrankheit holen.

felöltözött (gonorreája van) – Tripper haben.

felpipásít (dühösít, bosszant) – wütend werden, sich aufregen; *auch*: pipásít.

felpiszkál (nyugtalanít) – *jdn* aufregen, nervös machen.

felpiszkált gép (felerősített teljesítményű autó) – Auto mit »frisiertem« Motor.

felplankol – 1. (feltár, felfed, leleplez, elárul) aufdecken, enthüllen, verraten; 2. (észrevesz, meglát) bemerken, feststellen; 3. (pénzt keres) Geld verdienen; [< dt; *s.* plankol].

felpörög: *fel van pörögve* (jó kedve van) guter Laune sein, ausgelassen/aufgedreht sein.

felpörgetett (jókedvű, felvillanyozott) – gutgelaunt, ausgelassen, fidel.

felpróbál (közösül) – Geschlechtsverkehr haben.

felpumpál (közösül) – (*vom Mann*) Geschlechtsverkehr haben, mit einer Frau schlafen [wörtl. »aufpumpen«].

félrebaszás (megcsalás) – Seitensprung.

félrebaszik (félrelép, megcsalja társát) – einen Seitensprung machen, den Partner betrügen.

félredug (félrelép, megcsalja társát) – einen Seitensprung machen, den Partner betrügen.

félredugás (megcsalás) – Seitensprung.

félrelép (megcsalja társát) – einen Seitensprung machen, den Partner betrügen.

félrelépés (megcsalás) – Seitensprung.

felsóherol (felfeszít) – *etw.* aufbrechen; *vgl.* sóherol.

felső (emelet) – Stockwerk.

felsőgaléria (a meggazdagodott tolvajok, akik abbahagyták a tolvajlást) – reichgewordene Diebe, die das Diebesgewerbe aufgegeben haben; *vgl.* galéria; *vgl.* nauzer.

felsőhé (ügyészség) – Staatsanwaltschaft.

felspannol (ugrat, felhúz *vkit*) – aufziehen, necken, frotzeln, foppen [zu dt. *aufspannen?*].

felstimmol (jókedvre derít, felélénkít) – *jdn* aufmuntern [dt.].

felszed – 1. (meggondolatlanul engedi, hogy *vki* hozzácsatlakozzon) *jdn.* aufgabeln, auflesen; *hol szedted fel ezt az alakot?* = wo hast du denn den Typen aufgelesen? 2. (megkap valami betegséget) (*eine Krankheit*) bekommen, sich anstecken; 3. (hízik) (Gewicht) zunehmen; *felszedtem egy pár kilót* = ich habe ein paar Kilo zugenommen.

felszivárog (eltűnik) – verschwinden.

felszív: *felszívja magát* = 1. (dühös lesz) wütend werden, sich aufregen; 2. (összeszedi magát) sich zusammenreißen, sich aufrappeln; *felszívja az iszapot/a savat/a vizet* (dühös lesz) = wütend werden, sich aufregen.

felszívódik (megszökök, elmegy) - fliehen, verschwinden, abhauen; *szívódj fel!* (tünj el!) = verschwinde, zieh Leine, verpiß dich!

feltankol – 1. (sokat iszik) viel (*Alkohol*) trinken, saufen; 2. (élelmiszer készletet gyűjt) Lebensmittelvorrat anlegen [wörtl.: »auftanken«].

felteszik: *felteszi a szájkosarat/a hangfogót* (elhallgat) = verstummen, schweigen, (*endlich*) die Klappe halten [wörtl.: »den Maulkorb/den Schalldämpfer aufsetzen«].

feltör – 1. (meggazdagodik, pénzhez jut) reich werden, zu Geld kommen; 2. (jó pozícióba kerül) gute Stelle, gute Position bekommen.

feltört (meggazdagodott, jóra fordult a sorsa) – reich geworden.

feltupíroz (javít, feljavít) – verbessern, ausbessern, korrigieren.

felugrik (gyorsan elmegy) – abhauen, verschwinden [wörtl. »aufspringen«].

felültet – 1. (becsap, rászed) betrügen, übers Ohr hauen; 2. *felültet a felhő szélére* (megöl) = töten, ermorden, umbringen [wörtl.: »*jdn* auf den Rand der Wolken setzen«].

felvág (kérkedik, hivalkodik) – angeben, aufschneiden.

felvet: *majd felveti a pénz* (rengeteg a pénz) = stinkreich sein.

felzabosít (dühösít, bosszant, idegesít) – *jdn* ärgern, wütend machen, in Rage bringen; *auch:* zabosít.

felzenkol (feltör) – *etw.* aufbrechen; *vgl.* bezenkol [< dt. Rotw. *sencklen* »Opferstöcke berauben«].

fémbuzi (vasesztergályos) – Eisendreher, Dreher [*fém* »Metall« + (*s.*) buzi].

fenci (fenék, far) – Hintern, Hinterteil [< *fenék; bes. Jugendspr.*].

fene: *a fenébe!* = Scheiße!; *a fenébe is, beszélj már* = zum Teufel, red endlich!; *a fene egye meg!* = der Teufel soll es/dich holen!; *mi a fenének csináltam volna?* = was zum Teufel hätte ich tun sollen?; *mi a fenét lehet itt csinálni?* = was zum Teufel kann man da nur machen?; *menj a fenébe!* = geh zum Teufel!

fenék – 1. *fenékig* (köszöntés koccintáskor) = Ex! (*beim Trinken*); 2. *nem fenékig tejföl* (nem kifogástalan) = nicht einwandfrei, nicht in Ordnung, nicht koscher, nicht besonders toll [wörtl.: »unterer Teil, Grund, Boden; (*auch:*) Hintern, Hinterteil«].

fenemód (szörnyen, roppantul) – schrecklich, entsetzlich, wahnsinnig, ungeheuer; *fenemód fáj a fejem* = mein Kopf tut scheußlich weh; *fenemód csinos* = verdammt hübsch; *fenemód szeretném tudni, hogy mi történt* = ich möchte, verdammt noch mal, gern wissen, was passiert ist.

fennállás (az addigi élettartam) – das Vorleben; das bisherige Leben; *fennállásom óta nem röhögtem ekkorát* = ich habe noch nie so gelacht.

fennhord: *fennhordja a krumpliját* (nagyképű) = eingebildet, arrogant.

fenszti (ablak) – Fenster [< dt. *Fenster*].

fény: *fényt kapott, mikor született* (néger) = Neger, Schwarzer [wörtl.: »hat bei seiner Geburt (zuviel) Licht abbekommen«].

fenyő (elégtelen – *osztályzat*) – »Ungenügend« (*Note in der Schule; Schülerspr.*); *auch: fenyőfa* [wörtl.: »Fichte, Kiefer«; *vgl.* fa].

fer (rendes) - anständig, »fair« [< engl. *fair*; *bes. Jugendspr.*].

ferde: *ferde hajlamú* (perverz) = pervers, krankhaft veranlagt; *ferde szemű* (kínai ember) = »Schlitzauge«, Chinese.

ferdesség (öregasszony) – alte Frau.

ferlábbert (szerelmes) – verliebt [wohl von dt. *verliebt*, aber merkwürdig verunstaltet].

ferpasszol (elad) – verkaufen [< dt. *verpassen*].

ferslág (nagy láda) – große Kiste [< dt. *Verschlag*].

ferslóg *s.* ferslág.

fersrájol (elrontja a szerencséjét) – sein Glück zerstören [< dt. etw. *verschreien*].

ferstutz (csomag) – Pack, Paket, Gepäck [dt.].

fertály: *hátsó/becses fertály* (fenék) = Hintern, »Allerwertester« [*humor.*; wörtl.: »*das hintere/werte Viertel*«].

fertuszmáher (vásári tolvaj segítőtársa, aki tolakodásával, lökdösődésével a tolvajról a figyelmet eltereli) Komplize eines Diebs auf dem Markt, der durch Schieben u. Drängen die Aufmerksamkeit der Leute ablenkt [dt. *vertuschen* + *Macher*].

ferzágol (felsül, pórul jár) – sich blamieren [< dt. *versagen*].
festéknyelő (idősebb nő) – alte Frau [wörtl.: »Farbschlucker«].
fészek (hímvessző) – Penis.
feszeng – 1. (kellemetlenül érzi magát, zavarban van) sich schlecht fühlen; verwirrt, verlegen sein; 2. (kötekedik) Streit suchen, provozieren, anbandeln, stänkern.
feszít (kérkedik, hivalkodik) – angeben, aufschneiden.
fészkes (káromkodásban nyomósító szóként): *mi a fészkes fenét keresel itt?* = was in drei Teufels Namen suchst du hier?
feszt – 1. (folyton, állandóan) ununterbrochen, ständig; 2. (kitartóan, szívósan) ausdauernd, unermüdlich; 3. (szilárdan, erősen) fest, kräftig [dt. *fest*].
fetreng (nagyon nevet) – sich schieflachen; *auch: fetreng a röhögéstől*.
fett (kövér) – dick [< dt. *fett*].
fiatal – 1. (nincs, nem lehet, nem igaz) gibt es nicht, geht nicht, ist nicht wahr; 2. (érdektelen, éretlen, rossz, gyenge, kevés) uninteressant, unreif, schlecht, schwach, wenig; *olyan fiatal volt a lapom* = »mein Blatt war so schlecht, (ich wollte darauf nichts riskieren)«; 3. (nem igaz, nem hiszem) nicht wahr, das glaube ich nicht.
fiatovics (Polski Fiat) – Polski Fiat (*Automarke*).
ficak (elégtelen – *osztályzat*) – »Ungenügend« (*Note in der Schule; Schülerspr.*).
ficek (férfi) – Mann, Kerl; *vgl.* fickó [*bes. Jugendspr.*].
ficere (férfi) – Mann [*iron.*].
fickó – 1. (suhanc) Bursche, Kerl; *dörzsölt fickó* = gerissener Bursche; 2. (zseb) Tasche.
fickós – 1. (jó kiállású snájdig férfi) Mann von gutem Auftreten, schneidiger Typ; 2. (szexuálisan felizgult, felgerjedt állapotban van) (*vom Mann*) sexuell erregt [von der Bedeutung des Wortes *fickó* »kl. Holzzapfen, Dübel«].
ficok (férfi) – Mann.
ficcs – 1. (100 Ft-os bankjegy) 100-Forintschein; 2. (fitying) Pfifferling (= *im Sinne von sehr wenig Geld*); 3. (1000-koronás bankjegy) 1000-Kronenschein [*hist.*].
fidilevél (titkos levél a börtönből) – geheimer Brief aus dem Gefängnis, Kassiber [< dt. *Fidibus* (< lat.) »Papierstreifen zum Feueranzünden« + ungar. *levél* »Brief«].
fidis (kacér, csapodár) kokett, flatterhaft; *fidis tyúk* (csapodár nő, akinek több szeretője van) = flatterhafte Frau, die mehrere Liebhaber hat.
fidizés (szemezés, kacérkodás) – Flirt; *vgl.* fidizik 3.
fidizik – 1. (néz, szemlél) betrachten, beobachten; 2. (feltűnően nézeget *vkit* ismerkedési céllal) *jdn* in auffälliger Weise anstarren, um seine Aufmerksamkeit zu erregen; 3. (kacérkodik) flirten; 4. (börtönben titkos jeleket vált) im Gefängnis geheime Zeichen austauschen; *auch:* fiduzik; *vgl.* fidezés [dt.?].
fiduc (csapodár, hűtlen) – flatterhaft, untreu.
fiduckodik (szeretőt cserben hagy) – den Geliebten/die Geliebte verlassen, im Stich lassen.
fiduzik *s.* fidizik.
fifi (férfi) – Mann [wohl von *fifikus* »Pfiffikus«].
fifikás (ravasz, rafinált) – raffi-

niert, gerissen, ausgebufft [zu dt. *pfiffig, Pfiffikus*].

fifti-fifti (fele-fele, ötven-ötven (százalék)) – halbe-halbe, zu gleichen Teilen [< engl. *fifty-fifty*].

figura – 1. (ember) Mensch, Typ, Gestalt; 2. (furcsa ember) komischer Mensch, seltsame Gestalt; 3. (arc) Gesicht; 4. (*kül.* szokatlan eljárás, magatartás) seltsames Benehmen, Gebaren, Manieren; *ez meg micsoda új figura?* = Was sind denn das für neue Unsitten? [< lat. *figura*].

figurázik – 1. (különleges lépésekkel, mozdulatkombinációkkal táncol) mit ungewöhnlichen Schritten, Bewegungsabläufen tanzen; 2. (változatos testhelyzetekben közösül) Geschlechtsverkehr in verschiedenen Stellungen praktizieren.

figyuzz! (figyelj!) – heh! schau mal!, paß auf!

fika – 1. (első gimnazista) Erstkläßler im Gymnasium [*Schülerspr.*]; 2. (baka) einfacher Soldat; 3. (semmi) nichts, Nichtigkeit, Pfifferling; 4. (az orr váladéka) Nasenschleim, Rotz; 5. (fizika) Physik (*Schulfach*).

fikarc: *egy fikarcot sem* (egyáltalán semmit) = überhaupt nichts, kein bißchen, keine Spur; *fikarcnyit sem változtat* = das ändert überhaupt nichts.

fikszer (intravénás injekciót használó kábítószeres) – Drogenabhängiger, der die Droge intravenös spritzt, »Fixer«.

fikusz (az orr váladéka) – Nasenschleim, Rotz.

filács – 1. (szem) Auge; 2. (lámpa) Lampe; *s.* pilács.

filcol (személyt kikutat, átkutat) – eine Person durchsuchen [< dt. *filzen*].

filózik (gondolkodik) – nachdenken, grübeln [< *filozofál*].

finesz (furfang) – List [< dt. *Finesse* (< fr.)].

fineszes (fortélyos, furfangos, leleményes) findig, clever, gerissen, ausgekocht [<dt. *Finesse* (< fr.) + ungar. Adjektivendung *-es*]; *auch:* firnejszes, firnyákos, firkás.

fincsi (finom) – fein; (*Essen:*) lekker; *auch:* finya.

fing (a végbélen távozó bélgáz) – Furz; *fingja sincs* (fogalma sincs) = keinen Dunst, keine blasse Ahnung; *fingja sincs, mit csináljon* (tehetetlenkedik) = hilflos, ziellos herummachen, herumhantieren; *fingom sincs róla* = ich habe keinen blassen Schimmer; *egy lyukas fingot se ér* (értéktelen) = wertlos, keinen Pfifferling wert.

fingás (szellentés) – Furzerei, Furzen.

fingerli (nő ujjal történő kielégítése) – sexuelle Befriedigung einer Frau mit den Fingern [dt. *fingern*].

fingerlizik (ujjal kielégít) – mit den Fingern sexuell befriedigen.

fingért-húgyért (olcsón) – spottbillig, für einen Apfel und ein Ei [wörtl.: »für einen Furz und Pisse«].

fingik (szellent) – furzen; *vgl.* fing.

fingós (ravasz, rafinált) – gerissen, verschlagen, raffiniert.

finito (vége van, befellegzett) – am Ende sein, es ist aus mit *jdm/ etw.* [< it. *finito* »beendet, fertig«].

finog (szellent) – furzen, einen fahren lassen.

finya (finom) – fein; (*Essen:*) lekker; *auch:* fincsi.

firhang (függöny) – Vorhang; *vgl.* szájfirhang, orrfirhang [dt.].
firka – 1. (irkálás) Gekritzel; 2. (becsapás, csalás, szélhámosság) Betrug, Schwindel; 3. (ceruza) Bleistift; 4. (rajz) Zeichnen (*Schulfach*) [< *firkál* »schmieren, kritzeln«].
firkál – 1. (olvashatatlanul v. rosszul ír) schmieren (*unleserlich, bzw. blödes Zeug schreiben*); 2. (cselez – *kül. sportnál*) mit einer Finte täuschen (*bes. beim Sport*).
firkant (olvashatatlanul v. rosszul ír) – schmieren (*unleserlich bzw. Unfug schreiben*).
firkantó (rajz) – Zeichnen (*Schulfach*).
firkás (cseles, ravasz) gerissen, ausgekocht, clever; *vgl.* fineszes.
firkász – 1. (újságíró) Zeitungsschreiber, Journalist, »Schmierfink« [*pejor.*]; 2. (rajz) Zeichnen (*Schulfach*; *Schülerspr.*).
firlefánc (cicoma, fölösleges dísz, jelentéktelen apróság) – Putz, Schnickschnack, überflüssiger Schmuck [dt. *Firlefanz*].
firma – 1. (cég, vállalat) Firma, Unternehmen; 2. (kétes hírű egyén) Individuum zweifelhaften Rufs [< dt. < ital.].
firnejszes *s.* fineszes.
firnyák – 1. (orr) Nase; 2. (forint) Forint [*humor.*].
firnyákos *s.* fineszes.
firol, fírol (megcsal, becsap, tévútra vezet) – betrügen, irreführen; *auch:* fürol, lichtfüröl [< dt. *hinters Licht führen*].
fissöl (fog) – fangen [< dt. *fischen*].
fiszliz (asztal alatt szerelmi céllal lábbal tapod, jelez) – unter dem Tisch *jdn* heimlich mit dem Fuß anstoßen, »fußeln, füßeln« [dt.].

fitying (pénz) – Geld, Kleingeld, Pfifferling.
fityó (Polski Fiat) – Polski Fiat (*Automarke*).
fitty: *fittyet hány* vmire/vkire (rá sem hederít, semmibe sem veszi) = nicht beachten, sich nicht kümmern um, ignorieren; (*Personen*) schneiden.
fiúzik (*lányok:* rendszeresen fiúkkal jár) – (*von Mädchen*) sich mit Jungen herumtreiben.
fix – 1. (biztos, bizonyos) sicher; 2. (biztos dolog) sichere Sache; *fixre megy* = auf Nummer Sicher gehen.
fiz (fizika) – Physik (*Schulfach*).
fizik (fizika) – Physik (*Schulfach*).
fizikum (fizika) – Physik (*Schulfach*).
fizikusz (fizika) – Physik (*Schulfach*).
fizimiska (arc) – Gesicht, Visage [spielerisch entstellt aus *fiziognómia* »Physiognomie« < gr.].
fizis (fizika) – Physik (*Schulfach*).
fizise (fizika) – Physik (*Schulfach*).
fizka-miska (fizika) – Physik (*Schulfach*).
fizosz (fizika) – Physik (*Schulfach*).
fizu (fizetés) – Lohn, Gehalt.
flamm (étel) – Speise, Essen.
flammó *s.* flamó.
flammol (eszik) – essen; *vgl.* flamó.
flammós *s.* flamós.
flammózik *s.* flamózik.
flamó – 1. (étel, ennivaló, evés) Essen, Eßbares; 2. (éhség) Hunger; *s.* flamós [< rum. *flămînd* »hungrig«].
flamós (éhes) – hungrig; *vgl.* flamó.
flamózik (eszik) – essen; *vgl.* flamó.
flanc (jómódot fitogtató öltözködés v. életmód) – Angeberei,

Protzerei (*mit teuren Kleidern oder aufwendigem Lebensstil*); *vgl.* flancol [< bair.-österr. *Pflanz* »Schwindel, Betrug«].

flancol (jómódot fitogtatva öltözködik, viselkedik) – angeben, protzen; *s.* flanc.

flangál (dologtalanul kószál) – herumgammeln, flannieren [< flangíroz < dt. *flannieren*].

flangíroz *s.* flangál.

flas (az intravénás injekció beszúrásának pillanatában jelentkező örömérzés a kábítószereseknél) bei Drogenabhängigen: Glücksgefühl im Moment des Spritzens [< engl. *flash*].

flaska – *s.* flaskó.

flaskó (palack) – Flasche; *auch:* flaska [dt.].

flau (nem biztos, kockázatos) unsicher, riskant; *arra flau vagyok* = das glaube ich nicht, ich habe meine Zweifel [< dt. *flau*]

flé (trükk, a rászedés módja) – Trick, Täuschungsmanöver [< flédli?].

flédli (hamiskártyásra összeállított kártyacsomag) zum Falschspiel präpariertes Kartenspiel [zu dt. *fleddern*?].

flédlizik (hamiskártyázik) – falschspielen (beim Kartenspiel); *vgl.* flédli.

fléglizik *s.* flédlizik.

flegma (egykedvű, közönyös) – gleichgültig; *flegma alak* (flegmatikus ember) = träger Typ, Lahmarsch [< lat. < gr. *phlegma* »Feuer, Glut; Entzündung«; eine weitere Bedeutung ist der bei Entzündungskrankheiten auftretende »Schleim«; daher rührt auch die bemerkenswerte Bedeutungsverschiebung beim modernen Gebrauch des Wortes in zahlreichen europäischen Sprachen – Schleim im Übermaß verstopft den Menschen und macht ihn *träge; vgl.* ung. *flegmatikus*].

flekni – 1. (fénykép) Lichtbild, Foto; 2. *s.* flepni [dt.].

flekó (személyi igazolvány) – Personalausweis; (*offizielle*) Bestätigung, Attest [*vgl.* flepni; *vgl.* auch dt. Rotw. *fleck* »Brieftasche«]

flem, flemm (pofon, ütés) – Ohrfeige; *flemmet ad* (pofont ad) = Ohrfeige geben [wohl zu dt. Rotw. *fleck* »Ohrfeige«; daraus dann *flekni/flepni > flem].

flenzel (zálogcédulával csal) – mit einem Pfandschein Schwindel treiben [wohl zu dt. Rotw. *pflanz* »Schwindel, Lüge«].

flenzer (zálogcédula csaló) – *jmd* der mit Pfandscheinen Schwindel treibt; *vgl.* flenzel.

flepni (igazolvány) – Ausweis [< dt. umgangsspr. *Fleppen* »Ausweis-, Arbeits-, Entlassungspapiere« < dt. Rotw. *fleppe, flebbe* »Papier, Buch, Brief, Paß, Zeitung«]; *vgl.* flekó.

flepnis (bolond, őrült) – verrückt, närrisch, dumm [< flepni; hier wohl in der Bedeutung »Entlassungspapier (*aus der Irrenanstalt*)«].

flepp (személyi igazolvány) – Personalausweis; *vgl.* flepni.

flinta (puska) – Gewehr [< dt. *Flinte*].

fliszel (behízeleg) – sich einschmeicheln.

fliszer (szép, jó, gazdag) – schön, gut, reich.

fló (hamiskártyás) – Falschspieler (*mit Spielkarten*).

flóriángyökér (férfi szeméremteste) – männliches Geschlechtsorgan [wörtl.: »Florianswurzel«].

flóta (hamisjátékhoz összerakott kártyacsomag) zum Falschspiel präpariertes Kartenspiel [zu dt. *fleddern* ?].

flótázik (hamiskártyázik) – (*mit Karten*) falschspielen.

flott – 1. (gyors, ügyes) schnell, behende; 2. (gondtalan, könnyed) gedankenlos, leichtfertig, leichthin [< dt. *flott*].

flört – 1. (könnyed udvarlás) Flirt; 2. (futó szerelmi viszony) flüchtige Liebesbeziehung [< dt. < engl.].

flúg – 1. (bolond, őrült ember) Verrückter, Irrer; 2. (mánia, hóbort, rögeszme) Schrulle, Marotte, Spinnerei; 3. (elmebetegség) Geisteskrankheit, Irrsinn, Wahnsinn; 4. *tiszta flúg* (bolond) = total verrückt [zu dt. *Flug*].

flúgos (hibbant, bolond) – verrückt.

flukesz (káromkodik) – fluchen [dt.].

flüszi (cigarettapapír) – Zigarettenpapier [< dt. *Fließpapier*?].

foci – (labdarúgás) Fußball.

focizik – (futballozik) Fußball spielen.

fogacsi (nagy fogú) – mit großen Zähnen.

fogasléc (hímvessző) – Penis; *vgl.* léc [wörtl.: »Zahnstange«].

fogarasi (nagy fogú) – mit großen Zähnen.

fogda (iskola) – Schule [wörtl.: »Arrest, Karzer, Gefängnis«].

fogdózni (száj) – Mund [wörtl.: »Zahndose«].

fogpiszkáló (ráspoly) – Raspel [wörtl.: »Zahnstocher«].

fogvájó (elégtelen – *osztályzat*) – »Ungenügend« (*Note in der Schule*) [*Schülerspr.*; wörtl.: »Zahnhöhler«].

fokhagyma (fenék) – Hintern, Hinterteil [*bes. Jugendspr.*; wörtl.: »Knoblauch«; wohl wegen der Form der Knoblauchknolle].

folyékony: *folyékony kenyér* (sör) = Bier [wörtl.: »flüssiges Brot«].

font (nap – *hány napra ítélték*) – Tag(e Gefängnisstrafe); *10 font ültem* (10 napot ültem) = ich saß 10 Tage [wörtl.: »Pfund«].

fór (előny) – Vorteil, Vorzug [dt. *vor*].

forma (test felépítése) – Körperbau, das Äußere.

fórsrift, forsrift (szabály, előírás) – Vorschrift [dt.].

fórsriftos *adj.* (szabályos, előírás szerinti) – vorschriftsgemäß; *vgl.* forsrift.

fórsriftosan *adv.* (szabályosan, előírás szerinti) – vorschriftsgemäß; *vgl.* forsriftos.

forsz – 1. (*vkinek* a nyitja, a megoldást biztosító) Kniff; 2. (*vkinek* az erős oldala, különös ügyessége) *jds* starke Seite, besondere Stärke [< dt. < fr. *force*].

fos – 1. (szar, híg széklet) Scheiße, Durchfall; 2. (rossz, silány) minderwertig, schlecht; 3. (nehéz) schwer, schwierig (*Situation, Arbeit, Aufgabe*); 4. (kellemetlen) unangenehm, »beschissen«; 5. (ellenszenves ember) Scheißkerl.

fosás (székelés) – Durchfall, Scheißerei.

fosik – 1. (szarik) Durchfall, Dünnpfiff haben, scheißen; 2. (nagyon fél) Angst haben, sich vor Angst in die Hosen machen; *auch: fosik, mint a bekerített partizán*; 3. *fossa a szót* (megállás nélkül fecseg) = pausenlos schwätzen.

fosul: *fosul érzi magát* (beteg, roszszul van) = krank sein, sich elend

fühlen; *fosul néz ki* (betegnek látszik) = krank aussehen; *fosul van* (beteg, rosszul van) = krank sein, sich elend fühlen.
fószer (férfi) – Mann.
föci (földrajz) – Erdkunde, Geographie [*Schülerspr.*].
föckös (földrajz) – Erdkunde, Geographie [*Schülerspr.*].
főcsóró (főpincér) – Chefkellner.
főgóré (vezető) – Chef, Boß.
főhé (rendőr-főkapitányság) – Polizeipräsidium [*fő* »Haupt-« + hé (s. dort)].
fölcsike (földrajz) – Erdkunde, Geographie [*Schülerspr.*].
földfirka (földrajz) – Erdkunde, Geographie [*Schülerspr.*].
földi (földrajz) – Erdkunde, Geographie [*Schülerspr.*].
földike (földrajz) – Erdkunde, Geographie [*Schülerspr.*].
földkukac (geológus) – Geologe.
földsüket (teljesen süket) – stocktaub.
földtúró (agronómus) – Agronom [wörtl. »Erdwühler«; < *föld* »Erde, Boden« und *túr* »wühlen, graben«; der komische Effekt wird noch gesteigert durch die Tatsache, daß *túró* auch »Quark, Hüttenkäse« bedeuten kann].
föli (földrajz) – Erdkunde, Geographie [*Schülerspr.*].
fölmar (pénzt vesz fel) – Geld abheben.
fölszed *vkit* (megismerkedik szexuális partnerrel) – *jdn* anmachen, aufreißen (*für sexuellen Kontakt*) [wörtl.: »auflesen, aufklauben«].
főmufti (fontos, befolyásos ember) – wichtige, einflußreiche Person [wörtl.: »Ober-Mufti«].
föri (földrajz) – Erdkunde, Geographie [*Schülerspr.*].

fősuli (főiskola) – Hochschule.
főz – 1. (kér, kérlel) bitten, anflehen; 2. (udvarol) den Hof machen; 3. (becsap, rászed) betrügen; 4. (*vmit* hosszasan, titokban tervez) *etw.* lange, insgeheim planen, »auskochen«; *mit főz magában* = »was kochen Sie da nur aus?«; 1.–3. *auch:* fűz; *vgl.* megfőz [főz eigentl.: »kochen«].
főzőcsk: *főzőcskét játszik* = 1. (udvarol) den Hof machen; 2. (hazudik) lügen; 3. (*vkit* szóval tart) *jdn.* beschwatzen, überreden [wörtl.: »Kochen spielen (*Kinderspiel*)«].
fracc (fruska, kölyök, taknyos) Bengel, Fratz [dt.].
Fradi – (Fußballclub) Ferencváros Budapest.
frajer (férfi) – Mann, Kerl [*bes. Jugendspr.*].
frajla (divatozó nő) – Frau, die immer nach der Mode geht; Modepuppe [< dt. *Fräulein*].
frakk (adósság – *vendéglőben vagy kocsmában*) Schulden (*im Gasthaus, in der Kneipe*) [dt.?].
franc: *a francba!* = zum Kuckuck!, zum Teufel!; *a franc egye meg!* = der Teufel soll's holen!; *menj a francba!* = fahr zur Hölle!
franciázás (a női és férfi nemi szerv kölcsönös, nyelvvel való ingerlése) sich »französisch« lieben; gegenseitige orale Befriedigung.
francos – 1. (ellenszenves, utált) unsympathisch, verhaßt, »beschissen«; 2. (francia nyelv) Französisch (*Schulfach*).
Francstadt (Ferencváros) – »Franzstadt«, Ferencváros (*Stadtteil von Budapest*) [dt.].
francsi (jó, remek, csodás) – gut, prächtig, toll.

franka – 1. (rendőri engedély nélkül, titkosan működő kurva) ohne polzeiliche Genehmigung, illegal arbeitende Hure; 2. (városliget) Stadtpark; 3. (mező, erdő) Wiese, Wald; 4. *franka mári* (állásnélküli cselédleány) = Dienstmädchen ohne Anstellung; *franka tyúk* (csavargónő, titkos kéjnő) = Landstreicherin, Herumtreiberin; illegal arbeitende Hure [*altmod.*; Etymologie s. frankó].

frankázik (csavarog) – sich herumtreiben, umherziehen.

frankó – 1. (becsületes, őszinte) ehrlich, aufrichtig, anständig; 2. (jó, tetszetős) gut, ansprechend; 3. (biztos, bizonyos) sicher; 4. *frankó csaj* (csinos lány) = hübsches Mädchen; *frankó balhé* (könnyű dolog, feladat) = leichte Sache, Aufgabe; *frankó stukker* (jó revolver) = guter Revolver; [*vgl.* dt. *frank*, it. *franco, franca* »frei«].

frankón *adv.* – 1. (becsületesen, nyilvánosan) aufrichtig, öffentlich; 2. (igazán) wirklich; 3. (jól, nagyon) gut, sehr.

fránya (fene) – verdammt! – *Mi a fránya!* = Was zum Teufel!

franyák (remek, csodás) – prima, toll.

franyesz (jó, remek, csodás) – gut, prächtig, toll.

franyó (jó, remek, csodás) – gut, prächtig, toll.

frász – 1. (nagy pofon) saftige Ohrfeige; 2. (erős hullám – *vágy, félelem*) starkes Gefühl – *der Sehnsucht, der Angst*; 3. (gyávaság) Ängstlichkeit, Feigheit; *frászt kap* (megijed) = Angst bekommen, erschrecken [dt.].

frászol (fél) – Angst haben, die Hosen gestrichen voll haben.

fráter, frater (férfi) – Mann; Kerl; *hülye fráter vagy!* = du bist ein verrückter Vogel!; *pimasz fráter!* (szemtelen alak) = unverschämter Kerl [< lat. *frater* »Bruder«].

frech (szemtelen) – frech [dt.].

fred (férfi, fiú) – Mann, Junge.

freier (civilember, úr) – Zivilist, Herr [dt.].

frejer – 1. (barát, társ) Freund, Genosse; 2. (nem bűnöző személy) nicht kriminelle Person; 3. (meglopandó, becsapandó áldozat, balek) *jmd*, der betrogen oder bestohlen werden soll, potentielles Opfer; 4. (jó) gut [*bes. Gaunerspr.*; Bed. 2 und 3 zu dt. Rotw. *freier* »naiver, unerfahrener Mann; willkommenes (*und leicht zu betrügendes*) Opfer (*eines Kriminellen*)«].

frektol *s.* fechtöl.

freskó: *freskót csinálok belőled* (kékre-zöldre verlek) = ich schlag dich grün und blau!

fricc (német) – Deutscher; *meist pl.*: a friccek [< dt. Name Fritz].

friccs (forint) – Forint.

fridzsider – 1. (hűtőszekrény) Kühlschrank; 2. (frigid) frigide (*von einer Frau*).

frigó (hűtőszekrény) – Kühlschrank.

frim (ezerkoronás bankjegy) – 1000-Kronenschein [*hist.*, 1892 – 1926].

frinyák (orr) – Nase.

frinyó (orr) – Nase.

friss: *friss hús* (csinos lány) = hübsches, attraktives Mädchen [wörtl.: »frisches Fleisch«].

fritz *s.* fricc.

fríz (haj) – Haar.

frizkó (haj) – Haar.

frizura (haj) – Haar [< dt. *Frisur* < fr. *frisure*].

frizsider (hűtőszekrény) – Kühlschrank; *vgl.* fridzsider 1.

frocliroz *s.* frocliz.

frocliz (ismételten bosszant, ugrat *vkit*) – necken, hänseln, *jdn* aufziehen; *ne froclizz!* (ne bosszants) = nerv mich nicht! [< bair-österr. *frotzeln*].

froclizás (bosszantás, ugratás) – Frotzelei, Gefrotzel; *s.* frocliz.

froncsi (forint) – Forint [< fr. *franc* ?].

fröccsözik (fröccsöt fogyaszt) – Fröccs (*Wein mit Soda*) trinken.

fruska (virgonc serdülő leány) – Göre (*vorlautes Mädchen*).

fuccs (semmi sem lett/lesz belőle) – »futsch«, kaputt, verloren, weg, vorbei; *fuccsba megy* = geht verloren [< dt.].

fuj – 1. (pfuj!) pfui!; 2. (ellenszenves férfi) unsympathischer Kerl.

fúj – 1. (lop) stehlen; 2. *fúja a kását* (alszik, hortyog) = schlafen, schnarchen [wörtl.: »den (*heißen*) Brei blasen«].

fujola (fuvola) – Flöte.

fuksz (arany) – Gold, Goldstück, Goldschmuck; *auch:* fux; *vgl.* róka [< dt. Rotw. *fuchs*].

fukszfog (aranyfog) – Goldzahn.

fukszos – 1. (ékszerész) Juwelier; 2. (arannyal, ékszerrel üzérkedő) *jmd.* der mit Gold, mit Schmuck spekuliert; *vgl.* fuksz.

fukszstrang (aranylánc) – Goldkette; *auch:* fukszstrengli; *vgl.* strang.

fukszstrengli *s.* fukszstrang.

fuksztacni (arany cigarettatárca) – goldenes Zigarettenetui.

fúr – 1. *vb.* (áskálódik *vki* ellen) – gegen *jdn.* intrigieren; 2. *subst.* (zseb) Tasche; *vgl.* fickó.

fura (furcsa) – verrückt, merkwürdig; *fura alak/fazon* (bolondos, különcködő ember) = komischer Vogel.

furesz (gól) – (*beim Sport erzieltes*) Tor, Treffer.

furetta (gól) – (*beim Sport erzieltes*) Tor, Treffer.

furikázás (kiruccanás autóval) – Spritztour (*mit dem Auto*).

furikázik (kiruccan autóval) – (*mit dem Auto*) eine Spritztour machen.

furkál (áskálódik *vki* ellen) – gegen *jdn.* intrigieren

furkó – 1. (faragatlan) ungehobelt, rüpelhaft; 2. (faragatlan ember) Flegel, Rüpel, Grobian; 3. (elégtelen – *osztályzat*) »Ungenügend« (*Note in der Schule*) [*Schülerspr.*].

furnérláda (Trabant) – Trabant (*Automarke*) [wörtl.: »Furnierkiste«].

fúró – 1. (gól) (*beim Sport erzieltes*) Tor, Treffer; 2. (hímvessző) Penis; 3. (elégtelen – *osztályzat*) »Ungenügend« (*Note in der Schule*) [*Schülerspr.*].

fúrótartó (ellenőrzőkönyv) – (*offizielles*) Zensurenheft (*in ungar. Schulen*) [*vgl.* fúró 3. = »Ungenügend« + tartó »Behältnis«, da hier die schlechten Noten gesammelt sind; *Schülerspr.*].

furt *s.* furtonfurt.

furtonfurt (folytonosan, egyre csak) ununterbrochen, in einem fort [< dt. *fort und fort*].

furulya – 1. (besúgó) Spitzel; 2. (hímvessző) Penis; 3. (orális szex) oraler Sex [wörtl.: »Flöte«; zu Bedeutung 1. : *vgl.*: dt. »jdn *verpfeifen*«].

furulyázás (orális szex) – oraler Sex, Fellatio.

furulyázik – 1. (ujjakkal jelt ad) mit den Fingern Zeichen geben;

2. (orális szexet végez) oralen Sex (*bes. Fellatio*) ausüben [wörtl.: »flöten, Flöte spielen«].

fuser – 1. (kontár) Pfuscher; 2. (ügyetlen) stümperhaft.

fuserál (kontárkodik) – pfuschen, herumpfuschen.

fut – 1. (úton van a karrier felé) auf dem Weg sein, Karriere zu machen; 2. *vkivel* (udvarol, jár *vkivel*) *jdm* den Hof machen, mit *jdm* gehen; 3. (árulja magát – *prostituált*) (*von einer Prostituierten:*) ihrem Gewerbe nachgehen, auf den Strich gehen; 4. *fut vele a világ* (szédül) – die Welt dreht sich, einem ist schwindlig (*auch: vor Glück, berauscht vom Erfolg etc.*).

futkosó (katonai börtön) – (Militär-) Gefängnis, »Bunker«.

futó (utazó zsebtolvaj) – reisender Taschendieb.

futómű (láb) – Bein [wörtl.: »Fahrgestell, Laufwerk«].

futrázs (étel) – Essen, »Futter« [< dt. *Furage, Fourage* »Lebensmittel, Mundvorrat (*bei der Armee*)« < fr. *fourrage*, beeinflußt von dt. *Futter*; ursprüngl. *Soldatenspr.*].

futtat – 1. (protezsál *vkit*) *jdn* protegieren; 2. (kerítőnő vagy strici kurvát üzletszerzésre küld, illetve keresetét leadó kurvát tart) (*eine Hure*) zum Anschaffen schicken [wörtl.: »laufen lassen«].

futtató (kerítő, strici) – Zuhälter, Strizzi.

fuvar – 1. (kurva vendége) Kunde einer Hure; Freier; 2. (kurva egy »menete« egy vendéggel) ein »Durchgang« einer Hure mit einem Kunden [wörtl.: »Fracht, Fuhre«].

fuvaroz (kerít; nőt elkerít) – auftreiben, verschaffen; eine Frau verkuppeln.

fux *s.* fuksz.

fű – 1. (cigarettában szívható enyhe kábítószer, általában marihuána) leichte in Zigaretten gerauchte Droge, normalerweise Marihuana, »Gras« [*vgl.* engl. *grass*]; 2. *fű alatt* (titokban) = insgeheim, im Geheimen; *fű* vmiben (gyenge *vmiben*) = schwach sein bei etw.; *fűbe harap* (meghal) = sterben, »ins Gras beißen«.

füge – 1. (nő) Frau; 2. (női nemi szerv) weibl. Genitalien [wörtl.: »Feige«; daraus wohl Bed. 2 und davon wiederum – *pars pro toto* – Bed. 1].

függöny! (elég legyen! vége!) – Genug! Schluß! [wörtl.: »Vorhang!« – und damit Ende der Vorstellung].

fül (besúgó) – Spitzel, Verräter; *vgl.* füles 3.

füles – 1. (kis pofon) leichte Ohrfeige; 2. (besúgó) Spitzel; 3. (értesülés) Information, Neuigkeiten, Benachrichtigung; *fülest ad* (tájékoztat, informál) = *jdn* aufklären, informieren; 4. (súgás) Einsagen, Vorsagen (*in der Schule*); 5. (ló) Pferd [< *fül* »Ohr«].

füllent (nagyot mond, ártalmatlanul valótlant állít) – schwindeln, flunkern.

fűnyíró (fodrász) – Friseur [wörtl.: »Rasenmäher«].

fűpréselő (utcalány) – Prostituierte [wörtl.: »das Gras drückend«].

fürdős – 1. (kurva) Hure; *s.* fürdős kurva 1. ; 2. (panaszkodós ember) Querulant, Nörgler, Jammerlappen.

fürdős kurva – 1. (közfürdőkben működő kurva) in öffentlichen Bädern arbeitende Hure; 2. (könnyelmű nő) leichtfertige Frau; 3. (panaszkodós ember)

Querulant, Nörgler, Jammerlappen.

fürdőváros (rossz vétel) – unvorteilhafter Kauf, schlechtes Geschäft [wörtl. »Bade-, Bäderstadt"].

fűrész (autó) – Auto [wörtl.: »Säge«].

fűrészel – 1. (megfúr) gegen *jdn* intrigieren, *jdm* am Stuhl sägen; 2. (közösül) Geschlechtsverkehr haben [wörtl.: »sägen«].

fűrészpormagazin (fej) – Kopf.

fűrészporraktár (fej) – Kopf [wörtl.: »Sägemehllager«].

fürol *s.* firol, fírol.

füsti (cigaretta) – Zigarette.

füstöl – 1. (cigarettázik) Zigarette rauchen, »qualmen«; 2. (száguld – *kocsival*) rasen (*mit dem Auto*); *auch:* elfüstöl [wörtl.: »qualmen, rauchen«].

füstölő – 1. (dohányzó hely) Raucherecke, -zimmer, -abteil; 2. (far) Hintern, Hinterteil [*vgl. füstöl* »rauchen, qualmen, räuchern«].

füstös (cigány) – Zigeuner [wörtl.: »geräuchert«; *leicht iron.*].

füstrúd (cigaretta) – Zigarette, »Qualmstengel«.

fűtő (semmittevő, ingyenélő) – Nichtstuer, Schmarotzer.

fütyi (hímvessző) – Pimmel, Penis [*bes. Kindersprache*]; *vgl.* fütykös, fütyülő; *a fütyim se tudja* (fogalmam sincs) = ich habe keine Ahnung, woher soll ich's wissen?

fütykös (hímvessző) – Penis; *vgl.* fütyi, fütyülő.

fütyülő (hímvessző) – Penis; *vgl.* fütyi, fütykös.

füves (marihuánaszívó) – Marihuanaraucher.

fűz – 1. (kér, kérlel) bitten, anflehen; 2. (udvarol) den Hof machen; 3. (becsap, rászed) betrügen, *jdn* an der Nase herumführen; *auch: fűzi a fejét/az agyát* (szédít) betrügen, reinlegen; 4. (rábeszél, rávesz) überreden, *jdn* breitschlagen, *jdm* einen Floh ins Ohr setzen; *auch: fűzi az agya* [in Bedeutungen 1. – 3. *auch:* főz].

G

gábli – 1. (kellemetlen helyzet, kutyaszorító) unangenehme Situation, in der Klemme; 2. (zsebtolvaj mutató- és középső ujjával alkotott fogó) vom Taschendieb aus Zeige- und Mittelfinger geformte »Zange« [zu dt. *Gabel*; dies wird im Rotw. auch verwendet für »Eid« (Schwurhand!)].

gáblista (zsebtolvaj) – Taschendieb; *vgl.* gábli.

gácsi *s.* gádzsi.

gádzsi – 1. (leány, nő) Mädchen, Frau; 2. (cigány nő) Zigeunerin; 3. (kurva) Hure [< cig. *gázhi* »Frau (Nichtzigeunerin!)«].

gádzsó – 1. (férfi) Mann; 2. (cigány) Zigeuner [< cig. *gázho* »Mann (eigentl. = Nichtzigeuner!)«].

gagy (női mell) – (*weibliche*) Brust, Busen [*zu* tőgy?]

gagyi – 1. (hamis arany) falsches Gold; 2. (gyűrű) Ring [zu dt. Rotw. *gadern, gattern* »Fingerring«?].

gagyizó (hamis arannyal – főként gyűrűvel – csaló) – Betrüger, der mit falschem Gold (*bes. mit Ringen*) handelt [< gagyi].

gaj (keresztény) – Christ; *auch:* gój [< jidd. *goj* »Nichtjude«]; 2. *gajra vág* (árt, tönkretesz) = *jdm* scha-den; ruinieren, kaputtmachen [*vgl.* gajdesz: *gajdeszba küld*].

gajdesz – 1. (halál) Tod; 2. *gajdeszba küld* = 1. (tönkretesz) *jdn* ruinieren; 2. (meggyilkol) *jdn* umbringen; *gajdeszba megy* = (tönkremegy) bankrott, pleite gehen; kaputtgehen, vor die Hunde gehen [< jidd.?< heb. *gowa* = sterben; *vgl.* gajszesz?].

gajdol – 1. (érthetetlenül, vagy idegen nyelven beszél) unverständlich, in einer fremden Sprache reden; 2. (énekel) singen.

gajerol (néz) – ansehen, anschauen; *vgl.* gejerol.

gajmó (pipa) – (Tabaks-)Pfeife.

gajmoz (pipázik) – Pfeife rauchen.

gajramegy (tönkremegy) pleite gehen, kaputtgehen; *s.* gajdeszba megy.

gajszesz (haldokló, nagyon beteg) sehr krank, todkrank [< jidd. *gojssess* »Sterbender«].

gajzi (játékgolyó) – Murmel, Schusser.

gálah (keresztény pap) – christl. Priester, Pfarrer [< jidd. *galoch* »Rasierter, Geschorener; katholischer Geistlicher (*wegen der Tonsur*)«].

gálává (fej) – Kopf [*vgl.* sbkr. *glava* »Kopf«].

galcsi (baráti kör) – Clique [< galeri].

galeri – 1. (tolvajbanda) Diebesbande; 2. (huligánok bandája) Clique, die Gang (*Bande von Rowdies oder Halbstarken*) [< dt. Rotw. *gallerie* »Diebesbande«].

galéria (tolvajbanda, gengszterbanda) – (Diebes-, Verbrecher-) Bande, (die) Gang; *auch:* gamerilla; *vgl.* galeri.

galiba (bonyodalom, baj) – Verwicklung, Komplikation, Unannehmlichkeit, Ärger; *galibát okoz* (bajt okoz) = Unannehmlichkeiten bereiten, Ärger verursachen.

gálya (munkahely) – Arbeitsplatz [wörtl.: »Galeere«].

gályázás (nehéz munka) – schwere Arbeit, Schufterei, Plackerei.

gályázik (megerőltetően dolgozik) – sich abschinden, abrakkern, malochen, schuften.
gamba (száj) – Mund.
gamerilla s. galéria.
gamesz (elégtelen – *osztályzat*) – »Ungenügend« (*Note in der Schule; Schülerspr.*).
gamó s. gamesz.
gampec s. gamesz.
gancegál (teljesen mindegy) – ganz egal [dt.].
gané – 1. (piszok) Schmutz, Dreck; 2. (utált) verhaßt, »beschissen«.
ganef – 1. (naplopó, csirkefogó) Tagedieb, Gauner, Schelm; 2. (hétpróbás, mindenre kapható ember) hartgesottener, ausgebuffter Typ [< jidd. *ganew, ganow* »Dieb«; *vgl.* dt. *Ganove*].
ganéj (utált) – verhaßt, »beschissen«; *vgl.* gané 2.
ganés (piszkos) – schmutzig, drekkig.
gángó (magas) – großgewachsen, groß (*Mensch*).
gányó (férfi) – Mann, Kerl [*bes. Jugendspr.*].
garas (pénz) – Geld; (*bes. in Redewendungen wie:*) *nincs egy garasa sem* (nincs pénze) = kein Geld haben; *leteszi a garast* (fecseg, üresen beszél) = quasseln, quatschen, plappern [eigentl.: »Groschen«].
gardes (kocsi) – Kutsche, Wagen.
gáré (nő, lány) – Frau, Mädchen.
garzon (garzonlakás) – Einzimmerwohnung mit Bad und Kochnische.
gáspár (hímvessző) – Penis.
gatli (kés) – Messer [< dt. Rotw. *gartl, gattl* »Taschenmesser«].
gatya (alsónadrág) – Unterhose; *gatyába rázódik* (halad) = vorwärtskommen, Fortschritte machen.
gatyabaj (nemi baj) – Geschlechtskrankheit [wörtl.: »Malheur in der Unterhose«].
gatyaszaggató (rossz szeszes ital) – Fusel, Spirituose schlechter Qualität [wörtl.: »Unterhosenzerfetzer«].
gatyázik (piszmog, vacakol) – herumtrödeln, herumwursteln.
gatyó, gátyó – 1. (alsónadrág) Unterhose; 2. (nadrág) Hose.
gauner (csaló, csibész) – Betrüger, Gauner [dt.].
gaz (szakáll) – Bart.
gáz – 1. (baj, kellemetlen helyzet, *vmi* rossz) unangenehme Situation, Schwierigkeiten, Ärger; *gáz van* (baj van) = es gibt ein Problem; *gázban van* (bajban van) = in Schwierigkeiten stecken; *tiszta gáz* (*vmi* nagyon rossz) = »ganz schön beschissen«; 2. (veszély) Gefahr.
gazdacsere (lopás) – Diebstahl [wörtl.: »Wechsel des Besitzers«].
gazember (becstelen, gonosz ember) – Schurke, Schuft.
gázkazán (öngyújtó) – Feuerzeug.
gázos – 1. (kellemetlen) unangenehm, unschön; 2. (veszélyes) gefährlich, riskant.
gazsi – 1. (vas) Eisen; 2. (pénz) Geld; *vgl.* gázsi; 3. (cigány férfi) Zigeuner; *vgl.* gázsó, gádzsó.
gázsi (honorárium, díjazás) – Honorar, Gage, Geld [< dt. *Gage* < fr.].
gázsó s. gádzsó.
gazsulál (hízeleg) – schmeicheln, kriechen.
gebasz (baj, kellemetlen helyzet) unangenehme Situation, Zwickmühle [jidd.?].
gé s. géza.
gebe – 1. (sovány ló) (*dürrer*) Gaul, Klepper; 2. (sovány ember) dünner, magerer Mensch.
geci – 1. (vacak) wertlos; 2. (ellen-

szenves, utált) widerwärtig, eklig, 3. (ellenszenves ember) unsympathische Person; 4. (becstelen, tisztességtelen) ehrlos, unanständig; 5. (becstelen, tisztességtelen ember) ehrloser, unanständiger Mensch; *te geci* = du Scheißkerl!; 6. *vulg.* (ondó) Sperma; *vgl.* genyó.

gecihuszár (férfi, fiú) – Mann, Junge [*vulg.*].

gecilak (nő, lány) – Frau, Mädchen [*vulg.*].

geciputtony – 1. (ellenszenves ember) unsympathische Person; 2. (könnyelmű nő) leichtfertige Frau, Flittchen, Schlampe.

gecizik – 1. (piszmog, vacakol) herumtrödeln, herumwursteln; 2. (nehézséget okoz *vkinek*) *jdm* Schwierigkeiten, Scherereien machen; 3. (veszekszik) sich streiten.

gecupt (megtörtént a lopás) – ein Diebstahl ist geschehen [< dt. Rotw. *zupfen, zuppen* »stehlen«; *vgl.* cuffol, cupfol].

gedin (meggazdagodott, jó útra tért tolvaj) – reich gewordener Dieb, der nun »ehrlich« ist [< dt. Rotw. *gedin* »ehrlich«].

geil (émelyítő) – ekelerregend, widerlich; *s.* gejl [dt.?].

gejerol (»kéjleső« mások szerelmeskedését, közösülését lesi, kukkol) – anderen beim Liebesspiel zusehen (und sich daran aufgeilen) [< dt. *geil*? – *vgl.* gajerol].

gejl – 1. (émelygős) ekelerregend; 2. (ízléstelenül érzelgős) geschmacklos sentimental; *vgl.* gejerol [< dt. *geil*?].

geki (bot) – Stock, Stab.

gelb – 1. (gyanús) verdächtig [< dt. Rotw. *gelb* »böse«]; 2. (sárgaréz) Messing [*vgl.* dt. *gelb*].

geld (pénz) – Geld [dt.]
gelda *s.* geld
geldás (pénztárca) – Brieftasche; *vgl.* geld.
geller (testőr) – Leibwächter, »Gorilla« [zu dt. Rotw. *gellern* »bellen«?].
gelt (pénz) – Geld; *vgl.* geld.
gengszter – 1. (becstelen, tisztességtelen ember) unehrlicher, ehrloser, unanständiger Mensch; 2. (bűnöző, bandita) Gangster [< engl. *gangster*].
genya (rossz, silány) – schlecht, minderwertig.
genny – 1. (rossz, silány) schlecht, minderwertig; 2. (ellenszenves ember) unsympathischer Mensch, »Scheißkerl«.
gennyes – 1. (undorító, visszataszító ügy) widerliche, widerwärtige, abstoßende Sache; 2. *gennyesre keresi magát* (meggazdagszik) = sich dumm und deppert verdienen, stinkreich werden [*pejor.*].
gennyláda (ellenszenves ember) – unsympathischer Mensch, Scheißkerl.
genyó – 1. (genny, geci, ondó, váladék) Eiter, Sperma, Ausscheidungen; *auch:* germó; 2. (vacak) wertlos; 3. (aljas, visszataszító, megvetett alak) gemeine, widerwärtige Person.
genyózik – 1. (aprólékoskodik) pedantisch sein, Haare spalten; 2. (bíbelődik) herumbasteln, werkeln; 3. (akadékoskodik) Probleme machen, herumnörgeln.
gép (autó) – Auto [Abkürzung von *gépkocsi* = Auto].
gépel (közösül) – Geschlechtsverkehr haben.
gépszíj: *elkapja a gépszíj* = 1. (belesodródik *vmibe*) in *etw.* hineingezogen werden, hineinschlittern;

2. (bajba kerül) Probleme bekommen, in Schwierigkeiten geraten; 3. (sikertől megszédül) im Rausch des Erfolges übermütig werden, »abheben«; *lelökte az agya a gépszíjat* = 1. (megbolondult) (ist) durchgedreht, ausgerastet; 2. (részeg) betrunken, besoffen.
gercsula (nagyon sovány) – sehr dünn, mager (*Mensch*).
gercsulatartó (nyak) – Hals.
gereblye (fésű) – Kamm [wörtl.: »Harke, Rechen«].
gerenda – 1. (gyufa) Streichholz; 2. (elégtelen) »Ungenügend« (*schlechteste Note in der Schule*).
gerezd (rész, részesedés) – Beteiligung, Anteil.
gerjesztő (lábszár) – Bein.
germán – 1. (német ember) Deutscher, »Germane«; 2. (német nyelv) Deutsch (*Schulfach*).
germó (ondó) – Sperma; *s.* genyó 1.
germózik (piszmog, vacakol) – herumtrödeln, herumwursteln.
gersli (pénz) – Geld [< dt. Rotw. *kesch* »Geld, Bargeld«].
geruder (zavar, lárma, kiabálás) – Lärm, Aufruhr, Geschrei [< dt.].
geszelsaft (baráti kör) – Freundeskreis, Clique [< dt. *Gesellschaft*].
gesztenye (női mell) – (*bes. kleine weibliche*) Brust, Busen [wörtl.: »Kastanie«].
gettó – 1. (kollégium) Schülerwohnheim, Internat; 2. (iskola) Schule [*Schülerspr.*].
getymó (ondó) – Sperma.
géza – 1. (kábítószereseknél a Gracidin nevű gyógyszer) *Bei Drogenabhängigen Bezeichnung für das Medikament Gracidin* [*auch:* gé (Abkürzung); der Name *Géza* wird beim Buchstabieren für »g« verwendet]; 2. (átlagember) Durchschnittsmensch, »der Mann auf der Straße«, »Otto Normalverbraucher«.
gézázik (kábítószert használ) – Drogen nehmen.
gezelsaft *s.* geszelsaft.
gézengúz (semmirekellő ember) Nichtsnutz, Lümmel; *kis gézengúz* (rakoncátlan kölyök) = ausgelassenes, freches Kind.
gezeresz (jajveszékelés, hangos siránkozás) – Gejammer, Geflenne.
gi (három) – drei; *auch:* gizás, gizella [zu *gimel*, dem dritten Buchstaben des hebräischen Alphabets, das auch für die Zahl »drei« gebraucht wird].
gift (pálinka) – Schnaps [< dt. Rotw. *gift* »Schnaps«].
gifthalli (pálinkamérés) – Schnapsausschank [(*s.*) gift + dt. *Halle*; *vgl. Trinkhalle*].
giga – 1. (nyak) Hals; 2. (torok, gége) Kehle; *kiszáradt a gigája* (szomjas) = *jdn* ist durstig, die Kehle ist einem ausgetrocknet [ursprüngl. volkstümliche Nebenform von *gége* »Gurgel«].
gikszer (baklövés) – Ungeschicklichkeit, Schnitzer, Murkser; *gikszert csinál* (elhibáz) = versieben, vermurksen [zu dt. *gicksen* oder *gieksen*].
giliszta – 1. (sovány) mager, dünn, dürr; 2. (sovány ember) magerer, dünner Mensch.
gima *s.* gimi.
gimalér *s.* gimallér.
gimallér (harminc) – dreißig [gi »drei« + mallér »zehn«].
gimcsi *s.* gimi.
gimi (gimnázium) – Gymnasium [*Schülerspr.*].
gimnasztik – 1. (testnevelés) Lei-

beserziehung, Turnen (*Schulfach*); 2. (közösülés) Geschlechtsverkehr, Sex.
gimó (cigarettavég) – Zigarettenstummel, Kippe.
gina *s.* gimi.
gingi (pálinka) – Schnaps.
gipsz – 1. (gipszkötés) Gipsverband, »Gips«; 2. *mint a gipsz* (állandóan akadékoskodó) = ständig nörgelnd, Nervensäge [dt.].
gipszfej (buta ember) – Dummkopf [wörtl.: »Gipskopf«].
giraffe (magas ember) – hochgewachsener, großer Mensch; *vgl.* zsiráf [dt.].
girgonya (rádió) – Radio.
girhes (sovány) mager, dünn, dürr.
girnyó – 1. (sovány) hager, dünn, mager; 2. (sovány ember) hagerer, dünner Mensch.
gitár (géppisztoly) – Maschinenpistole [wörtl.: »Gitarre«; Kurzform von der nach dem sowjetischen Einmarsch 1945 aufgekommenen Bezeichnung *davajgitár* für »Maschinenpistole« (wörtl.: »gib die Gitarre her«; *vgl.* davajok].
gitt (széklet) – Kot, Kacke, Scheiße [zu dt. *Kitt* ?].
gittel (székel) – kacken, scheißen.
gittes – 1. (rossz, silány) schlecht, minderwertig; 2. (kellemetlen) unangenehm, »beschissen«.
gizás (három) – drei; *s.* gi.
gizda – 1. (nagyképű, hiú) eitel, aufgeblasen; 2. (gyenge, sovány) schwach, mager, dürr; 3. (gyenge ember) Schwächling; *gizda hapsi* (tehetetlen ember) = Tolpatsch [< cig. *gizdavo* »hochmütig, stolz«].
gizdáskodik – 1. (kötekedik, okvetetlenkedik) Streit suchen, nekken, anbandeln, stänkern; 2. (nagyképűsködik) wichtig tun,

den großen Mann markieren [< gizda].
gizella (három) – drei; *s.* gi.
glaccs (konflis) – Mietkutsche, Droschke, Einspänner, Fiaker [*vgl.* dt. Rotw. *klatscher* »Fuhrmann«; vom Klatschen der Peitsche].
gladiátor (radiátor) – Heizung, Heizkörper [*Wortspiel*].
gláz (szem) – Auge.
glézás (üveggolyó) – Glaskugel.
glokkos (az »itt a piros, hol a piros« három gyűrűvel játszó vásári mutatványos) »Hütchenspiel« (Trickspiel, bei dem der Zuschauer erraten soll, unter welchem von drei Hütchen sich eine Kugel befindet – *in verschiedenen Varianten bes. auf Jahrmärkten verbreitet*) [< dt. Glocke].
glükk (tök – *szín a kártyában*) – Schelle (*Farbe beim Kartenspiel*).
gógyi (ész, tudás) – Verstand, Wissen [< cig. *gódyi* »Verstand, Gehirn«].
gógyis (van esze, okos) – klug, vernünftig; *vgl.* gógyi.
gógyizik (gondolkodik) – denken, nachdenken.
gogyós (hülye) – verrückt.
gój (keresztény, nem zsidó) Christ, Nichtjude; *auch:* gaj [jidd.].
gól (elégtelen – *osztályzat*) – »Ungenügend« (*Note in der Schule*) [*Schülerspr.;* < engl. *goal* »Tor« (*beim Sport*); im übertragenen Sinne »tritt« hier der Lehrer nicht den Ball, sondern den Schüler].
gole (tolvajtáska, szerszámtáska) – Werkzeugtasche (des Diebs) [< dt. Rotw. *gole* »Diebstasche der Laden- und Marktdiebe«].
gólesz (baj) – Unglück, Ärger, Schwierigkeiten, Problem; *gólesz-*

ban van (bajban van) = sich in Schwierigkeiten befinden, in der Klemme stecken [< jidd. *goless* »Exil, Diaspora«].

gólya (elsőéves egyetemista, főiskolás) – Erstsemester, Studienanfänger; *auch:* gólya-gólya-lógója.

gólyafészek (szülőotthon) – elterliche Wohnung [wörtl.: »Storchennest«].

golyó – 1. (labda) Ball; 2. (fej) Kopf; 3. (női mell) (*bes. kleine weibliche*) Brust, Busen; 4. (szem) Auge; 5. (here) Hode; *golyók* (herék) = die Hoden, »Eier« [wörtl.: »Kugel, Murmel«].

golyóbis (fej) – Kopf.

golyós – 1. (hülye) (*ein bißchen*) verrückt; 2. (őrült ember) Spinner.

golyóstoll (hülye ember) – Verrückter, Trottel.

gombatenyészet (láb) – Bein.

gombok (aprópénz) – Kleingeld; *gombokat talált* (aprópénzt talált) = er hat Kleingeld gefunden [wörtl.: »Knöpfe«].

gombolós (kabát, télikabát) – Mantel, Wintermantel.

gondolkodik (szellent) – furzen, einen fahren lassen; *auch:* elgondolkodik [wörtl.: »nachdenken«].

gonoszmókus (gonorrea) – Gonorrhöe, Tripper [Wortspiel; wörtl.: »bösartiges Eichhörnchen«].

góré – 1. (főnök, tulajdonos, vezető) der Alte, Besitzer, Boß, Chef; 2. (igazgató) Direktor (*Schülerspr.*); *vgl.* csúcsgóré, főgóré [cig.].

gorilla (testőr – *nagy, behemót ember*) – Leibwächter, »Gorilla«.

gödör – 1. (pincekocsma) Kellerkneipe; 2. (nő szeméremteste) weibl. Geschlechtsteile; 3. *gödörben van* (bajban van) = Ärger haben, in der Tinte sitzen [wörtl.: »Grube«].

gömb (labda) – Ball [wörtl.: »Kugel«].

gömböc (kövér ember) – Dickwanst [zu *gömb* »Kugel«].

gönc – 1. (ruha) Kleidung, Kleidungsstück; *a göncek* = die Klamotten; 2. (zsákmány, lopott holmi) Diebesgut, Beute.

gönnol – 1. (nem irigyel, nem sajnál *vkitől vmit*) *jdm etw.* gönnen; *gönnolom neki a sikert* = ich gönne ihm den Erfolg; 2. (kíván) *jdm etw.* wünschen [< dt. gönnen].

görbe – 1. (hamis – *pl. pénzről*) falsch, gefälscht (*z.B. Geld*) [wörtl.: »krumm, schief«]; 2. *görbe éjszaka* (átmulatott éjszaka) = durchzechte Nacht; Nacht, die man »durchgemacht« hat.

görbevíz (szeszes ital) – alkoholisches Getränk.

görbül (elégséges – osztályzat) – »Ausreichend«, »Zwei« (*zweitschlechteste Note in ungar. Schulen*).

görcs (kíván) – wünschen, verlangen.

görcsöl (fél) – sich fürchten, Angst haben.

görény (ellenszenves férfi) – Mistkerl, Dreckskerl [wörtl.: »Iltis, Stinktier«].

görle (nő) – Frau [wohl zu dt. Rotw. *golle, gollerl* »Frau; weibl. Bedienung in der Kneipe«].

göröngy (fej) – Kopf [*Jugendspr.*].

göthös – 1. (betegesen gyenge, sovány) kränklich, schwach, abgemagert; 2. (jeles, ötös – *osztályzat*) »Sehr gut« (»Fünf«; *beste Note in ungar. Schulen*) [Schülerspr.; Wortspiel mit dem ähnlich klingenden Wort *ötös* »Fünf«].

gőz: *gőze sincs* (fogalma sincs) = (*er/sie hat*) keine Ahnung; *halvány (lila) gőzöm sincs* (fogalmam sincs) = ich habe keinen blassen Schimmer; *gőzben van* (nagy munkában van) = schwer beschäftigt sein.

gőzkoca (kövér ember) – dicker Mensch, Fettsack [wörtl.: »Dampfsau«].

gőzöl: *gőzöl a feje* (ideges lesz, dühös lesz) = nervös, wütend werden.

grabanc (haj) – Haar.

görle (hajszol – *pénzt*) – *etw.* nachjagen, hinterherjagen, hinter *etw.* her sein (z.B. *Geld*) [< dt. *grapschen*?].

graccol (mászik) – klettern [< bair.-österr. *kraxeln*].

grajzleros (vegyeskereskedő, szatócs) – Gemischtwarenhändler, Krämer [< österr.-dt. *Greißler*].

gramanc (holmi *vkié*) – Habseligkeiten, Siebensachen, Kram [< dt. *Kram*?].

gramcsi (gramofon) – Grammophon

gramofon (unalomig ismételt mondanivaló) = die alte Leier; *auch:* régi gramofon.

grand – 1. (fillér; krajcár) Filler; [*histor.*] Kreuzer; *egy grandom sincs* (nincs egy fillérem sem) = ich habe keinen Pfennig [< dt. *Grand* »Gesteinsschotter von etwa hirsekorngroßen, gerundeten Stücken«]; 2. (nagy) groß [< fr.].

grandi *s.* grantig.

grandis *s.* grantig.

grantig (mérges, rosszkedvű) – übel-, schlechtgelaunt [< bair.-österr. *grantig*].

grantner (betegséget, vakságot színlelő koldus) Bettler, der eine Krankheit, z.B. Blindheit vortäuscht [< dt. Rotw. *granten* »betteln«, *grantner* »Bettler, der eine Krankheit vortäuscht«].

grassz (marihuána) – Marihuana, »Gras« [< engl. *grass*].

grasszál (hencegve, fölényeskedve sétál, járkál) – großspurig umherstolzieren [< dt. *grassieren* < lat. *grassari* »umhergehen, umherschwärmen«].

grátisz (ingyen) – umsonst, gratis [< lat.].

grattol (fut, menekül) – weglaufen, flüchten [dt.; *vgl.* krautol].

grecíz (göndör) – kraus (*von Haaren*).

grejfol (fogdos, tapogat) – herumfingern, herumgrapschen [< dt. *greifen*].

grek (előkelő hamiskártyás – *tkp.* »görög«; utalás a hírhedt levantei hamiskártyásokra) – (*beim Kartenspiel*) geschickter Falschspieler [eigentl. »Grieche« < fr. *grec*; nach den berüchtigten Falschspielern von der Levante].

grí (bíró) – Richter.

griff (markolás, kézzel való szorítás) – kräftiges Zupacken mit der Hand [dt. *Griff*].

grim (törvényszék) – Gericht [< dt. Rotw. *grimm, krimm* »Gericht, bes. Landgericht«; *vgl. krim*].

grimbusz (felfordulás, kavarodás, rendetlenség, botrány) Aufruhr, Durcheinander, Unordnung, Skandal; *grimbuszt csinál/csap* (botrányt csinál) = sich aufführen, Skandal bauen [< ?; vielleicht von cig. *griminel* »es donnert« oder von bair.-österr. *Krampus*?].

grina (kezdő, tapasztalatlan, zöldhasú, zöldfülű) Anfänger, unerfahren, »Grünschnabel« [< dt. *grün* = »jung, unerfahren«; *vgl.* engl. *greenhorn*].

gripis (mérges) – zornig, wütend, sauer.

gríz (baj, kellemetlen helyzet) – unangenehme Situation, Schwierigkeiten; *grízbe kerül* (bajba kerül) = in Schwierigkeiten geraten; *grízben van* (bajban van) = in Schwierigkeiten sein; in der Tinte/Scheiße sitzen.

grízfrász: *grízfrászt kap tőle* (elege van) = von *etw.* die Schnauze voll haben.

groggy (beteg, rosszul van) – sich elend fühlen; fertig, kaputt sein [< engl. *groggy*].

grószi *s.* grószmámi.

groszdeutsch (nagy álkulcs) – großer Nachschlüssel, Dietrich.

grószmámi (idős nő) – alte Frau [dt.].

gruber (ásó) – Spaten [< dt. Rotw. *gruber* »Spaten, Schaufel«].

grund (beépítetlen, üres telek) – unbebautes, leeres Grundstück; Spielplatz [dt.].

grupizás (közösülés – *több nő több férfival*) – Gruppensex.

grupizik (közösül – *több nő több férfival*) – Gruppensex treiben.

gründol (vállalkozást alapít) – ein Unternehmen gründen [dt.].

grünvalda (vécé) – Toilette, Klo [< dt. *grüner Wald*].

guba – 1. (pénz; készpénz) Geld, Bargeld; *s.* gubesz; 2. (fej) Kopf.

gubál (fizet) – zahlen, bezahlen; *vgl.* guba.

gubanc – 1. (baj, kellemetlen helyzet) unangenehme, verzwickte Situation, Schwierigkeiten; 2. (fejetlenség, zűrzavar) Wirrwarr, Durcheinander, Chaos; *gubanca van* (bajban van, kellemetlen helyzetben van) = in der Klemme stecken, in einer schwierigen Lage sein.

guberál – 1. (szemétben keresgél) im Abfall nach Verwertbarem suchen; 2. (fizetésnél nehezen, egyenként szedi elő a pénzt) beim Bezahlen langsam, einzeln das Geld hervorkramen.

guberáló (a szemétből válogató személy) – Person, die im Abfall nach Verwertbarem sucht; *vgl.* guberál.

gubesz (pénz; készpénz) – Geld, Bargeld; *s.* guba.

gubóresz (pénz) – Geld; *vgl.* guba, gubesz.

gubó (szem) – Auge.

guggol – 1. (székel) kacken, scheißen; 2. *guggol a jégen* (börtönben van, büntetést tölt) = im Gefängnis sitzen, Gefängnisstrafe verbüßen [*guggol* wörtl.: »hocken«].

gugyi (kábító ital) – betäubendes Getränk.

gugyista – 1. (vásári tolvaj) Dieb auf dem Markt; 2. (tolvaj, aki altató itallal dolgozik) Dieb, der mit betäubenden Getränken arbeitet; *s.* gugyizó.

gugyizó (pálinka, kábító ital segítségével lopó tolvaj) – Dieb, der sein Opfer vorher mit Schnaps oder anderen Getränken betäubt.

gumi (óvszer) – Kondom, »Gummi«.

gumilabda (női mell) – (*weibliche*) Brust, Busen [*bes. Jugendspr.*; wörtl.: »Gummiball«].

gumizsaru (kerékpáros rendőr) – Polizist, der mit dem Fahrrad unterwegs ist [wörtl.: »Gummi-›Bulle‹«].

gumó – 1. (fej) Kopf; 2. (fenék) – Hintern, Hinterteil [*bes. Jugendspr.*; wörtl.: »Anschwellung«].

gúnya (ruha) – Kleidung.

gurgulyaszemű (dülledt szemű) – glotzäugig.
gurít – 1. (hazudik) lügen; 2. (kábítószeres társától Parkan nevű gyógyszert kér) (*bei Drogenabhängigen*) nach dem Medikament Parkan verlangen.
gurtni (heveder) – Gurt, Tragriemen, Band [< dt. *Gurt*].
guszta (gusztusos) – wohlschmeckend, lecker [< gusztus < lat. *gustus*]
gügye (buta) – dumm, dämlich.
gülü (szem) – Auge.
gülüszemű (dülledt szemű) – glotzäugig.
gülüzik (bámul) = glotzen, gaffen; *auch: gülüzik a szeme.*
gürcöl – 1. (nehéz testi munkát végez) schwere körperliche Arbeit verrichten, schuften; 2. (cipel) schleppen; 3. (nehezen, rossz körülmények között él) in schwierigen Umständen leben [zu dt. *Gurt, Gürtel?*; in Bed. 1. und 2. dann der Tragegurt].
gürcölés (nehéz, unalmas munka) – schwere, langweilige Arbeit.
güri (nehéz, unalmas munka) – schwere, langweilige Arbeit.
gürizés (nehéz, unalmas munka) – schwere, langweilige Arbeit.
gürizik (megerőltetően dolgozik) – schwer arbeiten, schuften.
güzü (túlbuzgó) – übereifrig [*güzü* eigentl.: »Feldmaus«].
güzül (nagyon igyekszik, szaporán tevékenykedik, mint a güzü nevű mezei rágcsáló) – sich abmühen, sehr emsig sein [< güzü].

Gy

gyagya (bolond) – verrückt, närrisch, dumm; *auch:* gyagyarék, gyagyarépa, gyagyás, gyagyi, gyugyu.

gyagyarék (bolond) – verrückt, närrisch; *s.* gyagya.

gyagyarépa (bolond) – verrückt, närrisch; *s.* gyagya.

gyagyás (hülye, féleszű) – verrückt, blöd; *s.* gyagya.

gyagyi (hülye, féleszű) – verrückt, blöd; *s.* gyagya.

gyaki (gyakorlat, gyakorlati) – Übung, Übungs- [*Schülerspr.*].

gyaksi (gyakorlat, gyakorlati) – Übung, Übungs- [*Schülerspr.*].

gyalogáru (lopott holmi) – Diebesgut.

gyalogszőrös (macska) – Katze.

gyalu (hízelgő ember) – Speichellecker, Arschkriecher [wörtl.: »Hobel«].

gyapál (megver) – verprügeln; *auch:* gyepál.

gyapáz (ver) – schlagen, prügeln; *s.* gyapál.

gyászba megy (zsebtolvaj temetésre megy »dolgozni«) – (*vom Taschendieb*) zu einer Beerdigung zum »Arbeiten« gehen.

gyenge (rossz, silány) – schlecht, übel, mies.

gyengi (pénz) – Geld [< russ. *déngi* »dss.«].

gyengus – 1. (rossz, silány) minderwertig, schlecht; 2. (gyenge *vmiben*) schwach sein in/bei *etw.* [< *gyenge*].

gyepa (verés) – Prügel, Schläge, Dresche, »Keile«.

gyepál (megver) – verprügeln; *s.* gyapál.

gyépé (bolond ember) – Verrückter [< *gyp.* = *gyógypedagógia* »Heilpädagogik«].

gyépés (bolond, őrült) – verrückt, närrisch, dumm; *s.* gyépé.

gyér (gyenge) – schwach.

gyerekjáték (könnyű dolog) – leichte Sache, »Kinderspiel«.

gyerkőc (fiú) – Junge, Bub [Ableitung von *gyerek* »Kind«].

gyertya: *gyertyát tart* (mások szeretkezését nézi) – anderen beim Liebesspiel zusehen [wörtl.: »die Kerze halten«; *vgl.* gyertyás, gyertyáz; die Grundidee ist immer: »zusehen, genau beobachten«].

gyertyás (betörésnél őrt álló) – Komplize, der bei Einbruch »Schmiere steht« [*Gaunerspr.*; *vgl.* gyertya].

gyertyáz (figyel, lát, néz) – beobachten, betrachten, (zu)sehen; 2. (bűncselekmény elkövetése alatt kívül őrködik) (bei einer Straftat) außen aufpassen, »Schmiere stehen« [*Gaunerspr.*; *vgl.* gyertya].

gyertyázó (a betörők társa, aki bűncselekmény elkövetése alatt kívül őrködik) – Komplize, der draußen Schmiere steht [*Gaunerspr.*; *vgl.* gyertya].

gyík (hímvessző) – Penis [wörtl.: »Eidechse, Echse«].

gyíkleső – 1. (szem, szempár) Augen, Augenpaar; 2. (zsebkés) Taschenmesser.

gyógyegér (szerencsétlen diák) – unglücklicher Schüler [*Schülersprache*].

gyogyós (buta) – dumm, dämlich.

gyomroz (ver, üt) – schlagen, prügeln.

gyökér – 1. (faragatlan, ostoba) ungehobelt, dumm; 2. (becsapható, rászedhető alak) besonders leichtgläubige, leicht zu betrügende Person; 3. (ellenszenves ember) unsympathischer Mensch; 4. (elégtelen – *osztályzat*) »Ungenügend« (*Note in der Schule; Schülerspr.*) [wörtl.: »Wurzel«; *vgl.* zu Bed. 1. und 2. vurcni].

gyufa – 1. (láb) Bein; 2. (vereség) Niederlage, Blamage; 3. (elégtelen – *osztályzat*) »Ungenügend« (*Note in der Schule; vgl.* fa) [wörtl.: »Streichholz«].

gyufafejű (vörös hajú) – rothaarig [wörtl.: »wie ein Streichholzkopf«, da Streichhölzer häufig einen roten Kopf haben].

gyufapénz (kis pénzösszeg) – Kleingeld [wörtl.: »Geld für Streichhölzer«].

gyufaskatula (Trabant) – Trabant (Automarke) [wörtl.: »Streichholzschachtel«].

gyufázik (vereséget szenved, veszít) – verlieren, reinfallen, auf die Schnauze fallen.

gyugyu (hülye, féleszű) – verrückt, blöd; *s.* gyagya.

gyula (civil ember) – Zivilist [*Soldatenspr.*; bes. während des I. Weltkriegs].

gyullad (fél) – Angst haben, sich fürchten; *vgl.* begyullad.

gyullados (ijedős, félénk) – ängstlich.

gyúr – 1. (rábeszél, rávesz) *jdn* reinlegen, *jdm etw.* aufschwatzen; *auch:* meggyúr; 2. *gyúrja az ipart* (nehezen dolgozik) schwer arbeiten, sich abrackern, schuften; *vgl.* gyűr(i az ipart).

gyurmázik – (székel) kacken, scheißen [zu *gyurma* »Knetgummi«].

gyutacs (gyufa) – Streichholz.

gyútika – 1. (gyufa) Streichholz; 2. (öngyújtó) Feuerzeug.

gyűjtő (gyűjtőfogház) – Sammelgefängnis (*bes. für die Aufnahme von Untersuchungshäftlingen und vorübergehende Unterbringung verurteilter Straftäter*).

gyűjtött (lopott) – gestohlen, geklaut; *gyűjtött cucc* (lopott holmi) = Diebesgut [wörtl.: »(ein)gesammelt«].

gyümölcs (eredmény, siker) – Ergebnis, Erfolg [wörtl.: »Obst«; *vgl.* dt. »*die Früchte des Erfolgs*«].

gyűr: *gyűri az ipart* (nehézen dolgozik) schwer arbeiten, sich abrackern, schuften; *vgl.* gyúr 2.

gyűrődés (igénybevétel) – Inanspruchnahme, Forderung.

gyűszűzik (zsebmetszést végez) – stehlen, indem man eine Tasche aufschneidet.

H

habarcstündér (kőműveslány) – Maurergesellin, Maurerin [wörtl.: »Mörtelfee«].

hábé (buli, parti) – Fete, Party [Abk. von *házibuli* »Hausparty«].

hablatyol (okoskodik, hülyeséget beszél) – schlau daherrreden, Stuß erzählen [< halandzsázik?; *bes. Jugendspr.*].

habdva (csizma) – Stiefel.

habókra (hiába, feleslegesen) – vergeblich, umsonst, »für die Katz'«.

habzsi (mohó, falánk) – gierig, gefräßig.

habzsol (mohón eszik) – Essen in sich hineinstopfen, fressen.

hacacáré (zajos mulatozás) – feucht-fröhliche Fete, ausgelassene Feier.

hacuka – 1. (könnyű köntös, kabátka) dünner Mantel, Umhang; 2. (viseltes v. ódivatú ruha) abgetragene oder altmodische Kleidung.

hadács (rendőrségi besúgó) – Polizeispitzel [< dt. Rotw. *hadatsch* »Polizist«].

hadar (fecseg, üresen beszél) – quasseln, quatschen, plappern.

háder (kártya) – Kartenspiel [< dt. Rotw. *hader* »Spielkarte(n)«].

haderoz (kártyázik) – Karten spielen [< dt. Rotw. *hadern* »Karten spielen«].

hadova – 1. (fecsegés, beszéd) Geschwätz, Gerede, Gespräch; 2. (hazugság) Lüge; 3. (tolvajnyelv) Diebessprache; *hadovát komál* (a tolvajnyelvet ismer) = die Diebessprache sprechen.

hadovabank (beszélgetés tolvajlási tervekről, gyakorlat tolvajnyelven) – Besprechung von geplanten Diebstählen, Übung in der Diebessprache [*Gaunerspr.*].

hadovál – 1. (összevissza beszél) Unfug, Stuß reden, schwafeln; 2. (hazudik) lügen; 3. (tolvajnyelven beszél) in der Diebessprache sprechen.

hafliz (felgombol, kigombol) – *etw.* aufknöpfen.

hahaha (jókedvű ember) – gutgelaunter Mensch, Spaßvogel.

haj: *hajba kap* (összevész) = in Streit geraten, anfangen zu streiten; sich in die Haare kriegen.

háj: *minden hájjal megkent* (agyafúrt, ravasz) – durchtrieben, gerissen, mit allen Wassern gewaschen.

hájas (kövér) – dick (*von Menschen*).

háj-báj (kövér ember) – dicker Mensch, Fettwanst.

hajbókol – 1. (megszökik) ausreißen, fliehen, entfliehen; 2. (megalázkodik) sich erniedrigen, sich demütigen, Kotau machen [wohl Bildung aus *hajol* »sich neigen, sich beugen« und *bókol* »Komplimente machen«].

hajcsizás (alvás) – Schlaf [*bes. Kinderspr.*].

hajcsizik (alszik) – schlafen [*bes. Kinderspr.*].

hájfej (tunya, ostoba ember) – träger, dummer Mensch, Trottel.

hájfejű – 1. (tunya, ostoba, buta) träge, schwer von Begriff, dumm, dämlich; 2. (kövér) dick.

hájflekk (kövér ember) – dicker Mensch, Fettwanst [*háj* »Fett« + dt. *Fleck*; *vgl.* hájpacni].

hájgombóc (kövér ember) – dikker Mensch, Fettwanst, »Fettkloß«.

hajlak (szökés) – Flucht [zu jidd. *hojlejch* »Gehender, Wanderer«].

hajlakol (megy, indul, menekül) – gehen, aufbrechen, flüchten; *vgl.* hajlak.

hajlat (kapualj) – Einfahrt, Eingang.

hajlem (kórház) – Krankenhaus [*vgl.* jidd. *chojle* »Kranker, Patient«].

hajó – 1. (autó) Auto; 2. (cipő) Schuh [wörtl.: »Schiff«].

hájpacni (kövér ember) – Dickwanst [wörtl.: »Fettfleck«].

hajsz (nadrág) – Hose; *s.* hojsz [< jidd. *hojs, hojsn*].

hajt *vkit* – 1. (keres, üldöz *vkit*) *jdn* suchen, verfolgen; 2. (prostituálja magát) als Prostituierte arbeiten; 3. (megerőltetően dolgozik) sich abrackern, schuften; *auch: hajtja magát*.

hajtás – 1. (razzia, körözés) Razzia, Patrouille; 2. (sietés, igyekvés) Eile, Anstrengung.

hájtorony (kövér ember) – dicker Mensch, Fettwanst [wörtl.: »Fett-Turm«]

hajtós (nőcsábász, nőbolond) – Frauenheld, Casanova.

hajvágás (börtönbüntetés) – Gefängnisstrafe [wörtl.: »Haarschnitt«, den man vor Haftantritt verpaßt bekommt].

hajz (nadrág) – Hose; *s.* hajsz, hojsz [< jidd. *hojs, hojsn*].

hajzó (nadrág) – Hose; *s.* hajsz, hojsz [< jidd. *hojs, hojsn*].

háklis – 1. (kényes, érzékeny) heikel, empfindlich; 2. (szeszélyes, bolondos) launisch, närrisch, verschroben, wunderlich; 3. (akadékoskodó, apróságokon fennakadó) nörgelnd, sich über Kleinigkeiten aufhaltend; *auch:* háglis, háknis, héklis [zu dt. *heikel, heiklig*; *vgl.* tschech. *háklivý* »empfindlich« – ebenfalls < dt.].

hakni (esemény) – Ereignis, Vorfall, Vorgang [zu dt. *Haken*].

hal (prostituált vendége) – Kunde einer Hure, Freier [wörtl.: »Fisch«, der ins Netz geht].

halál: *halálra melózza magát* (nehézen dolgozik) = sich zu Tode schuften; *halálra röhögi magát* (nagyon nevet) = sich zu Tode lachen; *halálra un* (nagyon un) = auf den Tod nicht ausstehen können; *halálra unja magát* (nagyon unatkozik) = sich zu Tode langweilen; *halálra untat* (nagyon untat *vkit*) = *jdn* zu Tode langweilen.

haláli – 1. (óriási, pompás, nagyszerű) prächtig, toll; 2. (rendkívül, nagyon) besonders, sehr; *haláli jó* (nagyon jó) = verdammt gut, saugut [wörtl.: »tödlich«].

halálos – 1. (remek, csodás) prächtig, toll; 2. (nagyon) sehr, extrem; *vgl.* haláli.

halálpad (első pad – *iskolában*) – die erste Bank [im Klassenzimmer; wörtl.: »Todesbank«; *Schülerspr.*].

halandzsa (fecsegés, elferdített, értelmetlen beszéd – *Karinthy Frigyes szóalkotása*) – Geschwätz, Geplapper, entstellte, unverständliche Sprache [Wortbildung von Frigyes Karinthy].

halandzsáz (elferdítetten, értelmetlenül beszél) – verdreht, wirr sprechen; *vgl.* halandzsa.

halef (kés, tőr) – Messer, Dolch [< jidd. *chalef, chalof* »Schlachtmesser zum rituellen Schlachten der Tiere«].

halefol (kései) – (mit einem Messer) stechen, erstechen; *vgl.* halef.

hallerista (piaci orgazda) – Hehler auf dem Markt [*nach den Hehlern, die früher auf dem Markt am*

Haller-Platz tätig waren und das Diebesgut dann auf andere Märkte der Umgebung brachten].
halló (fül) – Ohr [wörtl.: »das Hörende«].
haló (étel) – Essen, Lebensmittel; *vgl.* halóz, -ik.
halós (éhes) – hungrig; *vgl.* halóz, -ik.
halott pali (*vki,* akit könnyű meglopni) – *jmd*, den man leicht bestehlen kann.
halózás (evés, étkezés) – Essen, Mahlzeit. ; *vgl.* halóz, -ik.
halóz, halózik (eszik) – essen [< cig. *xal* »essen«].
hamburgi: *hamburgi limbóc* (hímvessző) – Penis.
hamikázik (eszik) – essen.
hámozott: *hámozott giliszta* (sovány ember) = dünner, magerer Mensch [wörtl.: »gehäuteter Wurm«].
hamuka – 1. (fölösleges beszéd) oberflächliches Gerede; 2. (füllentés) Schwindel, Flunkerei; 3. (kibúvó, ürügy) Vorwand, Ausrede.
hamukál (füllent) – schwindeln, flunkern.
hamukázik (füllent) – schwindeln, flunkern.
hamuzik *s.* hamukázik [*bes. Jugendspr.*].
hancúr (közösülés) – Geschlechtsverkehr.
hancúrléc (hímvessző) – Penis; *auch:* hancúrlőcs.
hancúrlőcs (hímvessző) – Penis; *s.* hancúrléc.
handa – 1. (beszéd, üres beszéd) Gerede, leeres Geschwätz; 2. (hazugság, hazudozás) Lüge, Lügnerei; *vgl.* hantál.
handabanda (halandzsa, mellébeszélés) – Geschwafel, Ausflüchte.

handabandázik (halandzsázik, mellébeszél) – schwafeln, herumreden, Ausflüchte machen; *vgl.* hantál.
handlé (ószeres, házaló) – Altwarenhändler, Hausierer [< jidd. *handle* »Hausierer«, *vgl.* jidd. *handlen* »handeln«].
handzsa (kés) – Messer.
hangászda (kocsma) – Kneipe [von *hang* »Stimme«; gebildet wie *cukrászda* »Konditorei«].
hangdoboz (rádió) – Radio(gerät) [wörtl.: »Schachtel, aus der Stimmen kommen«].
hangláda (rádió) – Radio(gerät) [wörtl.: »Kasten, aus dem Stimmen kommen«].
hang nélkül (fekete szemüveg) – schwarze Sonnenbrille [wörtl.: »ohne Geräusch, geräuschlos«].
hangosfőzelék (babfőzelék) – gekochte Bohnen, Bohnengericht [wörtl.: »lautes Gemüsegericht«; wegen der blähenden Wirkung der Bohnen].
hangporfis (nyelv) – Zunge.
hangya (jelentéktelen ember) – unbedeutende Person, ein Niemand [wörtl.: »Ameise«].
hangyányi (kicsi, pici) – winzig [wörtl.: »ameisengroß«].
hangyás (hülye, bolond) – verrückt; *hangyás vagy!* = du spinnst!
hanta – 1. (üres beszéd, beszéd) Gerede, leeres Geschwätz; 2. (hazugság, hazudozás) Lüge, Lügnerei; *vgl.* hantál.
hantál (nagy hangon, fellengzősen nagyokat mond, hazudozik) übertreiben, überspanntes Zeug erzählen, schwindeln, lügen [< hantíroz < dt. *hantieren*; *vgl.* handa, hanta; hantázik; *vgl.* (dt.>) tschech. *hantýrovat* »etw. behandeln, hantieren; Diebessprache

sprechen«; *hantýrka* »(tschech.) Diebesspr.«].
hantás (nagyhangú személy, bőbeszédűen hazudozó) – Großmaul, Angeber, Lügner; *vgl.* hantál.
hantázik – 1. (összevissza beszél) schwafeln, schwätzen; 2. (füllent) schwindeln, aufschneiden; 3. (hazudik) lügen [*s.* hantál; *bes. Jugendspr.*].
hantázó (hazudós) - Lügner, Lügenmaul [< hantázik; *bes. Jugendspr.*].
hanzli (sör) – schales Bier [< bair.-österr. *Hansl, Heinzel* »schlechtes Bier; Bierrest im Glas; Abtropfbier«].
hány: *hány, mint a lakodalmas kutya/ mint a murányi kutya* (nagyon hány) = sich fürchterlich übergeben, sich die Seele aus dem Leib kotzen.
hányadék – 1. (undorító) ekelerregend, »zum Kotzen«; 2. (undorító dolog) ekelerregende Sache; 3. (utált ember) widerlicher Typ, »Scheißkerl« [wörtl.: »Erbrochenes, Kotze«].
hanyagol *vmit/vkit* (közömbös *vmi/ vki* iránt) – *etw./jmd* ist einem egal, ist einem schnurz.
hanyattlök: *hanyattlökött krumplis zsák* (alacsony, kicsi ember) = kleingewachsener Mensch, Zwerg [wörtl.: »umgestoßener Kartoffelsack«].
hapacsol (halandzsázik, mellébeszél) – schwafeln, herumreden, Ausflüchte machen.
hapek (férfi) – Mann.
hapi (férfi) – Mann; *szimpi hapi* (szimpatikus férfi) = sympathischer Mann, Kerl.
hapika (férfi) – Mann.
hapó (férfi) – Mann.
hapók (férfi) – Mann.

happol – 1. (habszol, mohón szerez) gierig essen, sich vollstopfen; 2. (megkaparint) *etw.* ergattern, erwischen; 3. (lop) stehlen [*vgl.* dt. *happig, happen, Happen*].
hapse (férfi) – Mann, Kerl [*bes. Jugendspr.*].
hapsi – 1. (férfi) Mann; 2. (barát) Freund [< aus den Wörtern *haver* und *pacák* ?].
hapsikám *s.* hapsi.
hapsizik (fiúzik) – (*von einer Frau*) sich mit Männern herumtreiben; *vgl.* hapsi.
harangoz, -ik: *még csak harangozni se hallott róla* (sejtelme sincs róla) = keine Ahnung haben von *etw.* [wörtl.: »nicht einmal läuten gehört davon«].
harap *vmit* – 1. (eszik – *kül. gyorsan egy falatot*) schnell mal einen Happen essen; 2. *vmire/vkire* (kívánja, vágyódik utána, tetszik neki) auf *etwas/jdn* scharf sein, unbedingt haben wollen, danach verlangen; 3. *vmit* (kábítószerként gyógyszert vesz be) Medikamente als Rauschmittel einnehmen.
háré, haré (haj) – Haar [dt.].
hárésöprű (fésű) – Kamm.
hargenol – 1. (üt, ver; verekszik) schlagen; sich schlagen, sich prügeln; 2. (közösül) Geschlechtsverkehr haben [< jidd. *hargenen* »totschlagen, töten« < heb. *hârag* »umbringen, töten, erschlagen«; *vgl.* auch dt. Rotw. *hargenen* »töten, umbringen, ermorden«; *vgl.* hirig, hirigel].
hári (haj) – Haar; *s.* háré [dt.].
háring – 1. (gyűrűsujjra húzható öklözőeszköz, bokszer) Schlagring; 2. (szidás) Geschimpfe, Schelte [< dt. *Handring*? – oder < dt. Rotw. zu jidd. *harigo* »Mord«, *vgl.* hargenol?].

harisnyafejű (kopasz) – kahlköpfig [als ob jmd sich einen Strumpf (*harisnya*) über den Kopf gezogen hat].

harmatverő (alacsony, kicsi ember) – kleinwüchsiger Mensch, Zwerg.

háryjános (dicsekvő ember) – Angeber, Prahlhans [nach *Háry János*, Hauptfigur des Gedichtes *Az obsitos* (»Der Veteran«, 1843) von János Garay (1812–1853): ausgedienter Soldat der Napoleonischen Kriege, der seine mit Lügen ausgeschmückten Abenteuer erzählt; ähnlich populäre Gestalt wie der deutsche *Baron Münchhausen*; Held des gleichnamigen Singspiels (1926) von Zoltán Kodály (1882–1967)].

háryjánoskodik (kitalált v. felnagyított (hadi) tettekkel dicsekszik) angeben, prahlen (mit erfundenen oder aufgebauschten Heldentaten, bes. im Krieg); *vgl.* háryjános.

has: *hasba akaszt* = 1. (hazudik) lügen; 2. (becsap) betrügen, übers Ohr hauen; *hasból* (találomra) = blindlings, aufs Geratewohl, auf Verdacht, »aus dem hohlen Bauch heraus«; *ex hasibusz* (találomra) = aus dem hohlen Bauch heraus [= *hasból*; humoristische »Latinisierung«: *ex* + lat. Ablativendung *-ibus*]; *hasra esik vki előtt* (rajong) = für *jdn* übertrieben schwärmen [wörtl.: »vor *jdm* auf den Bauch fallen«].

hasal (mellébeszél, üres kifogásokkal él – »hasból beszél«) schwafeln, leeres Zeug reden; faule Ausreden vorbringen [wörtl.: »aus dem Bauch reden«].

hasas (terhes) – schwanger [wörtl.: »bauchig, dickbauchig; (*bei Tieren*) trächtig«].

hasbeszélő (politikus) – Politiker [wörtl.: »Bauchredner«].

hasfájás (sérelem, panasz) – Klage, Beschwerde.

hasi (has) – Bauch.

hasika (has) – Bauch.

haska (hasis) – Haschisch.

haskó (has) – Bauch.

hasmars (hasmenés) – Durchfall [wörtl.: »Bauchmarsch«].

haspárti (falánk ember) – Vielfraß, Freßsack [*iron.*; wörtl.: »der Bauchpartei (*zugehörig*)«].

haspók (falánk ember) – Vielfraß, Freßsack [wörtl.: »Bauchspinne«].

hászvenül (ír) – schreiben [< jidd. *chassmenen* »unterzeichnen, unterschreiben«].

hátbavágás (kellemetlen meglepetés, csalódás) – böse Überraschung, Enttäuschung [wörtl.: »in den Rücken fallen«].

hátizsák – 1. (feleség) Ehefrau; 2. (Trabant biztonsági övvel) Trabant (*Automarke*) mit Sicherheitsgurten [wörtl.: »Rucksack«].

hatökör – 1. (nagyon buta) dumm, dämlich, äußerst beschränkt; 2. (nagyon buta, korlátolt ember) Dummkopf, Trottel, Blödmann [wörtl.: »(dumm wie) sechs Ochsen«].

hátsórész (fenék) – Hintern, Hinterteil.

hatszázra küld (megöl) – umbringen, töten [*nach 1918*].

hátulról (orvul, alattomosan) – hinterrücks, hinterlistig, verräterisch; *hátulról mellbe* = 1. (orvul, alattomosan) hinterlistig, verräterisch; 2. (lehetetlenség) etwas Unmögliches, ein Ding der Un-

möglichkeit [wörtl.: »von hinten in die Brust«].
hátvágánygáz (szellentés) – Furz.
hatvankilenc (orális szex) – oraler Sex, »69«.
hattyú (elégséges – *osztályzat*) – »Ausreichend«, »Zwei« [*zweitschlechteste Note in ungar. Schulen*; wörtl.: »Schwan« – wegen der Ähnlichkeit mit dem Zahlzeichen »2«; *vgl.* kacsa 3., lúd].
haupter (általános álkulcs) – Hauptschlüssel [< dt. Rotw. *haupter* »dss.«].
hausmeister *s.* hauzmeister.
hauzer (jó útra tért tolvaj) – Dieb, der wieder auf den rechten Weg gefunden hat, Ex-Ganove [dt.?].
hauzmeister (álkulcs) – Nachschlüssel [< dt. Rotw.].
havajózik (jól szórakozik) – sich prächtig amüsieren.
haver (cimbora, barát, pajtás) – Kumpan, Spezi [< dt. Rotw. *chawer, haber, kabber* »Freund, Kumpan, Spießgeselle« < jidd. *chawer* »Freund, Genosse« < heb.].
haverkodik (barátkozik) – sich verbrüdern.
haverusz (cimbora, barát) – Freund, Kumpan, Spezi; *s.* haver.
havi (menstruáció) – Menstruation [wörtl.: »monatlich«].
havizik (menstruál) – menstruieren, die Regel haben [< havi].
havrűsze (tolvajbanda) – Diebesbande [< jidd. *chawrüsse* »Gesellschaft, Kumpanei«; *vgl.* (jidd.>) dt. Rotw. *chabrusse, chawrusse, kabrusse* »Genossenschaft, Bande«; *vgl.* haver].
hazaküld (megöl) – umbringen, töten [wörtl.: »heimschicken«].
hazavág – 1. (eltesz láb alól, meggyilkol *vkit*) *jdn* umbringen, umlegen; *hazavágja magát* (megöli magát) = Selbstmord begehen; 2. (tönkretesz *vkit/vmit*) *jdn/etw.* ruinieren, zugrunderichten; 3. (közösül) Geschlechtsverkehr haben (*vom Mann*), mit einer Frau schlafen.
hazagondol (szellent) – furzen, einen fahren lassen.
hazer – 1. (amit nem lehet tagadni) *etw.*, was man nicht abstreiten, leugnen kann; 2. (amihez veszélyes hozzáfogni) gefährliches Vorhaben; *hazerra bukik* (tetten érik) = auf frischer Tat ertappt werden; *hazerom van* (rossz előérzetem van) = ich habe eine böse Vorahnung; *hazer munka* (amihez veszélyes hozzáfogni, veszélyes betörés vagy lopás) = gefährliches Vorhaben, riskanter Einbruch oder Diebstahl; *hazer tréfli* (tetten érve, rajtacsípve) = auf frischer Tat ertappt, in flagranti; *vgl.* házer.
házer – 1. (tettenérés) das Ertapptwerden auf frischer Tat; 2. (nem tagadható bűncselekmény) Straftat, die nicht geleugnet werden kann; *auch:* házer balhé [< jidd. *chaser* »Schwein«, das dem orthodoxen Juden als unrein gilt].
házi (rendőri őrizetes, aki a többinek az ételt kiosztja) – Häftling, der das Essen ausgibt.
házibuli (összejövetel, parti) – (*private*) Fete, Party.
házifázi (házifeladat) – Hausaufgabe [*Schülerspr.*].
házi maccs (rendőri felügyelet) – Polizeiaufsicht.
házi melós (a börtön házi munkáira, pl. söprés, takarítás stb., kirendelve fogoly) – Häftling, der für Hausarbeit (z.B. Kehren,

Saubermachen) im Gefängnis eingeteilt ist.
házirézi (cselédnő) – Dienstmädchen [wörtl.: »Haus-Resi«].
házmester – 1. (három deci bor, két deci vízzel vagy szódával) 0,3 l Wein mit 0,2 l Wasser oder Soda; 2. (álkulcs) Nachschlüssel, Dietrich [in Bed. 2 wohl Übersetzung von (dt. Rotw. >) (*s.*) hauzmeister].
hé – 1. (nyomozó) Detektiv; 2. (rendőr) Polizist; *vgl.* hekus; héség [< dt. Rotw. *heh, höh* »Polizei«; *vgl.* hébe].
hébe (kerületi rendőrkapitányság) – Polizeistation eines Bezirks [< dt. Rotw. *hebe* »Polizei« < cig. *gébe, xev, xeb, xib* »Loch, Öffnung; Gefängniszelle«; *vgl.* hekus, hé].
hecc – 1. (bosszantás, ugratás, hangos szórakozás) Neckerei, Fopperei, lautes Treiben; 2. (uszítás, hajsza) Hetzjagd, Hetze; 3. (zavart keltő, mozgalmas helyzet, kavarodás) Durcheinander, Chaos; 4. *heccből* (viccből) = (nur so) zum Spaß [< dt. *Hetze*].
heccel (szándékosan ingerel) – reizen, ärgern, stícheln, frotzeln.
héder – 1. (börtönzárka) Gefängniszelle; 2. (szoba, cella) Zimmer, Zelle; 3. (alvóhely) Schlafstatt [< jidd. *chejder* »Zimmer« < heb. *cheder* »Zimmer, Schlafgemach, Frauengemach«].
héderezik (lakik, tartózkodik *valahol*) – wohnen, sich aufhalten; *auch:* elhéderezik; *vgl.* héder.
hédervár (alvóhely) – Schlafstatt.
héderhipis (cella motozás) – (*im Gefängnis*) Zellendurchsuchung [*vgl.* héder, hipis].
héderol (alszik) – schlafen; *vgl.* héder.

héderszóre (cellafelügyelő) – Zellenaufseher.
heft (orr) – Nase [< dt. Rotw. *heft* »dss.«].
hefti (orr) – Nase; *s.* heft.
hegedűtok (cipő) – Schuh [wörtl.: »Geigenkasten«].
hegeszt – 1. (alszik) schlafen; 2. (csókolózik) sich abküssen, knutschen [< ?; *hegeszt* im normalen Sprachgebrauch »schweißen«].
hegesztés – 1. (kocsmázás) Kneipenbesuch, »Kneipkur«; 2. (csókolózás) Küsserei, Knutscherei [Etymologie unklar, *vgl.* hegeszt].
hegyibeszéd – 1. (igazgató beszéde) Rede des Direktors (*vor Schülerschaft und Kollegium*); 2. (főnök beszéde) Ansprache, Rede des Chefs [*iron.* Anspielung auf die biblische *»Bergpredigt«*, Matth. 5–7].
hegyi törpe (alacsony, kicsi ember) – kleingewachsener Mensch, Zwerg.
hejah (vécé) – Toilette, WC.
hejehuja (zajos mulatás) – ausgelassene Feier, Gelage.
hejehujázás (zajos mulatás) – ausgelassene Feier, Gelage.
hejehujázik (zajosan mulat) – ausgelassen feiern.
hékli – 1. (ugratás, bosszantás) Neckerei, Fopperei; 2. (szeszély, különleges szokás) Grille, Marotte, seltsame Angewohnheit [*vgl.* dt. Rotw. *heckel* »Narr, Dummkopf«; *vgl.* hékliz].
hékliz (ingerel, bosszant) – reizen, ärgern [< dt. Rotw. *heckeln* »foppen, aufziehen, zum Narren halten«; zu dt. jdn/*über* jdn *hecheln* = *jdn* schmähen, tadelnd verspotten].
hekus, hékus – 1. (detektív) Detektiv; 2. (rendőr) Polizist, *hekusok* =

»die Bullen«; *hekus lonci* (rendőrnő) = Polizistin; *vgl.* lonci [< dt. Rotw. *heh, höh* »Polizei«; *hemann* »Polizist«; *hefenhannes* »dss.« zu *hefen* »Arrest«]; *vgl.* hé, hébe.
hell (lámpa) – Lampe [< dt. *hell*].
helni *s.* hellni.
hellni (világosság) – Helligkeit, Licht [< dt. *hell*].
heló! (szervusz – *köszönés*) – Hallo! (*Gruß bei Begegnung wie beim Abschied*).
heló-beló! (szervusz – *köszönés*) – Hallo! (*Gruß bei Begegnung*).
helósztok! (szervusztok – *köszönés*) – Hallo ihr! (*Gruß bei Begegnung wie beim Abschied*).
hely: *helybe/helyben hagy* (megver, összever) – verprügeln, verdreschen, vermöbeln; *helyből* = 1. (elsőre) beim ersten Mal, auf Anhieb; 2. (felkészülés nélkül) ohne Vorbereitung, aus dem Stegreif; *helyére tesz* (szid *vkit*) = *jdn* schimpfen, ausschimpfen, zurechtweisen.
helyretesz (szid *vkit*) = *jdn* schimpfen, ausschimpfen, zurechtweisen.
henger – 1. (ujjlenyomatvétel) Abnahme von Fingerabdrücken; 2. (fénykép – *a bűnügyi nyilvántartás fényképe*) Foto, Lichtbild (*vom Verdächtigen; bei Aufnahme der Personalien gemacht*) [*Gaunerspr.*; *henger* eigentl. »Walze, Rolle«; in Bed. 1, weil beim Abnehmen der Fingerabdrücke die Finger auf dem Papier abgerollt werden; dann übertragen auf das Fotografieren, das bei derselben Gelegenheit erfolgt].
henker (tiszti aranylánc, lógólánc) – Goldkette eines Offiziers [wohl zu dt. *hängen, Anhänger*].
hentes (sebész) – Chirurg; *auch:* hentes és mészáros [*wörtl.:* »Metzger«].
hepaj – 1. (mulatság, szórakozás, muri) Vergnügung, Gaudi, Spektakel; 2. (veszekedés, verekedés) Streit, Schlägerei; *hepajt rendez* (verekszik) = Streit vom Zaun brechen, sich prügeln; 3. (éjjeli mulatóhely) nächtliches Vergnügungsetablissement; 4. (kocsma, lebuj) Kneipe, Spelunke.
hepajozás (mulatás, muri) – Vergnügung, Gaudi, Remmidemmi.
hepajozik – 1. (mulatózik, kicsapong) – sich amüsieren, einen draufmachen, auf den Putz hauen; 2. (verekszik) sich prügeln; *vgl.* hepaj.
hepas (lebuj) – Spelunke, Kaschemme; *vgl.* hepaj 4.
hepciás (kötekedő, izgága) – streitsüchtig, stänkernd.
hepciáskodik (kötekedik) – sticheln, stänkern.
hepp (hóbort, szeszély, rögeszme) – Laune, Marotte, fixe Idee.
héráz *vmitől/vkitől* (fél) – Angst haben, sich fürchten vor.
hercehurca (fáradságos utánjárás, sok huzavona) – Scherereien, Hin und Her, Geschiß.
hergel (ingerel) – *jdn* ärgern, aufregen, nerven.
hernyó – 1. (ellenszenves ember) unsympathischer, widerwärtiger Mensch, Kotzbrocken; 2. (heroin) Heroin [*wörtl.:* »Raupe, Wurm«; Bed. 2. Resultat eines Sprachspiels].
heró: *herót kap* (megtudja, hírt kap) – etw. erfahren, Nachricht bekommen.
herót, heróte (félelem, rémület, gond) Angst, Furcht, Sorge; *herótja van / herótot kap* vkitől/vmitől (elege van, un) = genug, die

Schnauze voll haben von *jdm/etw.*
[< jidd *charote* »Reue; Bedauern einer Entscheidung, deren Rücknahme«].

herr doktor (király – *a kártyában*) – König (*beim Kartenspiel*).

herreg (morog *vmiért*) – wegen *etw.* brummen, knurren.

hertelenkedik (közösül) – Geschlechtsverkehr haben.

hervadtul: *hervadtul van / hervadtul érzi magát* (beteg, rosszul van) = krank sein, sich elend fühlen.

héség (rendőrség, kapitányság) – Polizei, Polizeirevier; *vgl.* hé.

hések (színház) – Theater(gebäude).

hesz (óvatos, ügyes) – umsichtig, geschickt; *vgl.* hessz zejn! [zu dt. Rotw. *kess, chess* »klug, gescheit« < jidd. *chess,* Anfangsbuchstabe von *chochem* »Weiser«?].

hessze (megbízható orgazda boltja, lakása) – Laden oder Wohnung eines verläßlichen Hehlers.

hesszel – 1. (figyel) beobachten; 2. (őrt áll a betörésnél) Schmiere stehen (bei Einbruch); 3. (nézéssel, szemmel szexuális közeledésre biztat) mit Blicken zur sexuellen Annäherung ermutigen.

hessz zejn! (légy óvatos!) sei vorsichtig! – *vgl.* hesz.

heszt! (vigyázz!) – paß auf! Vorsicht! – *vgl.* hesz.

hétszentség (biztos dolog) – sichere Sache, Angelegenheit.

hetyeg – 1. (bolondít, bolondozik – *nővel*) (*einer Frau*) den Kopf verdrehen, (*mit einer Frau*) schäkern, herumalbern; 2. (táncol) tanzen.

heverő (prostituált) – Prostituierte, Hure [wörtl.: »(herum)liegend«].

hevra (banda, gyülekezet, társaság) Bande, Versammlung, Gesellschaft [< jidd. *chewre, chewru* »Gesellschaft, Verein; Freundeskreis«].

hézag (baj, kellemetlen helyzet) – unangenehme, verzwickte Situation, Schwierigkeiten.

hezitál (habozik, tétovázik) – zögern [< lat. *haesitare* »schwanken«; vgl. fr. *hésiter*].

hiányzik: *hiányzik egy kereke* (hülye) = verrückt; eine Schraube sitzt locker.

hibás (buta) – dumm, dämlich [wörtl.: »fehlerhaft«].

híd: *hídba tesz* (becsap, rászed) = betrügen, reinlegen.

hidal *vhol/vkinél* (lakik, tartózkodik *vhol*) – (*vorübergehend*) wohnen, irgendwo abgestiegen sein.

hideg: 1. *hideg a kassza* = die Kasse/Haushaltskasse ist leer [wörtl.: »kalt«]; 2. *hidegen hagy* (nem hat *vkire*) = *jdn* kalt lassen (= *nicht interessieren*); 3. *hidegen van* (börtönben van) = im Gefängnis, im Knast sein, »sitzen« [*vgl.* hűvös]; 4. *hidegre tesz* (megöl) = *jdn* töten, »kalt machen«.

hideg-meleg (biszexuális) – bisexuell [wörtl.: »kalt-warm«].

hidró (kábítószereseknél a Hydrocodin nevű gyógyszer) – bei Drogenabhängigen: das Medikament Hydrocodin.

hidrofor (vese; vízhólyag) – Niere; Harnblase.

hígagyú (nagyon buta) – stinkdumm, dämlich [wörtl.: »von wässrigem Verstand«].

hígagyvelejű (nagyon buta) – stinkdumm; *s.* hígagyú.

higany (áruló, beépített besúgó) Verräter, eingeschleuster Spitzel [wörtl.: »Quecksilber«].

hihi (jókedvű személy) – gutgelaunte Person, Spaßvogel.

hilíroz (hamisan kártyázik, kártyát csúsztat, kártyát cserél) – mit Karten falschspielen, Karten verrutschen, Karten vertauschen [< dt. Rotw. *hiliren, chilfen* »beim Wechseln Geld stehlen, betrügen«, *chilfer* »Falschwechsler« ; zu jidd. *chalfn, chalfner* »Geldwechsler«, *chalfenen, chilfen* »Geld wechseln«].

hiló (csalás) – Betrug, Schwindel; *vgl.* hilós [zu hilóz, hilíroz].

hilós (szélhámos) – Betrüger, Hochstapler; *vgl.* hiló.

hilóz, hilózik (többszörös pénzfelváltás ürügyén becsap) unter dem Vorwand mehrfachen Geldwechselns betrügen; *vgl.* hilíroz.

hilózó (hamiskártyás, aki játékközben a kártyát csúsztatással kicseréli) – Falschspieler, der während des Spiels Karten austauscht. ; *vgl.* hilóz, hilíroz.

hilóztat (becsap) – täuschen, betrügen.

hím (férfi) – Mann, Kerl [*bes. Jugendspr.*].

hímen (házasság) – Ehe, Heirat [< *Hymen,* griech. Gott der Ehe].

himmi-hummi (holmi) – Kram, Zeug, Siebensachen.

hímringyó – 1. (kitartott férfi) Zuhälter; 2. (nőies férfi) weibischer Mann, Weibling.

himpér (málna) – Himbeere [*bes. in SW-Ungarn;* dt.].

hínár (szemtelen személy) – frecher, aufdringlicher Mensch.

hint: *hinti a púdert/a sódert/a rizsát* (halandzsázik, mellébeszél) = schwafeln, herumreden, Ausflüchte machen; *hinti a rizsát vkivel* (szédít, ámít) = anschwindeln, an der Nase herumführen, irreführen.

hinta: *hintába tesz/ültet* (becsap, rászed) = betrügen, reinlegen, »verschaukeln« [wörtl.: »in die Schaukel setzen«].

hintás (hazug) – lügnerisch, verloren; unwahr, falsch.

hipis – 1. (motozás) Leibesvisitation; 2. (házkutatás) Haussuchung; 3. (őrjárat) Patrouille, Streife.

hipisel (motoz, kikutat, házkutatást tart) – durchsuchen, Leibesvisitation vornehmen, Hausdurchsuchung vornehmen.

hipiselés – 1. (kutatás) Nachforschung; 2. (motozás) Leibesvisitation; 3. (házkutatás) Haussuchung; *vgl.* hıpıs.

hírbeli (könnyelmű nő) – leichtfertige Frau, Flittchen, Schlampe [wörtl.: »in den Nachrichten, im Tagesgespräch«].

hirig – 1. (verekedés) Schlägerei; 2. (verés) Schläge, Prügel; *hiriget ad* (megver) = verprügeln; *hiriget kap* (verést kap) = Prügel beziehen; 3. (késelés, szúrás, vágás általi megjelölés) Zeichnung infolge einer Messerstecherei, eines Stichs, eines Schnitts; 4. (felhívás verekedésre) Aufruf, Aufforderung zur Schlägerei [< jidd. < heb. *hereg* »Mord, Totschlag«; *vgl.* hargenol].

hirigel – 1. (ver, ütlegel *vkit*) prügeln, verprügeln, verdreschen; 2. (verekszik) sich prügeln; *auch:* elhirigel [< hirig].

história (történelem) – Geschichte (*Schulfach*); *s.* hisztória.

hisztéria (történelem) – Geschichte (*Schulfach*) [Wortspiel; wörtl.: »Hysterie«; *s.* hisztória].

hiszti – 1. (hisztéria) Hysterie, Nervenkrise; 2. (történelem) Geschichte (*Schulfach*) [in Bed. 2. *s.* hisztéria ~ hisztória).

hisztizik (hisztériázik) – hysterisch werden, Nervenanfall bekommen.

hisztória (történelem) – Geschichte (*Schulfach*) [< lat. *historia*].

hó – 1. (férfi, balek, áldozat) Mann, Trottel, Opfer; 2. (kokain) Kokain [Bed. 1. *iron.* < jidd. *chochem* »weise«?; 2. *vgl.* dt. *Schnee*!].

hóbelevanc (cókmók, batyu, holmi) – Siebensachen, Kram [korrumpiert aus dt. *Hab* und *Gut* + *Schwanz* ?].

hobó (csavargó) – Landstreicher [< engl. *hobo*].

hócipő: *már tele van a hócipőm vele / ezzel már tele van a hócipőm!* (már elegem van abból) = Ich hab' schon die Schnauze voll davon! [*hócipő* wörtl.: »Schneeschuh«].

hóchstapler (úri szélhámos) – vornehmer Betrüger, Hochstapler [dt.].

hoci (add ide, hozd ide!) – gib her! her damit!; *hoci pénzt!* = Geld her!; *hoci, nesze!* (add ide azt, én is adom ezt) = gib mir das, ich geb' dir dafür dies hier.

hoger (fokos, balta) – Axt, Beil.

hogyishíjják – 1. (valaki; személy akinek a neve nem jut eszünkbe) der/die Dingsbums; der/die – wie heißt er/sie doch noch? (jmd, dessen Name einem nicht einfallen will); 2. (valami; dolog aminek a neve nem jut eszünkbe) Dings, Dingsbums (eine Sache, deren Name einem nicht einfallen will).

hogyisne! (semmi esetre sem!) – auf gar keinen Fall!, von wegen!

hóhányó (csaló, szélhámos) – Betrüger, Gauner, Hochstapler; betrügerisch, hochstaplerisch [< cig. *xoxamno* »verlogen, lügnerisch«; *xoxavel* »betrügen, reinlegen«; volksetymologisch umgeformt: *hó* »Schnee« + *hány* »werfen, schleudern«; also wörtl.: »jmd, der Schnee wirft, schleudert«].

hóhem – 1. (ravasz, okos, ügyes) schlau, klug, geschickt; 2. (okos, ügyes, gyakorlott, bennfentes személy) schlaue, geschickte, eingeweihte Person [< jidd. *chochem* »weise«].

hóhemcupfer (nagyon ügyes tolvaj) – sehr geschickter Dieb; *vgl.* cupfer.

hóhemfiú (tolvaj) – Dieb.

hóhem ipsze (aki nem tolvaj, de azért nagyon jól ismeri a tolvajvilágot) – *jmd*, der selbst kein Dieb ist, sich aber in diesem Milieu gut auskennt, evtl. auch die Diebessprache versteht.

hóhem nyelv (tolvajnyelv) – Diebessprache; *vgl.* link hadova.

hóhemül komál (érti a tolvajnyelvet) – die Diebessprache verstehen.

hóhér (tanár) – Lehrer [wörtl.: »Henker«; *Schülerspr.*].

hóhérkodik (durván kegyetlenkedik) – brutal, grausam sein.

hóhérság (durva kegyetlenkedés) – Brutalität.

hóhmecol – 1. (felvág, henceg, nagyzol) aufschneiden, prahlen, angeben; 2. (teketóriázik, tétovázik) Umstände machen, zögern [zu jidd. *chochme* »Weisheit« und *chochmenen* »witzeln«?].

hojsz, hajsz (nadrág) – Hose [< jidd. *hojs, hojsn* »Hose«].

hóka-móka – 1. (tapogatás) Befummeln, Petting; 2. (közösülés) Geschlechtsverkehr.

hokedli (támla nélküli négylábú szék) – Hocker [< dt. *Hocker*].

hoki (önkielégítés) – (vom Mann) Selbstbefriedigung, Onanie [wörtl. »Hockey«].

hokizik (önkielégítést végez) – (vom Mann) sich selbst befriedigen, onanieren [wörtl. »Hockey spielen«].

hokkol (a kártyát elrejt) – (beim Kartenspiel) Karte verstecken.

hol a piros (vásári csaló szerencsejáték három kártyával vagy fémkoronggal) – betrügerisches Glücksspiel auf dem Markt mit drei Spielkarten oder drei Metallbechern; s. glokkos [wörtl.: »wo ist die rote?«]

holdas (alvajáró) – Schlafwandler [von hold »Mond«].

holdjárta (kopasz) – kahl.

holt- (nagyon) – sehr, extrem, absolut; auch: hót-, hótt- [< holt »tot«; vgl. haláli].

holtbiztos (egészen biztos) – todsicher.

holtmák (nagyon, teljesen részeg) – völlig betrunken.

holtrészeg (nagyon, teljesen részeg) – völlig betrunken, stockbesoffen.

holtziher (egészen biztos) – todsicher; auch: hótziher [Kombination aus holt »tot« + dt. sicher; vgl. holtbiztos und tótziher].

hólyag – 1. (fej) Kopf; 2. (tüdő) Lunge; 3. (ostoba, buta, ügyetlen) dumm, blöd, ungeschickt; 4. (buta ember) Dummkopf, Trottel, Blödmann, Fatzke; [wörtl.: »Blase«].

homály (buta) – dumm, dämlich [wörtl.: »Dunkelheit«].

hombárfejű (kövér) – dick, fett (von Menschen).

homlít (bújtat) – verstecken.

homok – 1. (homoszexuális) homosexuell; 2. (homoszexuális ember) Homosexueller, Homo, Schwuler.

homokos – 1. (homoszexuális) homosexuell; 2. (homoszexuális ember) Homosexueller, Homo, Schwuler.

homokosság (homoszexualitás) – Homosexualität.

homoseggszurkáló vulg. (homoszexuális ember) – Homosexueller, Homo, Schwuler.

homokzsák (gyomor) – Magen [wörtl.: »Sandsack«].

hónaljas (áruját a »hóna alatt« hordó, főleg kapualjakban árusító zugkereskedő) – Händler, der seine Geschäfte vorzugsweise an der Haustür abwickelt [von hónalj »Achselhöhle«, eigentl. jmd, der seine Waren unter dem Arm geklemmt hat].

hónaljkereskedő s. hónaljas.

Honecker bosszúja (Trabant) – Trabant (Auto) [wörtl.: »Honeckers Rache«].

honepik (akit nem lehet megcsalni) – jmd, den man nicht betrügen kann.

honvédfröccs (kóla) – Cola [wörtl.: »Honvéd-Weinschorle«; honvéd = »Angehöriger der ungar. Armee (Honvédség)«; vgl. fröccs].

hópehely (cigány) – Zigeuner [wörtl.: »Schneeflocke«].

hordó (has) – 1. (bes. großer) Bauch; 2. (bes. großer) Kopf [wörtl.: »Faß«].

hordótartó (láb) – Bein, Fuß [wörtl.: »Bauchträger«].

horgász (tolvaj, aki a nyitott ablakon keresztül lop) – Dieb, der durchs offene Fenster stiehlt [wörtl.: »Angler«].

horgászik (lop) – stehlen (bes. durchs offene Fenster) [wörtl.: »angeln«].

horgony (elégtelen – *osztályzat*) – »Ungenügend« (*schlechteste Note in ungar. Schulen*).

horgos (ütés, pofon) – Ohrfeige.

horidák (beteg, nyavalyás) – krank, jämmerlich [< slowak. *chorý* »krank«].

hornikkel (gazdag ember, akitől érdemes lopni) Reicher, von dem zu stehlen sich lohnt [< jidd. *chorar* »Adliger, Freier«].

horó (has) – Bauch.

horog – 1. (elégtelen – *osztályzat*) – »Ungenügend« (*Note in der Schule*) [*Schülerspr.*]; 2. horogra akadt (elfogták, elkapták) = (wurde) erwischt; (ist) *jdm* auf den Leim gegangen.

horpadtképű (sovány) – mager, dürr (Mensch).

ho-rukk (hülye) – verrückt.

hosszú: *hosszú lépés* (egy deci bor, két deci vízzel) = 1 dl Wein gemischt mit 2 dl Wasser; *hosszút köp* (hány) = brechen, sich erbrechen, kotzen.

hotel (kollégium) – Schüler-, Studentenwohnheim.

hót- (nagyon) – sehr, extrem, absolut [< *holt* »tot«; *vgl.* haláli].

hótfix (egészen biztos) – todsicher [*s.* holt-/hótziher; *s.* fix].

hótkoki (nagyon, teljesen részeg) – völlig betrunken; *auch*: hótt-; *vgl.* holtmák, holtrészeg [< koki 3.].

hótkönnyű (nagyon könnyű) – ganz einfach (*Aufgabe*); *auch*: hótt-.

hótmák (nagyon, teljesen részeg) – völlig betrunken; *auch*: hótt-.

hótrészeg (nagyon, teljesen részeg) – völlig betrunken, stockbesoffen; *auch*: hótt-.

hótsiker (nagyon, teljesen részeg) – völlig betrunken, stockbesoffen; *auch*: hótt-.

hótt (nagyon) – sehr, extrem; hótt- *s.* hót- [< *holt* »tot«; *vgl.* haláli].

hótzicsi *s.* hótziher.

hótziher (egészen biztos) – todsicher; *s.* holtziher.

hozomány (a börtönbe becsempészett csomag) – ins Gefängnis eingeschmuggeltes Paket.

hozomra (hitelbe [ti. a vásárló majd hozza a pénzt]) – auf Kredit [von *hozom* »ich bringe es (später)«].

hozzátapad: *hozzátapad a kezéhez/a zsebéhez* (lop, ellop) = stehlen, klauen.

hozzávág *vmit vkihez* (ad *vmi vkinek*) – *jdm etw.* geben.

hőbörödött (bolond) verrückt, spinnert, bescheuert.

hőbörög (hangoskodik, nagyhangúskodik) – angeben, große Klappe haben.

höfö (házifeladat) – Hausaufgabe [von der Abk. *hf.*; Schülerspr.].

hőmérő – 1. (óra) Uhr; 2. (hímvessző) Penis [wörtl.: »Thermometer«].

hömpölyög (megy, gyalogol) – gehen, schlendern.

hubelevanc *s.* hóbelevanc.

húgó (lánytestvér) – Schwester.

húgy – 1. (vizelet) Harn, Pisse; 2. (rossz sör) (schlechtes, schales) Bier [in Bed. 2. *auch:* lóhúgy].

húgyagyú – 1. (nagyon buta) sehr dumm, dämlich; 2. (buta ember) Dummkopf, Trottel, Blödmann.

húgyért-szarért (nagyon olcsón) – spottbillig [wörtl.: »für Pisse und Scheiße«].

huggyant (vizel) – pinkeln, pissen; *auch:* huggyant egyet.

hugyolda (vécé) – Klo, Pissoir.

hugyos (kis gyerek) – kleines Kind (*das noch in die Windeln oder ins Bett macht*).

hugyozás (vizelés) – Wasserlassen, Pinkeln.
hugyozik (vizel) – Wasser lassen, pinkeln.
huhogó (nő szeméremteste) – weibl. Geschlechtsteile.
hulemász (vakmerő) – tollkühn, verwegen, dreist.
huligán – 1. (garázda, erőszakos személy) Randalierer, gewalttätige Person; 2. (semmiházi) Taugenichts, ein Hergelaufener [< engl. *hooligan*].
hulla – 1. (nagyon) sehr; *hulla jó / hulla menő* (kitűnő) = ausgezeichnet, saugut; *hulla menő csaj* (vonzó, csinos nő) = sehr attraktive Frau, eine »Wahnsinnsfrau«; 2. (kimerült) erschöpft, todmüde, kaputt; *auch:* hullafáradt [*hulla* eigentl.: »Leiche«].
hullafáradt (kimerült) – erschöpft, todmüde, kaputt; *auch:* hulla.
hullarészeg (nagyon, teljesen részeg) – stockbesoffen.
humor-zsák (jó humorú ember) – Spaßvogel, Witzbold; *s.* poénzsák.
huncut – 1. (csalafinta, furfangos) schelmisch, verschmitzt, pfiffig; 2. (csalafinta, furfangos ember) Schelm, Spitzbube, Schlaumeier [< dt. *Hundsfott*; die ursprünglich eindeutig negative Bedeutung ist im modernen Sprachgebrauch stark abgeschwächt].
hund (lakat) – Schloß, Vorhängeschloß; *vgl.* kutya [< dt. Rotw. *hund* »dss.«; *vgl.* Wachhund!].
hungár (magyar nyelvtan) – ungar. Grammatik (Schulfach).
huny (alszik) – ein Nickerchen machen; *auch: huny egyet; hunyni megy* = sich auf ein Nickerchen hinlegen.

hunyás (rövid alvás) – Nickerchen.
hunyó (rövid alvás) – Nickerchen.
húr (fűrész) – Säge.
hurka (ügyetlen ember) – ungeschickter Mensch, Tolpatsch [wörtl.: »Leber- oder Blutwurst«].
hurkagyurka (kövér ember) – dikker Mensch, Dickwanst.
hurkás – 1. (Debrecenből való) Person aus Debrecen; 2. (Hajdú-Bihar megyei) Person aus dem Komitat Hajdú-Bihar [nach der *hurka*, einer Spezialität (Blut- oder Leberwurst) aus der Gegend von Debrecen; *bes.* Soldatenspr.].
hurok (elégséges) – »Ausreichend« (»Zwei«, *zweitschlechteste Note in ungar. Schulen*).
hús (nő) – Frau (als Sexobjekt) [*vulg.*; wörtl.: »Fleisch«].
husi (hús) – Fleisch [*Kinderspr.*].
húskombinát (kövér ember) – Dickwanst [wörtl.: »Fleischkombinat«].
húspogácsa (női mell) – (*weibliche*) Brust, Busen [*bes. Jugendspr.*; wörtl.: »Fleischpogatsche«; die Pogatsche (*pogácsa*) ist ein kleines rundes Salzgebäck].
hústorony (erős, magas ember) – Muskelprotz, Koloß [wörtl.: »Fleischturm«].
húsvásár (bordélyház) – Bordell, Puff [wörtl.: »Fleischmarkt«].
huszár: *huszár volt* (görbelábú) = hat krumme Beine [vom Reiten; wörtl.: »war Husar«].
huszárrostélyos (pirított kenyér, zsírban sült kenyér) – geröstetes bzw. in Fett gebackenes Brot.
huszonnyolcas – 1. (széltoló, hazudozó) Windbeutel, Lügenmaul; 2. (ravasz, csaló) verschlagen, betrügerisch; 3. (veszedelmes alak) gefährlicher Typ; 4. (útonálló, ut-

cai rabló) Wegelagerer, Straßenräuber [wörtl.: »Achtundzwanziger«; vgl. dt. Rotw. achtundzwanziger »1. offener Überfall, Einbruch; 2. Räuber, Mörder«; Übersetzung des jidd. kof chess, das als Zahl gelesen den Wert 28 hat, als Abkürzung aber für kojech (»Kraft, Gewalt, Gewalttat«) und chass(e)ne (eigentl. »Hochzeit«; dann aber auch: »toller Lärm mit Zank und Unfug«; daraus in übertragener Bedeutung – bes. im Rotw. – »gewaltsamer räuberischer Überfall, Einbruch«) steht].

húz – 1. (megy, gyalogol) gehen, schlendern; *húzz a retkes picsába* = geh zum Teufel!; 2. (ingerel) reizen, ärgern, nerven; *auch:* felhúz; 3. (közösül) Geschlechtsverkehr haben (vom Mann), mit einer Frau schlafen; *auch:* meghúz; 4. *húzz bőrt a fogadra* (hallgass!) = sei ruhig! halt die Klappe! [wörtl.: »zieh Haut über deine Zähne«]; *húzza a belét* = 1. (nehezen dolgozik) schuften, malochen; 2. (siet, rohan) hasten, eilen, rennen; *húzza a csíkot* (sietve eltávozik) = rasch verschwinden, Leine ziehen, sich aus dem Staub machen; *húzza az igát* (nehezen dolgozik) = schuften, malochen; *húzza a lóbőrt* (alszik) = schlafen; *húzzunk a nyúlba/a búsba* = verziehen wir uns! hauen wir ab!; *húzzunk a faszba!* = verpissen wir uns!

húzás (ellenőrzés, razzia) – Kontrolle, Razzia.

huzat: *huzatot csinál* (eltűnik) = verschwinden, abhauen, sich aus dem Staub machen; *huzatot kapott* (eltűnt, feltűnés nélkül távozott) = spurlos verschwunden; *huzat van* (hallgass!) = halt die Klappe! [*huzat* wörtl.: »(Luft-)Zug«; *huzat van* = »es zieht«].

huzi-voni (közösülés) – Geschlechtsverkehr.

húzott szemű (kínai ember, ázsiai ember) – Chinese, (Ost-)Asiate, »Schlitzauge«.

hücpé (szemtelen, pimasz, bizalmaskodó) unverschämt, frech, aufdringlich [< jidd. chüzpe, chüzpu »Frechheit, Dreistigkeit«].

hűhó – 1. (felhajtás, cirkusz) Rummel, Klimbim, Klamauk; 2. (veszekedés) Streit, Streiterei.

hülye – 1. (buta, ostoba) dumm, blöd, albern, bescheuert; *hülye duma* (badarság) = dummes Geschwätz, Blödsinn; *hülyét kapott tőle* (ideges lett tőle) = wegen, von *etw.* nervös werden; *hülye mint a segg/mint a sötét éjszaka* (nagyon buta) = stinkdumm, dumm wie die Nacht [wörtl.: »dumm wie der Arsch / wie die finstere Nacht«]; 2. (buta, bolond ember) Blödmann, Dummkopf, Trottel; 3. *hülyére zabálja magát* (mohón eszik) = sich vollfressen.

hülyegyerek – 1. (bolond, őrült ember) Verrückter, Irrer; 2. (hímvessző) Penis [*euphemistisch*, wörtl.: »verrücktes Kind«].

hülyeség (badarság) – Dummheit, Unsinn.

hülyéskedik – 1. (bolondozik) schäkern, herumalbern, herumblödeln; 2. *vkivel* (tréfálkozik vkivel) mit jdm spaßen, jdn foppen, aufziehen.

hülyít – 1. (bolondít, bolondozik – nővel) (einer Frau) den Kopf verdrehen, (mit einer Frau) schäkern, herumalbern; 2. (játszadozik vkivel) mit jdm herumspielen.

hülyül (bolondozik) – spaßen, blödeln, herumalbern.

hülyülésből (viccből) – nur so zum Spaß, zwecks der Gaudi.
hütyü (szeszes ital) – alkoholisches Getränk.
hűvös (börtön) – Gefängnis; *hűvösön van* (börtönben van) = im Gefängnis sein, »sitzen«; *hűvösre tesz* (börtönbe csuk) = ins Gefängnis bringen, einsperren [wörtl.: »kühler Ort, Kühle«; *vgl.* hideg 3.].

I, Í

iberad (közvetlenül bűncselekmény elkövetése után terhelő bizonyítékot, lopott holmit titokban átad [*pl. a zsebtolvaj segítőtársának*]) (Diebesgut, belastendes Material nach der Straftat heimlich) übergeben (*z.B. einem Komplizen*) [dt. *über* + ungar. *ad* »geben«]; *auch:* iberol, iberöl.

iberol *s.* iberad.

iberöl (átad) – übergeben; *s.* iberad.

icipici (nagyon pici) – winzig klein; ein klein wenig [< pici].

icike-picike *s.* icipici.

icinke-picinke *s.* icipici.

icinyke-picinyke *s.* icipici.

icire-picire *s.* icipici.

idáig van (elege van, un) – genug haben, die Schnauze voll haben.

idecsesz (ad *vmit vkinek*) – *jdm etw* reichen, (hier)hergeben.

idecsüccsen (ideül, idecsücsül) – sich hierhin-, hierhersetzen [*vgl.* csüccsen, csüccs].

ideg: *idegeire megy* vmi (idegesít) = auf die Nerven gehen, auf den Wecker gehen.

idegroncs (nagyon feszült, ideges) – mit den Nerven am Ende.

ideküld (ad *vmit vkinek*) – *jdm* etw reichen, (hier)hergeben.

idelök (ad *vmit vkinek*) – *jdm* etw reichen, (hier)hergeben.

idepasszol (ad *vmit vkinek*) – *jdm* etw reichen, (hier)hergeben.

ides! (figyelj) – paß mal auf! [*wohl Abk. von* idesüss].

idesüss! (nézd meg!) – schau mal her! paß mal auf! guck mal!

ifi (ifjúsági) – Jugend- ...; *ifi klub* = Jugendklub.

igazából (igazán) – in Wirklichkeit, tatsächlich; *auch:* igazándiból.

igazándiból (igazán) – wirklich, tatsächlich; *auch:* igazából.

igazmondó (besúgó) – Spitzel, Denunziant [wörtl.: »*jmd*, der die Wahrheit sagt«].

igi (igazgató) – Direktor [Schülerspr.].

ikrek (női mell) – (*weibliche*) Brust, Busen [*bes. Jugendspr.*; wörtl.: »Zwillinge«; *vgl.* cvei].

illem (nép, sokadalom, tolongás) – Volk, Menge, Gedränge [< dt. Rotw. *ullem, ülem* »Leute, Gedränge, Zusammenlauf« < jidd. *ojlem* »Publikum, Gesellschaft, Leute«; *s.* ulem].

ilyen fiatal! (nem igaz, nem hiszem) – das stimmt nicht, glaube ich nicht.

ilyen öreg! (jó! nagyon jó!) – gut! sehr gut!

imbolyog (táncol) – tanzen.

importindián (cigány) – Zigeuner [bes. Soldatenspr.]; *vgl.* indián.

importnéger (cigány) – Zigeuner [*bes. Soldatenspr.*].

impotens (tehetetlen) – unfähig, hilflos.

inas (férfi, fiú) – Mann, Junge [ursprüngl.: »Diener, Lehrling«].

incifinci (jelentéktelen) – unbedeutend, belanglos.

indián – 1. (zsidó) Jude; 2. (cigány) Zigeuner [wörtl.: »Indianer«].

inglis (angol nyelv) – Englisch (*Schulfach*) [< engl. *English*; Schülerspr.].

ingyért (ingyen) – umsonst, gratis.

injekcióstű (hímvessző) – Penis [wörtl.: »Injektionsnadel«].

inkvizítor (tanár) – Lehrer [*Schülerspr.*].

ipe (férfi) – Mann.
ipebarát (férfi) – Mann.
ipse (férfi) – Mann [< lat. *ipse*].
ipsinger (férfi) – Mann.
ipsze – 1. (férfi) Mann; 2. (az illető) der betreffende; 3. (nem a tolvajvilághoz tartozó ember) jmd,»der nicht zur Welt der Diebe gehört«; *s.* ipse.
ipszinger (férfi) – Mann; *s.* ipsinger.
ircsi (irodalom) – ungar. Literatur (*Schulfach; Schülerspr.*).
irgalom (irodalom) – ungar. Literatur (*Schulfach; Schülerspr.*).
irodakukac (tisztviselő) – Beamter, Angestellter [wörtl.: »Bürowurm«].
irosz (irodalom) – ungar. Literatur (*Schulfach; Schülerspr.*).
irtó – 1. (rettenetes) furchtbar, schrecklich; 2. (nagyon) sehr, mordsmäßig; *auch: irtóra; irtó jól* (nagyon jól, remekül) = sehr gut, »saugut«; *irtó vicces* (nagyon vicces) = verdammt witzig.
ise (feleség) – Ehefrau [< jidd. *ische* »weibliches Wesen«].
isi (iskola) – Schule.
isis (diák) – Schüler.
isis-pisis (kisdiák) – Schulanfänger, Schüler in den unteren Klassen.
iszkol (menekülésszerűen siet, fut, kotródik) – abhauen, verschwinden, verduften.
isten: *az isten háta mögött* (nagyon messze, távol) = sehr weit weg, wo sich Hase und Fuchs gute Nacht sagen, »j. w. d.« (= *janz* [= ganz] *weit draußen*) [wörtl.: »hinter Gottes Rücken«].
istenesen (alaposan) – gründlich, kräftig; *vgl.* istenigazában.
isten-isten! (egészségére, egészségedre) – Prost! zum Wohl!

isteni (remek, csodás) – prächtig, phantastisch, toll.
istenigazában (alaposan, amennyire csak lehet) – gehörig, gehörigermaßen, tüchtig, weidlich; *istenigazában elverte* = hat ihn tüchtig/ordentlich verdroschen.
istenigazából *s.* istenigazában.
istennő (csinos nő) – aufregend schöne Frau [wörtl.: »Göttin«].
istentelen (rossz, borzasztó) – scheußlich, gräßlich; *istentelenül rossz idő* = beschissenes Wetter [wörtl.: »gottlos«].
istenverte (utált) – gottverflucht, verdammt.
iszik: *iszik, mint a gödény/mint a kefekötő* (sok alkoholt iszik) = saufen wie ein Loch [wörtl.: »trinken wie ein Pelikan/Bürstenbinder«].
iszós, iszos (iszákos ember) – Trinker, Säufer.
italozás (szeszes italoknak gyakori mértéktelen fogyasztása; alkalmi ivás, mulatás) – Sauferei; Trinkgelage.
italozik (sok szeszes italt fogyaszt) – saufen (Alkohol).
itat: *itatja az egereket* (sír) = weinen [wörtl.: »den Mäusen zu trinken geben«].
itató (kocsma) – Kneipe.
itóka (szeszes ital) – alkoholisches Getränk.
itókás (iszós, italos) – Trinker, Säufer.
ityeg: *Hogy ityeg a fityeg?* (Hogy vagy, mi újság?) = Was gibt's Neues? Wie geht's?
ityeg-fityeg (lazán rögzítve lötyög, himbálózik, lóg) – baumeln, lose hängen.
iván (orosz) – Russe; *az ivánok* = die Russen [< russ. Namen *Ivan*].
ivargerenda (hímvessző) – Penis.
ivászat (sok szeszes ital fogyasz-

tásával járó közös mulatás) – Trink-, Zechgelage.
izé – 1. (valaki; személy akinek a neve nem jut eszünkbe) der/die Dingsbums; der/die - wie heißt er/sie doch noch? (jmd, dessen Name einem nicht einfallen will); 2. (valami; dolog aminek a neve nem jut eszünkbe) das Dings, Dingsbums (Sache, deren Name einem nicht einfällt); *auch:* izé-mizé.
izél (közösül) – Geschlechtsverkehr; auch: megizél.
izé-mizé *s.* izé.
izgi – 1. (izgalmas) aufgeregend, spannend; 2. (veszélyes, kockázatos) gefährlich, riskant.
izmos: *izmos fűszál* (gyenge ember) = Schwächling, Schlappschwanz [wörtl.: »muskulöser Grashalm«].
izomagy (izmos, de buta ember) – dummer Kraftprotz [der statt des Hirns (*agy*) nur Muskeln (*izom*) hat].
izompacsirta (izmos, erős férfi) – muskulöser, starker Mann [wörtl.: »Muskellerche«].
izzadás (felelés) – Antworten bei Abfrage, abgefragt werden (in der Schule) [*Schülerspr.; wörtl.: »Schweiß, Schwitzen«*].
izzó (fej) – Kopf [*Jugendspr.*; wörtl.: »glühend; Glühbirne« – dem deutschen umgangsspr. Gebrauch von *Birne* (= »Kopf«) nachgebildet?].

J

ja (igen) – ja [dt.].
jabranc – 1. (senkiházi alak) heimatlose Person; 2. (jelentéktelen, senki ember) unwichtige, unbedeutende Person.
jád (kéz) – Hand [< jidd. *jad* »dss.«; *vgl.* dt. Rotw. *jad, jatt* dss.«; *auch:* jatt, jatty].
jagalló (rendőr) – Polizist [< cig. *jagálo* »Polizist«].
jagelló *s.* jagalló.
jagellóság (rendőrkapitányság) – Polizeirevier.
jáger (erdőőr) – Förster, Waldhüter [< dt. *Jäger*].
jajem – 1. (pénz) Geld; 2. (borravaló) Trinkgeld [< jidd. *jajin* »Wein«; humor.].
jakab (húsz – *a huszonegyes játékban*) 20 – beim Kartenspiel »Siebzehn-und-vier«.
jaki – 1. (bordélyház) Bordell; *s.* jakizik; 2. (titkos találkahely) geheimer Treffpunkt für ein Stelldichein.
jakizik (közösül) – Geschlechtsverkehr haben; *s.* jaki.
jakó, jákó (zakó, kabát; kiskabát) – Mantel; Jacke [< dt. *Jacke*].
jákó (szem) – Auge [< cig. *jákh*].
jakumó (tengerész, matróz) – Matrose, Seemann.
jambó (sapka) – Mütze, Kappe.
jammerol (kicsal, szerez, lop) – *jdm etw.* abluchsen, *etw.* beschaffen, stehlen [von dt. *jammern*].
jampec (a divat kirívó jelenségei szerint öltözködő fiatalember, divatmajom – *férfi*) – bes. junger (*männlicher*) Modegeck; *auch:* jampi [< jidd. *jampoz* »verrückt«].
jampi – 1. (férfi, fiú) Mann, Junge; 2. *s.* jampec.
jancsi – 1. (könnyen befolyásolható fiú) leicht beeinflußbarer Junge; 2. (hímvessző) Penis [vom Männernamen *János*].
jani – 1. (férfi) Mann; 2. (vezető, főnök) Leiter, Chef [vom Männernamen *János*].
janicsár (férfi, fiú) – Mann, Junge [vom Männernamen *János*].
jankó (férfi, fiú) – Mann, Junge [vom Männernamen *János*].
jános (átlagember) – Durchschnittsmensch, »der Mann auf der Straße«, »Otto Normalverbraucher«; *vgl.* jóska.
jantek (ember, férfi) – Mensch, Mann.
japán (lopott) – gestohlen; *japán áru* (lopott holmi) = Diebesgut; *japán szajré* (könnyen felismerhető lopott holmi – *az orgazda keveset ad érte*) = leicht wiederzuerkennendes, auffälliges Diebesgut (*für das der Hehler nur wenig bezahlt*).
japánok (rendőr) – Polizei, Polizisten.
japcsi (japán ember) – Japaner, »Japse«.
japó (japán ember) – Japaner, »Japse«.
jár: *jár a csőre/pofája* (fecseg, üresen beszél) – schwatzen, quasseln, plappern [*bes. Jugendspr.*].
járásbíró (akinek nincs foglalkozása, »bírja« a járást) – Arbeitsloser.
jard (rendőrség, kapitányság, őrszoba) – Polizei, Polizeistation [< engl. *Scotland Yard*].
jardos (rendőr) – Polizist.
járgány – 1. (láb) Bein, Fuß; 2. (autó) Auto.
járószemölcs (láb) – Bein, Fuß.
járőrözik (árulja magát – *prostitu-*

ált) – auf den Strich gehen (*von der Prostituierten*).

jártat: *jártatja a csőret/nyelvét* (fecseg, üresen beszél) - schwatzen, quasseln, plappern [*bes. Jugendspr.*].

jáske, jaske (templom) – Kirche (*Gebäude*) [< dt. Rotw. *jaschke, jaske, gaske* »Kirche«].

jassz (csibész, pesti »apacs«, az alvilág »jobb köreihez« tartozó személy, »önálló úr a tolvajok között«) – Betrüger, Dieb (*der sich selbst zu den »besseren Kreisen« der Unterwelt rechnet*).

jasszkali (csavargóleány) – Landstreichermädchen.

jasszoskodik (henceg, kikezd) – prahlen, angeben; provozieren, Streit suchen.

jatata (bordélyház) – Bordell, Puff.

játék (becsapás, csalás, szélhámosság) – Betrug, Schwindel [wörtl.: »Spiel«].

játékos – 1. (ügyes ember) geschickte, clevere, erfolgreiche Person; auch: *nagy/sikeres játékos*; 2. (bűnöző) Krimineller, Verbrecher; 3. (exhibicionista) Exhibitionist [wörtl.: »Spieler«].

játszik: *játszik magával* (önkielégítést végez) = sich selbst befriedigen, onanieren; *jatssza az agyát/az eszét/a fejet/a janit/magát* (nagyképűsködik) = sich aufspielen, wichtigtun, den großen Macker spielen.

jatt – 1. (kéz) Hand; *auch:* jád, jatty; 2. (borravaló) Trinkgeld; 3. (kenőpénz) Schmiergeld; *jattot ad* (megveszteget) *jdn* bestechen [< jidd. *jad* < heb. *jâd* »Hand«].

jattbek (kesztyű) – Handschuh.

jattol – 1. (kezet fog) *jdm* die Hand geben; 2. (fizet) bezahlen; 3. (megveszteget) bestechen; *auch:* lejattol; *vgl.* jatt.

jattsóker (kézi feszítővas) – Handschellen, eiserne Handfesseln.

jatty (kéz) – Hand; *s.* jatt.

javcsi (javítóintézet) – Besserungsanstalt [Abk. des gleichbedeutenden »javítóintézet«).

jég – 1. (börtön) Gefängnis [wörtl.: »Eis«; *vgl.* dt. »auf Eis legen«; *vgl.* hűvös]; 2. *jégre visz* (becsap) = betrügen, reinlegen [wörtl.: »aufs (Glatt-)Eis führen«].

jekk (egy – *számnév*) – eins [< cig. *jekh* »1«].

jenki – 1. (amerikai) (US-)amerikanisch, 2. (amerikai) (US-)Amerikaner, Yankee.

jérce (nő, lány) – Frau, Mädchen.

jergel (tolonc) – Person, die ausgewiesen/abgeschoben werden soll [< dt. Rotw. *jergel* »Abschiebung, Ausweisung«]

jergli (toloncház, börtön) – Abschiebehaft; Gefängnis; *vgl.* jergel.

jézuska (pisztoly) – Pistole [< cig. *jeska* »Zunder, Gerät zum Feuermachen«].

jíder (húszkoronás bankjegy) – 20-Kronen-Banknote [bis 1926; *vgl.* Wolf, »Wörterbuch des Rotwelschen« Nr. 2356; dort *jider* »Zehnkronennote« zu jidd. *jud* »zehn«].

jó: *jó bőr* (csinos nő) = hübsche Frau; *jó kis bőr* (csinos lány) = hübsches Mädchen; *jó fej* (okos ember) = kluger, schlauer Mensch; *jó vkinél* (tetszik *vkinek*, jóban van *vkivel*) = gut mit *jdm* stehen, bei *jdm* beliebt sein.

jobbfajta (könnyelmű nő) – leichtfertige Frau, Flittchen, Schlampe.

jobbos-balos (ütés, pofon) – eine

Tracht Prügel, links und rechts Ohrfeigen.

jóccakát! (jó éjszakát!) – Gute Nacht!

jófajta (könnyelmű nő) – leichtfertige Frau, Flittchen, Schlampe.

jófej: *jófej csaj* (rendes nő) = sie ist in Ordnung, ist okay; *jófej srác* (rendes férfi) = er ist in Ordnung, ist okay.

jogsi (jogosítvány = *vezető engedély*) – Führerschein.

jojózik – 1. (gondolkodik) nachdenken; 2. *jojózik a szeme* = 1. (bámul) staunen, starren, gaffen; 2. (éhes) hungrig sein; *jojózik a szeme az éhségtől*.

jópofa – 1. (ügyes, szimpatikus – *ember*) toll, geschickt, clever; 2. (mókás, mulatságos - *ember*) spaßig, amüsant (*Mensch*).

jordán (zsidó) – Jude.

jóreggeles (reggel dolgozó besurranó tolvaj – *csak »benéz a lakásba«, ha talál ott vkit, jó reggelt kíván, érdeklődik vki iránt*) – am Morgen arbeitender Dieb [wörtl. etwa: »Gutenmorgensager«; er »schaut nur mal eben« in die Wohnung, findet er dort jdn. vor, grüßt er mit einem »Guten Morgen« und erkundigt sich dann nach irgendjemandem].

jóreggelt kívánó (besurranó tolvaj) – Dieb, der sich einschleicht [wörtl.: »jmd, der »Guten Morgen« wünscht; *vgl.* jóreggeles].

jóska (átlagember) – »der Mann auf der Straße«, »Otto Normalverbraucher« [vom Namen *Jóska*, Koseform von *József*].

jóskaszósz (sóskamártás) – Sauerampfersoße; *s.* jóska.

joystick (hímvessző) – Penis [spielerische Verunstaltung des z. B. bei Computerspielen verwendeten *choicestick* (engl.)].

józsi – 1. (férfi) Mann; 2. (nagykabát) Mantel [vom Namen *Józsi*, Koseform von *József*].

jöhet (kilences – *a kártyában*) – die Neun (*beim Kartenspiel*).

júdásszem (börtöncella ajtajának kör alakú figyelőlyuka) – Guckloch in der Tür einer Gefängniszelle für den Wärter; *auch:* cirkli [wörtl.: »Judasauge«].

Jugó (Jugoszlávia) – Jugoslawien.

juszt: *juszt is* (csak azért is, mégis) = dennoch, trotzdem.

jusztis (makacs, önfejű) – dickköpfig, stur [< *juszt is*; *s.* juszt].

juti – 1. (jutalom) Belohnung, Lohn; 2. (borravaló) Trinkgeld.

K

ká (kurva) – Hure [Abkürzung »k«, erster Buchstabe des ungar. Wortes *kurva*; *vgl.* dt. Rotw. *kah* »Dirne« – s. WOLF 1993, 149; Wolf erläutert: »Offenbar hüllende Abkürzung von ?«; im Ungar. ist *kurva* Lehnwort aus dem Slawischen].

kába (fej) – Kopf [*Jugendspr.*].

kabanyusz (kabát) – Mantel, Jacke.

kabaré (*vmi* nevetséges) – lächerlich, unmöglich; *ez egy kabaré volt* = das war einfach lächerlich [< fr. *cabaret*].

kabátos (exhibicionista) – Exhibitionist [wörtl.: »einer mit Mantel«].

kabdevál (lefog, elfog) – festnehmen, gefangennehmen, verhaften; *vgl.* kapdoba, kapdova, kapdoval [*vgl.* rum. *captura* »gefangennehmen«; *captiv* »gefangen«].

kábé (körülbelül) – ungefähr, cirka [von der Abk. *kb.*].

kábel: *kábelt fektet* (székel) – Stuhlgang haben, scheißen [wörtl.: »Kabel verlegen«].

kábelfektetés (székelés) – Stuhlgang, »großes Geschäft«.

kabét (kabát) – Mantel, Jacke.

kabinos (pincér) – Kellner.

kábít *vkit* (szédít, ámít) – verleiten, verführen.

kábító (hazudós) – lügnerisch, verlogen.

kábítós (halandzsa, mellébeszélés) – Geschwafel, Ausflüchte.

kabszer (kábítószer) – Rauschgift, Droge.

kaccenjammer (másnaposság; »macskajaj«) – Katzenjammer, Kater nach zu ausgiebiger Feier am Vorabend [dt.].

kacsa – 1. (valótlan újsághír) Falschmeldung (*bes. in der Zeitung*), Ente; 2. (pletykás) klatschsüchtig, geschwätzig; 3. (elégséges – osztályzat) »Ausreichend« (»Zwei«, *zweitschlechteste Note in ungar. Schulen; Schülerspr.*) [wörtl.: »Ente«; in Bed. 3. erinnert die schwimmende Ente an die Ziffer »2«; *vgl.* hattyú – ebenfalls ein Vogel!].

kacsintó (szem) – Auge.

kacsó (kéz) – Hand.

kadáver (hulla) – Leiche [< dt. < lat. *cadaver*].

káefol (kábítószer hatása alatt van – *a »kábítószer fogyasztás« büntetőjogi kifejezésből*) – unter Drogeneinfluß stehen; »high sein« [vom strafrechtlichen Ausdruck »*kábítószer fogyasztás*« – »Drogenkonsum«].

kaffa – 1. (kávé) Kaffee; 2. (kávéház) Kaffeehaus, Café [*vgl.* sbkr. *kafa, kava* »Kaffee«].

kaffantás (közösülés) – Geschlechtsverkehr.

kaffer (ügyetlen, ostoba) – ungeschickt, tölpelhaft, dumm [< dt. umgangsspr. *Kaffer* »Bauer, Dummkopf« < Rotw. < jidd. *kafer* »Bauer«].

kaftliz (zsebtolvaj lopáshoz kigombolja az áldozat kabátját) – (*beim Diebstahl den Mantel des Opfers*) aufknöpfen [< dt. Rotw. *kaftoren, kaftern* »aufknöpfen; Taschendieberei verüben« < jidd. *kaftor* »Knopf«].

kagyló (fül) – Ohr [wörtl.: »Muschel«; *vgl.* dt. Ohrmuschel].

kagylózik (fülel, hallgatózik) – lauschen, die Ohren spitzen, zuhören, horchen.

kaja (ennivaló, étel) – Essen [< cig. *xal* »essen«].
kajah *s.* kajak.
kajahos *s.* kajakos.
kajak (erő) – Kraft, Stärke; *kajakra* (erőszakkal) = mit Gewalt; *kajakra megy* (verekszik) = sich prügeln [< jidd. *kojech, kojach* »Kraft, Gewalt«].
kajakos (erős, izmos) – stark, kräftig, muskulös [< kajak].
kajál (eszik) – essen; *auch:* kajol; *s.* kaja.
kajálás (evés, étkezés) – Mahlzeit, Essen.
kajálda – 1. (rossz, piszkos étterem) schlechte, schmutzige Gaststätte; 2. (menza) Mensa; *auch:* kajolda.
kajamalom (száj) – Mund [kaja + *malom* »Mühle«].
kajapia (evés-ivás, mulatság, dínom-dánom) – Essen und Trinken, Feier, Fete.
kajás (éhes) – hungrig.
kajcsi (férfi) – Mann, Kerl [*bes. Jugendspr.*].
kajész (étel) – Essen [< kaja].
kajfer (orgazda, üzlettárs, felhajtó) – Hehler, Geschäftsteilhaber, Makler, Vermittler; *auch:* kaufer [< dt. *Käufer*].
kajle (beteg) – krank [< jidd. *chojle* »Kranker, Patient«].
kajli – 1. (ravasz, rafinált) schlau, gerissen, raffiniert; 2. (hamis) falsch.
kajmán (zsidó) – Jude [*vgl.* dt. Rotw. *chaim, kaim* »Jude«; < jidd. *chajim* »die Lebenden« (bes. im Unterschied zu den *gojim* »Nichtjuden, Heiden«].
kajol – 1. (eszik) essen; *auch:* kajál; 2. (örömét leli *vmiben*) *etw.* mögen, sehr gern haben, für *etw.* schwärmen, auf *etw.* abfahren; 3. (szeret, rajong) lieben, schwärmen für *jdn/etw.*
kajolda (menza) – Mensa; *auch:* kajálda.
kaka – 1. (bélsár, széklet) Kacke, Scheiße; 2. (vacak, hitvány dolog) Abfall, wertlose Sache [*vgl.* kakál].
kakálás (székelés) – Stuhlgang, Kacken, Kackerei.
kakál (székletet ürít) – kacken [< lat. *cacare*]; *auch:* kakil, kakiel.
kakaó – 1. (baj, kellemetlen helyzet) Schwierigkeiten, unangenehme Situation; *kakaóban van* (bajban van) = in Schwierigkeiten stecken, Ärger haben; [*vgl.* dt. »*etw./jdn.* durch den Kakao ziehen«]; 2. (életkedv, energia) Lebenslust, Energie; 3. (erő) Kraft, Stärke; 4. (áram) (elektr.) Strom, »Saft«; *adj rá egy kis kakaót* = mach (die Musik, das Radio etc.) etwas lauter!; 5. (gáz, üzemanyag) Gas, Treibstoff, Benzin [*Jugendspr.*].
kakas (főnök) – Chef, Boß [wörtl.: »Hahn«].
kakatóhely (vécé) – WC, Klo; *vgl.* kakil *usw.*
kakecol (piszmog, babrál) – herumtrödeln, herumplempern, herumfingern, herumwursteln.
kaki – 1. (bélsár, széklet) Kacke; *s.* kaka [*bes. Kindersprache*]; 2. (baj, kellemetlen helyzet) unangenehme Situation, Schwierigkeiten; *kakiban van* (bajban van) = in Schwierigkeiten stecken, Ärger haben.
kakil (székletet ürít) – kacken; *auch:* kakál, kakiel, kaksizik [*vgl.* dt. *kacken*].
kakiel (székletet ürít) – kacken; *vgl.* kakil.
kakilás (székelés) – Stuhlgang, Kacken, Kackerei.

kakmadám (klozettosnő) – Toilettenfrau, Klofrau; *auch:* kakmámi.

kakmámi *s.* kakmadám.

kakovaló (beszélő a börtönben) – Besuchszeit im Gefängnis.

kaksizik (székletet ürít) – kacken; *vgl.* kakál, kakil.

kaktusz (veszekedő ember, kakaskodó) – Nervensäge, Streithammel.

kakukk – 1. (részeg) betrunken; *kakukk lesz* (lerészegedik) = sich besaufen; betrunken werden; 2. (razzia) Razzia [wörtl. »Kukkuck«].

kalafüttyös (megbízhatatlan ember) – unzuverlässiger Mensch, unsicherer Patron, unsicherer Kantonist.

kalamajka (zűrzavar, kavarodás) – Durcheinander, Chaos; *kalamajkába keveredik* (bajba keveredik) = in Schwierigkeiten geraten, Ärger bekommen.

kalangya (kereszt) – Kreuz.

kalap (férfi) – Mann, Kerl [*bes. Jugendspr.*].

kalapál (üt, ver, elver) – schlagen, prügeln, verprügeln.

kalaptartó (fej) – Kopf [wörtl.: »Huthalter«; *Jugendspr.*].

kalefos (csavargó) – Vagabund, Landstreicher.

káli (tolvaj kedvese, jasszlány, tolvajlány; leány) – Gaunerliebchen, (junge) Diebin; Mädchen [< jidd. *kalle* »Dame«].

kalimpa (zongoraóra) – Klavierstunde, Klavierunterricht; *vgl.* kalimpál.

kalimpál – 1. (hamisan zongorázik) (*auf dem Klavier*) klimpern; 2. (hevesen, összevissza ver) pochen, stark klopfen (*Herz*) [*vgl.* dt. *klimpern*?].

kalitka (cella, zárka) – Gefängniszelle [wörtl.: »Käfig«].

kaller (gyűrű, karika, rézkarika) – Ring, Armreif.

kaló (fekete) – schwarz [< cig. *kálo* »schwarz«].

kamakuré (közönséges) – gewöhnlich, normal, allgemein.

kamancs (rendőr) – Polizist.

kamatyol (közösül) – Geschlechtsverkehr haben (*vom Mann*), mit einer Frau schlafen; *auch:* megkamatyol.

kamatyolás (közösülés) – Geschlechtsverkehr.

kamel (szeret) – lieben; *auch:* komál [< cig. *kamel* »lieben«].

kamelló (szerető) – Geliebte(r) [*s.* kamel].

kamelós (szerelmes) – verliebt.

kámfor: *kámfort játszik / kámforrá válik* (észrevétlenül eltűnik, eltávozik) = (unbemerkt) verschwinden, sich aus dem Staub machen.

kamó (elégtelen) – »Ungenügend« (*Note in der Schule*); *auch:* kampó [*Schülerspr.*].

kampec (meghalt, vége van, befellegzett neki) – gestorben, am Ende, aus mit ihm; *kampec lesz* (meghal) sterben; *kampec vkinek/vminek* = 1. (vége van) am Ende, erledigt, ist am Ende; 2. (meghalt) ist gestorben, tot; *kampec doloresz* = 1. (vége van) erledigt, (ist) am Ende; 2. (meghalt) ist gestorben, tot; *vgl.:* kaporész.

kampelós (börtönbeli barát) – Freund im Gefängnis [zu cig. *kampel* »brauchen, fehlen; müssen«?].

kampó – 1. (nagyon, teljesen részeg) völlig betrunken; 2. (elégtelen – osztályzat) »Ungenügend« (*Note in der Schule*); *auch:* kampó

basszó, kampó devicsez [*Schülerspr.*];
3. (korona) Krone [*Während bis 1926*].

kamu – 1. (csalás, hazugság) Täuschung, Betrug, Lüge; *kamuból mondja* (hazudik) = lügen; 2. (álca) Larve, Maske; 3. (hamis, nem valódi) falsch, nicht echt; *kamuból* (álcázás céljából) = zur Tarnung [< dt. *Camouflage* < fr.].

kamuka (ámítás, félrevezetés, csalás) – Irreführung, Täuschung, Betrug, Schwindel; *vgl.* kamu.

kamukázmér (hazudós) - Lügenbold [kamu 1. + *Kázmér* (männl. Vorname; »Kasimir«); *bes. Jugendspr.*].

kamukéró – 1. (hazugság) Lüge; 2. (hazudozó, színlelő, *vmit* takargató) Lügner; *jmd*, der *etw.* zu verbergen sucht; 3. (hazudós) lügnerisch, verlogen [< kamu].

kamus (hazudós) - Lügenbold [< kamu 1. ; *bes. Jugendspr.*].

kamuzik (halandzsázik, mellébeszél) – schwafeln, herumreden, Ausflüchte machen.

kan (férfi) – Mann; *auch:* kani [wörtl.: »Männchen (*beim Tier*), Hengst, Stier, Bock, Eber usw.«].

kanál: *nincs rá kanalam* (nem kívánom) = ich wünsche das nicht, ich will das nicht.

kanász (rendőr) – Polizist.

kancsó (lányos fiú, homoszexuális férfi) – mädchenhafter Junge; Homosexueller, Schwuler.

kandesz (bűz) – Gestank; strenger Körpergeruch; *auch:* kandi, kandikaló [zu cig. *khand* »Gestank, Geruch«].

kandi – 1. (kíváncsi) neugierig; 2. (bűz) Gestank; strenger Körpergeruch; *vgl.* kandesz.

kandikaló (bűz) – Gestank; strenger Körpergeruch; *vgl.* kandesz.

kandúr (férfi) – Mann, Kerl [*Kombination aus* kan + *pandúr* »Gendarm (*im 18./19. Jhdt.*)«; *bes. Jugendspr.*].

kangörcs: *kangörcse van* (felizgult, felgerjedt) = (*sexuell*) erregt, geil (*von Männern*); *auch: rájön/rajta a kangörcs.*

kankó (gonorrea) – Gonorrhöe, Tripper.

kani (férfi) – Mann; *vgl.* kan.

kanmuri (duhaj ivászat) – Besäufnis (*Männer unter sich*).

kanos (felgerjedt) – erregt, geil (*von Männern*)

kant (kés) – Messer [zu dt. Rotw. *kantl* »Taschenmesser«; *vgl.* dt. Kante].

kantár (fiú kollégium) – Schülerwohnheim (*für Jungen*) [kan + *tár* »Lager, Depot«].

kantliz (késel) – mit einem Messer stechen, erstechen; *vgl.* kant.

kanzsúr (duhaj ivászat) – Besäufnis (*Männer unter sich*) [kan + zsúr = fr. *jours*].

kányafészek (haj) – Haar.

kanyar – 1. (bél) Darm; 2. (elégséges – *osztályzat*) »Ausreichend« (»Zwei«, *zweitschlechteste Note in ungar. Schulen; Schülerspr.*) [wörtl.: »Krümmung, Kurve«].

kanyarít (szellent) – furzen.

kanyhaló (csirkefogó) – Gauner, Schelm.

kanyi (aprópénz) – Kleingeld; *nincs egy árva kanyija sem* (nincs egy fillére sem) = er hat keinen Pfennig, es pleite.

kapa – 1. (faragatlan ember) Flegel, Grobian; 2. (elégtelen – *osztályzat*) »Ungenügend, Eins« (*schlechteste Note in ungar. Schulen*) [wörtl.: »Hacke«; in der zweiten Bed. wohl wegen der Ähnlichkeit mit dem Zahlzeichen 1].

kapar (törtet) – sich vordrängen, drängeln.

kapás: *kapásból* = 1. (elsőre) beim ersten Mal, auf Anhieb; 2. (rögtönözve) ohne Vorbereitung, aus dem Stegreif; *kapásra vesz* (megrúg, belerúg) *jdm* einen Fußtritt verpassen.

kapatos (becsípett, enyhén részeg) – angeheitert, angesäuselt; *vgl.* bekap.

kapca: *szorul a kapca* (bajban van) = in Schwierigkeiten stecken, Ärger haben [*kapca* wörtl.: »Fußlappen« (*Lumpen, mit denen arme Leute ihre Füße umwickeln, bevor sie diese in die Stiefel stecken*)].

kapcarajzos – 1. (jelentéktelen holmival is beérő tolvaj, »kapcabetyár«) Dieb, der sich auch mit kleinen, wertlosen Dingen zufriedengibt; 2. (kezdő, gyáva, ügyetlen tolvaj) Anfänger, Feigling, ungeschickter Dieb; *vgl.* kapcarej [*s.* kapca].

kapcarej (nincstelen alvilági személy) – mittelloser Ganove; *vgl.* kapcarajzos [*s.* kapca].

kapcáskodik *vkivel vmi* miatt (akadékoskodik) – *jdm* Ärger machen wegen *etw.*

kapcsiból (kapásból) – aus dem Stegreif, spontan, aus dem hohlen Bauch.

kapdoba *s.* kapdova.

kapdova (razzia) – Razzia; *vgl.* kapdovál.

kapdovál – 1. (fog, kap, elfog) bekommen, ergreifen; 2. (letartóztat) festnehmen, gefangennehmen; *vgl.* kabdevál, kapdova, kapdoba.

kápé (k.p. = készpénz) – Bargeld [Abkürzung von *készpénz*].

kapirgál (lassacskán megért *vmit*) – *etw.* langsam verstehen, *etw.* dämmert *jdm*. [< dt. *kapieren* < it. *capire* »verstehen, begreifen«].

kapiskál (ért ill. kezd érteni *vmit*) – *etw.* verstehen, begreifen [< it. *capisco* »ich verstehe«].

kapitány (hímvessző) – Penis.

kapkod: *kapkodja a léceit/a virgácsát* (fut, elfut) = (davon)laufen, (davon)rennen.

kapli (orr) – Nase [dt.?].

kaporész (odavan, tönkrement, veszendőbe ment, elpusztult) – *etw.* ist hin, kaputt, verloren, zerstört [< dt. umgangsspr. *kapores* »kaputt« < Rotw. < jidd. *kapore*, pl. *kaporess* »Sühne, Sühneopfer; (im übertragenen Sinne:) lästige, unangenehme Dinge oder Personen« < heb. *kaparoth* »(Hahn als) Sühneopfer (*am Vorabend des Versöhnungsfestes*)«].

káposzta – 1. (fej) Kopf [eigentl.: »Kohl, Kohlkopf« – wegen der Formähnlichkeit; *Jugendspr.*]; 2. (futás) Flucht [wörtl.: »Kohl, Kraut«; zu dt. Rotw. *Kraut* »Flucht«; *vgl.* krautol; *vgl.* káposztázik].

káposztáskocsi (rabszállító autó) – Auto zum Gefangenentransport.

káposztázik (megy, fut, menekül, szökik) – fliehen, verschwinden, sich aus dem Staub machen »verduften«; *auch:* elkáposztázik; *vgl.* káposzta 2. ; krautol.

kápsál (kéreget) – betteln [< lat. *capsa* »Brotbeutel, Behältnis«; vgl. dt. *Kapsel*].

kapsiból – 1. (elsőre) beim ersten Mal, auf Anhieb; 2. (rögtönözve) ohne Vorbereitung, aus dem Stegreif; *vgl.* kapásból.

kaptafás (lábfej) – Fuß.

kaptár (börtön) – Gefängnis.

kapu: *nagy kapu* (száj) = Mund, Maul, große Klappe.

kapuzós (hazudós) - Lügenbold [< kapu im Sinn von »Mund, Maul«; *bes. Jugendspr.*].

kár (hímvessző) – Penis [< cig. kár »Penis«]; *auch:* káró, kárszeg; *vgl.* kard.

karambol (zsebtolvajlási mód, melynél a tolvaj véletlen összeütközést színlelve emeli ki az áldozat tárcáját) – (*vom Taschendieb*) *jdn* anrempeln und dabei die Brieftasche stehlen [< dt. < frz. *caramboler*].

karambolos (dühös) – wütend.

karattyol (fecseg, üresen beszél) – schwatzen, quasseln, plappern; *vgl.* káricál [*bes. Jugendspr.*; Nebenform zu *kuruttyol* »quaken, unken«].

karattyolás (fecsegés) – Geschwätz, Gequassel.

karcsú: *karcsú lé* (kis pénzösszeg) = kleiner Geldbetrag, »Peanuts«.

kard (hímvessző) – Penis [wörtl.: »Schwert«; *aber vgl. auch* kár!].

káricál (fecseg, üresen beszél) - schwatzen, quasseln, plappern; *vgl.* karattyol [*bes. Jugendspr.*].

karika (kör – *ivásnál*) – Runde (*Getränke*); *még egy karikát!* = noch eine Runde! (*Bier, Schnaps usw.*)

karmol (szeret) – lieben.

káró – 1. (hímvessző) Penis; *s.* kár; 2. (láb) Bein; 3. (elégtelen – *osztályzat*) »Ungenügend« (*Note in der Schule*); *auch:* karó.

karom (köröm) – (*Finger-, Zehen-*) Nagel.

karosszéria: *jó a karosszériája* (csinos, szép – *nő*) = hübsch, schön (*Frau*) [wörtl.: »gute Karosserie«].

karperec (rabbilincs) – Handschelle, Fessel [wörtl.: »Armbrezel«].

karré (tál, tányér) – Schüssel, Teller.

kárszeg (hímvessző) – Penis; *s.* kár.

karvaly (pincérnő) – Kellnerin [wörtl.: »Sperber«].

kasa (jó, kiváló, remek) – gut, ausgezeichnet, prächtig; *vgl.* kóser.

kaserol – 1. (mentegetőzik, kimagyarázza magát, álcázza magát) sich entschuldigen, rechtfertigen; sich tarnen; 2. (ment, mentegetet *vkit*) *jdn* entschuldigen; *vgl.* kikaserol [< dt. *kaschieren* < fr. *cacher*].

kassa *s.* kasa.

kasserol *s.* kaserol.

kasza – 1. (kés) Messer; *vgl.* kaszál; 2. (elégtelen – *osztályzat*) »Ungenügend« (*Note in der Schule*); [wörtl.: »Sense«].

kaszál – 1. (metsz, vág) schneiden; *vgl.* kasza; *vgl.* lekaszál [wörtl.: »(mit der Sense) mähen«]; *kaszálni akar* (nyerni akar az üzleten) = beim Geschäft Gewinn machen wollen, absahnen wollen [*vgl.* dt. *einen guten Schnitt machen*; *Geldschneider*]; 2. (közösül) Geschlechtsverkehr haben.

kaszinózik (tanulás, munka helyett cseveg, beszélget) – schwätzen, schwatzen, quasseln (*bes. im Unterricht oder unter Vernachlässigung der Arbeit*).

kaszni – 1. (szekrény) Schrank; 2. (autó) Auto; 3. (börtön) Gefängnis; 4. (cella, zárka) Gefängniszelle [< dt. *Kasten*; dies im dt. Rotw. auch in der Bed. »Gefängnis«].

katicabogár (Polski Fiat) = der kleine Polski Fiat (*Automarke*).

kaufer (orgazda, vevő, vásárló) Hehler, Käufer; *auch:* kajfer [< dt. *Käufer*].

kávédaráló – 1. (vonat) Eisenbahn, Zug; 2. (ócska helikopter)

altersschwacher Hubschrauber [wörtl.: »Kaffeemühle«].
kazal (haj) – Haar.
kazár (zsidó) – Jude.
kebelfék (melltartó) – Büstenhalter, BH.
kecaj (bicikli) – Fahrrad; *vgl.* kecske [*Jugendspr.*].
kecmereg (nehezen mozog, mászik) – sich schleppen, kriechen.
kecsaj (szabó) – Schneider.
keccsel, keccsöl (visz, elvisz, cipel, hord, dolgozik) – tragen, wegtragen, schleppen, arbeiten [< engl. *catch*].
kecsedlizik (piacon, pályaudvaron fizetségért csomagcipelést vállal) auf dem Markt oder Bahnhof gegen Bezahlung Lasten oder Gepäck tragen, *vgl.* keccsel.
kecske (bicikli) – Fahrrad; *auch:* acélkecske, drótkecske; *vgl.* benzinkecske [*Jugendspr.*; wörtl.: »Ziege«].
kecsketúró: *kecsketúrót ad* vkinek (megrúg, belerúg *vmibe*) = *jdm* einen Fußtritt verpassen [wörtl.: »*jdm* Ziegenkäse geben«].
kefe – 1. (hazugság) Lüge; *kefét bevesz* (elhiszi a hazugságot) = einer Lüge aufsitzen, eine Lüge schlucken; 2. (haj) Haar.
kefél (közösül) – Geschlechtsverkehr haben; *auch:* megkefél.
kefelíz (fizetés elől megszökik, kevesebbet fizet az elfogyasztottnál) – Zeche prellen, weniger als den Gegenwert des Verzehrten bezahlen.
keglevics (lakás, szálláshely) – Wohnung, Quartier.
kégli – 1. (lakás, szoba) Wohnung, Zimmer; 2. (tolvajtanya) Diebesherberge, Diebeshöhle; *kéglire megy* = 1. (bordélyházban a vendég a kurvával megy annak szobájába) (*vom Freier im Bordell*) mit der Prostituierten aufs Zimmer gehen; 2. (kurva megy a vendéghez) (*von Hure*) den Freier besuchen; *s.* szobára megy [dt.?].
kéglovics (lakástulajdonos) – Wohnungseigentümer.
kegyelem-jegy (elégséges) – »Ausreichend« (»Zwei«, *zweitschlechteste Note an ungar. Schulen; Schülerspr.*).
kehegő (vonat) – Eisenbahn, Zug.
kehel (köhög) – husten.
kéjbarlang (vagina) – weibliche Scheide [wörtl.: »Wonnehöhle«].
kéjléc (hímvessző) – Penis; *vgl.* kéjlőcs, léc [wörtl.: Wonnelatte«].
kéjlőcs (hímvessző) – Penis; *vgl.* kéjléc, lőcs.
kék (részeg) – betrunken [wörtl.: »blau«; *vgl.* dt. umgangsspr. *blau* »betrunken«].
kékangyal (rendőr) – Polizist [wörtl.: »blauer Engel«].
kekeckedik (kötekedik, izgágáskodik) – stänkern, Streit suchen; *jdn* nerven, bis er nachgibt; *vgl.* kekk.
kekeckedő (kötekedő, izgága) – Stänkerer, Streithammel.
kekk (szemtelenül hetyke) – unverschämt dreist, keck [< dt. keck].
keksz (szellentés) – Furz.
kekszel (szellent) – furzen, einen fahren lassen.
kelbimbó (női mell) – (*bes. kleine weibliche*) Brust, Busen [*bes. Jugendspr.*; wörtl.: »Rosenkohl«; *vgl.* bimbó].
kelekótya – 1. (figyelmetlen, meggondolatlan, hebehurgya) unaufmerksam, zerstreut, schusselig; 2. (bolond) verrückt, närrisch, dumm; 3. (bolondos, furcsa) verschroben, komisch, spinnert.
kelepel (fecseg, üresen beszél) –

schwatzen, quasseln, plappern; *auch:* kerepel; *vgl.* kerreg [wörtl.: »klappern«; *bes. Jugendspr.*].

kemény – 1. (izmos, erős) muskulös, kräftig; 2. *vki* (kíméletlen *vki*) rücksichtslos (sein); 3. *kemény dió* (nehéz feladat) = harte Nuß (*schwierige Aufgabe, schwieriges Problem*).

keménykedik (kíméletlen) – rücksichtslos sein.

kéménylyuk (női nemi szerv) – weibliche Genitalien [wörtl.: »Kaminloch«].

kéményseprő (nőgyógyász) – Frauenarzt, Gynäkologe.

kémlelő (szem) – Auge.

ken – 1. (megveszteget) bestechen, »schmieren«; 2. (odavágja *vkit*) *jdn* gegen die Wand, zu Boden schleudern, schmeißen; 3. (üt, ver) schlagen, prügeln [wörtl.: »schmieren«; zu Bed. 3. *vgl.* dt. umgangsspr. »*jdm* eine schmieren« = *jdm* eine Ohrfeige geben].

kenés (megvesztegetés) – Bestechung.

kenguru – 1. (gazdag ember) reicher Mensch; 2. (lakkozott körmű nő) Frau mit lackierten Fingernägeln.

kenguru-benzin (ezt a szót használják, ha rángat, akadozik a motor vagy ugrik a kocsi) – »Känguruhbenzin« (wird gebraucht, wenn der Motor stottert oder das Auto ruckelt); *mit tankoltál, kenguru-benzint?* = was hast du getankt, »Kängurubenzin«?

kenőpénz (megvesztegetési pénz) – Schmiergeld.

kenter: *kenterben győz/nyer* (könnyedén győz, nyer) = spielend leicht gewinnen; *kenterben/kenterbe ver vkit* (könnyedén legyőz *vkit*) = leicht gegen *jdn* gewinnen, leicht mit *jdm* fertigwerden, *jdn* locker schaffen [< engl. *canter* »leichter Galopp des Pferdes«, *win in a canter* »spielend leicht gewinnen«; *vgl.* auch dt. *Kantersieg*].

kenya (kollégium) – Schüler-, Studentenwohnheim.

kényszerzubbony (munkaköpeny) – Arbeitsmantel.

kép – 1. (arc) Gesicht; 2. (film) Film; 3. *képben van* (jól informált) = »im Bilde sein«; *kint van a képből* (nincs szerepe) = *jmd* spielt keine Rolle, ist unwichtig.

képernyő (arc) – Gesicht [wörtl.: »Bildschirm«].

képláda (televíziós készülék) – Fernseher, Glotzkiste [wörtl.: »Bildkiste«].

kerál (beszél) – sprechen [< cig. *vakerel* »sprechen, reden« ?].

keráz (fut) – laufen, davonlaufen.

kerázás (munka) – Arbeit.

kerekecske: *kerekecske gombocska, gömböcske* (jeles – osztályzat) = »Sehr gut« (»Fünf«, *beste Note in ungar. Schulen, Schülerspr.*) [wörtl.: »Rädchen – Knöpfchen«].

kerék: *a főnöknek nincs ki mind a négy kereke* (a főnök hülye) = der Boß spinnt; *kevesebb van neki egy kerékkel* (ő féleszű) = er ist verrückt; *kereket old* (megszökik; észrevétlenül távozik) = fliehen; sich unbemerkt davonstehlen.

kerepel (fecseg, üresen beszél) – schwatzen, quasseln, plappern; *auch:* kelepel; *vgl.* kerreg [wörtl.: »knarren, rasseln«; *bes. Jugendspr.*].

kerepelő (száj) – Mundwerk, Klappe, Schnauze.

kereszt – 1. (elégtelen – osztályzat) »Ungenügend« (*schlechteste Note in der Schule*); 2. *keresztbe/keresztül tesz*

vkinek (szándékosan árt) = *jdm* einen Strich durch die Rechnung machen.
keresztülesik *vmin* (rátalál, ráakad) – *etw.* zufällig finden, auf *etw.* stoßen, über *etw.* stolpern.
kerge (bolond) – verrückt, närrisch, dumm.
keri (bicikli) – Fahrrad [*Jugendspr.*; *Abk.* von *kerékpár* »Fahrrad«].
keringő-lopás *s.* karambol.
kerítésszaggató – 1. (savanyú, rossz bor) saurer, schlechter Wein; 2. (erős szeszes ital) starkes alkoholisches Getränk, Fusel [wörtl.: »was die Umzäunung zerreißt«].
keró (bicikli) – Fahrrad [*Jugendspr.*; *Abk.* von *kerékpár* »Fahrrad«].
kéró – 1. (ház, lakás; búvóhely, tanya) Haus, Wohnung; Unterschlupf, Behausung; 2. (bordélyház) Bordell [< cig. *khér* »Haus«, *khére* »zu Hause«].
kéróz (házal, kéreget) – hausieren, betteln.
kerreg (fecseg, üresen beszél) – schwatzen, quasseln, plappern [*lautmalerisch, vgl.* kelepel, kerepel; *bes. Jugendspr.*].
kert: *kertre néz* (kancsalít) = schielen.
kertbenéző (kancsal) = schielen; *s.* kert.
kertitörpe (alacsony, kicsi ember) – kleingewachsener Mensch, Zwerg [wörtl.: »Gartenzwerg«].
késdobáló (rossz hírű kocsma, lebuj) – billige Kneipe, Absteige [wörtl.: »wo man Messer wirft«].
kese (szőke) – blond.
kész: 1. *kész vagyok!* (nincs egy krajcárom sem!) = ich bin pleite, habe keinen Pfennig! – *vgl.* fatig; 2. (halott) tot, »es ist aus mit *jdm*« [wörtl.: »fertig«].

keszeg (sovány) – mager, dünn, dürr.
keszon (gyomor) – Magen.
két: *két pofára eszik, két kapura/pofára zabál* (mohón eszik) = gierig essen, fressen wie ein Scheunendrescher.
kétbalkezes (ügyetlen) – ungeschickt, tolpatschig [wörtl.: »mit zwei linken Händen«].
kétballábas (ügyetlen) – ungeschickt, tolpatschig [wörtl.: »mit zwei linken Füßen«].
kétbetűs kitérő (vécé) – WC, Toilette [wörtl.: »Abstecher mit zwei Buchstaben« (»WC«)].
kétdekás (2 dl-es üveg szeszes ital) – kleine Flasche (0,2 l) Schnaps [*Soldatenspr.*; *vgl.* kézigránát].
kétlábú kirakat (feltűnően öltözködő nő) – sich auffällig kleidende, aufgeputzte, aufgedonnerte Frau [wörtl.: »zweibeiniges Schaufenster«].
kétszer: *kétszer kell ránézni, hogy az ember egyszer észrevegye / kétszer ugrik a vízbe, hogy egyszer csobbanjon* (nagyon sovány) = dünn, mager, schmächtig (Mensch) [wörtl.: »man muß zweimal hinsehen, um ihn einmal wahrzunehmen« / »er springt zweimal ins Wasser, damit es einmal platscht«]; *kétszer vettem* [egyszer észre, egyszer el] (elloptam) = »ich habe es zweimal genommen [*einmal zur Kenntnis und einmal weg*]« = ich habe es geklaut.
kettéfűrészelt óriás (alacsony, kicsi ember) – kleingewachsener Mensch, Zwerg [wörtl.: »entzweigesägter Riese«].
kettő: *kettőnek ad enni* (terhes) = schwanger (sein) [wörtl.: »gibt zweien zu essen«].
kettőhúsz: *belepisál a kettőhúszba*

(öngyilkos lesz) = Selbstmord begehen [wörtl.: »auf die 220 pissen« – gemeint ist eine elektrische Spannung von 220 Volt].

kettősjassz (kétfogatú teherkocsi) – Lastkarren mit zwei Griffen zum Schieben oder Ziehen.

ketyegő – 1. (óra) Uhr; 2. (szív) Herz [< *ketyeg* »ticken«].

ketyere (dolog) – Gerät, Apparat, Dings; *hogy működik ez a ketyere?* = wie funktioniert denn das Ding da?

ketyós (hülye) – verrückt, bescheuert.

kettyint (közösül) – Geschlechtsverkehr haben; *auch:* megkettyint.

kettyintés (közösülés) – Geschlechtsverkehr.

kéva (anya) – Mutter.

kever – 1. (közösül) Geschlechtsverkehr haben; 2. (megy, gyalogol) herumschlendern, sich herumtreiben; 3. *keveri a kártyát/a szart* (bajt kever) = Ärger machen.

kevés: *(olyan) kevés, mint szarban a vitamin* (nagyon keves, semmi) = praktisch nichts, so gut wie nichts, gar nichts.

kéz – 1. (rendőr) Polizist; 2. *kezét lábát töri* vkiért (jár vkinek kedvében) = *jdm* um jeden Preis gefallen wollen [wörtl.: »sich wegen jemandem Hände und Füße brechen«].

kézigránát (2 dl-es üveg szeszes ital) – kleine Flasche (0,2 l) Schnaps [wörtl.: »Handgranate«; Soldatenspr.; *vgl.* kétdekás].

kézimunka – 1. (tapogatás) Befingern, Fummelei; 2. (maszturbáció) Masturbation.

kézimunkázik – 1. (tapogat) befingern, befummeln; 2. (maszturbál) masturbieren [wörtl.: »handarbeiten«].

kéznyúlvány (ujj) – Finger.

ki: *ki vagyok* (nincs pénzem) – ich bin pleite, habe kein Geld [wörtl.: »ich bin draußen (= aus dem Spiel)«]; *ki vagyok mint a liba* (egyetlen krajcárom nincs!) = ich habe keinen Pfennig, bin völlig pleite!

kiakad – 1. (dühös lesz) wütend werden, sich aufregen; *auch:* kiakad mint a díványrugó; 2. (meglepődik, megdöbben) erstaunt sein, erschrecken; 3. (kimerül) müde werden.

kiakadt (kimerült) – erschöpft, müde, kaputt.

kiakaszt – 1. (felkavar) aufwühlen, erschüttern (eine Person); 2. (kimerít) *jdn* ermüden, langweilen, nerven; 3. (a mérleget hamis mázsáláshoz előkészít) eine Waage zum Betrug beim Wiegen vorbereiten, manipulieren [wörtl.: »aushängen, hinaushängen, aushaken«].

kiakolbólít (kidob) – hinauswerfen, rausschmeißen.

kiáll: *kiáll a placcra/a sarokra* (árulja magát – *prostituált*) = auf den Strich gehen.

kiba (kéjnő, utcai nő) – Prostituierte, Hure.

kibabrál *vkivel* (elbánik *vkivel*, rászedi) – *jdn* reinlegen, austricksen, verarschen.

kibaltázik *vkivel* (elbánik *vkivel*) – *jdn* fertigmachen, erledigen.

kibaszik – 1. *vkit* (kirúg) rausschmeißen, rauswerfen (*aus Wohnung, Kneipe usw.*) *kibasztam, mint macskát szarni* = ich hab ihn/sie rausgeschmissen; 2. *vkit* (elbocsát) entlassen, feuern; *kibaszták a munkahelyéről* = sie haben ihn gefeuert; 3. *vkivel* (elbánik *vkivel*) *jdn* fertigmachen, schikanieren, in die Pfanne hauen; *jól kibaszott velem a főnököm* = mein Chef hat mich böse verarscht.

kibaszott (utált) – verdammt, verflucht, Scheiß-, Drecks-...

kibekkel (átvészel) – *etw.* (*Unangenehmes*) überstehen, ertragen.

kibélel – 1. (közösül – *férfi nővel*) Geschlechtsverkehr haben (*Mann mit einer Frau*); 2. *ki van bélelve* (gazdag) = wohlhabend, reich [wörtl.: »ausfüttern, auslegen mit *etw.*«].

kibelez (szétszed) – (*schnell*) auseinandernehmen, zerlegen.

kíber *s.* kíberer.

kíberer – 1. (detektív, nyomozó) Detektiv; 2. (rendőr) Polizist; 3. (besúgó) Spitzel; *auch:* kíber [< dt. *Kieberer* »Spürhund; Kriminalbeamter, Detektiv«; *vgl.* Rotw. *kiebitschen, kiebitzen,* »unter-, durchsuchen«].

kibillent (kidob – *pl. kocsmából*) – hinauswerfen, hinausschmeißen (*z.B. aus einer Kneipe*).

kibli (kötél, szíj, amivel a rabokat megkötözik) – Strick, Riemen, mit dem man die Gefangenen fesselt; *vgl.* kibliz.

kiblis cejtung (börtönújság) – Gefängniszeitung, Gefängnisnachrichten.

kibliz (megkötöz, megbilincsel) – fesseln, binden, Ketten oder Handschellen anlegen; *vgl.* kibli.

kibont: *kibontja a haját* – 1. (dühös lesz) wütend werden, sich aufregen; 2. (hisztériázik) hysterisch werden, durchdrehen.

kiborít – 1. (feldühösít) *jdn* wütend machen, in Wut bringen; 2. (felkavar) aufwühlen, erschüttern (eine Person); 3. (összeropant *vkit*) *jdn* fürchterlich aufregen, *jdn* fertigmachen; 4. *kiborítja a bilit* (kifakad, felcsattan) = sich aufregen, lospoltern.

kiborul – 1. (kifakad, kijön a sodrából) die Fassung verlieren, sich aufregen, lospoltern; 2. (idegileg összeroppan) durchdrehen, einen Nervenzusammenbruch haben.

kibök (kimond) – sich *etw.* von der Seele reden; *na bökd ki, öreg-fiú!* = spuck schon aus [= sag schon], alter Junge!

kibrusztol (kiverekszik, nehezen kijár *vmit*) – *etw.* ertrotzen, mühsam erlangen; *vgl.* brusztol.

kibuggyan (idegileg összeroppan) – durchdrehen, einen Nervenzusammenbruch haben; *vgl.* megbuggyan, buggyant.

kibuggyant (meghalt) – gestorben, tot.

kibukik (meglepődik, megdöbben) – (*selbst*) erstaunen, erschrecken.

kibuktat (meglep, megdöbbent) *jdn* verblüffen, erschrecken.

kibuliz, -ik (kijár, kieszközöl *vmit*) – sich *etw.* verschaffen.

kici (kurva) – Hure [< dt. *Kitzler*].

kicikiz – 1. (gúnyol) verspotten; *vgl.* cikiz; 2. (szégyent hoz *vkire*) – *jdn* bloßstellen, blamieren.

kicsavar: *kicsavarja a répát/az uborkát* (vizel) = pinkeln (vom Mann) [wörtl.: »die Rübe/Gurke auswringen«].

kicselez (becsap, rászed) – betrügen, übers Ohr hauen.

kicsenget – 1. (*iskolában:* a tanóra végét csengetéssel jelzi) (*in der Schule*) zum Ende der Stunde läuten, die Pause einläuten; 2. (kifizet) bezahlen, ausbezahlen; *kicsengette a taxit* (kifizette a taxit) = er bezahlte das Taxi.

kicsicsáz (kicicomáz, feldíszít) – schmücken, herausputzen; *kicsicsázza magát* (kicicomázza magát) = sich herausputzen.

kicsiklandoz *vmit vkiből* (kicsal) – *jdm etw* abluchsen.

kicsinál – 1. (megöl) töten, umlegen, abmurksen; *kicsinálja magát* (megöli magát) = sich umbringen; 2. (megver) verprügeln; 3. (összeroppant *vkit*) *jdn* fertigmachen, *jdn* zur Verzweiflung treiben; 4. (tönkretesz) *jdn* ruinieren; *vgl.* kikészít.

kicsíp: *kicsípi magát* (kicicomázza magát) = sich herausputzen.

kicsipkéz: *kicsipkézi a képet* vkinek (megver) = *jdn* verprügeln, *jdm* die Fresse polieren.

kicsiszolódik (kitanulja a tolvajmesterséget) – das Diebesgewerbe erlernen; *vgl.* csiszolódik, kiművelődik.

kicsomagol: *kicsomagolja magát* (levetkőzik) = sich ausziehen [wörtl.: »sich auspacken«].

kicsontoz – 1. (kirabol) ausrauben, ausplündern; 2. (alaposan megver) kräftig verprügeln, verdreschen [wörtl.: »entbeinen, die Knochen entfernen«].

kidekorál (megver, összever) – verprügeln, vermöbeln, verbleuen [*so, daß sichtbare Spuren zurückbleiben* – wörtl.: »dekorieren, (mit Orden usw.) auszeichnen«].

kidob – 1. (elbocsát) entlassen, feuern (am Arbeitsplatz); 2. *kidobja a prémet/a taccsot* (hány) = brechen, sich erbrechen, kotzen.

kidöglik (elfárad, kimerül) – sich erschöpfen, müde werden; fertig, groggy sein; *ki van dögölve* (kimerült) = kaputt, fertig, groggy sein, *vgl.* döglik.

kidribliz (becsap, rászed) – betrügen, übers Ohr hauen; *s.* driblizik.

kidumál (kifecseg) – sich verplappern, *etw.* ausplaudern; *vgl.* dumál.

kiebrudal (kidob) – hinauswerfen, rausschmeißen.

kiéget (fizet, kifizet) – zahlen, bezahlen.

kienged (pihen) – ausruhen, abschalten; *kiengedi a (fáradt) gőzt* (vizel) = pinkeln [wörtl.: »den (verbrauchten) Dampf ablassen«].

kiereszt: *kiereszti a belét* (megöl) = töten, umbringen, abmurksen [wörtl.: »die Gedärme freilegen«]; *kiereszti a fáradt gázt* (szellent) = furzen [wörtl.: »das verbrauchte Gas ablassen«].

kiesik: *kiesett a cukrosdobozból/pikszisből* (kegyvesztett) = ist unbeliebt geworden, hat Sympathien verloren [wörtl.: »er ist aus der Zuckerdose herausgefallen«].

kifázik (elveszti az állását) – seinen Arbeitsplatz, Job verlieren.

kifekszik – 1. (meglepődik) überrascht, erstaunt sein; 2. (nagyon nevet) sich schieflachen; *kifekszik a nevetésből.*

kifektet – 1. (meglep, megdöbbent) *jdn* erstaunen, verblüffen; 2. (megnevettet) *jdn* zum Lachen bringen; 3. (leüt) *jdn* niederschlagen; 4. (megöl) *jdn* töten, umbringen.

kifilcol (kikutat) – erforschen, ermitteln [< dt. umgangssprachl. *filzen* »gründlich durch-, untersuchen«].

kifingat – 1. (kimerít) ermüden, schlauchen; 2. (megöl) *jdn* töten, umbringen.

kifingik – 1. (kimerül) sich erschöpfen, müde werden; *ki van fingva* (fáradt, kimerült) =

müde, geschlaucht, fertig (sein); 2. (elromlik, tönkremegy) kaputtgehen; 3. (meghal) sterben, abkratzen [wörtl.: »ausfurzen«].

kifingott – 1. (elromlott, tönkrement) kaputt, ruiniert, »im Arsch«; 2. (halott) gestorben, tot, verreckt [wörtl.: »ausgefurzt«].

kifirkál (elbánik, kitol *vkivel*) – *jdm* übel mitspielen, *jdn* übel zurichten, »*jdn* bös verarschen«.

kifírol (kiismer, rájön) – *etw.* durchschauen, *jdm* auf die Schliche kommen; *vgl.* fírol.

kifíruncvancigol (kisemmiz; vagyonából, örökségéből kiforgat) – *jdn* um sein Vermögen/Erbe bringen; *jdn* um die letzte Habe bringen [offenbar zu dt. *vierundzwanzig*; < dt. Rotw.?; *vgl. Etymologie zu* huszonnyolcas?].

kiflicsücsök (női mell) – (*weibliche*) Brust, Busen [*bes. Jugendspr.*; wörtl.: »Spitze eines Hörnchens/ Kipferls«].

kifolyik: *kifolyik a küszöb alatt* = 1. (érzelgős) sentimental, rührselig sein; 2. (szerelmes *vkibe*) verliebt, verknallt sein [wörtl.: »unter der Schwelle hinausfließen«].

kifordul: *kifordul a bele* (nagyon undorodik) = sich ekeln, »angekotzt sein von *etw./jdm*«; »der Magen kommt einem hoch ...« [wörtl.: »die Eingeweide drehen sich nach außen«].

kifőz (kigondol, kitervel) – *etw.* ausbrüten, »auskochen«.

kifundál (kitervel) – *etw.* planen, ausbrüten, austüfteln.

kifúr (kitúr állásából, pozíciójából) – durch Intrigen aus einer Stellung, Position verdrängen, gegen *jdn* intrigieren.

kigájerol (kiismer, rájön) – *etw.* durchschauen; *jdm* auf die Schliche kommen.

kigittel: *kigitteli a fajanszot* (vécén székel) = (auf der Toilette) Stuhlgang haben, scheißen [wörtl.: »die Fayencen verkitten«].

kigógyizik (ért, megért) – verstehen, begreifen.

kigolyóz (kiközösít) – ausstoßen, hinauswerfen, hinausekeln.

kigór (kidob) – hinauswerfen.

kiguberál (kiteszi a tétet, megmutat) – (*beim Spiel*) den Einsatz herausnehmen, vorzeigen.

kígyó – 1. (öv) Gürtel; 2. (szíjbilincs) Riemenfesseln 3. (hímveszsző) Penis [wörtl.: »Schlange«].

kihallgatás (felelés) – Abfragen (*in der Schule*) [wörtl. »Verhör«].

kihány: *kihányja a belét* = 1. (hány) sich die Seele aus dem Leib kotzen; 2. (undorodik) *etw.* zum Kotzen langweilig finden.

kihegyez (kicicomáz, feldíszít) – herausschmücken, herausputzen; *kihegyezi magát* (kiöltözködik) = sich herausputzen, sich herausstaffieren.

kihesszel (kiismer, rájön) – *etw.* durchschauen; *jdm* auf die Schliche kommen.

kihízlalt (kövér) – dick, fett (*von Menschen*) [wörtl.: »gut gemästet«].

kihorgászás (felelés) – Abfragen (*in der Schule*).

kihoz (kiszabadít – börtönből) – (*aus dem Gefängnis*) befreien, »rausholen«.

kihúz: *kihúz a kakiból/a kakaóból/a lekvárból/a slamasztikából/a szarból* (kihúz a bajból) = aus dem Schlamassel, aus der Scheiße herausholen; *kihúzza a gyufát/a lutrit* (kikap) = sein Fett abbekommen, den kürzeren ziehen.

kihűl (meghal) – sterben, abkratzen [wörtl.: »abkühlen, kalt werden«].

kihűlt (nincs több ötlete) – keine Ideen mehr haben, ratlos, mit seinem Latein am Ende sein.

kijátszik: *kijátssza az aduját* (használja a döntő érvet) = seinen Trumpf ausspielen.

kijojózik (ért, megért) – verstehen, begreifen, kapieren.

kikapcsol (figyelmetlenkedik) – nicht aufpassen, abschalten.

kikaserol *vkit* (kiment *vkit*) – *jdn* retten, entschuldigen, rechtfertigen; *vgl.* kaserol.

kikecmereg: *kikecmereg a slamasztikából* (kikerül a bajból) = aus dem Schlamassel herauskommen, herausfinden; einen Ausweg finden.

kikészít – 1. (árt szándékosan) *jdm* schaden, *etw.* antun; 2. (felkavar érzelmileg) *jdn* auf die Palme bringen; 3. (megver) *jdn* verprügeln, vermöbeln; 4. (tönkretesz) ruinieren; 5. (megöl) töten, umbringen; *vgl.* kicsinál.

kikészül – 1. (elfárad, kimerül) sich erschöpfen, müde werden, groggy sein; 2. (elromlik, tönkremegy) kaputt gehen, vor die Hunde gehen; 3. (összeroppan – *idegileg*) Nervenzusammenbruch bekommen, ausrasten, durchdrehen.

kikészült (elromlott, tönkrement) – kaputt, ruiniert, im Eimer.

kikotyog (kifecseg) – sich verplappern, *etw.* ausplaudern; *auch:* elkotyog.

kikottyant (kifecseg) – sich verplappern, *etw.* ausplaudern.

kiköhög (elmond, kifecseg) – verraten, ausplappern, ausplaudern.

kiköp: *köpd (már) ki!* (mondd meg!) = nun sag schon! spuck schon aus!

kiköt: *elköti a borjút* (hány) = (sich er)brechen, kotzen [wörtl.: »das Kalb festbinden«].

kikukkant – 1. (kinéz) hinausgukken; 2. (kimegy) (*kurz mal eben*) hinausgehen, mal kurz verschwinden; *vgl.* kukkant.

kikunyerál (kéreget, koldul) – (unterwürfig) bitten, betteln; *auch:* kunyerál.

kikúr *vkivel* (elbánik *vkivel*) = *jdm* übel mitspielen, *jdn* fertigmachen.

kiküld: *kiküldi az ablakon/a kéményen* (sok pénzt költekezik) = Geld verschwenden, zum Fenster hinauswerfen.

kilegyez (kidob – *pl. kocsmából*) – hinauswerfen, hinausschmeißen (*z.B. aus einer Kneipe*).

kilengés – 1. (éjszakai kimaradás, mulatás) nächtliche Vergnügung; 2. (zavargás) Aufruhr, Ruhestörung.

kiló – 1. (százforintos) Hunderter, 100-Forintschein oder -stück; 2. (egyhavi elzárás, börtönbüntetés) einmonatige Haftstrafe; *10 kilót kaptam* (10 hónapot ültem) = ich habe 10 Monate (*im Gefängnis*) gesessen.

kilódít (kidob – *pl. kocsmából*) – hinauswerfen, hinausschmeißen (*z.B. aus einer Kneipe*).

kilóg: *kilóg a segge a nadrágból* (szegény) = völlig verarmt, abgebrannt.

kilózik (bort iszik) – Wein trinken.

kilő: *kilövi magát* (berúg, lerészegedik) = sich betrinken, besaufen, vollaufen lassen; *ki van lőve* (részeg) = (ist) besoffen, blau, zu.

kilök – 1. (durván kiutasít *vkit*) *jdn* hinauswerfen, hinausschmeißen;

2. (felmondás nélkül azonnal elbocsát) *jdn* fristlos entlassen, feuern; 3. (rászedi, kitol *vkivel*) *jdm* übel mitspielen, *jdn* fertigmachen.

kilukaszt *s.* kilyukaszt.

kilyukad – 1. (céloz *vmire*) auf *etw.* hinauswollen, abzielen; *most kezdem kapiskálni, hogy hová akarsz kilyukadni* = jetzt beginne ich zu verstehen, worauf du hinaus willst; 2. (véletlenül eljut vhova) zufällig, unabsichtlich irgendwohin(ein) geraten; *gyerünk, majd csak kilyukadunk valahova* = na los, wir werden schon irgendwo rauskommen/irgendwohin kommen.

kilyukaszt (belelő, lelő) – anschießen, erschießen, niederschießen.

kimájer (detektív) – Detektiv.

kimelózik: *kimelózza a belét* (nehézen dolgozik) – schuften, sich abrackern.

kimeszel *vkit* (kitilt *vkit* városból, országból) – ausweisen, (des Landes) verweisen; *vgl.* meszel.

kimli (tetű) – Laus; *vgl.* zsuhi [< dt. Rotw. *kimmen, kimmern* »Läuse«; *kinne* »Laus« < jidd. *ken*, pl. *kinnim* »Laus«].

kimlis (tetves) – lausig, verlaust.

kimond: *kimondja svarcaufvejsz/kerek perec* (kimondja, ami a szíven fekszik) = offen und aufrichtig seine Meinung sagen, nicht um den heißen Brei herumreden [wörtl.: »sich schwarz auf weiß aussprechen« bzw. »eine runde Brezel (= eine runde Sache) aussprechen«; *s.* perec].

kimurdel, -murdál (meghal) – sterben, abkratzen.

kiművelődik (kitanulja a tolvajmesterséget) – das Diebesgewerbe erlernen; *vgl.* kicsiszolódik.

kincstári: *kincstári dumagép* (hazudós ember) = Lügner.

kinta (pénz) – Geld.

kínzókamra (iskola) – Schule [wörtl.: »Folterkammer«].

kinyal: *kinyalja a seggét* (hízeleg) = schmeicheln, schleimen, Arsch kriechen; *nyald ki a seggem!* = leck mich am Arsch!

kinyiffan – 1. (meghal) krepieren, abkratzen; 2. (tönkremegy) zugrundegehen, kaputtgehen, vor die Hunde gehen.

kinyiffant (megöl) – umbringen, umlegen, abmurksen.

kinyír – 1. (eltesz láb alól, megöl) um die Ecke bringen, töten; 2. (tönkretesz) *jdn* ruinieren, zugrunderichten.

kinyújtóztat (megöl) – umbringen, umlegen, abmurksen.

kinyúlik – 1. (meglepődik) erstaunen, baff sein; 2. (lefekszik) sich hinlegen; 3. (meghal) sterben.

kinyuvad (meghal) – krepieren, abkratzen, hopsgehen.

kinyuvaszt – 1. (kimerít) *jdn* strapazieren, schlauchen; 2. (megöl) umbringen, umlegen.

kiokosít (felvilágosít) – *jdn* aufklären, informieren, »schlau machen«.

kiokoskodik (kigondol, kitervel) – *etw.* ausbrüten, austüfteln, aushecken.

kiókumlál (kigondol, kitervel) – *etw.* ausbrüten, austüfteln, aushecken.

kiolvas (közösül) – Geschlechtsverkehr haben.

kiont: *kiontja a belét* (megöl) = umlegen, abmurksen, killen.

kioszt – 1. (megver) verprügeln; 2. (megszid) ausschimpfen, die Leviten lesen, *jdn* zusammenstauchen [wörtl.: »austeilen«].

kiosztás (szidás) – Standpauke, herbe Kritik.
kipakol – 1. (kirabol) ausrauben, ausplündern; 2. (hány) (sich er-)brechen, kotzen; 3. (vall a rendőrségen) (*bei der Polizei*) gestehen, aussagen; 4. (szid vkit) *jdn* ausschimpfen; 5. (székel) Stuhlgang haben, kacken [wörtl.: »auspacken«].
kipakolás (szidás) – Standpauke, herbe Kritik.
kipaterol (kidob – *pl. a kocsmából*) – hinauswerfen, hinausschmeißen (*z. B. aus einer Kneipe*).
kipattintja (kinyitja a zárakat) – ein Schloß öffnen, knacken.
kipecáz, -pecéz (kiszemel) – *jdn* auspicken, aufs Korn nehmen.
kipecázás (felelés) – Abfragen (*in der Schule*).
kipenderít (kidob) – hinauswerfen, rausschmeißen.
kipenget (fizet) – zahlen, bezahlen.
kiperkál (kifizet) – bezahlen, auszahlen.
kipicsáz – 1. (megver) verprügeln, vermöbeln; 2. (elbocsát – *munkából*) *jdn* rausschmeißen, feuern (*am Arbeitsplatz*).
kiplankol – 1. (rájön) durchschauen, auf die Schliche kommen; 2. *kiplankol magának* (kinéz magának) = *etw.* ausfindig machen, sich *etw.* aussuchen; *vgl.* plankol.
kipletyiz (kifecseg) – sich verplappern, *etw.* ausplaudern.
kipletykál (kifecseg) – sich verplappern, *etw.* ausplaudern; *auch:* elpletykál.
kipletykáz (kifecseg) – sich verplappern, *etw.* ausplaudern.
kiporol (megver) – verprügeln, verdreschen, vermöbeln; *auch: kiporolja a nadrágját* [wörtl. »den Staub ausklopfen«].
kiprüttyen (meghal) – sterben, abkratzen.
kipucol (kifoszt) – ausplündern, ausrauben.
kipufogó (far) – Hintern, Hinterteil [wörtl.: »Auspuff«].
kipuhatol (kinyomoz, kiderít) – ermitteln, ausfindig machen, rausfinden, rauskriegen.
kipumpol (kéreget) – anbetteln, anhauen, anpumpen (*um Geld*).
kipurcan – 1. (elfárad, kimerül) sich erschöpfen, müde werden; *ki van purcanva* (fáradt, kimerült) – müde, geschlaucht, fertig (sein); 2. (elromlik, tönkremegy) kaputtgehen, vor die Hunde gehen; 3. (idegileg összeroppan) Nervenzusammenbruch bekommen, mit den Nerven am Ende sein; 4. (meghal) sterben.
kipurcant (megöl) – umlegen, abmurksen; *kipurcantja magát* (megöli magát) = sich umbringen.
király (főnök) – Chef, Boß.
királydekk (cigarettavég) – Zigarettenstummel, Kippe; *vgl.* dekk.
kirakat (álca) – Tarnung, Deckmantel (*für unsaubere, illegale Aktivitäten*) [wörtl.: »Schaufenster, Auslage«].
kirámol (kirabol) – ausrauben, ausplündern [zu dt. *ausräumen*; *vgl.* rámol].
kiráz – 1. (házal) hausieren; 2. *kiráz vmit a kisujjából* (ért vmihez) = *etw.* beherrschen, »aus dem Ärmel schütteln«; 3. *kirázza a farkát/a faszát* (önkielégítést végez) = sich selbst befriedigen, onanieren (*vom Mann*) [wörtl.: »ausschütteln«].
kirepít (kidob) – hinauswerfen, rausschmeißen.

kirittyent (kicicomáz) – ausschmücken, herausputzen; *kiritytyenti magát* (kiöltözködik) = sich herausputzen, ausstaffieren.

kiruccan (gyors elhatározással kirándul *vhova*) – einen Abstecher, eine kleine Spritztour machen [zu dt. *rutschen* ?].

kirúg – 1. (kidob) hinauswerfen, hinausschmeißen *(z.B. aus der Kneipe)*; 2. (elbocsát munkából) *jdn* hinausschmeißen, feuern (am Arbeitsplatz); 3. *vkire* (haragszik *vkire*) auf *jdn* böse sein, *jdm* zürnen.

kirukkol – 1. (habozás után előáll) (*schließlich*) mit *etw.* herausrücken *(z.B. mit der Wahrheit)*; 2. (kelletlenül elővesz) (*widerwillig*) herausgeben; *rukkolj ki a pénzzel* = rück das Geld schon raus!; *auch:* előrukkol [zu dt. *herausrücken*].

kirúzsoz (rúzzsal kipirosít) – mit Lippenstift anmalen; *kirúzsoza magát/az ajkát.*

kisámfáz (közösül) – Geschlechtsverkehr haben.

kisanya (nő) – Frau.

kisapám! (*férfi megszólítása*) – (*etwa:*) Heh, Mann! [*bes. unter Jugendlichen*].

kisapucikám! (*férfi megszólítása*) – (*etwa:*) Heh, Mann! [*bes. unter Jugendlichen*].

kisbélés *s.* bélés.

kisbolhás (mozi) – Kino; *s.* bolhás.

kiscsaj (lány) – (kleines) Mädchen.

kisdolog (vizelés) – Harnlassen, Pinkeln, »das kleine Geschäft«; *elvégzi a kisdolgát* (vizel) = pinkeln, »das kleine Geschäft verrichten«.

kiseggel (nem tehetségével, hanem szolgálati idejével, szorgalmával ér el hivatali rangot) nicht durch seine Fähigkeiten, sondern aufgrund der Dienstjahre u. des Fleißes eine Stelle bei einer Behörde bekommen [eigentl. etwas »aussitzen«, von *segg* »Arsch, Hinterteil«].

kísérlettan (kémia) – Chemie (*Schulfach*).

kisfazék (vagina) – weibliche Scheide [wörtl.: »Töpfchen«].

kisfütyi (gyenge ember) – Schwächling, Schlappschwanz.

kiskatona (újonc) – Rekrut.

kisimliz *vmit* (megszerez *vmit*) – *etw.* herausmogeln, herausschinden.

kiskóró (fiú) – Junge.

kismillió (sok, rengeteg) – viel, jede Menge [wörtl.: »eine kleine Million«].

kismüner (nő) – Frau.

kisokos (okos, eszes ember) – Schlaumeier.

kispados (tartalék *sportban*) – Ersatz-, Reservespieler (*beim Sport*).

kispilázik (kimegy) – ausgehen [< dt. *spielen* ?].

kispista (átlagember) – Durchschnittsmensch, der Mann auf der Straße, »Klein Hänschen, Klein Fritzchen«.

kisszék: *bánja a kisszék!* (nekem mindegy!) = ist mir schnuppe, scheißegal!

kisszuka (leány) – Mädchen [wörtl.: »kleine, junge Hündin«, *vgl.* nagyszuka, szuka].

kistrinyáz (becsap, rászed) – betrügen, übers Ohr hauen; *auch:* kistrinyóz.

kistrinyóz (becsap, rászed) – betrügen, übers Ohr hauen; *auch:* kistrinyáz.

kisunáz (rájön) – durchschauen, auf die Schliche kommen.

kisül (kiderül, kitudódik) – *etw.* kommt ans Tageslicht, kommt heraus, fliegt auf.

kiszab (leszúr *vkit*) – *jdn* niederstechen, erstechen, abstechen.

kiszáll: *kiszáll a buliból* (kibújik – *kellemetlen helyzetből*) = sich drükken, sich aus dem Staub machen; *kiszáll Kelenföldnél* (közösül – *megszakítva*) = Geschlechtsverkehr haben (*coitus interruptus*).

kiszáradt: *kiszáradt belőle a benzin/a nafta* (nincs több ötlete) = keine Ideen, Einfälle mehr haben, mit seinem Latein am Ende sein [wörtl.: »das Benzin ist ausgegangen«]; *kiszáradt a gégéje* (szomjas) = durstig sein, »die Kehle ist ausgedörrt«.

kiszaszerol (kikémlel a lopásra alkalmas helyet) – einen für einen Diebstahl geeigneten Ort auskundschaften, *etw.* ausfindig machen, »ausbaldowern«.

kiszasszerol *s.* kiszaszerol.

kiszek (keserű, savanyú, rossz) – bitter, übel, schlecht.

kiszimatol (kinyomoz, kiderít) – ermitteln, ausfindig machen, rausfinden, rauskriegen [wörtl.: »ausschnüffeln«].

kiszív (csókolódzik) – abknutschen, abküssen [wörtl.: »aussaugen«].

kiszni: *kisznit pakkol* (nagyokat hazudik) = lügen, daß sich die Balken biegen [*kiszni* < dt. *Kiste*; also wörtl. »eine ganze Kiste voll (Lügen) packen«; *s.* láda: *ládát pakkol* »dss.«].

kiszúr – 1. (kiválaszt, leleplez *vkit*) *jdn.* auswählen; 2. (rájön) durchschauen, auf die Schliche kommen; 3. *magának* (kinéz magának) *etw.* ausfindig machen, sich *etw.* aussuchen; 4. *vkivel* (elbánik *vkivel*) *jdm* übel mitspielen, *jdn* fertigmachen.

kitaccsol (hány) – reihern, kotzen.

kitalál (szid *vkit*) – *jdn* ausschimpfen, zur Schnecke machen.

kiteker: *kitekeri a kígyót* (vizel) = pinkeln [nur vom Mann; wörtl.: »die Schlange auswinden«].

kiterít (megöl) – umlegen, abmurksen [wörtl.: »ausbreiten; aufbahren«].

kiterül (elfárad, kimerül) – sich erschöpfen, müde werden, groggy sein.

kitesz – 1. (elbocsát – *munkából*) *jdn* entlassen, feuern (am Arbeitsplatz); 2. *kitesz magáért* (kiköltekezik) = sich in Unkosten stürzen, (viel) Geld ausgeben; 3. *kiteszi a lelkét* (erejét kiadja) = sich verausgaben (beim Sport); 4. *kiteszi magát a napra* (napozik) = sich sonnen.

kitikkad: *ki van tikkadva* 1. (nagyon szomjas) = ganz ausgetrocknet sein, am verdursten sein; 2. (fáradt, kimerült) = müde, geschlaucht, fertig (sein).

kitol *vkivel* (rászedi, kellemetlenséget okoz *vkinek*) – *jdm* übel mitspielen, *jdm* Ärger bereiten.

kitotóz (rájön) – dahinterkommen, auf die Schliche kommen.

kitöm: *ki van tömve* (sok pénze van) = viel Geld haben, reich sein; auch: *ki van tömve dohánnyal*.

kitör: *kitöri a frász* (megijed) – erschrecken, Angst bekommen.

kiugrik – 1. (gyorsan elmegy) davonrennen, abhauen; 2. (hirtelen előnyt szerez) einen (plötzlichen) Vorteil, Vorsprung bekommen (*beim Sport*); 3. *kiugrik a buliból* (kibújik kellemetlen helyzetből) = sich (*aus Schwierigkeiten*) herausmogeln, sich verdrücken; 4. *kiugrik a göncből* (levetkőzik) = sich ausziehen, »aus den Klamotten schlüpfen«.

kiutál (kiközösít) – ausstoßen, ächten, hinausekeln.

kiüget (gyorsan elmegy) – davonrennen, abhauen.

kiüt – 1. (lenyűgöz) überwältigen; 2. (lerészegít) berauschen, betrunken machen (*von einem alkoholischen Getränk*); *kiüti magát* (berúg) = sich besaufen, sich vollaufen lassen; *ki van ütve* (részeg) = (ist) betrunken, besoffen, blau; 3. (meglep, megdöbbent) *jdn* erstaunen, bestürzen, überraschen; 4. *kiüt a tűz!* (baj van! kiderült a dolog!) = die Sache ist aufgeflogen, herausgekommen; »die Kakke ist am Dampfen«.

kiütés: *kiütést kap* vkitől/vmitől (ideges) = sich wegen *etw./jdm* fürchterlich aufregen.

kivág – 1. (kidob) hinauswerfen, hinausschmeißen (*z.B. aus der Kneipe*); 2. (elbocsát) entlassen, feuern (*Job*); *auch: kivágja mint a huszonegyet/mint a taknyot.*

kivakar: *kivakarja magát* vmiből (kivágja magát) = sich herausschlagen, sich herausbeißen.

kivakkant (kifecseg) – sich verplappern, *etw.* ausplaudern.

kivan: *kivan a bele* (nagyon fáradt) = todmüde, fix und fertig sein.

kiver: 1. *kiveri a balhét/a dilit/a huppot/a rikácsot/a tam-tamot/a tüzet* (botrányt csinál, veszekszik) = Skandal machen, sich aufführen, streiten; 2. *kiveri a farkát/a faszát/a makkot* (önkielégítést végez) = onanieren, sich selbst befriedigen (*vom Mann*); 3. *kiveri a seggét* vkinek/*a szart* vkiből (megver, összever) = verprügeln, verdreschen, vermöbeln.

kivirít: *kivirítja a dudvát* (kifizet) = bezahlen.

kivon: *kivon a forgalomból* = 1. (börtönbe csuk) ins Gefängnis bringen, einsperren; 2. (megöl) töten, umbringen [wörtl.: »aus dem Verkehr ziehen«].

kivurcnizik (kihasznál, kiszipolyoz) – *jdn.* ausnützen, ausbeuten; *s.* vurcnizik; *vgl.* vurcni [< dt. dial. *Wurzen* »leichtgläubiger, leicht zu betrügender Mensch; Betrug«].

kizamekol (kidob) = hinauswerfen, hinausschmeißen (*z.B. aus der Kneipe*); *vgl.* zamekol, bezamekol.

kizsebel (kirabol) – ausrauben, ausplündern.

kizsugáz *vmit* (megszerez) – erschwindeln, (mit unsauberen Methoden) beschaffen, erwerben.

klafa – 1. (jó, remek) prima, toll; 2. (szép, kiváló) schön, ausgezeichnet.

klajsz (ezüst) – Silber; *auch:* kleisz [< dt. Rotw. *gleis, kleis* »Milch; Silber«].

klajszstrang (ezüstlánc) – Silberkette [*s.* strang = »Kette«].

klajszstrengli *s.* klajszstrang.

klajsztacni (ezüst cigarettatárca) – silbernes Zigarettenetui.

klambó (fiú) – Junge.

klapec (fiú, kis gyermek) – Junge, kleines Kind [< slowak. *chlapec*].

klapci (fiú, kis gyermek) – Junge, kleines Kind; *s.* klapec.

klappol – 1. (összeillik, összevág *vmivel*) mit *etw.* zusammenpassen, übereinstimmen; 2. (az előzetes elgondolás szerint történik) nach Plan gehen, funktionieren, klappen [dt.].

Klári (kloroform) – Chloroform.

klassz *adj.* (nagyszerű, kitűnő, remek) – »klasse«, spitze, prima; *klassz gyerek* (rendes ember) = (er

ist) in Ordnung, dufter Typ; *klassz deltái vannak* (izmos, erős) = muskulös sein [dt.].
klasszul *adv.* (nagyon jól, remekül) – sehr gut, prima, »Klasse!«.
kleisz(-) *s.* klajsz(-).
klenkner (bénaságot színlelő koldus) – Bettler, der Lähmung vortäuscht [< dt. Rotw. *klenckner* »Betrüger, der unter Vorwand unschuldig erlittener Gefängnisstrafe o. ä. bettelt«].
klikker (szem) – Auge [zu dt. dial. *Klicker* »Murmel« ?].
klímel (pénzért kibicel) – (*beim Kartenspiel*) gegen Belohnung »kiebitzen«; anderen Spielern in die Kartens sehen und dem Komplizen Zeichen geben.
klímer (aki pénzért kibicel, a nyerő játékostól pénzt kér) – (*beim Kartenspiel*) *jmd*, der kiebitzt und dann am Gewinn beteiligt wird.
klimó (kocsma) – Kneipe.
klingli (kilincs) – Klinke [< dt.; vermischt mit »*Klingel*«?].
klityó (vécé) – WC, Toilette, Klo; *vgl.* klotyó.
kló (vécé) – WC, Klo [dt.].
klópa (étel) – Essen.
klotyó (vécé) – WC, Toilette, Klo [< dt. *Klo, Klosett*].
klozet (vécé) – WC, Toilette, Klo [< dt. *Klosett*].
knapp (éppen hogy, szoros, szűk) – knapp, eng [dt.].
knasz, knassz – 1. (bírói ítélet, börtönbüntetés) Gerichtsurteil, Gefängnisstrafe; 2. (börtön) Gefängnis [< jidd. *knass* »Geldstrafe«; *vgl.* dt. *Knast*].
knasszol (elítél) – (bei Gericht) *jdn* verurteilen; *vgl.* knasz.
kneiszol *s.* knejszol.
knejszol (nyomoz, fürkész, szaglász) – fahnden, ermitteln, spähen, suchen, (*jdm* nach-)»schnüffeln« [< dt. Rotw. *kneissen* »bemerken, erfahren, erkennen, begreifen, wissen«; *vgl.* Rotw. *kneister* »Auskundschafter«].
kobak (fej) – Kopf.
kóbi – 1. (zsidó) Jude; 2. (húsz) zwanzig; *kóbi álzó* = 21, *kóbi bélá* = 22 [< jidd. *kof/chof*; elfter Buchstabe des heb. Alphabets mit dem Zahlenwert »20«].
kóbor: *kóbor numera* (megcsalás) = Betrug, Täuschung.
kobra (szemüveges ember) – Brillenträger.
kobrás (szemüveges ember) – Brillenträger; *auch:* kobrás ember.
kóceráj (piszkos hely) – schmutziger, schmuddeliger Ort, Saustall [< dt. *Kotzerei*; die Örtlichkeit ist »zum Kotzen«].
koccanás (karambol) – Karambolage, Unfall, Zusammenstoß; *auch:* összekoccanás.
kocka (fej) – Kopf [*Jugendspr.*].
kocka-fejű (hülye, bolond) – verrückt, dumm.
kocsányon: 1. *kocsányon lóg a szeme* (bámul) = starren, glotzen; 2. *kocsányon lógnak a szemei* (dülledt szemű) = glotzäugig.
kocsi (autó) – Auto [wörtl.: »Wagen, Kutsche«].
kocsijátékos (autótolvaj) – Autodieb.
kocsisor (*Budapesten a József utca, Mátyás tér, Horváth Mihály tér és az Őr utca által határolt terület, ahol az utcalányok kifejezetten autós férfiakkal kötnek ismeretséget*) – der Autostrich in Budapest: zwischen József utca, Mátyás tér, Horváth Mihály tér und Őr utca [wörtl.: »Autoschlange«].
Kodzsek (kopaszfej) – Kahlkopf,

Glatzkopf [nach der Figur des von Telly Savalas gespielten *Kojak* aus einer amerikanischen Krimiserie].
koffer – 1. (bőrönd) Koffer; 2. (különösen nőnél nagy far) breites Gesäß (*bes. bei Frauen*); *auch:* kuffer [< dt. *Koffer*; Rotw. auch mit der Bed. »Vagina« < jidd. *kowo* »dss.«].
kohán *s.* kohány.
kohány (cigány) – Zigeuner; *vgl.* roma, puri.
kokavec (hazudós) – lügnerisch, verlogen.
kokeró (cigány) – Zigeuner [*bes. Soldatenspr.*].
koki – 1. (fej) Kopf [< kókusz; *Jugendspr.*]; 2. (ütés, pofon) Ohrfeige; *kokit ad* vkinek (megpofoz) = *jdm* eine Ohrfeige geben, eine schmieren; 3. (részeg) betrunken; *koki lesz* (lerészegedik) = sich besaufen, betrunken werden.
kókler – 1. (szemfényvesztő, vásári mutatványos) Schausteller, Gaukler 2. (szélhámos, megbízhatatlan személy; svindler) Betrüger, Schwindler, Hochstapler [dt. dial., *vgl. Gaukler*].
kokó – 1. (kokain) »Koks«, Kokain; 2. (fej) Kopf [< kókusz; *Jugendspr.*].
kokós (kokaint használó) – Drogenabhängiger, der Kokain nimmt.
kokott (könnyű erkölcsű, félvilági nő) – Frau mit lockerer Moral, Halbweltdame [< dt. < fr. *cocotte*].
kokova (halandzsa, mellébeszélés) – Kauderwelsch, Geschwafel, Herumgerede.
kokovál (hantázik, hazudozik, mellébeszél) faseln, schwafeln, herumreden, lügen [< cig. *xoxavel* »betrügen«].

kokovázik (halandzsázik, mellébeszél) – schwafeln, herumreden, Ausflüchte machen.
koksz (részeg) – betrunken.
kokszi (fej) – Kopf [< kókusz; *Jugendspr.*].
kokszol (doppingol) – dopen, Dopingmittel nehmen.
kókusz (fej) – Kopf [wörtl.: »Kokus«; *vgl.* kokuszdió 1.].
kókuszdió – 1. (fej) Kopf; 2. (női mell) (*weibliche*) Brust, Busen [*bes. Jugendspr.*; wörtl.: »Kokusnuß«].
kókusztartó (nyak) – Hals.
kolbász (hímvessző) – Penis [wörtl.: »(Art) Wurst«].
kolera (rabkoszt) – Sträflingskost, Gefangenenkost.
kolerás (tökrészeg; öntudatlan) – stockbesoffen, sternhagelvoll; bewußtlos.
koleratelep (gimnázium) – Gymnasium [*Schülerspr.*; wörtl.: »Cholerakolonie«].
koles (kollégium) – Schülerwohnheim, Internat.
kolesz (kollégium) – Schülerwohnheim, Internat.
koli (kollégium) – Schülerwohnheim, Internat.
kóli (hazugság, füllentés) – Lüge, Schwindel [< jidd. < heb. *qol* »Stimme«].
kólizik (hazudik) – lügen.
kolostor (kollégium) – Schülerwohnheim, Internat [*Schülerspr.*; wörtl.: »Kloster«].
koma (barát, pajtás, cimbora) – Freund, Kumpel, Spezi.
kómál, komál – 1. (szeret, kedvel) lieben; 2. (néz, figyel, ismer) betrachten, beobachten, kennen; *ehhez komálj!* (ide nézz! ehhez szólj!) = schau dir das an! sag deine Meinung dazu! – *komál a link*

hadovát (érti a tolvajnyelvet) = die Diebessprache kennen [< cig. *kamel* »lieben«]; *s.* kamel.
komázik (pajtáskodik, bizalmaskodik) – sich verbrüdern.
komcsi (kommunista) – Kommunist [Kurzform; leicht pejor.].
komédiás (csaló) – Betrüger.
komédiázik (csal) – betrügen.
komfortos (biszexualis nő) – bisexuelle Frau.
komiszkodik *vmije* (fáj) – schmerzen, wehtun.
komlószörp (sör) – Bier [wörtl.: »Hopfensirup«].
kompánia (baráti kör) – Freundeskreis, Kumpanei.
komplett: *nem komplett* (hülye) = verrückt, bescheuert; *te már nem vagy komplett!* = du bist ja bescheuert! du hast ja einen Schlag!
kompót (heroin és mákkivonat házilag készített keveréke) – aus Heroin und Mohnextrakt in Heimarbeit hergestellte Drogenmischung.
kón (mérleg, tizedes mérleg) – Waage, Dezimalwaage.
koncentrációs tábor (kollégium) – Schülerwohnheim, Internat [Schülerspr.; wörtl.: »Konzentrationslager«!].
kondi (állapot, erőnlét) – Kondition (eines Sportlers).
kondis (jó formán, izmos, erős) – in guter Form, muskulös, kräftig.
konnektor: *konnektor orrú* (turcsi orrú) = stupsnäsig [wörtl.: »Nase wie eine Steckdose«]; *belehugyozik a konnektorba* (öngyilkos lesz) = Selbstmord begehen [wörtl.: »in die Steckdose pissen«; ursprüngl. Soldatenspr.].
konstábler (rendőr) – Polizist [dt.].
kontakt (kábítószereknél állandó árus, összekötő kapcsolat) – Drogenhändler, Dealer [< dt. *Kontakt*; *vgl.* engl. *contact*].
konzervdoboz (autóbusz) – Bus [wörtl.: »Konservendose«].
konzerv-fülű (elálló fülű) – mit abstehenden Ohren, mit Segelohren.
konzílium (szülői értekezlet) – Elternsprechstunde [*Schülerspr.*].
konzumál (mulatóhelyen a bárnő [*konzumnő*] a vendég költségére fogyaszt) (*von Animierdame*) auf Kosten des Gastes konsumieren [dt.].
konzumnő (mulatóhelyen szórakoztató táncosnő, aki a vendéget fogyasztásra serkenti, s ezért jutalékot kap) – Animierdame.
konyec – 1. (vége van) (ist) am Ende, erledigt, fix und fertig; 2. *konyec* vkinek (meghal) = sterben, abkratzen [< russ. *konec* »Ende«].
konyi (ló) – Pferd [< russ. *koni* »Pferde«].
kopár (kopasz) – kahlköpfig, glatzköpfig.
kopasz – 1. (újonc) Rekrut; 2. (kez-dő) Anfänger; *olyan kopasz vagy!* = was bist du nur für ein Anfänger! [*ursprüngl. Soldatenspr.*; wörtl.: »kahl, glatzköpfig«; nach dem Kurzhaarschnitt der neuen Rekruten].
kopaszt (pénzt csikar ki, nyer el *vkitől*) – *jdm* Geld abgewinnen, abnötigen, herausschinden.
kopcsó (kopasz) – kahlköpfig, glatzköpfig.
kópé (furfangos fickó) – Schlitzohr, Schelm.
kopf (fej) – Kopf [dt.].
kopi (kopasz ember) – Glatzkopf, Kahlkopf.
kopka (kopasz) – kahlköpfig, glatzköpfig.

kopó – 1. (rendőr) Polizist; 2. (nyomozó) Ermittler, Fahnder, Detektiv [*vgl.* engl. *cop*?].

kopog: *kopog a szeme (az éhségtől)* (nagyon éhes) = Hunger wie ein Wolf haben.

kopoltyú (fej) – Kopf.

kopoltyúnként (fejenként) – pro Kopf.

koponya – 1. (fej) Kopf [*bes. Jugendspr.*]; 2. (okos ember) Schlaumeier [wörtl.: »Schädel«].

koponyánként (fejenként) – pro Kopf.

koporsószeg, -szög (erős cigaretta) – (*starke*) Zigarette [wörtl.: »Sargnagel«].

koppan (felsül, megjár) – sich blamieren, reinfallen, sich die Finger verbrennen.

koppel (fej) – Kopf.

koppint (lop, ellop) – stehlen, klauen; *auch:* lekoppint.

koppintás (lopás) – Diebstahl.

kopri (férfi) – Mann, Kerl [*bes. Jugendspr.*].

koptat: *koptatja a száját/a nyelvét* (sokat fecseg) = viel schwafeln, sich das Maul fusselig reden [wörtl.: »den Mund/die Zunge abnutzen/verschleißen«].

kórbonctan (biológia) – Biologie (*Schulfach*) [wörtl.: »pathologische Anatomie«].

kordé – 1. (rabszállítókocsi) Gefangenentransportwagen; 2. (autó) Auto.

kori (korsó) – Krug.

kormol – 1. (mellébeszél) schwafeln, an *etw.* vorbeireden; 2. (hazudik) lügen.

kormos (fekete hajú) – schwarzhaarig [wörtl.: »rußig«].

kormoz – 1. (mellébeszél) schwafeln, an *etw.* vorbeireden; 2. (hazudik) lügen.

kornyika (ének-zene – *iskolában*) – Musik (*Schulfach*).

kóró – 1. (férfi) Mann; *vgl.* kiskoró; 2. (láb) Bein.

korpa (pénz) – Geld [*korpa* wörtl.: »Schuppen (*in den Haaren*)« – Lehnübersetzung zu dt. Rotw. *Schuppe* »Zwanzigpfennigstück«?].

korrekt (jó, rendes) – gut, korrekt, okay.

kortan (történelem) – Geschichte (*Schulfach*) [*kor* »Zeitalter« + *tan* »Lehre (von ...)«].

kóser – 1. (jó, szép, kiváló, elsőrangú) gut, schön, ausgezeichnet, erstklassig; 2. (becsületes) aufrichtig, ehrlich, anständig; 3. (nincs gyanú alatt, nincs priusza) nicht (tat)verdächtig, nicht vorbestraft; 4. (elfogatáskor nincs nála bűnjel, és nem ismerik fel) bei der Verhaftung kein belastendes Material mit sich führend und (polizeilich) nicht einschlägig bekannt; 5. *nem kóser vkinek a dolog* (gyanús) = *etw.* ist einem suspekt, verdächtig [< jidd. *kóser*].

koslat (nőzik) – den Frauen hinterhersein, nachsteigen [ursprüngl. von männlichen Tieren, bes. Hunden gebraucht: »brünstig sein; der Hündin hinterherlaufen«].

kostál (kerül) – kosten (*Geld*) [< dt. *kosten*].

kostoló (tanú) – Zeuge.

kosz (piszok) – Dreck, Schmutz.

koszfészek (piszkos hely) – schmutziger Ort, Saustall.

koszlott – 1. (elhanyagolt) heruntergekommen, verwahrlost; 2. (piszkos) schmutzig, drekkig.

koszol (maszatol, piszkít) – beschmutzen.

koszolódik (piszkolódik) – verschmutzen, schmutzig werden.
koszos (piszkos) – dreckig, schmutzig.
koszmosz (fésű) – Kamm.
kosztol (eszik) – probieren, kosten (Essen) [< dt. *kosten*].
koszvakár (fésű) – Kamm.
koszvakaró (borbély, fodrász) – Barbier, Friseur.
kóter – 1. (fogda) Arrest; 2. (zarka; börtön) Arrestzelle; Gefängnis; 3. (kollégium) Schülerwohnheim, Internat [< dt. *Kotter*].
kóterol (lecsuk, börtönbe zár) – (*ins Gefängnis*) einsperren, einbuchten.
koti (kondom) – Kondom; *s.* koton.
kótig (adós) – schuldig (= *Schulden haben*); *s.* sáros [< dt. Rotw. *kotig (sein)* »schuldig (sein)«; *koten* »Schulden«].
kotlik *vmin* (gondolkodik) – nachdenken, grübeln [wörtl.: »brüten«].
koton (kondom) – Kondom.
kotor (elfut) – davon-, weglaufen, flüchten.
kotta (részeg) – betrunken; *kicsit kotta* (spicces) = angeheitert, angeduselt; *tök kotta* (holtrészeg) = stockbesoffen.
kótyagos – 1. (részeg) betrunken, weinselig, besoffen; 2. (hóbortos, kelekótya) verschroben, launisch, komisch.
Kovács (átlagember) – Durchschnittsmensch, »Otto Normalverbraucher" [*häufiger Familienname*].
Kovács János *s.* Kovács.
kovaleves (aprópénz) – Kleingeld.
kóvályog: *kóvályog, mint gólyafos a levegőben* (lődörög, ténfereg) = herumlungern, umherschlendern, herumhängen [wörtl.: »herumfliegen wie die Storchenscheiße in der Luft«].
kovász – 1. (baj, kellemetlen helyzet) unangenehme Situation, Schwierigkeiten; *kovászban van* (bajban van) = in Schwierigkeiten sein, im Schlamassel stecken; 2. (rossz, kellemetlen) schlecht, unangenehm, beschissen [wörtl.: »Sauerteig«].
kovászos – 1. (kellemetlen) unangenehm, brenzlig; 2. (rossz, silány) schlecht, mies.
kóved (tisztelet, tiszteletttudás) – Respekt [< jidd. *kowed* »Ehre, Ehrung«].
koveleff (huszonegy – *a huszonegyes játékban*) – Einundzwanzig (*beim* Kartenspiel »Siebzehn-und-vier«) [< jidd.; von den Buchstaben *kof/chof* (mit dem Zahlenwert »20«) und *alef* (Zahlenwert »1«) des heb. Alphabets]
kozák (hamiskártyás) – Falschspieler (*Karten*) [*vgl.* dt. Rotw. *kosak* »Betrüger, Falschspieler«].
kozás (hamiskártyás) – Falschspieler (Karten) [zu dt. Rotw. *koserer* »Falschspieler«; *vgl.* Rotw. *kiswenen* »lügen« < jidd. *kaswenen* »lügen«, *kosow* »Lüge«].
kozmás – 1. (bűnös, rovott múltú) schuldig, vorbestraft; 2. (tettestárs) Komplize; 3. (szerelmes) verliebt.
kőagyú (nagyon buta) – stinkdumm, saudämlich [wörtl.: »mit einem Stein als Hirn«].
kőbölcsőben ringatták (hülye, ostoba) – verrückt, blöd [wörtl.: »man hat ihn in einer steinernen Wiege geschaukelt« – und davon hat er einen »Dachschaden« davongetragen].

köcsög – 1. (vagina) weibliche Scheide; *auch: mézes köcsög*; 2. (a »női« szerepet betöltő homoszexuális férfi) Homosexueller, der die Rolle der »Frau« spielt; 3. (faragatlan ember) ungehobelter Typ, Flegel, Scheißkerl [wörtl.: »Milchtopf"].

ködlámpák (női mell) – Brust, Busen [wörtl.: »Nebellampen«].

ködösít (mellébeszél, hazudik) – faseln, an *etw.* vorbeireden, lügen [wörtl.: »ver-, einnebeln«].

ködösítés (halandzsa, mellébeszélés) – Geschwafel, Ausflüchte.

ködvágó – 1. (orr) Nase; 2. (cipő – *kül. hegyesorrú*) Schuh (*bes. vorn spitz zulaufender*) [wörtl.: »Nebelschneider«].

kőfejű (makacs, önfejű) – dickköpfig, stur; *vgl.* fafejű, vasfejű, betonfejű [wörtl.: »mit einem Steinkopf«].

köhög – 1. (beszél, vall) reden, gestehen; 2. *vkiről* (beköp, elárul) *jdn* verpfeifen, verraten; *auch:* felköhög, kiköhög.

kölyök (gyerek) – Kind, »Küken«.

kőműves (aki az áldozat figyelmét magára vonja) – derjenige, der das Opfer ablenkt, während sein Komplize es bestiehlt [wörtl.: »Maurer«; *vgl.* falazó »jmd, der eine Mauer macht«].

könnyebb: *könnyebb átugrani, mint megkerülni* (nagyon kövér) = sehr dick, fett (Mensch) [wörtl.: »leichter zu überspringen als ihm auszuweichen«].

könnyedén (könnyen) – *adv.* leicht.

könnyű: *könnyű, mint az ágybaszarás/ mint az egyszeregy* (konnyű) = kinderleicht (Aufgabe) [wörtl.: »so einfach wie ins Bett zu scheißen/wie das Einmaleins«].

könnyzacskó-nyomogató (érzelgős) – rührselig, sentimental [wörtl.: »auf die Tränendrüse drückend«].

könyöklő (kocsma) – Kneipe [wörtl.: »da, wo man die Ellbogen aufstützt«]

könyököl (törtet) – sich vordrängen, drängeln [wörtl.: »mit den Ellbogen schieben«].

köp (vall, beismer, beárul) – gestehen, *jdn* verpfeifen, verraten; *auch:* beköp; *vgl.* kiköp; *köpi a humort* (jó humorú) = ein witziger Mensch, Spaßvogel sein.

köpeny (kondom) – Kondom, Pariser [wörtl.: »Mantel«].

köpködő – 1. (italbolt) Trinkstube, Kneipe; 2. (munkaközvetítő hivatal) Arbeitsvermittlung, Arbeitsamt, Stempelstelle; 3. (»emberpiac«) (*auf dem Land eine Art von*) Markt, auf dem Tagelöhner und Hilfsarbeiter gesucht werden [wörtl.: »da, wo man herumspuckt«].

köpül (önkielégítést végez) – sich selbst befriedigen, onanieren.

köpülöz (szúr, vág, megvág, meglop) – stechen, schneiden, bestehlen.

körmöc (köröm) – (*Finger-/Zehen-*)Nagel.

körmöl (ír) – schreiben, abschreiben, kritzeln.

körte (női mell) – (*weibliche*) Brust, Busen [*bes. Jugendspr.*; wörtl.: »Birne«].

körülnyáláz *vmit* (halandzsázik, mellébeszél) – schwafeln, nicht zur Sache kommen, *um etw.* herumreden; *nem körülnyálazza a dolgot* (őszintén kimondja a véleményét) = er sagt deutlich seine Meinung, redet nicht um den heißen Brei herum.

körülszimatol (mindenfelé kutat) – herumschnüffeln; vgl.: szimatol.
kösz (köszönöm) – Danke! [*Abk.*].
köszi (köszönöm) – Danke! [*Abk.*].
köszörül *vmin* (nehézen dolgozik) – schuften, sich abrackern.
kötőfék (óralánc) – Uhrkette.
közbepofázik (beleszól, közbeszól) – dazwischenreden, reinquatschen
közbeugat (beleszól, közbeszól) – dazwischenreden, reinquatschen.
közeg (rendőr) – Polizist.
közép: *közép rohadt* (silány dolog) = Schund, Schrott; *közép szar* (silány, rossz) = minderwertig, schlecht, mies, beschissen.
köztes: *köztes elem* (biszexuális ember) = Bisexueller.
kracher (pisztoly, lőfegyver) – Pistole, Schußwaffe [dt.].
kraft (erő) – Stärke, Kraft [dt.].
krahácsol (köhög) – husten, »krächzen« [dt?].
kráholc (borotva) – Rasiermesser [< dt. Rotw. *kratzholz* »dss.«].
krahós (púpos) – bucklig.
krakéler (kötekedő, garázda) – Streithahn, Randalierer [< dt. *Krakeeler*].
krakélereskedik (kötekedik) – Streit suchen, stänkern, sich anlegen mit *jdm.*
krampli (férfi) – Mann, Kerl [*bes. Jugendspr.*].
krampo (férfi) – Mann, Kerl [*bes. Jugendspr.*].
krampusz (férfi) – Mann, Kerl [*bes. Jugendspr.*].
krapek (fiú, férfi) – Junge, Mann; *s.* klapec.
krapekozik (fiúzik, lány [*rendszerint szexuális céllal*] férfi, férfiak udvarlását fogadja) – (*von Frau, Mädchen*) sich mit einem Mann (mit Männern) einlassen.
krapi (férfi) – Mann, Kerl [< krapek; *bes. Jugendspr.*].
krappancsák (férfi, fiú) – Mann, Junge [< krapek].
krapsi (férfi, fiú) – Mann, Junge [< krapek].
kraut (futás) – Flucht; vgl. krautol [< dt. Rotw. *kraut* »Flucht«; *s.* káposzta 2.].
krautol (szökik, menekül) weglaufen, fliehen; vgl. kraut; *s.* káposztázik, *s.* grattol.
kravall (botrány, felfordulás, zenebona) – Radau, Krawall [dt.].
kravátli (nyakkendő) – Krawatte [dt.].
krebsz (szlovák ember) – Slowake; vgl. tutajos 4. , tót [*altmod.*; evtl. zu dt. Rotw. *krebs* = 1. «Seiler; 2. Taschendieb« ?].
kredenc (konyhaszekrény) – Küchenschrank [< dt. *Kredenz* < it. *credenza*].
krehács (ócska, régi autó) – altersschwaches Auto, Rostlaube.
kreló (buta) – dumm, dämlich.
krém: *a krémje* (*vminek* a java) = das Beste (daran).
krémes (négyes – *osztályzat*) – »Gut« («»Vier«; *zweitbeste Note in ungar. Schulen*).
krémes-rémes (kémia) – Chemie (*Schulfach*).
krén (könnyelműen költekező alak) leichtsinnige, verschwenderische Person [< dt. umgangsspr. *Kren* »jmd, der leicht zu übertölpeln ist, Betrogener; Gefallsucht, Prahlerei«]; vgl. gyökér.
krenkol: *krenkolja magát* (bánkódik, bosszankodik, nagyon a szívére vesz *vmit*, beteggé teszi magát, gyötrődik) sich ärgern, sich *etw.*

krepál 168

sehr zu Herzen nehmen, besorgt sein [< dt. *(sich) kränken, gekränkt sein*].
krepál (meghal) – verrecken, sterben [< dt. *krepieren* < ital.].
kricsmi (kocsma) – Kneipe, Spelunke [*vgl.* cig. *kirchima*, jidd. *krejtschme*, poln. *karczma*, sbkr. *krčma* »Kneipe«].
kricsni – 1. (kocsma) Kneipe, Spelunke; 2. (környék) Umgebung, Gegend.
krigli (korsó, korsó sör) – Krug (Bier) [< dt. *Krug*].
kríkedli (kampósbot) – Krücke, Krückstock [dt.].
krim (törvényszék, bíróság, törvényszéki fogház) – Gerichtshof, Gericht, Gerichtsgefängnis [< dt. Rotw. *krimm, grimm* »Gericht, bes. Landesgericht«; Ähnlichkeit mit *kriminal* usw. rein zufällig!; *vgl.* grimm].
krimi (bűnügyi tárgyú film, regény) – Krimi (*Kriminalroman, –film*) [dt.]
kriminális (nagyon rossz, csapnivaló, szörnyű) – gräßlich, scheußlich; *kriminális idő* (szörnyű idő) = scheußliches Wetter.
krimó (kocsma) – Kneipe, Spelunke.
kripli – 1. (nyomorék) Krüppel; 2. (szánalomra méltó) bemitleidenswert [dt.].
kripta (iskola) – Schule [wörtl.: »Krypta«; Schülerspr.].
kriptaszökevény – 1. (öreg férfi) alter Mann, Alter; 2. (csontváz) Skelett (*bes. als Anschauungsobjekt im Schulunterricht*) [wörtl.: »der Krypta Entsprungener«].
kroponyák (férfi) – Mann, Kerl [*bes. Jugendspr.*].
krumkopf (feszítővas) – Brechstange, Stemmeisen [*Gaunerspr.*;

< dt. Rotw. *krummkopf* »oben gekrümmte, häufig klauenförmig gespaltene eiserne Brechstange«].
krumpli – 1. (fej) Kopf [*bes. Jugendspr.*]; 2. (zsebóra) Taschenuhr [wörtl.: »Kartoffel«].
kszí *s.* kszivedli.
kszivedli (börtönből vagy börtönbe csempészett levél) aus dem oder ins Gefängnis geschmuggelter Brief, Kassiber; *auch:* ksziverli [< jidd. *k(a)ssiwe* < heb. *kethibha* »Geschriebenes«; aus dem Jidd. auch dt. Rotw. *kasiwe, kasiwer* »Brief, Dokument« > Kassiber].
ksziverli *s.* kszivedli.
kubiz (kutat, figyel) – untersuchen, beobachten [*vgl.* skubizik?].
kucséber (szórakozóhelyeken nyakba akasztott tálcáról, kosárból bazárcikket árusító, illetve azokkal házaló kereskedő) Händler mit Bauchladen, Hausierer [vom Ortsnamen Gottschee, heute *Kočevje* in Slowenien; bis 1941 dort deutsche Sprachinsel; bekannt waren die »Gottscheer Hausierer«, daher bair.-österr. Gottscheewer, Kutscheber in der Bedeutung »Hausierer, der bes. mit Südfrüchten u. Spielzeug handelt«; *vgl.* sbkr. *kučéber*, tschech. dial. *kočébr, kočevr* »Hausierer«].
kuffant (közösül) – Geschlechtsverkehr haben.
kuffer – 1. (bőrönd) Koffer; 2. (különösen nőnél nagy far) breites Gesäß (*bes. bei Frauen*); *vgl.* koffer [dt.].
kuffergyár (bordélyház) – Bordell; *vgl.* kéró, jaki, zárda.
kufferos (nagyszájú, hencegő) – großmäulig, prahlerisch; *vgl.* kuf-

fer, koffer [zu dt. umgangsspr. *Koffer* »Kopf, Gesicht«?].

kuffervizit (utcalány tárcájában, retiküljében való kutatás a stricije által) – Durchsuchung der Brief- oder Handtasche einer Hure durch ihren Zuhälter [dt.].

kugli – 1. (kopasz fej) Kahlkopf; 2. (fej) Kopf [< dt. *Kugel*].

kuglifejű (kopasz) – kahlköpfig, glatzköpfig.

kugligolyó (kopaszfej) – Kahlkopf, Glatzkopf.

kuglóf (fej) – Kopf [eigentl.: »Gugelhupf, Napfkuchen«].

kujon – 1. (ravasz fickó, kópé) gerissener Typ, Schelm, Schalk; 2. (nőcsábász) Frauenheld, Schürzenjäger [< dt. *Kujon* < fr. *couillon* »Feigling, Dummkopf«].

kuka – 1. (buta) dumm, dämlich; 2. (néma ember) stummer Mensch, Stummer.

kukabúvár – 1. (csavargó) Strolch, Herumtreiber; 2. (kukákból élelmet stbt. »kihalászó«) – Armer, der aus Mülltonnen Essensreste und anderes Verwertbares »fischt« [wörtl.: »Mülltonnentaucher«; *vgl.* kukazó].

kukac (hímvessző) – Penis [wörtl.: »Wurm«].

kukacoskodás (akadékoskodás) – Nörgelei.

kukacoskodik (akadékoskodik) – herumnörgeln an, madig machen.

kukáskodik (tehetetlenkedik) – unsicher sein, herumhampeln.

kukázó (kukákból élelmet stbt. »kihalászó«) – Armer, der aus Mülltonnen Essensreste und anderes Verwertbares »fischt«; *vgl.* kukabuvár [< *kuka* »Mülltonne«].

kuki – 1. (cukor) Zucker, Bonbon [*vgl.* cuki]; 2. (hímvessző) Penis, Pimmel [*bes. Kinderspr.*; *vgl.* kukac].

kukkant (néz, figyel) – schauen, gucken; *vgl.* be-, kikukkant [< dt. *kucken*; *vgl.* kukkol].

kukkantó (szem) – Auge; *s.* kukkant.

kukker (szemüveg) – Brille [< dt. *Kucker*; *vgl.* kukkol].

kukkeros (szemüveges) – Brillenträger; *vgl.* kukker.

kukk-lyuk (szem) – Auge [*vgl.* dt. *kucken* + *lyuk* »Loch«].

kukkol (néz, figyel, les) – zusehen, beobachten [< dt. *kucken*].

kukkoló – 1. (szem) Auge; 2. (szerelmespárokat meglesö) *jdn*, der andere beim Liebesspiel beobachtet; Spanner; *vgl.* kukkol.

kukori (bolond) – verrückt, närrisch, dumm.

kuksi – 1. (szem) Auge; 2. (vásár) Markt [Bed. 2 *Gaunerspr.*; *s.* éhes kuksi, fekete kuksi].

kuksizik (néz) – anschauen, betrachten.

kuksol (nagy szemmel néz) – mit großen Augen schauen, eingehend betrachten.

kukucska (szemüveg) – Brille; *vgl.* kukkol.

kukucskáló (szem) – Auge; *vgl.* kukkol.

kukutyin (távoli hely) – wo sich Hase und Fuchs gute Nacht sagen, »j.w.d.« (= *janz* [= ganz] *weit draußen*); *elmehetsz kukutyinba zabot hegyezni* = du kannst dich einsalzen lassen!

kula (szar, bélsár) – Scheiße [< cig. *khul* »Scheiße«].

kulafickó (hátsózseb, revolverzseb) – Gesäßtasche, Revolvertasche.

kulázik (székel) – kacken, scheißen.

kulesz (autó) – Auto.

kuli (nehéz, unalmas munka) – Schinderei, Plackerei; *auch:* kulizás.

kulimunka (nehéz, unalmas munka) – Schinderei, Plackerei.

kulizás (nehéz, unalmas munka) – Schinderei, Plackerei.

kulizik (nehézen dolgozik) – sich abrackern, »wie ein Kuli schuften«.

kultúr (kultúrház, művelődési ház) – Kulturhaus; *megyek a kultúrba* = ich gehe ins Kulturhaus.

kultúrdoboz (tévé) – Fernsehapparat, Glotze [wörtl.: »Kulturschachtel«].

kultúrmadzag (nyakkendő) – Krawatte [wörtl.: »Kulturstrippe«; *vgl.* dt. *Kulturstrick*].

kultúrszöveg (mellébeszélés, halandzsa) – Geschwafel [wörtl.: »Kulturtext«].

kultúrvercajg (zsebóra) – Taschenuhr [dt. *Kulturwerkzeug*].

kummant (alszik) – schlafen.

kuncsaft – 1. (vevő) Käufer, Kunde; 2. (üzletfél) Geschäftspartner, Klient [< dt. *Kundschaft*].

kuncsorog (kér, könyörög) – bitten, betteln.

kunszt – 1. (ügyesség, fortély, cselfogás) Kniff, Dreh, Finesse, List; 2. *az nem nagy kunszt* (az nem nagyon nehéz) = das it keine Kunst! [< dt. *Kunst*].

kunsztoz (mesterkedik, ügyeskedik) – herumwerkeln, herumwursteln [< kunszt].

kunsztstikli (ügyes mutatvány) – Kunststück [< dt. *Kunststück*].

kunyerál (megalázkodva könyörög) – (*unterwürfig*) bitten, betteln; *auch:* kikunyerál.

kunyizik (könyörög, koldul) – bitten, betteln.

kupa (fej) – Kopf; *kupán csap* (megüt) = (*auf den Kopf*) schlagen.

kupakol (közösül) – Geschlechtsverkehr haben [zu dt. *kuppeln* ?].

kupakolás (közösülés) – Geschlechtsverkehr.

kupec (kiskereskedő) – Händler, Krämer [< slowak. *kupec* »dss.«; *oft pejor.*].

kupi *s.* kupleráj.

kupi-hugi (öregasszony) – alte Dame.

kupleráj – 1. (bordélyház) Bordell, Puff; 2. (felfordulás, rendetlenség) (*fig.*) Saustall (= Durcheinander, Unordnung); *micsoda kupleráj van itt!* = was ist das für ein Saustall! [zu dt. *Kuppler(ei)*].

kupolda – 1. (bordély) Bordell, Puff; 2. (rendetlenség) Saustall (= *Durcheinander, Unordnung*) [*wohl abgeleitet von* kupleráj].

kur, kúr (közösül) – Geschlechtsverkehr haben; *vgl.* kurel; *auch:* lekúr, megkúr.

kurájber (férfi) – Mann [< dt. *Kuhräuber*].

kurázsi (bátorság, vakmerőség) – Mut, Schneid [< dt. < fr. *courage*].

kuronya (férfi) – Mann.

kurel (közösül) – Geschlechtsverkehr haben; *auch*: kur [< cig. *kurrel*].

kurtán-furcsán (kurtán, röviden) – kurz und bündig.

kuruc (prostituált) – Prostituierte, Hure; *s.* kurva.

kuruckodik (prostituált módjára él) – als Prostituierte leben, huren; *vgl.* kuruc, kurva, kurválkodik.

kuruttyol (cigarettázik) – rauchen.

kurva – 1. (prostituált) Prostituierte, Hure; 2. (utált) scheußlich, beschissen; *kurva hideg van!* = es ist saukalt! – *kurva élet!* = ein Scheißleben!; 3. (nagyon, felettébb) überaus, sehr; *auch: kurvára; (hát ez) kurva jó!* (az remek) = (das ist wirklich) phantastisch, saugut; *kurva jól érzi magát* (nagyon jól ...) = sich pudelwohl fühlen; *kurvák faszát* = zum Teufel!; *mi a kurvák faszát keresel itt?* = was in drei Teufels Namen suchst du denn hier?; *kurvára az idegeimre mész* = du gehst mir verdammt auf die Nerven!; *a kurva anyádat* = (etwa:) du gottverdammter Hurensohn! [< slaw.; *vgl.* sbkr., slowak., tschech. *kurva*; poln. *kurwa*, rum. *curvă* »Hure«].

kurvahajcsár (nőbolond) – Schürzenjäger, Casanova.

kurválkodik (árulja magát – *prostituált*) – ihrem Gewerbe nachgehen (*von einer Hure*), auf den Strich gehen.

kurvás (szexuálisan kihívó [viselkedés, öltözködés stb.]) – sexuell aufreizend (*Verhalten, Kleidung usw.*).

kurvoid (könnyelmű nő) – leichtfertige Frau, Flittchen [< kurva; analog gebildet zu Wörtern mit der Endung -oid, wie z. B. *negroid* usw.].

kuss! (csönd!) – Ruhe! halt die Schnauze! [< dt. kuschen; s. kussol].

kussol (hallgat) – (*verängstigt oder beschämt*) schweigen; *vgl.* elkussol, lekussol [< dt. *kuschen*].

kúszik 1. (gyalogol) gehen, schlendern; 2. *vkinek* (hízeleg) schmeicheln, kriechen.

kutlövic (szálloda) – Hotel.

kutya – 1. (lakat) Schloß, Vorhängeschloß; *vgl.* hund [*Gaunerspr.*]; 2. *a kutya sem* (senki) = niemand, »keine Sau«.

kutyafáját! (*szitokszó*) – *int.* Donnerwetter! Kuckuck auch!; *auch: (azt) a kutyafáját!*

kutyafasza (könnyű dolog, feladat) – einfache Sache, Aufgabe; Kinderspiel.

kutyafülű (ellenszenves ember) – Hundsfott, Scheißkerl.

kutyagol (gyalogol) – gehen, schlendern.

kutyaházi *s.* kutyafülű.

kutyanyelve (buszjegy) – Busfahrkarte.

kutyaugrató (lakatfeszítő vas) – Brechstange zum Sprengen eines Schlosses.

kutykulla (pénztárca) – Brieftasche.

kutyus (kutya) – Hund.

kuvics (részeg) – betrunken.

kübli (vödör; börtönben a szükség végzésére szolgáló fedeles) – Eimer, Kübel; *im Gefängnis* Nachttopf [< dt. *Kübel*].

küllő – 1. (cigaretta) Zigarette; 2. (lábszár) Bein [wörtl.: »(Rad-) Speiche«].

küszöbhágó (postás) – Briefträger [wörtl.: »Türschwellentreter«].

kvaccs (sületlenség, ostoba fecsegés) Unsinn, dummes Geschwätz [< dt. *Quatsch*].

L

lá (régen egyforintos – *Laszlovszky, egykori gazdag telektulajdonos neve után*) – (*alt:*) Einforintstück [Abk.; nach *Laszlovszky*, früher reicher Grundbesitzer].

láb: *eltesz láb alól* (megöl) = *jdn* töten, um die Ecke bringen; *lábra vesz* (megrúg, belerúg) = *jdn* treten.

labardi (cipő) – Schuh.

lábaskolbász (kutya) – Hund [wörtl.: »Wurst mit Beinen«].

lábbusz: *lábbuszon megy* (gyalogol) = zu Fuß gehen [wörtl.: »mit dem Fußbus fahren«].

labda – 1. (fej) Kopf; 2. (női mell) – (*weibliche*) Brust, Busen [*Jugendspr.*; wörtl.: »Ball«].

lábinkó (láb) – Bein.

láblabdázás (labdarúgás, foci) – Fußball.

laborlelet (*kül. rossz* sör) – (*schlechtes, abgestandenes*) Bier [wörtl.: Laborbefund«].

lacafacázik (piszmog, vacakol) – herumtrödeln, herumwursteln.

lacizik (szerelmeskedik) – Zärtlichkeiten austauschen, sich (*körperlich*) lieben; *auch:* latyizik.

lácsa (jó, remek) – gut, toll [< cig. *lásho*].

lácsó (jó, remek) – gut, toll [<cig. *lásho*].

lácsu (jó, remek) – gut, toll [<cig. *lásho*].

láda – 1. (pakli dohány) Packung Tabak; 2. *ládát pakkol* (nagyokat hazudik) = lügen, daß sich die Balken biegen [wörtl. »eine ganze Kiste voll (Lügen) packen«; *s.* kiszni: *kisznit pakkol* »dss.«].

ládafia (Láda) – Láda (*Automarke*) [wörtl.: »Schublade, Schubfach« (*bes. für Schmuck o. Geld*)].

ladány (felső a kártyában) – Ober (*beim Kartenspiel*).

ladik (cipő) – Schuh.

laf! (hallgass!) – hör zu!

láf (férfi) – Mann [< dt. *Laffe*?].

lafka (üres beszéd, fecsegés) – leeres Gerede, Geschwätz [zu dt. *laff* »lauwarm, langweilig, geschmacklos«].

lagzi (lakodalom) – Hochzeit.

lahizik (nevet) – lachen; *s.* lahol [dt.].

lahol (nevet) – lachen; *auch:* lahiz, lauol [< dt. *lachen*].

lajhár (lassú ember) – langsamer Mensch, Lahmarsch [wörtl.: »Faultier (*Bradypus tridactylus*)«].

lajla (szekrény, fiók) – Schrank, Schublade, Schubfach, Fach.

lájle (éjjel) – Nacht [< jidd. *lajla* »dss.«; *vgl.* auch dt. Rotw. *leile* »dss.«].

lájmol (kéreget) – betteln [< dt. jdn *leimen*]; *s.* lejmol.

lakli (magas félszeg kamasz) – großer, schlacksiger Bursche [< dt. *Lackel*].

lakzi *s.* lagzi.

lambizik (lambadát táncol) – Lambada tanzen.

landol (mellébeszél) – schwafeln, schwätzen; *auch:* lantol.

lándzsa (hímvessző) – Penis [wörtl.: »Lanze«].

langaléta (hórihorgas személy) – langer Kerl, langer Lulatsch [zu dt. *lang, lange Latte* ?].

lángi (öngyújtó) – Feuerzeug [zu *láng* »Flamme«].

lángtenger: *lángtenger felette* (vörös hajú) = rothaarig [Anspielung auf die 6. Strophe der ungar. Nationalhymne, wo es heißt: *Vérözön lábainál, S lángtenger fölette* (»Ein

Strom von Blut zu seinen Füßen, und über ihm ein Flammenmeer«)].

langyos (biszexuális) – bisexuell [wörtl.: »lauwarm«].

langyos víz (buta ember) – Dummkopf, Trottel, Blödmann [wörtl.: »lauwarmes Wasser«].

lantol (mellébeszél) – um *etw.* herumreden, schwafeln; *auch:* landol.

lanyi (villamos) – Straßenbahn.

lap – 1. (biztatás – *szexuális jellegű*) Ermunterung, Aufforderung (*zu sexueller Annäherung*); *vgl.* zsuga; 2. *jól jár a lapja* (*szerencsés*) Glück haben.

lapát – 1. (kéz) Hand; 2. (fül) Ohr; *lapátra tesz* (szakít *vkivel*, kidob *vkit*) = brechen mit *jdm, jdn* hinauswerfen [wörtl.: »*jdn* auf die Schaufel nehmen«]; *vgl. rátesz a lapátra.*

lapos – 1. (szegény) arm; 2. (sovány – *nő*) dünn, mager, flachbrüstig (*Frau*); 3. *átment laposba* (elverték) = man hat ihn zusammengeschlagen; *laposra ver* (nagyon megver) = *jdn* zusammenschlagen, vermöbeln, verdreschen.

lapsi (kurva utcai üzletszerző sétája – *az igazoló*lap [*bárca*] *után*) – Spaziergang einer Hure auf der Straße, um Kunden zu finden, Strich [nach dem »*igazoló*lap«, dem behördlichen Gesundheitszeugnis].

laska (fül) – Ohr [*vgl.* dazu dt. Rotw. *latsche* »dss.« ?].

lassu (ökör, tehén) – Ochse, Kuh.

lássuk csak! (tízes – *a kártyában*) – Zehn (*beim Kartenspiel*).

laszti (labda, futball labda) – Ball, Fußball.

látás: *látástól mikulásig* (reggeltől estig) = den ganzen Tag, von früh bis spät.

látoff (megtért bűnös) – reuiger, bekehrter Straftäter.

lator (férfi, fiú) – Mann, Junge [eigentl.: »Schurke, Spitzbube« < mhd. *loter* »lockerer, leichtsinniger Mensch, Possenreißer, Taugenichts« < ahd. *lotar* »leer, eitel«; *vgl.* nhd. *lottern, Lotterbube*; daher auch sbkr. *lotar* »Dieb, Gauner, Spitzbube; Schürzenjäger; Faulenzer«]

latró (férfi, fiú) – Mann, Junge [*vgl.* lator, beeinflußt von lat. *latro* »Räuber«?].

latyizik *s.* lacizik.

laudon (felső – *a kártyában*) – Ober (*beim Kartenspiel*).

lauf (engedmény, ajánlat a viszszalépésre [eredetileg kártyában a tétek visszavonására]) – Erlaubnis, Empfehlung zum Rücktritt [*ursprüngl. beim Kartenspiel die Einsätze zurückziehen*].

laufol (munkát kerül, lazsál) – sich vor der Arbeit drücken, bummeln, faulenzen.

lauol *s.* lahol.

laviroz (néz, kémlel) – ansehen, auskundschaften; *vgl.* auszlavíren [< dt. Rotw. *lavieren, levieren* »aufpassen«].

lavírozó (aki a lopásra alkalmas helyet kikémleli) – Kundschafter, Späher, der vor dem Einbruch die Lage sondiert.

lavor (vagina) – weibliche Scheide; *auch:* bájlavór [*vgl.* dt. Rotw. *lavori* »Schüssel« und *lautori, laudori* »Vulva« ?].

laza (könnyed) – mühelos, locker.

lázas (téved) – sich irren, sich täuschen, sich verirren.

lazít (pihen, kikapcsolódik) – ausruhen, ausspannen, abschalten.

lazsnakol (elver, elpáhol) – verprügeln, vermöbeln; *auch:* ellazsnakol.

lé (pénz) – Geld; *tele van lével* (gazdag) = reich; *vgl.* leves.

lead: *lead egy kóbor numerát* (megcsal) = seinen Partner betrügen, einen Seitensprung begehen; *lead egy gyors numerát* (közösül) = Geschlechtsverkehr haben (*kurz, hastig*), »eine flotte Nummer hinlegen«; *leadja a drótot* (informál, felvilágosít) = Mitteilung, Information weitergeben.

leakaszt – 1. (*vmit* megszerez) *etw.* erwerben, sich verschaffen; 2. (*vkinek* pofont ad, arcul üt) *jdm* eine Ohrfeige geben, ins Gesicht schlagen; 3. (börtönbüntetést kiszab) zu Gefängnisstrafe verurteilen, verknacken.

leáll *vmivel* – 1. (abbahagy, felad) *etw.* aufgeben; 2. (elmegy a kedve) die Lust an *etw.* verlieren.

leállít: *leállítja magát* (abbahagy, felad) = aufgeben, den Kram hinschmeißen; *állítsd le magád!* (hallgass!) = halt die Klappe!

leányálom: *nem leányálom* (nem jó, nem kifogástalan) = nicht besonders toll [wörtl.: »kein Mädchentraum«].

leányadalom (nő, lány) – Frau, Mädchen.

leányzat (nő, lány) – Frau, Mädchen.

leápol – 1. (szid *vkit*) *jdn* ausschimpfen, zusammenstauchen; 2. (megver) zusammenschlagen, verprügeln, vermöbeln; 3. (közösül – *férfi nővel*) Geschlechtsverkehr haben (*Mann mit einer Frau*).

lebabáz (megdöbben, meglepődik) – erstaunen, verblüfft sein, baff sein.

lebajszint *s.* lebasz; *auch:* lebojszint.

lebaltáz (lehord, megszid) – ausschimpfen, zusammenstauchen.

lebarmol (lehord, megszid) – ausschimpfen, zusammenstauchen [< *barom* »Rindvieh«].

lebarnít (szid) – *jdn* ausschimpfen.

lebasz (leszid, összeszid) – *jdn* ausschimpfen, zusammenstauchen, zur Schnecke machen, zur Sau machen; *auch:* lebajszint, lebaltáz, lebarmol.

lebaszarint – 1. (szid) *jdn* ausschimpfen; 2. (pofon vág) *jdn* ins Gesicht schlagen; *vgl.* lebasz.

lebaszás (szidás) – Geschimpfe, Standpauke; *lebaszást kap* (szidást kap) = die Leviten gelesen bekommen, Standpauke bekommen.

lébecol – 1. (lóg) herumhängen, faulenzen; 2. *s.* lébol.

lebeg (kábítószer hatása alatt van) – unter Drogeneinfluß stehen, »high sein« [wörtl.: »schweben«].

leblokkol (elfelejt – *szöveget*) – ins Stottern kommen, den Faden verlieren, »blockiert sein«.

lebojszint (szid) – ausschimpfen, zusammenstauchen, zur Schnecke machen; *auch:* lebajszint.

lébol (éli világát) – gut, vergnügt leben, sich gut fühlen [< dt. *leben*].

lebombáz (közösül – *férfi nővel*) – Geschlechtsverkehr haben (*Mann mit einer Frau*) [wörtl.: »bombardieren«].

leborít (megszökik) – flüchten, abhauen, sich aus dem Staub machen [wörtl.: »zudecken«].

lebőg – 1. (felsül, pórul jár) sich blamieren; 2. (kudarcot vall) mißraten, mißglücken.

lebrennol (kifizet) – bezahlen; *s.* brennol.
lebuj (zugkocsma) – »Winkelkneipe«, Kaschemme, Spelunke.
lebukik – 1. (kétszínűsége kiderül) auffliegen (*Komplott, dubiose Sache usw.*); 2. (rajtakapják, elfogják, letartóztatják) gefangen, verhaftet werden.
lebuktat – 1. (besúg) *jdn* verraten, verpfeifen; 2. (feljelent) anzeigen (*bei der Polizei*).
lebullant (orális szexet végez) – oralen Sex haben (*bes. Fellatio*).
lebunkóz (megbírál) – zusammenstauchen, runterputzen, zusammenscheißen [wörtl.: »*jdn* »bunkó« (= Trottel, Blödmann) nennen«].
léc – 1. (láb) Bein; 2. (hímvessző) Penis; *vgl.* fogasléc, hancúrléc, kejléc [wörtl.: »Latte«] *vgl.* lőcs.
lécel (eltűnik, elmegy) – weggehen, verschwinden.
lecikiz – 1. (kritizál) kritisieren, herumnörgeln; 2. (gúnyol) verspotten, sich lächerlich machen über *jdn*; *vgl.* cikiz.
lecikizés (kritika) – Kritik, Nörgelei; *vgl.* lecikiz.
lecupfol (aranyláncot, nyakláncot lecsíp) – Goldkette, Halskette (*beim Diebstahl*) abzwicken.
lecsalaváz (leüt) – niederschlagen.
lecsap – 1. (leüt) niederschlagen; *auch: lecsapja mint a legyet/mint egy gyalogbékát/mint egy taxiórát*; 2. *lecsapja a fejét* (megüt) = schlagen, einen Hieb versetzen.
lecserél (szakít *vkivel*) – sich trennen von, brechen mit *jdm*.
lecsesz (szid *vkit*) – *jdn* ausschimpfen, zusammenstauchen, *jdm* die Leviten lesen.
lecsó (házifeladat) – Hausaufgabe [Wortspiel mit *lecke* »Lektion«; wörtl. aber: »Gemüsespeise aus Paprika und Tomaten«; *Schülerspr.*]
lecsoffan (elkeseredik) – verbittert werden, sein.
lecsóérés (menstruáció) – Menstruation, (monatliche) Regel.
lecsúszás (elszegényedés, rosszabbodás) – Verarmung, Verschlimmerung, Verschlechterung.
lecsúszik (tönkremegy, rosszabb helyzetbe kerül) – kaputtgehen, ruiniert werden, in eine schlimme Lage geraten; *lecsúszik* vmiről (nem sikerült *vmi*) = etwas ist schiefgegangen.
lecsücsül (leül) – sich hinsetzen; *vgl.* csücsül [*bes. Kinderspr.*].
lédis (nő) – Frau.
ledob: *ledobja a fehérneműt/a textilt* (levetkőzik) = sich ausziehen; *ledobta* (részeg) = (ist) betrunken, besoffen.
ledorongol (kritizál) – kritisieren, *jdn* zusammenstauchen.
ledorongolás (kritika) – Kritik.
ledöbben (meglepődik) – erstaunen, verblüfft sein.
ledöbbent (meglep, megdöbbent) – *jdn* verblüffen, erschrecken.
ledöglik (lefekszik aludni) – sich schlafen legen, sich hinhauen; *vgl.* döglik.
ledönt (iszik) – (*Alkohol*) trinken, einen kippen.
ledumál (lebeszél) – abraten, abbringen von *etw.*, *jdm etw.* ausreden.
ledurmol (lefekszik aludni) – sich schlafen legen.
ledurrant – 1. (lelő) niederschießen, erschießen, abknallen; 2. (orális szexet végez) oralen Sex treiben (*bes. Fellatio*).
leég – 1. (felsül, pórul jár) sich bla-

mieren; 2. (elfogy a pénze, tönkremegy) bankrott gehen, pleite werden; *le van égve* (anyagilag szorult helyzetben van) = pleite, abgebrannt sein; [wörtl.: »abbrennen« – und danach »abgebrannt sein«].
leégés – 1. (felsülés) Blamage; 2. (ráfizetés, tönkremenés, veszteség) (*finanzieller*) Verlust, Bankrott.
leéget (szégyent hoz *vkire*) – *jdn* blamieren, bloßstellen.
leépít (otthagy – *nő a férfit és fordítva*) – verlassen (*die Frau den Mann bzw. umgekehrt*).
leereszt: *le van eresztve* (beteg, roszszul van) = krank sein, sich schlecht fühlen.
leesik: *leesik a kétforintos/a tantusz* (megért, kapcsol) – verstehen, kapieren [wörtl.: »das 2-Forintstück/die Telefonmünze fällt«; *vgl.* dt. »*der Groschen ist gefallen*«].
lefagy (minden pénzt elvesztít) – bankrott gehen, pleite gehen; *s.* leég 2. [wörtl.: »erfrieren, abfrieren«].
lefalcol – 1. (elszökik, megszökik) fliehen, abhauen, ausreißen; 2. *vkitől* (cserbenhagy) *jdn* im Stich lassen, sitzenlassen; *vgl.* falcol.
lefarol (elszökik, megszökik) fliehen, abhauen, ausreißen.
lefázik (vereséget szenved, veszít) – Niederlage erleiden, unterliegen, verlieren.
lefejel (verekedésben belefejel) – (*bei einer Prügelei*) mit dem Kopf zustoßen.
lefeketedik – 1. (rendőri gyanúba kerül) der Polizei verdächtig werden; 2. (elfogy a pénze, kábítószere stb.) *etw.* geht einem aus (*z.B. Geld, Drogen usw.*).
lefekszik *vkivel* (közösül) – mit *jdm* ins Bett gehen, mit *jdm* schlafen.
lefektet (közösül) – Geschlechtsverkehr haben (*vom Mann*), mit einer Frau schlafen.
lefeszít (iszik) – (*Alkohol*) trinken, sich einen hinter die Binde gießen, einen kippen.
lefetyel (sokat fecseg, üresen beszél) – plappern, quatschen, labern [*bes. Jugendspr.*].
leff – 1. (fölényes fellépés) hochmütiges, selbstsicheres Auftreten; 2. (bátorság) Mut [< dt. Rotw. *lef* »Herz, Mut« < jidd. *lew* »Herz, Mut«].
leffes (bátor, vakmerő, kötekedő) – mutig, verwegen, streitsüchtig [< leff].
leffeskedik (henceg, kötekedik, kikezd) – prahlen, stänkern, Streit suchen [< leff].
lefingott (rossz, silány) – schlecht, mies, beschissen.
lefitykáz (lekicsinyel) – *etw.* bagatellisieren.
lefog (letartóztat) – festnehmen, verhaften.
lefoszt (kifoszt) – ausplündern, ausrauben.
lefőz (felülmúl) – *jdn* übertreffen, einmachen, um den Finger wickeln.
left (erős izom) – kräftiger Muskel; *vgl.* muszkli.
lefúj *vmit* (leállít *vmit*) – *etw.* abstellen, unterbinden, absagen; *le van fújva* (elmarad) = ausfallen, *etw.* ist abgesagt [wörtl.: »abpfeifen«].
lefülel (elfog) – fangen, erwischen, ergreifen, festnehmen.
legatyásodik: *le van gatyásodva / legatyásodott* (szegény) = abgebrannt, arm [wörtl.: »die Hosen herunterlassen«].

léggömb (fej) – Kopf [*Jugendspr.*; wörtl.: »Luftballon«; *vgl.* labda].
légó (légoltalmi) – Luftschutz-...; *vgl.* légópince, légós.
légol (tesz, csinál, elkövet) tun, machen, (*Straftat*) begehen [<dt. *legen*].
légópince (légoltalmi pince) – Luftschutzkeller.
legombol *vkitől* – 1. (pénzt csal ki) Geld aus *jdm* heraustricksen, herauskitzeln, von *jdm* erschwindeln; 2. (játékban elnyer *vkitől*) beim Spiel von *jdm* gewinnen.
legorombít (leszid, lehord) – ausschimpfen, zur Schnecke machen [< *goromba* »unwirsch, grob«].
légós (légoltalmi) – Luftschutz-...; *vgl.* légó, légópince.
legurít (iszik) – (*Alkohol*) trinken, hinunterkippen, sich einen hinter die Binde kippen.
légycsapó (fül) – Ohr [wörtl.: »Fliegenklappe, Fliegenklatsche«].
legyező (fül) – Ohr.
légyfogó (nyelv) – Zunge.
lehabar (megüt) – schlagen; *lehabar* vkinek *egyet* (megüt) = *jdm* eine runterhauen, eine schmieren; *lehabar egy susnyákot* (megpofoz) = *jdm* eine Ohrfeige geben, *jdm* eine schmieren.
lehajít (iszik) – (*Alkohol*) trinken, hinunterkippen, sich einen hinter die Binde kippen.
lehengerel – 1. (megsemmisítő fölénnyel legyőz *vkit*) *jdn* vernichtend schlagen, besiegen, fertigmachen; 2. (lefényképez, ujjlenyomatot vesz – *a bűnügyi nyilvántartás számára*) – fotografieren, Fingerabdrücke nehmen (*mit dem Ziel polizeilicher Registrierung*).
lehervad (elszomorodik) – traurig werden.

lehervaszt – 1. (elszomorít) *jdn* bekümmern, traurig machen; 2. (elveszti a kedvét) die Lust verlieren, keine Lust mehr haben.
lehord (gorombán leszid *vkit*) – *jdn* ausschimpfen, zusammenscheißen; *lehord a sárga földig* (leszid) = *jdn* zur Schnecke machen.
lehúz – 1. (kritizál) kritisieren; 2. (pofont ad, becsap) Ohrfeige geben, *jdm* eine schmieren; 3. (börtönbüntetést kiszab) zu Gefängnisstrafe verurteilen, verknakken.
lehúzás – 1. (kritika) Kritik; 2. (a valutázás egyik fogása: a kialkudott vételi összeget átnyújtó vevő kezéből a pénzt kikapják, és eltűnnek vele) (*beim [illegalen] Geldtausch*) den Geldbetrag aus der Hand des anderen nehmen und damit verschwinden.
leigázgató (igazgató) – (Schul-)Direktor [*Schülerspr.*; *Wortspiel mit iron. Ableitung aus* leigáz »unterjochen, knechten«].
leim *s.* lejm.
lejár: *lejár a bérlete* (meghal) = sterben [wörtl.: »die Monatskarte läuft ab«]; *lejárja a lábát* (tevékenyedik) = sehr geschäftig sein.
lejattol – 1. (kezet fog) die Hand geben; 2. (fizet) bezahlen; 3. (megveszteget) bestechen, schmieren; *vgl.* jatt, jattol.
lejm – 1. (könnyű, veszélytelen) leicht, gefahrlos; *lejm meló* (könynyű, biztos, veszélytelen munka) = leichte, sichere, gefahrlose Arbeit; 2. (ingyen, ingyenes) gratis, umsonst; kostenlos; *auch*: *lejmre*; 3. (biztos, bizonyos, biztonságos) sicher; 4. *lejmre* = 1. (hiába, fölöslegesen) umsonst, vergeblich; 2. (ingyen) umsonst, gratis; *lejmre bukik* (nem sikerült bűnön tetten

éretni) = sich der Verhaftung auf frischer Tat entziehen können; *lejmre knasszoltak* (ártatlanul ítéltek el) = unschuldig verurteilt; *vgl.* lejmol, lájmol [< dt. *Leim*; auch in der Bedeutung »Trug, Täuschung, Lüge« (*vom Leim des Vogelstellers*); *vgl. jdn* auf den Leim führen, jdm auf den Leim gehen].

lejmol (kéreget, ingyen, potyán jut *vmihez*) − (er)betteln, *etw*. schnorren [< dt. jdn *leimen*]; *s*. lájmol.

lejmolás (kéregetés) − Bettelei [< lejmol].

lejmoló (kéregető, ingyenélő) − Bettler, Schnorrer, Schmarotzer.

lejsztol (teljesít, erőfeszítéseket tesz, hajtja magát, sokat dolgozik) − erfüllen, leisten, sich anstrengen, viel arbeiten; *nem lejsztolhatja magának* = sich *etw*. nicht leisten können [< dt. *leisten*].

lejt (táncol) − tanzen.

lekap − 1. (lelő) niederschießen, abknallen; 2. (leszid) ausschimpfen, zusammenscheißen; *auch: lekap a lábáról*; 3. (letartóztat) verhaften, festnehmen, »schnappen«; *s*. lekapcsol.

lekapcsol − 1. (elfog, letartóztat) verhaften, festnehmen, »schnappen«; 2. (nőt mástól elhódít) einem anderen die Frau wegschnappen.

lekaszál (leszúr) − erstechen; *vgl.* kasza, kaszál.

leken − 1. *leken* vkinek *egyet/egy frászt/egy pofont* (*vkinek* pofont ad) = *jdm* eine Ohrfeige geben, eine runterhauen [*leken* wörtl.: »schmieren«; *vgl.* dt. umgangsspr. jdm *eine schmieren* ; *vgl.* megken 1.]; 2. *leken* vmit (gyorsan előállít) = *etw*. schnell produzieren, »hinschmeißen«.

lekenyerez (kisebb juttatással v. szolgálattal megveszteget) − *jdn* bestechen, »schmieren« (mit kleineren Beträgen oder Gefälligkeiten).

lekettyen *vkinek* (vége van *vkinek*) − es ist zu Ende mit *jdm, jmd* ist fertig, ist am Ende.

lekever − 1. (*vkinek* pofont ad) *jdm* eine Ohrfeige geben, eine schmieren; *auch: lekever egy frászt/ fülest*; 2. (*vmit* összejövetelt, műsort berekeszt, leállít) Versammlung auflösen, Programm beenden.

lekopaszt (kifoszt) − ausrauben, ausplündern.

lekopik − 1. *vkiről* (békében hagy) *jdn* in Ruhe, zufrieden lassen; 2. (elmegy, eltűnik) weggehen, verschwinden; *kopj le!* (tűnj el!) = hau ab! verschwinde! mach die Mücke!; 3. (elhagy) *jdn* sitzenlassen.

lekoppint (lop, ellop) − stehlen, klauen; *auch:* koppint.

lekoptat (elhagy *vkit*) − *jdn* sitzenlassen, im Stich lassen.

leköpés (zsebtolvajlási mód, melynél a tolvaj »véletlenül« leköpi áldozatát, majd »segít« letisztogatni a nyálat, közben kiemeli az illető tárcáját) − Trickdiebstahl, *bei dem der Dieb das Opfer »versehentlich« bespuckt, dann beim Saubermachen »hilft«, und währenddessen die Brieftasche klaut.*

leköröz (legyőz) − *jdn* besiegen, überlegen gewinnen, »überrunden«.

lekúr − 1. (közösül) Geschlechtsverkehr haben; *auch:* kúr, megkúr; 2. (szid *vkit*) *jdn* ausschimpfen, zur Schnecke machen.

lekussol (letorkol, elhallgattat) − zum Schweigen bringen [wörtl.:

»zum Kuschen bringen«; *vgl.* kussol; < dt. *kuschen*].

lekutyapicsáz (goromhán összeszid) – *jdn* zusammenscheißen, zur Sau machen.

leküld – 1. (iszik) (*Alkohol*) trinken, sich einen hinter die Binde gießen; 2. **leküld a pályáról** (elbocsát) entlassen (*am Arbeitsplatz*), feuern [wörtl.: »hinunterschikken«; 2. : »von der Laufbahn schicken«].

lekvár – 1. (baj, kellemetlen helyzet) unangenehme Situation, Schwierigkeiten; *lekvárban van* (bajban van) = in Schwierigkeiten stecken; 2. (gyenge) schwach, kraftlos; *lekvár hapsi/manus* (gyenge ember) Schwächling; 3. (nőies férfi) weibischer Mann, Weibling; 4. *lekvárt főz* (menstruál) = menstruieren, die Regel haben [wörtl.: »Marmelade«].

lelassul: *le van lassulva* (részeg) = betrunken, besoffen.

lelécel – 1. (megszökik) entfliehen, ausreißen, abhauen; 2. (elhagy) *jdn* im Stich lassen, sitzenlassen.

lélekidomár (osztályfőnök) – Klassenlehrer, -leiter (*Schule*) [wörtl.: »Seelenbändiger«; *Schülerspr.*].

lelép (megszökik, elillan) – entfliehen, ausreißen, verduften.

leléptet (otthagy) – verlassen, im Stich lassen.

lelkifröccs (korholás, szidás) – Tadel, Ausschimpfen.

lelkimasszás (jóra buzdító, lélekre ható beszéd) – Gespräch, bei dem man *jdm* ins Gewissen redet [wörtl.: »Seelenmassage«].

lelkizés (vallomás, bensőséges, érzelmes, bizalmas beszélgetés) – Geständnis; inniges, tiefgehendes, vertrauliches Gespräch.

lelkizik (bizalmasan beszélget, társalog) – sich mit *jdm* vertraulich unterhalten, vertrauliches Gespräch führen.

lelomboz (elszomorít) – *jdn* betrüben, traurig machen, verstimmen; *le van lombozva* (vki nagyon kedveszegett, letört) = lustlos, niedergeschlagen sein.

lelombozódik (elszomorodik) – traurig werden.

lelombozódott (szomorú) – traurig, niedergeschlagen, deprimiert.

lelombozott (szomorú) – traurig, niedergeschlagen, deprimiert.

lelő – 1. (elront, tönkretesz) kaputtmachen, ruinieren; 2. (lekapcsol) abschalten (Radio, Plattenspieler, Fernseher usw.); *lelövi magát* (abbahagy, felad) = aufgeben, den Kram hinschmeißen; 3. *vkit/vmit* (elutasít) zurückweisen, ablehnen; *lelő ötletet*.

lelök: *lelökte az agya a gépszíját* = 1. (megbolondult) (ist) durchgedreht, ausgerastet; 2. (részeg) betrunken, besoffen; *vgl.* gépszíj.

lemar – 1. (lehord, leszid *vkit*) *jdn* ausschimpfen, zusammenstauchen, zur Schnecke machen; 2. (elfog) fangen, gefangennehmen, festnehmen.

lemázol (pofont ad) – *jdn.* ohrfeigen, *jdm.* eine Ohrfeige geben [*Jugendspr.*].

lemegy: *lemegy keszonba* (orális szexet végez) = oralen Sex haben; *lemegy Turkesztánba* = 1. (tapogat) betasten, herumfummeln, herumgrapschen; 2. (orális szexet végez) = oralen Sex haben.

lemeózik (tapogat) – betasten, herumfummeln, herumgrapschen [zu *meó*, Abk. für *minőséget ellenőrző osztály* »Abteilung für

Qualitätskontrolle«, davon *meós* »Qualitätskontrolleur« und *meózik* »Qualitätskontrolle durchführen«; *s.* meózik].

lemeszel (rendőr függőleges karmozdulatokkal járművet leállít) – (*vom Polizisten*) mit erhobenem Arm den Verkehr anhalten.

lemez (elcsépelt, sokszor hallott mondás, történet) – abgedroschene, oft gehörte Redensart oder Geschichte; *régi lemez* = »die alte Leier« [wörtl.: »Schallplatte«].

lemezel (nagyot mond) – angeben, große Klappe haben; *vgl.* lemez.

lemos (legyőz) besiegen, schlagen.

lencse (aprópénz) – Kleingeld [wörtl.: »Linse«].

lenget (autóstoppal megy) – per Anhalter fahren.

lengő (ütés, pofon) – Schlag, Ohrfeige.

léniás (prostituált) – Prostituierte, Hure [< *lénia* < lat. *linea* »Linie, Strich«; *vgl.* auf den Strich gehen?].

lenovné (holdvilág) – Mondlicht [zu jidd. *lewone* »Mond«, dt. Rotw. *lewone* »dss.«].

lenzöl (amerikázik, dolgozást mímel) – bei der Arbeit bummeln, trödeln; so tun, als ob man arbeitet.

lényeg (pénz) – Geld; *vgl.* lé [wörtl.: »das Wesentliche«].

lenyel (lop, ellop) – stehlen, klauen.

lenyó (házifeladat) – Hausaufgabe [*Schülerspr.*].

lenyom – 1. (elmond) erzählen, sagen; 2. (mohón eszik) gierig essen, fressen, (*Essen*) in sich hineinstopfen; 3. (börtönbüntetést kiszab) zu Gefängnisstrafe verurteilen, verknacken; 4. *lenyom egy gyors numerát* (sietve közösül) = (*schnell, eilig*) Geschlechtsverkehr haben, »schnelle Nummer abziehen«.

lenyúl – 1. (zsebből lop) aus der Tasche stehlen; *auch:* megnyúl; 2. *vkit vmivel* (koldul) *jdn* um *etw.* anbetteln [wörtl.: »hinuntergreifen«].

lepadlózik (meghal) – sterben, abkratzen, hopsgehen [< *padló* »Fußboden«]

lepasszol (szakít vkivel) – mit *jdm* brechen, Schluß machen.

lepattan – 1. (elmegy) weggehen; 2. (elszökik) flüchten, fliehen, sich aus dem Staub machen, das Weite suchen.

lepcses – 1. (locsogó, fecsegő) schwätzend, schwatzhaft; *fogd be azt a lepcses szádat!* = halt endlich dein ungewaschenes Maul!; 2. (fecsegés) Geschwätz, Gequassel; *fogd be már a lepcsest!* = hör schon mit dem Gequassel auf!

lepedő – 1. (száz-, illetve ezerforintos bankjegy; *tört.:* százkoronás bankjegy) 100- bzw. 1000-Forintschein; *hist.:* 100-Kronenschein; 2. (száz) hundert; 3. (buszjegy) Busfahrkarte; 4. (nyelv) Zunge.

lepedőakrobata (különleges testhelyzetekben közösülő kurva) – Hure, die beim Geschlechtsverkehr außergewöhnliche Stellungen praktiziert.

lepenget (pénzt egyenként leszámolva átad) – Geld stückweise abzählend übergeben [< *penget* »(*Saite*) anschlagen, zupfen, zum Klingen bringen«].

lepénzel (megveszteget) – bestechen, schmieren.

lepénzelhető (megvesztegethető) – korrupt, bestechlich, käuflich.

lepény (széklet) – Kot, Scheiße.

lepényleső (száj) – Mund; *jártatja a lepénylesőjét* (fecseg, üresen beszél) = quasseln, quatschen, plappern.

leperkál (kifizet) – auszahlen, bezahlen; *auch:* perkál; *vgl.* leszurkol.

lepetéz (megdöbben, meglepődik) – erstaunen, verblüfft sein, baff sein.

lepetézik – 1. (odavan az örömtől) außer sich sein vor Freude; 2. (nevet) in Lachen ausbrechen.

lepetyel (sokat fecseg, üresen beszél) – plappern, quatschen, labern [*bes. Jugendspr.*].

lepipál (legyőz) – besiegen, übertreffen, besser sein als.

lepisál: *lepisálják a kutyák* (szegény) = arm, völlig abgebrannt [wörtl.: »die Hunde pissen ihn an«].

lepiszkol (befeketít, megrágalmaz) – *jdn* anschwärzen, madig machen.

lepke (gól) – Tor (*beim Sport*).

lepleffel (megszégyenít, leleplez) – *jdn* blamieren, entlarven; *vgl.* pleffel.

lepocskondiáz (gyaláz, piszkol) – auf *jdn* schimpfen, über *jdn* herziehen; *vgl.* pocskondiáz.

lepocskondiázás (kritika) – Schelte, Kritik.

leporol: *leporolja az agyát* (gondolkodik) = sich den Kopf zerbrechen [wörtl.: »abstauben«].

lepotováz (lefizet) – bezahlen.

lepörköl (fizet) – zahlen, bezahlen; *auch:* pörköl.

lepra - 1. (rossz, silány, kellemetlen, siralmas) schlecht, minderwertig, unangenehm, jämmerlich, kläglich; *lepra hely* (piszkos hely) = schmutziger Ort, »Saustall«; 2. (csunya) häßlich [wörtl.: »Lepra, Aussatz«].

leprandít (pocskondiáz) – *jdn* verfluchen; auf *jdn* schimpfen.

lepraszájú (pletykás) - schwatzhaft, geschwätzig [< lepra].

lepratelep (piszkos hely) = schmutziger Ort, »Saustall« [< lepra].

lepuffant (lelő) – niederschießen, abknallen.

lepukkant (rossz, silány) – schlecht, mies.

lepúrol (elvesz, ellop egy részt a pénzből) – vom Geld einen Teil wegnehmen, stehlen [zu cig. *puril* »verraten« ?].

lepusztult (pénztelen, tönkrement, elszegényedett) – mittellos, bankrott, abgebrannt.

leradíroz: *leradíroz vkit a térképről* (megöl) = *jdn* umbringen, umlegen [wörtl.: »aus der Landkarte ausradieren«].

lerámol (szid) – ausschimpfen [*vgl.* rámol?].

leránt - 1. (kritizál) zusammenstauchen, runterputzen; 2. (kirabol – *egy lakást*) ausrauben, ausplündern (eine *Wohnung*).

lerántás (kritika) – Kritik, Schelte.

lerendez (megold, elintéz, elsimít) – (*eine Sache*) bereinigen, erledigen, in Ordnung bringen.

lerobban – 1. (megbetegszik) krank werden; 2. (elromlik, tönkremegy) kaputtgehen, vor die Hunde gehen; 3. *le van robbanva* (szegény) = abgebrannt, arm.

lerobbant - 1. (elromlott, tönkrement) kaputt, ruiniert, »im Arsch«; 2. (kimerült) erschöpft, kaputt; 3. (elhanyagolt) verwahrlost, vernachlässigt, heruntergekommen; 4. (szegény) arm, abgebrannt.

lerogy (leül) – sich hinsetzen, sich hinhocken.

lerohad – 1. (megbetegszik) krank werden; *le van rohadva* (beteg, rosszul van) = krank sein, sich hundeelend fühlen; 2. (elromlik, tönkremegy) kaputtgehen, vor die Hunde gehen.

lerohadt (elromlott, tönkrement) – kaputt, ruiniert, »im Arsch«.

lesimít (kifoszt) – ausplündern, ausrauben.

lesittel (börtönbe csuk) – einsperren, ins Gefängnis bringen.

lesmárol (megcsókol) – küssen.

lesmirel *vkit* (megfigyel, követ *vkit*) – *jdn* beobachten, observieren, verfolgen [*vgl.* dt. Rotw. *schmiere* »Wache, Aufpasser«; Rotw. > dt. umgangsspr. *Schmiere stehen*].

lesmírol *s.* lesmirel.

lesö (szem) – Auge.

lestoppol – 1. *vkit* (elfog) gefangennehmen, festnehmen, »schnappen«; 2. *vmit* (lefoglal) beschlagnahmen.

lestrapál (kimerít) – sich verausgaben.

lestrapált (kimerült) – erschöpft, kaputt.

lestrinyóz (lealkuszik) – *jdm etw.* abhandeln, abfeilschen.

lész (fuss, menekülj!) – verschwinde, hau ab!

leszakad: *leszakad a pofája* (meglepődik) = erstaunen, überrascht sein; *leszakad a töke a munkától* (nehézen dolgozik) = sich abrakkern, schuften.

leszakít – 1. (gazdag lesz) reich werden; 2. *leszakít egy nagy ruhát/egy nagy verést* (verést kap) = eine kräftige Tracht Prügel beziehen.

leszáll *vkiről* (békében hagy) – *jdn* in Ruhe, zufrieden lassen.

leszar *vmit/vkit* (közömbös *vmi/vki* iránt) – auf *etw./jdn* scheißen; *leszarom* = ich scheiß drauf!; *le se szarja* (fütyül *vkire*) = *etw.* ist einem scheißegal.

leszboszi (homoszexuális nő) – lesbische Frau, Lesbe.

leszólít (nyilvános helyen ismerkedni próbál) – in der Öffentlichkeit ansprechen (*bes. ein Mann eine Frau*), anbandeln, anmachen.

leszop: *leszopja magát* (berúg, leittasodik) = sich betrinken, sich besaufen.

leszúr – 1. (lehord, legorombít) *jdn* herunterputzen, zusammenscheißen; 2. (fizet) zahlen, blechen; *100 forintot leszúr* (100 forintot fizet) = er zahlt 100 Ft.

leszúrás (szidás) – Schelte, Standpauke; *leszúrást kap* (szidást kap) = ausgeschimpft werden, einen Anschiß bekommen.

leszurkol (kifizet) – auszahlen, bezahlen; *vgl.* leperkál.

letaknyol: *letaknyolja a vényt* (fölírja a receptet) = ein Rezept schreiben, *etw.* verschreiben.

letámad (rátámad) – *jdn* anschreien, auf *jdn* losgehen.

letámadás (szidás) – Schelte, Standpauke, Anschiß.

letarhál *vkit* (kéreget, koldul) – *jdn* anbetteln, (*um Geld*) anhauen, schnorren; *vgl.* tarhál.

letejel (leadja a pénzét az utolsó fillérig) – sein ganzes Geld ausgeben; *vgl.* tejel.

letélakol (elszökik, megszökik) – fliehen, abhauen, sich aus dem Staub machen.

leteremt (szid *vkit*) – *jdn* zusammenschimpfen, zusammenstauchen, zur Schnecke machen.

letesz: *leteszi a fenekét/a seggét* (leül) = sich setzen; *leteszi a lantot/a tüzet* (abbahagy, felad) = *etw.* abbrechen, aufgeben; *leteszi a lapot* (kimondja a véleményét) = seine Meinung sagen.

letipliz (elmegy, eltűnik) – weggehen, verschwinden [zu dt. *tippeln*].

letol (lehord, legorombít) – *jdn* herunterputzen, zusammenscheißen.

letolás (szidás) – Schelte, Standpauke; *letolást kap* (szidást kap) = die Leviten gelesen bekommen.

letottyan (leül) – sich hinsetzen, sich hinhocken.

letör (minden pénzt elveszít) – sein ganzes Geld verlieren, pleite gehen.

letöröl (legyőz) – besiegen, schlagen.

létra (magas ember) – großer Mensch, »lange Latte«, »Bohnenstange« [wörtl.: »Leiter«].

létrakukac (szobafestő) – Maler, Anstreicher [wörtl.: »Leiterwurm«].

letyefetyél – (sokat fecseg, üresen beszél) – schwatzen, plappern, quatschen [*bes. Jugendspr.*; wohl spielerische Ableitung von pletyka].

leugat (ismerkedni próbál) – ansprechen (*bes. ein Mann eine Frau*), anbandeln, anmachen.

leugrik (gyorsan elmegy) – abhauen, sich aus dem Staub machen.

leüget (gyorsan elmegy) – abhauen, sich aus dem Staub machen.

leültet (börtönbe csuk) – einsperren, ins Gefängnis bringen.

levackol (aludni megy) – schlafengehen, sich zum Schlafen hinlegen.

levág – 1. *vkit, vmennyivel, vmennyire* (kölcsönkér egy összeget) *jdn* um eine Geldsumme anpumpen; 2. (meglop) stehlen; 3. (becsap, rászed) betrügen, übers Ohr hauen; 4. (kritizál, szid) ausschimpfen, zusammenstauchen, runterputzen; *auch: levág, mint a pengős malacot*; 5. *levág egy gyors numerát* (közösül) = (*schnell*) koitieren, »eine schnelle Nummer hinlegen«; *levág egy kóbor numerát* (megcsal) = seinen Partner betrügen, einen Seitensprung begehen.

levágás – 1. (becsapás, csalás, szélhámosság – *túl magas árral*) Betrug, Schwindel (*bes. mit zu hohen Preisen*); 2. (kritika) Kritik, Standpauke.

levarr *vkit vmivel* (kéreget, koldul) – *jdn* anbetteln.

levegő: *levegőbe emel* (letartóztat) = verhaften, festnehmen [wörtl.: »in die Luft heben«].

levegőfűrészelő (tüdő) – Lunge.

leves (pénz, aprópénz) – Geld, Kleingeld; *vgl.* lé.

levesfújó (száj) – Mund.

levesfúvóka (száj) – Mund.

levesz – 1. (gazdag lesz) reich werden; 2. (pénzt keres) (Geld) verdienen; *auch: stekszet levesz*; 3. (kifoszt) ausrauben, ausplündern; 4. *leveszi a fülest* (információt szerez) = sich Informationen verschaffen; 5. *levesz vki vmivel* = 1. (kéreget, koldul) *jdn* um *etw.* anbetteln; 2. (kicsal) betrügen (meist um Geld).

levezet: *levezeti a fáradt vizet* (vizel) = pinkeln [wörtl.: »das verbrauchte Wasser ableiten«]; *levezeti a fejéből a vizet* (vizel) = pinkeln [wörtl.: »das Wasser aus dem Kopf ablassen«].

levirít (felsül) – sich blamieren, auf die Schnauze fallen.

levistol (kilop *vmit*) – etw. herausstehlen.

lezavar: *lezavar* vkinek *egyet* (megüt) = *jdm eine runterhauen, eine schmieren.*

lézus (újság) – *Nachrichten, Zeitung* [zu dt. Rotw. *leserl* »Zeitung«].

lezsákol (közösül) – *Geschlechtsverkehr haben (vom Mann), mit einer Frau schlafen.*

lezser – 1. (kényelmes, bő) *bequem, weit, breit*; 2. (megerőltetés nélküli, könnyű munka) *leichte Arbeit (ohne große Anstrengung)*; 3. (hanyag) *nachlässig* [< fr. *léger*].

liba (lány, nő) – *Mädchen, Frau* [wörtl.: »Gans«].

libanyak (lány, nő) – *Mädchen, Frau* [< liba].

libegő (női mell) – *(weibliche) Brust, Busen* [*bes. Jugendspr.*; wörtl.: »schwebend, schaukelnd«].

liberós (bölcsődés) – *Kindergartenkind* [< *Libero* (Windelmarke); *bes. Jugendspr.*].

libi (nő) – *Frau*; *vgl.* liba.

lichtfürol (becsap) – *betrügen, täuschen*; *vgl.* fírol [< dt. jdn *hinters Licht führen*].

lift (illegális posta a börtönben) – *illegale, eingeschmuggelte Post im Gefängnis.*

liftel – 1. (fut) *davonlaufen*; 2. (eljárás alatt bírósági aktából okmányt ellop) *während des Verfahrens aus den Gerichtsakten Dokumente stehlen*; *vgl.*: elliftel.

ligetel (gyalogol) – *zu Fuß gehen, schlendern.*

likasztó (katona) – *Soldat*; *vgl.* bakesz, slapic.

lila – 1. (500 forintos bankjegy) *500-Forintschein* [wegen der Farbe]; 2. (kártya) *Spielkarte* [< cig. *lil*, pl. *lila* »Spielkarte(n)«]; 3. *lila hajat kap / lila lesz a feje* (dühös lesz) = *wütend werden, sich aufregen* [wörtl. »lila Haare bekommen/*jdm* läuft der Kopf lila an«].

lilázik (kártyázik) – *Karten spielen*; *vgl.* lila 2.

liliputi (alacsony, kicsi ember) – *kleingewachsener Mensch, Zwerg*, »Liliputaner«.

lim (könnyelmű nő) – *leichtfertige Frau, Flittchen.*

link – 1. (megbízhatatlan, szélhámos) *unzuverlässig*; *Hochstapler, Betrüger*; 2. (komolyan nem vehető dolog) *Sache, die man nicht ernstnehmen kann*; 3. (hamis, nem valódi, ál) *falsch, wertlos, minderwertig*; 4. *link alak* (mihaszna, csaló) = *Taugenichts, Betrüger*; *link balhé* (szándékosan felidézett zavar, botrány, hogy közben lopni lehessen, vagy hogy a tolvaj a zavarban elmenekülhessen) = *absichtliches Durcheinander, um Diebstahl zu erleichtern oder im Durcheinander fliehen zu können*; *link duma* (szószátyárkodás) = *Geschwätz, Blabla*; *link ember* (megbízhatatlan ember, nem komoly ember) = *nicht vertrauenswürdiger Mensch*; *link flepni* (hamis igazolvány) = *falscher Ausweis*; *link hadova* (tolvajnyelv) = *Diebessprache*; *link szósz/szöveg/vaker* (halandzsa, mellébeszélés) = *Geschwätz, Geschwafel*; *link zrí* (szándékosan felidézett zavar, botrány, hogy közben lopni lehessen, vagy hogy a tolvaj a zavarban elmenekülhessen) = *absichtliches Durcheinander, um Diebstahl zu erleichtern oder im Durcheinander fliehen zu können* [dt. *link*].

linkel – 1. (halandzsázik) *schwafeln, herumreden*; 2. (hazudik, lódít) lügen, anlügen [< dt. jdn *linken*].

linkersem (álnév) – Deckname, falscher Name, Pseudonym; *auch:* linksem; *vgl.* sem!

linkeskedik (*vki* megbízhatatlan) – unzuverlässig sein.

linkóci (megbízhatatlan, nem szavahihető, széllel bélelt ember, csaló) – nicht vertrauenswürdiger, unglaubwürdiger Mensch, Windbeutel, Betrüger; *vgl.* link.

linkre megy (bizonytalanra megy) – etwas ist unsicher, unklar; man weiß nicht, was passieren wird.

linksem *s.* linkersem.

linzi (kicsi) – klein [zu dt. Rotw. *linz* »Spur, Kleinigkeit, Wenigkeit«].

Lipi (a lipótmezei tébolyda) – die Irrenanstalt von Lipótmező (in Budapest); *Lipire juttat* (megbolondít) = verrückt werden, durchdrehen [wörtl.: »in die Anstalt von Lipótmező kommen«]; *s.* Mezei Lipót.

Lipót *s.* Lipi, Mezei Lipót.

lizi (kétliteres korsó sör) – Zweiliterkrug Bier.

lízi (nap, napocska) – Sonne [< dt. Rotw. *liesl, lieserl* »dss.«].

Lizsé – Városliget (*Stadtpark in Budapest*) [fr. Aussprache des Wortes *liget* »Hain, Wäldchen, Park«].

ló – 1. (elégtelen – *osztályzat*) »Ungenügend« (*Note in der Schule*); 2. *ló nézett be/ki a (gyerek)szobája ablakán* (faragatlan) = ungehobelt, flegelhaft; 3. *lóvá tesz* (becsap, rászed) = betrügen, übers Ohr hauen [wörtl.: »zum Pferd machen«]; *lovon száradt* (görbelábú) = krummbeinig [wörtl.: »auf dem Pferd eingetrocknet«].

lóbaszó – 1. (nagy, magas ember) (*körperlich*) großer Mensch; 2. (nagy hímvesszőjű) *jmd* mit einem großen Penis.

lóbél (falánk ember) – gefräßiger Mensch, Freßsack.

lóbelű (falánk ember) – gefräßiger Mensch, Freßsack [wörtl.: »(hat) Eingeweide wie ein Pferd«; *vgl.* beles].

lobogó (zsebkendő) – Taschentuch.

lóbubó (állatorvos) – Tierarzt, Pferdedoktor.

lóbüfé (kocsma) – Kneipe [wörtl.: »Pferdebuffet«].

lócitrom (széklet) – Kot, Scheiße [wörtl.: »Pferdezitrone«].

lócitrompofozó (utcaseprő) – Straßenkehrer [< lócitrom].

lócsárda (kocsma) – Kneipe [wörtl.: »Pferdewirtshaus«].

locsi-fetyi *s.* locsi-fecsi.

locsi-fecsi (fecsegő) – Schwätzer.

locsog (fecseg, badarságokat beszél) – schwätzen, Blech reden.

locsogás (fecsegés) – Geschwafel, Geschwätz, »Blech«.

locsol (vizel) – Wasser lassen, urinieren, pissen.

lódincs (hazudós) – Lügenbold [*bes. Jugendspr.*; *zu* lódít].

lódít (hazudik) – lügen.

lódoktor (állatorvos) – Tierarzt, Pferdedoktor.

lófasz: *lófasz se* (semmi) = überhaupt nichts; *lófaszt se ér* (értéktelen) = wertlos; *(a) lófasz!* = einen Scheißdreck!

lóg – 1. (lopja a napot, nem végzi kötelességét) herumhängen, -gammeln, seinen Verpflichtungen nicht nachkommen; 2. *vkivel* (udvarol, jár *vkivel*) mit *jdm* gehen, zusammenstecken; mit *jdm* herumhängen; 3. (iskolát kerül) die Schule schwänzen; 4. (járkál, kóborol, állás nélkül van) herumlaufen, herumstreichen, stempeln gehen, arbeitslos sein; 5. (fizetés nélkül vesz igénybe *vmit*) *etw.* in Anspruch nehmen, benutzen, ohne zu zahlen: *lóg a buszon* = mit dem Bus schwarzfahren; 6. (fut, szalad, menekül) davonlaufen, fliehen.

loghec (magas) – groß, hochgewachsen (Mensch).

lógó (fülbevaló) – Ohrring, Ohrgehänge.

lógó vekker (zsebóra) – Taschenuhr.

lógós: *lógós nap* (szünet) = (schul)freier Tag [*Schülerspr.*].

lógva hagy *vkit* (békében hagy) – *jdn* in Ruhe, zufrieden lassen.

lóhúgy (rossz sör) – schlechtes, abgestandenes Bier [wörtl.: »Pferdepisse«].

lokni (hajfürt) – Locke (*im Haar*) [dt.].

lókötő – 1. (csirkefogó) Gauner, Halunke; 2. (agyafúrt kópé) durchtriebener Schlingel, Schlitzohr.

lompos – 1. (piszkos, rosszul öltözött) schmutzig, zerlumpt; 2. (hímvessző) Penis [zu dt. *Lumpen*].

lonci (egyenruhás rendőrnő – *a Pesti Posta című élclap* Hekus Lonci *nevű rendőrnő alakja után*) – Polizistin in Uniform; *auch: hekus lonci* [nach der Polizistin *Hekus Lonci* im Witzblatt *Pesti Posta*; *vgl.* hekus].

loncsos (piszkos) – schmutzig.

longec (magas) – groß, hochgewachsen (*Mensch*) [*bes. Schülerspr.*].

longi *s.* longec.

Lonyai (húszkoronás bankjegy) – Zwanzigkronenschein [nach Graf *Menyhért Lónyay* (1822–1884), 1849 Staatssekretär im Finanzministerium; 1867–71 zunächst Berater im Finanzministerium, dann Finanzminister; Nov. 1871 – Nov. 1873 Ministerpräsident].

lónyál (üdítőital) – (*alkoholfreies*) Erfrischungsgetränk [wörtl.: »Pferdespeichel, -spucke«].

lópasszus (személy igazolvány) – Personalausweis; *auch:* szamárpasszus [wörtl.: »Pferdepaß«].

lópikula (kis pénzösszeg) – kleiner Geldbetrag; *lópikula se* (semmi) = nichts, keinen Pfennig; *lópikulát se ér* (értéktelen) = völlig wertlos; *egy lópikulát!* (dehogyisne!) = von wegen!

lópisa (rossz sör) – schlechtes, dünnes Bier; *auch:* pisa.

lópisi (rossz sör) – schlechtes, dünnes Bier; *auch:* pisi.

lordok háza (rossz, piszkos étterem) – schlechte, schmutzige Gaststätte [*iron.*; engl. *House of Lords* »das britische Oberhaus«].

lóság (badarság, hülyeség) – Dummheit, Blödsinn; *vgl.* marhaság.

lószar: *lószart se ér* (értéktelen) = völlig wertlos.

lotyó (kurva) – Hure.

lóvá tesz *s.* ló 3.

lovas (piros hetes – *a kártyában*) – Herz Sieben (*beim Kartenspiel*).

lóvé (pénz) – Geld [< cig. *lóve* »Geld«].

lovetta *s.* lóvé.

lóvéraktár (pénztárca) – Brieftasche.

lovi (lóverseny) – Pferderennen.

lovon száradt *s.* ló 3.

lozsi (pénz) – Geld.

lő – 1. (közösül) Geschlechtsverkehr haben; 2. (kábítószert intravénásan bead) Droge spritzen; *vgl.* szúr.

lőcs – 1. (hímvessző) Penis; *vgl.* hancúrlőcs, kejlőcs; 2. (lábszár) Bein [Nebenform zu (*s.*) léc].

lőcsgéza (faragatlan ember) – ungehobelter Kerl, Flegel, Grobian.

lök (beszél) – sprechen; *lökd!* = sag schon!; *löki a dumát/szöveget* (fecseg; sokat beszél) = schwafeln, quatschen, labern.

löket (közösülés) – Geschlechtsverkehr.

lökhajtásos: *lökhajtásos szappantartó* (Trabant) – Trabant (*Automarke*) [wörtl.: »Seifenschachtel mit Düsenantrieb«].

lökhárító (női mell) – (*weibliche*) Brust, Busen [wörtl.: »Stoßstange«].

lökött (hülye, bolond) – verrückt.

lölli (női mell) – weibliche Brust, Busen.

löllő (női mell) – weibliche Brust, Busen.

lőny (nő) – Frau [*vgl. lány?*].

lőre (rossz minőségű bor) – Wein (*schlechter Qualität*).

lőrés (far) – Hintern, Hinterteil [wörtl.: »Schießscharte«].

lötyög – 1. (sétál, csavarog) herumspazieren, sich herumtreiben; 2. *vkivel* (jár *vkivel*) mit *jdm* gehen; 3. (táncol) tanzen.

lötyögés (tánc) – Tanz.

lötty (rossz minőségű bor) – Wein (*schlechter Qualität*).

löveg (hímvessző) – Penis.

lövészárok (nő szeméremteste) – weibliche Geschlechtsteile [wörtl.: »Schützengraben«].

lövőlegény (udvarló, barát) – Verehrer, Freund (*eines Mädchens*).

lubáré (kurva) – Hure [wohl zu cig. *lubnya* »Hure«].

luca (nő, lány) – Frau, Mädchen [vom Mädchennamen *Luca*].

lúd (elégséges – *osztályzat*) – »Ausreichend« (»Zwei«; *zweitschlechteste Note in ungar. Schulen*) [*Schülerspr.*; wörtl.: »Gans«; wohl wegen der Ähnlichkeit mit dem Zahlzeichen, *vgl.* hattyú, kacsa 3.].

lúdnyak (elégséges – *osztályzat*) – »Ausreichend« (»Zwei«; *zweitschlechteste Note in ungar. Schulen*) [*Schülerspr.*; wörtl.: »Gänsehals«; *vgl.* lúd].

ludmilla – 1. (nő, lány) Frau, Mädchen; 2. (könnyelmű lány) leichtfertiges Mädchen; 3. (kurva) Hure [vom Mädchennamen; Bed. 2. und 3. unter Einwirkung von cig. *lubnya, luvnya* »Hure«?].

lufi – 1. (léggömb) - Luftballon; 2. (fej) Kopf; *vgl.* léggömb, labda [*Jugendspr.*] [< luftballon].

luftballon (léggömb) – Luftballon [dt.].

lugnyi (a tolvaj szeretője) – Diebesliebchen [*Gaunerspr.*; < cig. *lugnya*, pl. *lugnyi* »Hure"; *vgl.* lumnya, luvnya].

lujza (átlag nő) – durchschnittliche, ganz normale Frau.

luk – 1. (lakás, szálláshely) Wohnung, Unterkunft; 2. (szem) Auge; *vgl.* lyuk; 3. (vagina) weibliche Scheide; *lukon vág / lukra játszik* (közösül) = Geschlechtsverkehr haben (*vom Mann*), mit einer Frau schlafen, ficken; 4. (végbélnyílás) After, Arschloch [eigentl. Nebenform von *lyuk* = Loch].

lukszusz (szellentés) – Darmwind, Furz; *auch:* lyukszusz [< *l(y)uk*].

lula (élőfa) – Baum.

lulke (pipa) – (Tabaks-)Pfeife [< dt. Rotw. *lulke, lülke* »dss.«, wohl zu tschech. *lulka* »(kurzstielige) Tabakspfeife«].

lulkizik (pipázik) – Pfeife rauchen [< lulke].

lumnya 1. (könnyelmű lány)

leichtfertiges Mädchen; 2. (kurva) Hure; *s.* luvnya.
lump (kicsapongóan mulatós; az éjszakai, hajnali órákig mulatozó, korhely) – vergnügungssüchtig, ausschweifend; nächtlicher Herumtreiber, Trunkenbold [dt.].
lumpol (éjszakai mulatozásban vesz részt, kicsapong) – sich bei nächtlichen Feiern amüsieren, einen draufmachen [< dt. *lumpen*].
lumpolás (éjszakai mulatozás) – nächtliche Feier, Gelage [< lumpol].
lurkó (pajkos fiú) – Schlingel, Bengel.

lutri (kockázatos dolog) – riskante Sache, Glücksspiel [< dt. *Lotterie*].
luvnya – 1. (könnyelmű lány) leichtfertiges Mädchen; 2. (kurva) Hure [< cig. *lubnya* »Hure«; *vgl.* lumnya, lugnyi].
lüke – 1. (ügyefogyott, mafla, buta) tolpatschig, einfältig, blöd; 2. (ügyefogyott, mafla ember) Tolpatsch, Trottel.
lütyő – 1. (hülye, bolond) verrückt; 2. (buta ember) Dummkopf, Trottel, Blödmann.
lüttyő *s.* lütyő.

Ly

lyuk (szem) – Auge; *vgl.* luk 2. [wörtl.: »Loch«]

lyukaskezű – 1. (ügyetlen) ungeschickt, tolpatschig; 2. (ügyetlen ember) Tolpatsch [wörtl.: »mit löchrigen Händen«].

lyukas óra (tanítási órák között egy órányi szabad idő) – (*in der Schule*) Zwischen-, Freistunde.

lyukaszt (deflorál) – deflorieren, entjungfern [wörtl.: »lochen«].

lyukszusz (szellentés) – Darmwind, Furz; *auch:* lukszusz [< lyuk].

M

maca – 1. (lány, nő) Mädchen, Frau; 2. (utcalány) Prostituierte [*vgl.* dt. Rotw. *metze* »Prostituierte« ?].
macás (csinos) – hübsch.
macera – 1. (zaklatás) Belästigung, Drangsalierung; 2. (vesződség) Ungemach, Schererei.
macerál (bosszant, zaklat, ingerel) – stören, *jdn.* belästigen, ärgern [< lat.?].
macerálás (zaklatás) – Belästigung, Schikane.
macerás (kellemetlen, nehéz, vesződséges) – unangenehm, schwer, mühsam, mühselig.
macher *s.* maher.
machináció (ravasz mesterkedés) – Kniff, Machenschaften, Ränke [< lat. *machinatio* »Mechanismus, Kunstgriff, List, Ränke«].
machinál (mesterkedik) – manipulieren, Ränke schmieden.
machinátor (mesterkedő ember) – Intrigant, Ränkeschmied.
machlajka *s.* mahlajka.
maci (mackó) – Bärchen; Teddybär [*Kindersprache*].
mackó (páncélszekrény, kassza) – Panzerschrank, Kasse; *mackót dönt* (páncélszekrényt, kasszát fúr) = Tresor, Safe knacken.
mackódöntés (kasszafúrás) – Einbruch in Panzerschrank.
mackós (kasszafúró betörő) – Safeknacker.
maccs – 1. (rendőri felügyelet) Polizeiaufsicht, polizeiliche Überwachung; 2. (részeg) betrunken; *auch: mats, matts* [*vgl.* dt. *Matsch* = »ein Kartenspiel verlieren, ohne einen einzigen Punkt gemacht zu haben«].

macsek (macska) – Katze.
macska – 1. (lány, nő) Mädchen, Frau; 2. (részeg) betrunken [eigentlich: »Katze«; *vgl.* zur 2. Bedeutung dt. *Katzenjammer*?].
macskabenzin (tej) – Milch [wörtl.: »Katzenbenzin«].
macskaevő (olasz ember) – Italiener [wörtl.: »Katzenfresser«].
macskafröccs (tej) – Milch [*bes. Jugendspr.*; wörtl.: »*Fröccs* (= Weinschorle) für Katzen«].
macskajancsi (jelentéktelen ember) – unwichtiger, unbedeutender Mensch.
macskakulinkó (lány, nő) – Mädchen, Frau.
madám – 1. (nő) Frau; 2. (bordélyház tulajdonosnője) Bordellbesitzerin, Puffmutter [< fr. *madame*].
madár – 1. (férfi) Mann; 2. (becsapható, rászedhető alak) *jmd,* den man leicht betrügen, übers Ohr hauen kann; *minek nézel madárnak?* (minek nézel – hülyének?) = wofür hältst du mich, für einen Dummkopf?; 3. (nő, lány) Mädchen, Frau; *auch:* madárka [wörtl.: »Vogel«; *vgl.* dt. »*komischer, schräger Vogel*«].
madárcsontú (sovány – *nő*) – dünn, mager, flachbrüstig (*Frau*).
madárfészek (népes család) – vielköpfige Familie.
madárhúsú (sovány – *nő*) – dünn, mager, flachbrüstig (*Frau*).
madárijesztő (váll) – Schulter.
madárka (nő, lány) – Frau, Mädchen; *vgl.* madár 3.
madmazella (leány) – Mädchen [< fr. *mademoiselle*].
madzag (kés) – Messer.
maffiózó (bűnöző, bandita) – Verbrecher, Krimineller, »Maffioso«.
mafla – 1. (ügyetlen, bamba) blöd,

dumm; 2. (ügyetlen ember) Blödmann, Dummkopf; 3. (pofon) Ohrfeige.

maflás (pofon) – Ohrfeige.

mafláskodik (maflán viselkedik) – sich blöd benehmen.

mag (pénz) – Geld [wörtl.: »Kern, Samen, Saat«; *vgl.* dt. Rotw. *Linsen* »Geld« ebenso wie den ungarischen Volksbrauch, in der Neujahrsnacht Linsen zu essen – die Linsen, wie auch andere Samenkörner, erinnern an Geldstücke, ihr Verzehr zu Jahresanfang soll als magisch-symbolische Handlung im neuen Jahr viel Geld bescheren; *vgl.* mák 1. und 2. ; *vgl. auch:* rizsa].

maga: *maga alatt van* (beteg) = krank sein, »daneben sein«.

maga jön! (hetes – a kártyában) – Sieben (*beim Kartenspiel*).

magánzó (rab, fogoly) – Sklave, Gefangener.

magánzsaru (magándetektív) – Privatdetektiv, Schnüffler [wörtl.: »Privatbulle«].

magas (nehéz – *megérteni*) – schwer (*zu erreichen, zu bekommen, zu verstehen*), hoch (*»das ist ihm zu hoch!«*).

magol (gépiesen, szó szerint tanul) – stur auswendiglernen; pauken, büffeln; *vizsgára magol* = für die Prüfung pauken; *auch:* bemagol; *magoló istálló* (iskola) = Schule, »Pauke«.

mahelóni (a vendég becsapása, a fizetőpincér csalása a számolásnál) – Betrug des Kellners am Gast beim Ausstellen der Rechnung [*vgl.* dt. Rotw. *machen* »stehlen, betrügen, falschspielen«].

maher – 1. (csaló, szélhámos) Betrüger, Hochstapler; 2. (ügyes, agyafúrt, csalafinta; agyafúrt ember) geschickt, raffiniert, durchtrieben; durchtriebener Mensch; *auch:* macher [< dt. Rotw. *macher* »Dieb, Falschspieler«].

maherol (becsapja a vendéget [a vendéglőben]) – den Gast (in der Gaststätte) betrügen; *vgl.* mahéloni, maher.

mahlajka (botrány, zavar, kavarodás) – Skandal, Störung, Durcheinander [< jidd. *machloka(t), machlojkess* »Streit, Streiterei, Zwistigkeit«; *vgl.* (jidd. >) dt. Rotw. *machlauke* »Aufhetzerei«].

mahorka (cigaretta) – Zigarette [< russ. *machorka* »russ. Tabak mit großen, dicken Rippen«].

mahuci (lány, nő) – Mädchen, Frau.

májem (víz) – Wasser [< jidd. *majim* »dss.«]; *májemben hagy* (vízben hagy, cserben, pácban hagy) = im Stich lassen [wörtl.: »im Wasser lassen«].

májer (kitartott fiú, selyemfiú, strici, kerítő) – Zuhälter, Strizzi, Kuppler, Lude [< dt. *Meier* »Gutsverwalter, Oberaufseher eines Gutes«].

májerkodik (árul) – verkaufen.

majgi (majom) – Affe.

majom – 1. (férfi) Mann [wörtl.: »Affe«]; 2. (kezdő, újonc) Anfänger, Neuling, Rekrut; 3. (hiszékeny ember) leichtgläubiger Mensch; 4. *majmot csinál* vkiből (nevetségessé tesz) = *jdn* lächerlich machen, durch den Kakao ziehen; *majmot csinál magából* (magát nevetségessé tesz) = sich lächerlich machen.

majomparádé (frakk, estélyi ruha) – Frack, Abendkleid.

majré – 1. (ijedelem, félelem) Angst, Furcht; 2. (gyávaság) Feigheit [< jidd. *mojre* »Furcht, Angst«].

majrés (ijedős, félős, gyáva) – schreckhaft, ängstlich, feig; *majrés alak* (gyáva ember) = Angsthase [< majré].

majrézás – 1. (ijedelem, félelem) Angst, Furcht; 2. (gyávaság) Feigheit [< majré].

majrézik (fél) – Angst haben, sich fürchen vor [< majré].

május: *május negyvenedikén* (soha) = nie, überhaupt nicht [wörtl.: »am 40. Mai«].

mák – 1. (szerencse) Glück; *mákja van* (szerencséje van) = Glück haben; 2. (pénz, aprópénz) Geld, Kleingeld; 3. (részeg) betrunken, besoffen; 4. (részegség) Rausch (= *alkoholisierter Zustand*) [wörtl.: »Mohn«; zu Bed. 3. und 4. die narkotisierende Wirkung mancher Mohnsorten?; zu Bed. »Glück, Geld« *vgl.* mag].

makaj *s.* maké.

makaróni (olasz ember) – Italiener [< it. *maccaroni* »Makkaroni (it. *Nudelart*)«].

makcsovál *s.* mancsovál.

mákdaráló – 1. (motorkerékpár) Motorrad; 2. (vonat) Eisenbahn, Zug [wörtl.: »Mohnmühle«].

maké (rejtekhely) – Versteck; *makéban van* (el van dugva) = es ist versteckt [< dt. Rotw. *unter makei haben* »verstecken«; zu *makke*, pl. *makkes* »Schlag, Hieb« < jidd. *makeijnen, mekajinen* »schlagen«].

makeráz – 1. (beszél) sprechen, reden; 2. (hazudik) lügen.

makézik (eldug) – verstecken; *auch:* makizik; *vgl.* maké.

maki (német márka) – deutsche Mark, DM [dt.].

makizik (piszmog, vacakol) – herumwursteln, herumtrödeln; *s.* makézik.

makir (szakértő) – Sachverständiger, Spezialist [< dt. Rotw. *makir, macker* »Kenner, Sachverständiger; Bekannter, Vertrauter, Partner« < jidd. *makor* »Bekannter«; *makir sejn* »(er)kennen, bekannt sein«].

makk (orr) – Nase.

makó *s.* maké.

mákos – 1. (pofon) Ohrfeige; 2. (ittas) betrunken; *s.* maksz.

maksz (részeg) – betrunken; *vgl.* maxos; *maksz lesz* (lerészegedik) = sich besaufen, betrunken werden.

makszos (részeg) – betrunken, besoffen.

malac – 1. (turcsi orrú) Person mit Stupsnase; 2. *malaca van* (szerencséje van) = Glück haben, »Schwein« haben [*malac* = »Ferkel«].

málé (tehetetlen, mafla, mamlasz) – tölpelhaft, einfältig; Einfaltspinsel, Tölpel.

malér – 1. (kínos helyzet, kellemetlenség) Malheur, Mißgeschick; *auch:* malőr; 2. = mallér [< dt. < fr. *malheur*].

mallér (tíz, tízforintos) – zehn; Zehner, Zehnforintstück; *auch:* malér, malőr.

malmos (szélhámos, csaló) – Schwindler, Hochstapler, Betrüger.

malmozás (becsapás, csalás, szélhámosság) – Betrug, Schwindel.

malmozik – 1. (szélhámoskodik) hochstapeln, schwindeln, gaunern; 2. (az átjáróház másik kapuján kiszökik) durch die Hintertür verschwinden; *auch:* megmalmozik.

málnakeverő (kéz) – Hand [wörtl.: »Himbeerrührer«].

malom (gyomor) – Magen [wörtl.: »Mühle«].

malter: *maltert köp* (szomjas) = großen Durst haben [wörtl.: »Mörtel spucken«].
malőr – 1. *s.* malér; 2. *s.* mallér.
malvin (buta, ostoba, mamlasz) – dumm, einfältig.
mama (anya; nagyanya) – Mutter; Großmutter.
máma (már ma) – heute schon. *Csak nem gondolod tán, hogy máma indulunk?* = Du glaubst doch nicht vielleicht, daß wir heute schon aufbrechen?
mamanyelv (anyanyelv) – Muttersprache; *édes mamanyelv* (magyar nyelvtan – *iskolában*) ungar. Grammatik (*Schulfach*) [*iron.*; *Schülerspr.*].
mami (anya) – Mutter; *s.* mama [dt.].
mámi – 1. (anya) Mutter; 2. (idős nő) alte Frau [dt.].
mamlasz *s.* málé.
mamuci (anya) – Mutti [*Kindersprache*].
mamuli (nők megszólítása) – Mädchen, gute Frau (*als Anredeform*).
mamus (férfi) – Mann.
mamuska (anya; nénike) – Mutter; Tantchen.
mamusz – 1. (papucs) (Stoff-)Pantoffel [zu türk. *mamiz* »Schuh«]; 2. (férfi) Mann, Kerl [*bes. Jugendspr.*].
mamzel (anya) – Mutter.
mamzer (besúgó) – Spitzel, Verräter [*s.* vamzer].
mamzi (anya, mama) – Mutter, Mama.
manci (átlag nő) – durchschnittliche, ganz normale Frau [vom Namen *Manci*].
mancs (kéz; nagy, ügyetlen kéz) – Hand; Pratze.
mancsaft (csapat) – Gruppe, Mannschaft [< dt. *Mannschaft*].
mancsi (a marihuánás cigaretta csikkje papírtölcsérbe téve [így még tovább szívható]) – Trichter, Mundstück aus Papier für Marihuanazigarette (*damit man bis zum Ende rauchen kann*).
mancsova (bilincs) – Handschellen [*vgl.* mancs und dt. *Manschette*].
mancsovál (megbilincsel, kezet megkötöz) – Handschellen anlegen, die Hände binden; *auch:* makcsovál.
mandarin (férfi, fiú) – Mann, Junge [wohl iron. Sprachgebrauch; ursprüngl. »*Mandarin*« < port. *mandarim* < malaiisch < sanskrit *mantrin* «Ratgeber, Minister«].
mandiner (testőr) – Leibwächter [wörtl.: »Bande (beim Billard)«].
mandró (alak, személy, ember, férfi) – Typ, Person, Mensch, Mann [< dt. *Mann*?; *vgl. aber auch:* manus, manusz].
mané (pénz) – Geld; *s.* mani [< engl. *money*].
manga (lopott holmi) – Diebesgut.
mangál (koldul, szerez) – (er)betteln; *s.* mangáz [< dt. Rotw. *mangen* »betteln«; *manger* = Bettler].
mangalica (kövér lány/nő) – dikkes Mädchen, dicke Frau [*bes. Jugendspr.*].
mangás (koldus) – Bettler, Schnorrer; *vgl.* mangál.
mangáz, -ik (koldul, szerez) – (er)betteln; *s.* mangál.
mangel (megver, összever) – verprügeln, verdreschen; *s.* mángorol.
mángorol (ver, megver) – schlagen, verprügeln [*vgl.* dt. *(Wäsche) mangeln*; jdn *in die Mangel kriegen* u. ä.].

mani (pénz) – Geld; *s.* mané [< engl. *money*].

mániás (rajongó) – ganz verrückt nach *etw./jdm.*

manipulál – 1. (babrál *vmit*) an *etw.* herumhantieren, herumspielen; 2. (mesterkedéssel visszaélést követ el) mit faulen Tricks (ver-)fälschen, manipulieren.

mankó – 1. (láb) Bein, Fuß; 2. (hímvessző) Penis.

mann – 1. (száz) hundert; 2. (100-koronás bankjegy) 100-Kronenschein [zu dt. *Mann*].

manó (férfi, fiú) – Mann, Junge [wörtl.: »Kobold, Wicht«; Bed. abgeleitet von *manusz*].

mantin (kasszírnő) – Kassiererin.

manus (férfi) – Mann [< cig. *manush* »dss.«].

manusbél (bél) – Darm.

manusz – 1. (férfi) Mann; 2. (prostituált ügyfele) Kunde (*einer Hure*), Freier; *vgl.* manus.

máráz (ver, verekedik) – schlagen, verprügeln; *s.* márel.

márázkodás (verekedés) – Prügelei, Schlägerei.

marci (kenyér) – Brot [zu cig. *máro, mánro* »Brot«; *vgl.* máró].

márel (ver, verekedik) – schlagen, verprügeln; *auch:* mórel, máráz [< cig. *márel* »schlagen; töten«; von da auch dt. Rotw. *marel* »schlagen, prügeln«].

márelkozik (csókol, csókolódzik) – küssen, abküssen.

margarin (ostoba, nagyon buta) – dumm, ausgesprochen dämlich.

margírozás (becsapás, csalás, szélhámosság) – Betrug, Schwindel.

marha – 1. (buta ember) Dummkopf, Trottel, Blödmann, »Rindvieh«; 2. (nagyon) *adv.* sehr, enorm, extrem, fürchterlich; *auch:* marhára; *marha jól* (nagyon jól, remekül) = sehr gut, »saugut« [wörtl.:«Rind(vieh)«].

marhaság (nagy ostobaság) – Dummheit(en), dummes Zeug; *marhaságot mond* = dummes Zeug reden; *milyen marhaság!* = so ein Blödsinn, so ein Stuß!; *vgl.* lóság.

marhapasszus (bizonyítvány) – (Schul-)Zeugnis [*Schülerspr.*; wörtl.: »Rinderpaß«; *gebildet analog zu* ló-, szamárpasszus].

marháskodik (mókázik, bolondozik) – herumalbern, blödeln [< *marha* »Rindvieh«].

marhecer (vasúti tolvaj, utazó tolvaj) – Dieb, der in der Eisenbahn »arbeitet«; *vgl.* markeccer!

marhez (fehérnemű) – Unterwäsche [< dt. Rotw. *marchez* »Wäsche, Wäschestücke« < jidd. *merchaz, merchez* »Wäsche, Waschen«]; *vgl.* markec, markeccer!

marhul (bolondozik) – herumalbern, blödeln; *s.* marháskodik.

mari – 1. (hold) Mond; 2. (nő) Frau; *vgl.* mári.

mári (cselédleány) – Dienstmädchen [vom Namen *Maria, Marie*].

maris (cselédleány) – Dienstmädchen; *vgl.* mári.

mariska (marihuána) – Marihuana.

márka – 1. (autó) Auto, Wagen, Karre; 2. (remek, csodás) prächtig, toll.

márkás (remek, csodás) – prächtig, toll.

markec: *markec meló* (lopás – *kül. részegektől, alvóktól*) = Diebstahl (*bes. an Betrunkenen oder Schlafenden*).

markeccer (részegeket, alvókat meglopó zsebmetsző) – Dieb, der Betrunkene und Schlafende ausplündert [*vgl.* dt. Rotw. *marchizer, marchezer* »Taschendieb, Wäsche-

dieb, bes. geschickter Dieb«; *vgl.* markecol; zu jidd. *merchaz, merchez* »Waschen, Wäsche, Bad, Badehaus«].

markecol (részegektől, alvóktól lop, kifoszt) – Betrunkene oder Schlafende bestehlen; *auch:* megmarkecol [< jidd. *marhezzen* »ausplündern, Taschen leeren, rauben«].

markecolás (lopás – *kül. részegektől, alvóktól*) = Diebstahl (*bes. an Betrunkenen oder Schlafenden*).

Markó: *a Markó* (hírhedt börtön Budapesten) – berühmt-berüchtigtes Gefängnis in Budapest [in der Markó utca, Pest V. Bezirk].

máró (kenyér, cipó) – Brot, Brotlaib [< cig. *mánro, máro*].

Marokkóba utazik (börtönbe jut) – ins Gefängnis kommen [*wohl von (s.)* Markó].

marokmarcsa (önkielégítés – *férfi*) – Onanie (*Mann*) [< *marok* »hohle Hand« + *Marcsa* (Koseform von *Mária*)].

márol *s.* márel.

mars! (takarodj, hordd el magad!) – Marsch (hinaus)! – *auch: mars ki!*

masefa (jósnő, varázslónő) – Wahrsagerin, Hexe [jidd.].

masina (öngyújtó) – Feuerzeug.

masíroz (menetel) – marschieren [< dt. < fr. *marcher*].

maszk (arc) – Gesicht [wörtl.: »Maske«].

maskara (álöltözet, álarc; nevetséges öltözet) – Maske, Verkleidung; Maskerade [< it. < arab.].

maskura *s.* maskara.

masli (szalagcsokor) – Schleife, Masche [< dt. *Masche*].

masni (szalagcsokor) – Schleife, Masche [dt. *Masche*].

masnikötő (hóhér) – Henker [wörtl.: »der, der die Masche knüpft«].

másodmaga: *másodmagával van* (terhes) = schwanger (sein) [wörtl.: »ist zu zweien«].

másvallású (zsidó) – Jude [wörtl.: »Andersgläubiger«].

maszek – 1. (nem közületi, magán) privat [< *magán szektor* = Privatsektor (der Wirtschaft)]; 2. (remek) gut, prächtig; 3. (jó dolog) gute Sache.

mászkál *vkivel* (jár *vkivel*) – mit *jdm* gehen, mit *jdm* zusammensein.

maszlag (hazugság) – Lüge; *beveszi a maszlagot* (hazugságot elhisz) = auf *etw.* reinfallen, *etw.* »schlucken« [*maszlag* wörtl. = »Stechapfel«].

maszlagol (hazudik) – lügen.

masszíroz (betör) – einbrechen [wörtl.: »massieren«].

masszív (alacsony, kicsi – *ember*) – kleingewachsen, gedrungen, stämmig (Mensch).

matat (tapogat) – betasten, herumfummeln an *jdm.*

matek – 1. (matematika) Mathematik [*Schülerspr.*]; 2. (mérkőzés) Wettkampf; 3. (verekedés) Schlägerei, Prügelei; 4. (közösülés) Geschlechtsverkehr.

matekol – 1. (verekszik) sich prügeln; 2. (közösül) Geschlechtsverkehr haben.

matekos (verekedő) – Raufbold.

matér – 1. (pénz, bankjegy) Geld, Geldschein; 2. (pénztárca) Brieftasche; *auch:* matír; 3. (áru) Ware [< dt. *Materie*].

matézis (matematika) – Mathematik.

matika (matematika) – Mathematik [*Schülerspr.*].

matír *s.* matér.

mató – 1. (kábítószer hatása alatt

van) unter Drogeneinfluß stehen, »high« sein; 2. (részeg, ittas) betrunken, besoffen; *mátó lesz* (lerészegedik) = sich besaufen, betrunken werden [< cig. *máto* »betrunken«].

mátós – 1. (részeg, ittas) betrunken, besoffen, »zu«, »dicht«; 2. (kábítószer hatása alatt van) unter Drogeneinfluß stehen, »high« sein; *s.* mátó.

matróz (tolvaj [aki »evez«, azaz *lop*]) – Taschendieb, der in dichter Menge »arbeitet«; *vgl.* evez.

mats (részeg) betrunken; *auch:* maccs, matts; *vgl.* macska 2., mattó, mátó(s).

mattó (részeg) – betrunken, besoffen; *vgl.* mátó, mátós.

matts *s.* mats.

matula-ruha (munkaköpeny) – Arbeitsmantel.

mausztót (halott) – tot, »mausetot« [dt.].

Mauthner szálló *s.* mautner szálló.

mautner – 1. (férfi szeméremteste, »tök« – *Mauthner nevű nagykereskedő neve után, aki üzletének kirakatába a mezőgazdasági termékek közé egy nagyméretű tököt helyezett*) männliches Geschlechtsteil [*nach einem Großhändler namens Mauthner, der in der Auslage seines Geschäfts neben anderen landwirtschaftlichen Produkten einen großen Kürbis ausstellte*; tök »Kürbis« Bezeichnung für Penis]; 2. (közösülés szabadban) Geschlechtsverkehr im Freien; *vgl.* mautner szálló.

mautner szálló (a »természet lágy öle«, liget, park [*ahova azok a párok járnak, akiknek nincs pénzük, lehetőségük szobára*]) – wörtl.: »Hotel Mauthner«: Wäldchen, Hain, Park – *wohin Pärchen gehen, die kein Zimmer zur Verfügung haben*; *vgl.* mautner [wörtl.: »Hotel Mauthner«].

mávos (vasutas) – Eisenbahner [von der Abk. *MÁV* = *Magyar Államvasutak* »Ungarische Staatseisenbahnen«].

maxos (ittas) – betrunken; *vgl.* maksz.

mazamat (pénzszekrény) – Panzerschrank, Tresor.

mázl *s.* mázli.

mázli (szerencse) – Massel, Glück; *micsoda mázli!* = was für ein Glück!; *mázlija van* = Dusel haben [< jidd. *masl* »Schicksal; Glück«; < heb. *masol* »Gestirn, Glücksstern, Glück«; *vgl.* dt. *Massel*].

mázlis (szerencsés) – glücklich (*Glück haben*) [< mázli].

mázlista (szerencsés fickó) – Glückspilz [< mázli].

mázol (ver, megver) – schlagen, verprügeln.

mázolda (rajz – *iskolában*) – Zeichnen (*Schulfach; Schülerspr.*).

mázoló (felbérelt verekedő) – angeheuerter Schläger.

mázsa – 1. 1000 Forint; 2. (egy vagy több évi börtön) ... Jahr(e) Gefängnis; *10 mázsát nyomtam* (10 évet ültem) = ich bin 10 Jahre (*im Gefängnis*) gesessen, habe 10 Jahre gebrummt.

mázsás: *mázsás vas* (ötforintos) = 5-Forintstück.

mazsola – 1. (kezdő, újonc) Anfänger, Neuling, Rekrut; 2. (kezdő autóvezető) Anfänger (*als Autofahrer*).

mecie (haszon) – Gewinn, Profit [< jidd. *mezíe* »billiger Kauf«; auch dt. Rotw. *mezie* »Fund, guter Kauf«].

médiázik (parasztembert lop meg [*elsősorban vidéken vagy a pályaudvarok környékén*]) – Bauern bestehlen (*besonders in der Provinz oder* *in der Nähe von Bahnhöfen*); *vgl.* medine.

medika (női orvostanhallgató) - Medizinstudentin [lat.].

medikus (férfi orvostanhallgató) - Medizinstudent [lat.].

medine (vidék, táj) - Land (*im Gegensatz zur Stadt*) [< jidd. *medine* »Land, Staat« < heb.].

medve (pénzszekrény) - Panzerschrank, Tresor [wörtl.: »Bär«].

medvenyúzó (hidegvágó acélszerszám pénzszekrény feltöréséhez) - Kaltmeißel zum Aufbrechen eines Tresors [wörtl.: »Bärenhäuter (= *Gerät, um dem Bären das Fell abzuziehen*)«; *s.* medve].

megabriktol (megver, összever) - verprügeln, verdreschen [*s.* abriktol; < dt. *abrichten* mit Vorsilbe *meg-* zur Verstärkung analog zu ungar. *ver – megver*].

megad: *megadja a beosztását* (rendreutasít) = *jdn* zurechtweisen, zusammenstauchen; *jdm* zeigen, wo der Bartel den Most holt.

megadjusztál (megver) - *jdn.* verprügeln [< dt. *adjustieren*; zu *meg- vgl.* megabriktol].

megagyal (megver, összever) - verprügeln, verdreschen [zu *agy* »Hirn, Gehirn«; ursprüngl. also »*jdm* aufs Hirn schlagen«].

megáll: *megáll benne a húgy/a trágya/az ütő* = 1. (meglepődik, megdöbben) überrascht, erstaunt sein; 2. (megijed) Angst bekommen, erschrecken.

megbasz - 1. (közösül) Geschlechtsverkehr haben; *auch:* basz; 2. *vmit* (elront, tönkretesz) ruinieren, kaputtmachen, versauen.

megbicskáz (leszúr *vkit*) - *jdn* niederstechen, abstechen [zu *bicska* »Taschenmesser«].

megbikáz (megrúg, belerúg *vkibe*) = *jdn* treten, einen Fußtritt verpassen.

megborít (leüt) - niederschlagen, zu Boden schlagen.

megbúbol - 1. (megver, összever) verprügeln, verdreschen, zusammenschlagen; 2. (közösül) Geschlechtsverkehr haben (*vom Mann*), mit einer Frau schlafen.

megbugáz (ellop) - (*jdn* be)stehlen; *vgl.* bugáz.

megbuggyan (megbolondul, megőrül) - verrückt werden, durchdrehen, ausrasten; *vgl.* kibugygyan, buggyant.

megbuherál (szerez, megszerez) - *etw.* beschaffen, organisieren; *vgl.* buherál.

megbukik (a rendőrségre kerül) - an die Polizei geraten, von der Polizei erwischt werden.

megbuliz - 1. (szerez, megszerez) *etw.* beschaffen, organisieren; 2. (befolyásol érdekeinek megfelelően) (*im eigenen Interesse*) beeinflussen, manipulieren.

megbundáz(ik) - 1. (befolyásol érdekeinek megfelelően (*im eigenen Interesse*) beeinflussen, manipulieren; 2. (megcsal, becsap) betrügen, reinlegen; *vgl.* bundázik.

megbunyóz (megver, összever) - zusammenschlagen, verdreschen.

megcökög (közösül) - Geschlechtsverkehr haben (*vom Mann*), mit einer Frau schlafen.

megcucliztat (becsap, rászed) - betrügen, übers Ohr hauen.

megcuffol (lop, ellop) - stehlen, klauen, mopsen; *vgl.* cuffol.

megcsap (ellop) - (*jdn* be)stehlen.

megcsinál - 1. *vkit* (kielégít *vkit*) *jdn* sexuell befriedigen; 2. *megcsinál egy balhét/egy melót/egy munkát* (bűntettet elkövet) = Verbrechen begehen.

megcsíp (elfog) – ergreifen, verhaften, festnehmen.

megdádáz (megver, összever) – zusammenschlagen, verdreschen [*bes. Kinderspr.*].

megdemulál (megver) – verprügeln [zu dt. *demolieren*].

megdob – 1. (feljavít) verbessern, ausbessern; 2. (felélénkít) *jdn* aufmuntern; 3. (meglop – *zsebtolvajlás*) (*aus der Tasche*) stehlen.

megdöglik (meghal) – sterben, abkratzen, verrecken; *vgl.* döglik.

megdönt – 1. (lop, ellop) stehlen, klauen; 2. (közösül) Geschlechtsverkehr haben (*vom Mann*), mit einer Frau schlafen.

megdörgöl (megver) – verprügeln.

megdug (közösül – *férfi nővel*) – Geschlechtsverkehr haben (*Mann mit einer Frau*); *auch:* dug.

megdumál (meggyőz, elhitet) – *jdm etw.* einreden, *jdn etw.* glauben machen.

megdurrant (lop, ellop) – stehlen, klauen.

megdurrantás (lopás) – Diebstahl.

megdül (a rendőrségre kerül) – an die Polizei geraten, von der Polizei erwischt werden.

megdűl (bedől) – hereinfallen auf *etw.*, sich austricksen lassen, sich einen Bären aufbinden lassen.

megdünt (lop, ellop) – stehlen, klauen, mopsen.

megél: *megél a saját hátán is* (árulja magát – *prostituált*) = *(von einer Hure)* ihrem Gewerbe nachgehen, auf den Strich gehen.

megerdőz (becsap, tévútra vezet) – betrügen, täuschen, irreführen; *vgl.* erdő: *elküld az erdőbe*; erdőz [< *erdő* »Wald«; *vgl.* dt. »Holzweg«].

megereszt (küld – *pl. levelet*) – schicken (*z. B. Brief*).

megeszik – 1. (befejez, megcsinál *kül. munkát*) (*bes. Arbeit*) beenden, durchführen, erledigen; 2. (elhisz, bedől) *etw.* glauben, auf *etw.* hereinfallen, *etw.* schlucken; 3. *megeszi a fene* vkiért (szeret, rajong) = *jdn* vergöttern, anbeten [wörtl.: »aufessen«].

megetet – 1. (elhitet *vmit*) *jdm etw.* weismachen, aufbinden, einreden; 2. (becsap, rászed) betrügen, übers Ohr hauen.

megfagy – 1. *megfagy a szar benne* (hideg van) = es ist saukalt, arschkalt; 2. *megfagy benne a fülzsír* (meglepődik, megdöbben) = erstaunen, erschrecken.

megfaggyúz – 1. (veszteget, megveszteget) bestechen; 2. (ügyesen megold, elintéz *vmit*) *etw.* geschickt erledigen, Problem lösen [wörtl.: »mit Talg schmieren«; *vgl.* megken].

megfakar (ver) – *jdn.* schlagen.

megfarkal (közösül) – Geschlechtsverkehr haben (*vom Mann*), mit einer Frau schlafen [< *farok / fark* »Penis«].

megfarol *vkitől* (elhagy *vkit*) – *jdn* im Stich lassen, sitzen lassen.

megfázik – 1. (megjár, pórul jár) reinfallen, den kürzeren ziehen, auf die Schnauze fallen; 2. (vereséget szenved) Prügel beziehen.

megfázott (gonorreája van) – Tripper haben [wörtl.: »erkältet«].

megfejel (belefejel verekedésben) – (*bei einer Prügelei*) mit dem Kopf zustoßen.

megfingat *vkit* (nehéz v. kiúttalan helyzetbe hoz) – *jdm* Schwierigkeiten machen, *jdn* in eine schwierige Lage bringen.

megfirkál – 1. (becsap, rászed) betrügen, übers Ohr hauen; 2. (befolyásol érdekeinek megfelelően) (*im eigenen Interesse*) beeinflussen, manipulieren.

megfirol (becsap, tévútra vezet) – betrügen, täuschen, hinters Licht führen; *vgl.* firol, lichtfürol.

megfog: *megfogta az isten lábát* (szerencséje van) = Glück haben, Dusel haben [wörtl.: »hat sich an Gottes Bein festgehalten«].

megfőz (rábeszél) – *jdm etw.* aufschwatzen, *jdn zu etw.* überreden

megfúj (ellop) – stehlen, klauen, mopsen.

megfújás (lopás) – Diebstahl.

megfúr – 1. (alattomosan meghiúsít) *etw.* böswillig vereiteln, zunichte machen; 2. (kitúr) gegen *jdn* intrigieren, wühlen.

megfürdik (megjár, pórul jár) – reinfallen, den kürzeren ziehen, »baden gehen«; *ott áll megfürödve* (bajban van) = er steht da wie ein begossener Pudel.

megfütyköl (közösül) – Geschlechtsverkehr haben (*vom Mann*), mit einer Frau schlafen.

meggebed (megdöglik, meghal) – sterben, verrecken. *Ilyen alak gebedjen meg!* = Der Typ soll doch verrecken! – *Ha meggebedsz akkor nem!* = Und wenn du dich auf den Kopf stellst, nicht! [*vgl.* dt. umgangsspr. »ums Verrecken nicht« u. ä.].

meggyapál (megver, összever) – verprügeln, verdreschen; *auch:* meggyepál.

meggyepál (megver, összever) – verprügeln, verdreschen; *auch:* meggyapál.

meggyóntat (kihallgat) – verhören [wörtl.: »*jdm* die Beichte abnehmen].

meghalóz *vmit* (elhisz, bedöl) – auf *etw.* hereinfallen, auf *etw.* »voll abfahren«.

megházmoz (kifoszt, kirabol) – ausrauben, ausplündern, ausnehmen [wörtl.: »schälen«].

meghargenol (megver) – verprügeln; *vgl.* hargenol.

meghempereg (közösül) – Geschlechtsverkehr haben (*vom Mann*), mit einer Frau schlafen.

meghidal (nagyon tetszik) – begeistert sein von, schwärmen für.

meghidaltat (lenyűgöz) – überwältigen, faszinieren.

meghintáztat (becsap, rászed) – *jdn* betrügen, übers Ohr hauen.

meghipisel (megmotoz) – durchsuchen, einer Leibesvisitation unterziehen; *vgl.* hipisel.

meghőmérőz (közösül – *férfi nővel*) – Geschlechtsverkehr haben (*Mann* mit einer Frau) [wörtl.: »Fieber messen«].

meghúz – 1. (pásztorórán a férfit meglop) während eines Schäferstündchens den Mann bestehlen; 2. (betör) einbrechen; *meghúzza a kéglit* (betör, kirabolja a lakást) = die Wohnung ausrauben; 3. (közösül – *férfi nővel*) Geschlechtsverkehr haben (*Mann mit einer Frau*); 4. (megbuktat – *diákot*) (einen Schüler) durchfallen lassen.

meghülyül (megbolondul, megőrül) – verrückt werden, durchdrehen, ausrasten.

megismerkedik: *megismerkedik az anyafölddel* (esik, elesik) = hinfallen, zu Boden fallen [wörtl.: »Bekanntschaft mit Mutter Erde machen«].

megizél (közösül) – Geschlechtsverkehr haben.

megjátszik – 1. (színlel) sich ver-

stellen, heucheln, simulieren; 2. *megjátssza magát* = 1. (színlel) sich verstellen, heucheln; 2. (nagyzol) sich aufspielen, angeben.
megjátszós (nagyképű, beképzelt) – überheblich, eingebildet, arrogant.
megkajál *vmit* (elhisz, bedől) – auf *etw.* hereinfallen; *vgl.* megkajol 2.
megkajátat (becsap, rászed) – betrügen, übers Ohr hauen.
megkajol – 1. (megeszik *vmit*) *etw.* aufessen; 2. (elhisz *vmit*, bedől) *etw.* glauben, auf *etw.* hereinfallen; *vgl.* megkajál.
megkajoltat (becsap, rászed) – betrügen, übers Ohr hauen.
megkalapál – 1. (megver, összever) verprügeln, verdreschen; 2. (legyőz) besiegen, siegen über *jdn.*
megkanol (közösül) – Geschlechtsverkehr haben (*vom Mann*), mit einer Frau schlafen.
megkamatyol (közösül) – Geschlechtsverkehr haben (*vom Mann*), mit einer Frau schlafen; *auch:* kamatyol.
megkap: *megkapja a beosztást* (szidást kap) – Standpauke erhalten, die Leviten gelesen bekommen.
megkapál (közösül – *férfi nővel*) – Geschlechtsverkehr haben (*Mann mit einer Frau*).
megkártyáz (ügyeskedik, taktikázik, manipulál) – tricksen, manipulieren, *etw.* abkarten [*vgl.* dt. »*abkarten*«].
megkaszál – 1. (megszúr) stechen, *jdm* einen Stich versetzen; *vgl.* kaszál, kasza; 2. (keres – *pénzt*) (Geld) verdienen.
megkefél (közösül – *férfi nővel*) – Geschlechtsverkehr haben (*Mann mit einer Frau*).
megken – 1. (megver) verprügeln; 2. (megveszteget) bestechen, schmieren [zu Bed. 1. *vgl.* leken 1.].
megkenés (megvesztegetés) – Bestechung, Korruption.
megkenhető (megvesztegethető) – bestechlich, korrupt.
megkésel (leszúr) – niederstechen, abstechen.
megkettyint (közösül – *férfi nővel*) – Geschlechtsverkehr haben (*Mann mit einer Frau*).
megkezd (szüzességétől megfoszt, deflorál) – der Jungfräulichkeit berauben, deflorieren [wörtl: »beginnen, sich ans Werk machen; (Brot) anschneiden«].
megkibliz (megkötöz) – fesseln; *vgl.* kibliz.
megkínál *vkit* (megüt) – schlagen; *auch: megkínálja egy brióssal/mákossal* [wörtl.: »anbieten«; »eine Brioche (*briós*)/Mohnkuchen (*mákos*) anbieten«].
megkopaszt – 1. (kifoszt *vkit*) *jdn* ausrauben, ausplündern; 2. (hajat vág) Haare schneiden; 3. (hajat vágat) sich die Haare schneiden lassen.
megkóstol (felajánl *vmit*) – *etw.* anbieten.
megköcsögöl (közösül) – Geschlechtsverkehr haben (*vom Mann*), mit einer Frau schlafen.
megköt: 1. *megköt a gipsz* (teherbe esik) = schwanger werden; 2. *megkötött benne a gitt* (szorulása van) = Verstopfung haben.
megkúr (közösül – *férfi nővel*) – Geschlechtsverkehr haben (*Mann mit einer Frau*); *auch:* kúr, lekúr.
megkrepál (meghal) – sterben, verrecken, krepieren; *s.* krepál.
megkúr (közösül) – Geschlechtsverkehr haben (*vom Mann*), mit einer Frau schlafen; *vgl.* kúr.
megküld – 1. (karambolozik, tönk-

retesz – *autót*) (*Auto*) zu Schrott fahren; 2. (megüt) schlagen.

meglép (elfut, megszökik) – davonlaufen, fliehen, ausreißen.

megléptet – 1. (megszöktet) *jdn.* fliehen lassen; *jdm.* zur Flucht verhelfen; 2. (elcsen) klauen, stiebitzen.

meglibben (elfut, eltűnik) – davonlaufen, fliehen, verschwinden.

meglóg (megszökik, elfut) – fliehen, davonlaufen.

meglovasít (ellop) – stehlen.

meglovasítás (lopás) – Diebstahl.

meglő – 1. (közösül) Geschlechtsverkehr haben (*vom Mann*), mit einer Frau schlafen; 2. *meg van lőve* (bajban van) = in Schwierigkeiten/im Schlamassel stecken.

meglök – 1. (megfúr) anbohren; 2. (közösül) Geschlechtsverkehr haben (*vom Mann*), mit einer Frau schlafen.

megmajmol (becsap, rászed) – betrügen, übers Ohr hauen [wörtl.: »*jdn* zum Affen machen«].

megmalmozik *s.* malmozik.

megmángorol *s.* mángorol.

megmarkecol (részegektől, alvóktól lop, kifoszt) – (*bes. Betrunkene oder Schlafende*) bestehlen, ausplündern; *s.* markecol.

megmászik: *megmássza a pók* (teherbe esik) = schwanger werden [wörtl.: »die Spinne besteigt sie«].

megmasszíroz (tapogat) – betasten, befummeln.

megmázsál (elítél több évre) – *jdn* zu mehrjähriger Haftstrafe verurteilen; *vgl.* mázsa.

megmér (elítél) – verurteilen.

megmordel *s.* megmurdel.

megmór (meglop) – bestehlen; *s.* mór.

megmos: *megmossa a fejét* (rendreutasít) – *jdn* zurechtweisen, *jdn* zusammenstauchen, *jdm* »den Kopf waschen«.

megmukhel (meghal) – sterben [*vgl.* cig. *mukel?*].

megmurdel, -murdál (meghal) – sterben; *auch:* megmordel [< cig. *murdel* »abmurksen; zum Krepieren bringen«; *murdajvel* »krepieren«].

megmutat: *megmutatja magát* (megjelenik *vhol*) = irgendwo auftauchen, hereinplatzen, hereinschneien.

megművel (közösül – *férfi nővel*) – Geschlechtsverkehr haben (*vom Mann*), mit einer Frau schlafen [wörtl.: »Land kultivieren«].

megnyom (közösül) – Geschlechtsverkehr haben (*vom Mann*), mit einer Frau schlafen.

megnyúl (zsebből lop, lop, kizsebel) aus der Tasche stehlen, stehlen; *auch:* lenyúl.

megolt (késsel leszúr *vkit*) – *jdn.* mit dem Messer niederstechen.

megorrol *vmiért/vmi miatt vkire* (megneheztel *vmiért vkire*) – *jdm etw.* übelnehmen, krumm nehmen, sauer sein auf *jdn* wegen *etw.*

megőrül – 1. *vkiért* (szerelmes *vkibe*) verliebt sein, verknallt sein in *jdn*; 2. *vmiért/vkiért* (rajong) verrückt sein nach, schwärmen für [wörtl.: »verrückt werden«].

megpariz (közösül) – Geschlechtsverkehr haben.

megpattan – 1. (megszökik) weglaufen, fliehen; 2. *vkitől* (elhagy *vkit*) *jdn* im Stich lassen, sitzen lassen.

megpucol (megszökik) – weglaufen, fliehen, verschwinden, verduften; *vgl.* pucol.

megpuhít (rábeszél, rávesz) – *jdn*

überreden, herumkriegen [wörtl.: »weich, mürbe machen«].

megpukkad: *pukkadj meg!* = rutsch mir den Buckel runter! leck mich doch!

megpumpol *vkit* (kicsal) – *jdm etw.* abluchsen, *jdn* anpumpen.

megpuszil (karambolozik) – (*von Autos*) zusammenstoßen; *megpuszilják egymást* = (*Autos*) stoßen zusammen [wörtl.: »Busserl geben, abküssen«; < puszi »Busserl, Kuß«].

megrajzol *vkit* (meglop *vkit* – zsebtolvajlás) – *jdn* bestehlen, *jdm* etwas aus der Tasche stehlen; *auch:* rajzol.

megrak (megver, összever) – verprügeln, zusammenschlagen.

megrépáz (közösül) – Geschlechtsverkehr haben (*vom Mann*); mit einer Frau schlafen [*vgl.* répa »Penis«].

megroggyan (elfárad, kimerül) – sich erschöpfen, müde werden; fertig/groggy sein.

megrohad: *megrohad az unalomtól* (nagyon unatkozik) = sich zu Tode langweilen.

megrollózik (eldug) – verstecken; *auch:* rollózik.

megruház (megver) – verprügeln, verdreschen.

megsirat: *megsiratja az uborkát* (vizel) = pinkeln, pissen (*vom Mann*).

megsóderol (rábeszél, rávesz) – *jdn* überreden, *jdm etw.* einreden.

megsúg (informál) – *jdm etw.* zuflüstern, *etw.* verraten.

megstuccol (*vkinek* pénztárcáját ellop) – *jdm* die Brieftasche stehlen; *vgl.* stuccol.

megszalad *vkinek* – 1. (sikerül) Erfolg haben, *etw.* klappt; 2. (gazdag lesz) finanziellen Erfolg haben, zu Geld kommen.

megszárad (pórul jár) – Mißerfolg haben, reinfallen, sich die Finger verbrennen [wörtl.: »austrocknen«].

megszed: *megszedi magát vmin/vmivel* (meggazdagodik) = sich bereichern, reich werden.

megszikkad (pórul jár) – Mißerfolg haben, reinfallen, sich die Finger verbrennen.

megszív (megjár, becsapódik, ráfizet) – reingelegt werden, reinfallen, auf die Schnauze fallen; *auch:* rászív.

megszívat – 1. (becsap, rászed) betrügen; 2. (megdolgoztat) *jdn* schuften lassen; 3. (feldühít) *jdn* in Wut versetzen.

megszopat (becsap, rászed) – betrügen, übers Ohr hauen; *vgl.* szopat.

megszoptat (becsap, rászed) – betrügen, übers Ohr hauen.

megszűnik (elhallgat) – schweigen, den Mund halten [wörtl.: »aufhören«].

megtalál (karambolozik) – (*von Autos*) zusammenstoßen, karambolieren [wörtl.: »finden, auffinden«].

megtélahol (megszökik) – weglaufen, fliehen.

megtép (megver) – verprügeln, verdreschen.

megtojik (meglepődik, megdöbben) – erstaunen, verblüfft sein; *megtojok!* = da bin ich sprachlos, baff!

megtollasodik (meggazdagodik) – zu Geld kommen, reich werden [wörtl.: »(*vom Vogel*) Federn bekommen«].

megtorpedóz (kitúr – *pl. állásból, pozícióból*) – gegen *jdn* intrigieren, *jdn* hinausekeln (*aus Stellung, Position*), *jdn* abschießen [wörtl.: »torpedieren«].

megtöcsköl (közösül) – Geschlechtsverkehr haben; mit einer Frau schlafen; *auch:* töcsköl.

megtölt (közösül) – Geschlechtsverkehr haben; *auch:* tölt [wörtl.: »füllen«].

megtöm – 1. (közösül) Geschlechtsverkehr haben; *auch:* töm; 2. *megtömi a bendőt/a majmot* (jóllakik) = sich den Bauch vollschlagen, (*Essen*) in sich hineinschlichten [wörtl.: »stopfen«].

megugrik – 1. (megszökik, elmegy) davonlaufen, fliehen, verschwinden; 2. (előnyt szerez) (*heim Sport*) davonlaufen, davonziehen, Vorsprung gewinnen.

megumbuldál (befolyásol érdekeinek megfelelően) – (*im eigenen Interesse*) beeinflussen, manipulieren.

megüt: *megüti a földet* (esik, elesik) = hinfallen, auf die Schnauze fallen [wörtl.: »den Boden schlagen«].

megvág – 1. *valamennyivel* vagy *valamennyire* (kölcsönt szerez, csikar ki) sich *etw.* ausleihen, *jdm etw.* abringen, abnötigen; 2. (meglop) stehlen; 3. (becsap, rászed) betrügen, übers Ohr hauen; 4. (megbuktat – *diákot*) (*einen Schüler*) durchfallen lassen.

megvágás (becsapás, csalás, szélhámosság – *kül. túl magas árral*) – Betrug, Schwindel (*bes. mit zu hohen Preisen*).

megvaker *vkit* (szédít, ámít) – ausschimpfen, zusammenstauchen, zusammenscheißen; *vgl.* vaker.

megváltoztat: *megváltoztatja a személyleírását* vkinek (megver, összever) = zusammenschlagen, krankenhausreif schlagen [wörtl.: »*jds* Personenbeschreibung verändern«].

megvariál – 1. (befolyásol érdekeinek megfelelően) (*im eigenen Interesse*) beeinflussen, manipulieren; 2. (sikkaszt) (Geld) unterschlagen, veruntreuen.

megvehető (megvesztegethető) – bestechlich, käuflich.

megvesz[1] – 1. (kifoszt) ausplündern, ausrauben; 2. (megveszteget) bestechen, schmieren [wörtl. »kaufen«].

megvesz[2] *vmiért/vkiért* – 1. (rajong) schwärmen für, ganz hingerissen sein von; *auch:* majd megvesz *vmiért/vkiért*; 2. (szeret, szerelmes *vkibe*) verliebt, verknallt sein in *jdn; auch:* megveszik, *seltener:* megvész.

megvett (megvesztegetett) – bestochen, geschmiert, gekauft.

megvirtol (ellop) – (*jdn* be)stehlen.

megzakkant: *meg van zakkantva* (megzavarodott, kifordult magából) = verstört, verwirrt.

megzakóz – 1. (megver) verprügeln, vermöbeln; 2. (legyőz) schlagen, besiegen.

megzápul (kudarcot vall) – danebengehen, in die Hosen gehen; *auch:* bezápul.

megzubolyoz (megver, összever) – verprügeln, verdreschen, vermöbeln.

megzúg (megbukik – *diák*) – durchfallen (*in der Schule*).

megzuhan (rendőrkézre kerül) – der Polizei in die Hände fallen, verhaftet werden.

megy: *jól megy* (sikerül) = gelingen, klappen; *jól megy* vkinek (sikerül) = Erfolg haben, *etw.* gelingt einem.

meisterstück (a kulcslyuk lenyomta) – Abdruck des Schlüssellochs (*um Nachschlüssel anzufertigen*).

meizli (feszítővas) – Stemmeisen, Brechstange [< dt. *Meisel*].
mejzli s. meizli.
mejvin (aki ismeri a dolgokat, szakértő) – *jmd*, der sich auskennt, Sachverständiger, Spezialist [< jidd. *mejwin* »Kenner, Sachverständiger, Experte«].
mekegő (birka) – Schaf.
mekegőhajtó (birkatolvaj) – Schafsdieb.
melák (nagy ember) – (*körperlich*) großer Mensch, Riese.
meláló (nyomozó) – Detektiv [< cig. *melálo* »schmutzig«].
melcsi (munka) – Arbeit, Maloche [< meló].
melcsizik (nehezen dolgozik) – schwer arbeiten, schuften.
meleg – 1. (veszélyes, kockázatos) gefährlich, riskant, brenzlig; *meleg játék* (bűntett) = Straftat; 2. (nehéz, veszélyes, kockázatos helyzet) schwierige, gefährliche, riskante Situation; 3. (homoszexuális) homosexuell; 4. (homoszexuális férfi/nő) Schwuler; Lesbe [wörtl.: »warm«].
melegben (az ing alatt) – unter dem Hemd, am Körper (*versteckt; z. B. Geld*).
melegít: *melegíti a széket* (túl sokáig ül) = zu lange sitzen [wörtl.: »den Stuhl wärmen«].
melkerin (tolvaj kéjnő, aki pásztorórán lopja meg vendégét) diebische Hure, die während der Schäferstunden ihre Kunden ausplündert; *auch:* melker [< dt. Rotw. *melkerin* »dss.«].
melléduma – 1. (halandzsa) Geschwätz, Geschwafel; 2. (hazugság) Lüge.
mellépofázik (hazudik) – lügen [*bes. Jugendspr.*; *vgl.* pofázik].
mellészövegel (halandzsázik, mellébeszél) – schwafeln, herumreden, Ausflüchte machen; *nem szövegel mellé* (őszintén kimondja a véleményét) = er sagt deutlich seine Meinung, redet nicht um den heißen Brei herum.
mellre szív *vmit* (elhisz, komolyan vesz) – *etw.* glauben, für bare Münze nehmen.
mellső: *mellső láb* (kéz) – Hand.
mellszobor (alacsony, kicsi) – kleingewachsen, kleingewachsener Mensch, Zwerg [wörtl.: »Büste«].
meló – 1. (munka) Arbeit, Maloche; 2. (rablás, betörés) Raub, Diebstahl [< dt. Rotw. *meloche, maloche* »(*bes.* schwere) Arbeit« < jidd. *meloche, maloche* »Arbeit, Handwerk«].
melóbajesz (dologház) – Arbeitshaus, Zuchthaus; Strafanstalt mit Arbeitszwang [< meló + bajesz < jidd. *bajiss*; *vgl.* dt. Rotw. *melochebajs, -bais, -bajis* »Zuchthaus; Gefängnis«].
melódia (munka) – Arbeit, Maloche.
melodiázik (nehezen dolgozik) – schwer arbeiten, schuften.
melohé *s.* meló 1.
melós (munkás) – Arbeiter; *vgl.* meló.
melózik – 1. (dolgozik) arbeiten, malochen; 2. (bűntettet elkövet) Straftat begehen; 3. (árulja magát – *prostituált*) ihrem Gewerbe nachgehen, auf den Strich gehen (*Prostituierte*); *vgl.* meló.
mélynövésű (alacsony, kicsi) – kleingewachsen, klein (*Mensch*).
mencsikoff (feszítővas) – Stemmeisen, Brechstange.
ménkű (nagyon, felettébb) – sehr, überaus; *ménkű jó* = prima, saugut; *ménkű rossz* = miserabel, beschissen.

menő – 1. (jó, nagyszerű) gut, toll, prima; 2. (divatos, modern) modisch; 3. (elegáns) elegant; 4. (okos, ügyes) klug, geschickt; *menő vmiben* (ért *vmihez*) = sich auf *etw.* verstehen, sich auskennen bei *etw.*; *menő manó* (okos diák) = kluger, guter Schüler; 5. (szakember, szaktekintély) Fachmann, Spezialist; 6. (fontos, befolyásos, hires ember) wichtige, einflußreiche, berühmte Person, »großes Tier, Großkopfter«; *auch: menő fej.*

mensi (menstruáció) – Menstruation, monatliche Regel.

mensizik (menstruál) – menstruieren, die Regel haben.

mentőöv: *mentőöve van* (kövér) = dick (vom Menschen) [wörtl.: »hat einen Rettungsring«].

menüsze (nő szeméremteste) – weibliche Geschlechtsteile [jidd.].

mennyei: *mennyei lajtorja* (magas ember) = großgewachsener Mensch.

meózik – 1. (minőségi ellenőrzést végez) Qualitätskontrolle durchführen; 2. (megtapasztal, megízlel) probieren, kosten (*Essen*) [< *meó*, Abk. für *minőséget ellenőrző osztály* »Abteilung für Qualitätskontrolle«, davon *meós* »Qualitätskontrolleur«; *vgl.* lemeózik].

meraglim (betörés előtt kikémleli a helyet) – vor Einbruch das Terrain sondieren [< jidd. *meraglim* (pl.) »Spione, Kundschafter«].

merci – 1. (Mercedes) Mercedes (Automarke); 2. (kábítószereseknél a Noxyron nevű gyógyszer – *nevét a tablettán látható, Mercedesemblémára emlékeztető jelzés alapján kapta*) *bei Drogenabhngigen*: Noxyron (*Medikament*) [der Name stammt von einem Zeichen auf den Tabletten, das dem Mercedes-Stern ähnelt].

meredek (nehéz, terhes, kockázatos) – schwer, schwierig, riskant.

mereszt: *mereszti a seggét/seggit* (munkát kerül, lazsál) = sich vor der Arbeit drücken, faulenzen, herumgammeln [wörtl.: »seinen Arsch anglotzen«].

merevrészeg (nagyon, teljesen részeg) – stockbesoffen.

mérték: *mértéket vesz* (tapogat) = betasten, befummeln, begrapschen [wörtl.: »Maß nehmen«, *was ja auch nicht ganz ohne Körperkontakt abgeht*].

meseautó (rendőrautó, rabszállító kocsi – *az 1934-es Meseautó című film nyomán*) – Polizeiauto, Auto zum Gefangenentransport [wörtl.: »Märchenauto«; *Titel eines Films von 1934*].

mester (vezető) – Chef, Meister.

mesüge (bolond, őrült, hülye) – meschugge [< jidd. *meschuge*].

mesz (halott) – tot [< dt. Rotw. *mess* »Toter, Leiche« < jidd. *mes* »Leichnam«].

mész (kitiltás) – Ausweisung, Vertreibung, Verbannung; *vgl.* meszel.

meszel – 1. (kitilt országból) (*aus einem Land*) ausweisen [wörtl. »weißen«; *vgl.* vejzliz < dt. *weißen, weißeln*; vermischt mit dt. *ausweisen, des Landes verweisen*]; 2. (autóstoppal megy) per Anhalter fahren.

meszes (kitiltott) – ausgewiesen, des Landes verwiesen; *vgl.* mész, meszel.

méta (mérkőzés) – Wettkampf.

méz (dollár) – Dollar.

mezei (közönséges, egyszerű) – gewöhnlich, einfach [wörtl.: »ländlich«].

Mezei Lipót (a lipótmezei tébolyda) – die Irrenanstalt von Lipótmező (in Budapest).

mező (sétatér) – Promenade, Korso.

meztelen csiga (szegény, nincstelen ember, koldus) – Bettler [wörtl.: »Nacktschnecke«].

mezüme (nagyobb pénzösszeg) – größerer Geldbetrag [< dt. Rotw. *mesumme, mesümme* »Geld«; *mesummen* »bar, abgezählt« < jidd. *mesumen*, pl. *mesumonim* »Bargeld«].

mia (ezer) – tausend; *auch:* miás [< cig. *mija* »1000«].

miás (ezer) – tausend; *vgl.* mia; *auch:* misi.

michli (kard) – Schwert [< dt. Rotw. *michel* »Säbel, Schwert, Degen«].

mifene (valami) – irgendetwas, Dings, Dingsbums.

mikulás: *(látástól) mikulásig* (reggeltől estig) = von morgens bis abends, den ganzen Tag [iron. Umbildung der Redewendung »látástól vakulásig«, wörtl.: »vom Sehvermögen bis zum Erblinden«, ebenfalls im Sinn von »den ganzen Tag« gebraucht; *Mikulás* eigentl. »St. Nikolaus«].

mil *s.* miliem.

mili (elfogatás) – Festnahme, Verhaftung [< dt. Rotw. *mili sein* »verhaftet sein«; dieses entstellt aus cig. *mulo* »tot« ?].

miliem (millió) – Million; *auch:* mil.

miloch (fogoly, rab) – Häftling, Gefangener [zu jidd. *meloche, maloche* »Arbeit« oder < dt. »*im Loch*«?].

mimó (üres; semmi) – leer; nichts.

mimóza (nagyon érzékeny ember) – überempfindlicher Mensch, Zimperlieschen, »Mimose«.

mindzsa (nő szeméremteste) – (*anatom.*) Scheide; *auch:* minzsa, mindzsó; *vgl.* mizs [zu cig. *mizh* »Vagina«].

mindzsó *s.* mindzsa.

mini (alacsony, kicsi) – kleingewachsen, klein (*Mensch*).

minimó: *minimó kalkuló* (legalább) = wenigstens, minimum.

minzsa *s.* mindzsa.

mirikli (gyöngy) – Perle [< cig. *mirinklyi* »dss.«].

mirza (nő, lány) – Frau, Mädchen.

mise (kihallgatás) – Verhör [wörtl.: »Messe«].

misi – 1. (ezer) tausend; *vgl.* miás; 2. (ezerforintos papírpénz) Tausendforintschein.

mismás – 1. (értéktelen holmi, limlom) unwichtiges Zeug; 2. (kotyvalék, egyveleg, összevisszaság) Gebräu, Gemisch, Durcheinander [< dt. *Mischmasch*].

mismásol (fecseg, fölöslegesen beszél) – schwatzen, plappern.

mispohé (család, rokonság, pereputty, banda) – Familie, Verwandtschaft, die eigenen Leute, Bande [< jidd. *mischpoche* »Familie«].

misz – 1. (ellenszenves; rossz, kellemetlen) unsympathisch; unangenehm, schlecht, 2. (unott, kedvetlen, rosszkedvű) gelangweilt, lustlos, schlecht gelaunt; 3. (nem tetszetős, csúnya) unattraktiv, häßlich; *míszem van* (unom, elment tőle a kedvem) = ich habe genug davon; *mísze van vmitől* (elege van, un) = von *etw.* die Schnauze voll haben [< dt. umgangsspr. *mies* < jidd. *miess* »häßlich, gemein«].

míszmahol (rosszat mond másra,

ócsárol, elkedvetlenít, lehangol) – bemäkeln, herabsetzen, *jdm* die Laune verderben [< dt. *miesmachen* < jidd.].

miszter (férfi) – Mann [< engl. *mister*].

mitás (bűnöző által lepénzelt személy) – von einem Kriminellen bestochene, »gekaufte« Person.

mitázik (becsap, csal, szélhámosságot követ el) – betrügen.

mitugrász (alacsony, kicsi ember) – kleingewachsener Mensch, Zwerg.

mizéria: *nagy a mizéria* (nagy baj van) = es gibt ziemlichen Ärger/»Zoff«/»Stunk«.

mizujs? (mi újság?) – was gibt's Neues? was gibt's?

mizs (vagina) – weibliche Scheide [< cig. *mizh* »Vagina«]; *vgl.* mindzsa, mindzsó.

mlekara (női mell) – weibliche Brust [zu serb., slowen. *mleko* Milch].

mó (mozi) – Kino.

mócsing – 1. (férfi) Mann; 2. (kövér) dick; 3. (kövér ember) dikker Mensch, Dickwanst [eigentl.: »Flechse, flechsiges Fleisch«; < bair.-österr. *Wad(en)schinken* »Fleisch am Unterbein des Rindes« ?].

mocsok – 1. (ellenszenves, utált) unsympathisch, verhaßt, »beschissen«; *mocsok hely* (kellemetlen, piszkos hely) = schmutziger Ort, »Scheißladen«; 2. (ellenszenves ember) Mistkerl, Scheißkerl [zu cig. *mishik, midzhax, midzhex* »böse, falsch« ?].

módi (divatos, modern) – modern.

modiánozik (közösül – *az 1930 körül ismert* Modiano *szivarkahüvely neve után*) – Geschlechtsverkehr haben [*nach der um 1930 populären Zigarettenhülsenmarke* Modiano].

mogyoró – 1. (here) Hode; 2. (hímvessző) Penis [wörtl.: »Haselnuß«].

mogyorózik (beszélget, fecseg) – schwafeln, quatschen, labern [*bes. Jugendspr.*].

moha (lány, nő) – Mädchen, Frau.

Mohambé *s*. Mókembé.

móka – 1. (becsapás, csalás, szélhámosság) Betrug, Schwindel; 2. (dolog) Sache, Ding; 3. (tevékenység) Aktivität, Tätigkeit; 4. (bűncselekmény) Straftat; *mókára jár* (lop, betör) = stehlen, einbrechen.

mókás (bolondos, furcsa) – merkwürdig, komisch, närrisch; *mókás hapsi* (vidám ember) = Spaßvogel.

mókem (város) – Stadt [< jidd. *mokem, mukojm* »Ort, Stelle« < heb. *moqum* »Standort, Stelle, Ort, Ortschaft«]

Mókembé (Budapest városa) – Budapest [mókem (»Stadt«) + »B« für Budapest].

Mókemvóf (Bécs) – Wien [mókem (»Stadt«) + »V« für Wien].

Mókemzír (Parizs) – Paris [mókem (»Stadt«) + ?].

mókus (férfi) – Mann.

mole (holtrészeg) – stockbesoffen; *vgl.* mólés [zu dt. Rotw. *mole* »voll, angefüllt« < jidd. *mole jajin* »voll Weins«; *Lotmole* »voll wie Lot, schwer betrunken«].

mólés (részeg) – betrunken, besoffen, »zu« [*vgl.* mole].

molett (egy kicsit kövér) – dicklich, mollig [< dt. < fr.].

mondjuk (nyolcas – *a kártyában*) – Acht (*beim Kartenspiel*).

monej (pénz) – Geld; *vgl.* mané, mani [< engl. *money*].
monokli (ütéstől származó szem alatti daganat) – blaues Auge, »Veilchen«.
mór (lop) – stehlen [cig.?].
mórázás (közösülés) – Geschlechtsverkehr.
mórázik (közösül) – Geschlechtsverkehr haben; *s.* mórel 2.
more (cigány ember) – Zigeuner [< cig. *more, mare* »he, heida!«; rum. *măre* »he, du!« < neugriech. *môre* »hör doch!«; *vgl.* bulg. dial. *móre* »he, hörst du?«; sbkr. *more* »dss.«; slowak. *more* »Zigeuner«].
mórel – 1. (ver, verekedik) schlagen, verprügeln; *s.* márel; 2. (közösül) Geschlechtsverkehr haben, *s.* mórázik.
morfondíroz *vmin* (töpreng) – intensiv nachdenken über *etw.*, brüten, grübeln; *maga alá morfondíroz* (szellent) = einen fahren lassen, furzen [< dt. *morfondieren* »sich erkälten, durchfrieren, erstarren« < fr. *morfondre* »sich erkälten; vergeblich warten«; die ungar. Form weist auf Entlehnung aus dem Dt.; die dabei aufgetretene Bedeutungsänderung ist problematisch, vielleicht zu erklären aus der »Starre«, die man manchmal bei intensivem Nachdenken zeigt; *vgl.* auch slowak. *morfondírovat', morfondovat'* »grübeln«].
morgó – 1. (kutya) Hund; 2. *morgó medve* (panaszkodó ember) = *jmd*, der sich ständig beschwert, »Brummbär« [wörtl.: »knurrend, brummend«].
mórikál: *mórikálja magát* (feltűnősködik, hivalkodik) – angeben, protzen.
mórikálás (hivalkodás) – Angeberei, Protzerei.

morog (panaszkodik) – sich beschweren, nörgeln, motzen; *morog a belügyminiszter* (éhes, korog a gyomra) = hungrig sein, einem knurrt der Magen.
morzsatelep (bajusz) – Schnurrbart [wörtl.: »Krümelkolonie«].
morzsolt rizling (hamísított bor) – gepanschter Wein.
mos: *mosd ki a füled!* = wasch dir mal die Ohren! (= hast du nicht verstanden?; hörst du schlecht?).
moslék (ehetetlen, híg étel) – ungenießbares Essen, Schweinefraß.
mosogatólé – 1. (rossz, híg leves) dünne, fade Suppe; 2. (silány szesz ital) Fusel, Gesöff (*minderwertiges alkoholisches Getränk*) [wörtl.: »Spülwasser«].
mosogatórongy (zsebkendő) – Taschentuch.
mosogatólé (rossz szeszes ital) – Fusel, Gesöff (minderwertiges alkoholisches Getránk) [wörtl.: »Spülwasser«].
mosogatólé-tartó (fej) – Kopf [*Jugendspr.*; wörtl.: »Spülwasserbehälter«].
mosolyszünet: *mosolyszünet van* (haragban van) = wütend, sauer sein [wörtl.: »das Lächeln hat Pause«].
mószer (besúgó) – Spitzel [< jidd. *mussor* »Denunziant«].
mószerol *vkit* – 1. (befeketít *vkit*) *jdn* anschwärzen, madig machen; 2. (beárul, besúg, följelent) verraten, verpfeifen, anzeigen; *vgl.* mószer, bemószerol.
mószeroló (besúgó) – Spitzel; *vgl.* mószer.
mószerolás (besúgás, beárulás) – Verrat.
motalkó (szeszes ital) – alkoholisches Getränk.

motor (szív) – Herz.
motoros: *öreg motoros* (tapasztalt ember) = alter Hase, alter Fuchs; *vgl.* öreg.
motyó – 1. (pénz) Geld; 2. (holmi) Siebensachen, Kram, Krempel.
motyorog (motyog) – murmeln, vor sich hin brummen [zu *motyog* »murmeln«, wohl unter Einfluß von *morog* »knurren, brummen«].
móz (pénz) – Geld [< dt. umgangsspr. *Moos* »Geld« < jidd. *muojss* »Geld« < heb. *ma'oth* »Pfennige«].
mozdonyszőke (fekete, sötét bőrű) – dunkelhäutig, schwarz.
mozgás! (rajta! gyorsabb!) – los! auf geht's! schneller!
mozgó: *mozgó parizergyár* (kövér) – dick (*Mensch*) [wörtl.: »wandelnde Wurstfabrik«].
mozizás *s.* vetítés.
múba (felesbe) zur Hälfte.
mucsa (vidék) – Land (*im Gegensatz zur Stadt*), »Prärie«, »Pampa«; *mucsáról jön* (nem tud semmi, tapasztalan, naiv) = von nichts eine Ahnung haben; unerfahren, naiv sein [vom imaginären Dorf *Mucsa*, dessen Einwohner sich durch eine sprichwörtlich gewordene Dummheit und Tolpatschigkeit auszeichnen; vergleichbar mit dem deutschen Schilda; *vgl.* mucsai].
mucsai – 1. (faragatlan ember) Flegel, Bauernlümmel; 2. (vidéki ember, tapasztalan, naiv, könnyen becsapható) Provinzler, »Einfalt vom Land«; unerfahrene, naive Person, die man leicht übertölpeln kann [< *mucsa*].
muff – 1. (női fanszőrzet) weibliche Schamhaare; 2. (nő szeméremteste) weibliche Geschlechtsteile; 3. (nő, lány) Frau, Mädchen [< dt. *Muff* »Kleidungsstück aus Pelz zum Wärmen der Hände«].
mufurc (újonc) – Rekrut.
muj (száj) – Mund, Klappe, Schnauze [< cig. *muj* »Mund, Gesicht«; daher auch dt. Rotw. *muj* »Mund«].
muki (férfi) – Mann.
muksi (férfi) – Mann.
muksó (férfi) – Mann.
múmia (öreg nő) – alte Frau [wörtl.: »Mumie«].
mundér (ruha) – Kleidung [< jidd. *mundir* »Uniform«; *vgl.* dt. *Montur*].
munka (bűntett) – Straftat, Verbrechen, »ein Ding« [wörtl.: »Arbeit«].
munkaruha (óvszer) – Kondom [wörtl.: »Arbeitskleidung«].
murdel (meghal) – sterben [*vgl.* cig. *murdel* »krepieren lassen, abmurksen«, *murdajvel* »krepieren«].
murgál (veszekedik, zsémbeskedik) – streiten, nörgeln, keifen.
murgás (mérges) – zornig, ärgerlich; *vgl.* muris 2.
muri – 1. (mulatság) Spaß Jux, Gaudi; 2. (lárma, veszekedés) Lärm, Streit [wohl zu dt. Rotw. *muri* »Raub, Diebstahl«; *more, mori, murer* »Lärm, Streit« < jidd. *maura* »Furcht«].
muris – 1. (érdekes, különös, mulatságos) interessant, sonderbar, lustig; 2. (mérges) zornig, ärgerlich.
murizás (botrányokozás, hangoskodás, veszekedés, mulatozás) – Lärm, Geschrei, Schlägerei; (lautstarke) Vergnügung.
murizik (lármázik, kiabál) – lärmen, schreien; *murizik vkire* (mérgesnek lenni *vkire*) = auf *jdn* böse sein.

muszáj (kell) – müssen; *muszáj volt elmennem* = ich mußte gehen; *ha nem muszájna, nem mennek* = wenn es nicht sein müßte, würde ich nicht gehen.

muszáj-kabat (munkaköpeny) – Arbeitsmantel.

muszka – 1. (orosz) russisch; Russe [< *Muszka* < *Moszkva*]; 2. (postakocsis) Postillion, Fahrer der Postkutsche.

muszkli (izom) – Muskel; *mutasd a muszklidat!* = zeig deine Muskeln! [< dt. *Muskel* < lat.].

muszklimiska (izmos ember) – Muskelprotz.

mút (együttműködés, egy kézre dolgozás) – Zusammenarbeit [dt.?].

mutatványos (exhibicionista) – Exhibitionist [< *mutatvány* »Vorführung, Schau, Show«].

muter (anya) – Mutter; *muterom* = meine Mutter [dt.].

muterka (anya) – Mutter; *muterkám* = meine Mutter.

mutrál (vizel) – pinkeln, pissen [< cig. *mutral* »pinkeln«].

mutter *s.* muter.

mutyi ([titkos] felezés, közösködés, a költségek megosztása [*mutyiban*]) – (heimliches) Verteilen, Aufteilen der Kosten [< fr. *moitié* »Hälfte«].

mutyiban – 1. (felesben) halbe-halbe; 2. (titokban) insgeheim.

mutyizik (osztozkodik) – verteilen, aufteilen.

mutyó (anya) – Mutter; *s.* muter.

múzeum: *múzeumi példány* (öreg ember) = alter Mensch, Greis [wörtl.: »Museumsexemplar«].

muzik! (vége! menjünk!) – Schluß! Geh'n wir!; *vgl.* zene.

muzsikál (hallgat, nem árulja el, amit tud, látott) – (z. B. *beim Verhör*) schweigen, nicht verraten, was man weiß oder gesehen hat.

műbalhé (látszat-balhé) – vorgetäuschter Streit [< *mű* »künstlich« + balhé].

műfasz (hímvessző gumiból) – Gummipenis [< *mű* »künstlich« + fasz].

müksi (műhely) – Werkstatt.

müncer – 1. (pénzhamisító) Geldfälscher; 2. (hamis pénzzel játszó hamiskártyás) (*beim Kartenspiel*) Falschspieler, der mit falschem Geld spielt; [< dt. *(Falsch)Münzer*].

münzer *s.* müncer.

műsor: *műsort ad/csap/csinál* (botrányt csinál) = sich aufführen, die Sau rauslassen, es krachen lassen, stänkern.

műsorozik (botrányt csinál) – Skandal veranstalten, sich aufführen, die Sau rauslassen.

műszaki rajzoló (ügyes zsebtolvaj) – geschickter Dieb.

műszer (hímvessző) – Penis [wörtl.: »Instrument, Gerät«; *vgl.* szerszám].

műszerfal (vécé) – Männertoilette, Pissoir.

művelde (iskola) – Schule [*Schülerspr.*].

művelődik (tanul a tolvajmesterséget) – das Diebesgewerbe erlernen.

műv-ház (művelődési ház) – Kulturhaus.

műv-töri (művelődéstörténet) – Kulturgeschichte [*Studentenspr.*].

N

naci (nadrág) – Hose [*bes. Jugendspr.*].

náci – 1. (német) deutsch, Deutscher; 2. (német nyelv – *iskolában*) Deutsch (*Schulfach*) [wörtl. »Nazi«; *vulg.*; *selten*].

nacó (nadrág) – Hose [*bes. Jugendspr.*].

nacsalnyik (vezető) – Leiter, Chef, Boß [< russ. *načal'nik* »Vorgesetzter, Chef«].

náderer – 1. (besúgó, spicli) Spitzel; 2. (detektív, nyomozó) Detektiv, Fahnder [dt.?].

nadrág: *nadrágon billent* (megrúg, belerúg *vkibe*) = *jdn* treten, in den Hintern treten [*nadrág* wörtl.: »Hose«].

nadrágszaggató (nehéz – *helyzet, munka, feladat*) – schwer, schwierig [wörtl.: »hosenzerfetzend«].

nafta – 1. (benzin) Benzin; 2. (áram) (elektr.) Strom, »Saft«; *elfogyott a nafta* (fásult) = apathisch, deprimiert [< gr. *naphtha* »Erdől«; dt. *Naphtha*].

naftás (büdös) – stinkend.

nagy: *nagy állat* (nagy, magas ember) = großgewachsener Mensch, Riese; *nagy a mellénye* (nagyképű, beképzelt) = eingebildet, großmäulig; *nagy barom* (nagyon buta ember) = stinkdummer Mensch, »Rindvieh«, »Riesenroß«; *nagy dobás* (nagy siker) = großer Erfolg, »großer Wurf«; *nagy dohány* (nagy pénzösszeg) = ein Haufen Geld; *nagy dohányt csinál* (meggazdagodik) = viel Geld verdienen, »einen Haufen Kohle machen«; *nagy duma* (halandzsa) = Geschwätz, Blabla; *nagy dumás* (fecsegő ember) = elender Schwätzer; *nagy egér* (csaló, szélhámos) = Hochstapler, Betrüger, Gauner; *nagy füles lesz!* (viggyazz!) = sei bloß vorsichtig! ich zieh' dir die Ohren lang!; *nagy kapu* (száj) = Maul, große Klappe; *nagy koponya* (okos ember) = kluger Mensch, Schlaumeier; *nagy a pofája* (hangoskodik, nagyhangúskodik) – angeben, große Klappe haben; *nagy szám* = 1. (pompás nő; pompás férfi) tolle Frau; toller Typ; 2. (nagyszerű) prima, toll, »stark«, »(affen)geil«.

nagyágyú – 1. (befolyásos ember) wichtige, einflußreiche Person, »Großkopfeter«; 2. (szakember) Fachmann, Spezialist, »Kanone«; 3. (okos ember) kluger Mensch, Schlaumeier [wörtl.: »(große) Kanone«].

nagybalhé (rendőr-főkapitányság) – Polizeipräsidium; *s.* nagylárma.

nagybélés *s.* bélés.

nagydolgozik (székel) – kacken, scheißen [*bes. Kinderspr.*].

nagydumájú (sokat beszelő, fecsegő) – schwatzhaft; *vgl.* duma.

nagyfalu (Budapest) – Budapest [wörtl.: »großes Dorf«].

nagyfejű (tekintélyes, befolyásos személy) – einflußreiche Person; »Großkopfeter«; *vgl.* nagykutya [wörtl.: »einen großen Kopf habend«].

nagyfiú (tekintélyes, befolyásos személy) – einflußreiche Person; »Großkopfeter«.

nagyfőnök (vezető) – der Alte, »Big Boss«.

nagygála (munkaköpeny) – Arbeitsmantel [wörtl.: »große Gala«; *iron.*].

nagyhal (tekintélyes, befolyásos személy) – einflußreiche Person;

»Großkopfeter« [wörtl.: »großer Fisch«].
nagyhasú (pénztárca) – Brieftasche [wörtl.: »dickbäuchig«].
nagyház – 1. (törvényszék) (Amts-) Gericht; 2. (fogház) Gefängnis.
nagyi (nagyanya) – Großmutter.
nagykabát (vereség) – Niederlage, Schlappe.
nagyképernyős (nagyképű ember) – Wichtigtuer, aufgeblasener Typ.
nagykönyv: *ahogy a nagykönyvben meg van írva* (szabályosan, szabályszerűen) – vorschriftsgemäß.
nagykutya (vezető állású, befolyásos ember) – »großes Tier«, Großkopfeter (*mächtige, einflußreiche Person*); *vgl.* nagyfejű.
nagylány (nő) – Frau.
nagylárma (főkapitányság) – Polizeipräsidium; *s.* nagybalhé.
nagymellény (hencegés, beképzeltség) – Angeberei; Einbildung, Eingebildetheit.
nagymellényű (nagyképű, beképzelt) – eingebildet, großmäulig.
nagymellű (kérkedő, hencegő, nagyszájú) – prahlerisch, angeberisch, großmäulig; *vgl. nagy kufferje van* [s. kuffer]; kufferos.
nagymenő (híres, ismert, jól megy neki) – berühmt, bekannt.
nagyokos – 1. (okos, eszes) klug, schlau; 2. (okos ember) kluger Mensch, Schlaumeier.
nagyon: *nagyon bika/fitt* (egészséges, jól érzi magát) = kerngesund sein; *nagyon csaj* (csinos nő, lány) = hübsche Frau, hübsches Mädchen; *nagyon él* (jókedvű, felvillanyozott) = gutgelaunt, vergnügt; *nagyon eladó* (lopott) = geklaut; *nagyon fej* (rendes ember) = *jmd* ist ganz okay.
Nagyplacc (*Budapesten:* Rákóczi tér) – der Rákóczi tér *in Budapest*; *vgl.* placc.
nagypofájú – 1. (dicsekvő) angeberisch, prahlerisch; 2. (dicsekvő ember) Angeber, Großmaul.
nagyseggű (kövér) – dick, fett (*Mensch*).
nagyszuka – 1. (idősebb nő) ältere Frau; 2. (idősebb kurva) ältere Prostituierte, Hure [*vulg.*; wörtl.: »alte Hündin«; *vgl.* kisszuka, szuka].
nagytörvényű (garázda ember, huligán) – Randalierer, Hooligan.
nagyvalagú (kövér) – dick, fett (*Mensch*).
nagyvíz (sokaság, sokadalom, ahol a tolvaj »evezhet«) – Menschenmenge, wo der Dieb »rudern« kann [*d. h. im Gedränge stehlen*; *vgl.* matróz, evez !].
nahesz (mulatság) – Unterhaltung, Vergnügung.
napcvikó (napszemüveg) – Sonnenbrille; *vgl.* cvikó.
napej (napközi) – Tagesschule, Schulhort.
napiló (napló) – Klassenbuch (*in der Schule*).
napsa (víz) – Wasser.
narancs (női mell) – (*weibliche*) Brust, Busen [*bes. Jugendspr.*; wörtl.: »Orange«].
narkó (narkotikum, kábítószer) – Narkotikum, Droge.
narkós (kábítószerélvező) – Drogenabhängiger.
narkozik (kábítószert használ) – Drogen nehmen.
nassol (egy kicsit eszik) – naschen [dt.].
násznagy (a tolvaj társa, aki figyelmezteti a bajra, bűntárs) Diebesgehilfe, Spießgeselle.
nasztró (nadrág) – Hose.
nauzer (meggazdagodott tolvaj) –

reichgewordener Dieb; vgl. felső galéria [dt.?].

NB I-es (remek, csodás) – erstklassig [Abk. von *Nemzeti Bajnokság I* »Nationale Meisterschaft I«, die erste ungarische Fußball-Liga; *nb.* aber auch Abk. für *nagybecsű* »wertvoll, (...) wert«].

neándervölgyi (gondozatlan, hoszszú hajú ember) – Person mit ungepflegten langen Haaren [wörtl.: »Neandertaler«].

nebáncsvirág (nőies férfi) – weibischer Mann, Zimperliese, Mimose [wörtl.: »Rührmichnichtan« (Pflanzenname)].

neblh – 1. (sanyarú helyzetben levő, sajnálatra méltó) bemitleidenswert; 2. (bánom is én! egye fene!) zum Kuckuck! soll's der Teufel holen! [< jidd. *nebbich* »leider, schade!«].

nebuló (fiú, kamasz, suhanc) – Junge, Bursche, (junger) Kerl [zu dt. Rotw. *nebel, newil, nowel* »Narr, Tor« < jidd. *nowol* »dss.« ?].

néger (titokban más neve alatt működő [*író, kereskedő*]) – unter falschem Namen, Pseudonym arbeitende Person (*Schriftsteller, Geschäftsmann*).

négerlábvíz – 1. (pótkávé) Kaffee-Ersatz; 2. (kóla) Cola [*bes. Soldatenspr.*; wörtl.: »Negerfußbad«].

negró (néger) – Schwarzer, Neger.

négyszemű (szemüveges) – Brillenträger; *auch:* négyszemű bagoly.

nehéz: *nehéz altesti munka* (közösülés) = Geschlechtsverkehr; *nehéz dió* (nehéz feladat) = schwierige Aufgabe, »harte Nuß«; *nehéz strici* (bűnöző, bandita) = Verbrecher, Bandit; *nehéz vagány* (súlyos bűntetteket elkövető bűnöző) = Schwerverbrecher.

nehézfiú (gonosztevő, bűnöző) – »schwerer Junge« (= *Krimineller*).

nejre (világosság) – Helligkeit, Licht; *vgl.* hellni.

nekiesik – 1. *vminek* (eszik) sich ans Essen machen, übers Essen herfallen; 2. (rátámad – *szavakkal*) (*verbal*) attackieren, über *jdn* herziehen; in Bed. 2 auch: *nekiesik, mint tót az anyjának*.

nekihajt *vkinek* (megtámad *vkit*, rátámad *vkire*) – *jdn.* angreifen.

nekiugrik – 1. (nekilát, beleerősít) sich ranmachen (*ans Werk, an die Arbeit*); 2. (rátámad) *jdn* anfallen, angreifen, *jdm* an die Gurgel springen; *auch:* nekiugrik a torkának; 3. (rátámad – *szavakkal*) über *jdn* herziehen, (*verbal*) attackieren; *auch:* nekiugrik a torkának.

nekóma (káröröm) – Schadenfreude.

nemci (német nyelv) – Deutsch (*Schulfach; Schülerspr.*).

nem cikk (nem érdekes, érdektelen) – uninteressant.

nemec (német nyelv) – Deutsch (*Schulfach; Schülerspr.*).

neminárium (közösülés) – Geschlechtsverkehr [Wortspiel aus *szeminárium* »Seminar« und *nemi* »geschlechtlich, sexuell«; *Studentenspr.*].

némo kapitány (mindent tagadó személy) – Person, die alles abstreitet, bestreitet, leugnet, verneint [Wortspiel mit *nem* »nein« und der Romanfigur *Kapitän Nemo* des in Ungarn sehr populären *Jules Verne*].

néni (nő, lány) – Frau, Mädchen [wörtl.: »Tante«].

nénó (kül. szirénázó – rendőrkocsi) – Polizeiauto (bes. wenn die Sirene tönt) [lautmalend, von der Sirene].

népi: *népi rágógumi* (televízió) = Fernsehen [wörtl.: »Volkskaugummi«].

népnevelő (gumibot) – Gummiknüppel [wörtl.: »Volkserzieher«].

neppe (hamis ékszer, aranytárgy) – falscher Schmuck [< dt. Rotw.; *vgl.* nepper].

nepper – 1. (iparengedély nélkül házaló árus) Hausierer; 2. (orgazda) Hehler; 3. (üzérkedő személy) Spekulant; 4. (zugkereskedő, felhajtó, közvetítő) Schwarzmarkthändler, Mittelsmann; 5. (hamis ékszerrel, pénzváltással, pénzzel csaló) *jmd* der mit falschem Schmuck, Falschgeld oder beim Geldwechsel betrügt [< dt. Rotw. *nepper* »Hausierer mit wertlosen Gegenständen; Betrüger«].

neta (konyha) – Küche.

nevere (bűn) – Straftat, Verbrechen [*vgl.* dt. Rotw. *nefere, newere, neweire* »Sünde« < jidd.].

nézőke (szem) – Auge [wörtl.: »Zuschauerchen«].

nigru (fekete) – schwarz [< rum. *negru*].

nikai *s.* nikhaj; *vgl.* nyikhaj.

nikhaj – 1. (jelentéktelen, senki ember) unbedeutender Mensch, Null; 2. (felelőtlen, semmirekellő fiatalember) jugendlicher Nichtsnutz; *vgl.* nyikhaj [zu cig. K. *nikhaj* »nirgends«, *niko* »niemand«].

nikkelbolha: *ugrat, mint a nikkelbolha* (idegesen izeg-mozog, ficánkol) = nervös herumzappeln.

nikotinklub (vécé) – Schultoilette [weil dort heimlich geraucht wird; *Schülerspr.*].

nímand: *egy nímand* (senkiházi, jelentéktelen alak, egy senki) – unbedeutender Typ, eine Null, ein Niemand [< dt. *niemand*].

nimfó (nimfomániás nő) – Nymphomanin.

nimó – 1. (nem, nincs) nicht, kein; 2. (semmi, semmiképpen) nichts, keinesfalls, überhaupt nicht [< dt. *niemals*]; *s.* nimolé; *vgl.* alma, mímo, fiatal, Simon.

nimolé (jelentéktelen ember) – unwichtiger, unbedeutender Mensch, »Niemand«.

nimolista – 1. (pénztelen alak, egy senki) Mittelloser, »Niemand«; 2. (gyámoltalan, ügyefogyott, akinek sosem sikerül semmi) *jmd*, der ungeschickt ist, dem nie etwas gelingt, Versager [< nimó, nimólé].

nincs: *nincs bőr a képén* (nagyképű) = arrogant, großmäulig, unverschämt; *s.* bőr.

Nipis – Budapest.

nista (szegény ember, akinek semmije sincs) – armer, mittelloser Mensch [< cig. *nyishta* »nichts«].

nokedli – 1. (galuska) Nockerln, Spätzle; 2. (hokedli) Hocker [dt.; in der 2. Bed. Wortspiel (*rhyming slang*)].

normázik (házasságban, szokásos módon közösül) – in der Ehe, in der üblichen Weise Geschlechtsverkehr haben.

nózi (orr) – Nase [dt.].

nózli (orr) – Nase; *s.* nózi.

nózlika (orr) – Nase; *s.* nózi.

nőci – 1. (nő, lány) Frau, Mädchen; 2. (könnyelmű nő) leichtfertige Frau; *vgl.* nőcike, nőcske.

nőcike (nő, lány) – Frau, Mädchen.

nőcske – 1. (könnyűvérű nő) leichtlebige Frau; 2. (kis termetű ill. fiatal nő) kleinwüchsige bzw. junge Frau.

nőkupec (férfi, fiú) – Mann, Junge; *vgl.* kupec.

növény (biológia - *iskolában*) - Biologie (*Schulfach*) [wörtl.: »Pflanze«; ursprüngl. also bes. die Botanik].

nőze (nő) - Frau.

nőzik - (*von einem Mann:*) sich mit Frauen herumtreiben; *s.* csajozik.

nudiban (meztelen, -ül) - nackt [< nudista, nudizmus].

nudizik (meztelenül fürdik, napozik) - nackt baden oder am Strand liegen [< nudizmus].

nudli - 1. (metélt) Nudeln; 2. (elégtelen - *osztályzat*) »Ungenügend« (»Eins«; *schlechteste Note in ungar. Schulen; Schülerspr.*).

nuku (semmi, nincs, nem szabad) - kein, nichts, nicht erlaubt, geht nicht [< *nulla* »Null«].

nulla - 1. (semmi) nichts; 2. (jelentéktelen ember) unbedeutender Mensch, »Null«.

nullagyula (jelentéktelen férfi) - unbedeutender Mann, »Null«.

nullajuli (jelentéktelen nő) - unbedeutende Frau, »Null«.

nulla-négy (buta) - dumm, bescheuert [wörtl.: »Null-Vier« - *in Ungarn bis Mitte der 90er Jahre die telefonische Notrufnummer für den Krankenwagen, seitdem* »104«].

numera (egyszeri közösülés) - einmaliger Geschlechtsverkehr [< dt. »*Nummer*«, »*eine Nummer abziehen*« usw.].

numeravera (szexuálisan könnyen elérhető nő) - sexuell besonders empfängliche Frau.

nuna (vagina) - weibliche Scheide; *auch:* nuni.

nuni (vagina) - weibliche Scheide; *auch:* nuna.

Ny

nyaggat (faggat, kikérdez) – ausfragen, ausquetschen, (*mit Fragen*) löchern.
nyak: 1. *a nyakába sóz/várr* (rábeszél) = *jdm etw.* aufschwatzen, *jdn zu etw.* überreden, breitschlagen; *nyakig benne van / nyakig van a szarban* (bajban van) = bis zum Hals in der Scheiße stecken; *nyakig hagy a szarban* (bajban hagy) = *jdn* im Schlamassel, in der Scheiße lassen; *nyakon csíp* (elfog) = fangen, ergreifen, schnappen; 2. *nyakon levő pattanás* (fej) = Kopf [*Jugendspr.*; wörtl.: »am Hals befindliche Pustel«].
nyakal (sokat iszik) – (*viel Alkohol*) trinken, saufen.
nyakas (ütés, pofon) – Schlag (*bes. ins Gesicht*), Ohrfeige.
nyakhólyag (fej) – Kopf [*Jugendspr.*; wörtl.: »Halsblase«; *vgl.* nyakkinövés].
nyakigláb (magas ember) – großgewachsener, »langer Lulatsch« [wörtl.: »Beine bis zum Hals«].
nyakkendő (hóhérkötél) – Henkersstrick [wörtl.: »Krawatte«].
nyakkinövés (fej) – Kopf [*Jugendspr.*; wörtl.: »Halsauswuchs«; *vgl.* nyakhólyag].
nyakolaj (szeszes ital) – alkoholisches Getränk, Schnaps [wörtl.: »Halsöl«].
nyaksi (nyak) – Hals.
nyal – 1. (hízeleg) schmeicheln; 2. (orális szexet végez) oralen Sex haben (*Cunnilingus*); 3. (esik, elesik) hinfallen; *auch:* elnyal; 4. *vkitől vmit* (lop, ellop) stehlen, klauen; 5. *nyald ki/nyalja ki a seggem!* = leck mich/lecken Sie mich am Arsch; oft abgekürzt: *nyasgem!*; *nyalja* vki *talpát/seggét* (hízeleg) = schmeicheln, kriechen [wörtl.: »schlecken, lecken«].
nyál - 1. (benzin) Benzin; 2. *a nyála csorog* (vágyik) = sich sehnen nach, sich die Finger abschlecken nach; *nem veri a nyálat* (nem idegeskedik miatta) = nicht unruhig, nervös werden (wegen einer Sache oder Person); *veri a nyálát* (idegesen beszél) = aufgeregt sprechen, laut tönen, geifern [*nyál* wörtl.: »Speichel«].
nyalakodás (ölelkezés) – Umarmung.
nyalakodik (ölelkezik) – umarmen.
nyalakodó (száj) – Mund.
nyalánkság – 1. (jó falat) leckeres Essen, Delikatesse; 2. (híresztelés, pletyka) Gerücht, Geschwätz.
nyalás (orális szex) – oraler Sex (*bes. Cunnilingus*) [*vgl.* nyal 2.].
nyálas (érzelgős) – übertrieben sentimental, schleimig.
nyalás-falás (ölelkezés) – Umarmung [wörtl.: »sich gegenseitig abschlecken und auffressen«].
nyálazik: *nyálazza a répát* (orális szexet végez) = oralen Sex haben (Fellatio).
nyálcsere (csókolódzás) – Küsserei, Knutscherei [wörtl.: »Speichelaustausch«].
nyalcsi (heroin) – Heroin [< nyalóka].
nyal-fal vkit – 1. (csókolódzik) *jdn* (ab)küssen; 2. (ölelkezik) umarmen .
nyálgép (hízelgő, dörzsölődő személy) – Schmeichler, Schönredner; *vgl.* nyalista.
nyalis – 1. (hízelgő) schmeichlerisch, kriecherisch; 2. (hízelgő ember) Schmeichler, Arschkriecher.

nyalista (hízelgő) – Schmeichler, Schönredner; *vgl.* nyálgép.
nyalizik (hízeleg) – schmeicheln; kriechen *vor jdm.*
nyaló (hízelgő ember) – Schmeichler, Arschkriecher.
nyalógép (hízelgő ember) – Schmeichler, Arschkriecher.
nyalóka – 1. (fej) Kopf ; 2. (jeles - osztályzat) »Sehr gut« (Note in der Schule); 3. *nyalókára vesz* (orális szexet végez) = oralen Sex haben (*Fellatio*); 4. (heroin) Heroin; *auch:* nyalcsi [wörtl.: »Lutscher«; Bed. 1 und 2 *Schülerspr.*].
nyalókapénz (kis pénzösszeg) – kleiner Geldbetrag.
nyámmog (*lassan vagy étvágytalanul* eszik) – (*langsam, lustlos*) essen.
nyámnyila (gyámoltalan, ügyetlen) – ängstlich, unbeholfen, hilflos.
nyamvadék (gyenge ember) – Schwächling.
nyamvadt – 1. (gyenge – *fizikailag*) (*körperlich*) schwach; 2. (sovány) mager, dünn, dürr.
nyanya – 1. (anya) Mutter; 2. (öreg nő) alte Frau.
nyanyus (nő, lány) – Frau, Mädchen.
nyápic (gyenge ember) = Schwächling; *auch: nyápic alak.*
nyaral (börtönben van) – im Gefängnis sitzen; *auch: nyaral a jergliben* [wörtl.: »Sommerurlaub machen«]; *vgl.* beteg.
nyaralás (internálás) – Internierung, Inhaftierung [*zur Zeit des 1. Weltkriegs aufgekommen*; wörtl.: »Sommerfrische«].
nyaralni küld (internál) – internieren, inhaftieren; *vgl.* nyaralás [wörtl.: »in die Sommerfrische schicken«].

nyaralni megy (börtönbe kerül) – ins Gefängnis kommen.
nyaraló (internáló tábor) – Internierungslager; *vgl.* nyaralás.
nyargal (fut) – laufen, weglaufen, fliehen.
nyargonc (*magát hivatalszolgának, kézbesítőnek, hordárnak kiadó besurranó tolvaj*) – Dieb, *der sich unter einem Vorwand Zutritt verschafft; er behauptet beispielsweise, von einer Behörde zu kommen, etwas liefern oder abholen zu sollen usw.*
nyasgem! (nyald ki a seggem) – Leck mich am Arsch! [*Umgangsspr. Abkürzung des gleichbedeutenden* »nyald ki a seggem!«]
nyavalygás (panaszkodás) – Klage, Beschwerde.
nyavalyog – 1. (panaszkodik) klagen, sich beschweren, motzen; 2. (piszmog, kínlódik *vmivel*) an *etw.* herumwerkeln, sich abmühen, abrackern an *etw.*
nyazsgem! *s.* nyasgem!
nyehó (cipész) – Schuster.
nyeka (nyelvtan) – ungar. Grammatik (*Schulfach; Schülerspr.*).
nyekrics! (hallgass!) – sei ruhig! [< slowak. *ne kričat'!* = schrei nicht!].
nyektet (piszkál, babrál) – herumfingern, herumwursteln.
nyel: *nyeli a nyálat* (nagyon szomjas) = sehr durstig sein; *nyeli a haverját* (meglopja a barátját) = seinen Freund bestehlen.
nyél (nyak) – Hals [wörtl.: »Stiel«].
nyeles tojás (hímvessző) – Penis [wörtl.: »Ei(er) mit Griff, am Stiel«].
nyelés (lopás) – Diebstahl.
nyeló (nyelvtan) – ungar. Grammatik (*Schulfach; Schülerspr.*).
nyelőke (nyak) – Hals; *vgl.* nyél.
nyelős (letartóztatásban szöget

vagy hasonló tárgyat azon célból nyelő személy, hogy öngyilkosságot elkövessen ill. kórházba jusson) – Gefangener, der versucht, durch das Schlucken von Nägeln oder anderen Gegenständen Selbstmord zu begehen oder ins Lazarett zu kommen.

nyelves (nyelves csók) – Zungenkuß.

nyelvtöri (nyelvtan) – ungar. Grammatik (*Schulfach; Schülerspr.*).

nyelvtörő (nyelvtan) – ungar. Grammatik (*Schulfach; Schülerspr.*) [wörtl.: »Zungenbrecher«].

nyemci (német nyelv) – Deutsch (*Schulfach; Schülerspr.*).

nyemec (német nyelv) – Deutsch (*Schulfach; Schülerspr.*).

nyenyere (hegedű) – Geige, Violine.

nyenyerike (hegedű) – Geige, Violine.

nyerít (nevet) – lachen.

nyerő – 1. (remek, csodás) prächtig, toll; 2. (remek dolog) tolle Sache.

nyert (bravó! helyes! jó! – *elismerést kifejező felkiáltás*) – Bravo! Richtig! Genau! Gut so!

nyifánca (gyenge) – (*körperlich*) schwach (*vom Menschen*).

nyikhaj 1. (senki ember) ein Niemand, eine Null; 2. (semmirekellő) Nichtsnutz; 3. (sehol sem) nirgends; *vgl.* nikhaj [zu cig. K. *nikhaj* »nirgends« und *niko* »niemand«].

nyikk (szó) – Wort, Wörtchen, Mucks.

nyikkan (mukkan, szól) – mukken, mucksen; *nyikkani sem mer* (mukkanni sem mer) = sich nicht trauen, auch nur einen Mucks von sich zu geben.

nyikorga (ének, zene – *iskolában*) Musikstunde (*in der Schule*).

nyikorg-óra (ének, zene – *iskolában*) Musikstunde (*in der Schule*).

nyikorog (nyafog) – quengeln, wimmern, greinen.

nyílvessző (hímvessző) – Penis [Wortspiel: *nyílvessző* »Pfeil« und *hímvessző* »Penis«].

nyis *s.* nyista.

nyista (nem, nincs) – nicht, kein; *nyista vaker* (őszintén) = aufrichtig, ganz ehrlich; klipp und klar; *vgl.* nista [< cig. *nyishta* »nichts«].

nyiszlett (gyenge) – schwach (körperlich); *nyiszlett alak* (gyenge ember) = Schwächling.

nyissz (olló) – Schere.

nyitó (ablak) – Fenster; *vgl.* fenszti, afti.

nyivó! (hallgass!) – sei ruhig!; *vgl.* epl dever, laf.

nyolc: *nekem nyolc* = (nekem mindegy) das ist mir egal!

nyolcas (rabló) – Räuber.

nyolcast kapott (életfogytiglanra ítélték) – bekam »lebenslänglich«.

nyolcra venni (kirabolni) – ausrauben.

nyolctizenötös szajré (autókeréktömlő) – Autoreifenschlauch.

nyom – 1. *nyomd / nyomd (már) ki!* (mondd már!) = sag schon! spuck schon aus!; 2. (közösül) Geschlechtsverkehr haben; 3. *nyomja a rizsát/a sódert/a süketet/a szöveget* (mellébeszél) = schwafeln, quasseln, labern.

nyomás – 1. (mámor) Rausch (*vom Alkohol*), Suff; 2. *nyomás!* (rajta!) = auf geht's! an die Arbeit!

nyomda: *nyomdába tesz* (közösül) = Geschlechtsverkehr haben.

nyomizik (székel) – Stuhlgang haben, scheißen.

nyomor (rossz, silány) – schlecht, mies, beschissen.
nyomorjampec (bolond ember) – Verrückter, Irrer.
nyomott (buta) – dumm, dämlich.
nyomul – 1. (gyalogol) (*zu Fuß*) gehen; 2. (törtet) drängen, drängeln; *auch: jól nyomul.*
nyoszolya (ágy) – Bett [wohl zu sbkr. *nosila* »Tragebahre, Bahre«].
nyög: *nyögd (már) ki!* (mondd már!) = sag schon! spuck schon aus!
nyögés (felelés – *iskolában*) = Antworten bei Abfrage, abgefragt werden (*in der Schule*) [wörtl.: »Geächze, Gestöhne«].
nyögi (magyar nyelvtan) – ungar. Grammatik (*Schulfach; Schülerspr.*); *vgl.* nyögtan.
nyögölde (iskola) – Schule [*Schülerspr.*; < *nyög* »ächzen, stöhnen«].
nyögtan (magyar nyelvtan) – ungar. Grammatik (*Schulfach*) [*Schülerspr.*; < *nyög* »ächzen, stöhnen« + *tan* »Lehre, Fach«].
nyugdíjas: *nyugdíjas állás* (jó, kényelmes állás) = gute, bequeme Stellung (*Arbeitsplatz*) [wörtl.: »Rentnerstellung«].
nyugi (nyugodt, -an) – ruhig; *nyugi, nyugi!* (nyugodtan!) = nur die Ruhe! immer mit der Ruhe!
nyugis (nyugodt, -an) – ruhig; *nyugis állás* (jó, kényelmes állás) = gute, bequeme Stellung (*Arbeitsplatz*).
nyúl – 1. (ember, férfi) Mensch, Mann; 2. (nő, lány) Frau, Mädchen; 3. (gyáva ember) Feigling, »Hasenfuß« 4. (tökrészeg) besoffen, sternhagelvoll [wörtl.: »Hase«].
nyúlbéla – 1. (gyáva ember) Feigling, »Hasenfuß«; 2. (gyenge ember) Schwächling [*nyúl* »Hase« + *Béla* (männl. Eigenname)].

nyúlcipő: *húzza/felveszi a nyúlcipőt* (elszökik, megszökik) = davonlaufen, abhauen [wörtl.: »Hasenschuhe anziehen«; *vgl.* dt. »*das Hasenpanier ergreifen*«].
nyúlgerinc (gyenge ember) – Schwächling [wortl.: »Hasenrückgrat«].
nyúlkál (tapogat) – betasten, befühlen, befummeln.
nyúlkálás (tapogatás) – Betasten, Befühlen, Fummelei.
nyúlós (zsebtolvaj) – Taschendieb; *vgl.* lenyúl, megnyúl.
nyuszi – 1. (nő, lány) Frau, Mädchen; 2. (gyáva ember) Feigling, Angsthase; 3. (hiszékeny ember) leichtgläubiger, naiver Mensch [wörtl.: »Häschen«].
nyuszi-busz (Polski Fiat) – Polski Fiat (*Automarke*).
nyuszika (félénk, hiszékeny személy) – zaghafte, leichtgläubige Person [wörtl.: »Häschen«; *vgl.* dt. *Angsthase*].
nyuszog (szúnyog) – Stechfliege, Schnake [Wortspiel; *Jugendspr.*].
nyúzott – 1. (kimerült) erschöpft, ausgelaugt, kaputt (*Mensch*); 2. (sovány) mager, dünn, dürr.
nyüstöl (szid) – schimpfen.
nyűtt: *nyűtt bugyelláris* (öreg nő) = alte Frau.
nyüzge (gyenge fizikumú) – körperlich schwach, schwächlich.
nyüzüge (gyenge fizikumú) – körperlich schwach, schwächlich.
nyüzsi (mozgalmasság) – Aufregung, Hektik, Durcheinander.
nyüzsög – 1. (tömegesen előfordul) haufenweise auftreten, wimmeln von; *a könyvben nyüzsögnek a hibák* (a könyvben nagyon sok a hiba) = im Buch wimmelt es nur so von Fehlern; 2. (igyekszik) sich ins Zeug legen, sich reinhängen.

O, Ó

oázik (sír) – weinen, flennen, greinen, heulen [*Kinderspr.*; lautmalend].

óbégat (hangosan jajgat és sír) – laut jammern, weinen, greinen [< dt. *o weh!*].

óber – 1. (jó, szép) gut, schön; 2. (nagy, nagyon) groß, sehr [< dt. *ober(er)*].

óberfirnyák (nagyvonalú, igen okos személy) – großzügige, sehr vernünftige Person [*vgl.* firnyák »Nase«].

óberfranci (nagyon buta) – stinkdumm; *vgl.* obermájer [óber + *Franci* »Franz, Ferenc«].

óberhé (rendőr-főkapitányság) – Polizeipräsidium [< dt. Rotw. *oberheh* »Polizeidirektion«; s. *óber + hé*].

óberhóhem (ravasz ember) ausgebuffter Typ, Schlitzohr [< (*s.*) óber + hóhem].

óberkedik, óberkodik – 1. (kötekedik) streiten, sticheln, stänkern; 2. (nagy hangon állít *vmit*, erősködik) lautstark *etw.* behaupten, bestehen auf *etw.*, beteuern; 3. (rendőrnek árulkodik) bei der Polizei verpfeifen, anzeigen [< óber].

obermájer (főstrici) – Obermakker. – *Talán te vagy itt az obermájer?* = Na, hast du vielleicht die Weisheit mit Löffeln gefressen? (*im Sinne von:* »Du hast ja keine Ahnung, du Klugscheißer!«) [spöttisch-ironisch; »*Meier*« hier vielleicht eher noch im ursprünglichen Wortsinn als »Guts-, Hausverwalter« zu verstehen, und nicht als der gängige Familienname; *vgl.* óberfranci; *vgl.* kimájer?].

obicupfer (kabáttolvaj) – Manteldieb [dt.; *vgl.* cupfol].

oboa (hímvessző) – Penis [wörtl.: »Oboe«].

oboázás (orális szex) – oraler Sex (*Fellatio*).

oboázik (orális szexet végez) – oralen Geschlechtsverkehr haben (*Fellatio*); *vgl.* oboa [wörtl.: »Oboe spielen«].

ócseny (nagyon) – sehr, enorm; *ócseny fasza* (csodás, remek) = enorm, prächtig, »saustark« [< russ. *očeň* »sehr«].

ocsi (szem) – Auge [< sbkr. *oko*, pl. *oči* »Auge(n)«].

ócska – 1. (elhasznált, elcsépelt, értéktelen) abgenutzt, verbraucht, wertlos; *ócska vicc* (régi vicc) = Witz mit Bart; *ócska tragacs* (öreg, használt autó) = alte Karre (*Auto*); *ócska vastaliga* (autóbusz) = Bus; 2. (silány, hitvány) schlecht, wertlos, mäßig, dürftig; *ócska regény* (hitvány regény) = Trivialroman.

oda: *oda süss!* (oda nézz!) = Schau mal dorthin!

odabasz – 1. *vkinek* egyet (megüt) *jdm* eine schmieren; 2. *vmit vhova* (tesz *vmit vhova*) *etw.* irgendwohin stellen, schmeißen.

odacsesz (ad *vmit vkinek*) – *jdm etw.* geben, reichen, hinüberreichen.

odacsörög (telefonál, felhív) – telefonieren, *jdn* anrufen; *vgl.* csörög 1., felcsörög.

odáig: *odáig van* vkiért (rajong, szeret) = verknallt sein, verrückt sein *nach jdm*.

odák (férfi) – Mann [*bes. Jugendspr.*].

odalép (felgyorsít járművet) – beschleunigen, Gas geben.

odamond vkinek (szid vkit) – jdn schimpfen, ausschimpfen.

odamondogat vkinek (szid vkit) – jdn (immer wieder) ausschimpfen.

odanyom – 1. (ad vmit vkinek) jdm etw. geben, reichen; 2. (egy összeget) vkinek (megveszteget) jdn bestechen, schmieren.

odapasszol (ad vmit vkinek) – jdm etw. geben, reichen.

odapofátlankodik (hirtelen beállít vhová) – irgendwo hereinplatzen, hereinschneien.

odapörköl vkinek (lelő) – jdn niederschießen, abknallen.

odas! (figyelj ide!) – schau her! paß auf! [< *oda süss!*].

odasóz: *odasóz* vkinek *egyet* (megüt) – *jdm* eine schmieren, knallen.

odaszól (telefonál, felhív) – telefonieren, *jdn* anrufen.

odatapos (felgyorsít járművet) – beschleunigen, Gas geben.

odatesz vkinek (teherbe ejt) – schwängern.

odavág vmit vhova (tesz vmit vhova) – etw. irgendwohin tun, hinlegen, hinschmeißen.

odavan vkiért (rajong, szeret) – verknallt sein, verrückt sein *nach jdm*. [wörtl.: »abwesend sein, wegsein«].

oda-vissza: *oda-vissza van magától* (nagyképű, beképzelt) = eingebildet, arrogant sein; *oda-vissza van* vkiért (szerelmes *vkibe*) = in *jdn* verliebt, verknallt sein; *oda-vissza van* vmiért (rajong) = begeistert sein von *etw.*, schwärmen für.

odú (lakás) – Wohnung [wörtl.: »Loch«].

offé (tájékozott, ismeri az újabb eseményeket, helyzetet) – kennt sich mit neuen Dingen, Ereignissen, Situationen aus; auf dem laufenden, »up-to-date« [fr. *en fait?*].

ofő (osztályfőnök) – Klassenleiter (*in der Schule; Schülerspr.*).

óhéber (valótlan beszéd, mellébeszélés) – leeres Geschwätz; *auch*: *óhéber duma* [wörtl.: »althebräisch«].

ojser (gazdag) – reich; *auch*: ajser [< jidd. *ojscher* »reich; reicher Mann«]; *s.* fejes, tutista, fliszer.

okád (hány) – brechen, sich erbrechen, kotzen.

okádék – 1. (undorító) eklig, beschissen, »zum Kotzen«; 2. (undorító dolog) eklige, beschissene Sache.

oké (rendben) – in Ordnung; *oké vagy* (nagy vagy, rendben vagy) = du bist ganz in Ordnung [< engl. *okay*].

okés (jó) – gut, brauchbar.

okesz (tanár – *röv.*: oktató eszköz) – Lehrer [Abk.: oktató eszköz = »Lehrmittel«].

oklizik *s.* oknizik.

oknizik (közösül) – Geschlechtsverkehr haben; *auch*: oklizik.

okos: *okos jános/toncsi/tóni* (okos ember) = kluger Mensch, Schlaumeier.

okosfiú (tolvaj) – Dieb; *s.* hohemfiú.

okosít (kitanít a tolvajmesterséget) – *jdm* das Diebeshandwerk beibringen; *s.* csiszol, művelőd.

okoskodik (kötekedik) – große Klappe haben, stänkern.

okosodik (kitanulja a tolvajmesterséget) – das Diebeshandwerk erlernen; *s.* csiszolódik.

okosság (hír) – Nachricht, Information.

okostóbiás (ostoba alak) – dummer Trottel.

okosulda (iskola) – Schule [*Schülerspr.*].

oksi (minden rendben van) - alles in Ordnung, alles OK [< engl. *okay*; bes. *Jugendspr.*].

olaj – 1. (hízelgés) Schmeichelei, Speichelleckerei; 2. (menekülés, felhívás menekülésre) Flucht, Aufforderung zur Flucht; *olajra lép* (megszökik, elillan) = fliehen, abhauen, verschwinden, verduften, sich davonmachen; *lépj olajra!* (tűnj el!) verschwinde, zieh Leine! [wörtl.: »Öl«].

olajkakadú (autóbusz) – Bus.

olajos (rabló, betörő) – Räuber, Einbrecher [wörtl.: »ölig, fettig«].

olajosnyelvű (bőbeszédű, pletykás) - geschwätzig, schwatzhaft [wörtl.: »ölzungig«].

olajoz (hízeleg) – schmeicheln, arschkriechen.

olcsójános (zsugori ember) – Geizhals, Geizkragen.

oldalborda (feleség) – Ehefrau [wörtl.: »Rippe«; *vgl. die biblische Schöpfungsgeschichte: 1. Mose 2,22*].

oldalkocsi – 1. (feleség) Ehefrau; 2. (barátnő) Freundin (*eines Mannes*), Partnerin [wörtl.: »Seitenwagen«].

olló (kilenc [*az olló szárához való hasonlóság után*]) – neun [wörtl.: »Schere«; nach der Ähnlichkeit des Zahlzeichens mit einer Scherenhälfte].

ollómallér (kilencven) neunzig [*olló* »9« + *mallér* »10«].

ollózás (lopás zsebből) – Diebstahl aus der Tasche.

ólommadár (lassú ember) – langsamer Mensch, Lahmarsch [wörtl.: »Bleivogel«].

olt *vkit* (szédít, ámít) – betrügen, täuschen, irreführen, reinlegen.

oltári (kiváló, óriási, nagyszerű) – ausgezeichnet, riesig, großartig; *oltári jó* (remek) = toll, saugut.

oltárian (nagyon, fölöttébb) – sehr, überaus; *oltárian klassz* = phantastisch, toll; *oltárian lelombozott* (nagyon szomorú) = völlig niedergeschlagen, deprimiert.

oltovics (hazudozó személy) – verlogene Person; *vgl.* olt.

olvas (jön, megy) – kommen, gehen [wörtl.: »lesen«].

olvaszt (pénzfelváltás ürügyén csal, különféle trükkökkel kevesebb pénzt ad vissza) – beim Geldwechsel betrügen (*mit diversen Tricks zuwenig Geld zurückgeben*).

Olymposz (tanári szoba) – Lehrerzimmer [*Schülerspr.*].

ondola (zugáru) – schwarze, illegale Ware.

óne (nem, *vmi* nélkül) – nicht, ohne; *óne vaker* (őszintén) = ehrlich, wirklich, ohne Schmu [< dt. *ohne*].

operáció (nagyobb betörés) – größerer Einbruch [*Gaunerspr.*].

optika (szem) – Auge [*vgl.* dt. »*ein Knick in der Optik*«].

ordenáré *s.* ordináré.

ordináré (faragatlan) – ungehobelt, ordinär [< lat.].

oref (jótálló) – Bürge.

organizál (lop, szerez) – stehlen, beschaffen [< dt. *organisieren* < fr.].

orgonál *s.* orgonázik.

orgonázik (lábbal jelt ad) – mit den Füßen Zeichen geben; *vgl.* fiszliz [wörtl.: »Orgel spielen«; wohl vom Betätigen der Fußpedale].

óriás (ezerkoronás bankjegy) – (*hist.*) 1000-Kronenschein [wörtl.: »Riese«; *vgl.* rízen].

óriási (remek, csodás) – toll,

prächtig, prima; *óriási fej* (szórakoztató ember) = toller Hecht; *óriási szám* (remek dolog) = tolle Sache.

óriásian *adv.* (remekül, csodásan) – toll, prima.

ormány (orr) – (*bes. große*) Nase, »Rüssel«.

ormányosbogár (nagy orrú) – Person mit großer Nase.

oroszlánbárlang (tanári szoba) – Lehrerzimmer [wörtl.: »Löwenhöhle«; *Schülerspr.*].

oroszlánszag (bűz) – Gestank, Mief [wörtl.: »Löwengeruch«].

oroszlánszagú (büdös) – stinkend.

orr: *orrba csap/nyom/ver* (megüt) = *jdm* eine auf die Nase geben.

orrfirhang (zsebkendő) – Taschentuch [wörtl.: »Nasenvorhang«; *vgl.* firhang].

orrvérzésig (sokáig) – lange Zeit hindurch, immer und immer wieder [wörtl.: »bis zum Nasenbluten«].

országúti patkány (rendőr) – Polizist.

oson – 1. (megy) gehen; 2. (siet, rohan) eilen, hasten, rennen.

oszi (osztályfőnök) – Klassenleiter (*in der Schule; Schülerspr.*).

oszlop (láb) – Bein [wörtl.: »Säule«].

oszposz – 1. (üres beszéd) leeres Gerede; 2. (mindegy) gleich, egal [< dt. Rotw. *oiss-boiss, oss-boss* »Kopie, genaue Abschrift«; *oss* »Buchstabe« < jidd.].

oszt: *osztja a lapot* (biztat szexre, kül. nézéssel) = eindeutig ermuntern (*zu sexuellem Kontakt, bes. durch Blicke*).

oszti (osztályfőnök) – Klassenleiter (*in der Schule; Schülerspr.*).

osztozkodás – 1. (veszekedés) Streit, Streiterei, Gezänk; 2. (verekedés, harc) Schlägerei, Prügelei, Kampf.

osztozkodik - 1. (verekszik) sich (herum)prügeln; 2. (összevész) sich zerstreiten, verkrachen [wörtl.: »*etw.* teilen mit *jdm*«].

otthagy: *otthagy a bánatba/a francba/a picsába/a túróba* (elhagy *vkit*) = *jdn* im Stich lassen, sitzenlassen; *otthagyja a fogát* (odavesz) = umkommen, draufgehen, hopsgehen [wörtl.: »seine Zähne dortlassen«]

otthon: *otthon van* vmiben (ért *vmihez*) = sich auf *etw.* verstehen, (in einem Metier) zu Hause sein.

overdózis (kábítószereknél túladagolás) – Überdosis (Drogen) [< engl. *overdose* unter Anpassung des zweiten Wortteils an ungar. *dózis*].

ovi (óvoda) – Kindergarten [*bes. Kinder- und Jugendspr.*].

oxi: *oxira vesz* (megrúg, belerúg *vkibe*) = *jdn* treten, *jdm* einen Fußtritt verpassen.

Ö, Ő

öcsi – 1. (férfi megszólítása) Mann!, Freund!, Kollege!; 2. (hímvessző) Penis [wörtl.: »kleiner Bruder«].

öcskös – 1. (öccse *vkinek*) jüngerer Bruder; 2. *in der Anrede: s.* öcsi 1.

ökör (buta férfi) – Dummkopf, Rindvieh, Hornochse [wörtl. »Ochse«].

ökörködik (bolondozik) – herumalbern, herumblödeln.

ökörkör (szülői értekezlet) – Elternsprechstunde (*in der Schule*) [wörtl.: »Ochsenrunde«; *Schülerspr.*].

ökörség (badarság) – Dummheit, Schwachsinn, »Viecherei«.

öngyi (öngyújtó) – Feuerzeug.

önki – 1. (önkiszolgáló bolt v. étterem) Selbstbedienungsladen, -restaurant; 2. (rossz, piszkos étterem) schlechte, schmutzige Gaststätte [Abk. von *önkiszolgáló* bzw. *önkiszolgálás* »Selbstbedienung«].

ördög – 1. (kül. pimasz gyermek) (*bes. freches*) Kind; *auch: kis ördög* [wörtl.: »Teufel«]; 2. *ördög bibliája* (kártya) = Kartenspiel [*vgl.* dt. »*des Teufels Gebetbuch*«]; *ördög követe* (tanár) = Lehrer [wörtl.: »des Teufels Gesandter«]; 3. *ördöge van* (szerencséje van) = Glück haben.

öreg – 1. (főnök, igazgató) Chef, Direktor; 2. (apa) Vater, »der Alte«; 3. (hasznos, értékes, jó) nützlich, interessant, gut; *ilyen öreg!*; *vgl.* ált; 4. *öreg harcos* = 1. (öreg férfi) alter Mann; 2. (tapasztalt ember) erfahrener Mensch, alter Fuchs; *öreg harcsa* (közlegény) = gemeiner Soldat; *öreg motoros* (tapasztalt ember) = erfahrener Mensch, alter Fuchs; *öreg szivar* (öreg ember) = alter Mann.

öreganyó (öreg nő) – alte Frau.

öregcsaj – 1. (idős nő) alte Frau; 2. (nagyanya) Großmutter.

öregem: *az öregem* (a szeretőm) = mein Freund, Liebhaber; [*seit den 20er Jahren*].

öregember (apa) – Vater.

öregfiú (apa) – Vater.

öreglány – 1. (öreg nő) alte Frau; 2. (anya) Mutter; 3. (nagyanya) Großmutter.

öregpasi (idős férfi) – alter Mann.

öregszirén (idős nő) – alte Frau.

öregszivar (idős férfi) – alter Mann.

őrmi (őrmester) – Wachtmeister.

örömítő (jó bizonyítvány) – gutes (Schul-)Zeugnis [*Schülerspr.*; < *öröm* »Freude«; parallel gebildet zu (*s.*) *szomorító* < *szomorít* »traurig machen«; also etwa: »das, was Freude bereitet«].

örül: *örül, mint majom a farkának* (nagyon örül, boldog) = vor Freude aus dem Häuschen sein.

őrült – 1. (rajongó ember) Schwärmer; 2. *őrült kakadu* (bolond, őrült) = Verrückter, Irrer.

őrültekháza (felfordulás, zűrzavar) – Chaos, Durcheinander, »Irrenhaus«.

ős (szülő) – Elternteil; *ősök* (szülők) = Eltern; *őseim* (szüleim) = meine Eltern [ironisch, wörtl.: »Vorfahr«].

őskor (történelem – iskolában) – Geschichte (*Schulfach*) [wörtl.: »Urzeit, Vorzeit«; *Schülerspr.*].

összebalhézik (veszekszik, összevész) – sich prügeln, sich zerstreiten, sich verkrachen.

összeboronál *vkit vkivel* (összeismertet – *férfit és nőt*) – verkuppeln (*Mann und Frau*).

öszzebratyizik (barátok lesznek) – sich anfreunden, sich verbrüdern.

összecsókolózik (karambolozik – *autók*) – zusammenstoßen (*Autos*).

összecsuk: *összecsukja az autót* (karambolozik, tönkretesz) = (*ein Auto*) zu Schrott fahren.

összedob – 1. (pénzt összead) zusammenlegen (*Geld*); 2. (hirtelen, gyorsan, felületesen készít *vmit*) schnell und oberflächlich *etw.* anfertigen, zubereiten.

összefekszik (közösül) – Geschlechtsverkehr haben [wörtl.: »sich zusammen hinlegen«].

összefosik: *összefossa magát* (megijed) = erschrecken, Angst haben, sich vor Angst in die Hosen machen.

összehajt (keres – pénzt) – Geld auftreiben.

öszzehajtogat: *összehajtogatja a kocsit* (karambolozik) = (*Auto*) zu Schrott fahren.

összehaverkodik (barátok lesznek) – Freundschaft schließen, sich verbrüdern [< haver].

összehoz – 1. *vmit* (elkészít *vmit*) *etw.* zustandebringen, fertigbringen; 2. *vkit vkivel* (összeismertet) miteinander bekanntmachen, verkuppeln (*Mann und Frau*).

összehugyozik: *összehugyozza magát* (nevet) = sich schieflachen, sich vor Lachen in die Hose machen.

összejön *vmi vkinek* (sikerül) – gelingen, klappen.

összekap: *összekapja magát* (összeszedi magát) = sich aufrappeln, sich zusammenreißen.

összekarmol: *összekarmolja magát* (rajong) = schwärmen für, begeistert sein von; *összekarmolja magát vmitől* (nagyon rajong, örül) = ganz hingerissen sein von *etw.*; ganz verrückt sein nach *etw.*

összekoccan (veszekszik, összevész) – sich prügeln, sich herumstreiten; sich verkrachen.

összekócol: *összekócolja a fogsorát* (megver) = verprügeln, vermöbeln, *jdm* die Fresse polieren; *összekócolom a fogaidat!* (megverlek!) = ich polier' dir die Fresse!

összekutyul (elront, tönkretesz) – ruinieren, kaputtmachen, versauen.

összenyaklik (elájul) – ohnmächtig werden, zusammenklappen, umkippen.

összepasszol (összeillik) – zusammenstimmen, zusammenpassen [ungar. *össze* »zusammen-« + dt. *passen*].

összepattant (összeveszett) – zerstritten, verkracht.

összepisál: *(majd) összepisálja magát* (nevet) = sich schieflachen, sich vor Lachen in die Hose machen.

összepofoz (hevenyészve elkészít v. kijavít *vmit*) – *etw.* zusammenflicken, zusammenschustern.

összeránt: *összerántja magát* (összeszedi magát) = sich aufrappeln, sich zusammenreißen.

összeröffen (találkozik, összegyűlik) – sich treffen, zusammenkommen (*bes. zu Fete, Party usw.*) [wörtl.: »zusammengrunzen«].

összeröffenés (parti, buli) – Party, Fete [wörtl.: »Zusammengegrunze«].

összeszarik: *összeszarja magát* (nagyon igyekszik) = sich anstrengen, sich krampfhaft bemühen; *(majd) összeszarja magát* = (megdöbben) erstaunen, stutzen, verblüfft sein; 2. (megijed) fürchterlich erschrecken; 3. (nagyon fél) panische Angst haben, sich vor

Angst in die Hose scheißen; 4. (nagyon nevet) sich schieflachen, sich vor Lachen in die Hose machen.
összeszed – 1. *vmit* (elkap) sich etwas holen, bekommen (*z. B. Krankheit, bes. Geschlechtskrankheit*); 2. *vkit* (megismerkedik) *jdn* kennenlernen, *jdn* aufgabeln, auflesen.
összeszűr: *összeszűri a levet* (titokban összeszövetkezik) = sich verschwören [wörtl.: »den Saft/die Brühe zusammenseihen/-filtern«].
összetett: *összetett tragacs* (csuklós busz) – Gelenkbus.
összetör: *összetöröm a pofád!* (megverlek!) = ich schlag dir die Fresse ein!
összeüt *vmit* (előállít) – *etw.* zustandebringen, fertigbringen.
összever (keres – *pénzt*) – (*Geld*) auftreiben, zusammenraffen.
összezabál (mohón sokat, sokfélét eszik) – *etw.* in sich hineinstopfen, *etw.* zusammenfressen.
összezagyvál (elront, tönkretesz) – kaputtmachen, ruinieren.
ötágú villa (kéz) – Hand [wörtl.: »fünfzinkige Gabel«].
ötér'túró (hazugság, ámítás) – Lüge, Täuschung, Betrug.
ötke (jeles – *osztályzat*) – »Sehr gut« (»Fünf«; *beste Note in ungar. Schulen; Schülerspr.*).
ötödik: *ötödik kerék* (a fölösleges harmadik) = der störende Dritte (*bei trauter Zweisamkeit*) [wörtl.: »das fünfte Rad (am Wagen)«].
ötön vesz (öt ujjával szerez, lop) – stehlen [»mit den fünf Fingern nehmen«].
ötrossz (befellegzett, baj van, vége) – erledigt, am Ende, in Schwierigkeiten; *ötrossz!* = da haben wir den Salat!
ötvös (jeles – *osztályzat*) – »Sehr gut« (»Fünf«; *beste Note in ungar. Schulen; Schülerspr.*).

P

pá! (köszönés búcsúzáskor) – tschüß! – *auch:* pá-pá! [*hauptsächlich von Frauen gebraucht*].

pác: *pácban van* (bajban van) = im Schlamassel, in der Scheiße stekken; *csúnyán benn maradtam a pácban* = da steckte ich scheußlich in der Patsche [< dt. *Patsche*].

paca – 1. (folt) Fleck, Klecks (Farbe, Tinte); *auch:* poca; 2. (elégtelen – *osztályzat*) »Ungenügend« (»Eins«; *schlechteste Note in ungar. Schulen; Schülerspr.*); *vgl.* pálca, peca.

pacák (ember, férfi) – Mensch, Mann; *vgl.* pacek.

pacal (erélytelen, gyámoltalan személy – *kül. férfi*) – unentschlossene, unbeholfene Person (*bes. Mann*); »Waschlappen«.

paccer (kontár; kétbalkezes) – Pfuscher; ungeschickte Person, Tolpatsch [< dt. *Patzer, patzen*].

pacedli (férfi) – Mann, Kerl [*bes. Jugendspr.*].

pacef (arc) – Gesicht, *auch:* pacek [< dt. Rotw. *patzuf, putzuf* »dss.« < jidd. *parzuf* »dss.«].

pacek – 1. (férfi) Mann; *s.* pacák; 2. (arc) Gesicht; *pacek balhé* (olyan bűntény, amelynek elkövetésénél a károsult látta a tettes arcát) = Straftat, bei der das Opfer das Gesicht des Täters sieht [*Gaunerspr.*]; *auch:* pacef; 3. (kicsi) klein.

paci – 1. (férfi) Mann [*vgl.* pacák]; 2. (ló) Pferd [*Kindersprache*].

pacinger (férfi) – Mann [*vgl.* paci, pacek, pacák *und* pasinger].

pacni (folt) – Fleck (z. B. *Tintenfleck usw.*) [zu dt. *patzen*].

pacuha (lompos) – schäbig gekleidet, heruntergekommen, zerlumpt.

pacurák (férfi) – Mann.

pacsi (kéz) – Hand, »Patscherchen«; *pacsit ad* (kezet ad) = die Hand geben, »Pfötchen geben« [*Kinderspr.*].

pacsirta – 1. (besúgó) Spitzel; 2. (csendőr) Gendarm [wörtl.: »Lerche«, *die so schön singen kann*; daher Bedeutung 1.].

pacsker (papucs) – Pantoffel; *vgl.* feldob: *feldobja a pacskert.*

padlás (fej) – Kopf [*Jugendspr.*; wörtl.: »Dachboden«].

padló: *padlón van* = 1. (rossz helyzetbe került) in einer schlimmen Lage sein; 2. (nincs több pénze) kein Geld mehr haben; *padlóra kerül* (rossz helyzetbe kerül) = in eine schlimme Lage geraten; *padlót fogat* (leüt) = niederschlagen; *padlót fogott* (leütötték) = zusammengeschlagen, verprügelt; *padlót megy / padlóig nyomja a gázt* (száguld – *kocsival*) = rasen (*mit dem Auto*).

padlótorpedó (alacsony, kicsi ember) – kleingewachsener Mensch [wörtl.: »Bodentorpedo«].

padlóz, -ik (esik, elesik) – fallen, hinfallen [eigentl.: »Boden legen« < *padló* »Fußboden«].

paff: *paff lesz* (megdöbben) = erstaunen, verblüfft sein; *paff lett* (elhűlt, elámult, elképedt) = bestürzt, betroffen, perplex, verblüfft; *egészen paff voltam* = ich war ganz baff; *auch:* paffá [< dt. *baff sein*].

paffá: *paffá lesz* (meglepődik, megdöbben) = erstaunen, »baff sein«; *s.* paff.

pájsli – 1. (szalontüdő) geschmortes Lungenfleisch; 2. (emberi tüdő) Lunge (*beim Menschen*) [<

bair.-österr. *Beuschel* »Lungengericht«].

pajti (pajtás) - Kumpel, Freund [< *pajtás* »Kamerad, Kumpan«; *Jugendspr.*].

pakk – 1. (holmi) Kram, Siebensachen; 2. (csomag, poggyász) Gepäck [dt.]

pakli – 1. (kis csomag, kártyacsomag) Päckchen, Pack (*Spielkarten*); 2. (összeesküvés, fondorlat) Verschwörung; *ez is benne van a pakliban* »der ist auch mit von der Partie«; *kimaradt a pakliból* »außer acht geblieben«; 3. (becsapás, csalás, szélhámosság) Betrug, Schwindel; 4. (*pejor.* szövetkezés) »Pack«, (*pejorativer Ausdruck für eine Gruppe*); 5. (szerelmi viszony) Liebesbeziehung, Verhältnis; *paklija van vkivel* = »mit jdm ein Verhältnis haben« [< dt. *Pack, Paket*].

paklizás – 1. (becsapás, csalás, szélhámosság) Betrug, Schwindel, Gaunerei; 2. (összebeszélés) Komplott, Verschwörung; 3. (hamiskártyázás) Falschspiel (*beim Kartenspiel*).

paklizik – 1. (*kártyában:* csal; összejátszik *vkivel*) (*beim Kartenspiel*) betrügen; 2. (összebeszél) paktieren; sich verschwören mit *jdm.* [dt.].

paklizó (hamiskártyás) – Falschspieler (*beim Kartenspiel*).

pakol – 1. (csomagol) ein-, verpakken; 2. (takarodik) verschwinden, »sich packen«; 3. (nagyképűsködik) angeben, großtun, große Klappe haben [dt.].

pakolás (csomagolás) – Verpakkung [dt.].

pakolópapír (csomagolópapír) – Packpapier [dt.].

pakolós (nagyképű, beképzelt) – angeberisch, wichtigtuerisch, großspurig, eingebildet; *vgl.* pakol 3.

paksi: *paksi mogyoró* (széklet) = Kot, Scheiße.

paksus *s.* pakszus.

pakszus (személy igazolvány) – Personalausweis; *auch:* passzus [*vgl.* dt. *Paß*].

paktál (titkon egyezkedik; titkolózva tárgyal) – (*im Geheimen*) paktieren; Geheimverhandlungen führen [dt.].

paláver – 1. (tárgyalás, tanácskozás) Besprechung, Diskussion; 2. (hosszadalmas, szószaporító megbeszélés, fecsegés) langes, wortreiches Gerede, »Palaver« [< dt. < port. *palavra* »Wort, Sprache«].

pálca – 1. (láb) Bein; 2. (hímvessző) Penis; 3. (elégtelen – *osztályzat*) »Ungenügend« (»Eins«; *schlechteste Note in ungar. Schulen; Schülerspr.*).

pali – 1. (alak, személy) Typ, Person; 2. (hiszékeny, járatlan, becsapható ember) leichtgläubiger, unerfahrener, leicht zu betrügender Mensch, Tölpel; *palira fog/vesz* = 1. (rászed) betrügen; 2. (bolondnak tart) zum Narren halten, verarschen; *vgl.* bepaliz; 3. (nő szeretője) Liebhaber (*einer Frau*); 4. (rendőr) Polizist [< *Pali, Pál*; Eigenname].

palimadár – 1. (férfi) Mann; 2. (rászedhető ember) leichtgläubiger, leicht zu betrügender Mensch.

palizab (sósmandula) – Salzmandel [wörtl.: »Tölpelhafer«, *denn nur Unerfahrene bestellen in Nachtclubs auf Verlangen von Animierdamen sündhaft teure Leckereien*].

pam-pam (hülye, bolond) – verrückt, bescheuert, »plem-plem«.

pampogó (száj) – Mund, Maul.

pampula (pofa) – Maul; *fogd be a pampuládat* = halt's Maul!
pampura (orr) – Nase.
pancák (férfi) – Mann, Kerl [*bes. Jugendspr.*].
pancs – 1. (víz kiloccsantása, tócsa) Geplansche, Pfütze; 2. (rossz minőségű, híg bor) schlechter, dünner, gepanschter Wein; 3. (összekotyvasztott, rossz ital) gepanschtes alkoholisches Getränk; Gepansch, Pansch. [dt.].
pancser – 1. (kétbalkezes személy) ungeschickte Person, Tolpatsch, Pfuscher; 2. (tudatlan, tájékozatlan) unwissende, ahnungslose Person [dt.].
pandázs (rendőrautó) – Polizeiauto [*wohl zu* pandúr].
pandorec (fogda) – Arrest.
pandúr (rendőr) – Polizist [*leicht ironisch*; eigentl. histor.: »Gendarm« im 18./19. Jhdt.].
pánkó (fánk) – Pfannkuchen [dt.].
panyula (száj) – Mund, Maul; *vgl.* pampula.
papa (apa) – Vater.
pá-pá! (köszönés búcsúzáskor) – tschüß!; *auch:* pá! [*hauptsächlich von Frauen gebraucht*].
pápaszem (szemüveg) – Brille.
pápaszemes (szemüveges ember) – Brillenträger.
papdicsom (paradicsom) – Tomate [*bes. Jugendspr.*].
papedli – 1. (kívánatos dolog) etwas, was man unbedingt haben will; 2. (jó vétel) günstiger Kauf, Schnäppchen; 3. (bosszúság) Verärgerung, Ärger [dt.; *vgl.* papundekli].
papek (bot) – Stab, Stock.
papi, pápi (apa) – Papi, Vater.
papír – 1. (ezerkoronás) 1000-Kronenschein [*zw. 1918 u. 1926*]; 2. (recept – *kábítószereseknél*) (*bei Drogenabhängigen*) Rezept; *vgl.:* erpé.
papírfejű (hülye) – blöd, verrückt [wörtl.: »hat einen Papierkopf«].
papírjaguár (Trabant) – Trabant (*Automarke*).
papol (fecseg, üresen beszél) – quasseln, quatschen, plappern [< dt. *babbeln*?].
papramorgó (pálinka) – Schnaps.
papuci (férfi megszólítása) – »Väterchen«, »Mann« (*Anrede; bes. unter Jugendlichen*).
papucs (férfi) – Mann, Kerl [wörtl.: »Pantoffel«; *bes. Jugendspr.*].
papundekli (kartonpapír) – Karton, »Pappdeckel« [dt.].
papundeklidoboz (*Trabant*) – Trabant (*Automarke*) [wörtl.: »Pappschachtel«, *wegen der »Leichtbauweise«*].
papuskám (férfi megszólítása) – »Väterchen«, »Mann« (*Anrede; bes. unter Jugendlichen*).
papzsák: *telhetetlen papzsák* = unersättlicher, maßloser Mensch [dt. *Pappsack*?].
pára (*kábítószereseknél:* ragasztó) – (*bei Drogenabhängigen*) Leim (*zum »Schnüffeln«*).
paradicsom – 1. (fej) Kopf [*Jugendspr.*; wörtl.: »Tomate«]; 2. *paradicsomot főz* (menstruál) = menstruieren [wörtl.: »Tomaten kochen«].
paradicsomérés (menstruáció) – Menstruation.
paradicsomfőzés (menstruáció) – Menstruation.
paraplé (esernyő) – Regenschirm [< dt. < fr. *parapluie*].
paraszt (faragatlan ember) – ungehobelter Mensch, Flegel

[wörtl.: »Bauer«]; *paraszt kitűnő* (elégséges – osztályzat) = »Ausreichend« (»Zwei«, *zweitschlechteste Note an ungar. Schulen; Schülerspr.*).

paríroz (engedelmeskedik) – gehorchen, »parieren« [< dt.].

párocska (szerelmespár) – Liebespaar, »Pärchen« [< dt. *Paar* + Verkleinerungssilbe].

paróka (haj) – Haar [*vgl.* dt. *Perücke*].

parolizik (a tétet megdupláz – *kártyában*) – (*beim Kartenspiel*) »Paroli«, »Kontra« geben.

párolog: *párologj el!* (tűnj el!) = verschwinde, hau ab!

partedli (előke, szakállka) – Lätzchen (*für Kinder beim Essen*); *auch:* parterli [< bair.-österr. *Barterl* »Lätzchen«; *vgl.* dt. Rotw. *parta, bahrda* »Band, Schnur«?].

parterli *s.* partedli.

parti – 1. (játszma, játék) Spiel; 2. (játékosok csoportja) Gruppe von Spielern; 3. (az egy műszakban dolgozók) Leute, die in derselben Branche, im selben Metier arbeiten; 4. (társadalmilag, anyagilag előnyös házasság) für die gesellschaftliche Stellung bzw. die finanzielle Situation vorteilhafte Heirat; 5. *partiba dob/vág* = 1. (közösül – *egy nő több férfival egymás után*) Geschlechtsverkehr haben (*eine Frau nacheinander mit mehreren Männern*); 2. (ellenszolgáltatásért, pénzért odaadja nőjét másnak) für Gegenleistung oder Geld die eigene Frau oder Freundin einem anderen überlassen; *partiba dug* (közösül – *egy nő több férfival egymás után*) = Geschlechtsverkehr haben (*eine Frau nacheinander mit mehreren Männern*); [zu 1.: dt. »eine Partie Schach, Bridge ...«; zu 4.: dt. »eine vorteilhafte Partie«].

partvis (kefeseprű) – Schrubber (*Putzgerät*).

pasak (férfi) – Mann, Kerl; *vgl.* pasas [*bes. Jugendspr.*].

pasas (férfi, alak) – Mann, Kerl; *auch:* pasasér, pasi, pasinger [< pasasér < dt. *Passagier*].

pasasér *s.* pasas.

pasek *s.* pasas.

pasi *s.* pasas.

pasinger *s.* pasas; *vgl.* pacinger.

paslag (férfi) – Mann.

pasmag (férfi) – Mann.

passz: *passzra vág* = 1. (elad) verkaufen; 2. (szakít *vkivel*) mit *jdm* brechen, sich von *jdm* trennen.

passzent (*ruha:* testhez simuló) – passend (*Kleid*) [dt.].

passzentos *s.* passzent

passzer – 1. (orgazda) Hehler; 2. (zsebtolvaj alkalmi segítőtársa, aki a lopott holmit azonnal átveszi, és elillan vele) Diebesgehilfe, der die Beute übernimmt, und damit verschwindet [< dt. Rotw. *passer, pascher* »Hehler«].

passzió – 1. (kedvelt időtöltés) angenehmer Zeitvertreib, Hobby; 2. (élvezet) Leidenschaft, Genuß [lat.]

passziózik (időt tölti *vmivel*) – sich mit einem Hobby die Zeit vertreiben [< passzió].

passzol, pásszol – 1. (illik *vmihez*, egyezik *vmivel*) passen; *Passzol a ruha? – Passzol!* (»Paßt das Kleid?« – »Es paßt.«); 2. (túlad *valamin*, továbbad, elad) weitergeben, verkaufen; 3. (lop, szerez) stehlen, sich *etw.* beschaffen; 4. (vásárol, vesz) (ein)kaufen; 5. (kártyában lemond a licitálásról, átadja a játékot) passen (*beim Kartenspiel*) [< dt. *passen*].

passzus (személyi igazolvány) –

Personalausweis; *auch:* pakszus [*vgl.* dt. *Paß*].
paszuly (bab) – Bohne (*Gemüse*).
pata – 1. (kéz) Hand; 2. (láb) Fuß.
patália (haragos veszekedés) – wütender Streit; *patáliát csap* (botrányt csinál) = Streit vom Zaun brechen [< dt. < it. *battaglia*].
paterol – 1. (eltávolít, elküld, túlad *vmin*) etwas entfernen, beseitigen, loswerden; 2. (elküld, megszabadul *vkitől*) jdn wegschicken, loswerden; 3. (halott hírét költi *vkinek*) über *jdn* eine falsche Todesnachricht verbreiten [< dt. Rotw. *pattern* »entlassen, loslassen, wegschicken« < jidd. *pattern* »dss.«].
patkány (aljas ember) – niederträchtiger, gemeiner Mensch [wörtl.: »Ratte«].
patova (lopott holmi) – Diebesgut.
pattanás – 1. (fej) Kopf; 2. (*kül.* kicsi női mell) (*kleine*) weibliche Brust, Busen [wörtl.: »Pickel, Pustel«].
pattog – 1. (kötekedik) Streit suchen, stänkern; *pattog, mint kecskeszar a deszkán*; 2. (veszekszik) streiten, sich prügeln; 3. *pattogj, mint a ruhatetű!* (rajta!) = auf geht's! vorwärts!
pattogósan *adv.* (gyorsan) – schnell.
patyolat (tisztító, mosoda) – chemische Reinigung [wörtl.: »Batist«; ursprüngl. Firmenname].
paukol (intenzíven tanul) – intensiv lernen, büffeln, »pauken« [dt.].
pázsit-mókus (Polski Fiat) – Polski Fiat (*Automarke*).
peca (elégtelen – *osztályzat*) – »Ungenügend« (»Eins«; *schlechteste Note in ungar. Schulen; Schülerspr.*).
pech (balszerencse) – Unglück, Pech; *peche van* (nincs szerencséje) = Pech haben [dt.].
peches (nincs szerencséje, balszerencsés) – unglücklich.
pechfógel (balszerencsés ember) – Pechvogel [*leicht altmod.*; < dt.].
pecó (lakás) – Wohnung.
peccöl (fizet) – zahlen.
peccs (pofon) – Ohrfeige.
pedál (jeles – *osztályzat*) – »Sehr gut« (»Fünf«; *beste Note in ungar. Schulen; Schülerspr.*).
pedálgép – 1. (magolós diák) übereifriger Schüler, Streber; 2. (talpnyaló) Kriecher, Speichellecker [»Pedalmaschine«; *vgl.* dt. »*Radfahrer*«].
pedáloz (igyekszik) – sich anstrengen, bemühen, »strampeln«.
pedálozik – 1. (törtet, helyezkedik) sich vordrängeln, sich Platz schaffen; 2. *vkinél* (kedvében jár) sich bei *jdm* einschmeicheln; *jdm* schönreden/in den Arsch kriechen [wörtl. »in die Pedale treten«; vgl dt. umgangsspr. »*radfahren*«].
pedfő (pedagógiai főiskola) – Pädagogische Hochschule [Abk. von ungar. *pedagógiai főiskola*; *Schülerspr.*].
pedz (sejt, kezd érteni *vmit*) – ahnen; anfangen, zu verstehen; (so langsam) begreifen; *már pedzem* = jetzt dämmert's!
peh *s.* pech.
peisli (tüdő) – Lunge; *s.* pájszli.
pejkó (elégtelen – *osztályzat*) – »Ungenügend« (*Zensur in der Schule*).
pejnlih (kínos, kellemetlen, kényelmetlen) – unangenehm, »peinlich« [dt.].
pél *s.* péló.
pelenkás (bölcsődés) – Kindergartenkind [< *pelenka* »Windel«; *bes. Jugendspr.*].

péló (hímvessző) – Penis [< cig. *pélo* »Hoden«].

pelus (pelenka) – Windel [*bes. Kinderspr.*].

pelusos (bölcsődés) – Kindergartenkind [< pelus; *bes. Jugendspr.*].

pelyhes: *pelyhes tökű* (kezdő, újonc) = Anfänger, Neuling.

pelyva (pénz) – Geld.

pemzli (ecset) – Pinsel [< dt.].

penész – 1. (csúnya) häßlich; 2. *eszi a penész* (erősen irigykedik) = grün vor Neid werden [wörtl.: »Schimmel« bzw. »den Schimmel essen«].

penészedik (unatkozva tesped) – sich gräßlich langweilen.

penészes (sápadt) – blaß, bleich, käsig (*im Gesicht*) [wörtl.: »schimmlig«].

penge – 1. (jó, remek, tökéletes) gut, hervorragend; 2. (szakember, specialista) Fachmann, Spezialist; 3. *pengét megy* (száguld – *járművel*) rasen (*mit Fahrzeug*).

penkó (toll) – Federhalter, Füller, Stift, *vgl.* penna.

penkusz (toll) – Federhalter, Füller, Stift; *vgl.* penna.

penna (toll) – Federhalter, Füller, Stift [< lat. *penna* »Feder«].

pénzeszsák (gazdag ember) – Reicher [wörtl.: »Geldsack«].

pénzzavar: *akut pénzzavarban szenved* (anyagilag szorult helyzetben van) = pleite, abgebrannt sein.

pepe (férfi) – Mann, Kerl [*bes. Jugendspr.*; *vom span. Rufnamen*].

pepita – 1. (gyanús személy, illetve dolog [*nem tiszta fehér*]) verdächtige Person oder Sache; *ilyen pepita* = (*etwa*:) »dem trau' ich nicht, auf den falle ich nicht herein«; 2. (ősz hajú) grauhaarig; 3. (szeplős) sommersprossig; 4. (*kábítószereseknél*: Seduxen-Parkan gyógyszer-kombináció) (*bei Drogenabhängigen*) Kombination der Medikamente Seduxen und Parkan [eigentl. Bez. für ein Stoffmuster mit kleinen schwarzen und weißen Karos; nach der span. Tänzerin *Pepita de Ortega*, die dieses im 19. Jhdt. in Mode brachte; die Konnotation dann: »nicht völlig weiß« –> »keine weiße Weste« –> suspekt; Bed. 2: weiß und schwarz gemischt].

per: *per kopf/kopoltyú/koponya* (fejenként, koponyánként, személyenként) = pro Kopf, pro Person [dt. < lat.].

perec: *kerek perec* (köntörfalazás nélkül) = ohne Umschweife, klipp und klar [wörtl.: »eine runde Brezel« = *eine runde Sache ohne Haken und Ösen*].

perecel – 1. (esik, elesik) hinfallen; *auch*: elperecel; 2. (karambol) (*mit dem Auto*) Unfall, Zusammenstoß haben [zu bair.-österr. *(hin-)bröseln, brezeln* »fallen, hinfallen«].

pereputty (család) – Familie.

pergő (kocsi, szekér) – Wagen, Karren [< *pereg* »rollen«]; *auch*: pörgő.

periszkóp (szem) – Auge.

perka (pénz) – Geld.

perkál (fizet) – zahlen, bezahlen; *auch*: leperkál.

péró (haj) – Haar [*vgl.* séró; wohl »*rhyming slang*«].

perzsa – 1. (tíz ezer) zehntausend; 2. (tízezerkoronás bankjegy) Zehntausendkronenschein [*in der 2. Bedeutung zw. 1918 u. 1926*].

pesó (pénz) – Geld; *vgl.* pezó.

peták (csekélyke pénz) – Kleingeld; *nincs egy árva petákom sem* (nincs egy fillérem sem) = ich habe keinen Pfennig, bin blank,

pleite [*im 17. Jahrhundert Bez. für ein 5-Kreuzerstück; vgl.* sbkr. *pet* »5«].
Péter (alsó – *a kártyában*) Unter (*beim Kartenspiel*).
petty *s.* pötty.
pezó (pénz; forint) – Geld; Forint; *auch:* pesó [< span. *peso*].
pézsé (papírzsebkendő) – Papiertaschentuch, »Tempo« [Abk.: *papírzsebkendő*].
pfeffer (puskapor) – Schießpulver [< dt. Rotw. *pfeffer* »dss.«].
pfeijfer (könnyen valló tolvaj) – Dieb, der schnell gesteht [< dt. Rotw. *pfeifer* »Gestandiger, Verräter«; *vgl.* jdn *verpfeifen*].
pi (pénz) – Geld; *vgl.* pinka [< dt. Rotw. *pinke* »Geld«].
pia (szeszesital) – alkoholisches Getränk, Drink [< piál].
piacter (pénz; forint) – Geld; Forint; *vgl.* piaszter.
piál (iszik) – trinken, saufen; *vgl.* elpiál [< cig. *pijel* »trinken«].
piálás (részegeskedés) – Sauferei.
piás (italos, részeges, részeg) – trunksüchtig, versoffen; angetrunken, betrunken, besoffen; *piás lesz* (lerészegedik) = sich betrinken, sich besaufen.
piaszter (pénz; forint) – Geld; Forint.
piázás (ivászat) – Sauferei, Besäufnis.
piázik (iszik) – trinken, saufen.
pici – 1. (kicsi) klein, winzig; 2. (kevés) wenig.
picuri (kicsi) – klein, winzig.
picurka – 1. (kicsi) klein, winzig; 2. (kevés) wenig.
picsa – 1. (hüvely, vagina) (*weibl.*) Scheide, »Fotze«; 2. (fenék) Hintern, Arsch; *picsán rúg* (belerúg *vkibe*) = in den Hintern treten; 3. (kurva) Hure; 4. (rossz, silány) schlecht, mies, beschissen; 5. *menj a picsába!* = »fahr zur Hölle!« [*vulg.*].
picsafej (ellenszenves ember) – unsympathischer Mensch, Scheißkerl.
picsafejű (ellenszenves, utált) – unsympathisch, verhaßt.
picsafüst (könnyű dolog, feladat) – einfache Sache, Aufgabe [spielerische Verunstaltung von (*s.*) pipafüst; *vgl.* picsa].
picsányi – 1. (kicsi) sehr klein, winzig; 2. (kevés) sehr wenig.
picsipacsi (a tétet megháromszoroz – *a kártyában*) – *beim Kartenspiel* den Einsatz verdreifachen.
picsipacsizik (közösül) – Geschlechtsverkehr haben.
pige (csikló) – (*anatom.*) Kitzler, Klitoris.
pigmeus (alacsony, kicsi ember) – Zwerg, kleingewachsener Mensch; »Pygmäe«.
pihen: *pihen a vére* (börtönben van) = im Gefängnis sitzen [wörtl.: »*jds* Blut ruht aus«; *vér* »Blut« hier im Sinne von »Heißblütigkeit« (*tüzes vér*)].
pihent: *pihent agyú fickó* (okos, okoskodó ember) = ausgeschlafenes Bürschchen, Schlaumeier [*iron.*].
pihentet (börtönbe zár, lecsuk) – jdn ins Gefängnis sperren, einsperren, einbuchten [wörtl.: »ausruhen lassen«].
pihizik (pihen) – ausruhen, Pause machen [< *pihen*].
pik *s.* pikk.
pikbajesz (étterem) – Gaststätte, Restaurant; *vgl.* pikköl [< dt. Rotw. *picken* »essen« und dt. Rotw. < jidd. *bajiss* »Haus«].
pikk (harag) – Wut, Ärger; *pikkje van* vkire (haragszik *vkire*) = wütend sein auf *jdn*, einen Praß ha-

ben auf *jdn; vgl.* pikkel [< dt. umgangsspr. *Piek, Pik, Pick, Pieke* »geheimer Groll«; *einen Pik auf* jdn *haben;* < fr. pique].

pikkel *vkire* (haragszik, neheztel) – auf *jdn* böse sein, *jdm* grollen [*vgl.* pik, pikk und dt. *picken*].

pikkol *s.* pikköl.

pikköl (eszik) – essen [< dt. Rotw. *picken* »essen«].

pikmaszi (hazugság) – Lüge.

pikszlis (far) – Hintern, Hinterteil.

pikula (orr) – Nase.

pilács – 1. (szem) Auge; 2. (lámpa, fény) Lampe, Licht; *köpd fel a pilácsot!* (gyújtsd fel a villanyt!) = mach das Licht an!

pilácsol (néz) – schauen, kucken.

pillangó (utcai nő) – Straßenmädchen, Hure [wörtl.: »Schmetterling«].

pillantó (szem) – Auge [wörtl.: »das Blickende«].

pilóta (járművezető) – Autofahrer.

pimf (ügyetlen, kezdő, jelentéktelen alak, hólyag) – ungeschickter, unbedeutender Typ, Anfänger, Dummkopf [< dt. *Pimpf*].

pimfli – 1. (rossz, silány) schlecht, mies, beschissen, Scheiß-; 2. (rossz, silány dolog) (*minderwertige, schlechte Sache, Ware usw.*) Schrott, Mist, Scheiß(dreck) [< dt.]

pimpli (hímvessző) – Penis [*vgl.* dt. umgangsspr. *Pimmel*].

pimpós: *pimpós vaker* (halandzsa) = Geschwätz, Gesülze.

pina – 1. (hüvely, vagina) (*weibl.*) Scheide, »Fotze«; *snapperos pina* (nagy vagina) = große Scheide; 2. (nő, lány) Frau, Mädchen [*vulg.*].

pinabubus (nőcsábász) – Schürzenjäger.

pinakukki (nőorvos) – Frauenarzt [wörtl.: »Scheidenkucker«; *vulg.*].

pinapecér (nőcsábász) – Schürzenjäger.

pinaszőr (fanszőrzet) – Schamhaar an den weiblichen Genitalien.

pinázik (nőzik) – mit Frauen herumtun, den Frauen nachsteigen.

pince (vécé) – Toilette, WC [wörtl.: »Keller«].

pincs (kalap) – Hut.

pindur (alacsony, kicsi ember) – Zwerg, kleingewachsener Mensch.

pinduri (kicsi) – klein, winzig.

pindurka – 1. (kicsi) klein, winzig; 2. (kevés) wenig.

pingvin – 1. (rendőr) Polizist; 2. (szellentés) Furz; *ereszt egy pingvin* (szellent) = einen fahren lassen, furzen.

pinka (pénzgyűjtő tányér [*kártyásnál*]) – Teller für das Geld, den Einsatz (*beim Kartenspiel*) [< jidd. < aram.-heb. *pinchâ* »Teller« ?; oder zu dt. Rotw. *pinke* »Geld« ?].

pinkli (pincér) – Kellner [< dt. *Pinkel*].

pinyalat (azonnal) – sofort; *egy pinyalat múlva* = sofort, gleich [wohl entstellt aus *pillanat* »Augenblick, Moment« unter Einwirkung von (*vgl.*) pinya / pina].

pipa – 1. adj. (dühös) wütend, verärgert; *nagyon pipa volt* (nagyon dühös volt) = er war stinksauer; *nem lát a pipától* = er ist blind vor Wut; *pipa lesz* (dühös lesz) = wütend werden, sich aufregen; *vgl.* pipás; 2. (lábszár) Bein; 3. (hímvessző) Penis; *vgl.* vízpipa; 4. (a labdajáték kapujának felső sarka) (*beim Ballsport*) Torwinkel.

pipafüst (könnyű dolog, feladat) – einfache Sache, Aufgabe; *auch:*

picsafüst [wörtl.: »Pfeifenrauch«].
pipál *vkire* (haragudni) – sich über *jdn* ärgern, aufregen.
pipás *vkire* (mérges, dühös) – wütend, zornig; *pipás lesz* (dühös lesz) = wütend werden, sich aufregen; *vgl*. pipa.
pipásít (dühösít, bosszant) – wütend werden, sich aufregen; *auch:* felpipásít.
pipaszárlábak (nagyon vékony lábak) – sehr dünne Beine.
pipázik (dohányzik) – rauchen [*eigentl.:* »Pfeife rauchen«, dann verallgemeinert].
pipec (jó, nagyszerű, csinos, szép) – gut, großartig, hübsch, schön.
pipi – 1. (csirke, tyúk) Huhn, Hühnchen; 2. (nő, lány) Frau, Mädchen; *auch:* pipihús; 3. (pisil) Pipi machen, pinkeln.
pipihús (csirkehús) – Hühnerfleisch.
pipil (vizel) – pinkeln [*bes. Kinderspr.*].
pipogya (gyáva) – feig; *pipogya alak* (gyáva ember) = Feigling.
pirinyó (kicsi) – klein, winzig.
piros – 1. (százforintos) Hundertforintschein [wörtl.: »der Rote«; *wegen der Farbe der Banknote; vgl.* piroshasú – seit Mitte der 90er Jahre zunehmend durch Münzen ersetzt]; 2. *majd ha piros hó esik* (soha) = nie, niemals [wörtl.: »wenn es roten Schnee schneit«]; 3. *told el innen a piros biciklidet! s.* bicikli.
pirosbetűs ünnep (menstruáció) – Menstruation, (monatliche) Regel.
piros fej (gyufa) – Streichholz.
piroshasú (százforintos bankjegy) 100-Forintschein [wörtl.: »der mit dem roten Bauch«, *nach der Farbe*; seit Mitte der 90er Jahre zunehmend durch Münzen ersetzt; *vgl*. piros].
piroska – 1. (vörös hajú) rothaarig; 2. (menstruáció) Menstruation, (monatliche) Regel.
piroslámpás ház (bordélyház) – Bordell, Puff [wörtl.: »Haus mit roten Lampen«; *vgl. dt. Rotlichtviertel, Rotlichtmilieu* usw.].
pisa – 1. (vizelet) Harn, Pisse; 2. (rossz sör) schlechtes, dünnes Bier; *auch:* lópisa.
pisál (vizel, pisil) – pissen [*vulg.*].
pisálás (vizelés) – Wasserlassen, Pisserei.
pisálda (férfi vécé) – Pissoir.
pishely (vécé) – Toilette, Klo; *vgl*. pisil.
pisi – 1. (vizelet) Harn, Pisse; 2. (rossz sör) schlechtes, dünnes Bier; *auch:* lópisi.
pisil (vizel) – pinkeln; Wasser lassen.
pisilés (vizelés) – Wasserlassen, Pinkelei.
pisis – 1. (kislány) kleines Mädchen; *auch: kis pisis*; 2. (vizelettől nedves) von Harn durchnäßt, verpißt.
piskóta (jó fiú) – guter Junge [wörtl.: »Biskuit«].
Piskótáék (vécé) – Toilette, Klo; *a Piskótáékhoz mész?* (a vécére mész?) = gehst du aufs Klo? [*iron. Bildung eines fiktiven Familiennamens:* »die Piskótas«; *vgl*. pisil!].
pislant – 1. (lopva pillant *vhova*) verstohlen irgendwohin sehen, blicken; 2. (vizel) pinkeln.
pislantó (szem) – Auge; *vgl*. pislant.
pislantóhely (vécé) – Toilette, Klo; *vgl*. pisil.
pislog – 1. (lopva pillant *vhova*) verstohlen irgendwohin sehen, blicken; 2. (vizel) pinkeln.

pisloghat *vki* (vége van, befellegzett *vkinek*) – *jmd* ist am Ende, erledigt, es ist aus mit ihm.

pislogó (szem) – Auge.

pista – 1. (kicicomázott férfi) geschniegelter Mann; 2. (ostoba, bolond, őrült, hülye) dumm, verrückt; 3. (szerelmes) verliebt, liebestoll.

pistul *vkibe* (beleszeret, belebondul *vkibe*) – s. verlieben, vernarren, verknallen in *jdn*; *auch:* belepistul *vkibe*.

piszi: *hiszi a piszi!* (az hülye! azt nem hiszem!) = Das soll glauben, wer will! Das kannst du deiner Großmutter erzählen! Das kannst du jemandem erzählen, der die Hosen mit der Beißzange anzieht!

piszkál – 1. (lop – *zsebtolvajlás*) stehlen (*aus der Tasche*); 2. (nyugtalanít) *jdn* aufregen, nervös machen; *auch:* felpiszkál.

piszkáló (zsebtolvaj) – Taschendieb [wörtl.: »Zahnstocher«].

piszlicsáré (kicsi, jelentéktelen, érdektelen) klein, wertlos, unbedeutend; *auch:* piszlicsár [sbkr.?].

piszkos: *piszkos meleg van!* (nagyon meleg van) = es ist verdammt heiß! – *vgl.* piszok 2.

piszok – 1. (aljas ember) gemeiner Mensch, Mistkerl; *piszok fráter!*; *te piszok* = du Scheißkerl!; 2. (nagyon, szerfelett) sehr, überaus, extrem; *piszok menő ötlete támadt* (nagyon jó ötlete támadt) = er hatte eine phantastische, prima Idee.

piszokfa (elégtelen) – »Ungenügend« (»Eins«; *schlechteste Note in ungar. Schulen; Schülerspr.*); *vgl.* fa.

piszokul (nagyon szerfelett) sehr, extrem; *piszokul dörzsölt* (minden hájjal megkent, nagyon ravasz) = ganz durchtrieben, raffiniert, ausgebufft, verdammt gerissen.

pite (rossz, silány) – schlecht, minderwertig, mies.

piti (szánalmasan kisszerű, jelentéktelen, kicsi) – erbärmlich unbedeutend; *piti dolog* = unwichtige Angelegenheit, Sache; *s.* linzi [< fr. *petit* »klein«]

pitiáner – 1. (szánalmasan kisszerű, jelentéktelen, értéktelen *dolog/személy*) nichtsnutzig, unbedeutend, wertlos; 2. (jelentéktelen, senki ember; szegény, vagyontalan ember) unbedeutender, unwichtiger Mensch; armer, mittelloser Mensch; *auch: pitiáner pasas/ürge*; 3. (kicsinyes) kleinlich [< piti].

pitihó (aki pénz nélkül ül le kártyázni) – *jmd*, der sich ohne Geld zum Kartenspielen hinsetzt.

pitizik (könyörög) – (*unterwürfig*) bitten, betteln.

Pitlasinszki (jelentéktelen, senki ember; szegény, vagyontalan ember) – unbedeutender, unwichtiger Mensch; armer, mittelloser Mensch; *vgl.* pitiáner 2. [*iron.*].

pitli: *menj a pitlibe!* (menj a fenébe!) = geh zum Kuckuck! [euphemistisch für: *menj a picsába!*; zu dt. *Bütte* + Verkleinerungsendung].

pitlibár (éjszakai pálinkamérőhely – *rendszerint a bérkocsiállomásokon*) – nachts geöffneter Schnapsausschank (*gewöhnlich an Droschken- und Taxiständen*) [*seit den 20er Jahren*].

pityegő (óra) – Uhr; *auch:* pittyegő.

pityereg (sír) – weinen, flennen, greinen, heulen.

pityizál (iddogál) – trinken, zechen, saufen.

pityke (rendőr) – Polizist.

pitykél (közösül) – Geschlechtsverkehr haben.
pitykézik (közösül) – Geschlechtsverkehr haben.
pitykó (jeles – *osztályzat*) – »Sehr gut« (»Fünf«; *beste Note in ungar. Schulen; Schülerspr.*) [< slaw.? – *vgl.* sbkr. *pet*].
pityóka (szeszes ital) – alkoholisches Getränk, Schnaps.
pityókás (ittas, kissé részeg) – beschwipst, angeheitert.
pityókos *s.* pityókás.
pityorka (jeles – *osztályzat*) – »Sehr gut« (»Fünf«; *beste Note in ungar. Schulen; Schülerspr.*).
pitty (csikló) – (*anatomisch*) Kitzler, Klitoris.
pittyegő (óra) – Uhr; *auch:* pityegő.
pityu (jeles – *osztályzat*) – »Sehr gut« (»Fünf«; *beste Note in ungar. Schulen; Schülerspr.*).
pityuka (jeles – *osztályzat*) – »Sehr gut« (»Fünf«; *beste Note in ungar. Schulen; Schülerspr.*).
píz – 1. (pénz) Geld; 2. (forint) Forint [ursprüngl. wohl Dialektform; entspricht der Aussprache des Wortes *pénz* in nordostungarischen Mundarten – z. B. in der Gegend von Debrecen].
placc (utcalányok tere, sétahely; Budapesten elsősorban a Rákóczi tér: Nagyplacc) – Platz, auf dem die Huren auf Kundensuche gehen, Strich; in Budapest traditionell der *Rákóczi Platz*: (*s.*) »*Nagyplacc*« [< dt. *Platz*].
placcol (árulja magát – *prostituált*) – auf den Strich gehen (*von einer Prostituierten*).
plájbász – 1. (ceruza) Bleistift; 2. (hímvessző) Penis [< bair.- österr. Ausspr. von dt. *Bleiweiß*].
pláne – 1. (főképpen, kiváltképpen, különösen) hauptsächlich, besonders; 2. (csattanó, lényeg, különösség) Pointe, das Wesentliche, Besonderheit; *mi benne a pláne* = »was ist daran besonders?, wo ist dabei die Pointe?« [< lat. *plane* »flach, eben, offensichtlich«].
planje (lengyel) – Pole [*vgl.* dt. Rotw. *planje* »Polen« < jidd.].
plank (könnyen elérhető, megszerezhető) – leicht erreichbar, leicht beschaffbar.
plankfúr (külsőzseb) – Außentasche [zu dt. Rotw. *blanke* »Tasche, Sack, Beutel« + *fuhre, fuhr* »in der Kleidung versteckt angebrachte Tasche der Laden- oder Marktdiebe«].
plankol – 1. (föltár, leleplez, elárul) aufdecken, enthüllen, verraten; 2. (*hamiskártyás* lapot kicserél vagy eltüntet) (*vom Falschspieler*) Karte austauschen oder verschwinden lassen; 3. (elrejt) verbergen, verstecken [dt. Rotw.?].
plébi (plébános) – (*katholischer*) Gemeindepriester.
plecsni – 1. (szennyeződés) (Schmutz-)Fleck; 2. (kitüntetés) Auszeichnung, Orden; 3. (pofon) Ohrfeige [< bair.-österr. *Blätschen* »großes Blatt; blattartiger, flacher Gegenstand; Fleck«; in der Soldatenspr. wird daraus iron. Bezeichnung für (bes. große) Verdienstmedaille bzw. Orden].
plédlizik (megy, elmegy, elszökik, elmenekül) gehen, weggehen, fliehen, Reißaus nehmen [zu dt. Rotw. *plete, pleite* »Flucht, Bankrott« < jidd. *plejtu* »Flucht«; *vgl.* dt. *Pleite*].
pleffel (megszégyenít; leleplez) – beschämen; enthüllen, entlar-

ven; *vgl.* plöffölimagát; *s.* lepleffel.

pléh (csalódás, becsapás, kudarc) – Enttäuschung, Mißerfolg, Betrug; *pléhre csúszik/esik* (pórul jár) = reinfallen, auf die Schnauze fallen, sich blamieren; *vgl.* plű(h): *plűre csúszik*; *pléhre megy* (megszökik) = entfliehen, ausreißen [< dt. *Blech*].

pléhgallér (arany- vagy ezüstgallér) – (*an Uniform*) Gold- oder Silberkragen [*I. Weltkrieg*].

pléhgalléros (aranygalléros, törzstiszt) – Stabsoffizier [*vgl.* pléhgallér].

pléhkaszni *rit.* (autó) – Auto [*selten*; < dt. *Blechkasten*].

pléhláda *rit.* (autó) – Auto [*selten*; wörtl. »Blechkiste«].

pléhpofa (érzéketlen, közömbös arc) – empfindungsloses, gleichgültiges Gesicht.

pléhsuszter (bádogos) – Klempner, Spengler, Flaschner [< dt. *Blechschuster*].

pléhszamár (bicikli) – Fahrrad [wörtl.: »Blechesel«, *vgl.* dt. *Drahtesel*; *vgl.* drótkecske].

plenkli – 1. (rejtett zseb) verborgene Tasche; 2. (kabát, köpeny) Mantel; *auch:* plenkni [zu dt. Rotw. *blanke* »Tasche, Sack, Beutel«]

plenkni – 1. *s.* plenkli; 2. *plenkniben* (titokban) = im geheimen, insgeheim.

pletyi – 1. (beszélgetés, társalgás) Unterhaltung, Plauderei; 2. (híresztelés, pletyka) Gerücht, Geschwätz [< *pletyka* »Klatsch, Tratsch«].

plety-plety (pletykás) - geschwätzig [< pletyi].

pletyizik (fecseg, üresen beszél) – quasseln, quatschen, plappern [< pletyi].

pletykafazék (pletykás ember) – Schwätzer [wörtl.: »Tratschtopf«].

pletykafészek (pletykás ember) – Schwätzer [wörtl.: »Tratschnest«].

pletykagép (pletykás ember) – Schwätzer [wörtl.: »Tratschmaschine«].

pletykatár (pletykás ember) – Schwätzer [wörtl.: »Tratschdepot«].

pletyó (híresztelés, pletyka) – Gerücht, Geschwätz [< *pletyka* »Klatsch, Tratsch«].

pletyós (pletykás ember) – Schwätzer [< pletyó].

pletyus (híresztelés, pletyka) – Gerücht, Geschwätz [< pletyó].

plöfföli magát (szégyelli magát) – sich schämen; *vgl.* pleffel.

plump – 1. (nehézkes, ormótlan, esetlen) schwerfällig, »plump«; 2. (vaskos, durva, otromba) muskulös, »plump«, roh [dt.].

plű, plűh: *plűhre bukik* (nem sikerült bűnön tetten érik) = auf frischer Tat ertappt werden; *auch:* leimre bukik; *plűre esik/csúszik* (hoppon marad, pórul jár, felsül, »seggre esik«) = (*auf Waren*) sitzenbleiben, hereinfallen, sich blamieren, auf die Schnauze fallen [wohl zu dt. Rotw. *blüah gehen* »davonlaufen, durchgehen«, *blüah fallen* »zu kurz kommen, eingehen«; wohl mundartlich österr. Rotwelschform zu *pleite* (< jidd.); *vgl. Etymologie zu* (*s.*) plédlizik.

poca (folt) – Fleck, Klecks (Farbe, Tinte); *auch:* paca.

pocak (kövér, kidomborodó has) – dicker, vorgewölbter Bauch

pocakos (nagy hasú) – dickbäuchig; *s.* pocak

poci (has) – Bauch [*bes. Kinderspr.*]; *s.* pocak.
pockó (has) – Bauch.
pocok – 1. (gyermek) Knirps (*Kind*) [wörtl.: »Feldmaus«]; 2. (has) Bauch [*vgl.* pocak].
pocsék – 1. (nagyon rossz) sehr schlecht; *pocsék idő* (nagyon rossz idő) = Sauwetter; 2. (nagyon csúnya) überaus häßlich; *pocsék nő* (nagyon csúnya nő) = sehr häßliche Frau.
pocskondiáz (gyaláz, piszkol) – auf *jdn* schimpfen, über *jdn* herziehen; *vgl.* lepocskondiáz.
poén (csattanó) – Pointe (*eines Witzes*) [< dt. *Pointe* < fr.].
poén-zsák (jó humorú ember) – Spaßvogel, Witzbold [wörtl.: »Pointensack«; *vgl.* humorzsák].
pofa – 1. (száj) Schnauze; *pofa be!* (hallgass!) = halt's Maul!; *pofa alapállásba* (hallgass!) = halt die Klappe! [wörtl.: »Schnauze in Grundstellung!«]; 2. (arc) Gesicht; 3. (alak, férfi, ember, személy) Typ, Mann, Mensch, Person; *jó pofa* (ügyes ember) = toller Typ, geschickter, cleverer Mensch; *kedves pofa* (szimpatikus ember) = angenehmer Mensch; 4. *jár a pofája* (fecseg, üresen beszél) = schwätzen, Stuß reden, einen Stiefel erzählen; *nem tartja a pofáját* (kifecseg) = den Mund nicht halten können, alles ausplappern; *jártatja a pofáját* = 1. (fecseg, üresen beszél) = schwätzen, Stuß reden, einen Stiefel erzählen; 2. (dicsekszik) prahlen, angeben, großtun; *pofájára mászik* (megpofoz) = ohrfeigen; *pofán csap/töröl/ver* (megüt) = schlagen, ohrfeigen; *pofára esik* (pórul jár) = sich blamieren, reinfallen, auf die Schnauze fallen.

pofaberendezés (arc) – Gesicht.
pofacímer (arc) – Gesicht.
pofafürdő (figyelemfelhívó sürgölődés magas állású följebbvaló jelentétében) – Aufmerksamkeit heischende Geschäftigkeit bei Anwesenheit eines Vorgesetzten; *pofafürdőt vesz* (megjelenik *vhol*) = *irgendwo* erscheinen, auftauchen, hereinschneien.
pofagép (pletykás ember) – Schwätzer [wörtl.: »Maulmaschine«].
pofalemez – 1. (arc) Gesicht; 2. (fénykép) Foto.
pofanyilás (száj) – Mund.
pofáraesés (szégyen) – Blamage; *vgl. pofára esik* [*s.* pofa].
pofátlan – 1. (arcátlan) unverschämt, kaltschnäuzig; 2. *vkivel* (szemtelen) frech *zu jdm*.
pofátlankodik *vkivel* (szemtelen) – frech, unverschämt sein zu *jdm*.
pofavizit *s.* pofafürdő.
pofázás (fecsegés) – Geschwätz.
pofázik – 1. (sokat beszél) quatschen, viel reden; 2. (fecseget) schwätzen, schwafeln; *ne pofázz!* = red kein Blech!; 3. (kifecseget) sich verplappern, *etw.* ausplaudern; *auch:* elpofázik; 4. (csúfol) verspotten, verhohnepiepeln.
pofázmány (arc) – Gesicht.
pofi (arc) – Gesicht.
pofon (kellemetlen meglepetés) – böse Überraschung [wörtl.: »Ohrfeige«].
pogácsa (női mell) – (*weibliche*) Brust, Busen [*bes. Jugendspr.*; wörtl.: »Pogatsche« (*kl. rundes Salzgebäck*)].
pogány (rendőrkapitányság) – Polizeipräsidium [eigentl.: »(*der*) Heide«].
pogi (pogácsa) – Pogatsche (*salziges Gebäck*).

pohos (kövér) – dick (*vom Menschen*).
pók (alak, személy, férfi) – Typ, Mann [wörtl.: »Spinne«].
pókhasú (kövér) – dick (*vom Menschen*).
pokol: *pokolra megy* (elpusztul) = kaputtgehen, vor die Hunde/ zum Teufel gehen [*pokol* wörtl.: »Hölle«].
pokoli (nagyon, rendkívül, ijesztően) – sehr, extrem, »höllisch«.
poli (technika – *iskolában*) – Technik, Werken (*als Schulfach*) [< *politechnika*].
policáj (rendőrség) – Polizei [dt.].
polip (szemtelen, rámenős ember) – aufdringlicher Mensch.
pólisi (lengyel zsidó) polnischer Jude [jidd.].
poloska (rejtett mikrofon, lehallgató készülék) verstecktes Mikrophon, »Wanze« [wörtl.: Wanze; wohl Lehnübersetzung aus dem Deutschen oder dem englischen *bug*].
pondró (ember) – Mensch.
pónem – 1. (arc, pofa) Gesicht; 2. (alak, személy) Gestalt, Person [< jidd. *ponim* < heb. »Gesicht«; auch dt. Rotw. *ponim* »dss.«].
popó (fenék) – Po, Hintern [*vgl.* dt. *Po, Popo*].
popócska (fenék) – Po, Hintern.
popper (répanadrágos, tupírhajú) – »Popper« (*mit Karottenhose und toupiertem Haar*).
popsi (far) – Po, Hintern [*Kindersprache*].
por (kábítószer, keményebb drog) harte Droge [wörtl.: »Staub«].
porbafingó (alacsony, kicsi ember) *pejor.* – Zwerg, kleingewachsener Mensch [wörtl.: »einer, der in den Staub furzt«].
porfészek – 1. (kellemetlen, piszkos hely) ekliger, schmutziger Ort, Schmutzloch, Saustall, Rattenloch; 2. (vidék) Land (*im Gegensatz zur Stadt*), Pampa.
porol – 1. (siet) hasten, eilen, sich beeilen; *auch*: elporol; 2. (mellébeszél) an *etw.* vorbeireden; *vgl.* púderoz.
porse (Trabant) – Trabant (*Automarke*) [Wortspiel: *Ha koccan egyet, por se marad belőle* = »wenn man damit zusammenstößt, bleibt nicht mal Staub übrig«; iron. Anspielung auf den *Porsche* wohl beabsichtigt].
porszívó (orr) – Nase [wörtl.: »Staubsauger«].
portás (kapus) – Torwart (*beim Sport*) [wörtl.: »Pförtner«].
portástündér (portásnő) – Pförtnerin [*Jugendspr.*].
porzik: *porzik a torka/veséje* (nagyon szomjas) = sehr durstig sein [wörtl.: »die Kehle/die Niere staubt«].
Pó-síkság (fenék) – Hintern, Hinterteil [*Jugendspr.*; wörtl.: »Po-Ebene«; Sprachspiel; vgl. popó, popsi].
postás (buta ember) – Dummkopf [wörtl.: »Briefträger«; *infolge eines gängigen Vorurteils*].
póter (szabad, szabadlábon van) – frei, auf freiem Fuß (sein); *póterre megy* = »auf freien Fuß kommen, entlassen werden« *vgl.* póterol [jidd.?].
póterol (*börtönből, internálótáborból, rendőri őrizetből* szabadon enged*) jdn* (*aus dem Gefängnis, dem Internierungslager, der Polizeiaufsicht*) entlassen.
potom (jelentéktelen) – bedeutungslos, unwichtig.
potova – 1. (borravaló, kenőpénz, rész, ajándék) Trinkgeld,

Schmiergeld, Geschenk; 2. *potova!* (add vissza!) Gib's zurück! [< *vgl.* cig. *potyin* »Bezahlung, Lohn«].

potovál (ad, fizet) – geben, zahlen [cig. *potyinel* »zahlen«].

potrohos (kövér) – dick (*vom Menschen*).

potya – 1. (ingyenes) kostenlos, gratis; 2. (könnyű – *dolog, feladat*) einfach, leicht (*Sache, Aufgabe*); 3. (gól) (*erzieltes*) Tor (*beim Sport*); 4. *potyára* (hiába, fölöslegesen) = sinnlos, umsonst, für die Katz'.

potyán *adv.* (ingyen) – umsonst, gratis.

potyázás (kéregetés) – Bettelei.

potyázik – 1. (koldul) betteln; 2. (tapogat) herumtasten, herumtappen.

potyolinó (gól) – (*erzieltes*) Tor (*beim Sport*).

potyóresz (ingyenesen, pénz nélkül) – kostenlos, gratis; *vgl.* potya, potyán.

pottyantó (vécé) – Toilette, Klo [< *pottyan* »plumpsen«].

povedál (fecseg, beszél, mellébeszél) – schwätzen, reden, vorbeireden [< slowak.; *vgl.* slowak. *poviedka* »Erzählung«].

pöce – 1. (rossz, silány) schlecht, mies, beschissen; 2. (vécé) Toilette, Klo.

pöcök (csikló) – (*anatomisch*) Kitzler, Klitoris.

pöcöktet (önkielégítést végez) – onanieren, sich selbst befriedigen (*von der Frau*).

pöcs – 1. (hímvessző) Penis, Schwanz; 2. (ellenszenves ember) widerwärtiger Typ, Scheißkerl.

pöcsöm csücske (alacsony, kicsi ember – *kül. férfi*) – kleingewachsener Mensch, Zwerg (*bes. von Männern*).

pöcsös – 1. (férfi, fiú) Mann, Junge; 2. *pöcsös!* (fiú!) = heh, Mann! [*vulgäre Form der Anrede*].

pörget (jár *vkivel*) – mit *jdm* gehen, ein Verhältnis haben.

pörgetés (a valutázás fogása) – Betrug (*beim illegalen Devisentausch*).

pörgő *rit.* (autó) – Auto; *auch:* pergő.

pörköl – 1. (fizet) zahlen, bezahlen; *auch:* lepörköl; 2. (száguld) rasen (*mit Fahrzeug*).

pörög (táncol) – tanzen.

pöttöm (alacsony – *ember*) – klein, kleingewachsen (*Mensch*)

pötty (kicsi) – klein, winzig; *auch:* petty.

pöttynyi (kicsi) – winzig, klein.

pracli – 1. (kéz) Hand; 2. (ujj) Finger; *vgl.* pracni [< dt. *Pratze* = Hand].

pracni (kéz) – Hand; *vgl.* pracli.

preizli (szén) – Kohle [dt.?].

presszó – 1. (eszpresszókávé) Espresso (*Kaffee*); 2. (kis kávéház) kleines Café.

presszós (kávéfőző) – Bedienung im Café (*bes. die Person, die die Espressomaschine bedient*).

presszózik (eszpresszóba jár) – ins Café gehen.

presszótündér (prostituált) – Prostituierte [wörtl.: »die Fee im Café«].

prezentál (rajtacsípi a zsebtolvajt) – einen Taschendieb ertappen [< dt. < fr.].

prézli (morzsa, zsemlemorzsa) – Brösel, Semmelbrösel [< bair.-österr. *breisl, bresl*].

prézsmitál (fecseg, üresen beszél) – quasseln, quatschen, plappern.

priccs (nyugágy) – Liege, Pritsche [< dt.].

príma (nagyszerű, kitűnő) – prächtig, ausgezeichnet.

prímás (remek, csodás) – toll, prima.

primadonna (idősebb nő) – ältere Frau.

princ (elegáns, jól öltözött, »herceg«) – eleganter, gutgekleideter Mann [< dt. *Prinz*].

procc – 1. (gazdagságát ízléstelenül fitogtató, pöffeszkedő, hencegő, nagyzoló) protzig, angeberisch, prahlerisch; 2. (ilyen személy) Protz, (reicher) Angeber [dt.].

proccol (gazdagságát ízléstelenül fitogtatja) – protzen, (mit seinem Reichtum) angeben.

proccos (feltűnősködő) – angeberisch, prahlerisch, protzend.

prof (professzor) – (*Universität*) Prof, Professor.

professzor (szakember) – Fachmann, Spezialist; *professzor vmiben* (ért *vmihez*) = sich auf *etw*. verstehen, sich bei *etw*. auskennen.

profi (szakember) – Fachmann, Spezialist; *profi vmiben* = (ért *vmihez*) = sich auf *etw*. verstehen, sich bei *etw*. auskennen.

proletár: *proletár jegy/jeles/ötös* (elégséges) = »Ausreichend«; (»Zwei«; *zweitschlechteste Note an ungar. Schulen; Schülerspr.*).

proli (proletár) – Proletarier, (Industrie-)Arbeiter; *proli ötös s.* proletár ötös [dt.].

prompér (szeder) – Brombeere [*bes. in SW-Ungarn*; dt.].

prompt – 1. (gyors, pontos) schnell, pünktlich; 2. (azonnal, gyorsan) sofort, sogleich, augenblicklich, prompt [< dt. < fr. *prompt* < lat.].

propeller (*kül. elálló* fül) – (*bes. abstehende*) Ohren.

prosti (prostituált) – Prostituierte [< *prostituált*].

prosztinger (faragatlan ember) – ungehobelter Mensch, Flegel.

prosztó – 1. (faragatlan) ungehobelt, flegelhaft; 2. (faragatlan ember) ungehobelter Mensch, Flegel; 3. (paraszt, rendőr, börtönőr) Bauer, Polizist, Gefängniswärter [< cig. *prosto* »Bauer«].

proti – 1. (műfogsor, protézis) Zahnprothese; 2. (protekció) Protektion, Vetternwirtschaft [*Abk.*].

protkó (műfogsor, protézis) – Zahnprothese.

prücskörézik (piszmog) – herumbosseln, herumtüfteln.

prütyköl (közösül) – Geschlechtsverkehr haben.

prütykölés (közösülés) – Geschlechtsverkehr.

pubi (fiúcska, fiú) – Jungchen, Junge; *s.* pupi [dt.].

puca: *van vér a pucájában* (*vki* vakmerő, bátor) = (*jmd* ist) draufgängerisch, verwegen.

pucc – 1. (cifra, feltűnő öltözködés) aufwendige Kleidung, Aufputz, Putz; 2. *pucc!* (fuss! menekülj!) = lauf! verschwinde! fliehe! hau ab! [dt.; Bed. 2. *vgl.* pucol].

puceráj – 1. (tisztító, mosoda) chemische Reinigung; 2. (zsebkendő) Taschentuch [dt. *Putzerei*; *Nase putzen*].

pucija (ruha, öltöny) – Kleid, Gewand; *vgl.* pucuja.

pucika (orr) – Nase.

pucol (menekül, eltűnik, elszökik) – verschwinden, abhauen, verduften; *pucoljunk!* = verschwinden wir! ; *vgl.* el-, megpucol [dt.].

pucolt: *pucolt nyúl* (gyenge ember) = Schwächling [wörtl.: »gehäuteter Hase«].

pucuja (ruházat, öltözet) – Kleidung, Gewand; *auch:* pucija [< cig.].

púder – 1. (halandzsa, mellébeszélés) Geschwafel, Ausflüchte; 2. (hízelgés) Schmeichelei [dt. < fr.].

púderol (halandzsázik, mellébeszél) – schwafeln, herumreden.

púderoz – 1. (mellébeszél, hazudik) um *etw.* herumreden, lügen; *vgl.* porol; 2. (hízeleg) schmeicheln, arschkriechen.

puding (nőies férfi) – weibischer Mann, Weichling [< dt. < engl. *pudding*].

puffant (szellent) – furzen.

pufi (kövérkés) – dicklich, rundlich, mollig (*vom Menschen*); *auch:* pufók.

pufizik (szellent) – einen fahren lassen, furzen, »pupsen« [*bes. Kinderspr.*].

pufogó (motorkerékpár) – Motorrad.

pufók (kövér) – dicklich, rundlich, mollig (*vom Menschen*); *auch:* pufi.

puhány (nőies férfi) – weibischer Mann.

puhít (rábeszél, rávesz) – *jdn* überreden, *jdm etw.* einreden, *jdm etw.* aufschwatzen; *auch:* megpuhít.

puki (szellentés) – Darmwind, Furz.

pukizik (szellent) – einen fahren lassen, furzen, »pupsen« [*bes. Kinderspr.*].

pukkanó (lőfegyver) – Schußwaffe.

pukkant (szellent) – furzen.

pukkantó (puska) – Gewehr.

pukli (púp) – Buckel (*krummer Rücken*), Höcker (*auf der Nase*) [< dt. *Buckel*].

pulcsi (pulóver) – Pullover [*bes. Jugendspr.*].

puló (pulóver) – Pullover [*bes. Jugendspr.*].

pulyka (lány, nő) – Mädchen, Frau [wörtl.: »Pute«].

pulykakergető (bicikli) – Fahrrad [wörtl.: »Putentreiber«].

pumpa (szív) – Herz; *felmegy* vkinek *a pumpa / felmegy benne a pumpa* (dühös lesz) = wütend werden, sich aufregen; *éreztem, hogy egyre feljebb megy benne a pumpa* = ich merkte, daß ich mich immer mehr aufregte.

pumpol (kunyerál, fej, folytonos kölcsönkéréssel zaklat) – schnorren, betteln, *jdn* durch ständiges Ausleihen belästigen; *auch:* megpumpol [< dt. (Geld) *pumpen*].

puna (vagina) – weibliche Scheide.

punc *s.* punci 1.

punci – 1. (vagina) weibliche Scheide; 2. (nő, lány) Frau, Mädchen; 3. (közösülés) Geschlechtsverkehr [< dt. Rotw. *punze* »Vulva; Dirne«].

puncus (vagina) – weibliche Scheide; *vgl.* punc, punci.

puncs – 1. (magolós diák) überfleißiger Schüler, Streber; 2. (jeles) »Sehr gut« (»Fünf«; *beste Note in ungar. Schulen*) [*Schülerspr.*].

puncsol (hízeleg) - schmeicheln; kriechen vor *jdm.*

puncsos (magolós diák) – überfleißiger Schüler, Streber [*Schülerspr.*; *vgl.* puncs].

púp: *púpra vesz* (cipel, visz) = schleppen, schleifen, tragen.

pupakfészek (has) – Bauch.

pupi (elkényeztetett fiú) – verwöhnter Junge (*Sohn reicher Eltern*) [dt. *Bubi*]; *s.* pubi.

purcant – 1. (szellentés) Darmwind, Furz; 2. (szellent) furzen.

purci (szellentés) – Darmwind, Furz.
purcint (szellent) – furzen.
puri (cigány) – Zigeuner; *vgl.* kohány, roma.
pusel (dohányzik) – rauchen.
puser (kábítószer-kereskedő) – Drogenhändler, Dealer [< engl. *pusher*].
puska (*iskolában:* tiltott segédeszköz) – Spicker (*in der Schule*).
puskázás (*iskolában:* tiltott segédeszköz használata) – »Spicken« (*Gebrauch unerlaubter Hilfsmittel in der Schule*).
puskázik (*iskolában:* tiltott segédeszközt használ) – spicken (*in der Schule*).
pusmog (sugdos, suttog) – flüstern, wispern, tuscheln.
puszedli (csók) – Kuß, »Bussi«.
puszi (csók) – Kuß, »Bussi«.
puszil (csókol) – einen Kuß, ein »Bussi« geben.
puszipajtás (jó barát) – guter Freund, Kumpel, Spezi.
puszkó (*kül. felületes* csók) – (*bes. flüchtiger*) Kuß, »Bussi«.
pusszancs (*kül. cuppanós* csók) – (*bes. lauter, schmatzender*) Kuß.
pusszant (csókol) – einen Kuß geben, küssen.
putri (romos, bűzös, kicsi ház) – (*kleine*) Bruchbude (*bes. von den Hütten der Zigeuner gebraucht*).
puttony (szigorított őrizet) – verschärfte Haft.
putyerka (személyes holmi) – persönlicher Besitz, Habseligkeiten.
púzás (szellentés) – Darmwind, Furz.
púzik (szellent) – einen fahren lassen, furzen, »pupsen« [*bes. Kinderspr.*].
püspökfalat (fenék) – Hintern, Hinterteil [*bes. Jugendspr.*; wörtl.: »Bischofsbissen«; eigentl. humoristische Bez. für das (nicht eben sehr fleischige) Hinterteil eines gebratenen oder gekochten Hühnchens].

R

rááll (mellésimul, szorosan mellette megy, követi) – dicht neben *jdm* gehen, *jdm* folgen.

rábagózik – 1. (cigarettázik) Zigarette rauchen; 2. *rá se bagózik vkire* (semmibe vesz) = ignorieren, sich um *jdn* nicht kümmern.

rábajszint (odafigyel) – (aufmerksam) zuhören.

rábaszik – 1. (pórul jár) reinfallen, auf die Schnauze fallen, sich blamieren; *auch: rábaszik a sompolygásra*; 2. *rá se baszik* = 1. *vkire* (semmibe vesz) ignorieren, sich um *jdn* nicht kümmern; 2. *vmire* (közömbös) gleichgültig sein gegenüber *etw.*, sich für *etw.* überhaupt nicht interessieren.

rablás: *ez (kész) rablás* (ez felháborítóan nagy ár) = das ist ja Wucher! (*bei überhöhten Preisen*) [wörtl.: »Raub«].

rabi (rablás) – Raub [< *rablás*].

rablóduma (halandzsa, mellébeszélés) – Geschwafel, Geschwätz.

rablótanya (rosszhírű szórakozóhely) – anrüchiges Vergnügungsetablissement, »Räuberhöhle«.

rabo, rabó (rendőrautó) – Polizeiauto (*bes. zum Gefangenentransport*); *s.* rabomobil.

rábolint (beleegyezik) – (*bes. durch Nicken*) zustimmen, sein Okay geben.

rabomobil (rendőrautó) – Polizeiauto (*bes. zum Gefangenentransport*)

rabőr (tanár) – Lehrer [wörtl.: »Gefangenenwärter«].

rabruha (munkaköpeny) – Arbeitsmantel [wörtl.: »Sträflingsanzug«].

rabsic (orvvadász) – Wilderer [< dt. *Raubschütz*].

rábukik: *rábukik a pipára* (orális szexet végez) = oralen Sex haben (*Fellatio*).

rabvallatás (felelés) – Antworten bei der Abfrage, abgefragt werden (*in der Schule*) [wörtl.: »Verhör der Gefangenen«].

rabvallató (szeszes ital) – alkoholisches Getränk, Schnaps.

rachedli *s.* rahedli.

raciz (elbocsát) – entlassen (*am Arbeitsplatz*), »wegrationalisieren« [zu *racionalizál* »rationalisieren«; *vgl.* szanál].

racsizik *s.* ragasztózik.

rács: *rács mögé tesz* (börtönbe csuk) = ins Gefängnis sperren, »hinter Gitter bringen«; *rács mögött van* (börtönben van) = im Gefängnis sein, sitzen.

racska (radír) – Radiergummi [*Schülerspr.*].

radar – 1. (szem) Auge; 2. (fül) Ohr.

rádigó (rádió) – Radio.

radír (fej) – Kopf [*Jugendspr.*; wörtl.: »Radiergummi«].

rádob: *rádob egy lapattal* (igyekszik) = sich ins Zeug legen, sich reinhängen.

rádumál (rábeszél, rávesz) – überreden, breitschlagen (*etw.* zu tun).

ráfagy (pórul jár) – reinfallen, den kürzeren ziehen, sich blamieren.

ráfarag (pórul jár) – reinfallen, den kürzeren ziehen, sich blamieren.

ráfázik (pórul jár) – reinfallen, den kürzeren ziehen, sich blamieren.

ráfizet: *ráfizeti a gatyáját* (kifizet) = draufzahlen, *etw.* kommt einen teuer zu stehen.

ráfütyül: *rá se fütyül* (semmibe

vesz) = sich für *etw./jdn* überhaupt nicht interessieren, auf *etw./jdn* pfeifen.

rág: *rágják egymást* (csókolódzik) = sich küssen [wörtl.: »sich gegenseitig beknabbern«]; *rágja a lábát* (dühöng, bosszankodik) = wütend, böse sein [wörtl.: »*jdm* an den Beinen nagen«]; *rágja a lábtörlőjét* (szerelmes *vkibe*) = in *jdn* verliebt, verknallt sein [wörtl.: »an *jds* Fußabstreifer knabbern«].

ragad: *ragad a keze* (lopós) = stehlsüchtig, diebisch.

ragázás (önkielégítés, onanizálás) – Selbstbefriedigung, Onanie.

ragázik (önkielégítést végez) – sich selbst befriedigen, onanieren.

ragasztózik (ragasztóval kábítószerezik) – schnüffeln; Leim als Droge verwenden; *auch*: racsizik, szipuzik.

rágó (rágógumi) – Kaugummi [*Jugendspr.*].

ráhajt – 1. *vmire* (nekilát) eine Sache anpacken, in Angriff nehmen; 2. *vmire* (nagyon igyekszik) sich bemühen, sich sehr anstrengen; 3. *vkire* (nekimegy *vkinek*) auf *jdn* losgehen, losstürzen, eindringen.

ráharap *vmire* (kap *vmin*) – (*Gelegenheit*) beim Schopf ergreifen.

rahedli – 1. (rakás, az egész kupac) Haufen; 2. (börtönbe küldött élelmiszercsomag) ins Gefängnis geschicktes Paket mit Lebensmitteln [jidd.].

rához: *ráhozza a frászt/szívbajt* (megijeszt) = *jdn* erschrecken; *jdm* Angst einjagen.

ráhúz *vkire vmit* (elítél *vkit vmire*) – *jdn* verurteilen zu *etw.* (Gefängnisstrafe), *jdn* verknacken zu.

raj – 1. (ember) Mensch, Mann; 2. (úr) Herr; 3. (tolvaj, bűnöző –

megszólítás, *főleg egymás közti érintkezésben*) Dieb, Verbrecher, Krimineller (*vor allem in der Anrede*) [< cig. raj »Herr, König«]; 4. (csodás, remek) prächtig, toll.

rájátszik (eltúloz) – übertreiben.

rajcsos (zsebtolvaj) – Taschendieb.

rájön: *rájön a bakhatnék/a baszhatnék/a kangörcs* (felizgul, felgerjed) = erregt, geil werden; *rájön a fosás/a szapora* (székel) = Durchfall, Dünnpfiff bekommen; *rájön a frász* (megijed) = erschrecken, Angst bekommen; *rájön a hoppáré/az ötperc* (hisztériázik) = durchdrehen, Nervenanfall bekommen; *rájön a szívbaj* = 1. (megdöbben) erstaunen, verblüfft sein; 2. (megijed) erschrecken, Angst bekommen.

rajzol (lopni – *zsebtolvajlás*) – stehlen (*vom Taschendieb*); *auch*: megrajzol.

rajzoló (zsebtolvaj) – Taschendieb.

rajzos (zsebtolvaj) – Taschendieb.

rákapcsol – 1. (nekilát) sich ans Werk machen, sich ranmachen (*an eine Sache, Arbeit*); 2. (igyekszik) sich ins Zeug legen, sich reinhängen.

rakás: *(egy) rakás szerencsétlenség* = 1. (tehetetlen ember) unbeholfener Mensch; 2. (ügyetlen ember) ungeschickter Mensch, Tolpatsch [wörtl.: »ein Haufen Unglück«].

rakkol (nehéz testi munkát végez, gürcöl) – schwere körperliche Arbeit verrichten, sich abquälen, sich »abrackern«; *vgl*. gürcöl [< dt. *rackern*].

rakkolás (nehéz testi munka) – schwere körperliche Arbeit [< rakkol].

rákoncentrál (összeszedi magát) – sich zusammennehmen, sich konzentrieren.

ráköp: *ráköp a karbidra* (szellent) = einen fahren lassen, furzen [wörtl.: »auf Karbid spucken«; Karbid bildet mit Wasser ein übelriechendes Gas]; *rá se köp* (semmibe vesz) = sich für *etw./jdn* überhaupt nicht interessieren, auf *etw./jdn* pfeifen.

rákúr (pórul jár) – reinfallen, den kürzeren ziehen, sich blamieren.

rálép: *rálép a gázra* (gyorsít) – Gas geben (*beim Auto*).

rálőcsöl (rábeszél) - *jdm etw.* aufschwatzen, *jdn zu etw.* überreden, *jdn* breitschlagen.

ramajoz (fél) – sich fürchten, Angst haben.

rámar *vmire* (kap *vmin*) – (*Gelegenheit*) beim Schopf ergreifen.

rámászik *vkire* (rátámad – *szavakkal*) – (*verbal*) attackieren, über *jdn* herziehen.

ramatyul: *ramatyul van* (beteg) = krank sein.

rámázik (hazudik) – lügen.

ramazúri (zűrzavar, felfordulás, lárma, mulatozás) – Durcheinander, Aufruhr, Lärm, (*laute*) Belustigung, Zecherei; *ramazúrit csap/csinál* (botrányt csinál) = Lärm, Krach machen; Remmidemmi veranstalten [dt.?].

rámenős (erőszakos) – gewalttätig, draufgängerisch, aufdringlich.

rámol (rakosgat, rendezget) – ordnen [< dt. *räumen; vgl.* berámol, kirámol, lerámol].

ráncigál (kéréssel, feladatokkal zaklat) – mit Bitten, Aufträgen belästigen, quengeln, nerven.

randa (férfi) – Mann [ursprüngl. Nebenform zu *ronda* »häßlich«].

randalíroz (lármázik, botrányt okoz, garázdálkodik) – lärmen, randalieren, herumpöbeln [< dt. < fr.].

randesz (randevú) – Rendezvous [< fr. *rendez-vous*].

randi (randevú) – Rendezvous; *s.* randesz.

randizik (randevúzik) – Rendezvous haben, sich treffen [< randi].

rányi (nő) – Frau [< cig. *ráni* »(vornehme) Frau«].

rapli (szeszély, rigolya) – Grille, Laune, Spinnerei [< dt. *Rappel*].

raplis (szeszélyes, rigolyás) – grillenhaft, launisch, rappelig [< rapli].

raplizik (hisztériázik) – spinnen, durchdrehen [< rapli].

rápöffent (cigarettázik) – (*Zigarette*) rauchen, qualmen, paffen.

ráragad *vkire* (nem tágít *vkitől*) – nicht ablassen von *jdm, jdm* auf der Pelle sitzen.

ráránt – 1. (önkielégítést végez) sich selbst befriedigen, onanieren; 2. *rá se ránt vkire* (semmibe vesz) = ignorieren, sich um *jdn* nicht kümmern; *rá se ránt vmire* (közömbös) = gleichgültig sein gegenüber *etw.*, sich für *etw.* überhaupt nicht interessieren; *rá se ránts!* = kümmer dich nicht drum! scheiß drauf!

rárippan (gyorsan nekikezd) – rasch zu Werke gehen, schnell anfangen.

ráröpül (gyorsan nekikezd) – rasch zu Werke gehen, schnell anfangen.

rásóz – 1. *vkire vmit* (ravaszan elad értéktelen árút) = *jdm etw.* aufschwatzen, andrehen, verhökern (*schlechte Ware*); 2. (elítél több évre) *jdn* zu mehrjähriger Haftstrafe verurteilen.

rástartol (igyekszik) – sich ins Zeug legen, sich reinhängen.

rászakad: *rászakadt a bank/az OTP* (sok pénze lett) = (*plötzlich*) zu viel Geld gekommen sein; (*etwa:*) »beim Lotto gewonnen haben« [wörtl.: »die Bank/die OTP fiel ihm zu«; *OTP* = *Országos Takarékpénztár* »Landessparkasse«].

rászáll *vkire* – 1. (zaklat) belästigen; 2. (nem tágít *vkitől*) nicht ablassen von *jdm*, wie eine Klette an *jdm* kleben.

rászív (megjár, pórul jár) – reinfallen, sich die Finger verbrennen; *auch:* megszív.

rátapos (felgyorsít – *járművet*) – beschleunigen, Gas geben (*Fahrzeug*).

rátesz: *rátesz egy lapáttal* = 1. (nekilát) (Sache) in Angriff nehmen, ans Werk gehen; 2. (felgyorsít) beschleunigen, Gas geben (*Fahrzeug*); 3. (felhangosít) laut drehen, laut stellen (*Radio usw.*); 4. (eltúloz) übertreiben.

ratkó (nő) – Frau [< cig. *raklyi*].

rátölt (sokat iszik) – saufen, sich abfüllen, sich vollaufen lassen.

rátukmál (rábeszél) - *jdm etw.* aufschwatzen, *jdn zu etw.* überreden, breitschlagen

rávág (elítél több évre) – *jdn* zu mehrjähriger Haftstrafe verurteilen; *rávágnak 5 évet* (5 évre elítélik) = er bekommt 5 Jahre, wird zu 5 Jahren verknackt.

rávaker (rábeszél) – beschwatzen, überreden.

raval (kábító ital) – Getränk mit Droge bzw. Betäubungsmittel.

rávarjúzik (gyorsan nekikezd) – rasch zu Werke gehen, schnell anfangen.

ráver – 1. (igyekszik) sich anstrengen; 2. (nekilát) sich ranmachen, an die Arbeit machen; 3. (erősen dolgozik) hart arbeiten, schuften; auch: *ráver a melóra*; 4. *vkire* [*börtönbüntetést*] (börtönbe csuk) *jdn* (*zu einer Haftstrafe*) verurteilen, verknacken, *jdm* (*eine Strafe*) aufbrummen; 5. *ráveri a cinket* (feljelent) = anzeigen, verpfeifen; *ráveri a balhét* (*vki* ellen vall) = *jdn* (*mit einer Aussage*) belasten (*bei Polizei, vor Gericht*).

rávöccent: *rá se vöccent* vmire (közömbös) = gleichgültig sein gegenüber *etw.*, sich für *etw.* überhaupt nicht interessieren, *etw.* ist einem scheißegal.

ráz – 1. (táncol) tanzen; 2. *rázza a rongyot* (nagyzol, fölényeskedik) = überheblich sein; 3. *rázod a pofonfát?* (pofont kérsz?) = willst du Ärger? willst' was?

rázás (tánc) – Tanz.

rázós (drága, bizonytalan, kockázatos, veszedelmes) – teuer, unsicher, riskant, gefährlich.

rebach, rebah (haszon) – Gewinn, Vorteil [< dt. Rotw. *rebbach, reibach* »Gewinn (*bes. durch Betrug*)« < jidd. *rewach* »Zins, Einkommen, Gewinn«].

rebicsek (revolver) – Revolver, Knarre.

recege (kimerült) – erschöpft, geschlaucht, kaputt.

recsegő – 1. (száj) Mund; 2. (rádió) Radio.

ref (rendőri felügyelet) – polizeiliche Aufsicht, »auf Bewährung« [Abk. von *rendőri felügyelet*].

reffes (büntetett előéletű) – vorbestraft [< ref].

régen rossz (elérte a baj) – das Unglück ist gekommen, die Misere ist da, man sitzt in der Tinte; *vgl.* ötrossz.

régi: *régi motoros* (tapasztalt em-

ber) – alter Hase (*jmd* mit Erfahrung).
reglama (szolgálati szabályzat) – (*militär.*) Dienstvorschrift; *tudja a reglamát* = weiß, was zu tun ist/was üblich ist [fr. *règlement*; vermutlich über das Deutsch-Österreichische ins Ungarische].
reibi (gyufa) – Streichholz [< dt. Rotw. *reiberl* »Zündholz«].
rejcol (ingerel) – provozieren, reizen [< dt. *reizen*].
rejsz (önkielégítés) – Selbstbefriedigung, Onanie [*vgl.* rejszol].
rejszmanfred (önkielégítő férfi) – Onanist [*vgl.* rejszol].
rejszol (*férfi* önkielégítést végez) – (*beim Mann*) sich selbst befriedigen [< dt. *reißen*].
rejszolás (önkielégítés) – Selbstbefriedigung, Onanie.
rejszoló (önkielégítő férfi) – Onanist.
rektor (igazgató) – Direktor [*Schülerspr.*].
rekuzé öngyilkosság (álöngyilkosság, színlelt öngyilkossági kísérlet) – vorgetäuschter Selbstmordversuch.
rém (nagyon, fölöttébb) – sehr, überaus, extrem.
remaj (félelem, gyávaság) – Angst, Feigheit.
remajozik (fél) – Angst haben, sich fürchten.
rembicsek! (rendben van!) – in Ordnung!, geht klar!; *vgl.* rendicsek.
rendes: *rendes gyerek/krapek/odák* (rendes ember) = anständiger Mensch, guter Kerl.
rendesen: *rendesen el van eresztve / rendesen meg van áldva* (nagy mellű – *nő*) = großbusig, mit großem Busen (*Frau*).

rendicsek! (rendben van!) – in Ordnung!, geht klar!; *auch:* rembicsek [< *rendes*].
rendőrcsizma (buta ember) – Dummkopf [wörtl.: »Polizeistiefel«].
rendőrkolbász (gumibot) – Gummiknüppel [wörtl.: »Polizeiwurst«].
répa (hímvessző) – Penis [wörtl.: »Rübe«].
repcsi (repülő) – Flugzeug; *s.* röpcsi [< *repülő(gép)* »dss.«].
repedtsarkú (könnyelmű nő) – leichtfertige Frau.
repeszt (száguld) – rasen (*mit Fahrzeug*).
repeta (*menzán stb.*: ételből kérésre adott ráadás) – Nachschlag (*beim Essen*) [*vgl.* repetázik].
repetál *s.* repetázik.
repetázik – 1. (ételből újra kér, ill. kap) (*beim Essen*) um Nachschlag bitten; Nachschlag fassen; 2. (osztályt ismétel) Klasse wiederholen, sitzenbleiben (*Schülerspr.*) [< lat. *repetare*]
repiszt (száguld) – rasen (*mit Fahrzeug*).
repít (száguld) – rasen (*mit Fahrzeug*).
repked *s.* röpköd.
reptér (repülőtér) – Flugplatz.
repül (bemegy) – hineingehen.
repülés *s.* utazás.
rés (vagina) – weibliche Scheide [wörtl.: »Spalt, Schlitz«].
resti (vasúti étterem) – Bahnhofsrestaurant.
reszel – 1. (közösül) Geschlechtsverkehr haben; 2. (táncol) tanzen.
rét (sétatér) – Promenade, Korso; *vgl.* mező.
retek (piszok) – Schmutz, Dreck.
rétes (négyes – *osztályzat*) – »Gut«

(»Vier«; *zweitbeste Note in ungar. Schulen*).

retkes (piszkos) – schmutzig, dreckig.

retyerutya (hozzátartozók) – die Angehörigen, die ganze Familie, die ganze Sippschaft.

retyi (vécé) – WC, Klo; *auch:* rötyi.

retyó (vécé) – WC, Klo.

revkó (revolver) – Revolver, Schießeisen.

revolverez *vkit vmivel* (fenyeget *vkit vmivel*) – *jdn* mit *etw.* bedrohen.

ribanc (kurva) – Hure.

ribbansz – 1. (nő, lány) Frau, Mädchen; 2. (könnyelmű nő) leichtfertige Frau, Flittchen; *vgl.* ribanc.

ribi (kurva) – Hure [< ribanc].

ricsaj – 1. (lárma, mulatozás) Lärm, Zecherei, lautstarke Vergnügung; 2. (könnyelmű nő) leichtfertige Frau, Flittchen.

ricsajláda (rádió) – Radio.

ricsajos (hangos) – ausgelassen, laut.

ricsajoz (lármázik, veszekszik) – lärmen, sich streiten.

rigó – 1. (cigarettavég) Zigarettenkippe, -ende; 2. (játékvezető) Schiedsrichter (*beim Sport*) [wörtl.: »Amsel«; bei Bed. 2. wohl Anspielung auf den traditionell schwarzen Dress der Schiedsrichter z. B. beim Fußball].

riherongy (könnyelmű nő) – leichtfertige Frau.

rihonya (könnyelmű nő) – leichtfertige Frau.

rihtig (persze, valóban, csak azért is) – natürlich, »richtig« [dt.].

rikács (veszekedés) – Streit, Schlägerei.

rima (kurva) – Hure.

ring (ügyészség) – Staatsanwaltschaft.

ringat (hazugsággal meggyőz) – mit Lügen überzeugen.

ringlispíl (kábítószeresek vízben vagy alkoholban oldva LSD-t vagy LSD hatású gyógyszert körbeadva fogyasztanak) – (*von Drogenabhängigen*) in Wasser oder Alkohol aufgelöstes LSD oder ähnlich wirkende Droge im Kreis herumreichen und zusammen konsumieren [< dt. *Ringelspiel*].

ringló (utcalány) – Hure, Prostituierte.

ringy-rongy (rossz, silány) – schlecht, mies, beschissen, Scheiß- [wohl zu *rongy* »Lumpen«; spielerische Doppelbildung, *vgl.* ripsz-ropsz, rissz-rossz etc.].

ringyó (utcalány) – Hure, Prostituierte.

rinya (panaszkodás) – Klage, Beschwerde.

rinyál – 1. (sír) weinen; 2. (panaszkodik) klagen, jammern, sich beschweren; 3. (fél) sich fürchten, Angst haben [*cf.* cig. *róvel* »weinen«?].

rinyálás (panaszkodás) – Klage, Beschwerde.

ripacs (érzelgős színész) – schlechter, sentimentaler Schauspieler, Schmierenkomödiant.

ripacskodik (eltúloz) – übertreiben.

ripacskodás (túljátszás) – Übertreibung.

ripsz-ropsz (sebtében) – eilends, flüchtig, auf die Schnelle.

riszál – 1. (táncol) tanzen; 2. *riszálja magát* (feltűnösködik) = angeben, protzen, sich aufpumpen.

riszki (veszélyes, kockázatos) – gefährlich, riskant [zu dt. *riskant*, engl. *risky* oder Abk. von (*s.*) rizikós].

rissz-rossz – 1. (rossz, silány) schlecht, mies, beschissen, Scheiß-; 2. (rozoga) baufällig, verfallen, »(ist eine) Bruchbude« [spielerische Doppelbildung; *vgl.* ringy-rongy, ripsz-ropsz etc.]

riszt (rész a zsákmányból) – Teil der Beute, Beutestück, Anteil [*Gaunerspr.*; zu dt. Rotw. *riß* »Beute, Erlös«; *vgl.* dt. Rotw. *reißen* »stehlen, betrügen«].

risztel (felel, osztozkodik – *pl. a zsákmányon*) – (auf)teilen (z.*B. die Beute*); *vgl.* riszt.

rit (kábítószereknél a Coderit nevű gyógyszer) – (*bei Drogenabhängigen Bezeichnung für das Medikament*) Coderit.

ritkán: *ritkán mos fülét* (siket, nagyothall) – schwerhörig, taub [wörtl.: »wäscht sich selten die Ohren«].

ritkó (retikül) – Handtasche [wohl entstellt aus *retikül*].

ritter (nagy legény, kérkedő, fennhéjázó) – Angeber [dt.].

rízen (ezer) – tausend [< dt. *Riese*, umgangsspr. für Tausendmarkschein].

rizikós (veszélyes, kockázatos) – gefährlich, riskant.

rizsa – 1. (mellébeszélés, üres fecsegés) Blabla, leeres Geschwätz; *vgl.* sóderol; 2. (pénz) Geld [ursprüngl. umgangsspr. Nebenform von *rizs* »Reis«; zur Bed. »Geld« *vgl.* mag].

rizsál (fecseg, üresen beszél) – quasseln, quatschen, plappern.

rizsás (hazudós) – Lügner [< rizsa].

rizsázik (fecseg, mellébeszél) – schwätzen, schwafeln, quasseln [< rizsa].

rizsázó (hazudós) – Lügner [< rizsa].

rizskóch (rizsfelfújt) – Reisbrei, Milchreis, »Reiskoch« [dt. *Reis* ersetzt durch das gleichbedeutende ungar. Wort *rizs*].

robbant (előnyt szerez – *sportban*) – Vorteil, Vorsprung gewinnen, davonziehen (*beim Sport*) [wörtl.: »sprengen«].

robi (nehéz munka) – schwere Arbeit, Plackerei; *vgl.* robizás, robot, robotolás.

Robika (csontváz) – Skelett (*bes. als Anschauungsobjekt im Biologieunterricht; Schülerspr.*) [vom Namen »Robi« < Robert].

robizás (nehéz munka) – schwere Arbeit, Plackerei.

robizik (nehézen dolgozik) – schwer arbeiten, schuften.

robogó (vonat) – Zug (Eisenbahn).

robot (nehéz munka) – schwere Arbeit, Plackerei.

robotol (nehéz munkát végez, kényszerből dolgozik) – sich abschuften, abrackern.

robotolás (nehéz munka) – schwere Arbeit, Plackerei.

rocsó (cipő) – Schuh.

rodás (kéregető, kölcsönkérő) – Bettler, Schnorrer.

rodázik – 1. (árulja magát) sich verraten; 2. (kéreget) betteln; 3. (utcai nő árulja magát) sich verkaufen, auf den Strich gehen (*von einer Hure*). [< cig. *rodava* »arbeiten, (Geld) verdienen«].

roggyant (beteg, rosszul van) – krank sein, sich elend fühlen.

rohad *vhol* (várakozik) – warten, bis man schwarz wird [wörtl.: »verrotten, verfaulen«].

rohadalom (irodalom – *iskolában*) – Literatur (*Schulfach*) [*Schülersprache*; zusammengezogen aus (*s.*) rohadt + *irodalom*].

rohadék (ellenszenves, utált) – unsympathisch, verhaßt.
rohadt – 1. (kellemetlen) unangenehm; 2. (nehéz – *helyzet, munka*) schwer, schwierig; 3. (ellenszenves, utált) unsympathisch, verhaßt.
rohangál: *rohangál, mint a töketlen kutya/mint pók a falon* (tevékenykedik) = hektisch, geschäftig sein.
rojtos: *rojtosra tépi az etetőjét* (panaszkodik) = klagen, sich beschwerden.
róka – 1. (arany, aranyból készült tárgy) Gold, Gegenstand aus Gold [wörtl.: »Fuchs«; Lehnübersetzung von dt. Rotw. *fuchs* = »Gold«; *vgl. fuksz, fukszos*]; 2. *rókát fog* (hány) = sich erbrechen, kotzen, reihern.
rókázik (hány) – sich erbrechen, kotzen, reihern.
rokizik (rock 'n roll-t táncol) – Rock 'n Roll tanzen.
rokkanyelvű (bőbeszédű, pletykás) – geschwätzig, schwatzhaft [zu *rokka* »Spinnrad, Rocken« und *nyelv* »Zunge«; also: »die Zunge geht wie ein Spinnrad«].
rokkás (bőbeszédű, pletykás) – geschwätzig, schwatzhaft [*s.* rokkanyelvű].
rokkázik (igyekszik) – sich ins Zeug legen, sich reinhängen.
rokokó (hányás, hányadék) – Erbrochenes, Kotze [*bes. Jugendspr.*; wörtl.: »Rokoko«; *vgl.* róka 2., rokázik; iron. Umformulierung]
rolni – 1. (tekercs) Rolle [< dt. *Rolle*]; 2. (lovas kocsi) Pferdekutsche [*Gaunerspr.*; < dt. *rollen, vgl.* dt. Rotw. *rolle* »Wagen«]; 3. (temető) Friedhof [*Gaunerspr.*; *vgl.* dt. Rotw. *roll* »Leiche«].
rolnis (tolvaj, aki a kocsikról csomagokat lopkod) – Dieb, der von Wägen oder Kutschen das Gepäck stiehlt [*Gaunerspr.*; *vgl.* rolni 2.].
rolniz (kocsiról csomagot lop) – vom Wagen oder von Kutsche Gepäck stehlen [*Gaunerspr.*; *vgl.* rolni 2.].
rolló: *rollóban van* (el van dugva) – versteckt sein; *vgl.* makéban van.
roma (cigány férfi) – Zigeuner (*Mann*); *vgl.* kohány, puri [< cig. *rom* »Zigeuner«; Vokativ: *roma!* »Zigeuner!«].
romboló *rit.* (autó) – Auto.
rombusz (nagyon rossz busz) – schrottreifer Bus [*eigentl.*: »Rhombus«; Wortspiel: *romlik* »zerfallen, verderben« + *busz*].
romnyi (lány) – Mädchen [< cig. *romnyi* »Zigeunerfrau, Ehefrau«].
roncs (ócska, használt autó) – altes, klappriges Auto.
roncsol – 1. (fut) laufen, rennen, davonlaufen; 2. (siet) eilen, es eilig haben.
rongy – 1. (ezres, ezres bankjegy) Tausender, 1000-Forintschein [*zwischen 1920 und 1926*: Tausendkronenschein]; 2. (százforintos) 100-Forintschein (*hist.*); 3. (ruha) Kleid, Kleidungsstück; 4. *ronggyá vér* (megver) = kräftig verprügeln, vermöbeln [wörtl.: »Fetzen, Lappen«]
rongyol (siet, rohan) – eilen, hasten [wörtl.: »zerreißen«].
rongyosszájú (bőbeszédű, pletykás) – geschwätzig, schwatzhaft [wörtl.: »mit zerfetztem Mund«; also: *hat sich den Mund fusselig geredet*].
rongyrázás (feltűnősködés, hivalkodás) – Prahlerei, Angeberei, Protzerei.
rontás (menstruáció) – Menstruation.

ropi – 1. (sós pálcika) Salzstängchen [*ursprüngl. Markenname*]; 2. (sovány) dünn (*Mensch*); 3. (*kábítószereknél*: olyan recept, amelyre Parkan nevű gyógyszer van felírva) (*bei Drogenabhängigen*) Rezept auf dem Parkan verschrieben ist; *vgl.* tresszes ropi.

ropogó (kocsi) – Wagen; *vgl.* pergő, gardes.

rosál (fél) - Angst haben [*bes. Jugendspr.*].

rossz: *rossz duma/szöveg/vaker* (halandzsa) = übles Geschwätz; *rossz lány* (prostituált) = Prostituierte; *rossz passzban van* (bajban van) = sich in Schwierigkeiten befinden, im Schlamassel stecken.

rosszalkodik *vmije* (fáj) – schmerzen, wehtun.

rosszul: *rosszul van* vkitől/vmitől (idegesít *vkitől/vmitől*) = sich aufregen, nervös sein wegen *jdm/etw.*

rotyog (székel) – scheißen.

rotyogtat – 1. (szellent) einen fahren lassen, furzen; 2. (székel) scheißen.

rovázás (panaszkodás) – Klage, Beschwerde, Gejammer.

rovázik – 1. (sír) weinen; 2. (panaszkodik) klagen, sich beschweren [< cig. *róvel* »weinen«].

rozoga (kimerült) – erschöpft, geschlaucht, kaputt.

rozzant (kimerült) – erschöpft, geschlaucht, kaputt.

rózsadomb (női mell) – (*weibliche*) Brust, Busen [*bes. Jugendspr.*; wörtl.: »Rosenhügel«; *auch der Name eines vornehmen Wohnviertels in Budapest*].

rózsafüzér (bilincs) – Fesseln, Ketten, Handschellen [wörtl.: »Rosenkranz«].

rózsakert (fenék) – Hintern, Hinterteil [wörtl.: »Rosengarten«].

rögtön: *rögtön elfolyik* (érzelgős) – sentimental, rührselig sein [wörtl.: »gleich fließt man davon«.

rögvest (azonnal, rögtön) – sofort, gleich.

röhög: *röhög, mint a fakutya* (nevet) = sich einen Ast lachen, sich schieflachen.

röpcs (röpdolgozat) – Kurzarbeit, Extemporale (*in der Schule*) [*Schülerspr.*].

röpcsi (repülőgép) – Flugzeug, Flieger; *s.* repcsi.

röpköd: *röpködnek a mínuszok* (nagyon hideg van) = es ist sehr kalt.

röppentyűzés (puskázás) – Spikken (*in der Schule; Schülerspr.*).

röpzaj (repülőgép) – Flugzeug, Flieger.

rötyi (vécé) – WC, Klo; *auch:* retyi.

rövid (pálinka) Schnaps; *kérsz egy rövidet?* (kérsz egy pálinkát?) = willst du einen Schnaps? [wörtl.: »ein Kurzer«].

rövidkaraj (kistermetű, alacsony ember) – Zwerg, Mensch von kleiner Gestalt; *vgl.* dugó.

rövidszivar (kistermetű, alacsony ember) – Mensch von kleiner Gestalt; *vgl.* dugó.

rövid zsuga (tiltott hazárd kártyajáték) – verbotenes Hasardspiel, Kartenspiel.

rőzse (haj) – Haar.

rucc! (fuss! menekülj!) – verschwinde! hau ab! flieh! [wohl aus jidd. *ruzen* »laufen«].

ruci (ruha) – Kleid [*Jugendsprache*].

ruckó (ruha) – Kleid.

rudi – 1. (hímvessző) Penis; 2. (csontváz) Skelett (*bes. als Anschauungsobjekt im Biologieunterricht; Schülerspr.*) [vom Namen »Rudi«].

rúg – 1. (észrevesz, gyanúsít) bemerken, verdächtigen; 2. *rugjá a bőrt* (focizik) = Fußball spielen [wörtl.: »das Leder treten«].

ruha – 1. (verés) Schläge, Prügel; *ruhát ad* vkinek (megver) = *jdn* verprügeln, vermöbeln; *ruhát kap/szakít* = Schläge bekommen, Prügel beziehen; 2. (vereség) Niederlage, Schlappe; *vgl.* ruhi.

ruház (ver, verekedik) – schlagen, sich prügeln.

ruházás (verés) – Schlägerei, Prügelei.

ruhi (verés) – Schläge, Prügel [cig.?]

ruhiz *s.* ruház.

rumli (kavarodás, zűrzavar, felfordulás) – Durcheinander, Aufruhr, Rummel; *nagy rumli* vmi *körül* = viel Rummel um *etw.* [< dt. *Rummel*].

rumlizik (kavarodást csinál) – Rummel machen.

rund (*kártyában, ivásban*: kör) – (*beim Kartenspielen oder Trinken*:) Runde [dt.].

rundó *s.* rund.

rupó *s.* ruppó

ruppó – 1. (forint) Forint; *nincs egy árva ruppója sem* (nincs egy fillére sem) = keinen Pfennig haben, pleite sein; 2. (pénz) Geld [ursprüngl.: »Silberforint« < cig. *rup* »Silber«].

ruszki (orosz – *iskolában*) – Russisch (*Schulfach; Schülerspr.*).

ruszkij (orosz – *iskolában*) – Russisch (*Schulfach; Schülerspr.*).

russzise (orosz – *iskolában*) – Russisch (*Schulfach; Schülerspr.*) [< dt. *russisch*].

rutin: *rutin róka* (tapasztalt ember) = alter Hase, alter Fuchs.

rutinos (tapasztalt) – erfahren, routiniert.

rúzsi (agyonsminkelt leány) – zu stark geschminktes Mädchen.

rüfke (laza erkölcsű, könnyűvérű nő) – leichtes Mädchen, Frau mit lockerer Moral [jidd.].

rühell *vmit* (nehezére esik, unja, utálja, restelli) – einer Sache überdrüssig sein, etwas langweilig finden; zu faul sein, *etw.* zu tun.

rükverc – 1. (vissza, hátrafelé) nach hinten, rückwärts; 2. (hátramenet – *autóval*) Rückwärtsgang (*beim Auto*) [< dt. *rückwärts*].

rükvercel – 1. (hátrafelé megy kocsival) rückwärts fahren (*mit dem Auto*); 2. (visszakozik) kehrtmachen [< rükverc].

S

sábeszdekli (fejfedő) – Kopfbedeckung, Hut [*altmod.*; *vgl.* jidd. *schabess* »Sabbath« + dt. Deckel; ursprüngl. kleine, runde Kopfbedeckung der jüdischen Männer, dann auch Dreispitz der Studenten am reformierten Kollegium; später verallgemeinert].

sacc: *saccra* (körülbelül) = ungefähr, cirka [»schätzungsweise«; *s.* saccol].

saccol – 1. (értékel, felmér, felbecsül) *etw.* hochschätzen, schätzen; 2. (számszerűleg becsül) schätzen (*eine Zahl, Größe usw.*); *kb.* *30-nak saccolom* = ich schätze mal circa dreißig; 3. (hisz, vél) glauben, meinen [< dt. *schätzen*].

saccolás (becslés) – Schätzung; *vgl.* saccol.

sacherol *s.* saherol.

saherol (használt holmival kereskedik, advesz, feketézik) – mit Gebrauchtwaren handeln, Schwarzhandel treiben [< dt. *schachern*].

sajna (sajnos) – schade, tut (mir) leid.

sajtkukac (túlbuzgó tanuló) – übereifriger Schüler, Streber [*Schülerspr.*; wörtl.: »Käsemade«].

sajtos (rendőr) – Polizist [wörtl.: »käsig, aus Käse«; zu dt. Rotw. *käs, käse* »Wache, Aufpasser; Polizei, Polizist«].

sakkozik – 1. (taktikázik) taktieren; 2. (felmossa a fogdát) Arrestzelle aufwaschen; 3. (felmossa a folyosót) (*in der Kaserne*) den Fußboden im Gang putzen [wörtl.: »Schach spielen«; Bed. 2. und 3. vom Fliesenboden, der an ein Schachbrett erinnert].

salabakter (puska – iskolában) – Spicker (*unerlaubtes Hilfsmittel in der Schule*) [*Schülerspr.*].

saláta – 1. (*kül.* rongyos tankönyv) (*bes. zerfleddertes, zerlesenes*) Schullehrbuch; 2. (egy- és kétkoronás bankjegy; aprópénz) Banknote über eine oder zwei Kronen [*bes. in der Zeit des I. Weltkriegs*]; Kleingeld [wörtl.: »Salat«].

salni (öltöny, ruha) – Anzug, Kleid, Kleidung; *auch:* sölni [< dt. Rotw. *schale* »Kleidung«; *vgl.* dt. umgangsspr. »*sich in Schale werfen*«].

samesz (vkinek a segéderője) – Gehilfe, Hilfskraft [< jidd. *schamess* »Synagogendiener«; *vgl.* dt. Rotw. *schammes* »Diener, Gerichts-/Schuldiener; Küster«].

sámfázó (lánynak barátja, udvarlója) – Freund (*eines Mädchens*), Galan.

samu (csontváz) – Skelett.

samulak (biológia szertár) – Biologiesammlung (*in der Schule*) [denn dort »wohnt« (*lakik*) das Skelett (samu); *Schülerspr.*].

sánc (esély – sikerre) – Möglichkeit, Chance (*auch z.B. beim Fußball*); *vgl.* sansz.

San Markó: *üdül a San Markóban* (börtönben van) = im Gefängnis sitzen, im Knast sein [vom Gefängnis in der Markó utca in Budapest (*s.* Markó); Anspielung auf die *Piazetta San Marco* in Venedig, wo sich (im *Dogenpalast*) ironischerweise auch das alte Gefängnis befand].

sansz (esély, lehetőség) – Möglichkeit, Chance; *semmi sansza nincs!* = keine Chance! nichts zu machen! [< dt. < fr. *chance*].

sapek (sapka) – Mütze.
sapesz (sapka) – Mütze, Kappe.
sapkatartó (fej) – Kopf [*Jugendspr.*; wörtl.: »Mützenhalter«].
sár (tartozás) – Verpflichtung, Schulden [wörtl.: »Kot, Dreck«].
sara (bűne, elkövetett bűn) – »der Dreck, den *jmd* am Stecken hat«; Straftat, die *jmd* verübt hat [< *sár* »Schmutz, Dreck«].
sarágja (far) – Hintern, Hinterteil.
sárga – 1. (gyanús) verdächtig, suspekt; 2. (kínai ember) Chinese; 3. (japán ember) Japaner [wörtl.: »gelb«; zu Bed. 1 *vgl.* dt. Rotw. *gelb* »böse, bösartig«].
sárga csikó (jogerős ítélet után kiderülő, addig sikeresen elhallgatott bűntény) – Straftat, die erst nach dem rechtskräftigen Gerichtsurteil ans Licht kommt und bis dahin verschwiegen worden war [wörtl.: »gelbes Fohlen«].
sárhányó (láb) – Bein [wörtl.: »Dreckschleuder«].
sarkangyal (prostituált) – Prostituierte, Hure [wörtl.: »Engel an der (Straßen-)Ecke«].
sarkcsillag (prostituált) – Prostituierte, Hure [wörtl.: »Stern an der (Straßen-)Ecke«].
sarki állat (rendőr) – Polizist [wörtl.: »Tier an der (Straßen-)Ecke«].
sáros – 1. *vkinek* (adós *vkinek*) *jdm etw*. schuldig sein, Schulden haben bei *jdm*; 2. (bűnös) schuldig, straffällig, verbrecherisch; *vgl.* kótig.
sártaposó (láb) – Bein, Fuß.
sas (lakkozott körmű nő) – Frau mit lackierten Fingernägeln [wörtl. »Adler«, wegen dessen Krallen].
sáska (falánk ember) – Freßsack,

Vielfraß [wörtl.: »Heuschrecke«].
saszerol *s.* szaszerol.
saszeroló *s.* szaszeroló.
sátánfajzat (rossz, csintalan gyerek) – freches, ungezogenes Kind, Rotzbengel, Rotzlöffel, »Satansbraten«.
satti: *sattira megy* (lopásra megy) = sich zu einem Diebstahl aufmachen, stehlen gehen [*vgl.* dt. Rotw. *schatti* »Elend, Unglück«? – oder zu dt. Rotw. *in den schatten bringen* »ins Gefängnis bringen, gefangennehmen«?].
satyak (sapka) – Mütze, Kappe; *auch:* slatyak, sityak.
satyarék (sapka) – Mütze, Kappe.
savanyú – 1. (veszélyes, kockázatos) gefährlich, riskant; 2. (szomorú, deprimált) niedergeschlagen, deprimiert [wörtl.: »sauer«].
schreibol *s.* srájbol.
sé (óra) – Stunde, Uhr [< dt. Rotw. *schoo, schöh, schee* »Stunde, Uhr« < jidd.].
sébig – 1. (kopott, ócska – *ruha*) abgetragen, zerschlissen; 2. (elhanyagolt, gondozatlan – *külső*) ungepflegt (*Äußeres, Erscheinungsbild*) [< dt. »*schäbig*«].
secko jedno (mindegy) – ganz gleich, egal [wohl zu tschech. *všecko jedno* »alles eins«; *vgl.* slowak. *všetko jedno*, poln. *wszystko jedno* »dss.«].
séf – 1. (főnök, vezető) Boß, Chef; 2. (osztályfőnök – *iskolában*) Klassenleiter (*in der Schule*) [< dt. < fr. *chef*].
seft (*kül. piszkos* üzlet) – (*bes. unsauberes*) Geschäft [< dt. *Geschäft*].
seftel (üzletel) – dubiose Geschäfte machen; *vgl.* seft.
seftelés (üzérkedés, üzletelés) – Geschäftemacherei.
seftes (üzletelő, ügyeskedő, csaló)

– *jmd,* der krumme Geschäfte macht, Betrüger [*vgl.* dt. *Geschäft, geschäftig*].

segg – 1. (far, ülep) Hinterteil, Arsch; *seggbe rúg* (belerúg *vkibe*) = *jdn* in den Arsch treten; *seggbe rúglak!* = ich tret dir in den Arsch!; *már tele van a seggem vele! / ezzel már tele van a seggem!* (elegem van abból) = Ich hab' die Schnauze voll davon! – *segget nyál* (hízeleg) = schmeicheln, speichellecken, arschkriechen [wörtl.: »Arsch lecken«]; *seggig ér a homloka* (kopasz) = kahlköpfig [wörtl.: »seine Stirn reicht bis zum Arsch]; *seggre esik* = 1. (esik, elesik) fallen, hinfallen; 2. (megjár, pórul jár) reinfallen, sich an *etw.* die Finger verbrennen, auf die Schnauze fallen; *seggre ül* (esik, elesik) fallen, hinfallen; 2. (buta ember) Trottel, Idiot, Dummkopf; *vgl.* seggfej.

seggbebaszás (anális közösülés) – analer Geschlechtsverkehr, »Arschfickerei«.

seggberugás (kellemetlen meglepetés, csalódás) – unangenehme Überraschung, Enttäuschung [wörtl.: »Arschtritt«].

seggbuta (nagyon buta) – stinkdumm, saudoof [wörtl.: »arschdumm«].

seggdugasz (alacsony, kicsi ember) – kleingewachsener Mensch, Zwerg [wörtl.: »Arschstöpsel«].

seggdugó (alacsony, kicsi ember) – kleingewachsener Mensch, Zwerg [wörtl.: »Arschstöpsel«].

seggel – 1. (sokáig ül *vhol*) (*lange*) herumsitzen; 2. (megerőltetően dolgozik) sich abplagen, schuften; 3. (intenzíven tanul) intensiv lernen, pauken, büffeln [*von* segg »Arsch«, etwa: »auf dem Arsch sitzen«; *in Bed. 3 auch:* beseggel; *vgl.* kiseggel].

seggfej – 1. (buta ember) Trottel, Idiot, Dummkopf; 2. (ellenszenves ember) unsympathischer Mensch, »Scheißkerl«.

seggkopasz (teljesen kopasz) – völlig kahl (*Mann*) [wörtl.: »arschkahl«].

segglehelet (szellentés) – Furz [wörtl.: »Arschhauch, -atem«].

seggluk *s.* segglyuk.

segglyuk – 1. (végbélnyílás) After; 2. (ellenszenves ember) unsympathischer Mensch, »Arschloch«.

seggnyalás (hízelgés) – Schmeichelei, Speichelleckerei, Arschkriecherei [wörtl.: »Arschlekken«].

seggnyaló – 1. (hízelkedő, talpnyaló) speichelleckerisch; 2. (hízelkedő ember) Speichellecker, Arschkriecher.

seggpapír (vécépapír) – Toilettenpapier, Klopapier.

seggrészeg (nagyon, teljesen részeg) – stockbesoffen.

seggrészeg lesz (berúg, lerészegedik) – sich besaufen.

seggszpír (vécépapír) – Toilettenpapier, Klopapier [Wortspiel mit [*s.*] »seggpapír« und *Shakespeare*].

seggtörlő (vécépapír) – Klopapier.

seibni (ringlispíl, körhinta) – Ringelspiel, Karussel [zu dt. *Scheibe*].

sejhaj (fenék) – Hintern, Hinterteil; *sejhajon rúg/billent* (megrúg, belerúg *vkibe*) = *jdn* in den Hintern treten [wohl Euphemismus zu (*s.*) segg].

sejn – 1. (név) Name; 2. (hírnév) Reputation, Ansehen, Image; 3. (igazolvány) Führerschein; 4. (személyleírás) Personenbeschreibung; *auch:* sém, sén

[< jidd. *schem*; *s*. sem!; beeinflußt von dt. *Schein*].

sekerc (jelentéktelen, senki ember) – unbedeutender Mensch, Null, Niemand; *vgl*. pitianer [zu jidd. *scheker* »Lüge«?].

selás (száz) – hundert [< cig. *shel* »hundert«].

selyemfiú (szeretőként kitartott [*fiatal*] ember) – Gigolo, Zuhälter.

sem (a valódi név) – der wirkliche, eigentliche Name [< jidd. *schem* »Name«; daraus dt. Rotw. *schem* »Name, (guter) Ruf«; *auch:* sejn, sém, sén; *vgl. auch:* linkersem »Deckname, falscher Name, Pseudonym«!].

sém *s*. sejn.

semmi: *semmi vész!* (nyugodtan!) – nur die Ruhe! kein Grund zur Aufregung!

sén *s*. sejn.

senki (jelentéktelen ember) – unbedeutender Mensch, ein »Niemand«.

serbli (éjjeliedény) – Nachttopf [< bair.-österr. *Scherbe(n)* »Topf, Nachttopf«].

sergyaló – 1. (kalap) Hut; 2. (sapka) Mütze, Kappe.

serif (apa) – Vater.

séró – 1. (haj) Haar; 2. (fej) Kopf [< cig. *shéro* »Kopf«].

sertés (sörtés, borostás arcú) – *jmd* mit Bartstoppeln im Gesicht, unrasiert [Spiel mit den Wörtern *sörtés* »stoppelig« und *sertés* »Schwein«].

seszko jedno *s*. secko jedno.

séta (megy, elmegy) – weggehen, verschwinden.

séta! (menjünk innen!) – Hau'n wir ab! Verschwinden wir!

sétagalopp (könnyű dolog, feladat) – leichte Arbeit oder Aufgabe [wörtl.: »Spaziergalopp«].

sétál (munka nélkül van) – arbeitslos sein [wörtl.: »spazierengehen«].

sétameccs (könnyű dolog, feladat) – leichte Arbeit oder Aufgabe.

sete-suta (félszeg, ügyetlen) – ungeschickt, tolpatschig.

sibár (újonc) – Rekrut; *auch:* sivár [*Soldatenspr.*].

sibbesz (rossz, értéktelen) – schlecht, wertlos [< jidd. *schibbes* »schlecht, gering, wertlos«].

síber (csempész) – Schieber, Schmuggler; *vgl*. síbol [dt.].

sibler (csaló, szélhámos) – Betrüger, Hochstapler; *vgl*. síbol [dt.].

síbol – 1. (nagyban csempész) verschieben, schmuggeln; 2. (tisztességtelen üzletet köt) krumme Geschäfte machen; 3. (kártyajátékban a talon egyik lapját a sajátjával kicseréli) beim Kartenspiel eine Karte aus dem Talon gegen eine eigene austauschen [< dt. *schieben*].

sibra (újonc) – Rekrut [*Soldatenspr.*].

sibrák (újonc) – Rekrut [*Soldatenspr.*].

sicc: – 1. *sicc!* (tűnj el!) verschwinde! hau ab! schleich dich! troll dich!; 2. *mint a sicc* (hogy jobb se kell) = optimal! besser geht es nicht.

sicht *s*. siht.

sifli (értéktelen holmi) – unbedeutende Sache, Angelegenheit, Kram [< jidd. < heb. *schofol* »niedrig, gering, demütig«; *sch'fel* »Niedrigkeit«?].

sífolva van (be van zárva – *ti. a sifonérba, szekrénybe*) – weggeschlossen, eingeschlossen (*in Kiste oder Schrank*).

siht (műszak) – (*Arbeits-*)Schicht; *éjszakai siht* = Nachtschicht [*bes. Sprache der Bergarbeiter*; < dt.].

siker (részeg) – betrunken, besoffen; *siker lesz* (berúg) = sich besaufen [< jidd. *schiker, schikojr* »Betrunkener; Säufer, Trunkenbold«].

sikerál – 1. (részegeskedik) trinken, saufen, sich betrinken; 2. (sikerül) Erfolg haben; *etw.* klappt, funktioniert [in Bed. 1. : < jidd. *schikeren, schikojren* »saufen«; dazu auch dt. Rotw. *schickern* »trinken«; in Bed. 2. : Nebenform von *sikerül*].

sikít (sikkaszt) – (Geld) unterschlagen, veruntreuen.

sikitás (sikkasztás) – Unterschlagung; *auch*: sikkajtás.

sikkajtás *s*. sikitás.

sikkant (sikkaszt) – (Geld) unterschlagen, veruntreuen.

sikogató (tűzoltóautó) – Feuerwehrauto.

síkos: *síkos már a pálya* (felizgult, felgerjedt) = (*sexuell*) erregt sein (*Frau*).

siksze (nő, lány) – Frau, Mädchen [< jidd. *schiksse* »nichtjüdisches (Bauern-) Mädchen«].

siktol (börtönbe zár) – ins Gefängnis sperren [zu dt. *schichten*?].

siló (étel, ennivaló) – Essen, Nahrung.

silózás (evés, étkezés) – Essen, Mahlzeit.

silózik (eszik) – essen.

sima – 1. (könnyű – *feladat*) einfach (*von einer Aufgabe*); 2. (közönséges, egyszerű) gewöhnlich, einfach [wörtl.: »glatt«]; *sima győzelem* (könnyű dolog, feladat) = leichte Arbeit oder Aufgabe; *sima ügy* = 1. (könnyű dolog, feladat) leichte Arbeit oder Aufgabe; 2. (szexuálisan könnyen elérhető nő) Frau, die leicht ansprechbar ist, die rasch zu sexuellen Kontakten bereit ist.

simafejű – 1. (kopasz) kahlköpfig; 2. (újonc) Rekrut [*Soldatenspr.*; wörtl.: »glattköpfig«; Bed. 2. wegen des Kurzhaarschnitts, den die neuen Rekruten erhalten].

simafejű főhadnagy (hímvessző) – Penis [wörtl.: »kahlköpfiger Oberleutnant«].

simaképű (hízelgő ember) – Speichellecker, Arschkriecher [wörtl.: »glattgesichtig«].

simán *adv.* (könnyen) – leicht, einfach.

simfel – 1. (lehord, összeszid) *jdn* zusammenstauchen, herunterputzen, beschimpfen; 2. (ócsárol, szapul, értéktelennek tart) *etw.* madig machen, herumkritteln an [< dt. *schimpfen*].

simli (becsapás, csalás, szélhámosság) – Betrug, Schwindel [zu dt. *schummeln* oder dt. Rotw. *schimmler* »Deserteur, entflohener Sträfling«?; *vgl.* simlis].

simlis – 1. (szökevény rab) entflohener Sträfling, Ausbrecher; 2. (hamis, megbízhatatlan, kétszínű) falsche, nicht vertrauenswürdige Person, Heuchler, Schlitzohr; 3. (csaló, szélhámos) Betrüger, Hochstapler; 4. (becstelen, tisztességtelen) unaufrichtig, heimtückisch; 5. (ravasz, rafinált) gerissen, raffiniert [zu dt. Rotw. *schimmler* »Deserteur, entflohener Sträfling« und dt. Rotw. *schimmeln gehen* »davongehen«; *vgl. auch* simli].

simliz (fut, menekül, szökik) – fliehen, entlaufen [< dt. Rotw. *schim-*

meln gehen »davongehen«; *vgl.* simlis, simli].

simon (nem, nincs semmi) – nicht, nichts [<jidd.?].

simul (hízeleg) – schmeicheln, speichellecken.

sín: *sínre tesz* (rendez, megold) = richten, in Ordnung bringen [wörtl.: »auf die Schiene bringen«].

síntér (állomás) – Station, Haltestelle, Bahnhof [*sín* »Schiene« + *tér* »Platz«].

síp (újonc) – Rekrut [*Soldatenspr.*].

sípágyú (újonc) – Rekrut [*Soldatenspr.*].

sipista (hamiskártyás) – (Karten) Falschspieler [< dt. *Schippen* = (beim Kartenspiel) »Pik« oder »Grün«].

sípláda – 1. (száj) Mund; 2. (rádió) Radio; 3. (televízió) Fernseher [< dt. *Schublade*].

sípmalac (újonc) – Rekrut; *vgl.* síp [*Soldatenspr.*].

sípol (panaszkodik) – klagen, sich beschweren [wörtl.: »pfeifen«].

sippantó (katona, közlegény) – einfacher Soldat.

sipu (újonc) – Rekrut [*Soldatenspr.*].

sípzsinór (újonc) – Rekrut [*Soldatenspr.*].

sír – 1. (panaszkodik) klagen, sich beschweren; 2. *sír, mint egy fürdős/mint egy fürdős kurva/mint egy hímringyó/mint a záporeső* (nagyon sír) = flennen, was das Zeug hält; Rotz und Wasser heulen.

siralom (irodalom) – Literatur (*Schulfach*) [Wortspiel: *siralom* (wörtl. »Jammer, Klage«) für das ähnlich klingende *irodalom*; *Schülerspr.*].

sírám (panasz) – Klage, Beschwerde.

sirásó (rossz kibic) – schlechter Kiebitz (*beim Kartenspiel*).

siric (a parasztember bundája) – Pelz(mantel) der Bauern.

sirodalom (irodalom) – Literatur (*Schulfach*); *s.* siralom [*Schülerspr.*].

sírógép (panaszkodós ember) – weinerlicher, ständig jammernder Mensch [wörtl.: »Jammermaschine«].

siropli (esernyő) – Regenschirm.

sisak (sapka) – Mütze, Kappe [wörtl.: »Helm«].

sisz! (lopd el!) – stiehl es! nimm's mit!

siti (börtön) – Gefängnis; *sitin voltam* (le voltam tartózva, börtönben voltam) = ich war im Gefängnis; *siti pucija* (rabruha) = Sträflingskleidung; *s.* sitt.

sitikulesz (rabszállító autó) – Gefangenenwagen.

sitis (rab) – Gefangener, Sträfling; *auch:* sityis.

sitkó (börtön) – Gefängnis; *s.* siti, sitt.

sitt (börtön) – Gefängnis; *sitten van* (börtönben van, büntetést tölt) = im Gefängnis sitzen; *sittre vág* (börtönbe csuk) = ins Gefängnis sperren, einbuchten; *vgl.* siti, sitkó, sittel, sittes [< dt. Rotw. *verschütt gehen* »verlorengehen, verhaftet werden«].

sittel (elfog, bebörtönöz) – verhaften, einsperren; *vgl.* sitt, sittes [< sitt].

sittelt (fogoly, elítélt) – Sträfling, Häftling.

sittes (rab, fogoly, elítélt) – Gefangener, Sträfling, Verurteilter; *vgl.* sittel, sitt.

sityak (sapka) – Mütze, Kappe; *auch:* satyak.

sityi *s.* sitt.

sityis s. sitis.
sivár (újonc) – Rekrut; *auch:* sibár [*Soldatenspr.*].
siváriván (újonc) – Rekrut [*Soldatenspr.*].
sivasz (újonc) – Rekrut [*Soldatenspr.*].
skac – 1. (férfi, fiú) (*bes. junger*) Mann; 2. (macska – *ritkán*) Katze (*selten*).
skalpol – 1. (ver) schlagen; 2. (megbuktat) durchfallen lassen (*in der Schule*) [*in Bed. 2. auch:* megskalpol; *Schülerspr.*]
skalpos (motoros rendőr) – Polizist mit Motorrad.
skam (férfi) – Mann.
skarba tesz (mellőz *vkit*) – *jdn* außer acht lassen, übergehen.
skárpi (cipő) – Schuh.
skera: *Na, akkor skera!* (Menjünk! Indulás!) = Auf geht's! Geh'n wir! Los, los!
skérál – 1. (szalad, fut) rennen, laufen; 2. (dolgozik) arbeiten [< cig. *náshkerel* »herumlaufen, herumrennen«].
skerázik (fut) – laufen, davonlaufen [< skérál].
skódaláda (Skoda) – Škoda (*Automarke*).
skódi (Skoda) – Škoda (*Automarke*).
skodri (macska) – Katze.
skóla, skola (iskola) – Schule [*Schülerspr.*; < lat. *schola*].
skót – 1. (zsugori) geizig; 2. (zsugori ember) Geizhals, Geizkragen [wörtl.: »Schotte«].
skriba (írás) – Schreiben, Schrift, Schriftstück.
skribál (ír) – schreiben [< lat. *scribere*].
skribázik (lop) – stehlen.
skribula (toll, ceruza) – Schreibfeder, Bleistift.

skropó (gyerek) – Kind [zu dt. *Schropf?*].
skubi (nézés) – Betrachtung, Blick; *vgl.* skubizik.
skubizik 1. (les) lauern, aufpassen; 2. (néz, figyel) zuschauen, beobachten; *vgl.* skubi, skubizó [dt.? – *vgl.* kubiz?].
skubizó (szem) – Auto; *vgl.* skubizik.
skuló – 1. (fej) Kopf; 2. (pisztoly, lőszer) Pistole, Schießeisen [*in Bed. 2. auch:* skuró].
skuró (pisztoly, lőszer) – Pistole, Schießeisen; *s.* skuló 2.
slafrok (pongyola) – Morgenmantel, »Schlafrock« [dt.].
slag (csapás, ütés) – Schlag [dt.].
sláger (siker) – Schlager, Verkaufsschlager, Renner; *az áruház slágere* = der Renner/Verkaufsschlager im Kaufhaus [dt.].
slamasztika (szorongatott helyzet, kellemetlenség) – Schlamassel, ärgerliches Mißgeschick, lästige Angelegenheit [aus dt. Rotw. *schlammassel* »Pech, Unglück« < jidd. *schlimmasol* »schlimmes Los; Unglück, Unfall«]; *nyakig ül a slamasztikán* = bis zum Hals in der Scheiße sitzen; *(nagy) slamasztikába kerül* (bajba kerül) = in Schwierigkeiten geraten; *slamasztikában van* (bajban/kellemetlen helyzetben van) = in Schwierigkeiten stecken.
slampet (elhanyagolt öltözetű; rendetlen) – schlampig; *auch:* slampos; *slampet ember* = schlampiger Mensch; [< dt. dial. *schlampert*].
slampos (elhanyagolt öltözetű; rendetlen) – schlampig; *s.* slampet.
slamposság – Schlampigkeit; *vgl.* slampos, slampet.

slang (lánc, óralánc) – Kette, Uhrkette [< dt. Rotw. *schlange* »Kette (*an der Uhr, am Hals oder als Fessel*)«].
slank (karcsú) – schlank [dt.].
slapaj – 1. (segéderő, gyakornok; növendék, tanonc) Laufbursche, Aushilfe; Schüler, Lehrling; 2. (ügyetlen, kezdő) ungeschickt, Anfänger(-) [jidd.; *vgl.* dt. *schleppen*].
slapec (katona) – Soldat; *auch:* slapic.
slapic – 1. (fiú, gyerek) Junge, Kind; 2. (katona) Soldat.
slappantyú – 1. (jelentéktelen) unbedeutend; 2. (másodrangú újságíró) Schmierfink, Schreiberling (*zweitklassiger Journalist*).
slatyak (sapka) – Mütze; *auch:* satyak.
slattyog (lassan gyalogol, megy, ballag) – zu Fuß gehen, schlendern.
slendrián – 1. (felületes, hanyag, rendetlen ember) nachlässiger, schlampiger Mensch, Schlamper; 2. (elsietett, összecsapott, hanyag munka) überstürzte, zusammengeflickte, schludrige Arbeit, Pfusch; *slendrián diák* = nachlässiger Schüler [< dt. *Schlendrian*].
slendriánkodik – nachlässig, schlampig sein.
slendriánság – Nachlässigkeit, Schlampigkeit.
slepp (kíséret, környezet, *vkit* önző céllal követők csoportja) – Begleitung, Gefolge (*oft pejorativ über Personen, die aus Eigennutz mitlaufen*) [< dt. *Schlepp*; *vgl.* dt. »im Schlepptau«].
slepper (a hamiskártyások társa, aki az áldozatokat felhajtja) – (*beim Kartenspiel*) Gehilfe des Falschspielers, der das Opfer zu immer höheren Einsätzen treibt [< dt. Rotw. *schlepper* »jmd, der den Gaunern Opfer zuführt, Zutreiber, Anreißer«].
sliccelt: *sliccelt szemű* (kínai ember) = »Schlitzauge« (*Ostasiate, z. B. Chinese, Japaner*) [zu dt. *schlitzen, geschlitzt*].
sliff (jelentéktelen, senki ember) – unbedeutende Person, Null; *auch:* sliffentyü.
slisz (fegyőr, börtönfelügyelő) – Gefängniswärter, Gefängnisaufseher; *vgl.* sliszer.
sliszer (börtönőr) – Gefängniswärter; *auch:* slisz [< dt. *Schließer*].
slissz *s.* slisz.
slisszol (oson, lopódzik) – schleichen [dt. Rotw.].
sló (vécé) – WC; *s.* slozi.
slópapír (vécépapír) – Toilettenpapier [*s.* sló, slozi; *vgl.* dt. *Klopapier*].
slóze (vécé) – WC; *s.* slozi.
slozi, slózi (vécé) – Toilette, WC [entstellt aus *klozett* unter Einwirkung des dt. Wortes *Schloß*?].
slukk – 1. (korty) Schluck; 2. (szippantás a cigarettából) Zug (*an der Zigarette*); *vesz egy slukkot* (cigarettából szippant) = (*an Zigarette*) ziehen; 3. *egy slukkra* (egyből, egyszerre) auf Anhieb, auf einmal [< dt. *Schluck*].
slukkol – 1. (cigarettából, szivarból szippant) (*an Zigarette oder Zigarre*) ziehen; 2. (kábítószeres a ragasztó gőzét belélegzi) (*von Drogenabhängigen*) Leimdämpfe einatmen, »schnüffeln«.
slussz (vége!, nincs tovább!) – Schluß! [dt.].
smac (csók) – Kuß; *s.* smaci.
smacázás (csókolódzás) – Küsserei, Knutscherei.

smaci (csók) – Kuß; *auch:* smóci [dt. dial. *Schmatz*].

smacizás (csókolódzás) – Küsserei, Knutscherei.

smacizik (csókol) – küssen.

smafu – 1. (nem érdekes; mindegy; csekélység, semmiség) uninteressant, egal; Nichtigkeit; 2. (kis pénzösszeg) kleiner Geldbetrag, »Peanuts«; *nekem smafu* = ist mir egal [< fr. *je m'en fous* = »ich pfeif' drauf!«].

smakkol (ízlik) – schmecken; *hogy smakkol az ebéd?* = wie schmeckt das Mittagessen? – [*auch figurativ:*] *nem smahholt nehi a munka* – ihm schmeckte die Arbeit nicht [< dt. *schmecken*].

smancil (csókol) – küssen.

smár (csók) – Kuß.

smarn, smarni (semmiség, jelentéktelen ügy) – »Schmarren«, Unsinn, dummes Zeug; *smarn az egész!* = alles Quatsch! [< dt. dial.].

smaroccer (potyázó, élősdi) – Schmarotzer [dt.].

smárol (csókolódzik) – küssen, abküssen, abknutschen.

smárolás (csókolódzás) – Küsserei, Knutscherei.

smárolda (száj) – Mund [zu dt. dial. *schmarren* »viel, Unsinniges reden«?].

smasszer¹ – 1. (fegyőr, börtönőr) Gefängniswärter; 2. (ügyeletes tanár – *iskolában*) Aufsicht habender Lehrer [dt. Rotw.; *vgl.* dt. umgangsspr. *schmeißen* »jdn verprügeln«, *Schmiß* »Säbelhiebwunde«; aber Rotw. *schmeißer* »Straftäter«].

smasszer² (borravaló) – Trinkgeld [zu dt. Rotw. *schmattas* »Beuteanteil, Beuteerlös«?].

smekk (szag, gyanú, gyanús körülmény) – Geruch, Verdacht, verdächtiger Umstand; *smekket kap* = mißtrauisch werden; *smekkem voltam a palira* (bizalmatlan voltam vele) = ich war ihm gegenüber mißtrauisch; [< dt. dial.; zu *Geschmack, schmecken*; *vgl.* den umgangssprachlichen Gebrauch von *stinken* im Deutschen: eine Sache *stinkt*, d. h. ist dubios].

smekker – 1. (szimatoló, figyelő, felhajtó) Schnüffler, Spion; 2. (rendőrségi besúgó) Polizeispitzel; *vgl.* smekk.

sminkel (az arcát festi) – (sich) schminken [dt.].

smír (őrjárat) Wache, »Schmiere« (*stehen*); *smíren áll* (őrködik, őrt áll) = wachen, Schmiere stehen [dt.].

smírel – 1. (megfigyel, figyel) beobachten; Wache, »Schmiere« stehen; 2. (veszteget, ken) »schmieren«, bestechen; *s.* smírol, smír.

smirgli – 1. (kopasz) kahl, glatzköpfig; 2. (újonc) Rekrut [*Soldatenspr.*]; 3. (túlságosan törekvő tanuló) übereifriger Schüler, Streber [eigentl.: »Schmirgelpapier« < dt. *Schmirgel*; *Schülerspr.*].

smirglifej (magolós diák) – übereifriger Schüler, Streber; *s.* smirgli.

smirglizik (táncol) – tanzen.

smirkász – 1. (semmirekellő, haszontalan személy) Nichtsnutz, Taugenichts; 2. *ez nekem smirkász!* = 1. (ez nekem mindegy) ist mir egal, ich pfeif' drauf!; 2. (ez egy könnyű dolog) das ist ein Kinderspiel für mich [wohl zu umgangsspr. dt. *sich* etw. *abschmieren* im Sinne von »*etw.* abschreiben; widerwillig auf *etw.* verzichten«; vermischt mit *Schmierkäse*].

smiró (újonc) – Rekrut [*Soldatenspr.*].

smírol – 1. (megfigyel, figyel) beobachten; Wache, »Schmiere« stehen; 2. (veszteget, ken) »schmieren«, bestechen; *s*. smírel, smír [dt.].

smóci (csók) – Kuß; *vgl.* smaci [dt. dial. *Schmatz*].

smócizik (csókol) – küssen.

smokk (sznob) – Snob [nach einer Figur aus *Gustav Freytags* Theaterstück »Journalisten«; *vgl.* slowen. *šmok* »Narr«].

smokkság (sznob viselkedése) – Gehabe eines Snobs.

smonca – 1. (semmiség, jelentéktelen valami) Nichtigkeit, unbedeutendes Zeug; 2. (üres fecsegés, szófecsérlés) leeres Gerede, Geschwätz, «Schmonzes«; *csupa smonca!* = lauter Quatsch! [< jidd. *schmonze, schmonzes* »Blödsinn, albernes Gechwätz«].

smoncázik (fecseget, halandzsázik) – Unfug erzählen, »Blech reden«.

smucián (fösvény) – Geizkragen, Geizhals [gebildet aus »smucig« wohl nach dem Vorbild von *Grobian*; ironische pseudohumanistische Bildung, grob in Anlehnung an ursprüngl. lateinische Namen wie *Aurelian, Cyprian, Hadrian* usw.].

smucig – 1. (zsugori, fösvény, szűkmarkú, krajcároskodó) geizig, knickrig; 2. (zsugori ember) Geizhals, Geizkragen. [dt.].

smucigoskodik (*vki* zsugori) – knickrig, geizig, ein Pfennigfuchser sein.

smucigság (fösvénység, zsugoriság) – Geiz, Knickerei.

smuglíz (csempéz) – schmuggeln [dt.].

smukk (ékszer) – Schmuck [dt.].

smúz – 1. (bizalmas közlés, csevegés) vertrauliche Mitteilung, Plauderei; 2. (beszélgetés, társalgás) Gespräch, Unterhaltung; 3. (besúgó) Spitzel, Verräter [< dt. Rotw. *schmus, schmuoss* »Erzählung, Unterhaltung, Plauderei, Geschwätz« < jidd. *schmuo*, pl. *schmuojss* < heb. *semu'oth* »Gerede«; *vgl.* dt. umgangsspr. *Schmuh; vgl.* smúzol].

smúzol – 1. (összebújik, szerelmesen suttog) sich (verliebt) aneinanderschmiegen, schmusen; 2. (törleszkedik, hízeleg) schöntun, schmeicheln; 3. (fecseg, beszélget, társalog) schwatzen, plaudern, sich unterhalten; 4. (besúg) *jdn* verraten, verpfeifen [< dt. Rotw. *schmusen* »plaudern, schwätzen«; *vgl.* smúz].

smúzolás (beszélgetés, társalgás) – Gespräch, Unterhaltung.

snájdig – 1. (délceg, daliás) stattlich, stolz; 2. (jó fellépésű, talpraesett) schlagfertig, gewandt [< dt. *schneidig*].

snapperol (nő nemi szervét kézzel ingerli) – die weiblichen Genitalien mit der Hand stimulieren [< dt. *schnappen*].

snapsz (pálinka) – Schnaps; *snapszot töltött a poharakba* = er füllte Schnaps in die Gläser [dt.].

snapszol (fejbe üt) – auf den Kopf schlagen.

snapszozik (pálinkát iszik) – Schnaps trinken.

snassz – 1. (szegényes, kopott, hitvány) ärmlich, schäbig, lumpig; 2. (zsugori) geizig [< dt.-österr. *Gschnas* »minderwertige Ware, Krempel, Talmi«].

sné – 1. (ing) Hemd; 2. (fehérnemű) weiße Unterwäsche [< dt. Rotw. *schnee* »weiße Wäsche, weißes Leinen«].

snebi (palinka) – Schnaps.

snicli – 1. (hússzelet) Schnitzel (*Fleischgericht*); 2. (levágott hulladék) Fetzen, Schnitzel (*Abfall, Papier usw.*) [< dt. *Schnitzel*].

snitthajsz (lovaglónadrág, bricsesz) – Reithose [< dt. *Schnitthose*].

snóbli (marokba rejtett pénzzel játszott szerencsejáték) – mit in der Faust verborgenem Geld gespieltes Glücksspiel [dt.?].

snorrer (kisebb-nagyobb kölcsönökből élő, ismerőseit kölcsönökért zaklató egyén) – Schnorrer [< dt. < jidd.].

snöli (zsebkendő) – Taschentuch [< dt. Rotw. *schnelle, schnelli* »Taschentuch«].

snúr (ügyességi játék, pénzdobálás vonalra vagy a fal tövéhez) – Geschicklichkeitsspiel, bei dem eine Münze möglichst nahe an eine Linie oder an die Wand geworfen wird [< dt. *Schnur*]

snüffleroz (szimatol) – (herum-) schnüffeln [dt.]

sóder – 1. (üres beszéd) leeres Geschwätz; *nyomja a sódert* (fecseg, mellébeszél) = schwafeln, schwätzen; 2. (mellébeszélés, hazugság) Umschweife, Lüge [< dt. Rotw. *schoder* »Kupfergeld« < tschech. *chudý* »arm, gering«?; der Gebrauch in der ungar. Umgangsspr. erklärt sich aus der Grundbedeutung »von geringem Wert, wertlos«].

sóderol – 1. (félrevezető, valótlan dolgokat fecseg, hantázik) faseln, schwafeln; 2. (hazudozik) lügen [< sóder].

sodrófa (hímvessző) – Penis [wörtl.: »Nudelholz«].

sógor – 1. (német – *kül.* sváb) Deutscher, Ungarndeutscher, »Schwabe«; 2. (osztrák) Österreicher [wörtl.: »Schwager«].

sohanapján (soha) – nie, niemals, am Sankt-Nimmerleins-Tag.

sohér, sóher – 1. (pénztelen, kevés pénzű, szegény) arm; 2. (fösvény, fukar) geizig; 3. (zsugori ember) Geizhals, Geizkragen [< jidd. *schocher* »schwarz« < heb. *schachor* »dss.«; die Bedeutungsänderung möglicherweise durch Einfluß des dt. Rotw. zu erklären: dort steht *schwarz* für »arm, mittellos«; denkbar aber auch Ableitung von jidd. *schacherer/schocher* »Trödler, Hausierer«].

sohérol (fölfeszít, fölnyit) – aufbrechen, öffnen [jidd.?].

sojvet (bíró) – Richter; *vgl.* sovjet [< dt. Rotw. *schojwet, schojfet, schofet* »Richter, Schultheiß« < jidd. *schojfet* < heb. *schofot*].

sok – 1. (igen, igaz, biztosan) ja; wahr, sicher, bestimmt; 2. *sok van* vkiben (tehetséges) = *jmd* ist fähig, in ihm steckt viel.

sokgombos (tisztelendő úr, pap) – geistlicher Herr, Priester [wörtl.: »mit vielen Knöpfen (*am Gewand*)«].

soknapú (újonc) – neuer Rekrut [*Soldatenspr.*; wörtl.: »hat noch viele Tage (*vor sich*)«].

sólem (béke, nyugtalom, jólét) – Friede, Ruhe, Wohlstand [< jidd. < heb. *schalom*].

somolyog (mosolyog) – wissend lächeln, grinsen; *auch: somolyog a bajsza alatt* [entstellt aus *mosolyog*].

sonka (láb) – Bein [wörtl.: »Schinken«].

sorry! (elnézést!) – Verzeihung! [engl.].

sószerolt móka (jól megtervezett betörés) – gut geplanter Einbruch [*Gaunerspr.*].

sótartó (alacsony, kicsi ember) – kleingewachsener Mensch, Zwerg [wörtl.: »Salzfäßchen, -streuer«].

sottenfúr (tolvajzseb) – Diebestasche [< dt. Rotw. *schotte, schaute* »Narr, Einfaltspinsel«, aber in Zusammensetzungen auch »Dieb« (z. B. Rotw. *schottenfäller, schottenfell(n)er* »Laden-, Marktdieb«) + *fuhre, fuhr* »in der Kleidung versteckt angebrachte Tasche der Laden- und Marktdiebe«].

soványító (testnevelés) – Leibeserziehung, Turnen (*Schulfach*) [eigentl.: »Abmagerungsmittel«; *Schülerspr.*].

sovjet (bíró) – Richter; *vgl.* sojvet [< dt. Rotw. *schojwet* »Amtsrichter« < jidd. *schofet* »Richter«].

sölni (ruha) – Kleid(ungsstück); *auch:* salni; *vgl.* ansöllerol [< dt. Rotw. *schale, schaln* »Anzug, Kleidung, Uniform«; *vgl.* dt. Rotw. *ausschälen* = ausziehen; *vgl.* dt. umgangsspr. »*sich in Schale werfen*«].

söpör – 1. (siet, rohan) rennen, hasten; 2. (gyorsan hajt, száguld járművel) rasen (mit dem Auto) [wörtl.: »kehren, fegen«].

söprés! (tűnj el!) – verschwinde! hau ab! mach die Mücke! – *auch*: söprés innen!

söprű (haj) – Haar.

sörény (haj) – Haar [wörtl.: »Mähne«].

sörhas (nagy has) – Wanst, (*großer*) Bauch, »Bierbauch«.

sörhasú (kövér) – dick, dickbäuchig, »mit Bierbauch«.

sörizom (kövér has) – Wanst, »Bierbauch« [wörtl.: »Biermuskel«].

sörkenyér (sör) – Bier [wörtl.: »Bierbrot«].

sötét – 1. (buta) dumm, doof; 2. (becstelen, tisztességtelen) unaufrichtig, unehrlich, fies; 3. (törvénytelen) gesetzlos, gesetzwidrig; *sötét alak* (becstelen ember) = unaufrichtiger, heimtückischer Mensch; »finstere Gestalt«, »Dunkelmann«; [*sötét* wörtl.: »finster, dunkel«].

spacc (könnyelmű, kihasználható ember) – leichtsinniger, leicht ausnützbarer Mensch [< dt. *Spatz*; *vgl.* veréb].

spájz (éléskamra) – Speisekammer, Küchenschrank (*für Lebensmittel*); *auch:* spejz [dt.].

spájzol (mérhetetlenül sokat eszik, többet eszik mint szükséges) – (zu)viel essen, sich vollstopfen, vollfressen, sich den Bauch vollschlagen [< dt. *speisen; aber vgl.* spejzol].

span (bűntárs) – Mittäter, Komplize [wohl zu dt. Rotw. *spannen* »sehen, beobachten, aufpassen«].

spang *s.* spangli.

spanga (kés) – Messer.

spangli (cigaretta) – Zigarette [< dt. Rotw. *spangerl, spange, spahn* »dss.«].

spanglizik (cigarettázik) – Zigarette rauchen.

spannol (izgat, felizgat) aufregen, erregen, irritieren [< dt. *spannen*].

spannolt (ideges, feszült, nyugtalan) – nervös, angespannt, unruhig [< dt. *gespannt*].

spanring (bokszer) – Schlagring [dt.].

spárga (hímvessző) – Penis [wörtl.: »Spargel«].

spátni (bokszer) – Schlagring [dt.?].

speceráj – 1. (fűszerkereskedés, vegyeskereskedés, szatócsüzlet) Gewürzhändler, Gemischwaren-

händler, Krämerladen; 2. (rendetlen, szegényes bolt) unordentlicher, ärmlicher Laden [< dt. *Spezerei*].
spéci – 1. (különleges) besonders; 2. (alak, személy) Gestalt, Typ, Person [< dt. dial. *Spezi* < lat. *specialis* »besonders«].
spejz *s.* spájz.
spejzol (börtönben ételt vesz) – im Gefängnis Essen fassen [< dt. *speisen*; *aber vgl.* spájzol].
spenótbakter (pénzügyőr, finánc) – Finanzwachmann, Finanzbeamter [< dt. Rotw. *spinatwächter* »Fluraufseher, Finanzwächter, Landjäger«; *spinat-* wegen der grünen Uniform].
spenóthuszár (gyáva ember) – Feigling [wörtl.: »Spinathusar«].
sperhakni (álkulcs) – Nachschlüssel, Dietrich [< dt. *Sperrhaken*].
sperling (retesz) – Riegel [zu dt. *sperren*].
spí, spi – 1. (kocsma) Kneipe; 2. (kocsmáros) Kneipenwirt [< dt. Rotw. *spie*; »Wirt«; *vgl.* spis].
spicc[1] (becsípett) – (*nach Alkoholgenuß*) angeheitert, blau; *spicce van* = angeheitert sein; *nem vagyok én ittas, csak spiccem van* = ich bin nicht betrunken, nur angeheitert; *auch:* spicces [< dt. *spitz*].
spicc[2] *spiccen van* (divatos, modern) = modern, in Mode; *spiccre vesz* (megrúg, belerúg *vkibe*) = *jdn* treten [zu dt. *Spitze*].
spicces (becsípett) – (*nach Alkoholgenuß*) angeheitert, blau; *spicces lesz* (berúg, lerészegedik) = (*Alkohol*) trinken, sich volllaufen lassen; *s.* spicc[1].
spicli (besúgó, árulkodó ember) – Spion, Verräter, Spitzel [dt.].
spicliskedik (árulkodik, besúg *vkit*) – *jdn* verraten.

spigó (besúgó, árulkodó ember) – Spitzel, Verräter.
spiláz, -ik – 1. (játszik – *sportban*) spielen (*beim Sport*); 2. (megy, elmegy) gehen, weggehen; 3. (fut) laufen, davonlaufen [< dt. *spielen*].
spíler – 1. (hivatásos hamiskártyás) professioneller Falschspieler; 2. (nagy játékos – *sportban, életben*) großer Spieler (*im Sport, im Leben*); 3. (szakember) Fachmann, Spezialist [< dt. *Spieler*].
spiné – 1. (nő, lány) Frau, Mädchen; 2. (vénasszony) alte Jungfer; 3. (bordélyház tulajdonosnő; szobaasszony; spí felesége) Bordellbesitzerin, Puffmutter; Zimmervermieterin; Wirtsfrau; *auch:* spinő [spí + *-né*, also: »Frau Wirt« oder < dt. Rotw. *spinne* »Prostituierte, die einen Zuhälter aushält«?].
spinkó – 1. (nő) Frau; 2. (lány) Mädchen; *vgl.* spiné 1. [ursprüngl. wie auch spiné »alte Frau«].
spinkóczi (nő) – Frau; *vgl.* spiné.
spinol (dolgozik) – arbeiten [dt.?].
spinő *s.* spiné.
spion (titkos ügynök, spicli) – Geheimagent, Spion, Spitzel [dt.].
spiritusz – 1. (okosság, ész) Klugheit, Geist, Verstand; 2. (életkedv, energia) Lebenslust, Energie; 3. (bátorság, vakmerőség) Verwegenheit, Mut.
spis (kocsmáros) – Kneipenwirt [< dt. Rotw. *spie*; »Wirt«; *vgl.* spí].
spiti (kórház) – Krankenhaus [< dt. *Spital, Hospital*].
spongya: *spongyát vet rá* (elnéz, megbocsát) = über *etw.* hinwegsehen, (*Fehler, Mißgeschick usw.*) nicht tragisch nehmen [wörtl.: »einen Schwamm draufwer-

fen«; *vgl.* dt. »Schwamm drüber!«].

spórol (takarékoskodik, megtakarít) – sparen [dt.].

spreicol (felfeszít) – aufbrechen (z. B. Tür, Tresor) [< dt. *spreizen*].

sprengeizni (feszítővas) – Brecheisen [< dt. *Sprengeisen; Gaunerspr.*].

spriccer (fröccs) – Weinschorle; Wein mit Soda [< dt. *Spritzer*].

springer (láblánc, lábbilincs) – Fußeisen, Fußfessel [< dt. Rotw. *springer* »dss.«; *Gaunerspr.*].

sprintel (fut) – laufen [< dt. *sprinten* < engl. *to sprint*].

spukkol (hány) – (sich er)brechen, speien [< dt. *spucken*].

spur (előérzet, balsejtelem, megérzés) – Vorahnung, schlechtes Gefühl; *auch:* spuri [zu dt. *spüren, Gespür*].

spuri – 1. (futás) Flucht; 2. *s.* spur; *spurija van* (van egy megérzése) = eine Vorahnung haben [in Bed. 1. zu dt. Rotw. *spuren* »gehen«].

spurizik (fut, menekül) – abhauen, davonlaufen [< dt. Rotw. *spuren* »gehen«; *vgl.* spuri 1.].

srác (férfi; fiú) – Mann; Junge; *kis srác* (gyerek) = kleiner Junge [< dt. Rotw. *schratz* »Kind« < jidd. *scherez* »Wurm« < heb. *scherez* »Kriechtier«].

srájbol (ír) – schreiben [dt.].

srám (férfi) – Mann.

sraubni (csavar) – Schraube; *vgl.* sróf [dt.].

srég (rézsútos, ferde) – schief, schräg; *a gyógyszertártól srég vizaví a szatócs* = schräg gegenüber der Apotheke ist der Krämer [dt.].

sréh (görbe) – krumm, schräg; *s.* srég.

srenk – 1. (betörés) Einbruch; *vgl.* srenker; 2. (rablás) Raub; 3. (páncélszekrény) Panzerschrank, Tresor [< dt. Rotw. *schränken* »mit Dietrich aufsperren, aufbrechen, einbrechen«; in Bed. 3. zu dt. *Schrank*].

srenkcájg (betörőszerszám) – Einbruchswerkzeug; *auch:* srenkceig [< srenk + cájg (= »Zeug«)].

srenkceig *s.* srenkcájg.

srenker – 1. (betörő) Einbrecher; 2. (kasszafúró) Geldschrankknacker, Panzerknacker [< dt. Rotw. *schränker* »Einbrecher«].

srenkes – 1. (betörő) Einbrecher; 2. (rabló) Räuber; *vgl.* srenker.

srenkol (bebörtönöz) – einkerkern, ins Gefängnis stecken [zu dt. Rotw. *verschränken* »verhaften«].

sróf (csavar) – Schraube; *vgl.* sraubni [dt.].

stáb (cigaretta) – Zigarette [*s.* staub].

stadi (a Városliget Budapesten) – Városliget (*Stadtpark in Budapest*); *vgl.* lizsé [Abk. von dt. *Stadtpark*].

stamfot kap (elveszti állását) – seine Stelle, seinen Arbeitsplatz verlieren, gefeuert werden [zu dt. *stampfen?*].

stampedli (fél deci v. ennél kisebb űrtartalmú pohárka, kupica) – Schnapsglas; *egy stampedli pálinka* = ein Gläschen Schnaps [dt. dial. *Stamperl*].

stand (utcai, piaci árusítóhely) – (Verkaufs-)Stand [dt.].

stangli (rúd alakú sós sütemény) – Salzstange [< dt. *Stange*].

stanicli (papírzacskó) – (*trichterförmige*) Papiertüte [< österr.-dt. *Stanitzel*; wird zurückgeführt auf den poln. König *Stanilaus August* (1731-1798), der in Wien mit Süßigkeiten gefüllte Papiertüten an Kinder verteilen ließ].

starospista *s.* pista.

staub (cigaretta) – Zigarette; *auch:* stáb [< dt. Rotw. *staub, stauber* »Tabak, Zigarette«]

staubol (cigarettázik) – Zigarette rauchen [< dt. Rotw. *stauben, staubeln* »rauchen«].

steig *s.* stejg; *steigre megy: s.* steigol, stejgol.

steigol *s.* stejgol.

stejg (lépcső, létra) – Treppe, Leiter [zu dt. *Steig, steigen*; Rotw. *steiger* »Treppe«].

stejgol (villamosra, vonatra száll lopás céljából) – in Straßenbahn oder Zug einsteigen (mit der Absicht, dort zu klauen) [< dt. *(ein-)steigen*].

steka (cella, zárka) Gefängnis-, Arrestzelle; *s.* stekli.

stekkel (haragszik) – sich ärgern [dt.?].

stekli (cella, zárka) Gefängnis-, Arrestzelle [wohl Verkleinerungsform von dt. *Stock(haus)* in der alten Bed. »Gefängnis«; *vgl.* stokház; *vgl.* steka].

stekó (pénz) – Geld; *s.* steksz.

steksz (pénz; dugipénz) – Geld; verstecktes Geld [zu dt. *(ver-)stekken*; wohl < »*verstecktes (Geld)*« oder < *versteck's!*].

stempli (pecsét, bélyeg) – Stempel [dt.].

stencilez (másol, les, utánoz – *iskolában*) – abschreiben (*in der Schule*) [*Schülerspr.*].

stenkerol – 1. (felizgat, izgat) *jdn.* aufregen, nerven; 2. (bolygat, kutat) aufwühlen, herumstöbern, herumsuchen [< dt. *stänkern*].

stepszli (alacsony, kicsi ember) – Zwerg, kleingewachsener Mensch; *auch:* stöpszli [< dt. *Stöpsel*].

stesszer (kalap) – Hut.

stesszerol (segít) – helfen [*vgl.* stesszer »Hut«; »behüten«].

stex *s.* steksz.

stich – 1. (mellékíz, szag) Beigeschmack, Geruch, Stich; 2. (bűz) Gestank; *stichje van* (bűzlik, büdös) = stinken; *auch:* stih [< dt. *Stich*].

stiches (hülye) – spinnert, verrückt; *auch:* stikkes [< dt.; einen *Stich* haben].

stier (nincs pénze) – pleite, mittellos; *stier vagyok* (egy krajcárom, fillerem sincs) = ich habe keinen Pfennig [< dt. umgangsspr. *stier* »zahlungsunfähig, mittellos«].

stifli (kicsi, fiatalember) – Kind, Junge [< dt. Rotw. *stift* »Junge«, *stiftl* »Kind«].

stiftka (fiatal leány) – junges Mädchen [*vgl.* stifli].

stiglic (katona, közlegény) – (einfacher) Soldat [< dt. *Stieglitz*].

stiglinc kert (temető) – Friedhof.

stih – 1. (mellékíz, szag) Beigeschmack, Geruch, Stich; 2. (bűz) Gestank; *vgl.* stich.

stika (titok) – Geheimnis [< jidd. *schtike, schtiko* »Schweigen«; *vgl.* dt. Rotw. *schtike* »Schweigen, Stille«; *stiekum, stekum* »heimlich, leise, sachte«; *stieke* »still, leise, vorsichtig«].

stikában (titokban) – im geheimen, insgeheim; *vgl.* stika.

stiké *s.* stika; *stikében s.* stikában.

stikk (mánia, hóbort, rögeszme) – Marotte, Rappel, fixe Idee [< dt. *Stich* – im Sinn von »*einen Stich haben*«; *vgl.* stiches].

stikkel (hímez) – (be)sticken [dt.].

stikkes (bolond) – verrückt, närrisch, dumm; *auch:* stiches.

stikli – 1. (csíny; huncutság) Streich, Schelmerei; 2. (apróbb szélhámosság) Schwindelei, klei-

nerer Betrug [*vgl.* dt. »ein starkes *Stück*«].
stik-stik (buta) – dumm, bescheuert; *vgl.* stikk, stiches.
stimeizli (feszítővas) – Brechstange, Brecheisen [< dt. *Stemmeisen*].
stimfli (bagó, cigarettavég) – Zigarettenstummel [dt.]
stimmel (egyezik, egybevág; rendben van) – (*etwas*) stimmt, ist richtig [dt.].
stimmt! (úgy van! helyes!) – Stimmt! [dt.].
stingli (bűz) – Gestank [< dt. *stinken*].
stimpfli *s.* stimfli.
stír (szegény) – arm; *s.* stier.
stírló (szem) – Auge; *vgl.* stírol.
stírol – 1. (bámul, hosszan, kihívóan néz) anstarren, anstieren; 2. (les) lauern, aufpassen [< dt. *(an)stieren*].
stíröl *s.* stírol.
stokedli (ironikus megjegyzés) – spitze, sarkastische Bemerkung; *benyom egy stokedli* (csípős megjegyzést tesz) – eine spitze, sarkastische Bemerkung machen [< dt. *Stachel*; *vgl.* tüske!].
stokház (fogda) – Gefängnis [< dt. *Stockhaus*].
stoki – 1. (zálogház) Pfandleihe; *stokiban van* (zálogházban van) = in der Pfandleihe sein, versetzt sein [dt. Rotw. *stock, stockerei* »Pfandleihe«; *vgl.* Rotw. *stocken* »eingesperrt, im Gefängnis sein«; *vgl.* stokház]; 2. (ironikus megjegyzés) spitze, sarkastische Bemerkung [*s.* stokedli].
stokijegy (zálogcédula) – Pfandschein.
stokkol – 1. (néz, figyel) betrachten; 2. (meghúzódik) sich verstecken; 3. (van, létezik, »áll«) vorhanden sein, existieren; *stokkol a remaj* (fél) = Angst haben; *vgl.* remaj [dt.].
stokzsuga (zálogcédula) – Pfandschein [*vgl.* stoki + zsuga »Karte, Billett«].
stóla (pénz) – Geld [< dt. *Stola* ? < griech.].
stop (cigarettavég) – Zigarettenstummel.
stoppol – 1. (előre lefoglal) im voraus reservieren; 2. (autó vezetőjét megállásra kéri, hogy bizonyos útszakaszon vigye magával) per Anhalter fahren [< engl. *to stop*].
stoppolófa (hímvessző) – Penis [wörtl.: »Stopfholz«].
stósz – 1. (lökés) Stoß (= *Schlag*); 2. (rakás) Stoß (= *Stapel*); *egy stósz könyv* = ein Stapel Bücher [dt.].
stöccöl (vizel) – Wasser lassen, pinkeln [dt.?].
stölt (elegáns) – elegant [zu dt. *gestelzt* ?].
stöpszli *s.* stepszli.
stőr (jó, remek) – gut, prächtig, toll.
Strabanc (Trabant) – Trabant (*Automarke*).
stráf (csík, sav) – Streifen [dt.].
stráfkocsi (társzekér) – flacher langer Pferdewagen.
stramm – 1. (délceg, daliás) ansehnlich, stattlich; 2. (nagy teherbírású, helyét jól megálló) seinen Mann stehend, belastbar; 3. (kiváló, nagyszerű) ausgezeichnet, großartig [< dt. *stramm*].
strang (lánc) – Kette [< dt. Rotw. *strang* »Uhrkette«].
strapa – 1. (fárasztó munka) anstrengende Arbeit; 2. (erős igénybevétel) kräftige Anstrengung, Bemühung; *nem strapára való* = lohnt die Mühe nicht; *vgl.* strapál, strapás [*vgl.* dt. *Strapaze*].

strapál (fáraszt) – erschöpfen, ermüden; *strapálja magát* (fáradozik) = sich abmühen, sich abrakkern; *vgl.* strapa [*vgl.* dt. *strapazieren*].

strapás (fáradságos, kimerítő) – anstrengend, mühsam; *vgl.* strapa.

strasszerkergető (kerékpár) – Fahrrad.

stréber – 1. (hízelgő ember) Speichellecker, Arschkriecher; 2. (túlbuzgó ember) übereifriger Mensch [< dt. *Streber*].

streetpizza: *streetpizzát csinál* (hány) = brechen, kotzen [< engl.; *Jugendspr.*].

strengli *s.* strang.

strichel *s.* strihel.

strici – 1. (kerítő, kitartott férfi, selyemfiú) Zuhälter; 2. (jellemtelen, csirkefogó, gazember, aljas alak) Schurke, Gauner, mieser Typ; 3. (garázda ember, huligán) Stänkerer, Rowdy; 4. (pimasz, szemtelen fiú) frecher, unverschämter Junge, Flegel [< dt. dial. *Strizzi, Striezel* »Zuhälter«].

strigó (kerítő, kitartott férfi, selyemfiú) – Zuhälter; *kis strigó* (rossz, csintalan gyerek) = freches, ungezogenes Kind; *vgl.* strici.

strihhes (prostituált) – Prostituierte, Hure; *auch:* strikkes; *vgl.* strihel.

strihel (prostituált utcai sétáját végzi, utcán fel-fel sétálva kelleti magát) – (*von Hure*) auf den Strich gehen [< dt. *Strich*].

strikkes (prostituált) – Prostituierte, Hure; *vgl.* strihhes.

strille! (vigyázz) – Vorsicht!

stróman (a valóságos irányító személy eltitkolására a nyilvánosság előtt szereplő személy) – Strohmann [dt.].

stuc (segítség) – Hilfe [< dt. *Stütze*].

stuccer (segítőtárs) – Gehilfe [dt.?].

stuccol – 1. *vkit* (*vkinek* a pénztárcáját ellop) *jdm* die Brieftasche stehlen; 2. (*hajat, bajusz stb.* rövidebbre nyír) (*Haare, Bart usw.*) stutzen [dt.; zu Bed. 1. *vgl.* dt. Rotw. *stoßen* »stehlen«].

stuffol (bosszant, idegesít) – *jdm* auf die Nerven gehen, *jdn* nerven, schikanieren [< dt. *stupfen*].

stuki – 1. (pisztoly, revolver) Pistole, Revolver; 2. (hímvessző) Penis; *vgl.* stukker.

stukker (revolver, pisztoly) – Revolver, Pistole [zu dt. *Stück*].

stukni (kalap, sapka) – Hut, Mütze [dt.?].

stumangol, stummangol (közösül) – Geschlechtsverkehr haben [jidd.].

stuvi (stewardess) – Stewardess [*Abk.*].

suba alatt (titokban) – insgeheim, heimlich [wörtl.: »unter dem Pelz«].

subázik (közösül) – Geschlechtsverkehr haben.

sublint (közösül) – Geschlechtsverkehr haben.

sudri (faragatlan ember) – ungehobelter Mensch, Flegel [wohl zu dt. Rotw. *schoder, schoderer* »Polizist, Gendarm, Gerichtsdiener, Büttel«; *schuder* »Amtmann« usw.].

sudribunkó – 1. (faragatlan ember) ungehobelter Mensch, Flegel; 2. (hímvessző) Penis [*vgl.* sudri].

sufni – 1. (deszkából összetákolt fészer, bódé) Bretterverschlag, Schuppen; 2. (gól) Tor (beim Sport); 3. (*kül. nagy* vagina) (*bes.*

große) weibliche Scheide [< dt. *Schuppen*].

súg (informál, felvilágosít) – informieren.

sugár *s.* sukár.

suhi (gumibot) – Gummiknüppel.

suhint (vizel) – pinkeln, pissen; *auch: suhint egyet.*

sújtólég (csúnya nő) – häßliche Frau [wörtl.: »Schlagwetter«].

sukár (szép) – schön; *auch:* sugár [< cig. *shukár* »dss.«].

sulaj (iskola) – Schule [zu dt. Rotw. *schulei* »dss.«].

sulesz (iskola) – Schule; *s.* suli.

suli (iskola) – Schule [dt.].

sulis (diák) – Schüler.

sulibuli (iskolabál) – Schulball, Schulfete.

sulisirató (ballagás) – Schulabschlußfeier [wörtl.: »Trauer um die Schule«; *Schülersprache*].

sulitapéta (faliújság – *iskolában*) – Wandzeitung, Schwarzes Brett (*in der Schule*) [wörtl.: »Schultapete«; *Schülerspr.*].

sulkó (iskola) – Schule; *s.* suli.

suló (iskola) – Schule [*Schülerspr.*].

sumák – 1. (becsapás, csalás, szélhámosság) Betrug, Schwindel; 2. (becstelen, tisztességtelen) unaufrichtig, unehrlich; 3. (nem becsületes, alattomos ember) unredlicher, heimtückischer Mensch; 4. (ostoba ember) Dummkopf.

sumákol – 1. (ravaszkodik) tricksen, mit Tricks arbeiten; schlau, raffiniert vorgehen; 2. (sunyi módon viselkedik) duckmäuserig, leisetreterisch auftreten; 3. (munkát kerül, lazsál) sich um die Arbeit drücken, faulenzen, trödeln; 4. (iskolát kerül) Schule schwänzen [zu dt. *schummeln*?].

sumog (sugdos, suttog) – flüstern, wispern, tuscheln.

sumorog (sugdos, suttog) – flüstern, wispern, tuscheln.

sunáz (néz) – schauen, ansehen.

suni (far) – Hintern, Hinterteil.

sunyi (alattomos, ravasz) heimtückisch, verschlagen; *sunyi lapos* (szellentés) = Furz; *auch: sunyi lapos és a szaga irtózatos.*

sunnyó (férfi, fiú) – Mann, Junge.

surányi – 1. (makk disznó *a kártyában*) Eichel As (*beim Kartenspiel*); 2. (temető) Friedhof.

surblaj (tánciskola) – Tanzschule; *auch:* csurblaj.

surbliz, -ik (táncol) – tanzen; *auch:* csurbliz.

surblizás (táncolás) – Tanzen, Getanze.

surmó – 1. (férfi) Mann; 2. (faragatlan ember) Flegel, Grobian, Lümmel.

surranó – 1. (cipő) Schuh; 2. (tornacipő) Turnschuh [*Schülerspr.*]; 3. (rabló, betörő) Räuber, Einbrecher [wörtl. »Huscher«].

suska (pénz) – Geld [zu dt. Rotw. *schuß* »zwei Kronen« ? – *vgl.* auch »*ein Schuß Geld; etw. zuschießen*« etc.; *vgl.* zsuzska].

suskus – 1. (nem tiszta ügy, ravasság) unsaubere Sache, Betrug; 2. (törvénytelen) ungesetzlich, illegal.

susmus (bizalmas megbeszélés, sugdolódzás) – vertrauliches Gespräch, Getuschel [*lautmalend*].

susmusol (sugdos, suttog) – flüstern, wispern, tuscheln; *vgl.* susmus.

susnyák (ütés, pofont) – Schlag, Ohrfeige; *lehabar egy susnyákot* (megpofoz) = *jdm* eine Ohrfeige geben, *jdm* eine schmieren.

susog (besúg) – *jdn* verraten, verpfeifen.

susogó (rendőrségi fogda) – Polizeihaft.

sustorog (sugdos, suttog) – flüstern, wispern, tuscheln.

suszter – 1. (cipész) Schuster; 2. (kontár) Pfuscher, Dilettant [< dt. *Schuster*].

sutyerák (faragatlan ember) – Flegel, Grobian.

sutyi (iskola) – Schule [*Schülerspr.*].

sutyiban (titokban) – insgeheim, geheim.

sutyó (iskola) – Schule [*Schülerspr.*].

suttyjáték (huszonegyes játék) – (*Kartenspiel*) Siebzehn und vier, Blackjack.

suttyó – 1. (faragatlan) ungehobelt, grob; 2. (faragatlan ember) Flegel, Grobian; 3. (újonc) Rekrut [*Soldatenspr.*].

sügér – 1. (bolond, hülye) verrückt, blöd; 2. (buta ember) Dummkopf, Trottel, Blödmann [*vgl.* mesüge].

süket – 1. (értelmetlen) unsinnig, unverständlich; *süket duma/sóder* (üres fecsegés, mellébeszélés) = dummes Geschwätz; 2. (ostoba, buta) dumm; 3. (ellenszenves, utált) unsympathisch, verhaßt; 4. *süket, mint az ágyú/mint a föld/mint a hal/mint a nagyagyú* (süket, nagyothall) = stocktaub [*süket* wörtl.: »taub«].

süketel (fecseg, értelmetlenül és sokat beszél) – schwatzen, viel sinnloses Zeug reden.

süketség (badarság) – Unsinn, Blödsinn.

sül: *sül a pofája* (szégyelli magát, zavarban van) = vor Scham im Boden versinken wollen.

sületlenség (badarság) – Unsinn, Blödsinn, Quatsch, Stuß.

sünfejű (újonc) – Rekrut [wörtl.: »Igelkopf«, wegen der Frisur; *Soldatenspr.*].

sűrű – 1. (izmos, erős) muskulös, stark; 2. *bevisz a sűrűbe* (becsap, rászed) reinlegen, übers Ohr hauen.

süsü (buta) – dumm, dämlich.

süt (jó, remek, csodás) – gut, prächtig, toll; *s.* sütő.

süti (sütemény) – Kuchen, Gebäck [*bes. Kinderspr.*].

sütnivaló (okosság, ész) – Vernunft, Verstand.

sutő (jó, remek, csodás) – gut, prächtig, toll.

sváb – 1. (német származású ember) Ungarndeutscher, »Schwabe«; 2. (német – *iskolában*) Deutsch (*Schulfach; Schülerspr.*).

svábszli (német – *iskolában*) – Deutsch (*Schulfach; Schülerspr.*).

svájci néger – 1. (izmos, kisportolt) muskulös, sportlich; 2. (izmos, kisportolt férfi) muskulöser, durchtrainierter Mann [wörtl.: »Schweizer Neger«; iron. Verunstaltung des Namens *Schwartzenegger* (österr. Bodybuilder und Schauspieler)].

svarc – 1. (fekete, törvénytelen) »schwarz«, illegal; 2. (lopott, sikkasztott pénz) gestohlenes, unterschlagenes Geld [dt.].

svarcban *adv.* (törvénytelenül) – illegal, »schwarz«.

svári (nehéz) – schwer [dt.].

svédi (részeg) – betrunken [< dt. Rotw. *schwäde* »betrunken« zu Rotw. *schwadern* »trinken«].

svéd kifli (hímvessző) – Penis [wörtl.: »schwedisches Hörnchen«].

svéd torna (közösülés) – Geschlechtsverkehr [wörtl.: »schwedisches Turnen«].

svercer (csempész) – Schmuggler [< dt. Rotw. *schwärzen* »schmuggeln«].

sveszti (nőtestvér) – Schwester [dt.].

svihák – 1. (megbízhatatlan) unzuverlässig; 2. (csaló, szélhámos, széltoló) Betrüger, Hochstapler, Schwindler, Windbeutel [< slowak. *švihák* »Geck«].

svindler (csaló, szélhámos) – Betrüger, Hochstapler, Schwindler; *vgl.* svindli, svindlizik [dt.].

svindli (csalás, szélhámosság) – Betrug, Hochstapelei; *vgl.* svindler, svindlizik [< dt. *Schwindel*].

svindlizik (csal) – betrügen; (*beim Spiel*) mogeln [< svindli].

svung (lendület) – Elan, Schwung; *benne vagyok a svungban, most vagyok csak svungban* = jetzt bin ich so richtig in Fahrt [dt.].

Sz

szabhatja *vki* (vége van, befellegzett *vkinek/vminek*) – erledigt, am Ende sein.

szabi (szabadság) – Urlaub.

szag: *szagot vesz* (gyanakszik) = argwöhnisch, mißtrauisch sein, einen Verdacht haben.

szaggat: *szaggatja magát* (kötekedik) = Streit suchen, mit *jdm* anbändeln.

szaglász (kutató, kémlelő *vmi/vki* után személy) – Schnüffler (*Detektiv*).

szaglászik (kutat, kémlel *vmi/vki* után) – (*etw./jdm.* nach-)schnüffeln.

szagláló (orr) – Nase.

szagló (orr) – Nase.

szagos (gyanakvó) – mißtrauisch.

száh (sok) – viel [< jidd. *sach*; dazu dt. Rotw. *sach* »Menge, Summe«].

száj: *szájam szélén van* (haragszom rá, fenem rá a fogam, várom, hogy bejöjjön az én utcámba) = ich bin wütend auf ihn, bin hinter ihm her, warte nur darauf, ihn in die Finger zu kriegen; *szájba basz/csap* (megüt) = schlagen; *szájon töröl* (megüt, megpofoz) = schlagen, »die Fresse polieren«; *jártatja a száját* (dicsekszik) = prahlen, angeben, großtun; *nagy szájat nyit* (szájaskodik) = eine große Klappe riskieren, das Maul weit aufreisen.

szájfirhang (bajusz) – Schnurrbart [wörtl.: »Mundvorhang«; *vgl.* firhang].

szajha (kurva, utcalány) – Hure, Prostituierte.

szajkó (pleykás) – Schwätzer [wörtl.: »Eichelhäher«].

szájmenés (fecsegés) – Geschwätz; *szájmenése van* (állandóan fecseg) = er schwätzt ständig blödes Zeug [wörtl.: » Mund-Durchmarsch«; iron. gebildet nach *hasmenés* »Durchfall«].

szajré (lopott, rabolt holmi; holmi) – Diebesgut, Beute; Kram, Siebensachen. [< jidd. *schójre* »Ware« < heb.].

szájrézás (lopás) – Diebstahl.

szajréz, -ik (lop) – stehlen, mopsen [< szajré].

szájtapasz (csók) – Kuß [wörtl.: »Mundpflaster«].

szakadt (elhanyagolt) heruntergekommen, schlampig, verwahrlost; *szakadt csaj/nő* (erkölcstelen nő, lány) = Frau, Mädchen von schlechtem Ruf, »Schlampe«; *szakadt fazon* (elhanyagolt, ápolatlan ember) = ungepflegter, verwahrloster Mensch, heruntergekommene Gestalt [wörtl.: »abgerissen«].

szakáll (szakállas ember) – bärtiger Mann, Bartträger [wörtl.: »Bart«; pars pro toto].

szaki (szakiskola) – Fachschule.

szakít – 1. (pénzt nyer, pénzt vesz fel) Geld gewinnen, Geld abheben; 2. (éves ítélet) zu ... verurteilt werden, zu ... verknackt werden; *három évet szakított* = zu drei Jahren verurteilt.

szakma: *szakmát tanul* (börtönben ül) = im Gefängnis sitzen; *behívták szakmát tanulni* (börtönben van) = (er) sitzt im Knast.

szaksuli (szakiskola) – Fachschule.

szalámi – 1. (verés) Prügel, Schläge; 2. (gumibot) Gummiknüppel [wörtl.: »Salami«].

szalámigyuri (kövér ember) – dikker Mensch, Dickwanst [wörtl.: »Salami-Schorsch«; *Gyuri* Kose-

szálka 276

form vom männlichen Vornamen *György*].
szálka (elégtelen – *osztályzat iskolában*) – »Ungenügend« (Note in der Schule) [*Schülerspr.*].
szállodai anyu (prostituált) – Prostituierte, Hure.
szalma (haj) – Haar [wörtl.: »Stroh«].
szalmahúzó (elégtelen – *osztályzat*) – »Ungenügend« (»Eins«; *in ungar. Schulen die schlechteste Note; Schülerspr.*).
szalmakazal (haj) – Haar [wörtl.: »Strohhaufen«].
szalmatöltet (fej) – Kopf [*Jugendspr.*; wörtl.: »Strohladung«; *vgl.* dt. »*er hat nur Stroh im Kopf*«].
szalmázik (mellébeszél) – an *etw.* vorbeireden, um den heißen Brei herumreden [*vgl.* dt. »*(leeres) Stroh dreschen*«].
szalmazsák (fej) – Kopf [*Jugendspr.*; wörtl.: »Strohsack«; *vgl.* szalmatöltet].
szalonnásképű (kövér) – dick (*vom Menschen*) [wörtl.: »Speckgesicht«].
szaltózik (megbukik – *iskolában*) – (*in der Schule*) durchfallen, sitzenbleiben, durchrasseln [wörtl.: »Salto schlagen«; *Schülerspr.*].
szamárpakszus, -paxus (személy igazolvány) – Personalausweis.
szamárpad (első pad – *osztályteremben*) – erste Bank [*im Klassenzimmer; Schülerspr.*].
szamárpasszus (személy igazolvány) – Personalausweis [wörtl.: »Esels-Paß«; *vgl.* marhapasszus, lópasszus].
szambázik – 1. (gyalogol) zu Fuß gehen; 2. (nagyon igyekszik) sich anstrengen, sich mächtig ins Zeug legen; 3. (intenzíven tevékenykedik) sehr geschäftig sein [wörtl.: »Samba tanzen«].
számhegyek (matematika) – Mathematik [wörtl.: »Zahlengebirge«; *Schülerspr.*].
szanál (elbocsát) – entlassen (*am Arbeitsplatz*), feuern [wörtl.: »sanieren«; *vgl.* raciz].
szandolin (magányosan üldögélő mulatói, kávéházi vendég – *az egyszemélyes csónak neve után*) – *jmd*, der allein in Bars und Cafés herumsitzt [< it.; nach der Bezeichnung für ein einsitziges Ruderboot].
szapora (hasmenés) – Durchfall [wörtl.: »hurtig, schnell«].
szappandoboz (ócska, öreg autó) – altes Auto, »Schrottlaube« [wörtl.: »Seifenschachtel«; *vgl.* dt. *Seifenkiste*].
szappanos: *szappanos agyú* (buta, bolond) = dumm, beknackt, bescheuert [wörtl.: »hat ein seifiges Hirn«].
szappantartó: *tupírozott szappantartó* (Trabant) = Trabant (*Automarke*) [wörtl.: »toupierte Seifendose«].
szar – 1. (ürülék, széklet) Scheiße; 2. (hitvány, aljas; nagyon rossz) niederträchtig, gemein; beschissen; *szar meló* (nehéz dolog, feladat) = schwere Arbeit, »Scheißarbeit«; 3. (rossz, kellemetlen helyzet) unangenehme, »beschissene« Situation; *igen nagy szarban vagyok* (nagy bajban vagyok) = ich stecke ganz schön in der Scheiße; *keveri a szart* (bajt kever) = Unheil stiften; *szarrá ver* (megver) = kräftig verprügeln, vermöbeln.
szarburg (Wartburg) – Wartburg (*Automarke*).
szarburger (hamburger) – Hamburger (*fast-food*).
szarakodik (piszmog, vacakol) – herumtrödeln, herumwursteln.

szarás (székelés) – Stuhlgang, Darmentleerung, »Scheißerei«.

száraz baszás (közösülés – tényleges koitusz nélkül) – sexuelle Handlungen ohne eigentlichen Koitus, Petting.

szárazpipás (antialkoholista) – Antialkoholiker.

száraztentás (toll) – Federhalter, Füller.

szardíniásdoboz (autóbusz) – Bus [wörtl.: »Sardinenbüchse«].

szarevő – 1. (zsugori) geizig; 2. (zsugori ember) Geizhals, Geizkragen [wörtl.: »Scheißefresser«; vgl. szarrágó].

szarfaszú (ellenszenves ember) – unangenehmer Typ, »Scheißkerl«.

szarfészek (kellemetlen, piszkos hely) – schmutziger Ort.

szarházi (hitvány, jellemtelen személy) – Scheißkerl.

szarik (ürüléket bocsát ki) – scheißen; *szarik* vmire = auf *etw.* scheißen; *szarok az egész dologra!* = ich scheiß doch auf den ganzen Mist!

szarka: *szarkát fog* (vécére megy a nagydolgát végezni) = aufs Klo gehen, um das »große Geschäft« zu erledigen, scheißen gehen [wörtl.: »eine Elster (*szarka*) fangen«; aber vgl. *Szarkáék!*].

Szarkáék (vécé) – Toilette; *Szarkáékhoz megy* (vécére megy) = aufs Klo gehen, um das »große Geschäft« zu erledigen, scheißen gehen; *vgl.* Piskotáék.

szarkeverő (bajkeverő) – Unheilstifter.

szárny: *szárnyakat ad* vkinek (elbocsát) = entlassen, feuern (*am Arbeitsplatz*) [wörtl.: »*jdm* Flügel geben«].

szaroda (vécé) – WC, Klo, »Scheißhaus«.

szaros (hitvány, aljas; nagyon rossz) – beschissen, Scheiß-...

szarrágó 1. (zsugori) knickerig, geizig 2. (zsugori ember) Geizhals, Geizkragen [wörtl.: »Scheiße kauend«; vgl. szarevő].

szarul: *szarul érint/jön* (kellemetlenül érint) = peinlich berühren; *szarul néz ki* (betegnek látszik) = krank aussehen; *szarul van/érzi magát* (beteg, rosszul van) = krank sein, sich elend fühlen.

szarság – Lumperei, Schmarren, Stuß.

szaszerol – 1. (kifürkész, kifigyel) auskundschaften; 2. (betörés, lopás előtt felméri a helyszínt, a körülményeket kikémleli) vor Einbruch, Diebstahl usw. Lage auskundschaften, »ausbaldowern«; *auch:* saszerol [< dt. Rotw. *sassern* »ausspähen, auskundschaften« < jidd. *sassern* »sich (nach dem Weg) erkundigen«].

szaszeroló (aki a lopásra alkalmas helyet kikémleli) – Kundschafter, der vor Einbruch, Diebstahl usw. Lage sondiert [< szaszerol].

szaszogó (orr) – Nase.

szasszenol *s.* szaszerol.

szasszerol *s.* szaszerol.

szasszeroló *s.* szaszeroló.

szatócs (kisebb vegyeskereskedés tulajdonosa) – kleiner Gemischtwarenhändler, Krämer.

szatyor (idős nő) – alte Schachtel (= *alte Frau*); *auch:* vén/öreg szatyor.

szatyorka (nagyanya) – Großmutter.

szaufol (iszik rendszeresen) – (*gewohnheitsmäßig Alkohol*) trinken, saufen [dt.].

százados (hazudós ember) – lügnerischer Mensch, Lügner, Lügenbold; *vgl.* ezredes [wörtl.: »Hauptmann«].

százas (100 Ft.) – Hunderter, 100-Forintschein, -münze.

szecska – 1. (első osztályos középiskolai tanuló) Erstklässler (*in der Mittelschule*) [*Schülerspr.*]; 2. (újonc) Rekrut [*Soldatenspr.*]; 3. (elégtelen – *osztályzat*) »Ungenügend« (»Eins«; *schlechteste Note in ungar. Schulen*; *Schülerspr.*).

szecskavágo (zsebkés) – Taschenmesser.

szecskó (újonc) – Rekrut [*Soldatenspr.*].

szed: *szedi a lőcsöt/a virgácsot/a prakkert* (siet) = sich beeilen [Parallelbildung zu *szedi a lábát* »sich auf die Beine machen«; *vgl.* lőcs, virgács (= »Bein«); *prakker* eigentlich »Teppichklopfer«; *vgl.* feldob 9.]; *szedi az epret* (kártyán nyer) = beim Kartenspiel gewinnen [wörtl.: »die Erdbeeren einsammeln«].

szédült (bolond) – verrückt, närrisch, dumm.

szegény: *szegény, mint a templom egere* (nagyon szegény, nyomorult) = arm wie eine Kirchenmaus.

szeka (elégtelen – *osztályzat*) – »Ungenügend« (»Eins«; *in ungar. Schulen die schlechteste Note*; *Schülerspr.*).

szekál *s.* szekíroz.

szekáns (idegesítő) – nervtötend (*bes. Person*); *vgl.* szekánt.

szekánt (idegesítő) – nervtötend (*bes. Person*); *vgl.* szekál, szekíroz [< dt. altmod. und dial. *sekkant* »aufdringlich, lästig« < it. *seccante*].

szekatúra (idegesítés) – endlose Nerverei, Quängelei [< it. *seccatura* »Unannehmlichkeit, Belästigung«].

szekér (autó) – Auto [eigentl.: »Wagen, Fuhrwerk«].

szekíroz (idegesít) – *jdm.* auf die Nerven gehen [< dt. altmod. und dial. *sekkieren* < it. *seccare*]; *auch:* szekál.

szekk (gyanú) – Verdacht.

székláb (elégtelen – *osztályzat iskolában*) – »Ungenügend« (*Note in der Schule*) [*Schülerspr.*].

szeleburdi (meggondolatlan, kapkodó) – überstürzt, kopflos.

széle-hossza egy (kövér) – dick (*vom Menschen*) [wörtl.: »so breit wie lang«].

szeleverdi (meggondolatlan, kapkodó) – überstürzt, kopflos.

széljegyzet (halandzsa, mellébeszélés) – Geschwafel, Herumreden, Ausflüchte [wörtl.: »Windbemerkung, -notiz«].

szemel (*iskolában* – másol, les, utánoz) – (*in der Schule*) abschreiben [*Schülerspr.*].

személyi (személyi igazolvány) – Personalausweis.

szemét – 1. (rossz, silány) schlecht, mies (*schlechte Qualität*); 2. (rossz, silány dolog) Krempel, mieses Zeug, Mist, Scheiß(dreck); 3. (ellenszenves, utált) unangenehm, verhaßt, beschissen, Scheiß-; 4. (ellenszenves ember) unsympathischer Mensch, Scheißkerl; *auch:* szemét állat [wörtl.: »Abfall«].

szemétdomb – 1. (kellemetlen, piszkos hely) unangenehmer, schmutziger Ort; 2. (rendetlenség) Unordnung, Durcheinander [wörtl.: »Müllhaufen«].

szemétkedik *vkivel* (szemtelen) – unverschämt sein, *jdn* anpöbeln.

szemétláda (ellenszenves ember) – unsympathischer Mensch, »Scheißkerl« [wörtl.: »Müllkasten«].

szemöldökfa (homlok) – Stirn.

szemtelen: *szemtelen, mint a piaci légy*

(nagyon szemtelen) = rotzfrech [wörtl.: »unverschämt, wie die Schmeißfliege auf dem Markt«].
szemüge (szemüveg) – Brille.
szemvíz (szeszes ital) – alkoholisches Getränk [wörtl.: »Augenwasser«].
széna – 1. (haj) Haar; 2. (dohány, cigaretta) Tabak, Zigarette [wörtl.: »Heu«].
szénaboglya (haj) – Haar [wörtl.: »Heuschober«].
szénakazal (haj) – Haar [wörtl.: »Heuschober«].
szent: *szent beszéd* (igazgató, főnök beszéde) = Ansprache des Direktors, des Chefs [wörtl.: »heilige Rede«; *vgl.* hegyi beszéd]; *szent fazék* (szenteskedő ember) = Scheinheiliger [wörtl.: »heiliger Topf«].
szenteltvíz (szeszes ital) – alkoholisches Getränk [wörtl.: »Weihwasser«].
szenvedés (tanulás – iskolában) – Unterricht (*in der Schule*) [*Schülerspr.*; wörtl.: »Leiden, Qual«].
szenzációsan *adv.* (remekül, csodásan) – prächtig, toll, phantastisch, »sensationell«.
szép: *szép darab* (csinos, jóképű férfi) = gutaussehender Mann; *szép kis dohány / szép összeg / szép summa* (nagy pénzösszeg) = ein Haufen Geld; vki *szép zöld* (betegnek néz ki) = krank aussehen.
szépen! (hogyne, hogyisne) – was nicht auch!
szepi (sváb ember) – Ungarndeutscher, »Schwabe« [vom Namen Sepp].
szerelemből (ingyen, semmiért) – umsonst, gratis [wörtl.: »aus Liebe«].
szerelés (ruha, öltözet) – Kleid, Kleidung; *auch:* szerkó.

szerencse (tök – *a kártyában*) – Schelle (*beim Kartenspiel*).
szerencsétlen – 1. (ügyetlen) ungeschickt, tolpatschig; 2. (ügyetlen ember) Tolpatsch; 3. (tehetetlen) hilflos, ohnmächtig, unbeholfen; 4. (tehetetlen ember) unbeholfener Mensch [wörtl.: »unglücklich«].
szerencsétlenkedik (ügyetlenkedik) – ungeschickt, tapsig sein.
szerkentyű (dolog) – Sache.
szerkó (ruha, öltözet) – Kleid, Kleidung; *auch:* szerelés.
széró (haj) – Haar; *vgl.* séró
szerszám (hímvessző) – Penis [wörtl.: »Werkzeug«].
szerv (rendőrség) – Polizei.
szervál *vmit vkitől* (szerez, megszerez) – beschaffen, besorgen, verschaffen.
szervusz – Servus! Grüß dich!
szervusztok – Servus! (*an mehrere Bekannte gerichtet*), Grüßt euch!
szerzet (furcsa vagy gyanús ember) – schräger Vogel, komischer Typ. *Furcsa szerzet volt, nagyon furcsa.*
szeszkazán (iszákos ember) – Gewohnheitstrinker, Säufer, Saufbold; *auch:* két lábon járó szeszkazán [wörtl.: »Alkohol-, Spirituskessel«].
szesztra (lánytestvér) – Schwester [< sbkr. oder slowak. *sestra* »dss.«].
szétbasz – 1. (közösül) (*vom Mann: auf besonders brutale Weise*) Geschlechtsverkehr haben; »durchficken«; 2. *vmit* (elront, tönkretesz) verpfuschen, kaputtmachen, zugrunderichten, ruinieren; *vgl.* szétkúr.
szétcincál (kritizál) – kritisieren, *jdn/etw* »zerlegen«.
szétdob – 1. (osztozkodik) sich *etw*.

teilen, *etw.* aufteilen; 2. (könynyen, gyorsan szétszed) *etw.* (leicht, schnell) auseinandernehmen, zerlegen.

szétesik (idegileg összeroppan) – Nervenzusammenbruch haben [*wörtl.*: »auseinanderfallen«].

szétfolyt (kövér) – dick (*vom Menschen*).

szétkap – 1. (könnyen, gyorsan szétszed) *etw.* (leicht, schnell) auseinandernehmen, zerlegen; 2. *szétkapja az állkapcsát* (megver, összever) = verprügeln.

szétkúr – 1. (közösül) (*vom Mann: auf besonders brutale Weise*) Geschlechtsverkehr haben; »durchficken«; 2. *vmit* (elront, tönkretesz) verpfuschen, kaputtmachen, zugrunderichten, ruinieren; *vgl.* szétbasz.

szétmegy (felbomlik – *emberi kapcsolat*) – sich trennen, auseinandergehen (*Ende einer Beziehung*).

szétrobbant (felbomlaszt) – sich trennen von, Schluß machen mit.

szétszed – 1. (kritizál) heftig kritisieren, *jdn/etw* zerlegen; 2. (motoz, házkutatást végez) Leibesvisitation, Haussuchung vornehmen.

szétszedés (kritika) – heftige Kritik.

szétteszi *szétteszi a lábát* – 1. (közösül) Geschlechtsverkehr haben; 2. (korruptálódik) sich selbst korrumpieren, korrupt werden, Schmiergelder (*bzw. unrechtmäßige Gefälligkeiten, Vorteile*) akzeptieren [*wörtl.*: »die Beine spreizen«].

szétver (megver, összever) – zusammenschlagen, verprügeln; *szétveri a pofáját* (megver) = *jdm* die Fresse einschlagen.

szevasz *s.* szervusz

szexbomba (csinos, vonzó nő) – Sexbombe (*körperlich sehr attraktive Frau*).

szex-görl (szexis lány) – attraktives, sexy Mädchen.

szexi (csinos, vonzó) – sexy, (*körperlich*) anziehend, attraktiv; *auch:* szexis.

szexis *s.* szexi.

szexuál (közösül) – Geschlechtsverkehr haben.

szi (posta, levél) – Post, Brief; *s.* kszivedli; *vgl.* kszi, szivedli.

szia (*köszönés:* szervusz, hello) – Grüß dich! Tschüß! [*bei der Begegnung wie auch beim Abschied*].

sziasztok (*köszönés:* szervusztok) – Grüß euch! Tschüß! [*bei der Begegnung wie auch beim Abschied*].

szidi (kalap, kemény kalap) – Hut.

szifkó (szifilisz) – Syphilis, Lues.

szigony (elégtelen – *osztályzat*) – »Ungenügend« (»Eins«; *in ungar. Schulen die schlechteste Note; Schülerspr.*).

szíj *s.* kszíverli, kszivedli.

szilva – 1. (nő szeméremteste) weibliche Geschlechtsteile; 2. (nő) Frau [*wörtl.* »Pflaume«].

szilvamag (alacsony, kicsi ember) – kleingewachsener Mensch, Zwerg [*wörtl.*: »Pflaumenkern«].

szimat – 1. (orr) Nase; 2. (nyomozó, rendőr) Ermittler, Detektiv, Polizist.

szimatol (*vki/vmi* után; vizsgálódik, fürkészik) – »schnüffeln«; *etw./jdn.* untersuchen, überwachen, auskundschaften; *auch:* körülszimatol.

szimatoló (orr) – Nase.

szimatot kap (kiismer, rájön) – *etw.* durchschauen, durchblicken, draufkommen, Wind bekommen.

szimpi (szimpatikus) – sympathisch; *szimpi hapi* (szimpatikus férfi) = sympathischer Kerl.

szimpla (közönséges, egyszerű) – gewöhnlich, einfach, simpel.

színes: *színeseket ásít* (hány) = brechen, speien, kotzen.

színészkedik (színlel) – heucheln, vortäuschen, simulieren.

szini (színház) – Theater [Abk. von *színház*].

szintén zenész! (közénk való! ez is olyan, mint mi! szintén tolvaj) – einer von uns, gehört zu uns, auch ein Dieb! [*Gaunerspr.*; wörtl.: »auch ein Musikant«].

szinyel (alszik) – schlafen.

szió! *s.* szia.

szióka! *s.* szia.

szipirtyó (kül. idősebb, csúnya civakodó nő) – (*bes. ältere, häßliche*) zänkische Frau, Hausdrache.

szipka (lábszár) – Bein.

szipó (ragasztó) – Kleister, Leim; *vgl.* szipózik!

szipog (sír) – weinen, flennen, greinen, heulen.

szipózik (kábítószerként ragasztót szív) – »schnüffeln«; Dämpfe von Leim oder anderen Chemikalien einatmen, um Rauschzustand zu erreichen; *auch:* szipuzik.

szipu (ragasztó) – Kleister, Leim; *vgl.* szipó.

szipuzik *s.* szipózik.

szíre-szóra (ok nélkül, csak úgy) – grundlos, »einfach so«.

szirén (nő) – Frau.

szírénázik (panaszkodik) – jammern, klagen, sich beschweren.

szirom (haj) – Haar.

szirszar – 1. (limlom) Kram, Krempel, Plunder; 2. (jelentéktelen) unbedeutend, unwichtig.

szi-szi *s.* szia.

szissz (fegyőr) – Gefängniswärter.

szit (helyzet, szituáció) – Lage, Situation [Abk. von *szituáció*].

szita: *szita alatt napozott* (szeplős) = sommersprossig [wörtl.: »hat sich unter dem Sieb gesonnt«].

szitu (helyzet, szituáció) – Lage, Situation [Abk. von *szituáció*].

szittyos, -ós (részeg) – betrunken, besoffen.

szittyózás (ivászat) – Gelage, Sauferei.

szittyózik (iszik) – trinken.

szív – 1. (iszik) trinken (*bes. Alkohol*); 2. *szívja magát* = 1. (kötekedik) Streit suchen, stänkern; 2. (dühöng, bosszankodik) wütend, verärgert sein [wörtl.: »saugen«].

szivacs (iszákos ember) – Gewohnheitstrinker, Säufer, Saufbold [*wörtl.:* »Schwamm«].

szivar – 1. (*kül. idősebb* férfi) (*bes. älterer*) Mann; 2. (első osztályos középiskolai tanuló) Erstkläßler (*in der Mittelschule*) [*Schülerspr.*].

szivarka *s.* szivar

szivaros *s.* szivar.

szívás – 1. (ivászat) Gelage, Sauferei; 2. (orális szex) oraler Sex (*bes. Fellatio*).

szívat (elbánik *vkivel*) – *jdn* (kurz) abfertigen.

szivatta (becsapta, megdolgoztatta) – hat betrogen, reingelegt.

szívbajos (gyáva) – feige, ängstlich; *nem szívbajos* (bátor) = das Herz am rechten Fleck haben [wörtl.: »herzkrank«].

szívdöglesztő (*vmi/vki* gyönyörű) – fantastisch, berauschend.

szivedli *s.* ksziverli, kszivedli.

sziverli *s.* ksziverli, kszivedli.

szivornya (ivászat) – Gelage, Sauferei.

szivornyázás (ivászat) – Gelage, Sauferei.

szivornyázik (iszik) – trinken, saufen.

szívóskodik – 1. (rátartian viselkedik, henceg) großtun, angeben, prahlen; 2. (ragaszkodik *vmihez*) auf *etw.* bestehen, an *etw.* festhalten; 3. (ragaszkodik az igazához) auf seinem Recht bestehen.

szívózik (csúfol, kigúnyol) – verspotten, verarschen [*bes. Jugendspr.*].

szkínhed (újonc) – Rekrut [< engl. *skinhead*, wegen der Frisur; *Soldatenspr.*].

szkopper (álkulcsos tolvaj) – Dieb mit Nachschlüssel [*vgl.* dt. Rotw. *skoker* »Einschleichdieb«?].

szladi (szálloda) – Hotel.

szlányi (szalonna) – Speck.

szlapál (sokat iszik) – saufen; *auch:* szlopál.

szlopál (sokat iszik) – saufen; *auch:* szlapál.

szliács (tanú) – Zeuge; *vgl.* szliácsol; *szliácsra megy* (beismer) = gestehen; *s.* szliácsol.

szliácsol – 1. (vall, beismerő vallomást tesz) gestehen, eingestehen; 2. (másokat belekever vallomásába) andere durch sein Geständnis belasten; *auch: szliácsra megy* [zu dt. Rotw. *schlechen* »kriechen, duckmäusern, katzbukkeln« < jidd. *ss'liche* »Beichte«; dem Namen von *Szliácsfürdő* im alten Komitat Zólyom angeglichen].

szlopál (iszik, vedel) – trinken, saufen [slowak.?].

szlovel (alszik) – schlafen [< dt. *schlafen*?].

szoba: *szobára megy* = 1. (nyilvánosházban a vendég a kiválasztott nővel visszavonul annak szobájába) (*vom Freier im Bordell: mit der gewählten Dame*) aufs Zimmer gehen; 2. (*kurva* – felkeresi a vendéget) (*von Hure*) den Freier besuchen.

szobor: *szobrot áll* (vár, várakozik) = (*lange*) warten; *vgl.* szobrozik; [wörtl. »wie ein Denkmal stehen«].

szobroz, -ik – 1. (várakozik, áll, álldogál) (*lange*) warten; herumstehen; 2. (*iskolában* – feleléskor meg sem szólal) (*in der Schule*) bei der Abfrage nicht antworten [wörtl.: »zum Denkmal (*szobor*) werden"].

szócsövelés (súgás – iskolában) – Einsagen, Vorsagen (*in der Schule; Schülerspr.*).

szódiaré (vég nélküli fecsegés) – endloses Geschwätz.

szófosás (vég nélküli fecsegés) – endloses Geschwätz; *szófosása van* (fecseg, badarságokat beszél) = unaufhörlich schwätzen, Blech reden.

szófosó – 1. (fecsegő) schwatzhaft; 2. (fecsegő ember) Schwätzer.

szófosógép (fecsegő) – Schwätzer, Klugscheißer [wörtl.: »Wortscheißmaschine«].

szoknyapecér (nőcsábász, nőbolond) – Frauenheld, Casanova.

szoknyás (pap) – Priester, Pfaffe [wörtl.: »berockt, Rockträger«].

szól (szellent) – einen fahren lassen, furzen [wörtl.: »sprechen«].

szólemio (egyszemélyes zárka) – Einzelzelle.

szolnok (kórház) – Krankenhaus.

szóló: *szóló csaj* (partner nélküli nő) = alleinstehende Frau (*ohne Partner*); *szóló vakrepülés* (egyéni betörés) = von einer Person ausgeführter Einbruch [wörtl.: »Solo-Blindflug«].

szólóban (egyedül) – allein.

szólózik (verekszik, bokszol, párbajszerűen egy ember egy emberrel öklözik) – sich schlagen, sich prügeln [von zwei Personen; wörtl.: »Solo spielen«].

szombat (nyolc) – acht; *vgl.* zámsztág.

szombatmalér, -mallér (nyolcvan) – achtzig.

szomori (temetés) – Beerdigung.

szomorító (rossz bizonyítvány – *iskolában*) – schlechtes Zeugnis (*in der Schule*) [< *szomorít* »traurig machen«; also etwa »das Betrübliche«; *vgl.* örömítő; *Schülerspr.*].

szónika (azonnal, rögtön) – augenblicklich, sofort [spielerisch entstellt aus »*szó nélkül*« = ohne ein Wort].

szonya (nő, lány) – Frau, Mädchen [*vom Mädchennamen*].

szop *vkitől vmit* (lop, ellop) – *jdm etw.* stehlen.

szopás (orális szex) – oraler Sex (*bes. Fellatio*).

szopat (gyötör) – schikanieren, drangsalieren; *a főnök szopatja a beosztottját* = der Chef drangsaliert seinen Untergebenen; *auch:* megszopat.

szopik – 1. (iszik) (*Alkohol*) trinken; »einen heben, einen zischen«; 2. (orális szexer végez) oralen Sex haben (*bes. Fellatio*); *auch:* leszopik; 3. *(az) szopik* (adós maradok, azzal adós maradok) = das, soviel bleibe ich schuldig [wörtl.: »saugen« – *bes. beim Kleinkind an der Mutterbrust*].

szopogat (iszik) – (*Alkohol*) trinken; »einen heben, einen zischen«.

szopott: *szopott gombóc* (kopasz ember) – Kahlkopf, Glatzkopf.

szo-szo (a »*hogy van?*« kérdésre adott semleges válasz) – es geht, so lala [Antwort auf die Frage »*wie geht's?*«; dt.].

szórakázik *vkivel* (játszadozik *vkivel*) – mit *jdm* herumspielen.

szórakozik *vkivel* – 1. (bolondozik – *nővel*) (*mit einer Frau*) herumalbern, herumschäkern, (*einer Frau*) den Kopf verdrehen; 2. (játszadozik *vkivel*) mit *jdm* herumspielen.

szorul – 1. (kikap veréssel, stb.) (*Prügel usw.*) bekommen, abbekommen; 2. (szidást kap) ausgeschimpft werden, einen Rüffel bekommen; 3. *szorul a zabszem* (izgul *vmi* miatt) = wegen *etw.* aufgeregt sein.

szósz – 1. (fecsegés) Geschwätz; 2. (halandzsa, mellébeszélés) Gequatsche, Gequassel, Herumgerede, Ausflüchte [< dt. umgangsspr. *Gesoße*; *vgl.* »*Quatsch mit Soße!*«].

szószol – 1. (beszél) reden; 2. (szónokol) Rede halten, predigen; 3. (badarságokat beszél) schwätzen, Unsinn reden; 4. (halandzsázik, mellébeszél) quasseln, herumreden, sich herausreden.

szotyka (utcalány) – Hure.

szovel – 1. (hazudik) lügen; 2. (alszik) schlafen.

szovjet (orosz nyelv – *iskolában*) – Russisch (*in der Schule*).

szöcske (nő) – Frau.

szög – 1. (elégtelen – *osztályzat*) »Ungenügend« (»Eins«; *in ungar. Schulen die schlechteste Note; Schülerspr.*); 2. *szögre akasztja a cipőt/ kesztyűt* (abbahagy, felad) = den Schuh/den Handschuh an den Nagel hängen; (*bes. von Sportler*) aufhören, seine Karriere beenden.

szőli (kereskedősegéd) – Kaufmannsgehilfe.

szőr (haj) – Haar [wörtl.: »Fell«].

szőrdízel (ló) – Pferd; *vgl.* szőrmotor [wörtl.: »haariger Diesel«].

szörfös fülű (nagy a füle) – große, abstehende Ohren haben [wörtl.: »Surferohren«; *vgl.* dt. »Segelohren«].

szőrmadzag (kutya) – Hund.

szőrmók (szakállas ember) – bärtiger Mann, Bartträger.

szőrmotor (ló) – Pferd; *vgl.* szőrdízel [wörtl.: »haariger Motor«].

szőrös: *szőrös taxi* (fiáker) = Fiaker, Pferdedroschke [wörtl.: »haariges Taxi«].

szőröstalpú – 1. (faragatlan) ungehobelt, grob; 2. (faragatlan ember) Flegel, Grobian, Rüpel.

szőröstökű (tapasztalt) – erfahren, routiniert, gewieft.

szőrözés (akadékoskodás) – Nörgelei, Haarspalterei.

szőröz, -ik (akadékoskodik) – nörgeln, Haarspaltereien betreiben; Haare spalten; *szőrözik* vkinek = an *jdm.* herumnörgeln.

szötyöget (közösül) – Geschlechtsverkehr haben; mit einer Frau schlafen.

szöveg (beszéd) – Rede, Gerede [wörtl.: »Text«]; *nyomja a nagy szöveget* (dicsekszik) = angeben, große Klappe führen; *löki/nyomja a szöveget* (fecseg, üresen beszél) = quasseln, quatschen, plappern.

szövegel – 1. (beszél) reden; 2. (fecseg) schwätzen, quatschen [< szöveg].

szövegelés (beszélgetés, társalgás) – Gespräch, Unterhaltung.

szövegelő (jó beszédkészségű ember) – redegewandter Mensch.

szövegláda – 1. (jó beszédkészségű ember) redegewandter Mensch; 2. (fecsegő ember) Schwätzer; 3. (dicsekvő ember) Aufschneider, Angeber; 4. *kinyitja a szövegládát* (fecseg, üresen beszél) = quasseln, quatschen, plappern.

szpátyol (alszik) – schlafen [*vgl.* russ., slowak. *spat',* tschech. *spati* = schlafen].

szpícs (beszéd) – Rede, Gerede [< engl. *speech* »Rede«; *bes. Jugendsprache*].

szpícsel (beszél, felszólal, beszédet tart) reden, eine Rede halten [< szpícs].

szracska (utcalány) – Hure.

szrohó *s.* szroló.

szróle (gazdag) – reich.

szróle héder (olyan szoba, amelyikben sok értékes holmi van, amelyikből sokat lehet lopni) – Zimmer, in dem sich viele Wertsachen befinden, aus dem man viel stehlen kann, in dem es viel zu holen gibt.

szroló (büdös) – stinkend; *auch:* szrohó.

szróre (úr) – Herr [< dt. Rotw. *srore, sor* »Oberherr, Behördenchef, Fürst« < jidd. *sar* »Oberster, Befehlshaber, Fürst«].

sztari (tanító) – Lehrer [*vgl.* sbkr. *star,* slowak. *starý* »alt«].

sztárol (támogat *vkit/vmit,* favorizál) – *jdn/etw.* unterstützen, protegieren [zu slowak. *starat' sa* »sich bemühen, sich kümmern, sorgen«?].

sztereó (biszexuális) – bisexuell [»stereo«].

sztori – 1. (eset, történet) Begebenheit, Geschichte, »Story«; 2. (történelem) Geschichte (*Schulfach; Schülerspr.*) [< engl. *story*; in Bed. 2. falsch gebraucht für engl. *history*].

sztremál (fél) – Angst haben, sich fürchten.

sztrilláz (értesítést lead) – eine Nachricht weitergeben.

sztrohel (szellent) – einen fahren lassen, furzen.
sztrüll! *s.* strille!
szuka – 1. (nő, lány) Frau; 2. (kurva) Hure [*pejor.*; zu russ. *suka* »Hündin«; *vgl.* nagyszuka, kisszuka].
szundi-bundi (alvás) – Schlaf; *vgl.* szundiz.
szundizik (alszik) – schlafen.
szunya (alvás) – Schlaf; *vgl.* szunyál.
szunyál (alszik, szundizik) – schlafen, schlummern; *vgl.* szunya.
szunnyant (alszik) – schlafen.
szúnyog: *szúnyogból elefántot csinál* (túloz, eltúloz) = übertreiben, aus einer Mücke einen Elefanten machen.
szúnyog (sovány ember) – dünner, magerer Mensch [wörtl.: »Stechmücke«].
szúnyogcsődör (sovány ember) – dünner, magerer Mensch [wörtl.: »Stechmückenhengst«].
szúnyogkirály (sovány ember) – dünner, magerer Mensch [wörtl.: »Stechmückenkönig«].
szuper (remek, csodás, nagyszerű) – »super«, toll [< engl.].
szuperokos – 1. (okos, eszes – *túlzóan*) »superschlau«; 2. (»okos« ember, aki megjátssza magát) Schlaumeier, Klugscheißer.
szuperrongy (farmer nadrág) – Blue Jeans, Jeans [wörtl.: »Superfetzen«].
szupersztár (szakember) – Fachmann, Spezialist.
szupi (remek, csodás, nagyszerű) – »super«, toll; *vgl.* szuper.

szúr – 1. (örömét leli *vmiben*, élvez *vmit*) sich über *etw.*, sich an *etw.* erfreuen; 2. *vkit/vmit* (szeret, rajong) lieben, schwärmen für; 3. (kábítószert intravénásan bead) Droge spritzen [wörtl.: »stechen«].
szúri (injekció) – Injektion, Spritze; *szurit kap* (injekciót kap) = eine Spritze bekommen (*Impfung usw.*) [*bes. Kinderspr.*; < *szúr* »stechen«].
szurkács (nyakkendőtű) – Krawattennadel; *auch:* szurki.
szurkapiszkál (zaklat) – *jdn* belästigen, nerven; sticheln.
szurki *s.* szurkács.
szurkol (fizet, kifizet) – zahlen, bezahlen; *auch:* leszurkol.
szuszikál (alszik) – schlafen.
szuszogó (orr) – Nase [< *szuszog* »schnaufen, schnauben«].
szutykos (ragadós) – klebrig, schmierig.
szutyi (csúnya) – häßlich (*bes. von Menschen*).
szutyok (ragacs) – Kleber, Kleister, Leim.
szutyokmozgató (körök) – (*Finger/ Zehen-*) Nagel.
szünés (szünet) – schulfreie Zeit, Ferien [*Schülerspr.*].
szűzfülű (szende) – sanft, sanftmütig, naiv.
szűzgarázs (leánykollégium) – Mädcheninternat [*Jugendspr.;* wörtl.: »Jungfrauengarage«].
szűzkurva (erkölcstelen, könnyelmű lány) – leichtes Mädchen, flotte Biene [wörtl.: »Jungfernhure«].

T

tacni (cigarettatárca) – Zigarettenetui [dt.?].

taccs: *taccsra megy* (felbomlik) = in die Brüche gehen (*bes. zwischenmenschliche Beziehungen*); *taccsra tesz* = 1. (felbomlaszt) Schluß machen, Schlußstrich ziehen; 2. (elbocsát) entlassen (*am Arbeitsplatz*), feuern; *taccsra vág* vkit = 1. (árt, kárára van) jdm schaden, zum Schaden sein; 2. (elbocsát) entlassen (*am Arbeitsplatz*) [zu engl. *touch(line)* »Seitenaus« (*beim Sport*); *vgl.* taccsvonal].

taccsol (esik, elesik) – fallen, hinfallen [< taccs].

taccsvonal: *átlépi a taccsvonalat* (külföldre távozik) = ins Ausland gehen, flüchten [zu engl. *touch(line)* »Seitenaus« (*beim Sport*); *vgl.* taccs].

tacskó (éretlen, felelőtlen kölyök) – Knirps, Grünschnabel, »junger Hupfer«.

tacsni (ütés, pofon) – Schlag, Ohrfeige, »Schelle, Schell(e)n« [zu dt. Rotw. *tachtel, dachtel* »Ohrfeige« ?].

tag (férfi) – Mann.

tagesz (férfi) – Mann; *s.* tag.

tágít: *tágít a fejét* (tanul) = lernen [wörtl.: »den Kopf erweitern«; *vgl.* fejtágítás].

tagosz (férfi) – Mann; *s.* tag.

tagusz (férfi) – Mann, Kerl; *s.* tag [*bes. Jugendspr.*].

tahó (vidéki, faragatlan) – Hinterwäldler, Flegel.

tahófalva (vidék) – Land (*im Gegensatz zur Stadt*), Provinz, »Pampa«.

tájó (apa) – Vater; mein Vater.

tajtrészeg (holtrészeg) – stockbesoffen [tajt < dt. *tot* + *részeg* »betrunken«; *vgl.* holt-, hótrészeg].

tajtsiker (nagyon részeg) – sturzbesoffen [*vgl.* siker, tajtrészeg].

takarék: *takarékra állítottam magam* (egy időre abbahagytam a bűnözést) – fürs erste habe ich das Verbrecherleben aufgegeben: »ich lebe jetzt von meinen Ersparnissen« [*Gaunerspr.*].

takarmány (étel) – Essen, Speise.

takaró (fül) – Ohr.

taknyol (esik, elesik) – fallen, hinfallen; *auch:* eltaknyol.

taknyolódik (panaszkodik) – klagen, sich beschweren.

takonyfogó (bajusz) – Schnurrbart [wörtl.: »Rotzfänger«].

takonypelenka (zsebkendő) – Taschentuch [wörtl.: »Rotzwindel«].

takonyraktár (orr) – Nase [wörtl.: »Rotzdepot«].

takonytartály (orr) – Nase [wörtl.: »Rotzbehälter«].

talajmenti: *talajmenti ember* (alacsony, kicsi ember) = kleingewachsener Mensch, Zwerg.

táli (első kiosztás a kártyázásnál) – (*beim Kartenspiel*) das erste Geben (*von Karten*).

talián – 1. (olasz) Italiener; italienisch; *auch:* talján [< it. *italiano* oder it. venezian. dial. *talian*; altmod.; *vgl.* slowak. *Talian* »Italiener«]; 2. (hóhér) Henker.

talján (olasz) – Italiener; italienisch [*altmod.*; *s.* talián].

taliga (ócska, használt autó) – (altes) Auto, Karre; Blechkiste, Schrottlaube.

talmoz (kártyát összerak) – die (Spiel-)Karten einsammeln.

talon: *talonba tesz* (mellőz vkit) = jdn außer Acht lassen; *talonban marad* (szégyenben marad) = blamiert werden, zuschanden werden [ursprüngl. Begriffe vom Kartenspiel; *talon* »der Talon, der Stapel Karten, der nach dem Geben übrigbleibt«; *talonba tesz* »in den Stapel (zurück)legen«, *talonban marad* »im Stapel, also ungenützt, zurückbleiben«].

talpnyalás (hízelgés) – Schmeichelei, Speichelleckerei, Arschkriecherei.

talpnyaló – 1. (hízelgő) dienerisch, speichelleckerisch; 2. (hízelgő ember) Speichellecker, Arschkriecher.

tam (őszinte) – aufrichtig [*vgl.* tám].

tám (kedves, kellemes, becsületes ember) – lieber, angenehmer, ehrenwerter Mensch [< jidd. *tam* »schlichter, naiver, einfältiger Mensch«].

tamás *vmiben* (kételkedik benne, hitetlenkedő) – *etw.* nicht glauben, zweifeln an *etw.* [vom ungläubigen *Thomas*, ungar. *Tamás*, im Neuen Testament: Joh. 20,21 –29].

tamáskodik (hitetlenkedik, kételkedik, nem hisz *vmit*) – bezweifeln, an *etw.* zweifeln, *etw.* in Frage stellen, nicht glauben [*vgl.* tamás].

tamfiú (aki rögtön beismer mindent) – jemand, der sofort alles gesteht [< tam].

tam-tam (veszekedés) - Streit, Gezeter, Stunk; *veri a tam-tamot* (veszekszik) = Streit suchen, stänkern.

tanár (szakember) – Fachmann, Spezialist [wörtl.: »Lehrer«].

tanbá (»tanár bácsi«) – Lehrer [*bes. in Grundschule; oft in Anrede*; wörtl.: »Onkel Lehrer«].

tanbanya (tanárnő) – Lehrerin; *vgl.* banya!

táncol (működik, lop) – »arbeiten«, stehlen.

tancsi (tanár) – Lehrer.

tandler (ócskás) – Altwaren-, Gebrauchtwarenhändler; *vgl.* tangó [< bair.-österr. *Tandler* »Trödler, Altwarenhändler«].

tangász (tanár) – Lehrer.

tangó (ócskapiac) – Trödelmarkt [zu dt. *Tändelmarkt*].

tanház (iskola) – Schule [wörtl.: »Lehrhaus«].

tankol (iszik) – trinken [wörtl.: »tanken«].

tanszoba (tanulószoba) – Studierzimmer (*in der Schule; Schülerspr.*)

tanti, tánti (nagynéni) – Tante [< dt.].

tantó: *tantó bácsi* (tanár) = Lehrer; *tantó néni* (tanárnő) = Lehrerin.

tantusz: *leesett a tantusz* – der Groschen ist gefallen [*tantusz*: (*früher*:) Telefonmünze].

tantuszos (hamis aranypénzzel csaló) – auf falsche Goldmünzen spezialisierter Betrüger.

tanyázik (esik, elesik) – fallen, hinfallen; *auch:* eltanyázik.

tapecol (tapogat) – herumtasten, herumfummeln; *vgl.:* tapenol.

tapenol (tapogat, fogdos) – herumtasten, herumfingern; *auch:* tapecol, taperol [< dt. *tappen*].

taperol *s.* tapenol.

taperolás (tapogatás) – Herumtasterei, Herumfummelei; *auch:* tapperolás.

tapír (faragatlan ember) – ungehobelter Mensch, Flegel, Rüpel.

tapiz, -ik (tapogat) – herumtasten, herumfummeln; *vgl.:* tapenol.

tapizás (tapogatás) – Herumtasterei, Herumfummelei.

tapló (faragatlan, bunkó) – ungehobelt, Trottel.
tapogató (kéz) – Hand, »Pfote«.
tappancs (lábszár) – Bein.
tapperolás s. taperolás.
taraj (haj) – Haar.
tarcsi (tartalék – *sportban*) – Ersatz-, Auswechselspieler (*beim Sport*).
tardli (álkulcs, tolvajkulcs) – Nachschlüssel, Dietrich [dt.?].
tarha (pénzkunyerálás) – Betteln um Geld.
tarhál (ügyeskedéssel, csalafintasággal, célratörő elszántsággal pénzt vagy ajándékot kéreget, kunyerál) – (*gerissen und hartnäckig*) um Geld oder Geschenke betteln, schnorren; s. tarhenol, *vgl.* letarhál. [jidd. *tarchenen* »*jdm* zur Last fallen«].
tarhálás (kéregetés) – Bettelei.
tarhás (kéregető, kölcsönkérő) – Bittsteller, Bettler, Schnorrer.
tarhenol (kéreget, koldul) – betteln; *vgl.* tarhál [jidd. *tarchenen* »*jdm* zur Last fallen«].
tarhonya (alacsony, kicsi) – kleingewachsen, klein (*Mensch*).
tari (tarka) – bunt, farbig; *tari pulcsi* (tarka pulóver) = farbiger Pullover.
tarisznya (vagina) – weibliche Scheide [wörtl. »Brotbeutel, Proviantsack«].
tarka (kopasz) – kahlköpfig, glatzköpfig [eigentl.: »bunt, farbig«; hier aber abgeleitet von *tar* »kahl«].
tarkarongy! (takarodj!) – verschwinde, hau ab! [wörtl.: »bunter Lappen!«; Wortspiel mit *takarodj!* »verschwinde!«].
tárogató (exhibicionista) – Exhibitionist.
tárogatózik (orális szexet végez) – oralen Sex treiben (*bes. Fellatio*).

tarol (nyer) – gutes Geschäft machen, absahnen [wörtl.: »(*beim Kegeln*) die Kegel mit einem Wurf abräumen«].
tasi, tási (táska) – Tasche (*zum Tragen oder Umhängen*).
tasli (pofon) – Ohrfeige.
tasziló (hülye, szenilis alak – *az arisztokratákat gúnyoló viccekben a degenerált* Tasziló *gróf Arisztid párja*) verrückter, seniler Typ [nach der Figur des degenerierten *Grafen Tasziló* in Witzen, die die Aristokraten verspotten; tritt dort mit *Arisztid* auf; *s.* arisztid].
taszító (tanár) – Lehrer [Wortspiel mit *tanító* »Lehrer« und *taszít* »stoßen, abstoßen«: »der Abstoßende«].
tata – 1. (apa) Vater, Papa; 2. (öreg férfi) alter Mann.
tata-tea (szülői értekezlet) – Elternsprechstunde (*in der Schule*) [wörtl.: »Altentee«; *Schülerspr.*].
tátika (cellaablak, cellaajtón ablak) – Fenster in Gefängniszelle (bzw. in der Zellentür).
tatu (*kül.* öreg férfi) – (*bes. alter*) Mann.
tatuci (*kül.* öreg férfi) – (*bes. alter*) Mann.
tatuka (*kül.* öreg férfi) – (*bes. alter*) Mann.
tatulek (férfi) – Mann.
tatuli (*kül.* öreg férfi) – (*bes. alter*) Mann.
tatyó (táska) – Tasche (*zum Tragen oder Umhängen*).
távrecsegő (telefon) – Telefon.
tea (kábítószeresek által alkalmazott »máktea«: vizes mákkivonat) – (*bei Drogenabhängigen*) »Mohntee«, aus Mohn gekochter Extrakt.
tébés – 1. (tébécés, tuberkulózisbeteg) TBC-krank; 2. (szexis

kinézetű nő) attraktive, sexy Frau [beide Male kommentiert man: *szúr a melle* = »die Brust sticht«; im zweiten Fall jedoch »ins Auge«].
teca (utcalány) – Prostituierte.
técs (pofon) – Ohrfeige.
tégla (beépített ember, besúgó) – eingeschleuster Spitzel, »Maulwurf« [wörtl.: »Ziegel(stein)«].
tehén (kövér ember) – dicker Mensch, Dickwanst.
tehénlepény (széklet) – Stuhlgang, Kot, Scheiße [wörtl.: »Kuhfladen«].
teherketrec (teherautó) – Lkw, Laster.
teherláda (teherautó) – Lkw, Laster.
tejbetök (buta ember) – Dummkopf, Trottel, Blödmann.
tejbár (női mell) – (*große*) weibliche Brust, Busen [*bes. Jugendspr.*; wörtl.: »Milchbar«].
tejcsárda (női mell) – (*große*) weibliche Brust, Busen [*bes. Jugendspr.*; wörtl.: »Milch-Tscharda«].
tejcsarnok (női mell) – (*große*) weibliche Brust [wörtl.: »Milchhalle«].
tejel (fizet) – zahlen, bezahlen; *vgl.* letejel.
tejeszacskó (női mell) – (*weibliche*) Brust, Busen [*bes. Jugendspr.*; wörtl.: »Milchbeutel«].
tejgyár *s.* tejcsarnok [wörtl.: »Milchfabrik«].
tejtároló (női mell) – (*weibliche*) Brust, Busen [*bes. Jugendspr.*; wörtl.: »Milchspeicher«].
tejtartó (női mell) – (*weibliche*) Brust, Busen [*bes. Jugendspr.*; wörtl.: »Milchhalter«].
tejüzem (női mell) – (*weibliche*) Brust, Busen [*bes. Jugendspr.*; wörtl.: »Milchbetrieb, Molkerei«].

teker – 1. (nagyon igyekszik) sich anstrengen, mächtig ins Zeug legen, »sich reinhängen«; 2. *vmiért* (kegyeit keresi *vkinek*) *jds* Sympathie gewinnen wollen, sich einschmeicheln; 3. (gyalogol) zu Fuß gehen; 4. (törtet) sich vordrängen, drängeln; 5. (közösül) Geschlechtsverkehr haben [wörtl.: »wickeln, winden«].
teknő (hajó) – Schiff [wörtl.: »Trog, Wanne«].
tekszezik (ragasztóval kábítószerezik – *a Pálmatex nevű ragasztóról*) »schnüffeln«, Leimdämpfe einatmen [*nach der Leimsorte Pálmatex*]; *vgl.* tex.
télak (szökés) – Flucht [< dt. Rotw. *tailache, delache* »Flucht«; *vgl.* télakol].
télakol (szökik, menekül, lelép) – fliehen, abhauen, verschwinden; *vgl.* télak [zu dt. Rotw. *teilechen, telechen, teilachen* »fliehen« < jidd. *telechen* »fliehen«].
telcsi – 1. (telefon) Telefon; 2. (televízió) Fernsehen, Fernseher.
telcsizik (telefonál) – telefonieren.
telerak (teherbe ejt) – schwängern [wörtl.: »vollpacken«].
televág (teherbe ejt) – schwängern.
televonyít (telefonál) – telefonieren.
telivér (*szexuálisan vonzó nő*) – (*sexuell anziehende*) Frau [wörtl.: »Vollblut«].
tematika (matematika) – Mathematik (*Schulfach; Schülerspr.*).
tempósan *adv.* (gyorsan) – schnell.
tengernagy (nagy fenekű nő) – Frau mit breitem Gesäß [wörtl.: »Admiral«].
tentél (alszik) – schlafen [*bes. Kinderspr.*].

tentézik (alszik) – schlafen [*bes. Kinderspr.*].
tentikél (alszik) – schlafen [*bes. Kinderspr.*].
tenyérbemászó (szemtelen) – frech.
tenyeres – 1. (ütés, pofon) Schlag, Ohrfeige, Watschen; 2. (elégséges – *osztályzat*) »Ausreichend« (»Zwei«; *zweitschlechteste Note in ungar. Schulen; Schülerspr.*) [wörtl.: »Schlag mit der Handfläche«; (*beim Sport*:) »Vorhand«].
tép – 1. (fut) laufen, davonlaufen; 2. (siet, rohan) sich beeilen, flitzen, wetzen; *tépi magát* = 1. (igyekszik) sich ins Zeug legen, »sich reinhängen«, »sich zerreißen«; 2. (kötekedik) Streit suchen, mit jdm anbändeln; *nem tépik magukat* (feleslegesen nem sietnek a munkával) = man beeilt sich nicht besonders mit der Arbeit, man reißt sich kein Bein aus; 3. (hajt, száguld *járművel*) rasen (*mit einem Fahrzeug*); 4. *tépi a száját* (fecseg, badarságokat beszél) = schwätzen, quasseln, »Blech reden« [wörtl.: »sich den Mund zerreißen«]; *tépik egymást* (verekszik) = sich prügeln.
teper – 1. (fut) laufen, davonlaufen; 2. (hajt, száguld *járművel*) rasen (*mit einem Fahrzeug*).
tépett (rosszul öltözött, lompos) – schäbig gekleidet, abgerissen, zerlumpt; *tépett alak* (elhanyagolt ember) = heruntergekommener, verwahrloster Mensch.
tepsi (fenék) – Hintern, Hinterteil [wörtl.: »Bratblech«].
térdsütemény (térdkalács) – Kniescheibe.
tereferél (beszélget) – plaudern, sich unterhalten.
terepszínű pofát vág (meglapul) – sich ducken, in Deckung gehen.
terhes (elégséges – *osztályzat*) – »Ausreichend« (»Zwei«; *zweitschlechteste Note in ungar. Schulen; Schülerspr.*)
terít (vall, elárul) – gestehen, verraten.
termés (fej) – Kopf [*Jugendspr.*; wörtl.: »Frucht, Ernte«].
természetfelelős (Isten) – Gott [wörtl.: »der für die Natur Verantwortliche«; spielerische Bildung].
tesi (testnevelés) – Leibeserziehung, Turnen (*Schulfach*); *tesi cucc* (tornafelszerelés) = Turnsachen, Turnzeug [*Schülerspr.*].
tesó (testvér) – Geschwister (*Bruder oder Schwester*); *a tesóm* = mein Bruder bzw. meine Schwester.
tessék (zöld – *szín a kártyában*) – Grün (*Farbe beim Kartenspiel*).
tessi (testgyakorlat) – Turnen [*Schulfach; Schülersprache*].
tesze-tosza – 1. (tehetetlen) hilflos, unfähig; 2. (tehetetlen ember) unbeholfener Mensch.
tesze-toszáskodik (tehetetlenkedik) – herumhampeln, herumkaspern.
tesz-vesz: *teszi-veszi magát* = 1. (feltűnősködik, hivalkodik) angeben, aufschneiden, protzen; 2. (nagyképűsködik) wichtig tun, den starken Menn markieren.
tészta – 1. (hazugság) Lüge; *beveszi a tésztát* (hiszi a hazugságot) = die Lüge »schlucken«, der Lüge Glauben schenken; 2. (ügy) Sache, Angelegenheit; *más tészta* (más dolog) = andere Sache, etwas anderes [*tészta* wörtl.: »Nudelteig, Nudeln«].
tésztáz (hazudik) – lügen.
tetám: *tetám szájú* (nagy méretű szá-

ja van) = (*von den Ausmaßen her*) großer Mund.
tetkó (tetoválás) – Tätowierung.
tetű – 1. (ellenszenves ember) unsympathischer Typ; *auch:* tetűláda; 2. (lassú ember) langsamer Mensch, Lahmarsch; 3. (rossz, silány) schlecht, minderwertig, mies [wörtl.: »Laus«].
tetűbörze (a Teleki-téri ószeres árucsarnokok) – Markthallen am Teleki tér in Budapest mit Trödelmarkt [wörtl.: »Läusebörse«].
tetűláda (ellenszenves ember) – unsympathischer Typ [wörtl.: »Läusetruhe«].
tetűfészek (haj) – Haar [wörtl.: »Läusenest«].
tetűkaparó (fésű) – Kamm [wörtl.: »Läusekratzer«].
tetűpuska (fésű) – Kamm [wörtl.: »Läusegewehr«].
tetűvakaró (fésű) – Kamm [wörtl.: »Läusekratzer«].
tetves – 1. (rossz, silány) schlecht, minderwertig, mies; 2. (ellenszenves ember) unsympathischer Typ; 3. (elégséges – *osztályzat*) »Ausreichend« (»Zwei«; *zweitschlechteste Note in ungar. Schulen; Schülerspr.*); 4. *tetves a pénztől* (gazdag) = reich.
teve (cementszállító autó) – Zementtransporter [wörtl.: »Kamel«].
tevés-vevés (feltűnősködés, hivalkodás) – Prahlerei, Protzerei, Angeberei.
tevészkedik (piszmog, vacakol) – herumwursteln, herumfummeln, herumhantieren.
tevevíziós (televíziós szakember) – Fernsehmechaniker.
tévézik (nézi a televíziót) – fernsehen [< tévé = TV].

tex (kábítószer) – »Stoff«, Droge; *vgl.* tekszezik.
tici (női mell) – (*weibliche*) Brust, Busen [*bes. Jugendspr.*; wohl zu dt. *Zitze*; *vgl.* cici].
tika (matematika) – Mathematik (*Schulfach; Schülerspr.*).
tiknó (gyerek) – Kind [*vgl.* cig. *tikno* »klein«].
tini (tinédzser) – Teenager [< engl.].
tinta – 1. (alkoholos ital) alkoholisches Getränk; 2. (részeg) betrunken, besoffen [*vgl.* dt. umgangsspr.: *Tinte gesoffen haben* = nicht richtig im Kopf sein; vom span. *vino tinto*, einem schweren Rotwein].
tintahal (iszákos ember) – Gewohnheitstrinker, Säufer, Saufbold [wörtl.: »Tintenfisch« – Wortspiel: *vgl.* tinta].
tintás – 1. (részeg, ittas) betrunken, blau, besoffen; 2. (iszákos ember) Gewohnheitstrinker, Säufer, Saufbold; *vgl.* tinta.
tintázás (ivászat) – Gelage, Sauferei [< tintázik].
tintázik (rendszeresen iszik) – (*regelmäßig Alkohol*) trinken, saufen [< tinta].
tipegő (női cipő – *kül. tűsarkú*) – Damenschuh (*bes. mit hohem spitzen Absatz*).
tipli – 1. (seb, dudor – *főként a fejen*) Wunde, Beule (*besonders am Kopf*); 2. (esés, bukás) Fall, Sturz [zu dt. *Tippel* »Fleck«].
tiplizik – 1. (elszökik, megszökik) fliehen, sich aus dem Staub machen, abhauen; 2. (elesik) hinfallen; *auch:* eltiplizik [< dt. Rotw. *tippeln* »gehen, wandern«; *vgl.* »*Tippelbruder*«].
tipp-topp – 1. (remek, csodás) prima, toll; 2. (elegáns) elegant [< dt. < engl.].

tipródik – 1. *vkiért* (szerelmes *vkibe*) verliebt, verknallt sein in *jdn.*; 2. *vkiért/vmiért* (szeret, rajong) von *jdm/etw.* begeistert sein, schwärmen für *jdn/etw.*

tipszter (tippadó, ötletadó – *aki a betörőket jó betörési lehetőségekről, gazdag lakásról értesíti*) – Informant; *jmd, der Einbrechern Tips gibt, wo der Einbruch lohnt* [< engl. *tipster* »jmd, der Tips gibt (z.B. über den Ausgang von Pferderennen usw.)«].

tirpák – 1. (orr) Nase; 2. (faragatlan ember) ungehobelter, grober Mensch, Grobian, Flegel [eigentl. Name einer slowak. Volksgruppe, die Mitte des 18. Jhdts. in der Gegend von *Nyíregyháza* (Nordostungarn) angesiedelt wurde].

tiszi (pap) – Priester, Pfaffe [zu *tisztelendő* »ehrwürdiger Herr, (katholischer) Geistlicher«].

tiszta – 1. *adv.* (igazan, nagyon) wirklich, völlig, absolut; *tiszta hülye* (nagyon hülye) = total verrückt; 2. (ártatlan) unschuldig.

titán (buta ember) – Dummkopf, Trottel, Blödmann [*iron.*].

titi (fej) – Kopf; *vgl.* kobak, kókusz, séró.

tóf (értékes, jó) – interessant, gut [< jidd. *tow, tojw* »gut«; daraus auch dt. Rotw. *tof, tov, toiw* »gut« > dt. umgangsspr. *dufte*].

tofel (tisztátalan, elhasznált, ócska) – unsauber, unrein, abgegriffen, abgenützt [< jidd. *tofel* »alt«; dt. Rotw. *tofel* »alt; töricht«].

tóga (munkaköpeny) – Arbeitsmantel [wörtl.: »Toga«; *bes. Schülersprache*].

tohesz (fenék) – Hintern, Hinterteil [*bes. Jugendspr.*].

tojás – 1. (here) Hode; 2. (férfi) Mann [*pars pro toto* von Bed. 1.]; 3. (fej) Kopf [wörtl.: »Ei«; Bed. 3 *bes. Jugendspr.*].

tojik (székel) – kacken, scheißen; *auch:* betojik [wörtl.: »Eier legen«].

tojlett (vécé) – Toilette [< engl. *toilet*].

tojó (nő) – Frau [wörtl.: »Henne«; *vgl.* tyúk].

tojófészek (sokgyermekes anya) – kinderreiche Mutter.

tok: *tokkal* (mindenestül) – samt und sonders, mit Bausch und Bogen [wörtl.: »mit Hülle/Gehäuse«; wohl aus der Musikersprache, also: »(Geige) mit Geigenkasten (= *tok*)«; *vgl.* vonó].

tokmány (orr) – Nase.

tokás (kövér ember) – Dickwanst.

tokos (sváb ember) – Schwabe, Ungarndeutscher; *vgl.* szepi.

tolat (terhes) – schwanger.

toll (haj) – Haar.

tollas (csendőr) – Gendarm.

tollasbál – 1. (ágy) Bett; 2. (alvás) Schlaf; *tollasbálba megy* (lefekszik, aludni megy) = schlafen gehen.

tolós pofon (ütés, pofon) – saftige Ohrfeige.

tomadok (öngyújtó) – Feuerzeug.

tompor (fenék) – Hintern, Hinterteil [wörtl.: »Hinterbacke *(bes. bei Tieren)*«; *bes. Jugendspr.*].

tonna: *tonna madonna* (kövér nő) = dicke Frau.

topa (ügyetlen, tehetetlen ember) – Tolpatsch.

topánka potováló (pincér) – Kellner.

topis (gondozatlan, szegényes, rongyos) – ungepflegt, ärmlich, zerlumpt; *vgl.* toplák; *vgl.* szakadt.

toplák (rosszul öltözött) – heruntergekommen, zerlumpt; *vgl.* topis.

topogó – 1. (cipő) Schuh; 2. (állóbüfé) Imbißstube, Snackbar.

toporog: *toporog, mint a szaró galamb* (tehetetlenkedik) = (unbeholfen, hilflos) herumhampeln, herumkaspern.

toprongy (elhanyagolt, ápolatlan ember) – heruntergekommener, verwahrloster Mensch, »Gammler«, »Penner«.

torma (testnevelés) – Leibeserziehung, Turnen (*Schulfach*) [< torna; *Schülerspr.*].

torta (testnevelés) – Leibeserziehung, Turnen (*Schulfach*) [< torna; *Schülerspr.*].

toroköblítő (szeszes ital) – alkoholisches Getränk (*bes. starker Schnaps*), Fusel [wörtl.: »Rachenspüler, Gurgelwasser«].

torony (akasztófa) – Galgen [wörtl.: »Turm«].

tosz (kellemetlen dolog) – unangenehme Sache, Kram, Dings, »Mist«, »Scheiß«.

toszás (közösülés) – Geschlechtsverkehr.

toszik (közösül) – Geschlechtsverkehr haben.

toszogat – 1. *vkit* (zaklat) belästigen; 2. (piszkál, babrál) herumfingern, herumwursteln, herumgrapschen.

tót (szlovák) – Slowake [*leicht altmod.*].

totál – 1. (teljesen) völlig, ganz, total; 2. (részeg) betrunken.

totálkáros – 1. (kimerült) erschöpft, todmüde, fix und fertig, kaputt; 2. (abnormális) abnorm; 3. (nagyon részeg) stockbesoffen [wörtl.: »hat Totalschaden«].

totálrészeg (nagyon, teljesen részeg) – völlig betrunken.

tótenschein (kényszerútlevél) – Zwangspaß [< dt. Rotw. *totenschein* »Zwangspaß mit Reisevorschrift zum Heimatort«].

totojázik (piszmog, vacakol) – herumtrödeln.

tótschlager (ólmosbot, vasbot) – Totschläger, Stock mit Bleikopf als Waffe [*Gaunerspr.*].

tótzicsi (biztos) – »todsicher« [< tótziher].

tótziher (biztos) – »todsicher« [dt.].

töci (történelem – *iskolában*) – Geschichte (*als Schulfach*) [*Schülerspr.*].

töcköl (közösül) – Geschlechtsverkehr haben.

töcsköl (közösül) – Geschlechtsverkehr haben; mit einer Frau schlafen; *auch*: megtöcsköl.

töf-töf (női mell) – (weibliche) Brust, Busen [*bes. Jugendspr.*; < tőgy].

tőgy (női mell) – (*große weibliche*) Brust, Busen [wörtl.: »Euter«].

tök – 1. (fej) Kopf, »Rübe«; 2. (labda) Ball; 3. (here) Hode; 4. (hímvessző) Penis; 5. (nagyon, teljesen) sehr, völlig; *tök jó* = sehr gut; *tök mák* = stockbesoffen; 6. (elégtelen – *osztályzat*) (*Note*) »Ungenügend« (*in der Schule oder bei Prüfung*); 7. *már tele van a tököm vele / ezzel már tele van a tököm!* (már elegem van abból) = ich hab' schon die Schnauze voll davon! [*vgl. dt. (ebenfalls vulgär)*: »Das geht mir auf den Sack!«; *nur von Männern gebraucht; vgl. Bedeutung 3.!*]; *a tökét vakarja* (lustálkodik) = faulenzen [wörtl.: »sich den Sack kratzen«]; *tőkig nyomja a gázt* (száguld – *kocsival*) = rasen (*mit dem Auto*) [*tök* wörtl.: »Kürbis«; Bed. 1 –3 aufgrund der Assoziation »rundes, kugelförmiges Objekt«;

Bed. 4 Ableitung von Bed. 3 (*pars pro toto*); *vgl.* bogyó].
tökalsó (alacsony, kicsi ember) – kleingewachsener Mensch, Zwerg.
tökegyedül (teljesen egyedül) – ganz allein, mutterseelenallein.
tőkés (tanár) – Lehrer [*Schülerspr.*; wörtl.: »Kapitalist« – wohl im Sinn von »Ausbeuter«].
töketlen (ügyetlen) - ungeschickt, tolpatschig, tapsig [wörtl.: »ohne Hoden, kastriert« (*s.* tök), dann »impotent«].
töketlenkedik (ügyetlenkedik) – herumtapsen, herumwursteln, herumpfuschen [< töketlen].
töketlenség (fejetlenség, zűrzavar) - Kopflosigkeit, Durcheinander, Chaos, Kuddelmuddel.
töketlenül *adv.* (ügyetlenül) – ungeschickt, tolpatschig, tapsig.
tökfej (buta ember) – Dummkopf, Trottel, Blödmann; *átkozott tökfej!* = verdammter Trottel!
tökfilkó (buta ember) – Dummkopf, Trottel, Blödmann.
tökfödő – 1. (kalap) Hut; 2. (sapka) Mütze.
tökgolyó (here) – Hode.
tökhülye (nagyon hülye, bolond) – strohdumm, stinkdumm.
tökjó (remek, csodás) – prächtig, prima, toll.
tökkelütött (nagyon buta) – strohdumm, stinkdumm; *te meg ne állj ott úgy, mint egy tökkelütött!* = steh doch nicht da wie ein Ölgötze!
tökkopasz (teljesen kopasz) – ganz kahl (*Kopf*).
töklusta (nagyon lusta) – stinkfaul.
tökmag (alacsony, kicsi ember) – kleingewachsener Mensch, Zwerg.

tökmák (nagyon, teljesen részeg) – völlig betrunken.
tökmeztelen (teljesen meztelen) – splitternackt.
tökmindegy (teljesen mindegy) – ganz egal, scheißegal.
tököl – 1. (piszmog) herumtrödeln, kramen; 2. (bizonytalankodik) unsicher sein; 3. (szégyenlősködik) sich genieren, verschämt tun.
tökölődik (piszmog, vacakol) – herumtrödeln.
tökös – 1. (jó, nagyszerű) gut, prächtig; *vgl.* tök; 2. (férfi) Mann [*pars pro toto von* tök 2. und 3.]; 3. (bátor, vakmerő) mutig, verwegen; 4. (életrevaló, erőteljes) lebenstüchtig, kräftig, kraftvoll.
tökrészeg (nagyon, teljesen részeg) – völlig betrunken.
töksötét – 1. (koromsötét) stockdunkel, -finster; 2. (nagyon buta) stinkdumm.
töksüket (teljesen süket) – stocktaub.
tökszar (nagyon rossz) – miserabel, absolut beschissen.
töktartó (nyak) – Hals [»tök« hier in der Bed. »Kopf«; also »Kopfhalter«].
tökúj (vadonatúj) – nagelneu, brandneu.
tölt (közösül) – Geschlechtsverkehr haben (*vom Mann*), mit einer Frau schlafen; *auch:* megtölt [wörtl.: »füllen, stopfen«].
töltöttzokni – 1. (kövér ember) dicker Mensch, Dickwanst; 2. (alacsony, kicsi ember) kleinwüchsiger Mensch, Zwerg; 3. (hiszékeny ember) vertrauensseliger, naiver Mensch; 4. (kutya) Hund [wörtl.: »gefüllte Socke«].
töm – 1. *tömi magát/a fejét/a majmot* (sokat, mohón eszik) = sich voll-

stopfen, sich den Bauch vollschlagen; 2. (közösül) Geschlechtsverkehr haben (*vom Mann*), mit einer Frau schlafen; *auch:* megtöm.

tömegnyomor (zsúfoltság) – Überfülltheit, Gedränge [wörtl.: »Massenelend«].

tömör (izmos, erős) – muskulös, kräftig, stark; *tömör gyönyör* (csinos nő, lány) = hübsche Frau, hübsches Mädchen.

tömött: *tömött gyönyör* (kövér nő, lány) = kräftig gebaute, dicke Frau [wörtl.: »vollgestopfte, gespickte Wonne«].

töpörtyű (alacsony, kicsi ember) – kleingewachsener Mensch, Zwerg.

töpörtyűtartó (váll) – Schulter; Achsel.

törci (történelem – *iskolában*) – Geschichte (*als Schulfach*).

törcsi (történelem – *iskolában*) – Geschichte *(als Schulfach)*.

törés (történelem – *iskolában*) – Geschichte (*als Schulfach*).

töresz (történelem – *iskolában*) – Geschichte (*als Schulfach*).

töri (történelem – *iskolában*) – Geschichte (*als Schulfach*).

töri magát (megerőltetően, kényszerből dolgozik) – sich abrackern, schuften [wörtl.: »sich zerbrechen«].

törpe (alacsony, kicsi ember) – kleingewachsener Mensch, Zwerg.

törpeszuper (alacsony, kicsi ember) – kleingewachsener Mensch, Zwerg; *s.* törpe.

törzsfőnök (apa) – Vater [wörtl.: »Häuptling«].

törzsgyűlés (iskolai ünnepély) – Schulfeier [wörtl.: »Stammesversammlung«; *Schülerspr.*].

tövis (elégtelen – *osztályzat*) – »Ungenügend« (»Eins«; *in ungar. Schulen die schlechteste Note*) [wörtl: »Dorn, Stachel«; *Schülerspr.*].

trabális (nagy) – groß; *auch:* drabális

Trabi (Trabant) – »Trabi«, Trabant (*Automarke*).

Trabicsek (Trabant) – »Trabi«, Trabant (*Automarke*).

traccs – 1. (terefere, fecsegés, pletyka) Geschwätz, Klatsch, Tratsch; 2. (összejövetel, parti) Fete, Party; *s.* traccsol, eltrécsel, trécsel [< dt. *Tratsch*].

traccsog (fecseg, tereferél, pletykáz) – schwätzen, tratschen; *vgl.* traccsol.

traccsol (fecseg, tereferél, pletykáz) – schwätzen, tratschen; *auch:* traccsog [dt.]

traccsparti *s.* traccs.

trafikál – 1. (fecseg, tereferél) schwätzen, tratschen, quasseln; 2. (paktál) sich absprechen, paktieren [*leicht altmod.*].

trafikpax (radarellenőrzés) – Radarkontrolle, Radarfalle (*der Polizei zur Geschwindigkeitskontrolle*); *na, beszaladtál a trafikpaxba?* = na, haben sie dich geblitzt?

tragacs (ócska, használt autó) – alte Karre (= *Auto*); *összetett tragacs* (csuklós busz) = Gelenkbus.

trágya – 1. (rossz, silány) schlecht, mies, beschissen, Scheiß-; 2. (rossz, silány dolog) (*minderwertige, schlechte Sache, Ware usw.*) Schrott, Mist, Scheiß(dreck) [wörtl.: »Mist, Dung«].

trágyadomb – 1. (elhanyagolt, ápolatlan ember) verwahrloster, heruntergekommener Mensch; *auch: mozgó trágyadomb*; 2. (bajusz) Schnurrbart [wörtl.: »Misthaufen«].

trágyász (mezőgazdász) – Diplom-

landwirt [iron. Bildung analog zu tatsächlichen Berufsbezeichnungen auf *-ász* wie z. B. *gazdász, fodrász, jogász*; von *trágya* »Dung, Mist«].

trágyatelep (szakáll) – Bart.

trakta (vendéglátás – *evés-ivással*) – Festschmaus, Gelage [< traktál].

traktál (megvendégel) – bewirten [< dt. *traktieren* < lat.].

trampli – 1. (tenyeres-talpas nő) Trampel (*pejor. für unbeholfene, ungeschickte Frau*); 2. (cselédlány) Dienstmädchen; 3. (ormótlan) tolpatschig, schusselig [< dt. *Trampel*].

trapper (elégtelen – *osztályzat*) – »Ungenügend« (»Eins«, *schlechteste Note in ungar. Schulen*) [*Schülerspr.*; stammt vermutlich von dem in der Fernsehreklame für die ungar. *Trapper-Jeans* nach oben gestreckten Daumen; dieser erinnert an die »1«].

tré – 1. (baj, kellemetlenség) Ärger, Unannehmlichkeit; 2. (rossz, vacak) schlecht, wertlos; 3. (veszélyes) gefährlich; *auch:* tréfi, tréfli; *trére fut* (elfogják) = in die Falle gehen, festgenommen werden; [< dt. Rotw. *trefe* »unrein, unehrlich, unsicher, verdächtig, gestohlen« < jidd. *t'réfje* »(*aus religiöser Sicht*) unrein, nicht koscher, verboten«].

trécsel *s.* traccsol; *vgl.* eltrécsel, traccs.

tréfi – 1. *s.* tré; 2. *tréfire bukik* (elfogatáskor bűnjelet találnak nála, tetten érik) = auf frischer Tat ertappt werden; im Besitz von belastendem Material verhaftet werden.

tréfli – 1. *s.* tré; 2. *tréfli meló* (veszélyes betörés) = gefährlicher Einbruch; *tréflire ad* (elárul) = ver-

raten; *tréflire bukik* (elfogatáskor bűnjelet találnak nála, tetten érik) = auf frischer Tat ertappt werden; im Besitz von belastendem Material verhaftet werden.

trehány (magát és munkáját elhanyagoló, rendetlen ember) - unordentlicher Mensch (, *der sich selbst und seine Arbeit vernachlässigt*), Schlamper, Schlampsocken [slowak.?].

tréma (félelem, gyávaság) – Angst, Feigheit; *vgl.* tremál.

tremál (reszket, fél) – zittern, Angst haben, besorgt sein; *auch:* tremázik [*vgl.* it. *tremolare* »zittern« < lat. *tremere*].

tremázik *s.* tremál.

tremoló (delírium alkoholtól) – Delirium nach übermäßigem Alkoholgenuß.

tremuláz *s.* tremál.

trengli (katonás szabású női esőkabát, trencskót) – uniformartig geschnittener Damenregenmantel, Trenchcoat.

trenya (edzés) – Training (*beim Sport*).

tresszes ropi (háromszor [»tres«] ismételhető Parkanrecept – *kábítószereseknél*) – (*bei Drogenabhängigen*) Rezept, auf das man dreimal (lat. *tres*) das Medikament Parkan bekommt.

trevni (bokor) – Busch, Strauch.

trikó (gonorrea) – Gonorrhöe, Tripper; *vgl.* tripper.

trilláz (értesítést lead) – Nachricht geben; *vgl.* sztrilláz.

trinkel (iszik, italozik) – trinken, saufen [dt.].

trinkelés (ivászat) – Gelage, Sauferei.

Tripolisz (Budapesten a Váci út, Szekszárdi út, Béke út, Dózsa György [Aréna] út által határolt terület, központja a Tomori-telep és környéke, valamint a Béke tér [*annak idején a Tripoliszban játszódó idegenlégiós ponyvaregények színhelyére emlékeztetett az elhagyatott, homokos vidék*]) – in Budapest das Gebiet zwischen Váci út, Szekszárdi út, Béke út, Dózsa György [Aréna] út; um die Tomori-Siedlung und den Béke tér [*seinerzeit eine öde, sandige Gegend, die an Groschenromane über die Fremdenlegion, die in Tripolis spielten, erinnerte*].

tripper (gonorrea) Gonorrhöe, Tripper; *trippere van* (gonorreája van) = Tripper haben [< dt.].

tróger – 1. (semmirekellő, közönséges, durva alak) Nichtsnutz, gewöhnlicher, grober Typ; 2. (szállítómunkás) Transportarbeiter, Hilfsarbeiter für schwere Arbeit [< dt. *Träger*].

trógerol (cipel, visz) – schleppen, schleifen, etw. Schweres tragen [< tróger].

trokány (rossz, silány) – schlecht, minderwertig, mies.

trombita (orr) – Nase [wörtl.: »Trompete«; vom Geräusch beim Naseputzen]; *trombitának néz* (lop, ellop) = stehlen, klauen.

trombitás (tolvaj) – Dieb [wörtl.: »Trompeter«].

trombitatorlasz (zsebkendő) – Taschentuch [wörtl.: »Schalldämpfer für die Trompete«].

trónol (székel) – auf dem Klo sitzen, scheißen [wörtl.: »thronen«].

tropa – 1. (tönkrement) bankrott; 2. (fáradt, kimerült) müde, erschöpft; *auch: tropára ment; tropára megy* (tönkremegy) = zugrunde/ bankrott/vor die Hunde gehen [*vgl.* jidd. *betropezt* »niedergeschlagen, traurig«; sbkr. *tropa* »am Ende, finanziell ruiniert«].

trotli – 1. (gyámoltalan, bárgyú – *férfi*) unbeholfen, dämlich (*Mann*); 2. (totyakos) schwerfällig, unbeholfen (*Mensch*) [< dt. *Trottel*].

trotyli (férfi) – (*bes. täppischer alter*) Mann, Kerl [*bes. Jugendspr.*].

trotty (totyakos öreg ember) – unbeholfener, täppischer alter Mensch; *vén/öreg trotty* = alter Trottel!; *vgl.* trotli.

trottyant (gyáva, félénk) – feige, ängstlich.

trottyos – 1. (öreg, roggyant – *férfi*) alt, kreuzlahm; 2. (bő ülepű, lötyögős) zu weit, schlottrig (*Kleidung*); *trottyos nadrág* (lötyögős nadrág) = zu weite, schlottrige Hose; 3. (trottyos férfi) alter, kreuzlahmer, schwerfälliger Mann; *vén trottyos*.

trottymotor (csecsemő) – Säugling.

truccol (dacol, duzzog, makacskodik) – trotzen, schmollen, eigensinnig sein [< dt. *trotzen*; altmod. und dial. *trutzen*].

truki (széklet) – Kot, Scheiße [wohl zu dt. *drücken*].

trutyi – 1. (ragacs) Klebstoff, Kleister, Leim; 2. (ondó, váladék) Sperma; *auch:* trutymó.

trutyis (ragacsos) – klebrig.

trutymó – 1. (ragacs) Klebstoff, Kleister, Leim; 2. (ondó, váladék) Sperma; *auch:* trutyi.

trutymós (ragacsos) – klebrig.

trükk (ügyes fogás, cselfogás) – Trick [< fr. *truc*].

trüsi (vagina) – weibliche Scheide [*bes. Kindersprache*].

trüsizik (közösül) – Geschlechtsverkehr haben.

trüss (vagina) – weibliche Scheide [*bes. Kindersprache*].

tuja (villamos) – Straßenbahn.

tujázik (villamos hátsó ütközőjén, lépcsőjén, illetve a villamoson jegy nélkül utazik) – mit der Straßenbahn schwarzfahren (*früher auch auf dem hinteren Puffer oder außen auf der Treppe*) [< *hátuljázik*].

tukker (asztal) – Tisch.

tukkol (ad) – geben.

tukmál *vkire vmit* (rátukmál) – *jdm etw.* aufschwatzen.

tulaj (főnök) – Boß; *a tulaj fizet* = das geht auf Kosten des Hauses [< *tulajdonos* »Besitzer«].

túldramatizál (túloz, eltúloz) – übertreiben, überdramatisieren [wohl Lehnübersetzung aus dem Dt.; *túl* = »zu (sehr/viel)«].

túlexponált (túlzott) – übertrieben [*ursprüngl. Begriff aus der Fotografenspr.*; wörtl.: »überentwickelt«].

túlliheg (túloz, eltúloz) – übertreiben, überdramatisieren, den Bogen überspannen.

túllihegés (túljátszás, túlzás) – Übertreibung.

túlpörgeti magát (bedilizik) – durchdrehen, ausrasten (*Person*).

túlpörgött (megbolondult) – durchgedreht, ausgerastet (*Person*).

túlvilág: *a túlvilágra exportál* (megöl, öl) = ins Jenseits befördern, umbringen.

túlzás: *nem viszi túlzásba* (lustálkodik) = es gemächlich angehen lassen, trödeln, faulenzen.

tunel (bél) – Darm [*vgl.*: dt. Tunnel].

tunika: *tunikán billent* (farba rúgja) = in den Hintern treten.

tupírmaskara (haj) – Haar [*Jugendspr.*].

tupírozott: *tupírozott szappantartó* (Trabant) = Trabant (*Automarke*).

túráztat: *túráztatja a pofáját* (sokat fecseg) = ständig, viel quatschen, Blech reden [wörtl.: »das Maul auf vollen Touren laufen lassen«].

turha (köpet) – Speichel, Spucke.

turi *s.* turkáló.

turkál – 1. (használt ruha boltjában keres) im second-hand-Kleiderladen suchen, wühlen; 2. *turkál az orrában* (ujjával többször az orrába nyúl) = ausgiebig in der Nase bohren [*turkál* wörtl.: »herumwühlen«].

turkáló (használt ruha boltja) – second-hand-Kleiderladen [von *turkál* »herumwühlen«].

túró – 1. (kellemetlen dolog) unangenehme Sache, Dings, Kram, Krempel, Scheiß; 2. (rossz, silány) schlecht, mies; 3. (nincs, semmi) nichts, nichts da, nicht vorhanden; *nagy túró se* (semmi sem) = überhaupt nichts; 4. (kis pénzösszeg) kleine Summe, wenig Geld; *túróért* (olcsón, kevésért) = spottbillig; *túrót se ér* (értéktelen) = völlig wertlos; 5. (váladék – *hímvesszőn*) [*vulg.*] Schmutzrückstände unter der Vorhaut des Penis; 6. *elküld túróért* (becsap, rászed) = betrügen, übers Ohr hauen [wörtl.: »Quark«].

túró rudi (hímvessző) – Penis; *vgl.* rudi [*eigentlich Bezeichnung für einen quarkgefüllten Schokoladenriegel*].

túrós: *egy nagy túróst!* (hogyisne!) = von wegen!

turul (hátulról – *közösülésről*) – (*Koitus*) »von hinten«.

tuskó – 1. (láb) Bein, Fuß; 2. (fej) Kopf [*bes. Jugendspr.*]; 3. (faragatlan ember) ungehobelter Typ, Flegel; 4. (ellenszenves ember) unsympathischer Typ, Scheißkerl; 5. (rendőr) Polizist [wörtl.: »Klotz«].

tutajos – 1. (csinos, szexis) hübsch, sexy (*von Frauen*); 2. (izgató szemű nő) Frau mit aufregenden Augen; *auch: tutajos szemű*; 3. (ellenszenves, faragatlan ember) unsympathischer Typ, Flegel, Rüpel; 4. (szlovák) Slowake [wörtl.: »Holzflößer«; in Bed. 2 Wortspiel: der Holzflößer (*tutajos*) ist jemand, der Holz transportiert (*faszállító*); die Augen der Frau hingegen »bringen den Schwanz zum Stehen« (»*fasz-állító*«); in Bed. 4 *altmod.*; *vgl.* krebsz].

tuti (biztos, bizony) – sicher; *tuti balhé* = 1. (könnyű dolog, feladat) einfache Sache, Aufgabe; 2. (biztos bűntény) »sichere Sache« (*bei einer geplanten Straftat*); *az tuti, hogy eljön* (az biztos, hogy eljön) = es ist sicher, daß er kommt; *tuti numera* (szexuálisan könnyen elérhető nő) = Frau, die schnell zu Sex bereit ist; *tutira* (szavamra) = auf mein Wort!, ehrlich!; *tutira megy* (biztosra megy) = auf Nummer Sicher gehen [< dt. < it.].

tutista – 1. (gazdag, vagyonos férfi) reicher, vermögender Mann; 2. (józanul, szinte hivatásszerűen játszó kártyás) überlegt, nahezu professionell spielender Kartenspieler.

tutu *s.* tütű.

tutyi-mutyi – 1. (tehetetlen) unfähig, ratlos, hilflos; 2. (tehetetlen ember) hilfloser Mensch.

tutyi-mutyiskodik (tehetetlenkedik) – hilflos herumhampeln, herumkaspern.

tű (elégtelen – *osztályzat*) – »Ungenügend« (»Eins«; *in ungar. Schulen die schlechteste Note; Schülerspr.*).

tücsköl (közösül) – Geschlechtsverkehr haben.

tüdő (női mell) – weibliche Brust, Busen [wörtl.: »Lunge«].

Tüdős Klára: *nem a Tüdős Klára tervezte* (csúnya) = häßlich [wörtl.: »nicht nach den Plänen von T. K.«; *Tüdős Klára*: bekannte ungar. Modeschöpferin und Designerin].

tüffent (közösül) – Geschlechtsverkehr haben.

tühtig (alapos, gondos, rendes) – gründlich, sorgfältig, ordentlich [< dt. *tüchtig*].

tüme (templom) – Kirche [der Lautung gemäß wohl über das Jidd. aus mhd. *tuom*; *vgl.* nhd. *Dom*; *vgl.* dt. Rotw. *tuma* »Kirche«].

tündér (jó ember) – guter Mensch, »die gute Fee«.

tündi-bündi – 1. (jó ember) guter Mensch, »die gute Fee«; 2. (puccos, de buta és arrogáns nő) aufgeputzte, dumme und arrogante Frau [< *tündér* »Fee«].

tünés! (tűnj el!) - verschwinde! hau ab! mach die Mücke!

tüske – 1. (ironikus megjegyzés) spitze, sarkastische Bemerkung; *benyomja a tüskét* (csípős megjegyzést tesz) = eine spitze, sarkastische Bemerkung machen; 2. (elégtelen – *osztályzat*) – »Ungenügend« (»Eins«; *in ungar. Schulen die schlechteste Note; Schülerspr.*) [wörtl.: »Dorn, Stachel«].

tüskés (mogorva) – mürrisch, grantig [wörtl.: »stachlig«].

tütű, tütü (szeszes ital, pálinka) – alkoholisches Getränk, Schnaps; *auch:* tutu.

tűz – 1. (lárma, zaj) Lärm, Geschrei; *tüzet ver* (lármázik) = lärmen; 2. (siet, rohan) eilen, ren-

nen; 3. (hajt, száguld – *járművel*) rasen (*mit einem Fahrzeug*).
tüzel (lármázik, veszekedik) – lärmen, streiten.

tüzér volt (siket, nagyothall) – schwerhörig, taub (sein) [wörtl. »er war Kanonier« – *und hat dabei einen Gehörschaden abbekommen*].

Ty

tyále (apa) – Vater; mein Vater.
tyúk (nő, lány) – Frau, Mädchen [wörtl.: »Huhn, Henne«; *vgl.* csirke, pipi, pulyka].
tyukászik (aszfaltbetyárkodik, nőket megszólítgat) – (*Frauen*) auf der Straße ansprechen; anmachen, anbaggern [< tyúk].
tyúkbél (nyakkendő) – Krawatte [wörtl.: »Hühnerdarm«; *vgl.* csirkebél].
tyúkeszű (buta) – dumm, dämlich [wörtl.: »vernünftig wie ein Huhn«].
tyúkesz (nő, lány) – Frau, Mädchen.
tyukica (nő, lány) – Frau, Mädchen.
tyúkketrec (autóbusz) – Bus [wörtl.: »Hühnerkäfig«].
tyúkrázda (a motorkerékpár oldalkocsija, amiben a nőket utaztatják) – Seitenwagen beim Motorrad, in dem man Frauen mitnimmt [Wortspiel mit *cukrászda* »Konditorei; *vgl.* tyúk].
tyúkszemtok (cipő) – Schuh [wörtl.: »Hühneraugenfutteral«].
tyúktörő (úttörő) – »Junger Pionier« (*Mitglied der sozialistischen Jugendorganisation*) [*iron. Verballhornung:* aus dem »Bahnbrecher = Pionier« (*úttörő*) wird ein »Hühnerbrecher«].

U, Ú

ubi (uborka) – Gurke [*Kindersprache*].

ubojgát – liebkosen, streicheln, im Arm halten [*Kindersprache*].

uborka – 1. (hímvessző) Penis; *kicsavarja/megsiratja az uborkát* (pisil) = pinkeln (*vom Mann*); 2. (fej) Kopf [wörtl.: »Gurke«; bes. *Jugendspr.*].

ubul (féleszű, ütődött) – vertrottelt, plem-plem.

ugat – 1. (beszél) sprechen; 2. (fecseg, badarságokat beszél) schwätzen, sülzen, Blech reden; 3. (köhög) husten; 4. *vmit* (gyenge *vmiben*, gyengén szerepel) schwach sein in/bei *etw.*; 5. *ugat belőle a kultúra* (faragatlan) = ungehobelt, grob [wörtl.: »bellen«].

ugató (revolver) – Revolver.

ugrál – 1. (henceg, hősködik) prahlen, angeben; 2. (kötekedik) Streit suchen, stänkern, *auch: ugrál, mint fing a gatyában*; 3. *ugrál, mint kecskeszar a deszkán* (intenzíven tevékenyedik) = sehr geschäftig sein, sich abstrampeln, abrackern [wörtl.: »(herum-) springen«].

ugraszt *vmit* (lemond *vmiről*) – verzichten auf, sich *etw.* abschmieren.

ugrat – 1. (túlad rajta, eladja) loswerden, verkaufen; 2. *vkit* (tréfálkozik, viccelődik *vkivel*) mit *jdm* spaßen, *jdn* foppen, uzen.

ugri-bugri (testnevelés) – Leibeserziehung, Turnen (Schulfach; *Schülerspr.*).

ugrik – 1. *vmi* (elmarad) ausfallen; 2. *vmi* (kimarad) ausbleiben; 3. (*vmilyen* összege) kerül *vmibe*; 4. *ugrik a pénze* (pénzt veszít) = (Geld) verlieren; 5. *ugrik a pigéje* (felizgult, felgerjedt) = (sexuell) erregt, geil sein (*Frauen*).

ugrómókus (agronómus) – Agronom, Bauer [Wortspiel; wörtl.: »springendes Eichhörnchen«].

úgy marad (teherbe esik) – schwanger werden.

újít – 1. (lop) stehlen; 2. (szerez, beszerez) besorgen, beschaffen [wörtl.: »erneuern« (*die Besitzverhältnisse*); *auch:* beújít].

újítás (lopás) – Diebstahl [< ujít].

újmagyar (cigány) – Zigeuner [wörtl.: »Neu-Ungar«].

ulem (csoportosulás, tolongás) – Gruppenbildung, Gedränge [< dt. Rotw. *ullem, ülem* »Leute, Gedränge, Zusammenlauf« < jidd. *ojlem* »Publikum, Gesellschaft, Leute«; *s.* illem].

umbulda – 1. (becsapás, csalás) Übertölpelung, Schwindel, Betrug; 2. (*vminek* kiügyeskedése, ravaszkodással való elérése) Erreichen eines Ziels mit unsauberen Methoden und Tricks; Korruption [< cig. *umblado* »Nichtsnutz«].

umbuldál – 1. (ügyeskedik) geschickt, clever, raffiniert sein; (mesterkedik) manipulieren, intrigieren [< umbulda].

umbuldázás (ügyeskedés) – Geschick, Rafinesse, Cleverness [< umbulda].

umplankol – 1. (cserél) tauschen; 2. (lopott tárgyat másnak átad) Diebesgut weitergeben [dt.].

umschlag (lárma) – Lärm [< dt. Rotw. *umschlag* »Lärm, Gepolter«].

unalomház (iskola) – Schule [wörtl.: »Haus der Langeweile«; *Schülerspr.*].

uncsi (unalmas) – langweilig.
unfrankó – 1. (rossz, hitvány) schlecht, wertlos; 2. (becstelen, tisztességtelen) ehrlos, unaufrichtig [*vgl.* frankó; mit der dt. Vorsilbe *un*-].
unfrankón *adv.* (becstelenül, csalárdul) – ehrlos, heimtückisch, hinterrücks.
ungár (magyar nyelvtan) – ungar. Grammatik (*Schulfach*) [< dt.; *Schülerspr.*].
ungáris (magyar nyelvtan) – ungar. Grammatik (*Schulfach*) [< dt.; *Schülerspr.*].
unokatesó (unokatestvér) – Cousin, Vetter; Cousine, Base.
upcsi (öngyújtó) – Feuerzeug.
uralkodótan (történelem) – Geschichte (*Schulfach; Schülerspr.*).
úrnő (anya) – Mutter; meine Mutter [wörtl.: »Herrin«].
uszi (uszoda) – Schwimmbad.
úszik – 1. (eladósodik, tartozik *vkinek*) bei *jdm* Schulden machen, haben; 2. (a befektetett pénz elvesztésnek van kitéve) Gefahr laufen, investiertes Geld zu verlieren; 3. (munka nem készül el határidőre) von Arbeit: nicht termingemäß fertig werden.
uszony – 1. (lábfej) Fuß; 2. (kéz) Hand [wörtl.: »Flosse«].
utánfutó (barátnője *vkinek*) – Freundin, Geliebte [wörtl.: »Anhänger (*an Kraftfahrzeug*)«].

utat tör (deflorál) – deflorieren, entjungfern [wörtl.: »Weg brechen«].
utazás (kábítószer hatása alatti hallucinációk) – »Trip«, Halluzinationen unter Drogeneinfluß [wörtl.: »Reise«; wohl Lehnübersetzung von engl. *trip*].
utazik (kábítószer hatása alatt van) – unter Drogen stehen, »auf dem Trip sein«, »high sein«.
utcamérnök (csavargó) – Vagabund, Herumtreiber.
úticédula (buszjegy) – Busfahrkarte.
útilapu: *útilaput kap* (elveszti az állását) = seine Arbeitsplatz, seinen Job verlieren; entlassen, gefeuert werden; *útilaput köt a talpa alá* (elbocsát – *állásból/munkából*) = *jdn* entlassen, *jdn* feuern.
utolér (karambolozik) – (*mit dem Auto*) Auffahrunfall bauen, hinten draufkrachen [wörtl.: »einholen, erreichen«].
utolsó: *utolsót rúg / az utolsókat rúgja* (meghal) = im Sterben liegen, auf dem letzten Loch pfeifen, am Abkratzen sein [wörtl.: »einen letzten Tritt/die letzten Tritte tun«].
útszéli (közönséges) – allgemein, gewöhnlich [wörtl.: »am Straßenrand«].

Ü, Ű

überadó (a zsebtolvaj társa, aki a zsákmányt a többi társnak nyomban tovább adja) – Diebesgehilfe, der die Beute sofort an einen weiteren Komplizen weitergibt; *vgl.* iberad.

überokos – 1. (igen okos, nagy koponya) verdammt schlau; 2. (okos ember) Schlaumeier [dt. *über* + ungar. *okos* »klug«].

übtré *s.* üptre.

üdül (börtönben van, büntetést tölt) – im Gefängnis sitzen, Haftstrafe verbüßen; *auch:* üdül a San Markóban [vom Gefängnis in der *Markó utca* in Budapest (s. Markó) unter Anspielung auf die *Piazetta San Marco* in *Venedig*, wo sich (im Dogenpalast) ironischerweise auch das alte Gefängnis befand; *üdül* eigentl. »Urlaub machen«].

üget (gyalogol) – zu Fuß gehen.

ügy: *ügyet csinál* vmiből (hűhót csap *vmiből*) – viel Aufhebens machen um *etw.*, Klimbim veranstalten, Zirkus machen.

ügyeletes zseni (okos ember) – Schlaumeier [wörtl.: »Genie vom Dienst«].

ül (börtönben van) – im Gefängnis sitzen, Haftstrafe verbüßen, »sitzen«.

ülőgumó (fenék) – Hinterteil, Hintern, Arsch [wörtl.: »Sitzknolle«].

üptre – 1. (gyakran, egymásután) oft, nacheinander; 2. (nyakra-főre) Hals über Kopf, holterdiepolter [< dt. *übt!* oder cig. *upre* »oben«?].

űrcsöbör (kübli a börtönben) – Kübel im Gefängnis.

ürge – 1. (férfi) Mann; 2. (új rab, fogoly) neuer Sträfling; 3. (néma, süket) stumm, taub.

ürgencs (férfi) – Mann, Kerl [< ürge; *bes. Jugendspr.*].

ürgentyű (férfi) – Mann [< ürge].

ürgepásztor (férfi) – Mann, Kerl [< ürge; *bes. Jugendspr.*].

ürgéz (tettet – *pl. némaságot, vakságot, süketséget; tetteti, hogy semmi köze az ügyhöz*) – vortäuschen, vorgeben (*Stummheit, Blindheit, Taubheit; mit einer Sache nichts zu tun zu haben usw.*).

ürgüc (férfi) – Mann [*selten; vgl.* ürge 1.].

űrgyűrűfütty (szellentés) – Furz.

üstdob (fenék) – Hintern, Hinterteil [wörtl.: »Pauke«].

üstök (fej) – Kopf [*bes. Jugendspr.*; eigentl.: »Schopf, Mähne«].

ütköző (női mell) – (*große*) weibliche Brust, Busen.

ütő (szív) – Herz [wörtl.: »das Schlagende«].

ütődött (buta) – dumm, dämlich.

üt-vág *vmit* (ért *vmihez*) – sich auf *etw.* verstehen, sich auskennen bei/mit *etw.*

úz: *úzi az ipart* = 1. (megerőltetően dolgozik) hart arbeiten; 2. (árulja magát – *prostituált*) sich anbieten (*Prostituierte*) [wörtl.: »ein Gewerbe treiben«].

üzlet – 1. (haszon) Gewinn, Ertrag, Profit, (gutes) Geschäft; 2. *üzletbe megy* (árulja magát – *prostituált*) = sich anbieten, auf den Strich gehen (*von einer Prostituierten*).

V

vabankra (találomra) – auf gut Glück, aufs Geratewohl, ins Blaue hinein; *vabankra játszik* (mindent egy lapra tesz fel, kockázatos vállalkozásba kezd) = alles auf eine Karte setzen, ein riskantes Unternehmen beginnen [< dt. *va banque spielen* < fr.].

vacak – 1. (silány, hitvány, értéktelen) schlecht, wertlos, mies; *hagyj már békén ezzel a vacak dologgal!* = laß mich doch endlich mit diesem blöden Kram in Ruhe!; *vacak idő* (rossz idő) = Sauwetter; 2. (silány, értéktelen holmi) Zeug, Kram, Krempel, Krimskrams, Schmarren; *ennyit nem ér az egész vacak!* = das ist der ganze Mist nicht wert! – »*Ide minden vacakot, kacatot*« = Hier hinein mit dem ganzen alten Krimskrams! [*Aufschrift auf Müllcontainern*].

vacakol – 1. (piszmog *vmivel*) mit *etw*. herumfummeln, herumhantieren; 2. *vkivel* (piszkálja, boszszantja) *jdn* schikanieren, nerven; *vgl.* vackol.

vacakság – 1. (hitvány holmi) wertloser Kram, Schund, Krimskrams; 2. (jelentéktelen dolog, apróság, semmiség) Nichtigkeit, unbedeutende Sache, Kram, Mist; *ne törődj ilyen vacakságokkal!* = kümmer dich nicht um einen solchen Mist!

vackol – 1. (ágyaz, megágyaz) das Bett, die Betten machen; 2. *s*. vacakol; *vgl.* vacok.

vacok (fekhely, ágy, dívány) – Liegeplatz, Bett, Sofa.

vaccs (internálás) – Internierung [*seit den 20er Jahren*].

vaccsol (internál) – internieren; *vgl.* vaccs.

vacsi (vacsora) – Abendessen [*bes. Kinderspr.*].

vacsizik (vacsorázik) – zu Abend essen.

vadas (vadházasság, élettársi közösség) – wilde Ehe.

vadász – 1. (vörös bor kólával) Rotwein mit Cola; *vgl.* vébéká, v.b.k.; 2. (nőcsábász, nőbolond) Schürzenjäger, Casanova; *auch: nagy vadász* [*wörtl.*: »Jäger«].

vadászbombázó (prostituált) – Prostituierte, Hure [wörtl.: »Jagdbomber«; *vgl.* bombázó].

vadászik (nőzik) – den Frauen nachlaufen, hinter den Frauen hersein [*wörtl.*: »jagen«].

vaddisznó (garázda ember, huligán) – Rüpel, Rowdy [*wörtl.*: »Wildschwein«].

vadi (vadonatúj) – nagelneu, brandaktuell [< *vadonatúj*].

vadiúj (vadonatúj) – nagelneu, brandaktuell [< *vadonatúj*].

védli (lábikra) – Wade [dt.].

vadonás új (vadonatúj) – nagelneu, brandaktuell [< *vadonatúj*].

vág *s*. megvág.

vagabund – 1. (csavargó) Landstreicher; 2. (garázda ember, huligán) Rüpel, Rowdy [< dt. < lat; *vgl.* vagány].

vagány – 1. (hétpróbás alak) hartgesottener Bursche; 2. (jó, nagyszerű) gut, großartig; 3. (beleváló, merész) kühn, draufgängerisch [< lat. *vagabundus*].

vagányság (bátorság, vakmerőség) – Mut, Verwegenheit.

vágás (vagina) – weibliche Scheide [*wörtl.*: »Schnitt«].

vagi (garázda ember, huligán) – Rüpel, Rowdy [< vagány].

vágósúly: *vágósúlyban van* (vki

kövér) = dick sein [wörtl.: »Schlachtgewicht haben«].

vágtázik (fut) – laufen, rennen.

vagyon: *egész vagyonba kerül* (nagyon sokba kerül) = das kostet ein Vermögen.

vaizli *s.* veizli.

vajzlis *s.* vejzlis.

vakarcs (alacsony, kicsi ember) – kleingewachsener Mensch, Zwerg.

vakarék (alacsony – *ember*) – klein, kleingewachsen (*Mensch*)

vakegér (jelentéktelen ember) unwichtiger Mensch, ein Niemand [wörtl.: »blinde Maus«].

vaker – 1. (beszélgetés) Unterhaltung, Gespräch, Plauderei; 2. (üres beszéd) leeres Gerede, Gewäsch, Geschwafel; 3. (dicsekvés) Angeberei; *nyomja a nagy vakert* (dicsekszik) = angeben, aufschneiden; 4. *vb.* (beszélget) sich unterhalten, plaudern; *átjöttem egy kicsit vakerni* = ich bin nur rübergekommen, um ein bißchen zu plaudern [*s.* vakerál].

vakerál – 1. (beszélget) sich unterhalten, plaudern; 2. (fecseg, üresen beszél) quatschen, schwafeln; 3. (udvarolva szépeket mond, dicsér, magasztal) Höflichkeiten sagen, schmeicheln; 4. (szédít) *jdn* an der Nase herumführen; 5. (muzsikál) musizieren, Musik machen [< cig. *vakerel* »sprechen, reden«].

vakerázik – 1. (fecseg) schwätzen, quasseln; 2. (halandzsázik, mellébeszél) schwafeln, Ausflüchte machen, um *etw.* herumreden.

vakerol (fecseg, üresen beszél) – quasseln, quatschen, plappern; *vgl.* vakerál 2.,

vakítás (halandzsa, mellébeszél) – Ausflüchte, Herumgerede.

vakrepülés (ismeretlen helyre előzetes terepszemle nélkül betör) – Einbruch (*an einem Ort, den man nicht kennt; ohne sich vorher ortskundig gemacht zu haben*) [*Gaunerspr.*; wörtl.: »Blindflug«].

valag (fenék) – Hinterteil, Hintern, Arsch; *valagba rúg* (belerúg *vkibe*) = *jdn* in den Hintern treten, *jdm* einen Arschtritt verpassen.

valutapillangó (prostituált) – Prostituierte, Hure [wörtl.: »Devisenschmetterling«, denn sie »arbeitet« nur für harte Devisen; bes. Ende der 80er, Anfang der 90er Jahre].

vámol (lop, ellop) – stehlen.

vamzer (börtönbeli cellatárs, aki besúgó, áruló) – im Gefängnis: Zellengenosse, der andere bespitzelt und aushorcht; Spitzel [< dt. Rotw. *wamser* »Verräter«].

vamzerol *s.* vamzol.

vamzol (feljelent, besúg, beárul) – anzeigen, verraten, verpfeifen; *vgl.* vamzer [zu dt. Rotw. *verwamsen* »verraten«; *vgl.* vamzer].

vándormadár (munkás) – Wanderarbeiter [wörtl.: »Zugvogel«].

variál (ügyeskedik) – herumwerkeln, herumtricksen.

varjú (börtönőr, fegyőr) – Gefängniswärter [wörtl.: »Krähe«].

varnyúzik (lop, ellop) – stehlen; *auch:* el-, megvarnyúzik.

varr (közösül) – Geschlechtsverkehr haben (*vom Mann*), mit einer Frau schlafen [wörtl.: »nähen«].

varró (hímvessző) – Penis [wörtl.: »Näher«; *vgl.* varr].

vas – 1. (fillér) Filler; *nincs egy vasam sem* (nincs egy fillérem sem) = ich habe keinen Pfennig, ich bin pleite [wörtl.: »Eisen« – *kein*

Edelmetall]; 2. *vas!* (jó, nagyon jó!) = (sehr) gut!

vás (igazolvány) – Ausweis.

vasfejű (makacs, önfejű) – dickköpfig, stur; *vgl.* fafejű, kőfejű, betonfejű [wörtl.: »mit einem Eisenkopf«].

vastag (sok pénze van, gazdag) – sehr vermögend, reich; *vastag lesz* (gazdag lesz, meggazdagodik) = sich bereichern, reich werden.

vastagon (felettébb, nagyon) – überaus, sehr.

vasutas – 1. (buta) dumm, dämlich; 2. (buta ember) Dummkopf, Trottel, Blödmann [wörtl.: »Eisenbahner« – *Ausdruck eines geläufigen Vorurteils*; *vgl.* postás].

vászonra zsugázik (*hamiskártyázik*) – falschspielen (*mit Karten*).

vatta – 1. (színházba, előadásra toborzott ingyennéző) jemand, der als Zuschauer zu einer Theateraufführung abkommandiert wird oder Freikarte bekommen hat (*um die Ränge zu füllen*); 2. *vattát köp* (szomjas) = durstig sein, Durst haben [wörtl.: »Watte«; *vattát köp* = »Watte spucken«].

váza (fej) – Kopf [wörtl.: »Vase«].

v. b. k. *s.* vébéká.

vébéká (*rövidítés*: vörös bor kólával) – Rotwein mit Cola [*Abkürzung des ungar. Ausdrucks*]; *vgl.* vadász.

vedel (mohón iszik) – gierig, hastig trinken; saufen.

veizli (kitiltás) – Ausweisung; *veizlit kapott* (kitiltották) = (man hat) ausgewiesen; *auch:* vaizli; *vgl.* vajzlis, vejzlis.

vejzlis (kitiltott) – ausgewiesen, landesverwiesen; *auch:* vajzlis [< dt. ausweisen].

vekker (zsebóra; óra) – Taschenuhr; Uhr [< dt. *Wecker*; umgangsspr. auch für »Taschen-, Armbanduhr«].

vékony: *vékony, mint egy sikítás* (nagyon sovány) = klapperdürr, spindeldürr.

vemhes (terhes) – schwanger [eigentl.: »trächtig (von Tieren)«].

véncsaj (idős nő) – alte Frau.

véncsatár (idős férfi) – alter Mann.

vendég (menstruáció) – Menstruation, Regel [wörtl.: »Gast«].

vénfater (nagyapa) – Großvater.

vengerka (régen oroszországi szereplésre szerződött magyar táncosnő, kéjnő) – *histor.* für Auftritte in Rußland engagierte ungar. Tänzerin bzw. Freudenmädchen [< russ. *vengerka* »Ungarin«].

vénkrapek (idős férfi) – alter Mann [*vén* »alt« + (*s.*) krapek].

vénpasi (idős férfi) – alter Mann [*vén* »alt« + (*s.*) pasi].

vénspiné (idős nő) – alte Frau [*vén* »alt« + (*s.*) spiné].

véntöki (idős férfi) – alter Mann [*vén* »alt« + (*s.*) tökös 2; tök 2 und 3].

venyige – 1. (gyenge ember) schwacher Mensch, Schwächling; 2. (láb) Bein; *vgl.* venyőcs.

venyigejani (faragatlan ember) – ungehobelter Kerl, Flegel, Rüpel, Grobian.

venyőcs (láb) – Bein.

ver: *nem veri a nyálát* (nem idegeskedik miatta) – sich wegen etwas nicht beunruhigen; *veri a blattot* (kártyázik) = Karten spielen, karteln [*s.* blatt].

vér: *vért pisál* (megerőltetően, kényszerből dolgozik) = sich abplagen, abrackern, schuften [wörtl. »Blut pissen«]; *van vér a pucájában* (vki vakmerő, bátor) =

(*jmd* ist) draufgängerisch, verwegen.

verda (személyautó) – Personenkraftwagen, Auto [< dt. Rotw. *verda* »Wagen« < cig. *wordin, wurdin, wordum* »Wagen«].

veréb – 1. (könnyen becsapható, rászedhető ember) leichtgläubiger, leicht zu betrügender Mensch; *vgl.* spatz; 2. *verébnek néz* (bolondnak tart) = für verrückt halten, nicht für voll nehmen [wörtl.: »Spatz«].

verébnumera (gyors közösülés) – (schneller) Geschlechtsverkehr, »schnelle Nummer« [wörtl.: »Spatzennummer«].

veret (hajt, száguld járművel) – (*mit Fahrzeug*) rasen.

vérfürdő (felelés) – Abfragen (*in der Schule*) [überdramatisiert; wörtl.: »Blutbad«; *Schülerspr.*].

verka (vénkisasszony) – alte Jungfer.

verkli (munka) – Arbeit [< dt. *Werk*].

vernyákol (sír, panaszkodik) – weinen, jammern.

verő (szív) – Herz [wörtl.: »das Schlagende«].

versenyző (prostituált) – Prostituierte, Hure [wörtl.: »Wettbewerbsteilnehmer(in)«].

vés (ír) – schreiben [wörtl.: »meißeln, gravieren«].

vesz: *kétszer vettem* (elloptam) = ich habe es geklaut [wörtl.: »ich habe es zweimal genommen«, was fortgeführt wird: *egyszer észre, egyszer el* »einmal zur Kenntnis und einmal weg«].

veszteget (elad) – (*billig*) verkaufen, verhökern, verschleudern.

vesztőhely (iskola) – Schule.

vételen van (hallgatózik, odafigyel) – aufmerksam zuhören.

veteránbaba (öreg nő) – alte Frau.

veteránbébi (öreg nő) – alte Frau.

veteráner (egész kenyér) – ganzes Brot; Brotlaib.

vetítés (kábítószer-használat alatti hallucinációk) – Halluzinationen unter Drogeneinwirkung.

vevő *vmire* – 1. (szeret, rajong) begeistert sein von *etw.*, schwärmen für *etw.;* 2. (fogad) annehmen, akzeptieren; 3. (elhisz, bedől) (leichtfertig) glauben, reinfallen auf *etw.*, (Lüge) »schlucken«; 4. (gyengéje *vkinek vmi*) eine Schwäche, schwache Seite haben.

vezér (főnök) – Chef, Boß.

vezéregér (gyenge ember) – schwacher Mensch, Schwächling [wörtl.: »Führungsmaus«].

vica (utcalány) – Prostituierte [*Vica* Koseform des weiblichen Vornamens *Eva*].

vicc: *ez egy vicc!* (ez nevetséges!) = das ist ja lächerlich!

vicces: *vicces ház* (elmegyógyintézet, bolondokháza) – Irrenanstalt, Klapsmühle [wörtl.: »witziges Haus«].

vici (segédházmester) – Vizehausmeister.

vicik-vacak (limlom) – Krempel, Kram, Plunder, Schrott; *vgl.* vacak.

vics (gyakorlatlan, ügyetlen, kezdő, kezdetleges, nem szakszerű) – ungeübt, ungeschickt, Anfänger, unfachmännisch [< dt. Rotw. *wittisch, witsch* »ehrlich, bäurisch, einfältig, dumm«].

viccs (buta, ügyetlen) – dumm, ungeschickt; *s.* vics.

viccserhó (naiv, hiszékeny) – naiv.

vidéki – 1. (faragatlan) ungehobelt, lümmelhaft, roh, grob; 2. (faragatlan ember) ungehobelter Mensch, Lümmel, Grobian;

3. rászedhető, hiszékeny ember) leichtgläubiger, naiver Mensch; *jmd*, den man leicht übers Ohr hauen kann [wörtl.: »ländlich, provinziell«].

videózik (videót néz) – Video(s) anschauen, Video sehen.

vigéc (utazó ügynök, üzletszerző) – Handlungsreisender, Vertreter [< dt. »*Wie geht's?*«].

vigéckedik – 1. (ügynökösködik) als Vertreter unterwegs sein; 2. (hősködik, dicsekszik, henceg) prahlen, aufschneiden, angeben [Bed. 2 von der Unart aufdringlicher Vertreter, ihre Produkte in den Himmel zu loben].

vigyorgó – 1. (arc) Gesicht [*bes. Jugendspr.*]; 2. (hullaház, tetemnéző) Leichenschauhaus, Leichenhalle; 3. (elkülönítő fogda) Einzelhaft; 4. (bolondokháza) Irrenanstalt [wörtl.: »grinsend, Grinse«].

vigyori (száj) – Mund [zu *vigyorog* »grinsen«].

vihánc (tapogatás) – Betasten, Befummeln, Herumtasten.

világi – 1. (kiváló) ausgezeichnet, hervorragend; 2. (nagyon) sehr, enorm.

vilcsi (villamos) – Straßenbahn; *vgl.* villinger.

vilga (villamos) – Straßenbahn; *vgl.* villinger.

vili – 1. (természetes, világos, magától értetődő) natürlich, klar, selbstverständlich [< *világos*]; 2. (villamos) Straßenbahn; *vgl.* villinger.

vilinger (villamos) – Straßenbahn; *vgl.* villinger.

villa (a zsebtolvaj mutató- és középső ujja, amelyekkel a tettet végrehajtja) – Zeigefinger- und Mittelfinger des Taschendiebs, mit der er die Tat ausführt [wörtl.: »Gabel«; *vgl.* gábli].

villanytelep (szív) – Herz [wörtl.: »Elekrizitätswerk«].

villinger (villamos) – Straßenbahn; *auch*: vili, vilcsi, vilga, vilinger.

villog (feltűnősködik, hivalkodik) – sich auffallend kleiden [wörtl.: »blinken, funkeln«].

villogó (szem) – Auge [von *villog* »blinken, funkeln«].

vink (jel, intés) – Zeichen, Wink [dt. Wink].

vinkli – 1. (felső sarok – *kül. labdajáték kapujáé*) Winkel (*bes. bei Ballspielen der obere Torwinkel*), Gambel; 2. (elégtelen – *osztályzat*) »Ungenügend« (»Eins«; *in ungar. Schulen die schlechteste Note; Schülerspr.*).

vinkó (gyenge, savanyú bor) – (*dünner, saurer*) Wein [< slowak.].

vinó (bor) – Wein [< slowak. *víno*].

vinyógó (elégtelen – *osztályzat*) – »Ungenügend« (»Eins«; *in ungar. Schulen die schlechteste Note; Schülerspr.*).

viola (télikabát) – Wintermantel [vielleicht korrumpiert aus dt. *Wintermantel*?]

viperafészek (bírósági hivatal) – Gericht(sbehörde) [wörtl.: »Vipernnest«].

virbli (fejetlenség, zűrzavar) – Durcheinander, Chaos [< dt. *Wirbel*].

vircsaft – 1. (rossz gazdálkodás, ügyvezetés) Mißwirtschaft; 2. (társaság, közösség) Gesellschaft, Gemeinschaft [< dt. *Wirtschaft*].

virgács (lábszár) – Bein.

virít (feltűnősködik, nagyképűsködik) – wichtig tun, den starken Mann markieren.

virsli – 1. (százezer) 100 000; 2.

virtigli 310

(százezerkoronás bankjegy) [*Anfang der 20er Jahre:*] 100 000-Kronen-Banknote; 3. (ló) Pferd, Gaul [< dt. dial.; zu *Würstlein*].

virtigli (valódi, valóságos, igazi, tősgyökeres) – wirklich, echt, richtig [< dt. *wirklich*].

virtol (lop) – stehlen.

vis (bizonyítvány, igazolvány) – Bescheinigung, Zeugnis, Ausweis [< dt. umgangsspr. *Wisch* »Stück Papier, Schriftstück«].

visít (panaszkodik) – klagen, sich beschweren.

viszket *vkinek* (felizgult, felgerjedt) – (*bes. sexuell*) erregt sein, »es juckt einen«.

viszlát! (viszontlátásra!) – Auf Wiedersehen!

visszaszámlál (hány) – speien, sich übergeben, kotzen [wörtl.: »zurückzählen, zurückrechnen].

visszaszív (állítását visszavonja) – eine Aussage zurücknehmen.

visszatáncol (megszegi a szavát, visszakozik) – sein Wort brechen, einen Rückzieher machen [wörtl.: »zurücktanzen«].

visszatapsol (megbuktat – *tanulót*) – (*einen Schüler*) durchfallen lassen.

vitorla (fül) – Ohr [wörtl.: »Segel«].

vitorlázz! (távozz!) – rausch ab! verschwinde! [wörtl.: »segle!«]

vitrinbébi (magolós diák, stréber) – übereifriger Schüler, Streber.

vitriol (erős és rossz szeszes ital) – (*bes. starkes, billiges*) alkoholisches Getränk; Fusel.

víz – 1. (vége van, nincs tovább, kiadja az útját) zu Ende, Schluß; *víz!* (vége! abbahagyni!) = Schluß! Aufhören!; 2. *víz alatt jött* (csempészáru) = Schmuggelware [*Gaunerspr.*; wörtl.: »unter Wasser gekommen«]; *vízben hagy* (cserbenhagy) – im Stich lassen [wörtl.: »im Wasser lassen«]; *vízre dönt* (egyedül dolgozik) = (*von Kriminellen*) allein arbeiten; *vízre tesz* (kiközösít, kirekeszt) = ausstoßen, verbannen, ausschließen.

vize (biliárdasztal) – Billiardtisch [< dt. *Wiese*].

vizesnyolcas – 1. (egy senki, jelentéktelen alak) ein Niemand; unbedeutende, unwichtige Person; 2. (antialkoholista) Antialkoholiker [ursprünglich Kaufmannsgehilfe, der den Gehsteig oder Garten vor dem Laden wässerte].

vízeszű (buta) – dumm, dämlich.

vízfej (buta ember) – Dummkopf, Trottel, Blödmann.

vízgyűjtő (vízhólyag) – Harnblase.

vízipipa (hímvessző) – Penis; *vgl.* pipa.

vízipisztoly (hímvessző) – Penis; *vgl.* pipa.

víztároló (fej) – Kopf [*bes. Jugendspr.*; *vgl.* víztorony].

víztorony (fej) – Kopf [*bes. Jugendspr.*; wörtl.: »Wasserturm«; in Ungarn oft eine Kugel auf einem Betonpfeiler; daher auf den Kopf übertragen]

volf (hat) – sechs [< heb. *waw*, dem sechsten Buchstaben des hebräischen Alphabets; als Zahlzeichen »6« – vermischt mit dt. *Wolf*].

volfmallér, -malér (hatvan) – sechzig [volf »6« + mallér »10«].

vonalzó (férfi szeméremteste) – Penis [wörtl.: »Lineal«].

vonca (vonalzó) – Lineal [*Schülerspr.*].

vonó – 1. (vasreszelő, fűrész) Eisenfeile, Säge [*Gaunerspr.*; wörtl. »Bogen« (*bei Streichinstrumenten*) – wohl wegen der Ähnlichkeit der

Bewegung beim Gebrauch]; 2. *vonóval* (mindenestül) = samt und sonders, mit Bausch und Bogen [wörtl.: »mit Bogen«; wohl aus der Musikersprache, also: »(Geige) mit Bogen (= *vonó*)«; *vgl.* tok].

vonyiga (elégtelen – *osztályzat*) – »Ungenügend« (»Eins«; *in ungar. Schulen die schlechteste Note; Schülerspr.*).

vonyigó (elégtelen – *osztályzat*) – »Ungenügend« (»Eins«; *in ungar. Schulen die schlechteste Note; Schülerspr.*).

vőlegény (vendég – *prostituálté*) – Kunde (*einer Prostituierten*) [wörtl.: »Verlobter, Bräutigam«].

völgy (ágyék) – Lende; *s.* diralom völgye [wörtl.: »Tal«].

vörös: *vörös köd* (düh, méreg) = Wut, Zorn [*vgl.* dt. »*rot sehen*«]; *vörös lesz a feje* (dühös lesz) = wütend werden, sich aufregen.

vöröslámpás ház (bordélyház) – Bordell [wörtl.: »Rotlichthaus«; *vgl.* dt. *Rotlichtmilieu*].

vricse (uszoda) – Schwimmbad.

vumen (nő, lány) – Frau, Mädchen [< engl. *woman*; *Jugendspr.*].

vurcni (kihasználható, becsapható ember) – leicht zu betrügender, leicht auszubeutender, manipulierbarer Mensch, Einfaltspinsel [< dt. dial. *Wurzen* »leichtgläubiger, leicht zu betrügender Mensch; Betrug«].

vurcnizik (kihasznál, kiszipolyoz) – *jdn* ausnutzen, ausbeuten; *s.* kivurcnizik.

vurstli (vidámpark) – Vergnügungspark, Rummelplatz [< österr.-dt. *Wurstel* »Hanswurst«; *Wurstelprater* »Prater, Rummelplatz in Wien«].

vutler (fecsegő, akire nem lehet titkot bízni) – »Plaudertasche«, Schwätzer, dem man kein Geheimnis anvertrauen kann [< dt. Rotw. *wuttler* »Schwätzer«; *wutteln* »schwätzen, plaudern«].

Z

zaba (evés, lakoma) – Essen, Mahl, Schmaus, Gelage [*vgl.* zabál].

zabagép (falánk ember) – gefräßiger Mensch, Freßsack [*vgl.* zabál].

zabál – 1. (mohón, gyorsan eszik) (*Essen*) verschlingen, fressen; 2. (fogyaszt – *üzemanyagot*) verbrauchen (*Treibstoff, Benzin usw.*), »fressen«.

zabálás (evés, étkezés) – Freßgelage, Fresserei [*vgl.* zabál].

zabálógép (falánk ember) – gefräßiger Mensch, Freßsack [wörtl.: »Freßmaschine«].

zabatúra (evés, étkezés) – Freßgelage, Fresserei [*vgl.* zabál].

zabmotoros (lovas szekér) – Pferdewagen [wörtl.: »mit Hafermotor«]

zabol (dühöng, bosszankodik) – wütend sein, toben, rasen [*vgl.* zabos].

zabos (mérges, haragos) – wütend; *zabos lesz* (dühös lesz) = wütend werden, sich aufregen [wörtl.: »Hafer-«; *vgl.* dt. *»jdn sticht der Hafer«*].

zabosít (dühösít, bosszant, idegesít) – *jdn* ärgern, wütend machen, in Rage bringen; *auch:* felzabosít [*vgl.* zabos].

zabrál (lopva v. rabolva szerez, fosztogat) – (*durch Diebstahl oder Raub*) »auftreiben«, klauen, mopsen; plündern; *auch:* elzabrál.

zabrálás (lopás) – Diebstahl.

zabszem: *zabszem van a fenekében / a seggében* (izgul *vmi* miatt) = aufgeregt sein wegen *etw.* [wörtl.: »hat ein Haferkorn im Hintern/im Arsch«].

zacc (feketekávé üledéke) – (Kaffee-)Satz [dt.].

zaci (zálogház) – Pfandleihhaus; *zaciba ad/csap/tesz/vág* (zálogházba ad, tesz) = in die Pfandleihe bringen, verpfänden; *zaciban van* (zálogházban van) = in der Pfandleihe sein, verpfändet sein.

zacskó – 1. (női mell) (*weibliche*) Brust, Busen [*bes. Jugendspr.; vgl.* tejeszacskó]; 2. (herezacskó) Hodensack [wörtl.: »Beutel, Sack«].

zacskós (idős férfi) – alter Mann.

záfol (zabál) – fressen [< dt. *saufen*].

zaft – 1. (mártás) Fleischsaft, Soße; 2. (erő) Stärke, Kraft [< dt. *Saft*].

zaftos (leves, pikáns) – saftig, pikant.

zágson (hát aztán, nem érdekel, mondd már) – na und?; interessiert nicht, sag schon! [< dt. *sag schon*].

zahál (esik, elesik) – fallen, hinfallen.

zajláda (rádió) – Radio.

zakó (verés) – Prügel, Schläge, Dresche; *zakót ad vkinek* (megver) = kräftig verprügeln, vermöbeln; *zakót csinálnak róla* (nyilvántartásba veszik) = *jdn* zur Feststellung der Personalien abführen (*bei der Polizei*).

zakózik (esik, elesik) – fallen, hinfallen.

zamek – 1. (verés) Schläge, Prügel; *zamekot kap* (kikap) = Prügel beziehen; 2. *zamek!* (üss oda!) = schlag zu!

zamekol – 1. (üt, ver) schlagen; 2. (eldob, átad) wegwerfen, übergeben; *vgl.* bezamekol, kizamekol [< zamek].

zamzol (dob, eldob) – werfen, wegwerfen [< dt. Rotw. *samsen*

»werfen, überrennen, niederrennen«].

zámsztág (nyolc) – acht [< dt. *Samstag*].

zámsztágmallér (nyolcvan) – achtzig [zámsztág »8« + mallér »10«].

zárda – 1. (bordélyház) Bordell; 2. (kollégium) Schülerwohnheim, Internat [wörtl.: »Nonnenkloster«].

zargliz (üldöz, kerget) – verfolgen, jagen.

zatyó (autó) – Auto.

zavadzál (útbaáll, meggátol) – in den Weg stellen, behindern, verhindern, blockieren.

zavar (hajt, száguld járművel) – rasen (*mit einem Fahrzeug*).

zébacher *s.* zébaher.

zébaher – 1. (zsebtolvaj) Taschendieb; 2. (zsebtolvajok elfogására specializálódott detektív) auf Taschendiebe spezialisierter Detektiv [< dt. Rotwelsch *seewacher* »Dieb«; *vgl.* zéfárer].

zebra ruha (verés) – Prügel, Schläge, Dresche.

zebrás (rab) – Sträfling [»der wie ein Zebra Gestreifte«, *nach der Gefängniskleidung*].

zéfárer (zsebtolvaj) – Taschendieb [< dt. Rotwelsch *seefahrer* »Dieb«; *vgl.* zébaher].

zene! (vége! menjünk!) – Schluß! Gehen wir! [wörtl.: »Musik!«; *vgl.* muzik].

zenész – 1. (beáruló, feljelentő) Verräter, Denunziant; 2. (csirkefogó) Gauner, Schelm [wörtl.: »Musiker«].

zenkol (betör) – einbrechen [zu dt. Rotw. *sencklen* »Opferstöcke berauben«].

zí (hét) – sieben (7) [< dt. *sieben*].

ziccer (esély a sikerre, kedvező alkalom) – gute Gelegenheit; *ziccert kihagy* (lehetőséget kihagy) = eine günstige Gelegenheit auslassen [wohl zu dt. *sitzen* und *Sitzplatz*].

ziher – 1. (biztos, bizonyos) sicher; 2. (biztos dolog) sichere Sache [< dt. *sicher*].

zima (hideg – *időről*) – kalt (*vom Wetter*) [< slaw.; *vgl.* sbkr., slowen., slowak. *zima* »Winter, Kälte«].

zímallér, - malér (hetven) – siebzig [zí »7« + mallér »zehn«].

zimankó (hideg – *időről*) – kalt (*vom Wetter*) [*vgl.* zima].

zimó (mozi) – Kino [aus *mozi* »Kino«: spielerische Umstellung der Silben].

zingel (énekel) – singen [< dt. *singen*].

zizi (leves) – Suppe.

zizis (bolond, őrült) – verrückt, spinnert, bescheuert.

zizzent (buta, bolond) – dumm, verrückt, bescheuert.

zlanyi (villamos) – Straßenbahn.

zóf (arany-, ezüstforint) – (*hist.*) Gold-, Silberforint [< dt. Rotw. *sof*, *sohof* »Gold, Gulden« < jidd. *sohow* »Gold«].

zokni – 1. (óvszer, koton) Kondom, »Pariser«; 2. (buta, hülye) dämlich, bescheuert [*zokni* eigentl. »Socke« < dt.; zu Bed. 2 *vgl. agyilag zokni*; dabei ist die Idee: »sein Kopf ist leer wie eine Socke«; die Variante *agyilag lyukas zokni* läßt an löchrige Socken denken].

zongora (ujjlenyomat) – Fingerabdruck [wörtl.: »Klavier«].

zongorázik (ujjlenyomatot vesz) – Fingerabdrücke abnehmen; *s.* zongora [wörtl.: »Klavier spielen«; so auch im österr. Rotw.].

zongoráztat (ujjlenyomatot vesz) –

Fingerabdrücke abnehmen; *s.* zongora [wörtl.: »Klavier spielen lassen«].

zónázik (villamoson v. vonaton fizetés nélkül utazik) – (*in Zug oder Straßenbahn*) schwarzfahren.

zöld – 1. (ezerforintos bankjegy) 1000-Forintschein [*wegen der grünen Farbe*]; 2. (bírósági asztal, bírói emelvény) Richtertisch, -podium; 3. (kezdő, újonc) Anfänger, »Grünschnabel«; *auch:* zöldfülű [*zur Farbe grün* (*vgl. auch* zöldfülű) *s.* grina].

zöldfülű (kezdő, újonc) – Anfänger, »Grünschnabel«.

zöldhasú (ezres bankjegy) – Tausendforintschein [wörtl.: »der Grünbäuchige«; *nach der Farbe*].

zöldvásár (a város szélén, a zöldben, szabadban tartott vásár, ahol a lopott állatokat értékesítették) – am Stadtrand, im Grünen gelegener Markt, wo man gestohlene Tiere absetzen kann.

zrí – 1. (baj, fölfordulás, botrány) Ärger, Aufruhr, Skandal; 2. (hecc, móka) Rummel, Gaudi [wahrscheinlich nach dem ehemaligen Polizeipräsidium in der *Zrínyi utca* in *Budapest*].

zrikál (bosszant, ugrat, mérgesít) – *jdn* ärgern; *auch:* zrikkol.

zrikkol *s.* zrikál.

zrímacher (aki szándékosan botrányt csinál, hogy a zavarban bűntársa lophasson vagy elmenekülhessen) – Aufrührer; jemand, der absichtlich Aufruhr verursacht, um damit seinem Komplizen Gelegenheit zu Diebstahl oder Flucht zu geben.

zrinkó – 1. (öregember) alter Mann; 2. (részeges ember) Betrunkener.

zrinyista (akinek nincs foglalkozása) – Arbeitsloser.

zrityó (ülep) – Gesäß [slowak.?].

zrízik (lármázik, veszekszik) - lärmen, Aufruhr machen, stänkern.

zugivó (szeszes italt titokban ivó) – heimlicher Alkoholkonsument [< *zug* »Winkel, Ecke« + *ivó* »Trinker«].

zuhant (detektívnek adva ki magát megzsarol, becsap *vkit*) – sich als Polizeiermittler ausgeben und so *jdn* erpressen oder betrügen.

zuhantás (csalás, álrendőrként zsarolás) – Betrug oder Erpressung, ausgeübt von einem falschen Polizisten; *vgl.* zuhant.

zuhantó (aki detektívnek adja ki magát, áldetektív) – jemand, der sich als Polizeiermittler ausgibt, falscher Polizist.

zuhi (zivatar, zápor) – Sturm, Platzregen [< *zuhany*].

zúl (mellény) – Weste.

zúr (arc) – Gesicht.

züfec – 1. (félelem, szorongás) Angst, Beklemmung; 2. (verés) Schläge, Prügel [jidd.?].

züm-züm (buta) – dumm, doof, plem-plem.

Zs

zsák – 1. (pénztárca) Brieftasche; 2. *zsákban van* (biztos) = *etw.* ist sicher, ist »im Sack« [wörtl.: »Sack«].
zsákó (rágógumi) – Kaugummi.
zsámbéki Lloyd (mucsai újság, vagyis hogy nem igaz) – Falschmeldung, falsche Information [iron. Abwandlung des Namens der deutschsprachigen Budapester Zeitung *Pester Lloyd*; eigentlich: »Provinznachrichten«, nach dem kleinen Ort *Zsámbék* ca. 30 km westlich von Budapest].
zsandár (rendőr) – Polizist [*altmod.*; < dt. *Gendarm* < fr. *gendarme*].
zsaró (rendőr) – Polizist, »Bulle«; *s.* zsaru.
zsaru (rendőr) – Polizist, »Bulle«; *auch:* zsaró, zsé, zsernyák [*wahrscheinl. von* zsandár »Gendarm«].
zsávoly (rabruha) – Sträflingskleidung.
zsderukál (eszik) – essen.
zsé (rendőr) – Polizist, »Bulle« [wohl Abk. von (*s.*) zsaru].
zsebes (zsebtolvaj) – Taschendieb.
zsebhoki (önkielégítés, onanizálás) – Selbstbefriedigung, Onanie [wörtl.: »Taschenhockey«].
zsebhokizik (önkielégítést végez) – sich selbst befriedigen, onanieren; *vgl.* zsebhoki.
zsebláz: *zsebláza van* (anyagilag szorult helyzetben van) = pleite, abgebrannt sein [wörtl.: »Taschenfieber«].
zsebnehezítő (kétforintos) – Zweiforintstück [wörtl.: »Taschenbeschwerer«].
zsebpiszok (alacsony, kicsi ember) – kleingewachsener Mensch, Zwerg.
zsebzsötem (önkielégítés, onanizálás) – Selbstbefriedigung, Onanie [*ironische Bildung nach* zsebhoki *aus* fr. *je t'aime* »ich liebe dich«; *bes. Soldatenspr.*].
zsebzsana (öngyújtó) – Feuerzeug.
zsemle – 1. (fenék) Hintern, Hinterteil; 2. (női mell) (*weibliche*) Brust, Busen [*Jugendspr.*; wörtl.: »Semmel«; wohl wegen der Form; zu Bed. 2 *vgl.* fokhagyma].
zsenáns (kellemetlen, kínos) – unangenehm, prekär, heikel [< dt. < fr. *genant*].
zsenánt (kellemetlen, kínos) – unangenehm, prekär, heikel [< dt. < fr. *genant*].
zsernyák (rendőr) – Polizist; *s.* zsaru.
zseton (pénz) – Geld. [< fr. *jeton*].
zsibaj (zsibvásár) – Flohmarkt, Trödelmarkt [in Budapest damit besonders die Märkte am *Teleki tér* und am *Vásártér* gemeint].
zsibbadt (buta) – blöd, dumm.
zsibogó (ócskapiac) – Trödelmarkt.
zsiborázik (önkielégítést végez) – sich selbst befriedigen, masturbieren; *auch: zsiborázik a szappanos ballal.*
zsidó – 1. (ügyeskedő ember) geschäftstüchtiger Mensch; 2. (zsugori) Geizhals [wörtl.: »Jude«].
zsidrák (zsidó) – Jude.
zsili (a parasztember bekecse) – kurzer Pelzmantel der Bauern.
zsilipel (vizel) – Wasser lassen, pinkeln.
zsinórban (egymás után) – einer nach dem anderen, eines nach dem anderen, in Folge, in Serie [wörtl.: »an der Schnur (aufgereiht)«].

zsiráf (magas ember) – großgewachsener Mensch, Riese; *vgl.* giraffe.

zsiráfgondozó (magas ember) – großgewachsener Mensch, Riese [wörtl.: »Giraffenpfleger«].

zsíros (jól jövedelmező) – lukrativ, »fett«; *zsíros állás* = lukrativer Job.

zsírosképű (kövér) – dick (*von Personen*) [wörtl.: »fettgesichtig«].

zsírbüfé (kövér ember) – Dickwanst, Fettsack.

zsírflekk (kövér ember) – Dickwanst, Fettsack [*zsír* »Fett« + flekk »Fleck«].

zsírosbödön (fül) – Ohr [wörtl.: »Fettopf«].

zsírpacni (kövér ember) – Dickwanst, Fettsack [wörtl.: »Fettfleck«].

zsírplecsni (kövér ember) – Dickwanst, Fettsack.

zsivány – 1. (bűnöző, bandita) Krimineller, Bandit, Gangster; 2. (csirkefogó) Gauner, Spitzbub, Lump [ursprüngl.: »Wegelagerer, Straßenräuber«].

zsizsi (pénz) – Geld; *auch:* zsizsik.

zsizsik *s.* zsizsi.

zsizsikes (hülye) – spinnert, verrückt.

zsoké (tök hetes) – Schellen sieben (*beim Kartenspiel*).

zsold (fizetés) – Lohn, Gehalt [*vgl.* dt. *Sold*].

zsozsó (pénz) – Geld.

zsöllér (ruha) – Kleid(ungsstück); *s.* sölni.

zsömle *s.* zsemle.

zsufi (zsúfoltság) – Überfüllung, Gedränge.

zsuga – 1. (kártya(csomag); kártyázás) Spielkarte, Kartenspiel; 2. (jegy) (Fahr-, Eintritts-)Karte, Billett; 3. (pénz) Geld; 4. (biztatás, bátorítás – *szexuális jellegű*) Aufforderung, Ermutigung, Anmache (*mit dem Ziel sexueller Kontakte*); *adja/osztja* vkinek *a zsugát* (biztat – *szexuális közeledésre*) = kokettieren [< rum. *juca* »Spiel«?]

zsugás ([hamis]kártyás) – Kartenspieler, Falschspieler.

zsugázik (kártyázik) – Karten spielen, karteln; *nagy összegekben zsugázik* = um große Summen, um viel Geld Karten spielen [*s.* zsuga].

zsugi (kártya) – Spielkarte, Kartenspiel [*s.* zsuga].

zsuglista (zsebóratolvaj) – auf Taschenuhren spezialisierter Dieb.

zsuhi (tetű) – Laus [< cig. *zhuv* »Laus«; *vgl.* dzsuva].

zsupház (toloncház) – Abschiebehaft [< dt. *Schubhaus*].

zsupkocsi, zsuppkocsi – 1. (tolonckocsi) Wagen, mit dem Personen, die abgeschoben werden sollen, transportiert werden; 2. (rendőrautó) Polizeiauto.

zsuppol (kitoloncol) – abschieben.

zsuzska (pénz) – Geld [*vgl.* suska].

Lehnwörter aus dem Deutschen

– *einschließlich Ausdrücke aus deutschen Dialekten, dem Rotwelsch sowie solchen, die ursprünglich aus anderen Sprachen stammend durch deutsche Vermittlung ins Ungarische gelangten. Unsichere Etymologien sind mit Fragezeichen gekennzeichnet.*

A, Á

abfindol, abkaufer, ábrámer, abriktol, ábsleker, adjusztál, áff, afstusszol, áftimelós, agler, alezánc, álómars!, ált, álzó, amatőr, ámthál, ánclizik, ancug, ándung, angéhol, animírdáma, annó dacu, annó dacumál, ansöllerol, anzágol, apacs, áresz, aresz, (árs armandi), átgraccol, áthiliroz, átsubliz, auffürol, aufra, aufsóherol, aufsteig, aufstószol, aufsvendol, ausz, auszbrummol, auszhandel, auszkájlen, auszlavíren, auszlavírer, auszplankol, ausz-sauherol, auszsmekkel.

B

bagázs, bájzli, bájzli, baldóver, (balhé), (balspísz), báresz, becam, befírol, befuccsol, bejgli, bekáfol, bekaszniz, bekasszíroz, bekasztliz, bekrepál, belefeccol (belefeccöl), belegel?, beletrafál, bepikköl, besikerál, besittel, besittol, beslisszol, besrenkol, bestírol, betipliz, betli, betrinkelt, betrinkol, bezeccel, bezenkol, bifla, bifláz(ik), bili, biltréger, birbli, blabla, blamál, blamázs, blank, blasszel?, blatt, blaumontág, bláz, blázi, blázik, blechel, blechol, blehol, bliccableiter, bliccel, blikk, blindre, blőd, blődlizik, blődség, blöki, bóher, boszhart, bózer, böller, brachis, brahi, brahis, brájzli?, brancs, brandbríf, brandol, bré, bregol, brejzli?, brennelve van, brenner, brennol, brennöl, brezna?, bríftasni, brotziccer?, brunzol, bruszt, brusztol, brusztolás, brusztos, brügol, brűgöl, brüli, brüller, bubi, budi, buké, buksza, buli?, bumbucál?, bumli, bumlizik, bummer?, burzsuj, buzerál, buzerálás, buzeráns, (buzgómócsing).

C

cakli-pakli, cákli-pákli, caplizik, cárt, cech, ceh, cejg, cenk, cetli, cici, cidri, cidrizik, citterblatt, cígel, cígöl, ciki, cikis, cinger, cink, cinkel, cinkelt, cirkler, citerál, citerázik, cuffol, cugehőr, cukkol, cupfol, curukk, cvancigol, cvekedli, cvikker, cvikli.

Cs

csálinger, csáringer, cseherli, (csehó).

D

dálesz, dalesz, dártli, dekkol, dekli, demulál, dettó, diberől, dibbe, diskurál, ditrich, dózni, drekk, drukk, drukkol, drukkolás, dunszt, dúrdrukker.

E

ejnstejgol, elfuserál, elfuserált, elgrattol, elhappol, elhokkol, elknasszol, elklopfol, elkussol, előrukkol, elpaccol, elpasszol, elsimlizik, elspurizik, elstartol, eltrécsel, eltrécsel, etvasz, etwas, explodál, extrém.

F

facér, fach, fád, fájront, (fakofferes), fakszni, faksznizik, falcol, fallmacher, fals, farba, fárol, (fasé), fasírt, fásli, (fásliz), faszol, fater, fati, fatig?, (fatkó), fazon, fechtol, fechtöl, fecni, féderes, federhändler, fékomadta, felcukkol, felheccel, felspannol, felstimmol, felzenkol, fenszti, ferlábbert, ferpasszol, ferslág, ferslóg, fersrájol, ferstutz, fertuszmáher, ferzágol, feszt, fett, fickó?, fidilevél, fidizik, fifikás, filcol, finesz, fineszes, fingerli, firhang, firlefánc, firma, firol, fírol, fissöl, fiszliz, flanc, flancol, flaska, flaskó, flau, flé, flédli, flédlizik, flédlizik, fléglizik, flekni, flekó, flem, flemm, flenzel, flenzer, flepni, (flepnis), flepp, flinta, flóta, (flótázik), flott, (flört), flúg, flukesz, flüszi, fór, fórsrift, forsrift, (fórsriftos, fórsriftosan), forsz, fracc, frajla, frakk, Francstadt, frankó, (frankón), frász, (frászol), frech, freier, frejer, (frektol?), fricc, frizura, (froclíroz), frocliz, fuccs, fuksz, fukszstrang, fukszstrengli, furtonfurt, futrázs.

G
gábli, (gáblista), gagyi?, galeri, gancegál, gatli, gauner, (gázsi), gecupt, gedin, geil, gejerol, gejl?, gelb, geld, geld, gelda, (geldás), gelt, gersli, geruder, geszelsaft, (gezelsaft), gift, gifthalli, gikszer, gipsz, giraffe, gitt?, (gittel, gittes?), glaccs, glokkos, glükk, gole, gönnol, görle, görle, graccol, grajzleros, gramanc?, grand, grandi(s), grantig, grantner, grasszál, grattol, grejfol, griff, grim, grimbusz?, grina, grízfrász?, grószi, groszdeutsch, grószmámi, gruber, grund, gründol, grünvalda?, gurtni, gűrcöl?.

H
hadács, háder, haderoz, (hájflekk), háklis, hakni, hantál, hanzli, happol, háré, haré, hargenol, hári, háring, haupter, hausmeister, hauzer?, hauzmeister, haver, hé, hébe, hecc, (heccel), heft, hefti, hékli, hékliz, hekus, hékus, hell, helni, hellni, henker, hesz, hilíroz, himpér, hóbelevanc?, hóchstapler, hokedli, (holtziher), huncut, hund.

I
(iberad), (iberol, iberöl), illem.

J
ja, jáger, jakó, jákó, jammerol, jáske, jaske, jergel, jergli.

K
kaccenjammer, kadáver, kaffer, kaftliz, kajfer, kajmán, kakil, kakiel, kalimpál, kamu, kant, (kantliz), kapirgál, kapiskál, kapli?, kaporész, (kápsál), karambol, kaserol, kaszni, kaufer, kégli?, kekk, kíberer, kici, kifilcol, kifíruncvancigol, kimli, kirámol, kiruccan, kirukkol, kispilázik, kiszni, kivurcnizik, klajsz, klappol, klassz, kleisz, klenkner, klikker, klingli, kló, klotyó, klozet, knapp, knejszol, kóceráj, koffer, kókler, kokott, konstábler, kontakt, konzumál, kopf, kostál, kosztol, kóter, kóterol, kótig, kozák, kozás, kracher, kraft, krahácsol, kráholc, krakéler, kraut, krautol, kravall, kravátli, krebsz?, kredenc, krén, krenkol, krepál, krigli, kríkedli, krim, krimi, kripli, krumkopf, kszivedli, ksziverli, (kucséber,) kuffer, (kufferos), kuffervizit, kugli, kujon, kukkant, kukker, kukkol, kultúrvercajg, kuncsaft, kunszt, kunsztstikli, kupakol?,

kupleráj, kurájber, kurázsi, kuss!, kussol, kübli, kvaccs.

L

láf, lafka, lahizik, lahol, (lájle), lájmol, lakli, langaléta?, lavíroz, lavor, lébol, leff, légol, lejm, lejmol, lejsztol, lekussol, lesmirel, lesmírol, letipliz, lézus, lichtfürol, link, linkel, linzi, lízi, lokni, lompos, luftballon, lulke, lump, lumpol, lutri.

M

maca, maccs, mahelóni, maher, maherol, májer, (májerkodik), maké, maki, makir, malér, mami, mámi, mancsaft, mandró?, mangál, mangás, mangáz, mangel, mángorol, mann, marhez, markeccer, masíroz, masli, masni, matér, mausztót, mázl, mázli, mecie, megabriktol, megadjusztál, megdemulál, (megkártyáz), meizli, mejzli, melkerin, (melóbajesz), mesz, meszel, meszes, mezüme, michli, mili, miloch?, mismás, mismásol, mísz, míszmahol, mócsing, mole, molett, morfondíroz, móz, muff, muri, muszkli, mút?, muter, (muterka), mutter, müncer, münzer.

N

náci, náderer?, nafta, nassol, nauzer?, nebuló, neppe, nepper, nevere, nímand, nimó, nokedli, nózi, nózli, (nózlika), numera.

O, Ó

óbégat, óber, (óberfirnyák), óberfranci, óberhé, obicupfer, óne, organizál, oszposz.

Ö

összepasszol.

P

pác, paccer, pacef, pacinger?, pacni, paff, pájszli, pakk, pakli, paklizik, pakol, (pakolás), (pakolópapír), paksus, pakszus, (paláver), pancser, pánkó, papedli, papol, papundekli, papzsák, paraplé, paríroz, párocska, paróka, partedli, parterli, parti, pasas?, pasasér?, pasinger?, passzent, passzentos, paszszer, passzol, pásszol, passzus, patália, paterol, paukol, pech, (peches), pechfógel, pejnlih, pemzli, per, perecel, pfeffer, pfeijfer, pi, pikbajesz, pikk, pikkel, pikkol, pikköl, pimf, pimfli, pimpli, pinka, pinkli, pitli, placc, placcol, plájbász, planje, plankfúr, plankol?, plecsni, plédlizik, pléh, pléhgallér, pléhkaszni, pléhsuszter, plenkli, plenkni, plump, plű, plűh, poén, policáj, pracli, pracni, preizli?, prézli, priccs, princ, procc, proccol, proli, prompér, prompt, pubi, pucc, puceráj, pucol, púder, púderol, púderoz, puding, pukli, pumpol, pupi.

R

rabsic, rakkol, ramazúri?, rámol, randalíroz, rapli, (raplis, raplizik), rebach, rebah, reglama, reibi, rejcol, rejsz, rejszmanfred, rejszol, rihtig, ringlispíl, riszt, risztel, ritter, rízen, rizskóch, [róka], rolni, rumli, rumlizik, rund, (rundó), russzise, rükverc, rükvercel.

S

sábeszdekli, sacc, saccol, saccolás, sacherol, saherol, [sajtos], salni, sansz, [sárga], satti, schreibol, sé, sébig, séf, seft, seftel, seftelés, seftes, seibni, sejn, sem, serbli, síber, sibler, síbol, siht, siktol, simfel, simli, simlis, simliz, sipista, sípláda, siti, sitis, sitt, sittel, sityi, skropó?, skubizik?, slafrok, slag, sláger, slamasztika, slampet, slampos, (slamposság), slang, slank, slendrián, (slendriánkodik, slendriánság), slepp, slepper, sliccelt, slisz, sliszer, slissz, slisszol, (slópapír), slozi, slózi, slukk, slukkol, slussz, smac, smaci, smacizik, smakkol, smarn, smarni, smaroccer, smárolda?, smasszer, smekk, smekker, sminkel, smír, smírel, smirgli, smirkász, smírol, smóci, smócizik, (smokk), smucián, smucig, smuglíz, smukk, smúz, smúzol, snájdig, snapperol, snapsz, snapszol, snapszozik, snassz, sné, snicli, snitthajsz, snóbli?, snorrer, snöli, snúr, snüffleroz, sóder, (sóderol), sojvet, sottenfúr, sovjet, sölni, spacc, spájz, spájzol, span, spang, spangli, (spanglizik), spannol, spannolt, spanring, spátni?, speceráj, spéci, spejz, spejzol, spenótbakter, sperhakni, sperling, spí, spi, spicc[1], spicc[2], spicces, spicli, spicliskedik, spiláz, spilázik, spíler, spiné, spinol?, spion, spis, spiti, spórol, spreicol, sprengeizni, spriccer, springer, sprintel, spukkol, spur, spuri, (spurizik), srác, srájbol, sraubni, srég, sréh, srenk, srenkcájg, srenker, srenkes, srenkes, srenkol, sróf, stáb, stadi, stamfot kap, stampedli, stand, stangli, stanicli, staub, staubol, steig, steigol, stekkel, stekli, stekó, steksz, stempli, stencilez, stenkerol, stepszli, stesszer, stesszerol, stex, stich, stiches, stier, stifli, stiglic, stih, stikk, stikkel, stikkes, stikli, stimeizli, stimfli, stimmel, stimmt!, stingli, stimpfli, stír, (stírló), stírol, stíröl, stokedli, stokház, stoki, stokkol, stóla, stósz, stöccöl?, stölt?, stöpszli, stráf, stramm, strang, strapa, strapál, stréber, strichel, strici, strihel, strikkes, stróman, stuc, stuccer, stuccol, stuffol, stuki, stukker, stukni?, sudri, sufni, sulaj, sulesz, suli, sumákol, suska, suszter, svarc, (svarcban), svári, svédi, svercer, sveszti, svindler, svindli, svindlizik, svung.

Sz
száh, szaszerol, (szaszeroló), szaszszenol, szasszerol, szaufol, szekáns, szekánt, szekíroz, szkopper?, szliácsol, szlovel, szo-szo, szósz, szróre.

T
tacni, tacsni?, (tajtrészeg, tajtsiker), tandler, tangó, tapenol, taperol, tardli, télak, télakol, tipli, tiplizik, tipp-topp, tóf, tótenschein, tótziher, traccs, traccsol, traccsparti, traktál, trampli, tré, trécsel, trinkel, trinkelés, tripper, tróger, trógerol, trotli, trotty, truccol, truki, (tunel), tuti, tühtig, tüme.

U
ulem, umplankol, umschlag, ungár, ungáris.

Ü
(überokos), übtré?, üptre?.

V
vabankra, vádli, vagabund, vamzer, vamzerol, vamzol, vejzlis, vekker, verda, verkli, vics, viccs, vigéc, (vigéckedik,) vink, vinkli, viola?, virbli, vircsaft, virsli, virtigli, vis, vize, vurcni, vurcnizik, vurstli, vutler.

Z
zacc, záfol, zaft, (zaftos), zágson,

zámsztág, zébacher, zébaher, zéfárer, zenkol, ziccer?, ziher, zingel, zokni, (zrimacher).

Zs
(zsandár)

Lehnwörter aus dem Jiddischen

áff, agler, áher, áhrem, ahrem, áhszor, ajser, ajvé, álmón, álmonoh, ámhórec, aureff, auszdéverol, auzor, ávle, ázesz.

bájesz, bajesz, bajeszdin, bájzli, balbósz, baldóver, balhé, (balspísz), bárzli, bé, becam, behóved, besikerál, besmúzol, besóresz?, betli, bóher, bohur, boszhart, bóvli, bózer, böhöm, brahi?, brajgesz?, brennol?.

córesz, csacsener?, csakliz?

dafke?, dálesz, dalesz, déli-, delles, delli, dölli, derek, déverol, dibbe, diró.

éca, écesz, éceszgéber, ejdim, elknasszol, elpaterol, elpénecol, emesz, epli.

gaj, gajdesz?, gajszesz, gálah, ganef, gebasz?, gój, gólesz.

hajlak, (hajlakol), hajlem, hajsz, hojsz, hajz, hajzó, halef, handlé, hargenol, háring, hászvenül, haver, havrűsze, házer, héder, hesz, hevra, hilíroz, hirig, (hirigel), hó, hóhem, [huszonnyolcas].

illem.

jád, jatt, jatty, jajem.

kaffer, kaftliz, kajak, kajle, kajmán, káli, kaporész, kimli, knasz, knassz, kóbi, koffer, kóli, kóser, kóved, koveleff, kozás, [kricsmi], kszivedli, ksziverli.

lájle, leff, lenovné.

mahlajka, májem, majré, makir, márhec, márkec, markeccer, markecol, masefa?, mázli, mecie, medine, mejvin, meló, (melóbajesz), menüsze?, meraglim, mesüge, mesz, mezüme, miloch?, mispohé, mísz, míszmahol, mókem, mole, mólés, mószer, móz, mundér, muri.

nebih, nebuló, nevere?

ojser, oszposz.

pacef, pacek, paterol, (pikbajesz), pinka?, planje, plédlizik, pólisi?, pónem, póter?.

rahedli?, rebach, rebah, rucc!, rüfke?

sábeszdekli, samesz, sé, sekerc, sem, sém, sejn, sén, sibbesz, sifli, siker, sikerál, siksze, simon?, slamasztika, slapaj?, smonca, smúz, snorrer, sohér, sóher, soherol?, sojvet, sólem, sovjet, srác, stika, stiké, stum(m)angol?, száh, szajre, szliácsol, szróre.

tám, tarhál, télakol, tóf, tofel, tré, tropa, [tüme?].

ulem.

zóf, züfec?

Lehnwörter aus der Zigeunersprache

ácsel, aváz, avázik, avel.

báló, bálómasz, baró, basavál, basavázik, bazsavál, bazseval, benga, biboldó, bili?, bokhálós, bula, buznyák?.

csacsener, csaj, csaniga, csánk, csányi?, csárázik, csárel, csáró, csávó, csór, csoró, csóró, csumidáz.

dádé, danda, darál, dela, della, devla, dikhel, dikhöl, dili, drabó, duma.

dzsal, dzsall, dzsukel, dzsukhel, dzsukkal, dzsuva.

ergya.

fácó.

gádzsi, gádzsó, gizda, gógyi, góré?, grimbusz?.

halóz, halózik, hébe, hóhányó.

jagalló, jagelló, jákó, jekk, jézuska.

kaja, kaló, kamel, kampelós, kandesz, kár, káró, kerál, kéró, kokovál, kómál, komál, (kricsmi), (kricsni), kula, kure.

lácsa, lácsó, lácsu, lepúrol, lila, lóvé, lubáré, luvnya.

manus, manusz, márci, márel, máró, máto, mátós, megmukhel, megmurdel, meláló, mia, mili?, mindzsa, minzsa, mindzsó, mirikli, mizs, mocsok, mór?, more, muj, murdel, mutrá.

nikhaj.

nyista.

péló, pia, piál, potova, potovál, prosztó, pucija?, pucuja?.

raj, rányi, ratkó?, rinyál?, rodázik, roma, romnyi, rovázik, ruhi?, ruppó.

selás, séró, skérál, sugár, sukár.

tiknó.

umbulda.

üptre?

vakerál, verda.

zsuhi.

Lehnwörter aus slawischen Sprachen

Polnisch
capcara?

Russisch
bumáska, csáj, davajok, gyengi, iván, konyec, konyi, mahorka, nacsalnyik, ócseny, (szpátyol?), szuka, vengerka.

Serbokroatisch
cura, (elkótyavetyél), gálává, kaffa, (kucséber), (kurva), nyoszolya, ocsi, (peták), piszlicsáré?, (szesztra), tropa, zima.

Slowakisch
(ancsurka), bratyó, brátyó, csíra, doszt, drevi, horidák, klapec, kupec, (kurva), nyekrics!, povedál, (secko jedno?), svihák, (szesztra), szlopál?, (szpátyol), sztari, sztárol?, (talián), tirpák, trehány?, vinkó, vinó, (zima), zrityó?.

Slowenisch
csoravi, mlekara, smokk, zima.

Tschechisch
(balek), Cseszkó, (kurva), (lulke), secko jedno, (szpátyol).

Lehnwörter aus sonstigen Sprachen

Englisch
(agytröszt), badi, báj, bájbáj, bébi, bebi, blöff, (blöfföl), bodicsek, boj, (bugyibilder), csencsel, csirió!, dencingel, derbi, doli[1], dömper, driblizik, dzsoint, fifti-fifti, flas, flört, gengszter, gól, grassz, groggy, hobó, huligán, inglis, jard, joystick, keccsel, keccsöl, kenter, (kontakt), kopó?, mané, mani, miszter, monej, oké, overdózis, puding, puser, riszki?, sorry!, sprintel, stoppol, streetpizza, szkínhed, szpícs, sztori, szuper, taccs, (taccsol), (taccsvonal), tini, (tipp-topp), tipszter, tojlett, [utazás], vumen.

Französisch
ágit ad, álómars!, amatőr, apacs, bagázs, bidé, bizsu, blabla, blamál, blamázs, brancs, buké, bulandzser, buli?, burzsuj, demulál, diskurál, elkussol, fád, fazon, finesz, forsz, frizura, futrázs, gázsi, grand, grek, kabaré, kamu, (kanzsúr), kaserol, kokott, kujon, kurázsi, lezser, madám, madmazella, malér, mallér, masíroz, molett, (morfondíroz), mutyi, offé?, organizál, paraplé, pikk, piti, poén, prezentál, (prompt), (púder), (randalíroz), randesz, randi, reglama, sansz, séf, smafu, trükk, vabankra, zsandár, (zseb-zsötem), zsenáns, zsenánt, zseton.

Italienisch
(bekrepál), (buzeráns), csao!, csaó!, dettó, durmol?, faramuci, finito, frankó, kapirgál, kapiskál, kredenc, makaróni, maskara, patália, szandolin, szekánt, szekatúra, szekíroz, talián, tremál, tuti.

Rumänisch
durmol?, (fácó), flamó, kabdevál, zsuga?.

Spanisch
amigó, bodega, pezó, tinta.

Verwendete Literatur

(Nur häufig verwendete bzw. methodisch bedeutsame Titel – Bp. = Budapest)

ANDRÁS, T. László / KÖVECSES, Zoltán: Magyar-angol szlengszótár. Bp. 1989; ²1994.
BACHÁT, László: Az ifjúsági nyelv és változatai. *In:* KISS / SZŰTS 1988, S. 146–152.
BAKOS, Ferenc: Idegen szavak és kifejezések szótára. Bp. 1976.
BÁRCZI, Géza: A »pesti nyelv«. Bp. 1932.
BENKŐ, Loránd (Hrsg.): A magyar nyelv történeti-etimológiai szótára. Bp. (Akadémiai Kiadó) 1967–1976.
BENKŐ, Loránd (Hrsg.): Etymologisches Wörterbuch des Ungarischen. Bp. (Akadémiai Kiadó) 1993–1995.
BERNSTEIN, Ignaz: Jüdische Sprichwörter und Redensarten. Wiesbaden 1988 [*Fotomechan. Nachdruck der Ausgabe von 1908*].
BIRNBAUM, Salomo A.: Grammatik der jiddischen Sprache. Mit einem Wörterbuch und Lesestücken. Hamburg (Buske) ⁵1988.
BISCHOFF, Dr. Erich: Wörterbuch der wichtigsten Geheim- und Berufssprachen. Jüdisch-Deutsch, Rotwelsch, Kundensprache; Soldaten-, Seemanns-, Weidmanns-, Bergmanns- und Komödiantensprache. Leipzig 1916.
BOROSS, József / SZŰTS, László: Megszólal az alvilág... A mai magyar argó kisszótára. Bp. 1990.
BUDAPESTI ÁLLAMRENDŐRSÉG, Bűnügyi Osztálya (kiad.): A tolvajnyelv szótára. Bp. 1911. – *Melléklet az Államrendőrség 44-ik rendkívüli számához.*
EHMANN, Hermann: Affengeil. Ein Lexikon der Jugendsprache. München, 1992.
ERDÉLYI, Erzsébet: Édes anyanyelvünk – mostoha apanyelvünk. A latin nyelvi elemek helye a mai köznyelvünkben és a diáknyelvben. *In:* FERCSIK / T. SOMOGYI 1997, S. 60–71.
FAZEKAS, István: Jasszok, zsarók, cafkavágók. Életképek a vagányvilágból, ó- és új argószótár. Bp. 1991.
FERCSIK, Erzsébet / T. SOMOGYI, Magda (Hrsg.): Oktatási tapasztalatok – kutatási eredmények. Tanulmányok az anyanyelv használatának és oktatásának kérdéseiről. Bp. 1997.
GÜNTHER, Louis: Die deutsche Gaunersprache und verwandte Geheim- und Berufssprachen. Wiesbaden 1965 [*Fotomechan. Nachdruck der Ausgabe* Leipzig 1919].
JÓKAI-SZÓTÁR (Hrsg.: BALÁZS, Géza / P. EŐRY, Vilma / KISS, Gábor / J. SOLTÉSZ, Katalin, T. SOMOGYI, Magda), Bp. o. J.
KIS, Tamás: A magyar katonai szleng szótára (1980–1990). Debrecen 1991.

KIS, Tamás: Bakaduma. A mai magyar katonai szleng szotára. Bp. 1992.
KIS, Tamás (Hrsg.): A szlengkutatás útjai és lehetőségei. Debrecen 1997.
KISS, Jenő / SZŰTS, László (Hrsg.): A magyar nyelv rétegződése. Bp. (Akadémiai Kiadó) 1988.
KOLTÓI, Ádám: A »farmernyelv«. Az ifjúsági nyelv és az argó hatása a köznyelvre. In: FERCSIK / T. SOMOGYI 1997, S. 46–58.
KÜPPER, Heinz: Handliches Wörterbuch der deutschen Alltagssprache. Hamburg, Düsseldorf 1968.
LANDMANN, Salcia: Jiddisch. Das Abenteuer einer Sprache. Olten / Freiburg im Breisgau 1962.
LÖTZSCH, Ronald: Jiddisches Wörterbuch. *Duden-Taschenbücher, Bd. 24.* Mannheim, Leipzig, Wien, Zürich ²1992.
MAGYAR ÉRTELMEZŐ KÉZISZÓTÁR (készült a Magyar Tudományos Akadémia Nyelvtudományi Intézetében; Akadémiai Kiadó) Bp. ⁵1982.
A MAGYAR NYELV ÉRTELMEZŐ SZÓTÁRA (szerkesztette a MTA Nyelvtudományi Intézete; Akadémiai Kiadó) Bp. ³1978–1980.
MÁTÉ, Mihály: Lovári nyelvkonyv – Lovareski shib. Jegyzet. Kaposvár 1994.
MATIJEVICS, Lajos: Az utca nyelve. Újvidék 1979.
NAGY, Imre: Zsidó közmondások. Jiddis és magyar nyelven. Bp. o. J.
OSTWALD, Hans: Rinnsteinsprache. Lexikon der Gauner-, Dirnen- und Landstreichersprache. Berlin 1906.
PARTRIDGE, Eric: A Dictionary of Slang and Unconventional English. London ⁸1984.
PÉTER Mihály: Szleng és költői nyelvhasználat. In: Magyar Nyelvőr 104 (1980): 273–281.
PUCHNER, Günter: Kundenschall. Das Gekasper der Kirschenpflücker im Winter. München 1974.
ROMANO RÁCZ, Sándor: Kárpáti cigány–magyar, magyar–kárpati cigány szótár és nyelvtan. Bp. 1994.
RÓNAKY, Edit: Hogyan beszél ma az ifjúság? (Avagy: Hogy hadováznak a skacok?) (*Az embernevelés kiskönyvtára 2. – Kemény Gábor iskolaszövetség*) Szentlőrinc 1995.
ROSTÁS-FARKAS, György / KARSAI, Ervin: Cigány-magyar, magyar-cigány szótár. Bp. 1991.
ROSTÁS-FARKAS, György: Cigányságom vállalom. Bp. 1992.
ROT, Sándor: Non-standard English. Bp. (Tankönyvkiadó) 1991.
SIPOS, Pál: Ifjúsági nyelv – familiáris köznyelv. In: KISS / SZŰTS 1988, S. 867–74.
SZIRMAY, István: A magyar tolvajnyelv szótára. Bp. 1924.
SZŰTS, László: A mai magyar tolvajnyelv szókincsének néhány sajátosságáról. In: KISS / SZŰTS 1988, S. 963–69.
TÓTFALUSI, István: Vademecum. Sokatlan szavak szótára. Bp. 1983.
TÓTH, Kornélia: A sárbogárdi diáknyeév szótára. (Magyar csoportnyelvi dolgozatok, 46.) Bp. 1990.
TREIMER, Karl: Das tschechische Rotwelsch. Entstehung und Schichten. Heidelberg 1937.

WOLF, Siegmund A.: Wörterbuch des Rotwelschen. Mannheim 1956.
ZOLNAY, Vilmos / GEDÉNYI, Mihály: A régi Budapest a fattyúnyelvben. Bp. 1996.